ÇOKDİSİPLİNLİ ÇALIŞMALARDA POSTHÜMANİZM

"Son derece eleştirel, üretken disiplinlerarası bilim insanının, düşünürün ve sanatçının bulunduğu bu kitaba eşlik etmek benim için bir zevktir. Kitapta okuyucu, teknolojik açıdan doymuş önemli sorulara çevre dostu, insan yanlısı (posthümandan ziyade) ve çoktürlü yaklaşımları bulacaktır. Bu zengin kitap beni eski sloganıma geri götürüyor: Yeryüzünde hayatta kalmak için; siborglar!

- Donna J. Haraway

"Bu kitaptaki makaleler son derece usta, özgün ve günümüz dünyası için faydalı yazılardır: hem eski hem de yeni önemli yaklaşımları içermektedir. Bu yaklaşımlarla bu projeye dahil olmuş olmak beni gururlandırmaktadır."

- Kevin LaGrandeur

"Birçok posthümanizm/ler vardır. Bu uyumsuzlukta ilginç olan şey, posthüman veya posthümanizm denen bir şeyin olabileceği gerçeğidir. Posthüman düşüncede bu çalışma göz önüne alındığında, mühendislik, sibernetik, bilişim, genetik, sanat, felsefe ve edebiyat çalışmaları gibi çeşitli çokdisiplinli bakış açılarından içerdiği düşünülürse, posthüman veya posthümanizmin ne anlama geldiğine dair merkezi bir tutum hususunda henüz ikna edici bir uzlaşma yoktur. Buna ek olarak, *Çokdisiplinli Çalışmalarda Posthümanizm* (*Posthumanism in Multidisciplinary Studies*) kesinlikle bu uyumsuz tanımlamaları beslemese de, içeriğindeki araştırmalar bu kavramların ne anlama gelebileceğini aydınlatmaya ve posthüman durumumuzu ortaya çıkarmaya yardımcı olmaktadır. İşte tam da bu nedenle *Çokdisiplinli Çalışmalarda Posthümanizm* gibi çalışmalar, posthümanla ilgili devam eden disiplinlerarası araştırma için elzemdir."

- Sidney I. Dobrin

ÇOKDİSİPLİNLİ ÇALIŞMALARDA POSTHÜMANİZM

Editörler
Sümeyra Buran & Pelin Kümbet

TRANSNATIONAL PRESS LONDON
2022

POSTHUMANISM SERIES: 5

Çokdisiplinli Çalışmalarda Posthümanizm

Editörler
Sümeyra Buran & Pelin Kümbet

Redaktör Muhsin Yanar

Copyright © 2022 Transnational Press London

All rights reserved. This book or any portion thereof may not be reproduced or used in any manner whatsoever without the express written permission of the publisher except for the use of brief quotations in a book review or scholarly journal.

First Published in 2022 by Transnational Press London in the United Kingdom, 13 Stamford Place, Sale, M33 3BT, UK.
www.tplondon.com

Transnational Press London® and the logo and its affiliated brands are registered trademarks.

Requests for permission to reproduce material from this work should be sent to:
sales@tplondon.com

Paperback
ISBN: 978-1-80135-122-5
Hardcover (Colour)
ISBN: 978-1-80135-182-9
Digital
ISBN: 978-1-80135-123-2

Cover Design: Nihal Yazgan

Transnational Press London Ltd. is a company registered in England and Wales No. 8771684.

İÇİNDEKİLER

Teşekkür 1
Katkıda Bulunanlar 3
Önsöz: *Posthüman/lar/izm/ler* 15
    Sidney I. Dobrin
Foreword: *Posthuman/s/ism/s* 23
    Sidney I. Dobrin
Bölüm 1 31
Giriş: Çokdisiplinli Posthümanizm/ler
    Pelin Kümbet ve Sümeyra Buran

Bölüm 2 49
Antroposen, Kapitalosen, Plantasyonosen, Kthulusen: Akrabalık Kurmak
    Donna J. Haraway
    Çeviren: Muhsin Yanar

Anthropocene, Capitalocene, Plantationocene, Chthulucene: Making Kin 57
    Donna Haraway

BÖLÜM 3 65
Posthümanist Edimsellik: Maddenin Nasıl Maddeleştiğini/Önem Arz Ettiğini
Kavramaya Doğru
    Karen Barad
    Çeviren: Şafak Horzum

Posthumanist Performativity: Toward an Understanding of How Matter Comes to
Matter 91
    Karen Barad

BÖLÜM 4 117
"Biz" *Bu* İşte Hep Beraberiz, Fakat Bir ve Aynı Değiliz
    Rosi Braidotti
    Çeviren: Muhsin Yanar

"We" Are in *This* Together, But We Are Not One and the Same 125
    Rosi Braidotti

BÖLÜM 5 133
Eleştirel Bir Akım Olarak Posthümanizmin Edebiyat ve Sanattaki Algısı
    Kamil Aydın

BÖLÜM 6 139
Çoklu Medya Türlerinde Posthümanizm ve Anlatıların Eyleyiciliği
    Başak Ağın

BÖLÜM 7 155
Post-Hümanizm ve Posthümanist-Feminizm
    Meryem Ayan

BÖLÜM 8 169
Uluslararası İlişkilerde Posthümanist Dönüşüm: Yeni Materyalizm, Ekolojik Kriz ve Küresel Siyaset
    Yelda Erçandırlı

BÖLÜM 9 187
Post-Hümanizm, Yapay Zeka ve Bilişsel Robotlar
    Tahir Çetin Akıncı ve Alfredo Martinez-Morales

BÖLÜM 10 201
Yapay Zekâ ve Posthüman, Postseküler Din: Kişisel Asistanlarda İnanç Önyargısına Bir Bakış
    Çağdaş Dedeoğlu

BÖLÜM 11 213
Posthümanizm/Transhümanizm Çerçevesinde Yapay Zekâyla Desteklenmiş Çevreci ve İklim Dostu Enerji Kavramına Yaklaşım
    Selman Çağman

BÖLÜM 12 229
Posthümanist Eleştirinin Vahasında, Kapsayıcı bir Tiyatronun Gölgesinde
    Emre Koyuncuoğlu

BÖLÜM 13 283
Yazında ve Sinemada Posthümanizm
    Simay Turan

Bölüm 14 301
Ridley Scott'un *Bıçak Sırtı* Filminde *İnsan* Arayışı
    Mahinur Gözde Kasurka

Bölüm 15 315
Posthümanist Sanat Söylemi
    Ayşe Azamet

Bölüm 16 327
Müzik ve Posthüman
    Elif Aykanat Özcan ve Yunus Yapalı

Bölüm 17 347
PosthÜmanist Ekoeleştiri ve Covid-19: İnsanmerkezcilik Sonrası Doğaya Bakış
    Erden El

Bölüm 18 361
Posthümanizm Çağında Biyo-Politika ve Geliştirme Teknolojileri
    Yunus Tuncel

Bölüm 19 377
Pek İnsanca Bir Teşebbüs: Posthümanizm ve Etik
    Emine Aydoğan

Bölüm 20 391
Posthümanizm, Tıp ve Biyoetik İlişkisi
   Sadık Toprak

Bölüm 21 403
İnsan Sonrası Siborg Aşkı Çerçevesinde İnsan-Makine Etkileşimi
   Melike Şahinol

Bölüm 22 425
Posthümanizm ve Cinsiyet Sorunsalı
   Muhsin Yanar

Bölüm 23 443
İnsan Sonrası Erkek(lik): Saç Ekimi Örneği
   Melike Şahinol ve Burak Taşdizen

Bölüm 24 459
Posthümanist Gelecekte Makine Yaratan Makineler: Bilimkurgu Sinemasında Yeni Frankenstein'lar
   Yasin Yeşilyurt

Sonsöz: 479
Posthümanizm Bizi Kurtarabilir mi?
   Kevin LaGrandeur
   Çeviren: Ömer Faruk Peksöz

Afterword: 485
Can Posthumanism Save Us?
   Kevin LaGrandeur

TEŞEKKÜR

Çokdisiplinli Çalışmalarda Posthümanizm kitabı, Türkiye'de henüz çok yeni olan posthümanizm çalışmaları literatürüne farklı disiplinlerden çalışmalar ile Türkçe yazımına katkı sunmak amacıyla hazırlanmıştır. Bu yenilikçi çalışma, feminizm, ekoeleştiri, biyopolitika ve transhümanizm gibi çağdaş kuramlarla sinema, sahne sanatları, tiyatro, performans, dans, müzik, biyo-sanat, biyo-etik, felsefe, tıp, mühendislik, uluslararası ilişkiler ve siyaset bilimi gibi birbirinden birçok yönden ayrılan farklı disiplin ve yaklaşımı posthümanizm alanı ekseninde bir araya getiren birbirleri ile olan yakın ilişkisini ve posthümanizmden nasıl beslendiğini inceleyen ilk Türkçe akademik çalışmadır.

Çokdisiplinli Çalışmalarda Posthümanizm Transnational Press London (TPLondon) yayınevi ev sahipliğinde *Posthümanizm Serisi (Posthumanism Series)*'nin ikinci editöryel kitabıdır. TPLondon yayınevi baş editörü Prof. Dr. İbrahim Sirkeci'ye hem bu seri hem de bu kitabımıza maddi ve manevi sponsor olması adına teşekkürü bir borç biliriz. Bu çalışma, posthümanizm alanında araştırma ve incelemeler yapan ve yapacak olan uluslararası bilim insanlarına ve araştırmacılara da büyük bir motivasyon kaynağı olacaktır.

Kitabımıza büyük katkısı olan sunuş yazısı ve kapanış yazısı ile büyük destek veren Prof. Dr. Sidney I. Dobrin ve Prof. Dr. Kevin LaGrandeur'e büyük minnet ve şükranlarımızı iletiyoruz. Değerli makaleleri ile bu kitapta çevirilerine yer verdiğimiz posthümanizm alanındaki duayen kuramcılarımız olan Prof. Dr. Donna J. Haraway, Prof. Dr. Karen Barad ve Prof. Dr. Rosi Braidotti'ye kıymetli katkıları için çok teşekkür ederiz. Tüm bölüm yazarlarımıza değerli katkıları için de özellikle teşekkür ederiz.

Ayrıca değerli katkıları, fikir alışverişi ve destekleri adına redaktörümüz Dr. Muhsin Yanar'a tüm düzeltme ve kontrollerde gösterdiği özverili katkısı ve çabası için özellikle çok teşekkür ederiz. Bu kitap projesine destek olan tüm değerli çevirmen akademisyenlerimiz olan Dr. Muhsin Yanar, Dr. Şafak Horzum ve Araştırma Görevlisi Ömer Faruk Peksöz'e ve tüm dış kör hakemlerimize de teşekkür ederiz.

Son olarak bizi bu süreçte destekleriyle ve yardımlarıyla yalnız bırakmayan ailelerimize teşekkür ederiz.

KATKIDA BULUNANLAR

Sidney I. Dobrin

Sidney I. Dobrin Florida Üniversitesi'nde Profesör ve İngilizce Bölüm Başkanıdır. Yazma çalışmaları, dijital medya çalışmaları ve ekoeleştiri kesişimlerine odaklanan disiplinlerarası bir araştırma merkezi olan İz Yenilik Girişimi'nin (Trace Innovation Initiative) Kurucu Direktörüdür. Adobe için Dijital Düşünce Lideri (Digital Thought Leader) olarak hizmet vermektedir. *Writing Posthumanism, Posthuman Writing* (Parlor Press, 2015) ve *Postcomposition* (Southern Illinois University Press, 2011) dahil olmak üzere çok sayıda kitap ve makalenin yazarı ve editörüdür.

Donna J. Haraway

Donna Haraway, Kaliforniya Santa Cruz Üniversitesi'nde Bilinç Tarihi Bölümü Üstün Fahri Profesörüdür. 1972 yılında Yale Üniversitesi Biyoloji bölümünden doktorasını alan Haraway bilim ve teknoloji çalışmaları, feminist teori ve çoklu tür çalışmaları üzerine yazılar yazmakta ve ders vermektedir. Haraway, Antropoloji, Feminist Çalışmalar, Film ve Dijital Medya ve Çevre Çalışmaları Bölümlerinin bir üyesidir; Bilim ve Adalet Araştırma Merkezi'nde (the Science and Justice Research Center) aktif olarak görev yapmaktadır. Biyolojinin kültür ve siyasetle kesişimine odaklanan Haraway'in çalışması, bilim gerçeği, bilimkurgu, spekülatif feminizm, spekülatif fabülasyon, bilim ve teknoloji çalışmaları ve çok türlü dünyalardan oluşan sicim figürlerini araştırmaktadır. Başlıca kitapları şunlardır; *Staying with the Trouble: Making Kin in the Chthulucene* (2016); *Manifestly Haraway* (2016); *When Species Meet* (2008); *The Companion Species Manifesto* (2003); *The Haraway Reader* (2004); *Modest_Witness@Second_Millennium* (1997); *Simians, Cyborgs, and Women* (1991); *Primate Visions* (1989); and *Crystals, Fabrics, and Fields* (1976, 2004). Fabrizio Terravova tarafından yapılan, *Donna Haraway: Story Telling for Earthly Survival* başlıklı uzun metrajlı bir film 2016 yılında gösterime girmiştir. Adele Clarke ile birlikte insan sayıları, feminist ırkçılık karşıtı üreme ve çevre adaleti ve gelişen çoklu türlerle ilgili soruları ele alan *Making Kin Not Population* (2018) adlı kitabın editörlüğünü yapmıştır.

Karen Barad

Karen Barad, Kaliforniya Santa Cruz Üniversitesi'nde Feminist Çalışmalar, Felsefe ve Bilinç Tarihi Profesörü'dür. Barad'ın doktora çalışması kuramsal parçacık fiziği ve kuantum alan kuramı üzerinedir. Disiplinlerarası çalışmaları üzerine yoğunlaşan Barad, *Meeting the Universe Halfway: Quantum Physics and the Entanglement of Matter and Meaning* (Duke University Press, 2007) kitabının yanı sıra ve fizik, felsefe, bilim çalışmaları, postyapısalcı kuram ve feminist kuram alanlarında da sayısız makalenin yazarıdır. Ayrıca, Jacques Derrida üzerine çalışmaları da bulunmaktadır.

Rosi Braidotti

Profesör Rosi Braidotti, çağdaş feminist kuramcıdır. 1988'den beri Utrecht Üniversitesi'nde Fahri Profesör olarak çalışmaktadır. Utrecht Üniversitesi'nde Kadın Çalışmaları (Women Studies, 1988-1995) bölümünün kurucu profesörü, Hollanda Kadın Çalışmaları Okulu (School of Women's Studies, 1995-2005) ve Beşerî Bilimler Merkezi (Centre for the Humanities, 2006-2016) kurucu direktörüdür. Ayrıca Avrupa yaz okulu NOISE ve Kadın ve Cinsiyet Çalışmaları Avrupa tematik ağı ATHENA'yı (the European thematic network in Women's and Gender Studies) kurmuştur. Helsinki (2007) ve Linkoping'den (2013) fahri dereceler almıştır; 2009'dan beri Avustralya Beşerî Bilimler Akademisi (Fellow of the Australian Academy of the Humanities, FAHA) ve 2014'ten beri Academia Europaea (Member of the Academia Europaea, MAE) üyesidir. Başlıca yayınları şöyledir; *Nomadic Subjects* (2011) ve *Nomadic Theory* (2011), *Posthuman* (2013) ve *Posthuman Knowledge* (2019). Paul Gilroy ile *Conflicting Humanities* (2016) ve Maria Hlaajova ile *The Posthuman Glossary* (2018) kitaplarının editörlüğünü yapmıştır.

Kevin LaGrandeur

Kevin LaGrandeur, New York Teknoloji Enstitüsü'nde (New York Institute of Technology, NYIT) Onursal Profesör, Etik ve Gelişen Teknoloji Enstitüsü (Institute for Ethics and Emerging Technology) Üyesi ve NY Posthüman Araştırma Grubu'nun (NY Posthuman Research Group) kurucu ortağıdır. Teknoloji ve kültür, etik ve eğitim konularında uzmanlaşmıştır. Dr. LaGrandeur, *Yapay Zekâ ve Etik (AI and Ethics)* ve *Journal of Posthumanism* dergilerinin yayın kurulu üyesidir. Ayrıca, yayıncı Rowman ve Littlefield tarafından yazılan *Critical Posthuman* ve *Citizenship Studies* adlı kitap serisinin yayın kurulundadır. Hem mesleki alanda hem de popüler basında elliden fazla makale ve medya prodüksiyonu ve iki kitap yayımlamıştır: 2014 BilimKurgu ve Teknokültür Çalışmaları Ödülü'nü (Science Fiction and Technoculture Studies Prize) kazandığı *Artificial Slaves* (2013) kitabı ve sosyolog James Hughes ile yazdıkları *Surviving the Machine Age* (2017) kitabı gibi. Kendisi ve meslektaşı John Misak ile öğrencilerin William Shakespeare'i ve dünyasını anlamalarına yardımcı olmak için geliştirdikleri Artırılmış Gerçeklik (Augmented Reality) oyunu mevcut projeleri arasındadır.

Sümeyra Buran

Sümeyra Buran 2022 Ocak ayından itibaren Florida Üniversitesi İngilizce bölümünde Ziyaretçi Öğretim Üyesi olarak çalışmaktadır. 2014 yılında bilimkurgu ve posthümanizm alanında doktorasını bitirmiştir halen kadrosunun bulunduğu İstanbul Medeniyet Üniversitesinde Doç. Dr. Öğretim Üyesi olarak filoloji alanında çalışmalarını sürdürmektedir. 2018 yılında TÜBİTAK Doktora Sonrası Araştırma Bursu kazanarak Amerika Birleşik Devletleri Kaliforniya Üniversitesi Riverside kampüsü İngilizce bölümünde Prof. Dr. Sherryl Vint ile Bilimkurgu, Posthümanizm ve Feminist Üreme Teknolojileri üzerinde post-doktora yapmış ve Palgrave yayınevi tarafından basılan *Technologies of Feminist Speculative Fiction:*

Gender, Artificial Life, and the Politics of Reproduction (Palgrave, 2022) adlı kitapta Dr. Vint ile birlikte editörlük yapmıştır. TPLondon yayınevi ev sahipliğinde dünyada posthümanizm alanında önde gelen akademisyen ve kuramcıların da editörlük yaptıkları *Journal of Posthumanism*'in kuruluşuna öncülük etmiş ve halen koordinatör editör olarak çalışmaktadır. Yine aynı yayınevinde bu kitabın da dahil olduğu *Posthumanism Serisi*'nin editörlüğünü yapmaktadır ve serinin ilk kitabı olan *Edebiyatta Posthümanizm* kitabının da editörlüğünü yapmıştır. Avrupa Kadın Cinayetleri Gözlemevi (European Observatory on Femicide) ülke (Türkiye) temsilcisi komitesi üyesidir. İstanbul Medeniyet Üniversitesi İnsan Hakları Merkezi'nin ve Türkiye Kadın Cinayeti Gözlemevinin kurucusu, International Association for the Fantastic in the Arts (IAFA) kuruluşunda BIPOC komite üyesi ve Science Fiction Research Association (SFRA) kuruluşunda Türkiye temsilcisi üyesidir. Türkiye Patent ve Marka Kurumu'nda bir marka-patente sahip olan Buran birçok ulusal ve uluslararası araştırma projelerini hem yürütmüş hem de bu projelerde araştırmacı olarak yer almıştır. Ulusal ve Uluslararası (Arts and Humanities Citation) indeksli dergilerde makaleleri, *TechnoFeminist Science Fiction* (2014) isimli Addleton Academic Publishers tarafından New York'da basılan bir kitabı ve Routledge ve Manchester University Press yayınevleri tarafından halen devam etmekte olan kitap projeleri vardır.

Pelin Kümbet

Kocaeli Üniversitesi Batı Dilleri ve Edebiyatları Bölümü, İngiliz Dili ve Edebiyatı Anabilim Dalında Dr. Öğretim Üyesi olarak görev yapmakta olan Pelin Kümbet, Lisans derecesini Ankara Üniversitesi'nde İngiliz Dili ve Edebiyatı Bölümü'nden, Yüksek Lisans ve Doktora derecelerini de Hacettepe Üniversitesi İngiliz Dili ve Edebiyatı Bölümü'nden almıştır. Doktora tez çalışmaları için 2014-2015 yılları arası ABD Kaliforniya Eyaleti'nde yer alan Kaliforniya Üniversitesi, Riverside'da bulunan Kümbet, Doktora tezini Kazuo Ishiguro'nun *Never Let Me Go*, Indra Sinha'nın *Animal's People* ve Justina Robson'un *Natural History*'sinde posthüman bedenler üzerine yazmıştır. TPLondon yayınevinden *Critical Posthumanism: Cloned, Toxic, and Cyborg Bodies in Fiction* (2020) isimli kitabı çıkmıştır. *Journal of Posthumanism*'in kurucu editörlerinden biri olan Pelin Kümbet, derginin ekoeleştiri bölümünün alan editörüdür. Ayrıca serinin ilk kitabı olan *Edebiyatta Posthümanizm* kitabının da seri editörlüğünü ve hakemliğini üstlenmiştir. İlgi alanları bilimkurgu, çağdaş tiyatro, medikal beşeri bilimler, bilim ve çevre çalışmaları, ekoeleştiri, ekofeminizm, posthümanizm ve posthümanist etik olan Pelin Kümbet'in bu alanda çalışmaları bulunmaktadır. Şu an kendisi Kaliforniya Üniversitesi Riverside Kampüsü İngilizce bölümünde doktora sonrası çalışmalarına devam etmektedir.

Kamil Aydın

İngiliz Dili ve Edebiyatı profesörü olan Kamil Aydın, Anglo-Amerikan kültür araştırmaları konusunda yetkinliğini akademik çalışmalarına da yansıtmıştır. Bu anlamda ilk yüksek lisansını Amerikan iç savaş içerikli bir edebi yapıt olan Stephen Crane'nin *Cesaret Madalyası* (*The Red Badge of Courage*, 1895) üzerine gerçekleştirmiştir. İngiltere'nin Warwick Üniversitesi'nde ikinci yüksek lisans ve doktorasını "Karşılaştırmalı Kültürel Çalışmalar" alanında tamamlamıştır. Medya, kültür, eğitim, uluslararası ilişkiler, sanat ve edebiyat alanlarında çeşitli ödüllü proje, eserleri ve araştırmaları bulunan Aydın'ın başlıca çalışmaları; British Council tarafından basılan *Images of Turkey in Western Literature* (The Eothen Press, 1999), *Karşılaştırmalı Edebiyat: Günümüz Postmodern Bağlamda Algılanışı* (Birey Yayınları, 2008), *Entelektüel Yabancılar ve Ölümcül Kimlikler: Saul Bellow ve Sylvia Plath* (Kendi Yayını, 2005) ve Sosyal bilimler alanı en iyi BAP projesi dalında Atatürk üniversitesi tarafından ödüllendirilmiş olan sözlük çalışması *Kelime Seçimleri Sözlüğü* (Eser Ofset Matbaacılık, 2015). Bunların yanı sıra; medya, kültür, eleştiri, dijitalleşme, eğitim, uluslararası ilişkiler, sanat ve edebiyat alanlarında çeşitli makale, seminer, panel, konferans ve konuşmaları bulunmaktadır.

Başak Ağın

Doç. Dr. Başak Ağın, TED Üniversitesi, İngiliz Dili ve Edebiyatı Bölümü'nde öğretim üyesidir. Posthümanizm ve çevreci beşerî bilimler alanlarını Türk okuruyla buluşturmak amacıyla yola çıkan PENTACLE (https://thepentacle.org) adlı web sitesinin kurucusudur. Ağın'ın *Posthümanizm: Kavram, Kuram, Bilim-Kurgu* (Siyasal Kitapevi, 2020) başlıklı kitabı, posthümanizm alanında Türkçe kaleme alınmış ilk monograf olarak, İngiliz Dili ve Edebiyatı Araştırmaları Derneği İDEA'nın 2022 kitap ödülünü almıştır. CLCWeb, Ecozon@, Translation Review ve Neohelicon gibi dergilerde makaleleri yayımlanmış olan Ağın, posthüman, çevreci, medikal ve dijital beşerî bilimlere yönelik bir el kitabının editörlüğünü yürütmektedir. Ağın'ın, Şafak Horzum'la ortak editörlüğünü üstlendiği *Posthuman Pathogenesis* başlıklı derleme kitabı 2022'de Routledge'dan yayımlanmıştır.

Meryem Ayan

Meryem AYAN, 1992 yılında Ege Üniversitesi İngiliz Edebiyatı ve Dili Bölümü'nden mezun olmuş, yüksek lisansını 1997 yılında aynı bölümden almıştır. Doktora derecesini Dokuz Eylül Üniversitesi Amerikan Kültürü ve Edebiyatı Anabilim Dalı'nda "The Ghosts of the Past in Ethnic Female Literature" (2002) başlıklı teziyle almıştır. On yedi yıl Pamukkale Üniversitesi'nde Öğretim Üyesi ve Amerikan Kültürü ve Edebiyatı Bölümünde Doçent Dr. olarak bölüm başkanlığı görevini yürüttükten sonra Manisa Celal Bayar Üniversitesi İngiliz Dili ve Edebiyatı Bölümü'nde Profesör Dr. olarak bölüm başkanlığı görevini yürütmektedir. Başlıca ilgi alanları, etnik kadın romanlarında kadının anlatımı, hikayesi, kimliği, yeri, feminizm, kültürel çalışmalar ve toplumsal cinsiyet çalışmalarıdır.

Yelda Erçandırlı

Osmaniye Korkut Ata Üniversitesi Uluslararası İlişkiler bölümü öğretim üyesidir. Lisans ve yüksek lisans eğitimini Kırıkkale Üniversitesi Uluslararası İlişkiler bölümünde, yüksek lisansını aynı üniversitenin Uluslararası İlişkiler ABD'de ve doktorasını Orta Doğu Teknik Üniversitesi Uluslararası İlişkiler ABD'de tamamlamıştır. 2016-2017 yıllarında 12 ay süreyle Concordia Üniversitesi (Montreal/

Kanada) Siyaset Bilimi bölümünde misafir araştırmacı olarak bulunmuştur. Yeşil teori, Antroposen tartışmaları ve posthümanizm üzerine çalışmaları bulunmaktadır.

Tahir Çetin Akıncı

Tahir Çetin Akıncı, 2000 yılında Elektrik Mühendisliği alanında lisans derecesini almıştır. Dr. Akıncı, İstanbul Marmara Üniversitesi'nden sırasıyla 2005 ve 2010 yıllarında Yüksek Lisans ve Doktora derecelerini almıştır. İstanbul Teknik Üniversitesi (İTÜ) Elektrik Mühendisliği Bölümü'nde Profesör olarak görev yapmaktadır. Aynı zamanda, doktora sonrası araştırmalarını yapmak için Kaliforniya Üniversitesi Riverside Kampüsünde (UCR) halen Misafir Araştırmacı olarak çalışmaktadır. Araştırma çalışmaları arasında bilişsel sistemler, yapay zekâ yöntemleri, makine öğrenimi, elektrik güç sistemleri ve veri analitiği yer almaktadır.

Alfredo Martinez-Morales

Alfredo Martinez-Morales, Güney Kaliforniya Güneş Enerjisi Araştırma Girişimi'nin (Southern California Research Initiative for Solar Energy, SC-RISE) Genel Müdürü ve Bourns Mühendislik Koleji Çevresel Araştırma ve Teknoloji Merkezi'nde (Bourns College of Engineering Center for Environmental Research and Technology, CE-CERT) Araştırma Profesörüdür. Martinez-Morales, Kaliforniya Üniversitesi Riverside Kampüsünden (UCR) lisans, yüksek lisans ve doktora dallarında elektrik mühendisliği diploması almıştır. Güncel araştırmaları arasında güneş pilleri, alkali metal piller, yüksek düzeyde entegre yenilenebilir enerji kaynakları, enerji depolama sistemleri ve mikro şebekeler bulunmaktadır. Martinez-Morales, UCR'daki Sürdürülebilir Entegre Şebeke Girişimi'nde (Sustainable Integrated Grid Initiative, SIGI) baş araştırmacıdır ve SIGI akıllı şebeke test yatağı sisteminin ve Güney Kaliforniya'da çoklu mikro şebekelerin mühendislik, izin ve dağıtımına katkıda bulunmuştur.

Çağdaş Dedeoğlu

Çağdaş Dedeoğlu, The Posthuman Lab kurucu direktörü ve *Journal of Posthumanism* kurucu editörüdür. Halen, Yorkville Üniversitesi'nde İnsan ve Toplum Bilimleri dersleri vermektedir. Aynı zamanda Toronto Üniversitesi bünyesinde devam eden posthümanizm ve dijital aktivizm projesinin eş yürütücüsüdür. Bunların yanı sıra, Ontario Tech Üniversitesi'ne bağlı Dijital Yaşam Enstitüsü (Yapay Zekâ Yansımaları Araştırma Birimi), Brock Üniversitesi Posthümanizm Araştırma Enstitüsü ve Eleştirel Din Çalışmaları Merkezi araştırmacısıdır. Proje ve yayınlarına http://www.cagdasdedeoglu.com/ adresinden ulaşılabilir.

Selman Çağman

Dr. Selman Çağman, Kocaeli Üniversitesi Enerji Sistemleri Mühendisliği Bölümü'nde Dr. Öğretim Üyesi olarak görev yapmaktadır. Mesleğinde 16 yılı aşkın hem endüstriyel hem de akademik geçmişe sahip deneyimli bir mühendistir. Biyogaz, anaerobik fermantasyon ve biyokütle projeleri gibi ileri atık arıtma teknolojileri için çeşitli projelerin araştırma ve geliştirmesinden sorumlu olmuştur. Biyogaz prosesi, atıktan enerji üretimi, enerji verimliliği ve enerji tasarrufu fırsatlarının araştırılması konularında birçok bilimsel yayını bulunmaktadır. Kendisi enerji, atıktan enerji üretimi, yenilenebilir enerji üretimi ve enerji verimliliği alanlarında çalışmaktadır. Kendisi şu an University of South Florida (USF) da doktora sonrası çalışmalarını yürütmektedir.

Emre Koyuncuoğlu

Emre Koyuncuoğlu, Boğaziçi Üniversitesi Batı Dilleri Edebiyatı'nı bitirmiştir. Yüksek Lisans'ını İstanbul Üniversitesi Tiyatro Eleştirmenliği ve Dramaturji Bölümü'nde tamamlamıştır. Arkadaşlarıyla 1987'de "Yeşil Üzümler Hareket Tiyatrosu"nu kurmuştur ve 1997'e kadar birçok farklı alanlardan sanatçılarla koreograflar ve performanslar gerçekleştirmiştir. 1997'de Kocaeli Büyükşehir Belediyesi Şehir Tiyatrosunun kuruluşundan 2010'a kadar tiyatronun sanatçı kadrosunda yer aldı. 2010 yılında İBB Şehir Tiyatroları'na yönetmen olarak davet edilen ve halen kadrosunda olan Koyuncuoğlu, İBBŞT'de Çağdaş Gösteri Sanatları Merkezi'ni kurdu ve uluslararası ve disiplinlerarası sahne sanatçıları için birçok atölyenin gerçekleştiği bu merkezin halen yöneticiliğini yapmaktadır. Koyuncuoğlu, 30 yıla yakındır yerel ve uluslararası alanda birçok sanatsal proje gerçekleştirmiş, uluslararası sanatçı bursları kazanmış ve ödüller almıştır. 2017'den itibaren Sakıp Sabancı Müzesi'nde "Müzede Sahne"e başlığı altında her yıl gerçekleşen Gösteri Sanatları Festivali'nin küratörlüğünü yapmaktadır. Halen Koç Üniversitesi'nde "Acting and Drama" ve "World Theatre" derslerini vermekte ve İstanbul Büyükşehir Belediyesi Şehir Tiyatrolarında Genel Sanat Yönetmeni yardımcılığı görevini sürdürmektedir.

Simay Turan

Simay Turan lisans ve yüksek lisans öğrenimini Galatasaray Üniversitesi Fransız Dili ve Edebiyatı Bölümünde tamamlamıştır. Ayrıca İstanbul Üniversitesi Devlet Konservatuvarı bünyesinde 2006-2014 yılları arasında müzik eğitimi almıştır. 2019 yılında başladığı doktora öğrenimi sırasında posthümanizm hareketinin önerdiği bütünleştirici dünya görüşüyle tanışmış ve posthümanizmin sanat ve edebiyatla kesişen çeşitli alanlarında araştırmalar yapmaya başlayarak çeşitli akademik dergilere katkıda bulunmuştur. Yazmakta olduğu doktora tezinde Fransız edebiyatında teknoloji ve posthüman imgelem konularına eğilmektedir. 2017 yılından bu yana Hacettepe Üniversitesi Fransız Dili ve Edebiyatı Bölümünde Araştırma Görevlisi olarak çalışmakta, doktora öğrenimini aynı bölümde sürdürmektedir.

Mahinur Gözde Kasurka

Mahinur Gözde Kasurka 2015-2022 yılları arasında Orta Doğu Teknik Üniversitesi'nde İngiliz Edebiyatı alanındaki doktora çalışmalarını "A Posthumanist Study of the Dystopian Novel: Margaret Atwood's *Oryx and Crake*, Jeanette

Winterson's *The Stone Gods*, David Mitchell's *Cloud Atlas*" başlıklı teziyle tamamlamıştır. Posthümanizm ve distopya/bilimkurgu türleri üzerine çeşitli çalışmalar yürütmekte olan Kasurka on yıldır çeşitli devlet okullarında İngilizce öğretmeni olarak görev yapmaktadır. Ulusal/Uluslararası çeşitli konferanslarda bildiriler sunmuş olan Kasurka posthümanizmin önemli temsilcilerinden Rosi Braidotti'nin 2019 yılında "Posthuman Knowledge(s)" yaz okuluna katılmıştır.

Ayşe Azamet

Ayşe Azamet, Cumhuriyet Üniversitesi'nde El Sanatları Bölümü Mimari Dekoratif Sanatlar Programında doktor öğretim üyesi olarak görev yapmaktadır. Lisans derecesini Samsun Ondokuz Mayıs Üniversitesi Güzel Sanatlar Eğitimi Bölümü'nde, Yüksek Lisans derecesini Sivas Cumhuriyet Üniversitesi Güzel Sanatlar Eğitimi Bölümü'nde, Doktora derecesini Samsun Ondokuz Mayıs Üniversitesi Güzel Sanatlar Eğitimi Bölümü'nden almıştır. Biyosanat alanındaki araştırmalarının odağında biyoteknoloji ve genetik bilimi bulunmaktadır. "Bilim ve Teknoloji Ekseninde Sanatın Paradigmatik Devinimi: Biyo-Sanat" isimli, yükseköğretim kurumları tarafından destekli bilimsel araştırma projesini araştırmacı olarak tamamlamıştır.

Elif Aykanat Özcan

Elif Aykanat Özcan Bilkent Üniversitesi Müzik Sahne Sanatları Fakültesi Oyunculuk Bölümü'nden (2008) mezun olmuştur. 2017 yılında Çağdaş Drama Derneği Yaratıcı Drama Eğitmenliği programını tamamlamıştır. Başkent Üniversitesi Eğitim Bilimleri Enstitüsü Okul Öncesi Öğretmenliği Programı'nda yüksek lisans eğitimini (2018) tamamlamıştır. 2019 yılında başladığı Ankara Üniversitesi Güzel Sanatlar Eğitimi Doktora Programı'nda eğitimine devam etmektedir. Başkent Üniversitesi Eğitim Fakültesi Okul Öncesi Öğretmenliği Programı'nda öğretim görevlisi olarak çalışmalarını sürdürmektedir. Çeşitli animasyonlar ve çizgi filmlerde karakter seslendirmeleri yapmaktadır. Yaratıcı drama, sanat terapisi, sanat eğitimi ve oyun yoluyla müzik eğitimi alanlarında çalışmalarına devam etmektedir.

Yunus Yapalı

Yunus Yapalı, 2007 yılında, Sivas Cumhuriyet Üniversitesi, Eğitim Fakültesi, Müzik Eğitimi Bölümü Lisans; 2015 yılında, Sivas Cumhuriyet Üniversitesi, Eğitim Bilimleri Enstitüsü, Güzel Sanatlar Eğitimi, Müzik Eğitimi Bölümü Yüksek Lisans; 2018 yılında Gazi Üniversitesi, Eğitim Bilimleri Enstitüsü, Drama ve Eğitim ABD Yüksek Lisans programlarından mezun olmuştur. 2019 yılında başladığı Ankara Üniversitesi Güzel Sanatlar Eğitimi Doktora Programı'nda eğitimine devam etmektedir. 1996 yılında Kültür Bakanlığı "Geleneksel Türk Tiyatrosu," 2019 yılında Millî Eğitim Bakanlığı "Anadolu Orff-Schulwerk Elementer Müzik ve Hareket Eğitimi," 2020 yılında Çağdaş Drama Derneğinin Yaratıcı Drama Eğitmenliği ve Hikâye Anlatıcılığı programlarını tamamlamıştır. Sivas Cumhuriyet Üniversitesi, Hafik Kamer Örnek Meslek Yüksekokulu, Çocuk Bakımı ve Gençlik Hizmetleri Bölümü, Çocuk Gelişimi Programı'nda öğretim görevlisi olarak görev yapmaktadır. Erken Çocuklukta Müzik Eğitimi, Erken Çocuklukta Sanat Eğitimi, Erken Çocuklukta Drama Eğitimi, Oyun Gelişimi, Materyal Geliştirme ve Çocuk Edebiyatı derslerini yürütmektedir. Ayrıca, Sanat Eğitimi, Drama, Sanat Terapi, Hikâye Anlatıcılığı, Jeux Dramatique ve Erken Çocukluk Müzik Eğitimi alanlarında çalışmalarına devam etmektedir.

Erden El

Dr. Öğr. Üyesi Erden EL Ankara Üniversitesi Dil ve Tarih Coğrafya Fakültesi'nden İngiliz Dili ve Edebiyatı lisans diploması ve Ankara Üniversitesi Eğitim Bilimleri Fakültesi'nden İngilizce Öğretmenliği Sertifikası almıştır. Atılım Üniversitesi İngiliz Dili ve Edebiyatı bölümünden yüksek lisans derecesini elde eden Erden El, Hacettepe Üniversitesi Amerikan Kültürü ve Edebiyatı bölümünde doktorasını tamamlamıştır. 2015 senesinde Yurt Dışı Öğretmenlik Sınavı'nı kazanarak 2021'e kadar Almanya'da Türkçe ve Türk Kültürü öğretmenliği yapmıştır. Biri Avusturya ikisi Almanya olmak üzere üç adet bilimsel toplantıda bildiri sunmuş ve altı adet makale yayınlamıştır. Başlıca araştırma konusu ekoeleştiridir. Halen Ankara Sosyal Bilimler Üniversitesi İngiliz Dili ve Edebiyatı bölümünde Dr. Öğretim Üyesi olarak görev yapmaktadır.

Yunus Tuncel

Yunus Tuncel Nietzsche Circle'in kurucularından olup yılda iki kere çıkan online dergi *The Agonist*'in de editörüdür. Doktorasını New School for Social Research de tamamladıktan sonra New York Üniversitesi'nde ders vermeye başlamıştır ve halen de orada çalışmaya devam etmektedir. Farklı alanlarda birçok makale yayınlamış ve dünyanın farklı yerlerinde konferanslarda sunumlar yapmıştır. Tuncel şu kitapların yazarıdır: *Towards a Genealogy of Spectacle* (Eye Corner Press, 2011), *Agon in Nietzsche* (Marquette University Press, 2013), *Emotions in Sport* (Routledge, 2019), *Emotions in Nietzsche* (Schwabe, 2021) ve *Nietzsche and Transhumanism* (Cambridge Scholars Publishing, 2017) antolojisinin editörüdür. 2010'dan beri ABD'de ve uluslararası alanda posthümanizm üzerine araştırma yapmakta ve posthümanistler ile çalışmaktadır. New York Posthuman Research Group'un kurucu üyelerinden ve *Journal of Posthumanism*'in kurucu editörlerindendir. Ayrıca spor felsefesi, performans felsefesi ve müzik felsefesi üzerine çalışmaları vardır. Genel olarak araştırma ilgi alanları şunları kapsamaktadır: sanat, rekabet (rekabet kültürü), kültür, mit, müzik, güç (güç ve iktidar teorileri), suç ve ceza teorileri, görüntü, spor, performans ve tiyatro. Disiplinlerarası kültürlerde sanat ve felsefenin belirli kültürel bağlamlarda nasıl etkileşime girdiği ile ilgilenmekte ve Philomobile adlı peripatetik bir projeye devam etmektedir.

Emine Aydoğan

Emine Aydoğan Atatürk Üniversitesi Edebiyat Fakültesi Felsefe Bölümünden mezun olmuştur. 2013 yılında Atatürk Üniversitesi Edebiyat Fakültesi Felsefe bölümünde Araştırma Görevlisi olarak başlamıştır. 2003 yılında yüksek lisansını "Descartes Metafiziğinin Temel Problemleri" başlıklı tezini tamamlayıp aynı yıl doktora öğrenimine başlayan Aydoğan 2019 yılında doktorasını "Alain Badiou'-nun Hakikat Teorisi ve Etiği" başlıklı teziyle tamamlamıştır. 2021 yılında Doktor Öğretim Üyesi olan Aydoğan halen Erzurum Atatürk Üniversitesi Edebiyat Fakültesi Felsefe Bölümünde öğretim üyesi olarak görev yapmaktadır.

Sadık Toprak

Sadık Toprak, İstanbul Üniversitesi, İstanbul Tıp Fakültesi, Adli Tıp Anabilim dalında Prof. Dr. Öğretim Üyesi olarak görev yapmaktadır. Çocuk ve kadın istismarı konularında çok sayıda çalışması olan Sadık Toprak, halen ulusal ve uluslararası düzeyde, çeşitli projelerde görev almaktadır. Özellikle kadına yönelik şiddet konusunda uluslararası kuruluşlarda çalışmalarını sürdürmektedir. Sadık Toprak aynı tür kimyasal silahların antemortem ve postmortem teşhisi konusunda çok sayıda ulusal ve uluslararası projede çalışmış ve halen çalışmaktadır. Hem kadın ve çocuğa yönelik şiddet hem de kimyasal silahlar konusunda çok sayıda, yayın, konuşma ve eğitim yapmıştır.

Melike Şahinol

Melike Şahinol (Dr. rer. Soc.), Max Weber Vakfı'na bağlı Orient-Institut İstanbul'da "İnsan, Tıp ve Toplum" araştırma alanının yöneten kıdemli araştırmacıdır. Şahinol, Universität Duisburg-Essen'de sosyoloji, siyasi bilimler ve psikoloji okumuştur. 2015 yılında Eberhard-Karls Universität Tübingen'de sosyoloji dalında doktorasını tamamlamıştır. Eberhard-Karls Universität Tübingen, DFG-Graduiertenkolleg Bioethik'ten aldığı üç yıllık bir burs ile nörobilim uygulamaları ve teknikleri, ağırlıklı olarak da bedensel engelli hastalarda beyin-bilgisayar arayüzleri üzerine araştırma yapmıştır. Bu doktora çalışması ile ilişkili olarak nörobilim ve nöroteknolojik konularında yürütülen pek çok uluslararası araştırma projesine katılmıştır ve hastanelerde, laboratuvarlarda ve çeşitli beyin ameliyatlarında etnografik araştırmalar gerçekleştirmiştir. Şahinol'un aldığı pek çok araştırma bursu arasında Harvard University, Kennedy School of Government'tan aldığı burs da yer alıyor. Araştırma alanları Teknoloji, Beden ve Tıp Sosyoloji ve Sakatlık Teknobilimi (Crip Technoscience)'dır. Bu alanları bilhassa İnsan Geliştirme (Human Enhancement) ve posthümanizm perspektifle araştırmaktadır. Şu anki projesi olan "Eklemeli Üretim: Çocuklukta Olanak Sağlayan Teknoloji" teknolojik-fix mantığının ötesinde çocuklar için 3D baskılı protezlerin gelişimini bir Sakatlık Teknobilimi perspektifinden analiz etmektedir. Diğer projelerde, örneğin tıbbileştirilmiş erkeklikleri feminist posthümanizm bakış açısıyla incelemektedir. Şahinol'un devam eden ve biten projelerinin detayları bu web sitesinde mevcuttur: https://melikesahinol.wordpress.com/ Şahinol Bilim ve Teknoloji Çalışmaları Türkiye Araştırma Ağı'nın (STS TURKEY) kurulmasına öncülük etmiştir. 3-4 Ekim 2017 tarihinde OII'de gerçekleştirilen kurucu toplantısı koordinatörlerinden biri olan Şahinol, STS'i Türkiye'deki genç akademisyenleri desteklemek için daha şeffaf ve kapsayıcı hale getirmek için çeşitli konferanslar ve STS atölyeleri düzenlemiştir. Türkiye'de STS'nin yayılmasına katkı sağlamaya devam etmektedir.

Muhsin Yanar

Muhsin Yanar 2013 yılında İstanbul Aydın Üniversitesi İngiliz Dili ve Edebiyatı Bölümü'nden "Kitle İletişim Araçlarının Yabancı Dil İngilizce Öğrenen Öğrencilerin Konuşma Becerileri Üzerindeki Etkisi" başlıklı teziyle yüksek lisans derecesini almıştır. 2018 yılında, aynı üniversitede, İngiliz Dili ve Edebiyatı Bölümü'nden "Don DeLillo'nun *Americana*, *Great Jones Street* ve *White Noise* adlı eserlerinde Teknokültür ve Hipergerçeklik" başlık teziyle doktora derecesini almıştır. Yanar, *Don DeLillo ve Meta-İnsan: Çağdaş Amerikan Romanında Metalaşma* (2021) isimli kitabın yazarıdır. Ayrıca Posthümanizm Serisi'nin hem ilk kitabı *Edebiyatta Posthümanizm* hem de ikinci editöryal kitabı olan *Çokdisiplinli Çalışmalarda Posthümanizm*'in de redaktörlüğünü üstlenmiştir. 2013'ten beri ulusal ve uluslararası çeşitli dergi ve kitaplara yazar, hakem ve redaktör olarak katkıda bulunan Yanar, Sabancı Üniversitesi'nde Doktor Öğretim Görevlisi olarak "Edebiyatın Büyük Eserleri," "Edebiyatın Büyük Eserleri: Modern Öncesi Dönem" dersleri vermiştir. Yanar, Ağrı İbrahim Çeçen Üniversitesi'nde Doktor Öğretim Üyesi olarak çalışmakta ve Söylev Analizi, Anlambilim dersleri vermektedir. Aynı üniversitede Çağdaş İngiliz ve Amerikan Edebiyatı, Posthümanizm, Transhümanizm, ve toplumsal cinsiyet üzerine çalışmalarına devam etmektedir.

Burak Taşdizen

Burak Taşdizen Lisans ve yüksek lisans eğitimimi Orta Doğu Teknik Üniversitesi Endüstri Ürünleri Tasarımı Bölümü'nde tamamlamıştır. Örgü deseni ve becerisini çevreleyen mikro-ekonomilere odaklanarak, bir kadın örgü topluluğu üzerine bir örgü pratiği etnografisi yazdı. 2016-2019 yılları arasında Özyeğin Üniversitesi Endüstri Ürünleri Tasarımı Bölümü'nde Araştırma Görevlisi olarak çalışmış ve lisans tasarım stüdyosunda ders vermiştir. 2020-2022 yılları arasında bir Alman beşerî bilimler kuruluşu olan Max Weber Vakfı'nın Orient-Institut İstanbul'da proje koordinatörü ve araştırma görevlisi olarak çalışmaktadır.

Yasin Yeşilyurt

Maltepe Üniversitesi Radyo-TV-Sinema bölümünden 2003 yılında mezun olmuştur. Avustralya Monash Üniversitesinde Akademik İngilizce, New York Film Akademisinde Film Yapım eğitimi almıştır. Türkiye'ye döndükten sonra bir süre Video Kurgu Operatörü olarak çalışmıştır. Çeşitli eğitim kurumlarında radyo programcılığı, kısa film ve senaryo dersleri vermiştir. 2012 yılında Maltepe Üniversitesi İletişim Anabilim Dalında başladığı doktora eğitimini "Posthümanizm ve Bilimkurgu Sineması" başlıklı teziyle 2017 yılında tamamlamıştır. 2019-2021 yılları arasında İstanbul Yeni Yüzyıl Üniversitesi Radyo-TV-Sinema Bölümünde Dr. Öğretim Üyesi olarak görev yapmıştır. Katıldığı uluslararası konferanslar, hakemlikler ve yayınlarıyla posthümanizm çalışmalarına katkı vermeye devam etmektedir.

Şafak Horzum

Şafak Horzum, lisans (2010), yüksek lisans (2015) ve doktora (2022) derecelerini Hacettepe Üniversitesi, İngiliz Dili ve Edebiyatı'ndan almış olup Ankara Bilim Üniversitesi'nde öğretim görevlisi olarak çalışmaktadır. Horzum, Erasmus+ programı kapsamında Eylül 2016-Şubat 2017 arasında Lizbon Üniversitesi, Portekiz'de, Fulbright bursu ile de Ağustos 2019-Temmuz 2020 arasında Harvard Üniversitesi, ABD'de misafir araştırmacı olarak çalışmalarını yürütmüştür. Horzum, 2016 yılında Oya Baydar'ın *Çöplüğün Generali* romanı çevirisi ile ASLE'nin (Association for the Study of Literature and Environment) çeviri hibesi almıştır. 2021 yılında Münster Üniversitesi'nin (Ehrenpreis Centre for Swift Studies, Almanya) seyahat ödülünü alan Dr. Horzum, akademik çalışmalarına, fantezi kurgusunda posthüman öznelik, toplumsal cinsiyet, erkeklik, hiciv ve mizah alanlarında devam etmektedir.

Ömer Faruk Peksöz

Kocaeli Üniversitesi Batı Dilleri ve Edebiyatları Bölümü, İngiliz Dili ve Edebiyatı Anabilim Dalında Araştırma Görevlisi olarak görev yapmakta olan Ömer Faruk Peksöz İngiliz Edebiyatı doktora tezini İngiliz modernist romanında ses ve siyaset ilişkisi üzerine yazmaktadır.

ÖNSÖZ: *POSTHÜMAN/LAR/İZM/LER*

Sidney I. Dobrin

> Yaklaşan posthümanizm hakkında bir seçeneğimiz var gibi görünmüyor; o zaten olmak üzere.
>
> — Cary Wolfe, *Critical Environments: Postmodern Theory and the Pragmatics of the "Outside"*

> Bilgisayar ekranlarında aşağıya doğru kayan titreşen göstergelere bakarken, göremediğiniz bedenlenmiş varlıklara hangi kimlikler atarsanız atayın, zaten posthüman olmuşsunuz demektir.
>
> — N. Katherine Hayles, *How We Became Posthuman: Virtual Bodies in Cybernetics, Literature, and Informatics*

> Posthümanizmin görevi, işlerin ters gitmeye başladığı o tekinsiz anları ortaya çıkarmak, hümanizmi belirli bir şekilde, kendisine ve özüne karşı okumaktır.
>
> — Neil Badmington, "Theorizing Posthumanism"

Cixin Liu'nun ödüllü spekülatif kurgu üçlemesinin ikinci kitabı *Karanlık Orman*'da (*The Dark Forest* 2008), insanların koşullar nedeniyle Dünya'dan göç etmeye zorlandığı provokatif bir an vardır. İnsanlığın Dünya'dan Dünya dışındaki yerleşim alanlarına bu geçiş öngörüsünde, karakterlerden birçoğu, insanların insanlıklarını tanımlayan yerlerden uzaklaştırmanın psikolojik potansiyeline gönderme yapar:

"Gerçekten. İnsanlık daha önce hiç böyle bir psikolojik ortamla karşılaşmamıştı."

"Evet. Bu ortamda insan ruhu kökten değişecektir. İnsanlar... dönüşecekler." Birdenbire sustu ve gözlerindeki hüzün kayboldu, yağmur durduktan sonra geride bulutlarla kaplı bir gökyüzü gibi sadece kasvetli bir ifade bıraktı.

"Bu yeni çevrede insanların yeni insanlar olacağını mı kastediyorsunuz?"

"Yeni insanlar? Hayır, Yarbay. İnsanlar... insan-olmayana dönüşecekler" (447).

İnsan-olmayana dönüşme fikrini ortaya koyan karakter daha fazla açıklık getirir: "Eski anlamda insan olmayacağız demek istiyorum" (447) Liu'nun üçlemesinin uçsuz bucaksızlığındaki bu kısa an, bir kişiyi, bir insanı neyin oluşturduğu fikrini ve bu insan, insanlık tanımlarının parçalarının bizim karaya ait konumumuza, insan olmanın ne anlama geldiğine dair inşalarımızla aynı anda inşa ettiğimiz yerlerin algısına doğal olarak bağlı olup olmadığı fikrini sorgulamaya çağırır.

Liu'nun bir insanı, bir kişiyi neyin oluşturduğuna dair ikilemi, post-beşeri bilimler projesinin ve bir posthümanın ne olabileceği, veyahut yazımın en başındaki iki epigrafta hem Cary Wolfe hem de N. Katherine Hayles'in ifade ettiği gibi, halihazırda hangi posthümanlara dönüştüğümüz algısının merkezini oluşturmaktadır.

Post-beşeri bilimler ve posthüman, elbette, kavramsal bir anlayış ve bedenleşmiş bir varoluş olarak insan hakkında temelde felsefi meselelerdir. Posthümanı neyin oluşturduğuna ilişkin sorular, insan vücudunun ne olduğunun ve teknolojik olarak değiştirildiğinde insani olmanın ne olduğunun temel tanımını sorgulama eğilimindedir. Benzer şekilde, emsal araştırmalar insan vücudunun öznelliği ve eyleyiciliği ile insan-olmayan hayvan bedenleri ve teknolojik bedenler gibi diğer bedenlerle ilişkisini araştırır. Bu sorular, hayvan duyarlılığının ve insan önceliğinin tanınması örneğinde olduğu gibi, posthüman sorgulamanın insan olmayan ötekinin öznelliğini de hesaba katmasına izin verir. Posthümanizm hakkındaki sorular, bedenleşme ve eyleyicilik sorununun ötesinde, hümanizmin ne olduğuna ve hümanist araştırma fikrini nasıl inşa ettiğimize dair daha geniş kavramlara uzanır.

Yine de, bu fikirlerle ilgili artan entelektüel araştırmaya rağmen, bu kavramlar—posthüman ve posthümanizm—tartışmaya açıktır ve somut olarak ele alınması zordur. Bu tür zorluklar—felsefi, entelektüel ve materyal—bu iki kavramın ne anlama geldiği konusunda çok az anlaşma olduğu gerçeğinden büyümektedir. Birçok posthümanizm/ler vardır. Bu uyumsuzlukta ilginç olan şey, posthüman veya posthümanizm denen bir şeyin olabileceği gerçeğidir. Posthüman düşünce alanının—sibernetik, bilişim, genetik, mühendislik, tıp, uluslararası ilişkiler, felsefe, tiyatro performans dansları, sinema, biyosanat ve edebiyat çalışmaları gibi—bu çalışmanın da birkaçına değindiği birçok farklı disipliner bakış açısından kaynaklandığı göz önüne alındığında, posthüman veya posthümanizminin ne olduğuna dair merkezi bir kavram hususunda henüz ikna edici bir anlaşma yoktur. Örneğin, posthümanın varsayımsal, kaçınılmaz veya gerçekleşmiş olup olmadığı veya var olan posthümanın potansiyel veya risk olup olmadığı konusunda bir anlaşma yoktur. Ve *Çokdisiplinli Çalışmalarda Posthümanizm* kesinlikle bu tanımları desteklemese de, içeriğindeki araştırmalar bu kavramların ne anlama gelebileceğini aydınlatmaya ve posthüman durumumuzu ortaya çıkarmaya yardımcı olmaktadır.

Posthüman fikri, öncelikle posthümanizmden farklı olarak algılanmalıdır. Posthümanizm (indirgeyici bir şekilde) klasik ve aydınlanma hümanizmine karşı felsefi bir tepki olarak düşünülebilir. Posthümanizmdeki çoğu düşünce hümanizme bağlı rasyonalizmi reddetmezken, posthümanizm özerk düşünürün rolünü eleştirir ve insan düşüncesini dünyanın bilindiği veya tanımlandığı bir yol olarak değil, kusurlu olarak görür. Pek çok posthümanizm, insanları diğer türlerden üstün olarak değil, diğer türler kadar işlevli olarak yeniden düzenlemeye çalışır; dolayısıyla, posthümanizm insanlığı ve doğa üzerindeki etik üstünlüğü reddeder ve daha da önemlisi, biyolojik, ekolojik, teknolojik veya diğer kapsamlı sistemlerin üzerinde veya dışında faaliyet göstermez (örneğin bkz. Haraway *Türler Buluştuğunda*). Yani, posthümanizm doğası gereği insan önceliğine karşıdır. Bu bakımdan, posthümanizmin kendisi bir etiktir.

Pek çok posthümanist düşünce, insan olma durumunu değiştiren teknolojik koşulların kullanılmasından gelişir. Bu koşullar, dış teknolojik kaynaklardan empoze edilir veya uyarlanır. Posthümanizm, genetik manipülasyon, sibernetik, yapay zekâ, psikotropik ilaçlar ve diğer biyoteknik gibi araştırmaların insana dayattığı değişikliklerden—tetiklenmediği takdirde—etkilenir. Nihayetinde, posthümanizm, teknoloji ile bazı etkileşimlerin getirdiği temel insan değişimini bir tür yöndemsiz anlayışıyla tanımlanır: biyolojik, elektrik/dijital veya kimyasal (örneğin, farmasötik). Cary Wolfe'un *Posthümanizm Nedir?* adlı dikkate şayan kitabında açıkladığı gibi "posthümanizm, insanın teknik, tıbbi, bilişim ve ekonomik ağlara karışmasıyla merkezsizleşmesinin giderek görmezden gelinmesinin imkânsız olduğu tarihsel bir anı adlandırır" der (xv). Yine de, bazılarının insanın teknoloji ile etkileşimini özellikle insanı insan-olmayandan farklı olarak tanımlayan ve insan olmanın ne anlama geldiğinin birincil özelliği olarak gördüğüne dikkat edilmelidir (örneğin bkz. Andy Clark'ın *Doğuştan Siborglar: Zihinler, Teknolojiler ve İnsan Zekasının Geleceği*). Genellikle "posthüman durum" olarak irdelenen posthümanizm, çok sayıda bakış açısıyla değerlendirilen bir konudur; posthümanizmin disiplinlerarasılığı, onun temel özelliklerinden biri olarak yer almaktadır. Özellikle, postmodern edebiyat eleştirmeni Ihab Hassan, posthümanizm tartışmalarının başlangıç noktası olarak sıklıkla anılır; "Bir Sanatçı Olarak Prometheus: Posthümanist Bir Kültüre Doğru" eserinde ortaya koyduğu iddia şöyledir: "Öncelikle insan formunun—insan arzusu ve tüm dış temsilleri dahil olmak üzere—kökten değişebileceğini ve dolayısıyla Hümanizmin kendisini çaresizce posthüman olarak adlandırmamız gereken bir şeye dönüştürdüğü için insan formunun da bir sona yaklaşıyor olabileceğini anlamamız gerekiyor" (205). Bu değişikliğin ne olduğu/olabileceği disipliner bakış açısına bağlıdır. İşte tam da bu nedenle *Çokdisiplinli Çalışmalarda Posthümanizm* gibi çalışmaların, posthümanla ilgili devam eden disiplinlerarası araştırma için neden gerekli olduğu göstermektedir.

Posthümanizmin ne olduğu konusundaki anlaşmazlıklar içinde, Bart Simon tarafından "popüler ve daha eleştirel bir posthümanizm" (2) ve N. Katherine Hayles tarafından "kendinden memnun bir posthümanizm" ve daha eleştirel bir posthümanizm arasında verimsiz bir ayrım olarak nitelendirilen bir bölünme vardır. Simon'a göre, posthümanizme popüler yaklaşım, Francis Fukuyama'nın 2002 tarihli *İnsan Ötesi Geleceğimiz: Biyoteknoloji Devriminin Sonuçları* kitabında örneklenmiştir. Fukuyama, "çağdaş biyoteknolojinin yarattığı en önemli tehdidin, insan doğasını değiştirme ve böylece bizi tarihin bir 'posthüman' aşamasına taşıma olasılığı olduğunu" savunur (7). Fukuyama'ya göre bu önemlidir çünkü "insan doğası vardır, bu anlamlı bir kavramdır ve bir tür olarak deneyimlerimize istikrarlı bir süreklilik sağlamıştır" (7). Fukuyama'nın argümanı, Simon'ın tanımladığı gibi, "çağdaş kültürlerin müdahelesiz bireyselciliğine (laissez-faire individualism) ve düzenlenmemiş kolektif teknobilimlerine karşı liberal hümanizmin ateşli bir savunmasıdır" (1). Christopher Dewdney'nin *Son Beden: Transhüman Çağında Yaşam* eserinden alıntı yapan Simon, popüler posthümanizmi şöyle özetler: "[Y]aşamın evriminde bir sonraki aşamanın, insan eyleyiciliğiyle ile yaşamın kendi kontrolünü ele aldığı ve kendi kaderini yönlendirdiği, eşiğindeyiz. İnsan yaşamı daha önce hiçbir zaman kendini değiştirememiş, kendi genetik yapısına ulaşmamış ve moleküler temelini yeniden düzenleyememiştir; şimdi artık müdehalesizce düzenlenebilir (1)" (akt. Simon 2). Simon'un belirttiği üzere,

> Bu popüler posthümanist (bazen transhümanist) söylem, kolektif biyoteknoloji ve bilişimin çoğunun araştırma gündemlerini yapılandırır ve aynı zamanda temelde akışkan, esnek ve değişken kimliklerden oluşan yeni sosyal varlıklar (siborglar, yapay zekâ ve sanal toplumlar) için meşrulaştırıcı bir anlatı olarak hizmet eder. Popüler posthümanizm için gelecek, bireyselliğin gerçekleşmesi, biyolojik sınırların aşılması ve yeni bir toplumsal düzenin yaratılması için bir alandır" (2).

Öte yandan, Jill Didur'un "Tekno-bilimsel Fantezilerin Yeniden Vücut Bulması: Posthümanizm, Genetiği Değiştirilmiş Gıdalar ve Yaşamın Kolonizasyonu" makalesinde daha eleştirel bir posthümanizmi açıklar: "[D]aha radikal bir posthümanizm nosyonu, günümüzde biyoteknoloji araştırmalarının teorisine/ pratiğine yönelik özünde bedensiz bir sömürgeci tutumu eleştirmek için bir temel olarak hizmet edebilir" (100). Didur'un daha eleştirel, daha radikal posthümanizmi, yalnızca çeşitli hümanizmleri değil, aynı zamanda posthümanizme yönelik popüler yaklaşımları da sorgular. Teoriden daha fazlasını talep eden teori sonrası hareketler gibi, eleştirel/radikal posthümanizm de posthümanizmden daha fazlasını talep eder. Örneğin Simon, Fukuyama'nın *İnsan Ötesi/Sonrası Gelece-ğimiz*'i popüler bir hümanist metin olarak eleştirir, insansonrası kaygılarla olan önemli ilişkisine dikkat çeker, ancak herhangi bir ciddi müdahale sağlamak için eleştirel katılımdan yoksundur. Simon ve Didur'un başlattığı posthüman içine eleştirel müdahalenin türü Catherine Waldby tarafından "'insan' ve 'insan-olmayan' kategorilerinin istikrarını hem üreten hem de baltalayan tekno-kültürel güçlerin içinde yaşayabileceği genel bir eleştirel alan olarak" tanımlanmaktadır (43) (akt. Simon 3). Posthümanizmdeki herhangi bir çalışmanın merkezinde Simon'ın da işaret ettiği gibi, "eyleyicilik, kimlik, güç ve direniş sorunları üzerindeki geleneksel yansımaları" (3) gibi insan öznesi sorunu vardır. Post-modernizmin Aydınlanma düşüncesi tarafından iletilen tekil, tanımlanabilir, özerk, rasyonel özneyi sorguladığı gibi, posthümanizm de istikrarsız, olumsal ve akışkan postmodern özneyi sorgulamıştır.

Posthümanizmi posthümandan ayırt etmek için, posthümanı, posthümanist düşüncenin ilgi nesnesi olarak düşünebiliriz. Posthüman, insanın ötesindedir; insanı aşar. Bazıları—Dünya Transhümanist Topluluğu gibi—posthümanı, artık insan olarak tanınmayacak kadar insanın kapasitesini aşıyor olarak görüyor; burada vurgu insandan fazla olma, aşma kavramı üzerindedir. Bazıları için, posthümanizm, insan evrimini yönetmenin bir yöntemi olarak teknolojik güçlendirme yoluyla insan deneyiminin proaktif olarak iyileştirmesini teşvik eder. Bazı posthümanistler, teknoloji aracılığıyla insan varoluşunun bir sonraki aşamasını tasarlayabileceğimizi savunurlar. Bu görüşlerin çoğunda posthüman varsayımsal bir varlıktır, ideal olarak elde edilebilecek bir şeydir. Bununla birlikte, bu tür olasılık tanımları, gelişmeyi kastettiği için aşma içermesinde/çıkarımında sorunludur. Daha az bir ölçüde, aşmayı, belirli bir bağlam olmaksızın ne olumlu ne de olumsuz çağrışımlar yükleyemediğimiz kapasiteyi aşma, büyüme, genişleme gibi doğrusal olmayan bir uzamsal büyümeyi kastetme olarak anlayabiliriz. Gelişme olarak aşmaya yönelik insanın manipülasyonu, çoğu zaman, üstüninsandaki gibi yapılara dayandırıldığı ve üstünlük imalarıyla işlendiği için eleştirilir. Fukuyama'nın bilgi teknolojileri ve biyomühendislikle tasarlanmış yaşam yoluyla kontrol vizyonu gibi diğer tanımlar, posthümanizme geçişi kıyamet, insanlık kaybı veya insan karşıtı olarak görmektedir. Neil Badmington gibi diğerleri ise, posthümanizmi Francis Lyotard'ın postmodernizmi modernizmin bir ölçüsü olarak veya Badmington'un argümanında hümanizmin bir ölçüsü olarak ele aldığı gibi görmektedir. Posthüman, insan olma durumunu, posthümanın artık insanla aynı özellikleri taşımadığı veya insan olarak kabul edilebilecek özelliklere ek özellikler varsaydığı teknoloji aracılığıyla dayatılan—öncelikle elektronik/dijital, biyolojik ve kimyasal/farmasötik—yeni koşullar olarak düşünülebilir ve varsayılabilir. Dönüşüm, Fukuyama'nınki gibi bazı post-hümanist metinler tarafından olumsuz, potansiyel olarak insanın temel özelliklerini korumak için kaçınmamız gereken bir kıyamet gibi okunabilir, diğerleri için, insanların bir sonraki evrimsel adımının potansiyelini (örneğin, Pepperell'e bakınız), olasılığını (veya bazı durumlarda elde edilenleri) kasteder. Ancak, N. Katherine Hayles'in yazdığı gibi, "posthüman," "geçmişte kıyamet kopuşu olarak tasvir edilmemelidir. Daha ziyade, posthüman örtüşen bir yenilik ve tekrar ilişkisi içinde var olur" ("Sonsöz" 134). Bu tür değişiklikler, kasıtlı ve kasıtsız genetik mühendisliği—örneğin, genetiği değiştirilmiş süt ürünlerinin uzun süreli tüketilebilmesi veya kimyasal toksinlere uzun süreli maruz kalması—veya farmakolojik veya psikotropikfarmakolojik terapi gibi teknolojik müdahaleler tarafından gerçekleştirilen dönüşümlerde tanımlanabilir. Benzer şekilde, ağ bağlantılı uzay veya kullanıcıları bilgi alışverişi sistemlerine bağlayan giyilebilir/taşınabilir cihazlar gibi bilgi teknolojisi müdahaleleri, insanı Donna Haraway'in siborg, Bruno Latour'un melez kavramı, hatta belki de Pierre Teilhard de Chardin'in noosfer kavramına daha çok benzetir. Posthüman öznelliği anlamanın merkezinde yer alan eleştirel posthümanizm, posthümanı, kimlikleri sürekli olarak değiştirebilecek varlık olarak anlar. Deleuze ve Guattari'den ödünç alacak olursak poshüman, süreğen bir oluş halindedir. Posthümanın kendisini böyle bir durumda nasıl bulduğu, posthümanizm çalışmasının merkezindedir ve bu kitabın da sunduğu eleştirel bir yaklaşımıdır. Nihayetinde, posthümanizmin inceleme nesnesi posthüman iken, posthüman yaratmanın merkezi posthümanist bir sorgusu olduğunu söylemek daha doğru olabilir.

İnsanları posthümana dönüştürmede birincil katalizör olarak önerdiğim teknolojik ilerlemeler, ilk başta beden tarafından kabul edilen veya bedene dayatılan değişiklikler gibi görünüyor. Ancak, genel insan deneyiminin dönüştüğü ölçüde zihinsel ve felsefi değişimlerin tümünü kapsayan posthüman deneyimi, bedeni aşar. Hayles'in *Nasıl Posthüman Olduk: Sibernetik, Edebiyat ve Bilişimde Sanat bedenler* (1999) eseri, posthüman ile ilgili birincil araştırmalarından biri olarak zihin/beden ikiliğinin tarihini ve bedensizleşme sorununun izini sürer. Hayles'in bilimsel eleştirel posthümanizmi, insanın yerini almak üzere tasarlanmış, kasıtlı olarak değiştirilmiş bir insan zihni/bedeni olarak posthüman hakkındaki bilimkurguvari konuşmalarının çoğunu fazlasıyla aşar. Pek çok popüler posthümanist, siborg yaratmak için insana dahil edilen protez cihazlar, beyin büyütmeleri veya depresyon gibi zihinsel kısıtlamaları maskelemek veya ortadan kaldırmak için farmasötik müdahaleler gibi teknolojik vücut geliştirmeleri yoluyla amplifikasyonu savunurken, diğerleri, aynı müdahaleleri potansiyel olarak sadece insan deneyimini değil, aynı zamanda insan ömrünü uzatan müdahaleler olarak görmektedir. Ray Kurzweil gibi bazıları ise, bu tür vizyonları, farmasötik ve biyoteknolojik yer değiştirme yoluyla veya hatta bilinç yükleme olasılığı yoluyla ölümsüzlük derecesine kadar genişletir; ki bu ise insan düşüncesi ve bilinci ölçülebilir ve bilgisayar hafızaları gibi diğer barınma bedenlerine aktarılabilir, bu da bireye sürekli sonsuz yükleme olasılığına izin vererek, çekirdek bilinci "canlı" tuttuğunu öne süren bir fikirdir. Bu mutasyonlar genellikle insan tarafından posthümana ulaşmanın bir yolu olarak verilen bilinçli kararlar olarak biçimlendirilir. Posthümanizm ve öznelliğe ilişkin retoriğin çoğu, posthümana geçişin bir seçim meselesi olmadığı—bazıları daha doğrudan dönüşmeyi seçebilse de—bunun yerine ağ bağlantılı toplumların mevcut koşullarının bir fenomeni olduğu fikri etrafında döner. Bir süredir "ırk"ın bir inşa olduğunu ve biyolojik, materyal bir şekilde gerçekten var olmadığını kabul ettik. "İnsan" da benzer şekilde tarihi, kültürel, coğrafi, ekolojik ve ağ bağlantılı konumlarda inşa edilmiştir. Bu konumlar değiştikçe, Liu'nun insan olmayan kavramının aydınlattığı gibi "insan" da değişir.

Belki de, yine de, Liu'nun insan-olmayan kavramı ve posthümanizmin posthüman hakkındaki daha kapsamlı sorgusu, posthümananın insanı neyin oluşturduğuna dair gerçek bir araştırmadan ziyade, insanın tarihsel inşasının ve istisnailik, öncelik ve dışlama tehlikeleriyle kazınmış olarak insan teriminin kastedilen anlayışının esas bir eleştirisidir. Yani, insanı kesintiye uğratmanın ve yeniden düzenlemenin posthümanist gündeminde bile, insan anlatıları gibi ana anlatıları bozmak, devirmek ve yeniden yazmak çok daha zor olduğundan, yine de insan araştırmanın merkezinde kalır.

Kaynakça

Badmington, Neil. "Theorizing Posthumanism." *Cultural Critique*, no 53, 2003, ss. 10-27.
Clark, Andy. *Natural-Born Cyborgs: Minds, Technologies, and the Future of Human Intelligence.* Oxford UP, 2003.
Derrida, Jacques. *The Post Card: From Socrates to Freud and Beyond.* U of Chicago P, 1987.
Didur, Jill. "Re-embodying Technoscientific Fantasies: Posthumanism, Genetically Modified Foods, and the Colonization of Life." *Cultural Critique*, no 53, 2003, ss. 98-115.
Fukuyama, Francis. *Our Posthuman Future: Consequences of the Biotechnology Revolution.* Farrar, Straus, and Giroux, 2002.
Haraway, Donna J. *When Species Meet.* University of Minnesota Press, 2007.
Hassan, Ihab. "Prometheus as Performer: Toward a Posthumanist Culture." *Performance in*

Postmodern Culture, eds. Michel Beramou and Charles Caramello. U of Wisconsin P, 1977, ss. 201-217.

Hayles. N. Katherine. *How We Became Posthuman: Virtual Bodies in Cybernetics, Literature, and Informatics*. U of Chicago P, 1999.

---. "Afterword: The Human in the Posthuman." *Cultural Critique*, no 53, 2003, ss. 134-137.

Latour, Bruno. *We Have Never Been Modern*. Harvard UP, 1991.

Liu, Cixin. *The Dark Forest*. Tor Books, 2008.

Pepperell, Robert. *The Post-Human Condition*. Intellect, 1997.

Simon, Bart. "Introduction: Toward a Critique of Posthuman Futures." *Cultural Critique*, no 53, 2003, ss. 1-9.

Soja, Edward W. *Thirdspace: Journeys to Los Angeles and Other Real-and-Imagined Places*. Blackwell, 1996.

Waldby, Catherine. *The Visible Human Project: Informatic Bodies and Posthuman Medicine*. Routledge, 2000.

Wolfe, Cary. *Critical Environments: Postmodern Theory and the Pragmatics of the "Outside."* U of Minnesota P, 1998.

---. *What is Posthumanism?* U of Minnesota P, 2010.

FOREWORD: POSTHUMAN/S/ISM/S

Sidney I. Dobrin

> It is not as if we have a choice about the coming posthumanism; it is already upon us.
>
> — Cary Wolfe, *Critical Environments: Postmodern Theory and the Pragmatics of the "Outside"*

> As you gaze at the flickering signifiers scrolling down the computer screens, no matter what identifications you assign to the embodied entities that you cannot see, you have already become posthuman.
>
> — N. Katherine Hayles, *How We Became Posthuman: Virtual Bodies in Cybernetics, Literature, and Informatics*

> The task of posthumanism is to uncover those uncanny moments at which things start to drift, of reading humanism in a certain way, against itself and the grain.
>
> — Neil Badmington, "Theorizing Posthumanism"

There is a provocative moment in Cixin Liu's *The Dark Forest (2008)*, the second book in Liu's award-winning speculative fiction trilogy when humans are forced by circumstance to migrate off the Earth. In anticipation of this shift of humanity from Earth to spaces of habitation other than Earth, several of the characters address the psychological potential of removing humans from the places that have defined their humanity:

> "Indeed. Humanity has never faced a psychological environment like this before."
>
> "Yes. In this environment, the human spirit will be fundamentally changed. People will become—" She suddenly broke off, and the sadness in her eyes vanished, leaving only gloom, like a cloud-covered sky after the rain had stopped.
>
> "You mean that in this new environment, people will become new people?"
>
> "New people? No, Lieutenant Colonel. People will become . . . non-people." (Liu 447)

The character introducing the idea of becoming non-people further explains, "What I mean is that we won't be people in the old sense" (447). This moment in the vastness of Liu's trilogy calls to question the very idea of what constitutes a person, a human, and whether parts of those definitions of the human, of humanity, are inherently bound to our terrestrial location, to the idea of the places which we have constructed simultaneously with our constructions of what it means to be human. Liu's quandary as to what constitutes a human, a person, is central to the project of posthumanities and to the understanding of what a posthuman might be, or as both Cary Wolfe and N. Katherine Hayles suggest in the two epigraphs I begin with, what posthumans we have already become.

The posthumanities and the posthuman, of course, are fundamentally philosophical questions about the human as a conceptual understanding as well as an embodied existence. Questions about what constitutes the posthuman tend to inquire about the foundational definition of what the human body is and what it is that becomes of its humanness when altered technologically. Likewise, similar inquiries ask as to the subjectivity and agency of the human body and the relationship with other bodies such as non-human animal bodies and technological bodies. These questions allow for posthuman inquiry to consider the subjectivity of the non-human other such as the case of recognition of animal sentience and human primacy. Questions about posthumanism extend beyond the question of embodiment and agency to broader concepts of what humanism is and how we have constructed the very idea of humanistic inquiry.

Yet, despite the growing intellectual inquiry regarding these ideas, these terms—*posthuman* and *posthumanism*—are problematic, and difficult to address concretely. Such difficulties—philosophical, intellectual, and material—grow from the fact that there is little agreement as to what those two terms mean. There are many posthumanisms. What's interesting in this incongruity is the very fact that there can be something called posthuman or posthumanism. Given that work in posthuman thinking originates from a range of disciplinary perspectives—cybernetics, informatics, genetics, engineering, medicine, international relations, philosophy, theatre performance dances, cinema, bio-art, and literary studies, to name a few—there has yet to be any cogent agreement about a central notion of what posthumanism or the posthuman means. For instance, there is no agreement as to whether the posthuman is hypothetical, inevitable, or realized or whether the posthuman there is potential or risk. And, while *Çokdisiplinli Çalışmalarda Posthümanizm* (*Posthumanism in Multidisciplinary Studies*) certainly does not shore up those definitions, its inquiry helps elucidate what these concepts might mean and reveal about our posthuman condition.

The idea of the posthuman should first be recognized as distinct from posthumanism. Posthumanism can be thought of (reductively) as a philosophic reaction against classical and enlightenment humanism. While most thinking in posthumanism does not reject the rationalism tied to humanism, posthumanism does critique the role of the autonomous thinker and casts human thought as imperfect and not the avenue through which the world is known or defined. Many posthumanisms work to realign humans not as superior to other species, but as operating as any other species; in doing so, posthumanism denies humanity an ethical superiority above nature, and more importantly, as not operating somehow above or outside encompassing systems: biological, ecological, technological, or other (see, for example, Haraway, *When Species Meet*). That is, posthumanism is inherently oppositional to human primacy. As such, posthumanism is itself an ethic.

A good deal of posthumanist thinking evolves from the employment of technological conditions that alter the circumstance of being human. These conditions are imposed or adapted from external technological sources. Posthumanism is influenced by—if not triggered by—the changes imposed on the human by things like genetic manipulation, cybernetics, artificial intelligence, psychotropic pharmaceuticals, and other biotechnical research. Ultimately, posthumanism is defined by a kind of amorphous understanding of core human alteration brought about by some interaction with technology: biological, electric/digital, or chemical (pharmaceutical, for instance). As Cary Wolfe, in his remarkable book *What is Posthumanism?* explains, "posthumanism names a historical moment in which the decentering of the human by its imbrication in the technical, medical, informatics, and economic networks is increasingly impossible to ignore" (xv). It should be noted, though, that some see human's interaction with technology specifically as what defines the human as different from the non-human and is the primary characteristic of what it means to be human (see for instance. Andy Clark's *Natural-Born Cyborgs: Minds, Technologies, and the Future of Human Intelligence*). Posthumanism, often addressed as the "posthuman condition," is a topic of consideration from several perspectives; its interdisciplinarity stands as one of its central characteristics. Notably, postmodern literary critic Ihab Hassan is often cited as the beginning point for discussions of posthumanism; his claim in "Prometheus as Performer: Toward a Posthumanist Culture" initiates the conversation: "We need first to understand that the human form—including human desire and all its external representations may be changing radically, and thus may be coming to an end as humanism transforms itself into something that we must helplessly call posthuman" (205). What this change is/may be depended upon disciplinary perspective. This is specifically why works like *Çokdisiplinli Çalışmalarda Posthümanizm* are necessary for the ongoing interdisciplinary inquiry regarding the posthuman.

Within the disagreements as to what posthumanism is, there exists a split that has been characterized by Bart Simon as an unproductive division between a "popular and a more critical posthumanism" (2) and by N. Katherine Hayles as a "complacent posthumanism" and more critical posthumanism. According to Simon, the popular approach to posthumanism is exemplified in Francis Fukuyama's 2002 book *Our Posthuman Future: Consequences of the Biotechnology Revolution*. Fukuyama argues that "the most significant threat posed by contemporary biotechnology is the possibility that it will alter human nature and thereby move us into a 'posthuman' stage of history" (7). For Fukuyama, this is important because "human nature exists, is a meaningful concept, and has provided a stable continuity to our experiences as a species" (7). Fukuyama's argument is, as Simon has characterized it, "an impassioned defense of liberal humanism against contemporary cultures of laissez-faire individualism and unregulated corporate technoscience" (1). Citing Christopher Dewdney's *Last Flesh: Life in the Transhuman Era*, Simon summarizes popular posthumanism: "[W]e are on the verge of the next stage in life's evolution, the stage where, by human agency, life takes control of itself and guides its own destiny. Never has human life been able to change itself, to reach into its own genetic structure and rearrange its molecular basis; now it can (1)" (quoted in Simon 2). As Simon explains:

> This popular posthumanist (sometimes transhumanist) discourse structures the research agendas of much of corporate biotechnology and informatics as well as serving as a legitimating narrative for new social entities (cyborgs, artificial intelligence, and virtual societies) composed of fundamentally fluid, flexible, and changeable identities. For popular posthumanism, the future is a space for the realization of individuality, the transcendence of biological limits, and the creation of a new social order. (2)

On the other hand, as Jill Didur's "Re-embodying Technoscientific Fantasies: Posthumanism, Genetically Modified Foods, and the Colonization of Life" explains a more critical posthumanism: "a more radical notion of posthumanism can serve as a basis for critiquing what is essentially a disembodied colonial attitude toward the theory/practice of biotech research today" (100). Didur's more critical, more radical posthumanism calls into question not only various humanisms but popular approaches to posthumanism, as well. Like post-theory movements which demand more from theory, critical/radical posthumanism demands more from posthumanism. Simon, for instance, critiques Fukuyama's *Our Posthuman Future* as being a popular humanist text, noting its important engagement with posthuman concerns, but lacking the critical engagement to provide any serious intervention. The kind of critical intervention into posthumanism Simon and Didur initiate has been described by Catherine Waldby as "a general critical space in which the techno-cultural forces which both produce and undermine the stability of the categories of 'human' and 'nonhuman,' can be investigated" (43) (quoted in Simon 3). Central to any work in posthumanism is the question of the human subject and, as Simon points out, "its traditional repercussions on questions of agency, identity, power, and resistance" (3). Just as postmodernism questioned the singular, identifiable, autonomous, rational subject forwarded by Enlightenment thinking, posthumanism has called into question the unstable, contingent, and fluid postmodern subject.

To distinguish posthumanism from posthuman, we might think of the posthuman as the object of concern for posthumanist thinking. The posthuman is beyond the human; it transcends the human. Some—like the World Transhumanist Society—view the posthuman as exceeding the capacity of humans to the extent of no longer being recognized as human; the emphasis here is on a concept of exceeding, becoming more than human. For some, posthumanism promotes the pro-active enhancement of the human experience through technological augmentation as a method of directing human evolution. Through technology, some posthumanisms argue, we can design the next phase of human existence. In many of these views, the posthuman is a hypothetical entity, something that might be ideally achieved. Such definitions of possibility, though, are problematic in their implication of exceeding as it implies improvement. To a lesser extent, we might understand exceedingly as implying a spatial growth that is not linear, as in exceeding capacity, outgrowing, enlarging, to which we can attribute neither positive nor negative connotations without a specific context. Manipulation of the human toward exceeding as improvement is often criticized as lending to constructions like that of the uber-human and wrought with implications of superiority. Other definitions, like Fukuyama's vision of control through information technologies and bioengineered life, cast the shift to posthumanism as apocalyptic, as a loss of humanity, or as anti-human. Others, like Neil Badmington, see posthumanism in the same light as Francis Lyotard casts postmodernism, as a measure of modernism, or in Badmington's argument, as a measure of humanism. The posthuman should be thought of as new circumstances imposed via technology—primarily electronic/digital, biological, and chemical/pharmaceutical—that transform the condition of being human to the extent that the posthuman either no longer retains all the same characteristics as the human or assumes characteristics additional to those that might be considered human. Transformation may be read by some posthumanist texts, like Fukuyama's, as negative, potentially apocalyptic, something we must work to avoid maintaining core aspects of the human; to others, it implies potential (see Robert Pepperell, for instance), the possibility (or in some cases, the achieved) of humans' next evolutionary step. "The posthuman," N. Katherine Hayles has written, however, "should not be depicted as an apocalyptic break with the past. Rather, it exists in a relation of overlapping innovation and repetition" ("Afterword" 134). Such alterations may be identified in transformations rendered by technological interventions such as intentional and unintentional genetic engineering—for example, the long-term ingestion of genetically altered dairy products or the long-term exposure to chemical toxins— or pharmacological or psychotropic-pharmacological therapy. Likewise, information technology interventions such as networked space or wearable/ portable devices that link users to information exchange systems render the human more akin to Donna Haraway's concept of the cyborg, Bruno Latour's concept of the hybrid, or even, perhaps, Pierre Teilhard de Chardin's concept of nöosphere. Central to understanding posthuman subjectivity, critical post-humanism understands the posthuman to be able to perpetually shift identities. The posthuman, to borrow from Deleuze and Guattari, is in a perpetual state of becoming. How the posthuman finds itself in such a condition is central to the work of posthumanism, and a critical aspect of this collection. Ultimately, while posthumanism's object of study is the posthuman, it might be more accurate to say that the making of the posthuman is the central posthumanist inquiry.

The technological augmentations that I have suggested as the primary catalyst in transforming human to posthuman seem at first to be changes accepted by or imposed on to the body. However, the posthuman experience surpasses the body, encompassing mental and philosophical shifts to the extent that the overall human experience is altered. Hayles' *How We Became Posthuman: Virtual Bodies in Cybernetics, Literature, and Informatics* (1999) traces the history of mind/body dualism and the issue of disembodiment as one of her primary investigations into the posthuman. Hayles' erudite critical posthumanism well exceeds much of the science-fiction-esque conversations of the posthuman as an intentionally modified human mind/body designed to supersede the human. While many popular posthumanists argue for amplification through technological body enhancements like prosthetic devices incorporated into the human to create the cyborg, brain augmentations, or pharmaceutical interventions to mask or eliminate mental constraints such as depression, others see these same interventions as potentially extending not just the human experience, but human life spans. Some, like Ray Kurzweil, extend such visions to the extent of immortality through pharmaceutical and biotechnological replacement or even the possibility of consciousness uploading, an idea that suggests human thought and consciousness can be measured and transferred to other housing bodies, like computer memories, allowing the individual the possibility of perpetual eternal upload, keeping the core consciousness "alive." These mutations are often cast as conscious decisions made by humans as a means of attaining the posthuman. Much of the rhetoric regarding posthumanism and subjectivity revolves around the idea that the shift to the posthuman is not a matter of choice—though some may choose to transform more directly—but instead a phenomenon of the current conditions of networked societies. We have accepted for some time that "race" is a construct and that it doesn't really exist as such in some biological, material way. "Human" is similarly constructed within historical, cultural, geographical, ecological, and networked locations. As those locations change, so "human" changes, as Liu's concept of the non-person illuminates.

Perhaps, though, Liu's notion of the non-person and the more encompassing inquiry of posthumanism about the posthuman is less an actual investigation about what constitutes the human than it is an inherent critique of the historical construction of the human and the implied understanding of the term *human* as inscribed with specters of exceptionalism, primacy, and exclusion. That is, even in a posthumanist agenda of disruption to and realignment of the human, still, the human remains at the center of the inquiry as master narratives, such as that of the human, are more than difficult to disrupt, overturn, rewrite.

References

Badmington, Neil. "Theorizing Posthumanism." *Cultural Critique*, no 53, 2003, pp. 10-27.
Clark, Andy. *Natural-Born Cyborgs: Minds, Technologies, and the Future of Human Intelligence.* Oxford UP, 2003.
Derrida, Jacques. *The Post Card: From Socrates to Freud and Beyond.* U of Chicago P, 1987.

Didur, Jill. "Re-embodying Technoscientific Fantasies: Posthumanism, Genetically Modified Foods, and the Colonization of Life." *Cultural Critique*, no 53, 2003, pp. 98-115.

Fukuyama, Francis. *Our Posthuman Future: Consequences of the Biotechnology Revolution*. Farrar, Straus, and Giroux, 2002.

Haraway, Donna J. *When Species Meet*. University of Minnesota Press, 2007.

Hassan, Ihab. "Prometheus as Performer: Toward a Posthumanist Culture." *Performance in Postmodern Culture*, ed. Michel Beramou and Charles Caramello. U of Wisconsin P, 1977, pp. 01-217.

Hayles. N. Katherine. *How We Became Posthuman: Virtual Bodies in Cybernetics, Literature, and Informatics*. U of Chicago P, 1999.

---. "Afterword: The Human in the Posthuman." *Cultural Critique*, no 53, 2003, pp. 134-137.

Latour, Bruno. *We Have Never Been Modern*. Harvard UP, 1991.

Liu, Cixin. *The Dark Forest*. Tor Books. 2008.

Pepperell, Robert. *The Post-Human Condition*. Intellect, 1997.

Simon, Bart. "Introduction: Toward a Critique of Posthuman Futures." *Cultural Critique*, no 53, 2003, pp. 1-9.

Soja, Edward W. *Thirdspace: Journeys to Los Angeles and Other Real-and-Imagined Places*. Blackwell, 1996.

Waldby, Catherine. *The Visible Human Project: Informatic Bodies and Posthuman Medicine*. Routledge, 2000.

Wolfe, Cary. *Critical Environments: Postmodern Theory and the Pragmatics of the "Outside."* U of Minnesota P, 1998.

---. *What is Posthumanism?* U of Minnesota P, 2010.

BÖLÜM 1

GİRİŞ: ÇOKDİSİPLİNLİ POSTHÜMANİZM/LER

Pelin Kümbet ve Sümeyra Buran

> Posthümanizm ve onun temel fikirleri, insanın ve insandan daha fazlasının karşı karşıya olduğu çok yönlü sorunlara bir yanıt olarak dünyanın farklı yerlerinde ve insani ilginin çeşitli alanlarında yayılmaktadır (Buran et al. "Posthumanism beyond Disciplines" 2)

Posthümanizm Algısı

Posthümanizm Serisinin ikinci editöryal kitabı olan *Çokdisiplinli Çalışmalarda Posthümanizm*, bilimsel, teknolojik, çevresel, medikal ve aynı zamanda sosyo-kültürel gelişim, değişim ve dönüşümler ışığında, posthümanist teorilerin ve yaklaşımların çokdisiplinli çalışmalarda nasıl kavramsallaştığını ve evrimleştiğini incelemektedir. Bu bağlamda bu kitap, posthümanizm ile çeşitli farklı disiplinler arasındaki ilişki ve etkileşimi posthümanist kuramsal yaklaşımlar çerçevesinde derinlemesine analiz ederken, posthümanist yaşamların yansımalarını bu farklı çeşitlilikteki disiplinlerde tartışmakta ve bunların nasıl vuku bulduklarını mercek altına yatırmaktadır. Bu yenilikçi çalışmada posthümanizmin feminizm, ekoeleştiri, biyopolitika ve transhümanizm gibi çağdaş kuramlarla sinema, sahne sanatları, tiyatro, performans, dans, müzik, biyo-sanat, biyo-etik, felsefe, tıp, mühendislik, uluslararası ilişkiler ve siyaset bilimi gibi birbirinden birçok yönden ayrılan farklı disiplinle ve yaklaşımla olan yakın ilişkisi, bu kuramlara katkıları ve bu kuramların posthümanizmden nasıl beslendiği incelenmektedir. İnsan ve insan olmayan yapılar arasındaki uçurumlar azaldıkça, teknolojik, biyolojik ve çevresel etkenler arasındaki sınırlar aşındıkça ve en önemlisi yerleşmiş ve genel geçer "normal" ve/veya "doğal" algısına meydan okuma farklı disiplinlerde de yaygınlaştıkça, bu disiplinlerdeki posthüman yaklaşımlar bir dizi etik, felsefi, sosyal, politik, kültürel ve sanatsal soru ve yaklaşımı da beraberinde getirmiş ve çözüm yolları aramıştır.

Posthümanizm, kitabın bölümlerinde de görüldüğü üzere, özellikle değişen insan figürünü ele alan biyoteknolojik ve biyomedikal dünyadan yapay zekâ teknolojilerine, mühendislik alanına ve biyolojik, sosyal ve beşerî bilimlere kadar uzanan geniş bir çalışma alanından yararlanır. Nicholas Gane'in "Posthüman, Teori, Kültür ve Toplum" ("Posthuman" 2006) makalesinde ifade ettiği gibi, "posthüman çağdaş edebiyat teorisi, bilim çalışmaları, siyaset felsefesi, beden sosyolojisi, kültür ve film çalışmaları ve hatta sanat teorisindeki en önemli kavramlardan biridir" (431). Posthümanizm, "neyi temsil ettiği konusunda bir fikir birliğinin olmadığı" (Hayles, *How We Became Posthuman* 251) "bir belirsizlik alanı, bir geçiş alanı" (Toffoletti 14) olduğundan ve posthümanizm çoğul "farklı ve hatta uzlaştırılamaz tanımlar" (Wolfe xi) ürettiğinden, birçok farklı bilimsel, edebi, teknolojik, sosyolojik, sanatsal ve felsefi yaklaşımlar posthümanizm teriminin kavramsallaşması için çabaya girmiştir ve terimin kendi alanlarında uygun tabiriyle yaygınlaşmasına da ön ayak olmuştur. Özellikle sibernetik, bilgisayar teknolojisi, yapay zekâ, biyotıp, kriyojenik, kök hücre mühendisliğinden genetiğe, biyoteknoloji, biyoetik, sinirbilim ve nanoteknolojiye aynı zamanda da görsel sanatlardan müziğe, sanata, sinemaya ve medya çalışmalarına kadar geniş bir çalışma alanına sahip olduğu için terimin üretkenliği ve etkinliği yadsınamaz bir gerçekliğe ulaşmıştır. Bu alanların her biri, posthüman paradigmasına zenginlik ve çeşitlilik getirerek kendi bakış açılarını oluşturmaya çalışmış, posthüman alanının genişlemesine, yaygınlaşmasına ve etkinliğinin artmasına vesile olmuştur. Çok çeşitli ve yönlü olan posthüman teorisini genel olarak her kuramcı kendi amacına uygun bir şekilde uygulamayı seçmiştir. Aslında posthüman terimi "hem edebi hem de tekno-bilimsel boyutlara sahip olabilecek bir dizi farklı yaklaşımı belirgin bir şekilde birleştirir" (Kümbet, *Critical Posthumanism* 255). Ünlü posthüman ve tekno-kuramcı N. Katherine Hayles "[b]ir uzmanlık alanı olarak edebiyat ve bilimin [...] kendimizi, bedenlenmiş dünyalar ve bedenlenmiş kelimeler içinde ve bunlar aracılığıyla yaşayan bedenlenmiş varlıklar olarak anlamanın bir yolu olduğunu" iddia etmektedir (*How We Become Posthuman* 24). İnsani beşerî bilimleri bilim alanıyla birleştiren Hayles, kendimizi insandan daha fazla dünyayla (more-than-human) cisimleşmiş varlıklar olarak algılamamıza yardımcı olmak için bilim ve edebiyat arasında bağlantı kurmanın verimliliğine odaklanır. Bu alandaki ilk çalışma olarak bu kitap bilim, edebiyat, felsefe, sanat ve daha birçok alanlar ile farklı disiplinlerarası bağlantılar kurarak bu verimliliğe öncü katkı sağlamaktadır.

İnsanmerkezci yaklaşıma aslında en güzel cevap olarak ve bu kitabın da adının esinlendiği Gayatri Spivak'ın yıllar önce *Bir Disiplinin Ölmesi* (*Death of a Disipline* 2003) kitabında neredeyse otuz yılı aşkındır akademinin standartlaştırılmış disipliner kurallarını göz ardı ederek disiplin sınırlarını aşma önerisi ile "kendimizi küresel eyleyenler yerine gezegensel özneler, küresel varlıklardan ziyade gezegensel yaratıklar olarak hayal edin, başkalık (alterity) bizden yoksun kalır" (73) söylemi insan olmanın ne anlama geldiği sorusunu gündeme getirerek bize hem diğer kültürleri hem de insandışı dünyayı gezenselliğine katar. Bu kitap da böylece geniş bir akademik disiplin yelpazesini temsil eder ve kitaptaki çok sayıda yeni söylem ve disiplinler arasında ortaya çıkan yeni fikirler, yöntemler ve eleştiriler için posthümanizmin bir kuluçka makinesi işlevi (Braidotti "Contested Posthumanities") gördüğünü söylemek yanlış olmayacaktır. "Hızla büyüyen posthüman bilim alanının sunduğu disiplinlerarası zenginliklerin şaşkınlığı çok yönlü ve çok katmanlıdır" (Rosi Braidotti ve Maria Hlaajova 7). Bu sebeple, kitaptaki tüm bu disiplinlerarası geçişler posthümanizm çalışmalarına oldukça heyecan verici yeni bakış açıları üretmektedir.

Bu çalışmanın üstlendiği metodoloji, çoklu organik ve inorganik yaşam biçimleri arasında yeni arayüzler ve bağlantılar önerdiği için özellikle posthüman "bileşen" ("assemblages") dir. İnsan kavramını sahneden atmak yerine, insanın insan-dışı dünyada insan-olmayanlarla iç içe olması ve onların eyleyicilik kapasitelerini tanıması, bu kitabın odak noktalarından birini oluşturmaktadır. Kültürel bir değişim olarak posthümanizm, insanı kısıtlayıcı sınırlardan kurtarır ve insan olmanın ne anlama geldiğine dair yeniden yeni değerlendirmeler ve yeni düşünme biçimleri çağrısında bulunur ve geliştirir. Bu değerlendirme ve düşünme biçimleri, "teknolojilerden faydalanarak yeni insan bedenleri ile bir tür yazgı oluşturma çabası içindedir […] Bu bedenler, yeniden tasarlanabilir, yeni teknolojilerle iyileştirilebilir, zenginleştirilebilir, çok işlevsel veya fonksiyonlu hale getirilebilir" (Yanar, "Don DeLillo'nun Sıfır K" 208-9). Kitabın bölümlerinde de değinildiği üzere genetik mühendisliği, biyotıp ve biyoteknoloji alanlarındaki kayda değer hızlanma ve atılımlar, kalıtsal genetiğimizde olası değişiklikler, plastik cerrahilerdeki önemli gelişmeler, sanatta, medyada ve sinemada yeni yorumlamalar ve diğer bedensel değişiklik biçimleri, yeni bir insan modelinin geliştirilmesine ve evrimleşmesine katkıda bulunmuştur. Posthümanizm, biyoteknoloji, biyotıp, bilgisayar teknolojileri ve yapay zekadaki yeni gelişmelere büyük önem atfettiğinden, teknolojik implantların, yapay organ naklinin veya sentetik ilaçların dahil edilmesi gibi uygulamalar ve bedenleri istila eden toksik kimyasalların yaygınlığı, insana öz sözde tutarlı ve normatif bir yapı fikrini çürütmektedir. Pramod Nayar'ın da belirttiği üzere posthümanizm, "insanın nasıl her zaman çoklu yaşam formları ve makinelerden oluştuğunu ve bunları oluşturduğunu göstermek için geleneksel egemen, tutarlı ve özerk insanın kökten merkezsizleştirilmesidir" (*Posthumanism* 2).

Dolayısıyla Batılı hümanist söylemlerde temellenen insan/insan dışı, organik/ inorganik, doğal/insan yapımı, canlı/cansız, gerçek/sanal, normal/ anormal ve ben/öteki arasındaki şimdiye kadar yerini sağlamlaştıran yerleşik sınırlar, posthüman kuramlarıyla birlikte çözülür. Bu kavramlar arasındaki ikiliğe meydan okurken, posthümanizm tüm canlı organizmaları ve cansız varlıkları bütünleştirmeden ve farklılıklarını göz önünde bulundurarak benimser. Bu bağlamda, posthümanizm yalnızca insan ve insan dışı varlıklar arasındaki farklılıkları değil, aynı zamanda farklı etnik gruplar, ırklar, bedenler, toplumsal cinsiyetler arasındaki farklılıklardan kaynaklı hiyerarşik düzeni de ortadan kaldıran Gilles Deleuze ve Félix Guattari'nin tabiriyle "rizomatik" (rhizomatic), özgürleştirici ve ufuk açıcı bir vizyon sunar. Bu kavramlara ilişkin tutum ve kalıplar da posthümanist paradigma içinde yeniden değerlendirilmekte ve kavramsallaştırılmaktadır.

Dolayısıyla, genel olarak bu kitap, felsefi çalışmalardan, nanoteknoloji, biyoetikten robotik ve psikolojiye kadar değişen çok çeşitli çalışma alanlarındaki çeşitli biçimlerdeki tezahürleriyle uyumlu olarak posthüman kuramın farklı kavramsallaştırmalarını derinden bir araya getirmiştir. Bu kitabın amacı, posthümanizmin farklı yaklaşımlarını ön plana çıkarırken, çokdisiplinli çalışma ve araştırmalarında insan öznesinin inşasındaki değişimini açıklamaktadır. Nihayetinde [a]ydınlanma hümanizminden miras kalan normatif insan öznesi etrafında örgütlenmiş, geçmiş, şimdi ve geleceğin insan merkezli ve ayrıcalıklı normlarına meydan okuyan posthüman […] insan tasvirleri hem incelenmekte hem de parçalanmaktadır" (Buran, "Edebiyat ve Posthümanizm" 22). Böylece bu kitapta teknoloji alanındaki süregelen gelişmelerin, normatif kimlik, beden ve cinsiyet kavramlarıyla birlikte insan öznesinin tanıdık kavramlarını nasıl dönüştürdüğü ve insan öznesini kendi özellikleri açısından yeniden tanımlaması anlamında posthüman yapılarla nasıl güçlendirdiği üzerinde durulacaktır. İnsan giderek daha fazla teknolojik olanla kesiştiği ve tıp, bilişim ve diğer ağlara karıştığı için insan artık akışkanlık, melezlik ve gözeneklilik açısından yeniden tanımlanmıştır. Bu bağlamda, insan öznesi ile dünya arasındaki bütünsel ve dinamik bağlantı, artık insan olmayan dünyadan ayrı kabul edilmeyen, onun içinde cisimleşen insanları yeniden yapılandırmak için yeni olanaklar açan özel bir öneme sahiptir.

Çokdisiplinli Posthüman Dünyaya Doğru

> Posthümanizm, özellikle son 20 yılda, insanların dünya ile ilişkilerini yeniden kavramsallaştırmaya çalışan geniş bir kilise olarak ortaya çıkan, büyüyen bir disiplinlerarası çalışma alanıdır (Manuel Fernández-Götz 455).

> "Posthümanizm," günümüzde eleştirel ve kültürel teorinin en disiplinler arası ve disiplinler arası alanlarından birini ifade eder
> (Jeffrey R. Di Leo 5).

Biyogenetik ve biyomedikal teknolojiler ile birlikte "kök hücre biyolojisi ve araştırmaları, laboratuvar ortamında döllenme, klonlama teknolojileri, kseno-transplantasyon, (bir başka canlı türünden insana yapılan organ nakli) suni hayat") gibi insan genom teknolojinin tamamlanması projesi ile benzer uzantıda devam eden ve "suni üreme, tüp bebek, sperm bağışı ve suni tohumlama, uzak gebelik, klinik temelli suni rahimler, genomu düzenlenmiş embriyolar, partenogenez, ektogenez, sentetik kromozomlar, reprogenetik, parazitizm, hayvan-makine-insan hibrit uterusları, makine üremesi, inter -türlerin üremesi ve insan üremesi" gibi diğer genetik teknoloji ve uygulamalar posthüman dönüşüme girmiş olan dünyamızda organik olarak insan olmanın ne anlama geldiğini sorgulamamıza yön vermektedir (Kümbet, "Metalaşmış Hayatlar" 293; Buran, "Artificial Womb Machine-Human" 47). Bu yüzden ki Catherine Waldby, posthümanizmin "insan" ve "insan olmayan" kategorilerinin istikrarını hem üreten hem de baltalayan tekno-kültürel güçlerin araştırılabileceği genel bir kritik alan" olduğunu belirtir (43). Geniş tanım ve yorum kapsamına rağmen, posthümanizm alanının haritasını çıkarmanın en yaygın, belki de en can alıcı yönü, değişen insan anlayışı ve onun akışkanlığı ile ilgilidir. Yaşam bilimlerinin kendilerinin üreme, genetik ve nöroteknoloji biçiminde giderek daha fazla teknolojiyle birleştiği günümüz teknolojik kültürümüzde, insan olmanın ne anlama geldiği sorusu yeni bir aciliyet kazanmıştır. Ivan Callus ve Stefan Herbrechter özetlediği üzere insan kavramı "belki de özellikle (biyolojik ve ahlaki) bir tür olarak insanın bütünlüğünü tehdit eden hızlı teknolojik değişimden [ya da] yeni teknolojilerin (biyo-, bilgi-, nano-, biliş-. . .) ve yeni medya (dijitalleşme, sanallaştırma, etkileşim. . .) veya ekonomik temele yönelik materyaller (küreselleşme, bilgi toplumunun yükselişi, çevrecilik. . .) nedeniyle" (96) artan hızla değişime uğramaktadır. Callus ve Herbrecter'in de üstünde durduğu üzere kapsamlı ve global özellikte teknolojik alanındaki gelişmeler ve değişimler "posthüman evre" olarak adlandırabileceğimiz bir kültürel paradigmaya doğru ilerlediğimizi göstermektedir. Katherine N. Hayles de teoride "posthümanizm," Batılı sanayileşmiş toplumların, "bedensel varoluş ile bilgisayar arasında sibernetik mekanizma ve biyolojik organizma, robot teleolojisi ve insan hedefleri hiçbir temel farkın bulunmadığı, insanlığın yeni bir evresini deneyimlediğini" (*How We Became Posthuman* 2) öne sürer. Hayles *Nasıl Posthüman Olduk* (*How We Became Posthuman* 1999) çalışmasında, teknolojik gelişmelerin yükselişinden kaynaklanan paradigma kaymasına işaret etmektedir. Bu, yalnızca kültürümüzde ve yaşam tarzlarımızda değil, aynı zamanda, dünyayı ve bedenlerimizi ve bunlar arasındaki ilişkiyi nasıl algıladığımız yönündeki değişiklikleri de içermektedir.

Posthümanizmin inşasında farklı yaklaşımlar ön plana çıkarılsa da bu kitabın bölümlerinde görüldüğü gibi de çokdisiplinli çalışmalarda postümanizmin ana damarlarından biri de insanın Dünya'daki diğer türlerle olan ayrılmaz, bölünmez ve karşılıklı dolaşıklığıdır. Öncelikle ve önemli olarak, posthümanizm çevrede etkileşimli bir ilişkiyi sürdüren tüm organik ve inorganik varlıkların eyleyiciliğini tanır. Ayrıca, kategoriler arası inşa edilmiş olan hiyerarşik yapıların temellendirilmiş varsayımlarımızı yeniden ifade etmemizi sağlar. İnsan olmayan yaşam formları üzerindeki temel insan istisnacılığı efsanesi, posthüman teorileri ve yaklaşımları ile ve özellikle de posthümanizmin çokdisiplinli çalışmalarında da kendine yer bulmasıyla birlikte ihtiyatlı bir şekilde yapıbozuma uğratılmıştır. İnsanlar, çeşitli yaşam biçimleri tarafından oluşturulan melez varlıklardır ve artık diğer yaşam biçimlerinden ayrı olarak eklemlenmezler—sosyal, kültürel, ekolojik ve politik güçler içinde insan ve insan dışı etkileşim içindedirler. İnsanların yeni cisimleşmiş benliği, insan ve insan olmayan türler arasındaki gözenekli sınırları birbirine bağlayan bir akış durumu, bir yol haline gelir. Posthümanizm, insanın insan olmayan dünyadan uzaklaştırılmamış, insanın gezegeni paylaştığı diğer canlılarla birlikte kavramsallaşmasını ortaya koymaya çalışmaktadır. Bu amaçla posthüman bilim insanı ve düşünürü Cary Wolfe'a göre, posthümanizmle mücadelede gerekli olan, hümanist anlayışta yerleşik olmayan, elle tutulur bir "insanmerkezcilik sonrası" ve "türcülük-sonrası" yaklaşım modelidir. Ayrıca, posthümanizmin "hümanizmin felsefi imalarının ötesine, insan dediğimiz bunun daha karmaşık ve katmanlı bir tanımına geçmenin gerekliliğine işaret ettiğini" (xv) belirtir.

Mevcut posthümanist araştırmalarının merkezinde, bilim insanları arasında yaygın olarak paylaşılan şey, hümanist varsayımların ciddi bir şekilde sorgulandığı bir zamanda insan olmanın ne anlama geldiği sorusudur. Bir dizi kuramcı ve akademisyen, edebi, politik, felsefi ve tekno-bilimsel çalışmalarda "hümanizmin krizi"ni (crisis of humanism) (Herbrechter, *Posthumanism* 44) çözmekle ilgilenmektedir. Uzun süredir devam eden bu hümanist inanç, insanlığı evrenin merkezinde sabit, bilinebilir, istikrarlı ve benzersiz ve heteroseksüel özne olarak temsil edilen "insan"ı merkezileştirir ve bu da "bir dizi dışlama ve reddetme yoluyla kurulur" (Thomas 30). İnsanlık dışı, insanlık olmayan veya daha az insan olarak görülenler, hayvanlar, ötekileştirilmiş gruplar, doğa ve "modern batının yasal kodları" ve hümanist ideali karşılamayan aşağılanmış gruplardır (Thomas 31). Bu şekilde Batı'nın insan fikri akıl, rasyonellik ve tahakküm ile ilişkilendirilirken, bu "entelektüel hijyene" (Thomas 30) uymayan diğerleri beden, pasiflik, mantıksızlık ve teslimiyetle ilişkilendirilmiş ve sürekli sınırlandırılmaya, negatif sıfatlarla damgalanmaya ve ötekileştirilmeye maruz bırakılmışlardır. Onlar "cinselleştirilmiş, ırksallaştırılmış ve doğallaştırılmış başkaları" gibidirler [...] kullanılıp atılan bedenleri insan statüsünden daha aşağısına indirgenmekte" (Braidotti, *The Posthuman* 15) ve sömürülen doğa ile eşitlenmektedir.

Halbuki, son zamanlardaki çalışmalar ve bulgulara göre, "insanlar ile 'neredeyse insan' primatlar arasındaki genetik yakınlık, insanın benzersizliğinin doğası hakkında spekülasyonlara yol açmaktadır" (Graham 32). Aynı zamanda, "1953'ten beri (DNA'nın tanımlandığı tarih) [m]oleküler biyoloji ve genetik, bilim insanlarının yeni üreme teknolojisi ve bitkiler, hayvanlar ve hatta genetik modifikasyon yoluyla gebe kalma ve gebelik sürecine müdahale etme becerilerini artırdı" (Graham 2). Özellikle bunun gibi son zamanlarda yapılan ve ortaya konan çalışmalar türler arası uçurumun artık aşıldığına ve çokdisiplinli posthüman bir dünyaya doğru ilerlediğimizi göstermektedir. Dolayısıyla teknolojik devrim, DNA'yı manipüle etme yeteneğimizi hızlandırmıştır. Yavaş yavaş insan doğasının özünü değiştirilebilecek düzeye gelinmiştir.

Dolayısıyla posthümanın özü, hiyerarşik bir ilişkiyle değil, kimliğimizin, bedenlerimizin ve maddesel yaşamımızın başkalarına -insan ve insan olmayan diğerlerine- bağımlı olduğunun kabul edilmesiyle tanımlanan, devam eden bir insan olma sürecidir. İnsanlar hiçbir zaman diğer insan ve insan dışı varlıklardan bağımsız değildir. Posthümanizm de "[i]nsanın sınırının ihlalinden sonra insan ve insan olmayan dünyanın dolanıklığı, insanın pek çok insandan-daha-fazla türle etkileşimini ve dönüşümünü göz önüne alarak yeniden konumlandırır" (Buran, "Edebiyat ve Posthümanizm" 24). Posthümanizm, plastikler, jeolojik oluşumlar, silikonlar dahil olmak üzere tüm türlerden en küçük maddelere kadar insan dışı yaşam formlarını hesaba katarak, mevcut dinamik içten etkime akışını önerir: "Kişinin benliğinin özünü daha geniş çevreyle bağlantılı olarak anlaması, öznellikte derin bir değişime işaret eder [...] Herhangi bir şeyin var olması—herhangi bir varlık, ekosistem, klimatolojik model, okyanus akıntısı—orada basitçe varmış gibi düşünülemez" (Alaimo, *Bodily Natures* 20-21). Özellikle Posthümanist Yeni Maddecilik (Posthumanist New Materialism) akımı olarak tabir edilen bu yaklaşım "insan ve insan dışı yaşamlar arasındaki birbirine bağlılığı besleyen 'beden-ötesi' ('trans-corporeal') bir vizyon" (Kümbet, *Environmental Sterilization* 106) sunarak karşılıklı ilişkiler ve hareketler, toksinler, bakteriler ve virüsler gibi vücudumuzun içinde olan ve/veya içinden akan varlıklar, kuvvetler ve maddelerle olan içten-etkimemizi (intra-action) vurgular.

Karen Barad'ın içten-etkime (intra-action) kavramı çokdisiplinli çalışmalarda önemli bir terim olduğu söylenebilir. "Varlıkların birbirinden ontolojik olarak ayrılmazlığını vurgulayan" (Kümbet, "Octavia Butler'ın *Yavru Kuş* Romanında Posthüman" 57) içten-etkime terimi, diğer türleri ve ekolojik sistem içindeki her türlü türün ve yaşam formlarının da var olmasını ve aynı zamanda eyleyiciliklerini kabul etmeye ışık tutmaktadır. Barad'ın açıklığa kavuşturduğu gibi, "dünyanın içten etkimeli bir parçası olarak sorumlu davranmak, dünyanın canlılığına içkin olan karmaşık fenomenleri hesaba katmak ve bize ve onun gelişmesine yardımcı olabilecek olasılıklara duyarlı olmak anlamına gelir. Her an karşılaşmak, oluşumun olasılıklarına karşı canlı olmak, etik bir çağrıdır, tüm varlığın ve oluşun özüne yazılmış bir davettir" (396). Bununla birlikte, "dinamik bir süreç olarak" içten-etkime, sürekli bir oluş içinde birbirine karışmış formların ve aktörlerin (actants) karşılıklı oluşumuna işaret eder. Bu nedenle, içten-etkime "farklı eyleyenlerin (agents) önce gelmediğini, daha ziyade onların içten-etkime eylemleri yoluyla ortaya çıktığını kabul eder" (33).

Bu yeni içten etkimeli performansa (intra-active performativity) dayalı öznelliği ünlü kuramcı Rosi Braidotti "çokluk içinde ve çokluk tarafından kurulan ilişkisel bir özne olarak, yani farklılıklar arasında işleyen ve aynı zamanda içsel olarak farklılaşmış [ve] cisimleşmiş ve yerleşik bir özne olarak, böylece onu güçlü bir kolektivite, ilişkisellik ve dolayısıyla topluluk inşa etme duygusuna dayanan kısmi hesap verebilirlik biçimi eko-felsefesi içine yerleştirir" (*The Posthuman* 49). Braidotti, yalnızca posthüman etiği beslemeye değil, aynı zamanda yeni alternatif öznellik, kimlik politikaları ve beden biçimlerine dayanan olumlayıcı siyasete ve kültürel teoriye doğru ilerlememiz gerektiğini derinlemesine vurgulamaktadır. Braidotti'nin de belirttiği gibi, "posthüman çıkmazı, insan öznelliğinin statüsü ve zamanımızın karmaşıklığına layık olabilecek etik ilişkiler, normlar ve değerler hakkında yeniden ve daha fazla düşünme zorunluluğunu mecbur kılar" (*The Posthuman* 13). Bu amaçla, yaratıcı potansiyeller üretmede esnek beden, ırk, kimlik ve öznelliğin yeniden konfigürasyonları için "yeni posthüman (ist) meydan okumalar karşısında yeniden canlandırılan teorileşmenin gerekliliğini" vurgular (Herbrechter, "The Posthuman" 2). Bu olumlu paradigma kayması (veya değişikliği), toplu hayvan ve çevre katliamına, aşırı gözetime, kontrole, totaliter baskıya karşı farkındalık yaratmanın yanı sıra bazı türlerin sömürülmesi ve ortadan kaldırılması için etik kaygılar ve siyasi konumlar sağlamada biyopolitik söylemlere uygulanabilir. Stefan Herbrechter'in Rosi Braidotti'nin *İnsan Sonrası* (*The Posthuman*) kitabının incelemesinde özetlediği gibi, Braidotti'nin bütünleştiri-ci posthümanist siyaseti üç yönden oluşur: "[Y]eni öznelliklerin gelişimi, posthüman etiğin benimsenmesi ve olumlayıcı bir posthümanist siyasetin inşası – üçü de gerekli sürdürülebilir alternatif geleceklerin inşası ve mevcut 'umut ufuklarını' genişletmek için gereklidir." ("The Posthuman" 2). Bu antroposentrik-sonrası post-anthropocentric posthümanist anlayış ve algı biçimi daha sürdürülebilir yaşamlar için, daha etik ve ahlaki duruş sergilemek için, bizden başkasını (ötekisini) benimseyebilmek için, ayrımcılığa ve hiyerarşik düzenin yapısökümü için, en önemlisi de yaşanabilir dünya düzeninin inşası için son derece önemlidir.

Teknoloji ve Posthümanizm

Ahlaki, politik ve etik olarak özellikle insan dışı yaşamıyla olan karmaşık ilişkilerimize odaklanan postümanist bilim insanlarına ek olarak, posthümanizmi esas olarak tekno-bilimsel bir perspektiften keşfetmeyi tercih eden posthüman düşünürler de özellikle çokdisiplinli posthümanizmin gelişmesine katkıda bulunmuşlardır. Bunlardan ünlü kuramcı Stefan Herbrechter'a göre teknoloji, "doğa" ile "kültür" arasındaki sınırların aşılması veya yıkılması için [ve] insanlar ve çevreleri arasında bir "aracılık" süreci" olarak bir köprü görevi görerek kritik posthüman paradigmasında çok önemli bir role sahiptir [...] (*Posthumanism* 21). Bu anlayışta özne artık "doğal-kültürel-teknolojik" haline gelir (*Posthümanism* 21).

Biyolojik ve teknolojik müdahalelere maruz kalan bireyler, benzeri görülmemiş fiziksel, entelektüel ve psikolojik yeteneklere sahip olmaya başlar ve bu müdahaleler sonucunda da mevcut becerilerini, zekasının ve bedensel kırılganlıklarını aşarlar. Özellikle bilim, (biyo) tıp ve (biyo) teknolojideki bu olanaklı gelişmeler, yapay zekanın etkin bir biçimde kullanılması vücudun bilindik kavramlarını dönüştürmekte, bedeni protezler, uzantılar ve geliştirilmiş ve artırılmış teknolojiler aracılığıyla güçlendirmektedir. Bu müdahaleler bedeni akışkanlığı, melezliği ve gözenekliliği açısından yeniden tanımlanmıştır. Bu, artık insan dışı biyoteknolojik, nanoteknolojik veya yapay zekayla yönlendirilmiş dünyadan ayrı kabul edilmeyen, ancak onun içinde cisimleşen insan vücudunu yeniden yapılandırmak için yeni olasılıklar açar ve ihlal edici posthüman bileşenler oluşturur.

Özellikle çokdisiplinli posthüman çalışmalarına yön veren en önemli metaforlardan biri şüphesiz ki Donna Haraway'in 1985 tarihli ufuk açıcı makalesi "Bir Siborg Manifestosu" ("A Cyborg Manifesto" 1985) ile posthümanizm siyasetini çevreleyen tartışmaları başlatan siborg metaforudur. Batı kültürünün antagonistik ikiliklerine meydan okuması üzerine bir ütopya olarak yorumlanabilecek bu manifesto ile özellikle Haraway posthümanist feminist ve soyolojik felsefeye aynı zamanda da cinsiyet çalışmalarına ilham verir. Bu, çok yönlü ve çokdisiplinli melez siborg metaforu posthüman teorinin ortaya çıkışını haber veren ön posthüman metinlerden biridir diyebiliriz. Donna Haraway posthüman ifadesini kullanmasa da "tekno-biyopolitika" (techno-politics) olarak adlandırdığı çalışma alanı posthüman teorisinin kapsamını tanımlar. "Bir Siborg Manifestosu," özellikle posthümanist vizyon için ışık kaynağı haline gelen çok temel posthüman potansiyellerine işaret etmektedir. Genel olarak, Ursula Heise'nin "Posthüman Dönüş" ("Posthuman Turn") adlı makalesinde vurguladığı gibi, siborg "oldukça farklı bir posthüman olasılıklar dizisine işaret eder" (461). Gane'nin de altını çizdiği üzere, disiplinlerarası da geçişin bir simgesi olarak "siborg figürü 1990'lar boyunca son derece etkili olduğunu kanıtladı, çünkü kısmen, insanlık dışı ya da teknolojinin ve zamanın insan yaşamını kısıtlamak ve yaşamak için negatif gücü hakkındaki tartışmaları, akıllı makinelerin ve yeni genetik modifikasyon teknolojilerinin hayatın temelini daha olumlu şekillerde değiştirmek için nasıl olabileceğinin analizine yönlendirdiği içindir" (432).

Dolayısıyla, Haraway'in çok yönlü metaforu siborg, son yirmi yılda posthüman teorisinin artan yükselişinde öne çıkan bir bileşendir. Haraway, bu önemli metaforun, cinsiyet sonrası bir dünyada bedenin tutarlılığına, doğallaştırılmış cinsiyet normlarına ve siyasete karşı bir meydan okuma olduğunu her fırsatta yenilemiş, disiplinlerarası geçişi ihlal eden bir unsur olarak kullanmıştır. Manifesto boyunca, kendimizi sadece biyolojik varlıklar olarak düşünmenin geçersizliğini öne sürmekte, bunun yerine insan-makine-hayvan arayüzünün bir melanj (melange) ve karışım melez yaratıkları haline geldiğimizin altını çizmektedir. Teknolojik açıdan bakıldığında, biyolojik yanımız, teknolojik yön ile artık ayrı ve bağlantısız olarak hayal edilemeyen ayrılmaz bir bağ kurmuştur. Haraway bu siborg metaforunu özellikle teknoloji ve bilimin insan öznelliği ve bedeniyle olan kesintisiz ilişkisini tartışmak ve ben/öteki, erkek/ kadın, gerçeklik/yanılsama, beyaz/siyah, kültür/doğa, insan/insan olmayan gibi ikilemleri yıkmak için kullanmaktadır.

Yeni teknolojik gelişmeler sibernetik, insan ve makine arasındaki ayrımı bulanıklaştırmıştır, böylece "makine ve organizma, teknik ve organik hakkındaki biçimsel bilgimizde temel, ontolojik bir ayrım yoktur" (Haraway, "A Cyborg Manifesto" 178). İşte siborg kimliğinin ortaya çıktığı tarihteki tam nokta, yani insan ve makine arasındaki sınırın aşıldığı noktadır. Daha sonra *Maymunlar, Siborglar, ve Kadınlar* (*Simians, Cyborgs, and Women* 1991) adlı çalışmasında da insan ve makineler arası belirgin farklılıkların gün geçtikçe eridiğinden, insanla diğer yapılar ve organizmalar arası düalizmin yıkıldığına işaret etmektedir: "Yirminci yüzyılın sonlarında makineler, doğal ve yapay, zihin ve beden, kendi kendini geliştiren ve dışarıdan tasarlanmış arasındaki farkı ve bir zamanlar organizmalar ve makineler için geçerli olan diğer birçok ayrımı tamamen belirsiz hale getirdi. Makinelerimiz rahatsız edici bir şekilde canlıdır ve biz kendimiz korkutucu derecede hareketsiziz" (152).

En önemli sınır ihlal edicilerden biri, aslında hayatımızda gerçek anlamda yer alan siborg imajıdır. Hayles'in de gözlemlediği gibi, bugün teknik anlamda, kalp pili, silikon, kontakt lens, suni deri, eklem ve vücut parçalarına sahip artan sayıda insan gerçek siborglarla yaşamaktadır. Öte yandan, mecazi bakımdan, bazı insanlar onları "ekranla sibernetik bir devreye katılan bilgisayar klavyecisi, bir operasyon sırasında fiber optik mikroskopi tarafından yönlendirilen beyin cerrahı ve yerel video oyun salonundaki oyun oynatıcısında oyun oynayan ergen oyun oyuncusu dahil olmak üzere metaforik siborglar" yapan faaliyetler veya mesleklerle meşgul olurlar (*How We Became Posthuman* 115). Hayles, bu siborg figürasyonunun merkezinde "organik bedeni protez uzantılarına bağlayan bilgi yolları" (*How We Became Posthuman* 2) bulunur der.

Hayles, sibernetik ve bilişim alanındaki gelişmeleri konumlandırarak eleştirel posthümanizm kavramını öneren çığır açan kitabı *How We Became Posthuman* (1999) da posthümanı, "bilişsel bilim ve yapay yaşam gibi alanlardan ortaya çıkan" yeni bir öznellik öneren eleştirel bir figürdür (4) diye tanımlamıştır. İnsanları bir bilişim ve bilgisayar bilimleri merceğinden anlamanın yeni yolunu, "hatta posthümanlar olarak biyolojik olarak değiştirilmemiş bir Homo sapiens" (*How We Became Posthuman* 4) olarak görmemizi sağlar. Hayles, posthümanı, liberal hümanist özneyi bağımsız, özerk ve rasyonel bir özne olarak yapıbozuma uğrattığını ve bilincin insan kimliğinin merkezi olduğunu belirtir ("The Posthuman Body" 242). Hayles, posthümanın iki farklı türde müdahalelerle ilişkili olduğunu kabul eder: Klonlama, gen tedavisi, yapay rahimler, in vitro döllenme vb. biyolojik müdahalelerle, protezler, makine-insan-hayvan arayüzleri sibernetik ve toksik olarak, madde, plastik ve genetiği değiştirilmiş organizmalar olarak müdahaleler. Ona göre, posthüman çağıyla birlikte, "bedensel varoluş ile bilgisayar simülasyonu, sibernetik mekanizma ile biyolojik organizma, robot teknolojisi ve insan tanrıları arasında temel bir fark yoktur" (*How We Became Posthuman* 3). Bu görüşe göre insan derisi, "teknolojik donanım ve bilgi teknolojisi yazılımı arasındaki bir arayüz"ün bir göstergesi olarak "wetware"[1] olarak adlandırılmaktadır (*Posthumanism* 53). Bununla birlikte, Hayles'in posthüman öznesini dile getirmesinde, bedenin mutlaka herhangi bir "biyolojik olmayan bileşen" (*How We Became Posthuman* 4) tarafından istila edilmesi gerekmediğinin altı çizilmelidir. Sonuç olarak Hayles'e göre posthümanizm "biyolojik bir alt tabakada somutlaştırılan bilgisel bir model olarak yorumlanır" ("Unfinished Work" 160). Dolayısıyla posthüman, "insan ve akıllı makinenin bütünleşik bir devrede birleştirildiği, öznelliğin dağıldığı, seslendirmenin yerelleştirilmediği, beden kalıplarının protezlerle noktalandığı ve birçok türden sınırların istikrarsızlaştırıldığı tipografik sonrası geleceği" temsil eder (Hayles, *How We Became Posthuman* 130).

Hayles her fırsatta makinelerin aktif rollerinin altını çizmektedir. Elbette, "insanın akıllı makinelerle birliği" *(How We Became Posthuman* 2) onun ortak formüle edilmiş insan sonrası temasını içerir. "Makine bilicileri" ("Unfinished Work" 161) ile olan bu geri alınamaz bağlılık o kadar yoğundur ki biyolojik organizmaları organizmanın meşgul olduğu bilgi devrelerinden ayırt etmek imkansızdır. Bunun yerine, Hayles posthüman öznenin birçok farklı ve heterojen bileşenden oluşan bir "amalgam" (*How We Became Posthuman* 3) olduğunu öne sürmektedir. Posthüman modeli tanımında, "bu, bedeni geride bırakmak değil, elektronik protez olmadan imkânsız olacak şekilde, bedenlenmiş farkındalığı son derece spesifik, yerel ve maddesel yollarla genişletme meselesidir" (*How We Became Posthuman* 291). Kendimizi tanımlamaya çalıştığımız şey bedenlerimiz aracılığıyla olduğu için, bedenler posthümanist tartışmalarda odak bir konuma sahiptir. "Politik, ontolojik ve epistemolojik bir alan" (Alaimo, "Thinking as the Stuff" 16) olarak beden, yalnızca değişen insan kavramını keşfetmek için önemli bir araç değil, aynı zamanda yeni etik, kimlik, cinsellik, toplumsal cinsiyet konfigürasyon-larını da keşfetmek için önemli bir araçtır. Aslında "doğa ve kültürün çözüldüğü bir eşik"tir (Alaimo, "Skin Dreaming" 137).

Bu ve diğer posthüman anlatıları, beden nosyonunu "birlikte-yayılan dünyanın önemli değişimlerinin, akışlarının ve maddelerinin" (Alaimo, "Thinking as the Stuff" 17) ayrılmaz bir parçası olarak görür. Bedenlerimiz yapay organlar, biyonik kalpler, kontakt lensler ve protezlerden çeşitli teknolojiler ve araçlar tarafından değiştirilmeye, büyütülmeye veya dönüştürülmeye eğilimli "yarı geçirgen organizmalardır" (Hayles, *How We Became Posthuman* 4). Bedenlerin ve organik ve inorganik maddelerin bu iç etkileşimi sayesinde doğal beden anlayışı değişir. Posthüman bedenler, "yeni bir dünya düzeninin emblemleridir (soyut işaretleridir) [...] eski dünyadan yeniye geçişte yer sahipleri olarak" (Nayar, *Posthumanism* 61) ortaya çıkarlar. Beden sonuç olarak artık, performatiflik teorileri, insan dışı unsurları ve aktörleri (actants) de içeren geçirgen ve kaynaşmış bir varlıktan

---

[1] Bir bilgi işlem öğesi olarak bir insan beyni veya zihni olarak yorumlanabilir.

ziyade ayrı veya pasif bir varlık değildir.

Bu çerçevede teknoloji ne tarafsız bir araç ne de insanlığı kendisine yabancılaştıran bir güçtür, aksine her zaman insan olma deneyiminin bir parçası olan bir şeydir ve posthüman öznellik, sürekli olarak onun tarafından şekillendirilen ve dönüştürülen bir kavram olarak görülür. Çokdisiplinli kuram çalışmalarında insan-dışı uygulamaların, biyoteknolojik, biyomedikal, nanoteknolojik, çevresel, sanatsal, politik, etik ve kültürel çalışmaların önemi, yeri ve eyleyiyiciği son derece önemlidir. Bir anlamda, "dünyanın aktif içi oluşumundan ayrı bir 'ben' yoktur" (Barad, *Meeting The Universe* 394). Zira artık çoklu biz vardır.

Posthümanizmin Disiplinlerarası Görünümü

Bu çokluluk ekseninde çokdisiplinli çalışmalarda posthümanizm kitabımız önsöz ve sonsöz kısımları ile birlikte yirmi dört bölümden oluşmaktadır ve her bölüm farklı disiplinlerde posthümanizm tartışması sunmaktadır. Kitabın Önsöz kısmına Türkçe'ye çevirmiş olduğumuz Florida Üniversitesi İngilizce Bölüm Başkanı olan Prof. Dr. **Sidney I. Dobrin**'in "Posthüman/lar/izm/ler" ("Posthuman/s/ism/s") adlı sunuş makalesi öncülük etmektedir. Bu değerli önsöz katkısı ile Dobrin, posthümanizmin öncü kuramcılarından kısaca bahsederek edebiyat ve onun türleri ile posthümanizmin ilişkisini inceler. Posthümanın ne olabileceği yönündeki soruya/sorunsallığa farklı posthümanist yaklaşımlarla cevap arar.

İlk kısımda, Dobrin'in sunumunu takiben editörler olarak, Florida Üniversitesi İngilizce bölümünde İstanbul Medeniyet Üniversitesi adına ziyaretçi araştırmacı olan Doç Dr. **Sümeyra Buran** ve Kaliforniya Üniversitesi, Riverside İngilizce bölümünde Kocaeli Üniversitesi adına misafir araştırmacı olan Dr. Öğretim Üyesi **Pelin Kümbet** ile yazmış olduğumuz bu giriş bölümünde posthümanizm kuram ve kuramcılarının görüşleri ekseninde çoklu disipliner bakış açısına sahip olan posthümanizm algısına değiniyoruz.

İkinci bölümde, posthümanizm çalışmalarının öncü kuramcılarından olan Kaliforniya Üniversitesi Santa Cruz kampüsünde Bilinç Tarihi Bölümü Üstün Fahri Profesörü Dr. **Donna J. Haraway**'in "Antroposen, Kapitalosen, Plantasyonosen, Kthulusen: Akrabalık Kurmak" ("Anthropocene, Capitalocene, Plantationocene, Chthulucene: Making Kin") Sabancı Üniversitesi'nden Dr. Muhsin Yanar tarafından Türkçe'ye çevrilerek kazandırılmış olan makalesi yer almaktadır. Bu bölümde Haraway, "ben bir kompost-istim, posthüman-ist değilim: hepimiz kompostuz, posthüman değiliz" diyerek Antroposen/Kapitalosen sınırının, yalnızca 21. yüzyılın sonlarına doğru dünyada var olacak yaklaşık 11 milyar insan için değil, aynı zamanda sayısız başka yaratıklar için de geri dönüşü olmayan iklim değişikliği, toksik kimya, suların tükenmesi, soykırımlar gibi muazzam yıkımı da içeren birçok şeyi ifade ettiğini belirtir. Bu nedenle, yeni isim, hatta birden fazla ismin gerektiğini düşünür; Antroposen, Plantasyonosen ve Kapitalosen.

Üçüncü bölümde, yine posthümanizm çalışmalarında diğer öncü kuramcı Kaliforniya Üniversitesi Santa Cruz kampüsünde Feminist Çalışmalar, Felsefe ve

Giriş: Çokdisiplinli Posthümanizm/ler

Bilinç Tarihi Profesörü Dr. **Karen Barad**'ın "Posthümanist Edimsellik: Maddenin Nasıl Maddeleştiğini/Önem Arz Ettiğini Kavramaya Doğru" ("Posthumanist Performativity: Toward an Understanding of How Matter Comes to Matter") Ankara Bilim Üniversitesi'nden Dr. Şafak Horzum tarafından Türkçe'ye kazandırılan makalesini görmekteyiz. Bu bölümde Barad, temsilcilik temelleri yaklaşımlara karşın eyleyici gerçekçi ontoloji, maddesellik ve eyleyicilikle ilgili çalışmasının odağına alır ve Niels Bohr'un ve Donna Haraway'ın sorunsallaştırdığı fizik optiğinden kırınım meselesine ve metodolojisine odaklanır. Kısacası, bu makalede Barad maddenin nasıl içten-etkiyen bir katılımcı olduğunu posthümanist edimsellik çerçevesinde okuyucuya eyleyici gerçekçi kuramını sunar.

Dördüncü bölümde, yine Dr. Muhsin Yanar tarafından Türkçe'ye çevrilmiş olan posthümanizmin öncü kuramcılarından Utrecht Üniversitesi'nde Seçkin Üniversite Profesörü olan **Rosi Braidotti**'nin "Biz" *Bu* İşte Hep Beraberiz, Fakat Bir ve Aynı Değiliz" ("We' are in *This* Together, But We are Not One and the Same") adlı makalesini okumaktayız. Bu bölümde Braidotti, "ekolojik dengeye ve çoklu türlerin yaşamına aşırı müdahalenin neden olduğu insan kaynaklı bir felaket" olduğunu iddia ettiği COVID-19 salgını üzerinden teknoloji ve dijital arabuluculuk ise bilişsel kapitalizmin yüksek teknolojili ekonomisinde Dördüncü Sanayi Devrimi ve Altıncı Yok Oluş'a bağlı olarak posthüman durumu tartışır.

Posthümanizm alanındaki öncü kuramcıların ardından beşinci bölümde İngiliz Dili ve Edebiyatı Profesörü Dr. **Kamil Aydın**'ın "Eleştirel Bir Akım Olarak Posthümanizmin Edebiyat ve Sanattaki Algısı" adlı bölümünde, geçmişten günümüze edebiyattan sanata posthümanizmin eleştirel duruşuna değinerek çokdisiplinli açıdan müzik ve film gibi popüler kültür boyutlarını tartışmaktadır.

Altıncı bölümde, posthümanizm çalışmalarının ülkemizdeki araştırmacılarından olan Ted Üniversitesi İngiliz Dili ve Edebiyatı Öğretim Üyesi Doç. Dr. **Başak Ağın** "Çoklu Medya Türlerinde Posthümanizm ve Anlatıların Eyleyiciliği" adlı makalesinde, posthüman eyleyicilik kavramı ile görsel sanatlar, çizgi film ve müzik gibi çoklu medya türlerindeki yansımalarını Manga'nın Antroposen 001 albüm kapağındaki görselini, Heavy Metal ekoeleştirel şarkı sözlerini, David Prosser'ın *Matter Fisher* (2010) adlı çizgi filminde insan-dışı varlıkların öykü anlatıcısı olarak rollerini, sanatçı Kerem Ozan Bayraktar'ın ekolojik ve yeni materyalist olan *Kayalar ve Rüzgarlar, Mikroplar ve Sözcükler* isimli sergisini posthümanist açıdan değerlendirmektedir.

Yedinci bölümde, Manisa Celal Bayar Üniversitesi İngiliz Dili ve Edebiyatı Bölüm Başkanı olan Amerikan Edebiyatında Feminist Kadın Çalışmaları ile öne çıkan Prof. Dr. **Meryem Ayan** "Post-Hümanizm ve Posthümanist-Feminizmi" adlı makalesinde, Post'lar veya Postizm Çağı olarak adlandırılan dönemlerdeki post öneki tartışmasından yola çıkarak merkezsiz ve melez yapısı ile çoklu "kimlikler, ırklar, bedensel biçimler ve cinsel yönelimler üzerinden" tanımladığı *Posthümanist-Feminizm* kavramını tartışmaktadır.

Sekizinci bölümde, Osmaniye Korkut Ata Üniversitesi Uluslararası İlişkiler Bölüm Başkanı Dr. Öğretim Üyesi **Yelda Erçandırlı** bu alana kazandırdığı

"Uluslararası İlişkilerde Posthumanist Dönüşüm: Yeni Materyalizm, Ekolojik Kriz ve Küresel Siyaset" adlı bu makalesi ile toplum ve beşerî bilimlerdeki posthumanist dönüşümün Uluslararası İlişkiler disiplinindeki tartışmalarını yeni materyalist kuramsallaşmaya değinerek küresel siyaset, ekolojik kriz ve güvenlik konusunda insanmerkezci olmayan posthümanist değerlendirmesini ve mevcut kuramsal yaklaşımların posthümanist eleştirisini sunmaktadır.

Dokuzuncu bölümde, Güney Kaliforniya Güneş Enerjisi Araştırma Girişimi'nin (SC-RISE) Genel Müdürü ve Kalifornia Üniversitesi Riverside Kampüsü Bourns Mühendislik Fakültesi Çevresel Araştırma ve Teknoloji Merkezi'nde (CE-CERT) Araştırma Profesörü olan Dr. **Alfredo Martinez-Morales** ile birlikte aynı bölümde İstanbul Teknik Üniversitesi adına ziyaretçi hoca olarak bulunan Prof. Dr. **Tahir Çetin Akıncı** "Post-Hümanizm, Yapay Zeka ve Bilişsel Robotlar" adlı makalelerinde, yeni teknoloji ve yapay zeka, bilişsel robotlar, enerji sarmalında hümanizm, transhümanizm, post-hümanizm nörobilim kavramlarının birbiri ile ilişkileri geleceğe yönelik teknolojik bir perspektif aracılığı ile sunmaktadırlar.

Onuncu bölümde, Kanada Yorkville Üniversitesinden Dr. **Çağdaş Dedeoğlu** "Yapay Zekâ ve Posthüman, Postseküler Din: Kişisel Asistanlarda İnanç Önyargısına Bir Bakış" adlı makalesinde, Yapay Zekâ teknolojilerinin geliştirilmesi ve uygulanması aşamasında bazı etik kaygıların ortaya çıktığını ve özellikle din ve teoloji ile ilgili araştırmaların göz ardı edildiğinden bahsetmektedir. Bu bölüm YZ etiği ile din ve teoloji arasındaki sorunsallığı telefonlarımızda olan bir YZ kişisel asistan uygulamalarının posthüman, postseküler dinsel bir perspektiften hümanist, insan merkezli ve ikili karşıtlıklar konusunda oldukça önyargılı olduklarını tespit etmiştir.

On birinci bölümde, "Posthümanizm/Transhümanizm Çerçevesinde Yapay Zekayla Desteklenmiş Çevreci ve İklim Dostu Enerji Kavramına Yaklaşım" adlı makalesinde, Kocaeli Üniversitesi Makina Mühendisliği bölümünden Dr. Öğretim Üyesi **Selman Çağman** günümüz teknolojilerin tanıttığı yapay zekâ uygulamaları ile enerji üretimi-çevre sorununa posthümanizm ve transhümanizm yaklaşımının tükenmekte olan enerji kaynaklarına bakış açısı ve yapay zekânın çevre dostu enerji (fosil ve yenilenebilir) kaynaklarının artırılması uygulamaları gibi uygulamalarla çözüm tartışması sunmaktadır.

On ikinci bölümde, İstanbul Üniversitesi Tiyatro Eleştirmenliği ve Dramaturji alanında uzmanlığını alan tiyatro sanatçısı ve eleştirmeni **Emre Koyuncuoğlu** "Posthümanist Eleştirinin Vahasında, Kapsayıcı bir Tiyatronun Gölgesinde" adlı makalesinde, tiyatro kültürünün yeni materyalist, nesne yönelimli ontoloji, feminist ve posthümanist eleştiri ile bütünsel olarak ele alınabileceğini kendi tiyatro performanslarının otobiyografik aktarımı ile gösteri sanat alanında posthümanizm tartışması sunmaktadır.

On üçüncü bölümde, Hacettepe Üniversitesi Fransız Dili ve Edebiyatı Bölümünde Araştırma Görevlisi olarak Doktora çalışmalarını sürdüren **Simay Turan** "Yazında ve Sinemada Posthümanizm" adlı makalesinde, Michel Houellebecq'in *Bir Ada Olasılığı*, Laurent Genefort'un *Lum'en*, Pascal Quignard'ın *Müzik Dersi* yapıtları ve Jean-Luc Godard'ın yönetmenliğindeki *Alphaville* filmi gibi örnekler üzerinden yazınsal ve sanatsal düzlemde posthümanist bakış açısının yazınsal ve sanatsal düzlemde birleştirici, bütünleştirici ve kapsayıcı bir estetik anlayışı getireceği tartışmaktadır.

On dördüncü bölümde, Orta Doğu Teknik Üniversitesi İngiliz Edebiyatı alanında doktora eğitimini tamamlayan Dr. **Mahinur Gözde Kasurka** "Ridley Scott'ın *Bıçak Sırtı (Blade Runner)* Filminde *İnsan* Arayışı" adlı makalesinde, Scott'ın yönettiği *Bıçak Sırtı* (1982) filminde sömürüye dayalı ileri kapitalist sistemin bir sonucu olarak giderek belirsizleşen insan/kopya ayrımını ve soydaşlığını (kin), insanın gözden çıkarılabilir bir meta statüsüne indirgenmesi ile insan/kopya, insan/hayvan, insan/doğa gibi ikili karşıtlıkların giderek belirsizleştiği bir posthümanist eleştiri bakış açısından incelemektedir.

On beşinci bölümde, Cumhuriyet Üniversitesi El Sanatları Bölümü Mimari Dekoratif Sanatlar Programından Dr. Öğretim Üyesi **Ayşe Azamet** "Posthümanist Sanat Söylemi" adlı makalesinde, sanatın mekanik, biyolojik ve dijital versiyonunu temsil eden Eduardo Kac'ın biyosanat ve transgenik sanat eserleri insan-oluş sınırlarının derin tartışmaları ile posthümanist eleştirel bakış açısıyla değerlendirilmiştir.

On altıncı bölümde, Başkent Üniversitesi Eğitim Fakültesi Okul Öncesi Öğretmenliği Programı'nda öğretim görevlisi ve Ankara Üniversitesi Güzel Sanatlar Eğitiminde doktora çalışmalarını sürdüren **Elif Aykanat Özcan** ve Cumhuriyet Üniversitesi Çocuk Gelişimi Programı Öğretim Görevlisi ve Ankara Üniversitesi Güzel Sanatlar Eğitiminde de doktora çalışmalarını sürdüren **Yunus Yapalı**'nın "Müzik ve Posthüman" adlı makalelerinde, insanı merkeze koyan anlayışın yerini farklı türleri de kapsayan bir anlayışa bırakmaya başlaması, yapay zeka ile olasılıkları zenginleşen, bir "siborg" olarak insan üretimiyle devam eden, hayvanların katılımı ve hatta hayvanlar için de üretilmeye devam eden müzik çalışmaları, insan-makine-müzik, insan-nesne-müzik, insan-doğa-müzik, insan-hayvan-müzik yoldaşlığı ekseninde posthüman bakış açısıyla çeşitli müzik eserlerini incelemişlerdir.

On yedinci bölümde, Ankara Sosyal Bilimler Üniversitesi İngiliz Dili ve Edebiyatı bölümünden Dr. Öğretim Üyesi **Erden El** "Posthümanist Ekoeleştiri ve Covid-19: İnsanmerkezcilik Sonrası Doğaya Bakış" adlı makalesinde, insan dışı olarak tanımladığı Covid-19 salgını ile insanın doğa ve insan dışı varlıklarla olan ilişkisini sorgulayarak insan posthümanist doğa incelemesi bir bakış açısı sunar.

Onsekizinci bölümde, Amerika Birleşik Devletleri New York Üniversitesinden posthümanizm alanında öne çıkan felsefi düşünürlerden Dr. **Yunus Tuncel** "Posthümanizm Çağında Biyo-Politika ve Geliştirme Teknolojileri" adlı makalesinde, Michél Foucault'nun disiplin gücünün çağımızda nasıl çalıştığını ve teknolojik gelişmenin nihilisttik çağda insanlığı nasıl bir yol ayrımına getirdiğini tartışır. Bu disiplin gücünün, eski temelcilik rejimine ve Nietzsche'nin teşhis ettiği gibi tek doğruluk istencine nasıl hizmet ettiğine vurgu yaparak günümüz dünyasının kitle ve sosyal medya ve Jaime del Val ve diğer postmodern sanatçılar gibi çağdaş sanat yoluyla, biyo-gücün ve teknolojinin gücünün "aktif" veya temelcilik-sonrası yollarla nasıl yeniden inşa edilebileceğini tartışmaktadır.

On dokuzuncu bölümde, Atatürk Üniversitesi Felsefe bölümünden Dr. Öğretim Üyesi **Emine Aydoğan** "Pek İnsanca Bir Teşebbüs: Posthümanizm ve Etik" adlı makalesinde, insan sonrası olmanın insanlıktan çıkmak anlamını mı çağrıştırdığı üzerine tartışmasından yola çıkarak insan istisnacılığı ve merkeziyetçiliği konusunda evrenselci bakışa meydan okuyan posthümanist hareketin ahlaki göreceliğe maruz kalmasına rağmen posthümanizmin etik teşebbüsünü tartışmaktadır.

İstanbul Tıp Fakültesi, Dahili Tıp Bilimleri Bölümü, Adli Tıp Ana Bilim Dalı Profesörü Dr. **Sadık Toprak** "Posthümanizm, Tıp ve Biyoetik İlişkisi" adlı yirminci bölümünde, yapay eklem uygulaması gibi ortez/protez materyalleri ile organ yenilemesi ve kök hücre nakli gibi eksiklik gidermek yerine yıpranmış ya da eksik organın biyoteknoloji yöntemleri ile yeniden üretilip yerine konması ile son dönemlerde uygulanmaya başlanan gen tedavilerinin transhümanizm dönüşümünü desteklemekte olduğunu savunur. Ancak, tüm bu biyoteknolojik gelişmelerin posthüman sınıra doğru bizi götürdüğünü ve biyoetik temel kavramları ile etkileşimde olduğunu tartışmaktadır.

Max Weber Vakfı'na bağlı Orient-Institut İstanbul'da kıdemli araştırmacı olan Dr. **Melike Şahinol**'un "İnsan Sonrası Siborg Aşkı Çerçevesinde İnsan-Makine Etkileşimi" adlı yirmi birinci bölümde sibernetik aşk teması üzerinden insan-makine ilişkileri ve etkileşimlerini sosyolojik açıdan değerlendirerek posthümanizm perspektifinden aşkı insan sonrası makinelerle birlikte nasıl ağ oluşturduğunu, makinelerin insan bedenine adaptasyonunu ve böylece aşkın sadece sosyal değil, sosyo-(biyo-)teknik bir ilişki ve yapı içerisinde olduğunu tartışmaktadır.

Ağrı İbrahim Çeçen Üniversitesi Yabancı Diller Yüksekokulu'nda çalışan Öğretim Üyesi Dr. **Muhsin Yanar** "Posthümanizm ve Cinsiyet Sorunsalı" adlı yirmi ikinci bölü-münde posthümanizm diskurunu Rosi Braidotti, Donna J. Haraway, Judith Halberstam, Ira Livingstone ve N. Katherine Hayles'in posthümanist kuramları çerçevesinde tartışarak posthümanizm diskurunun hala devam etmekte olan cinsiyet sorunsalına nasıl baktığını, ötekileştirme ve eşitlik algısına nasıl ve ne şekilde katkı sağlayacağı konusunda değerlendirme yapmaktadır.

Yirmi üçüncü bölümde Dr. **Melike Şahinol** ile birlikte yine aynı kurum olan Alman beşeri bilimler kuruluşu olan Max Weber Vakfı'nın Orient-Institut İstanbul'da proje koordinatörü ve araştırma görevlisi olarak çalışan **Burak Taşdizen** "İnsan Sonrası Erkek(lik): Saç Ekimi Örneği" adlı makalelerinde estetik cerrahi teknolojilerinin sosyolojik açıdan kadınları çevreleyen kadın bedeninin tek tipleştirilmesine genelde odaklanmasını eleştirerek İnsan Geliştirme Teknolojilerinin biyomedikalizasyon süreçlerde uygulanan saç/kıl ekimi, lazer epilasyon gibi estetik cerrahi ve minimal invaziv işlemlerin erkek bedenine de medikal ve medikal olmayan müdahaleler sonucunda insan sonrası erkek bedeninin bu teknolojiler ile nasıl yeniden inşa edildiğini tartışmaktadırlar.

Yirmi dördüncü bölümde, İstanbul Yeni Yüzyıl Üniversitesi Radyo-TV-Sinema Bölümünden Dr. **Yasin Yeşilyurt** "Posthümanist Gelecekte Makine Yaratan Makineler: Bilimkurgu Sinemasında Yeni Frankenstein'lar" adlı makalesinde Mary Shelley'nin insanın yaratılma sürecinin canlı-cansız, organik-inorganik canlı varlıklar üzerinde deneyimleme girişimini sorgulayan *Frankenstein* romanın temsil ettiği mekanikçi dünya görüşünden yola çıkarak insanın yaratma yeteneğini enformasyon teknolojileri, endüstriyel dönüşüm ve yapay zeka araştırmaları gibi teknolojiler ile yapay zeka, robot ya da siborg'ların enformasyon bilgisini yeni düşünen varlıklar yaratma arzusunu tekrar etmesi hususunda çeşitli gelecek vizyonları sunan bilimkurgu sinemasından örnekler ile tartışmaktadır.

Kitabımızın kapanış bölümü olarak yer verdiğimiz New York Teknoloji Enstitüsü'nde (New York Institute of Technology) Onursal Profesör **Kevin LaGrandeur**'un "Posthümanizm Bizi Kurtarabilir mi?" ("Can Posthumanism Save Us?") adlı sonsöz makalesini görmekteyiz. Bu makale Kocaeli Üniversitesi İngiliz Dili ve Edebiyatı Anabilim Dalında Araştırma Görevlisi **Ömer Faruk Peksöz** tarafından çevrilmiştir. Prof. LaGrandeur bu değerli katkısıyla hangi posthümanizmin bizleri gelecekte 'belki' kurtarabileceğini sorgulamaktadır; insan sonrası dünyanın teknolojik hayallerinin mi yoksa eleştirel posthümanizmin felsefi idealleri mi? Bu her iki seçeneğin de maalesef bizi kurtarmak için yeterli olmadığına kanaat getirdiği bu kapanış bölümünü yine büyük bir soru işareti ile 'belki' ifadesini kullanarak hepimizin dünyamızı iyi bir doğrultuda geliştirme şansımız olduğunu yeniler.

Kaynakça

Alaimo, Stacy. *Bodily Natures: Science, Environment, and the Material Self.* Indiana UP, 2010.

---."Skin Dreaming: The Bodily Transgressions of Fielding Burke, Octavia Butler, and Linda Hogan." *Ecofeminist Literary Criticism: Theory, Interpretation, Pedagogy*, ed. Greta Claire Gaard and Patrick D. Murphy, Urbana, 1998, ss. 123-39.

---."Thinking as the Stuff of the World." *O-Zone: A Journal of Object-Oriented Studies*, no 1, 2013, ss. 13-21.

Barad, Karen. *Meeting the Universe Halfway: Quantum Physics and the Entanglement of Matter and Meaning.* Duke UP, 2007.

Braidotti, Rosi. *The Posthuman.* Wiley, 2013.

---."The Contested Posthumanities." *Conflicting Humanities*, ed. Rosi Braidotti ve Paul Gilroy, Bloomsbury, 2016, ss. 9-45.

Buran, Sümeyra. "Edebiyat ve Posthümanizm." *Edebiyatta Posthümanizm*, ed. Sümeyra Buran, Transnational Press London, 2020, ss. 19-36.

---."Being an Artificial Womb Human-Machine." *Reproductive Technologies of Feminist Speculative Fiction: Gender, Artificial Life, and the Politics of Reproduction*, eds. Sherryl Vint ve Sümeyra Buran, Palgrave, 2022, ss. 45-68.

Fernández-Götz, Manuel ve diğerleri. "Posthumanism in Archaeology: An Introduction." *CambridgeArchaeological Journal*, cilt 31, no 3, 2021, ss. 455-459.

Gane, Nicholas (2006). "Posthuman." *Theory, Culture & Society*, cilt 23 no 2/3, 2006, ss. 431-434.

Graham, Elaine L. *Representations of the Post/human: Monsters, Aliens, and Others in Popular Culture.* New Brunswick, 2002.

Haraway, Donna. "A Cyborg Manifesto:" *Simians, Cyborgs, and Women: The Reinvention of Nature.* Routledge, 1991, ss. 149-82.

Hayles, Katherine. *How We Became Posthuman: Virtual Bodies in Cybernetics, Literature, and Informatics*. University of Chicago, 1999.

---. "Unfinished Work: From Cyborg to Cognisphere." *Theory, Culture & Society*, cilt 23, no 7-8, 2006.

Heise, Ursula. "Toxins, Drugs, and Global Systems: Risk and Narrative in the Contemporary Novel". *American Literature*, cilt 74, no 4, 2002, ss. 159-66.

Herbrechter, Stefan. *Posthumanism: A Critical Analysis*. Bloomsbury Academic, 2013.

---. "The Posthuman Review." *Culture Machine*, 2013. (Nisan 2013), Web. 16 Nisan 2014.

Herbrechter, Stefan, and Ivan Callus. "What Is a Posthumanist Reading?" *Angelaki Journal of Theoretical Humanities*, cilt 13, no 1, 2008, ss. 95-111.

Jeffrey R. Di Leo. "Editor's Note." *Symplokē*, cilt 23, no 1–2, 2015, ss. 5-7. *JSTOR*, https://doi.org/10.5250/symploke.23.1-2.0005. Erişim tarihi 4 Temmuz 2022.

Kümbet, Pelin. "Environmental Sterilization through Reproductive Sterilization in Sarah Hall's *The Carhullan Army*." *Reproductive Technologies of Feminist Speculative Fiction: Gender, Artificial Life, and the Politics of Reproduction*, eds. Sherryl Vint ve Sümeyra Buran, Palgrave, 2022, ss. 83-106.

---.*Critical Posthumanism: Cloned, Toxic, and Cyborg Bodies in Fiction*, Transnational Press London, 2020.

---.Metalaşmış Yaşamlar: Kazuo Ishiguro'nun *Beni Asla Bırakma* adlı Romanının İnsansonrası (Posthuman) Distopik Dünyasında İnsan Klonlanması." *Ütopyada Edebiyat Edebiyatta Ütopya*, ed. Metin Toprak ve Güvenç Şar, Umuttepe, 2019, ss. 290-313.

---."Octavia Butler'ın *Yavru Kuş (Fledgling)* Romanında Posthüman Vampir-insan Eyleyiciliği". *Edebiyatta Posthümanizm*, ed. Sümeyra Buran, Transnational Press London, 2020, ss. 55-71. Transnational Press London, 2020, ss. 55-71.

Nayar, Pramod K. *Posthumanism*. Polity, 2014.

Rosi Braidotti ve Maria Hlavajova. "Introduction." *Posthuman Glossary*, eds. Rosi Braidotti ve Maria Hlavajova, Bloomsbury Publishing Plc, 2018, ss. 1-14.

Spivak, Gayatri Chakravorty. *Death of a Discipline*. Columbia University Press, 2003.

Thomas, Julian. "Archaeology's Humanism and the Materiality of the Body." *Thinking through the Body: Archaeologies of Corporeality*, eds. Yannis Hamilakis, Mark Pluciennik, and Sarah Tarlow, Kluwer Academic/Plenum, 2002, ss. 29-47.

Toffoletti, Kim. *Cyborgs and Barbie Dolls: Feminism, Popular Culture and the Posthuman Body*. I.B. Tauris, 2007.

Yanar, Muhsin. "Don DeLillo'nun *Sıfır K* ve Ian McEwan'ın *Benim gibi Makineler* Adlı Eserlerinde İnsanötesine Dair." *Edebiyatta Posthümanism*, ed. Sümeyra Buran, Transnational Press London, 2020, ss. 207-220.

Wolfe, Cary. *What Is Posthumanism?* University of Minnesota, 2010.

BÖLÜM 2

ANTROPOSEN, KAPİTALOSEN, PLANTASYONOSEN, KTHULUSEN: AKRABALIK KURMAK

Donna J. Haraway

Çeviren: Muhsin Yanar[1]

Antropojenik süreçlerin, türümüz tanımlanabildiği sürece (birkaç on bin yıl boyunca) diğer süreçler ve türlerle karşılıklı/içten-etkimeli gezegensel etkilere sahip olduğuna dair hiçbir şüphe yoktur; ve tarım büyük etkidir (birkaç bin yıl). Tabii ki, en başından beri, en büyük gezegensel yer şekillendiriciler (ve reformcular) hepsi hala bakteri ve onların akrabaları olmuştur ve ayrıca da sayısız türde (insanlarla ve onların uygulamalarıyla, teknolojik ve diğerleri dahil) karşılıklı/ içten-etkimeli hareket halindedir.[2] İnsan tarımından milyonlarca yıl önce tohum yayan bitkilerin yayılması gezegen-değiştiren bir gelişmeydi ve tıpkı diğer birçok devrimci evrimsel ekolojik gelişmeye yönelik tarihsel olaylar gibi.

İnsanlar, daha sonra Homosapiens olarak adlandırılan yaratıklar (onlar/biz) olmadan önce bile, ısrarcı mücadelelerine erken ve dinamik bir şekilde katıldılar. Ancak Antroposen, Plantasyonosen veya Kapitalosen'e ilişkin adlandırmaların ölçek, oran/hız, eşzamanlılık ve karmaşıklık ile ilgili olduğunu düşünüyorum. Sistemik fenomenleri ele alırken değişmeyen soru şu olmalıdır: derecedeki değişiklikler ne zaman tür olarak değişikliklere dönüşür ve biyokültürel, biyoteknik, biyopolitik, tarihsel olarak konumlanmış insanların (insanın değil) diğer tür asamblajların ve biyotik/abiyotik güçlerin etkilerine göre ve bunlarla birlikte etkileri nelerdir? Hiçbir tür, sözde modern Batı metinlerinde iyi bireylermiş gibi davranan bizim kibirli türümüz bile tek başına hareket etmez; organik türlerin ve abiyotik aktörlerin asamblajları, evrimsel türü ve diğer türleri de tarihe kaydeder.

Peki, yeryüzündeki yaşam "oyunu"nun adını herkes ve her şey için değiştiren bir dönüm noktası var mı? Bu, iklim değişikliğinden daha fazlasıdır; aynı zamanda büyük sistem çöküşünden sonra büyük sistem çöküşünü tehdit eden sistmematik olarak bağlantılı modellerde toksik kimya, madencilik, yer altı ve üstü göllerin ve nehirlerin tükenmesi, ekosistem basitleştirme, insanların ve diğer yaratıkların büyük soykırımları vb., vb., gibi olağanüstü yüklerdir. Yineleme bir direnç olabilir.

Anna Tsing, "Yabanıl Biyolojiler" adlı yakın tarihli bir makalede, Holosen ve Antroposen arasındaki bükülme noktasının, büyük olaylardan sonra (insanlı veya

---

[1] Ç.N. Bu makale Donna Haraway'in "Anthropocene, Capitalocene, Plantationocene, Chthulucene: Making Kin" adlı makalesinin çevirisidir (*Environmental Humanities*, cilt 6, 2015, ss. 159-165).
[2] İçten-etkime, *Meeting the Universe Halfway* eserinde Karen Barad tarafından bize verilen bir kavramdır (Duke University Press, 2007). Barad'ın analizinin gerektirdiği radikal değişikliği henüz anlamayan, yani muhtemelen dilbilimsel olarak karışıkalışkanlıklarımdankaynaklı, izleyiciler için okunaklı kalabilmek için etkileşimi kullanmaya devam ediyorum.

insansız) çeşitli tür asamblajlarının yeniden oluşturulabileceği sığınakların çoğunun silinmesi olabileceğini öne sürmektedir (çölleştirme, ya da traşlama ya da, ya da [...] gibi).³ Bu, Dünya Ekolojisi Araştırma Ağı koordinatörü Jason Moore'un ucuz doğanın bir sonu olduğu yönündeki argümanları ile ilişkilidir; ucuzlayan doğa, çağdaş dünyada kaynak çıkarma ve üretimi sürdürmek için daha fazla işleyemez çünkü dünyanın rezervlerinin çoğu boşaltılmış, yakılmış, tükenmiş, zehirlenmiş, yok edilmiş ve başka türlü tükenmiştir.⁴ Büyük yatırımlar ve son derece yaratıcı ve yıkıcı hesaplaşmayı geri getirebilir, ancak ucuz doğa gerçekten bitmiştir. Anna Tsing, Holosen'in, zengin kültürel ve biyolojik çeşitlilik içinde yeniden dünyalılaşmayı sürdürmek için sığınakların, sığınma yerlerinin hala var olduğu, hatta bol olduğu uzun bir dönem olduğunu savunmaktadır. Belki de Antroposen gibi bir adı hak eden öfke, insanlar ve diğer yaratıklar için sığınak yerlerinin ve zamanların yok edilmesine ilişkindir. Diğerleriyle birlikte ben Antroposen'in, Kretase ile Paleojen arasındaki K-Pg sınırı gibi, bir çağdan çok bir sınır olayı olduğunu düşünüyorum.⁵ Antroposen ciddi süreksizliklere işaret etmektedir; sonra gelen, bir önceki gibi olmayacak. Bence bizim işimiz Antroposeni olabildiğince kısa/ince tutmak ve sığınağı yenileyebilecek her şekilde hayal edilebilir çağlar konusunda birlikte çaba safetmektir.

Şu anda dünya mültecilerle dolu, insan ve insan olmayan, sığınaksız.

Bu nedenle, büyük bir yeni ismin, aslında birden fazla ismin gerektiğini düşünüyorum. Yani, Antroposen, Plantasyonosen⁶ ve Kapitalosen (benim olmadan önce

---

³ Anna Tsing ("Feral Biologies" February 2015).
⁴ Jason Moore, *Capitalism in the Web of Life*, (NY: Verso, 2015). Daha fazla Moore makalesi için bkz. https://jasonwmoore.wordpress.com/
⁵ Scott Gilbert'e, Ekim 2014'te Aarhus Üniversitesi'ndeki *Etnos* sohbeti ve diğer etkileşimler sırasında, Antroposen'in (ve Plantasyonosen) bir dönem değil, K-Pg sınırı gibi bir sınır olayı olarak görülmesi gerektiğine işaret ettiği için borçluyum. Alttaki Dipnot 6'ya bakınız.
⁶ Ekim 2014'te Aarhus Üniversitesi'nde *Ethnos* için kaydedilen bir konuşmada, katılımcılar, köle emeğine ve sömürülen, yabancılaştırılan ve genellikle mekânsalolarak taşınan emeğin diğer biçimlerine dayanarak, insan eliyle işletilen çeşitli çiftliklerin, otlakların ve ormanların yıkıcı ve kapalı plantasyonlara yıkıcı dönüşümü için topluca Plantasyonosen adını oluşturduk. Yazıya dökülen konuşma, *Ethnos*'ta "Antropologlar Antroposen Hakkında Konuşuyor" başlığı ile yayınlanacak. AURA için bkz. http://anthropocene.au.dk/. Bilim insanları, köle çiftlik sisteminin, genellikle Antroposen için bir bükülme noktası olarak anılan karbona aç makine temelli fabrika sisteminin modeli ve motoru olduğunu uzun zamandır anlamışlardır. En zorlu koşullarda bile bakılan köle çiftlikleri, yalnızca önemli insan gıdaları sağlamakla kalmadı, aynı zamanda biyolojik çeşitlilikteki bitkiler, hayvanlar, mantarlar ve topraklar için de sığınaklar sağladı. Köle çiftlikleri, özellikle imparatorluk botanik çiftlikleriyle karşılaştırıldığında, sayısız yaratığın seyahatleri ve üremeleri için yeterince keşfedilmemiş bir dünyadır. Sermaye birikimi ve kâr için maddi semiyotik üretkenliği dünya çapında hareket ettirmek—hücre plazmasının, genomların, kesimlerin ve parça organizmaların ve kökü kazınmış bitkilerin, hayvanların ve insanların diğer tüm ad ve biçimlerinin hızlı bir şekilde yer değiştirmesi ve yeniden formüle edilmesi—Plantasyonosen, Kapitalosen ve Antroposen birlikte ele alındı. Plantasyonosen, küreselleşmiş fabrika eti üretiminde, tek mahsullü tarım ticaretinde ve hem insan hem de insan olmayan yaratıkları aynı şekilde besleyen çok türlü ormanlar ve bunların ürünleri için palmiye yağı gibi mahsullerin muazzam ikamelerinde her zamankinden daha büyük bir vahşilikle devam ediyor. *Ethnos* sohbetine katılanlar arasında Kyoto Üniversitesi, Güneydoğu Asya Araştırmaları Merkezi Antropolojiden Noboru Ishikawa; Anna Tsing, Antropoloji, California Üniversitesi Santa Cruz; Donna J. Haraway, Bilinç Tarihi, California Üniversitesi Santa Cruz; Scott F. Gilbert, Biyoloji, Swarthmore; Nils Bubandt, Kültür ve Toplum Bölümü, Aarhus Üniversitesi; ve Kenneth Olwig, Peyzaj Mimarlığı, İsveç Tarım Bilimleri Üniversitesi bulunmaktadır. Gilbert, yaygın olarak kullanılan ders kitabı Scott F. Gilbert ve David Epel'in, *Ecological Developmental Biology Sinauer Associates*, (yakında yayımlanacak) başlıklı kitabı için yazdığı Son Kısım'da temel argümanlar için Plantasyonosen terimini benimsemiştir.

Andreas Malm ve Jason Moore'un terimi).⁷ Aynı zamanla, insanların bir parçası olduğu içinde süregidenliğin tehlikede olduğu güçler ve süregiden dinamik simktonik kuvvetler için bir isme ihtiyacımız olduğunda ısrar ediyorum. Belki, ama sadece belki ve sadece yoğun bağlılık ve diğer dünyalılarla ortak çalışma ve oyunla, insanları içeren zengin çok türlü topluluklar için gelişmek mümkün olacaktır. Tüm bunlara Kthulusen diyorum—geçmiş, şimdi ve gelecek.⁸ Bu gerçek ve olası zaman-uzamları, bilimkurgu yazarı H.P. Lovecraft'ın kadın düşmanı ırksal-kabus canavarı Kthulhu dan sonra değil (yazım farkına dikkat edin), ancak ve Naga, Gaia, Tangaroa (su dolu Papa'dan çıkma), Terra, Haniyasuhime, Örümcek Kadın, Pachamama, Oya, Gorgo, Raven, A'akuluujjusi ve daha çok çok fazla isimler gibi daha çok çeşitli dünya- çapındaki çeşitli dokunaçlı güçler ve kuvvetler ve birikmiş şeylerden sonra adlandırılmıştır. "Benim" Kthulusen'im, sorunlu Yunanımsı filizleriyle yüklü olsa bile, sayısız zamansallığı ve uzamsallığı ve—insan-dan-ötesi, insan-dan-başkası, insan dışı ve humusolarak-insan dahil sayısız içten-etkimeli asamblaj-halindeki-varlıkları dolaşıklaştırır. Naga, Gaia, Tangaroa, Medusa, Örümcek Kadın ve bunların tüm akrabaları gibi bir Amerikan İngilizcesi metninde işlenmiş olsa bile, Lovecraft'ın hayal edemediği veya benimseyemeyeceği bir bilimkurgu yapısına uygun binlerce isimden bazılarıdırd—yani spekülatif hikâye, spekülatif feminizm, bilimkurgu ve bilimsel gerçeğin ağlarıdır.⁹ Hangi hikayelerin hikâye anlattığı, hangi kavramların kavramları tasavvur ettiği önemlidir. Matematiksel, görsel ve anlatısal olarak, hangi figürlerin figürleri, hangi sistemlerin sistemleri sistematize ettiği önemlidir.

Binlerce ismin hepsi çok büyük ve çok küçüktür; tüm hikayeler çok büyük ve çok küçüktür. Jim Clifford'un bana öğrettiği gibi, karmaşıklıkları bir araya getirecek ve şaşırtıcı yeni ve eski bağlantılar için sınırları açık ve açgözlü tutacak kadar büyük hikayelere (ve teorilere) ihtiyacımız var.¹⁰

Kthulusen'de ölümlü yaratıklar olarak iyi yaşamanın ve ölmenin bir yolu, sığınakları yeniden oluşturmak, kısmi ve sağlam biyolojik-kültürel-politik-teknolojik iyileşmeyi ve geri dönüşü olmayan kayıpların yasını da içermesi gereken yeniden düzenlemeyi mümkün kılmak için güçlerimizi birleştirmektir. Thom van Dooren ve Vinciane Despret bana bunu öğretti.¹¹ Halihazırda çok fazla kayıp var ve çok

---

⁷ 2014'ün sonlarında hem Jason Moore hem de Alf Hornborg'dan gelen kişisel e-posta iletişimleri bana Malm'ın, henüz yüksek lisans öğrencisiyken İsveç'in Lund kentinde 2009'da bir seminerde Kapitalosen terimini önerdiğini söyledi. Bu terimi ilk olarak 2012'den başlayarak halka açık derslerde kullandım. Moore, Moore, Malm, benim ve Elmar Altvater tarafından yazılan makalelerin yer aldığı *Capitalocene* (PM Press, 2016) başlıklı bir kitabın editörlüğünü yapıyor. İşbirliği ağlarımız genişliyor.
⁸ "–cene" eki çoğalıyor! Bu fazlalığı riske atıyorum çünkü –cene/kainos'un kök anlamlarının, yani eski olan ve olmayan kalın, lifli ve topaklı "şimdi"nin zamansallığının kölesiyim.
⁹ Os Mil Nomes de Gaia/Gaia'nın Bin Adı, Eduardo Viveiros de Castro, Déborah Danowski ve işbirlikçileri tarafından Eylül 2014'te Rio de Janeiro'da düzenlenen üretken uluslararası konferanstı. Bazıları Portekizce, bazıları İngilizce, konferanstaki konuşmaların çoğu https://www.youtube.com/c/osmilnomes degaia/videos adresinden izlenebilir. Antroposen ve Kthulusen hakkındaki katkım Skype aracılığıyla yapılmıştır ve https://www.youtube.com/watch?v=1x0oxUHOlA8 adresinde mevcuttur.
10 James Clifford, *Returns: Becoming Indigenous in the Twenty-first Century* (Cambridge MA: Harvard University Press, 2013).
11 Thom van Dooren, *Flight Ways: Life and Loss at the Edge of Extinction* (New York: Columbia University

daha fazlası olacaktır. Yenilenmiş üretken gelişme, ölümsüzlük mitlerinden ya da ölülerle ve soyu tükenmişlerle birlikte olamama mitlerinden gelişemez. Orson Scott Card'ın *Ölülerin Sözcüsü* için çok iş var.[12] Ursula LeGuin'in *Hep Yuvaya Dönmek*'teki dünyalama görüşü için hatta daha da fazlası var.

Ben bir kompost-istim, posthüman-ist değilim: hepimiz kompostuz, posthüman değiliz. Antroposen/Kapitalosen sınırı, yalnızca 21. yüzyılın sonlarına doğru dünyada olacak yaklaşık 11 milyar insan için değil, aynı zamanda sayısız başka yaratıklar için de geri dönüşü olmayan muazzam yıkımı da içeren birçok şeyi ifade etmektedir (11 milyar civarındaki anlaşılmaz ama makul sayı, ancak dünya çapındaki insan bebeklerinin doğum oranları düşük kalırsa geçerli olacaktır; bu sayı yeniden yükselirse, tüm bahisler biter). Yok olmanın eşiği sadece bir metafor değildir; sistem çöküşü bir gerilim filmi değildir. Herhangi bir türdeki herhangi bir mülteciye sorun.

Kthulusen'in en azından bir slogana (elbette birden fazla) ihtiyacı var; Hala "Dünyada Hayatta Kalmak İçin Siborglar", "Hızlı Koş, Sert Isır" ve "Kapa çeneni ve Eğit" diye bağırarak "Bebek Değil Akrabalık Yapın!" öneriyorum. Akrabalık yapmak belki de en zor ve en acil olanıdır. Zamanımızın feministleri, biyolojik ve toplumsal cinsiyet, ırk ve, ırk ve ulus, sınıf ve ırk, toplumsal cinsiyet ve morfoloji, biyolojik cinsiyet ve üreme, üreme ve bireyleri oluşturma arasındaki bağların varsayılan doğal zorunluluğunu çözmede liderler olmuşlardır (burada borçlu olduklarımız, Marilyn Strathern ve özellikle etnograf akrabası ile bağlaşık Melanezyalılardır).[13] Farklı insanları da kucaklayabilen çoktürlü bir ekoadalet olacaksa, feministlerin hem soy hem akraba hem de akraba ve tür bağlarını çözmek için tahayyül, teori ve eylemde liderlik uygulamalarının tam zamanıdır.

Bakteriler ve mantarlar bize metaforlar verecek kadar çoktur; ama, metaforlar bir yana (bu konuda iyi şanslar!), biyotik ve abiyotik sem-poietik işbirlikçilerimiz, işbirlikçilerimiz ile yapacak bir memeli meselemiz var. Akrabaları sem-ktonik olarak sem-poietik olarak (sym-poetically) yapmalıyız. Kim ve ne olursak olalım, yeryüzüne-bağlı olanla birlikte-olmamız—birlikte-oluşmamız, birlikte-oluşturmamız—gerekir (bu terim için teşekkürler, Bruno Latour-anglofon-tavrıyla-).[14]

Bizler, her yerdeki insanlar, yoğun, sistemik aciliyetleri belirtmeliyiz; yine de, Kim Stanley Robinson'ın *2312*'de belirttiği gibi, (2005'ten 2060'a kadar süren bu bilimkurgu anlatısında—fazla iyimser mi?), "Kararsız bir ajitasyon durumu"[15] olan "Titreşim" zamanlarında yaşıyoruz. Belki de "Titreşim," Antroposen veya

---

Press, 2014). Vinciane Despret, "Ceux qui insistent," in *Faire Art comme on fait société*, ed. Didier Debaise, et al. (Paris: Réel, 2013). Vinciane Despret'in çok sayıda önemli makalesi için
İngilizce çevrisi için bkz. Angelaki 20, no. 2, yakında, 2015, *Ethology II: Vinciane Despret*, Brett Buchanan, Jeffrey Bussolini ve Matthew Chrulew Ed., Donna Haraway'ın "A Curious Practice" önsözüyle.
[12] Orson Scott Card, *Speaker for the Dead* (NY: Tor Books, 1986).
[13] Marilyn Strathern, *The Gender of the Gift: Problems with Women and Problems with Society in Melanesia* (Oakland CA: University of California Press, 1990).
[14] Bruno Latour, "Facing Gaïa: Six Lectures on the Political Theology of Nature," Gifford Lectures, 18-28 Şubat 2013.
[15] Kim Stanley Robinson, *2312* (London: Orbit, 2012). Bu sıradışı BK anlatısı en iyi roman olarak Nebula Ödülü'nü kazanmıştır.

Kapitalosen'den daha uygun bir isimdir! Titreşim dünyanın kayalık katmanlarına yazılacaktır, aslında zaten dünyanın mineralli katmanlarına yazılmıştır. Sem-ktonik olanlar tereddüt etmez; hem tehlikeli hem de umut verici uygulamalar olanı bir araya gelip ayrışırlar. En basit tabirle, insan hegemonyası sem-ktonik bir mesele değildir. Ekoseksüel sanatçılar Beth Stephens ve Annie Sprinkle"ın dediği gibi, kompostlama daha çok yeni!

Amacım "akraba"yı soy veya soykütük bağıyla bağlı varlıklardan başka/daha fazla anlam ifade etmektir. Yavaşça yabancılaştırıcı hareket, bir süreliğine sadece bir hata gibi görünebilir, ancak sonra (şans eseri) hep böyle doğru görünmektedir. Akrabalık-yapmak, bireyler veyahut insanlar olarak değil, kişiler yapmaktır. Üniversitedeyken Shakespeare'in akraba ve tür arasındaki kelime oyunundan etkilendim—en iyiler aile olarak mutlaka akraba değildi; akrabalık yapmak ve tür yapmak (kategori, bakım, doğumla bağı olmayan akrabalar, yan akrabalar, daha birçok yansımaları gibi) hayal gücünü zorlar ve hikâyeyi değiştirebilir. Marilyn Strathern bana Britanya İngilizcesinde akrabaların aslen "mantıksal ilişkiler" olduğunu ve yalnızca 17. yüzyılda "aile üyeleri" olduklarını öğretti—bu kesinlikle sevdiğim gerçekler arasındadır.[16] İngilizcenin dışına çıkın ve vahşi olan çoğalsın.

Bence, tüm dünyalıların en derin anlamda akraba olduğu gerçeği ile akrabalığın gerilmesine ve yeniden düzenlenmesine izin vermektedir ve asamblajlar olarak türleri daha iyi önemsemenin geçen zamanı gelmiştir (tek tek tür olarak değil). Akraba birleştirici bir kelimedir. Tüm yaratıklar, yanal, semiyotik ve soybilimsel olarak ortak bir "kan" paylaşır. Atalar çok ilginç yabancılar olarak belirmektedir; akrabalar yabancı (aile veya gen olduğunu düşündüğünüz şeyin dışında), tekinsiz, musallat, aktiflerdir.[17]

Küçücük bir slogan için çok fazla, biliyorum! Yine de, deneyin. Bundan birkaç

---

[16] Bkz. Marilyn Strathern, "Shifting Relations," Emerging Worlds Workshop makalesi, University of California Santa Cruz, 8 Şubat, 2013. Akrabalık kurmak giderek artan popüler bir uygulamadır ve yeni isimler de çoğalmaktadır. "Kinnovator" için Lizzie Skurnick, *That Should Be a Word* (NY: Workman Publishing, 2015)'e akrabalık da eklediğim geleneksel olmayan yollarla aile kuran bir kişi için bakınız. Skurnick ayrıca "klanarşist" kelimesini de önermektedir. Bunlar sadece kelimeler değil; bunlar, heteronormatif olsun ya da olmasın, Batılı aile araçlarıyla sınırlı olmayan akrabalık oluşumundaki depremlerin ipuçları ve teşvikleridir. Bebeklerin nadir, ilgilenilmiş ve değerli olması gerektiğini düşünüyorum; ve akrabalık bol, beklenmedik, kalıcı ve değerli olmalıdır.

[17] "Soy Ağacı" ("Gens"), feministlerin oynadığı, kökeni itibariyle ataerkil başka bir kelimedir. Kökler ve sonlar birbirini belirlemez. Akraba ve soy ağacı, Hint-Avrupa dillerinin tarihindeki çöp arkadaşları gösterir (Ç.N.: Aynı çöpte doğan bir çift veya hayvan grubunun bir üyesini ifade eder). Umut verici eylem içi komünist anlarda, Laura Bear, Karen Ho, Anna Tsing ve Sylvia Yanagisako tarafından yazılan http://culanth.org/fieldsights/652-gens-afeminist-manifesto-for-the-study-of-capitalism'e bakınız. Yazı belki çok kuru (özet madde işaretleri yardımcı olsa da) ve bu Manifesto'nun şımarık okuyucuyu baştan çıkarmasını sağlayacak ilginç örnekler yok; ancak referanslar tüm bunları yapmak için büyük kaynaklar sağlar, çoğu uzun vadeli, yakından ilgili, derinlemesine teorize edilmiş etnografilerin meyvesidir. Özellikle bkz. Anna Tsing *The Mushroom at the End of the World: on the Possibility of Life in Capitalist Ruins* (Princeton NJ: Princeton University Press, 2015'te yayımlanacak). "Soy Ağacı: Kapitalizm Araştırması için Feminist Bir Manifesto"daki metodolojik yaklaşımın kesinliği, sözde Marksistlere veya feminizme direnen ve bu nedenle gerçek yaşam dünyalarının heterojenliği ile ilgilenmeyen diğer teorisyenlere hitap ediyor, fakat Piyasalar, Ekonomi ve Finansallaşma gibi kategorilerle (ya da ben ekleyeceğim, Yeniden Üretim, Üretim ve Nüfus—kısacası, standart liberal ve feminist olmayan sosyalist politik ekonominin sözde yeterli kategorileri) ile kalın. Haydi Honolulu'nun Devrim Kitapları ve tüm akrabalıklara uğrayın!

yüz yılı aşkın bir süre sonra, bu arada çeşitli insanlar ve diğer yaratıklar için sadece amaç olarak değil araç olarak artan refahın bir parçası olarak, belki de bu gezegen insanlarının sayısı yeniden iki veya üç milyar civarında olabilir.

Öyleyse akrabalık yapın, bebek değil! Akrabalığın nasıl akrabalık oluşturduğu önemlidir.[18]

---

[18] Deneyimlerime göre, soldaki ya da hala kriz olmadan kullanabileceğimiz "halkımız" olarak değer verdiklerim, "Akrabalık Yapın Bebek Değil"in "Bebek Değil" bölümünde neo-emperyalizmi, neo-liberalizmi, kadın düşmanlığını ve ırkçılığı (onları kim suçlayabilir ki?) duyarlar. "Akrabalık Yap" kısmının daha kolay, etik ve politik olarak daha sağlam bir zeminde olduğunu hayal ediyoruz. Doğru değil! "Akrabalık Yap" ve "Bebek Değil" her ikisi de zordur; her ikisi de ideolojik ve bölgesel farklılıklar ve diğer farklılıklar arasında bireysel ve toplu olarak en iyi duygusal, entelektüel, sanatsal ve politik yaratıcılığımızı talep ediyor. Benim düşünceme göre, "insanlarımız" iklim değişikliğini inkar eden bazı Hıristiyanlarile kısmen karşılaştırılabilir: inançlar ve taahhütler, yeniden düşünmeye ve yeniden hissetmeye izin vermeyecek kadar derindir. Halkımızın, hakkın ve kalkınma profesyonellerinin sahip olduğu şeyi "nüfus patlaması" olarak yeniden ziyaret etmesi, karanlık tarafa geçmek gibi gelebilir.
Ama inkârbize hizmet etmeyecek. "Nüfus"un devlet oluşturan bir kategori olduğunu biliyorum, gerçeği herkes için yeniden yaratan, ancak herkesin yararına olmayan bir tür "soyutlama" ve "söylem"dir. Ayrıca, hızlı iklim değişikliği için çeşitli kanıtlarla epistemolojik ve duygusal olarak karşılaştırılabilir birçok türden kanıtın, 7-11 milyar insanın, dünyadaki insanlara ve insan dışı varlıklara büyük zarar vermeden karşılanamayacak taleplerde bulunduğunu gösterdiğini düşünüyorum. Bu basit bir nedensel ilişki değildir; ekoadaletin, günümüz dünyasında peş peşe gelen yok etmelere, yoksullaştırmalara ve yok oluşlara karşı izin verilen tek değişkenli bir yaklaşımı yoktur. Ancak insan sayılarıyla perdelenmiş devam eden yıkım için Kapitalizmi, Emperyalizmi, Neoliberalizmi, Modernleşmeyi veya "biz olmayan" diğer bazılarını suçlamak da işe yaramayacaktır. Bu sorunlar zorlu, amansız bir çalışma gerektiriyor; ama aynı zamanda neşe, oyun ve beklenmedik başkalarıyla ilişki kurmak için tepki yeteneği talep ederler. Bu konuların tüm parçaları, Terra'nın onları sağa veya geliştirme uzmanlarına veya her zamanki gibi iş kamplarında herhangi birine teslim etmesi için çok önemlidir. Alın size Tuhaf Akrabalık—doğumu sınırlanmayan ve kategorilerin dışında!
Düşük doğum oranlarını ve daha fazla bebek yapmadan gelişen ve cömert yaşamlar (yenilikçilik, akrabalık—akrabalık dahil) yapmak için kişisel, samimi kararları kutlamanın yollarını—acilen ve özellikle, ama sadece değil, zengin, yüksek tüketim ve sefalet ihraç eden yollar, bölgeler, uluslar, topluluklar, aileler ve sosyal sınıflaryollar bulmalıyız. Irkçı olmayan göçmenlik, yeni gelenler ve "yerli doğumlular" (eğitim, barınma, sağlık, toplumsal cinsiyet ve benzeri) için sosyal destek politikaları dahil olmak üzere, doğuştan olmayan akrabaları çoğaltarak korkutucu demografik sorunları meşgul eden nüfusu ve diğer politikaları (cinsel yaratıcılık, tarım, insan dışındaki varlıkları beslemek için pedagojiler, teknolojiler ve yaşlıları sağlıklı ve üretken tutmak için sosyal yenilikler, vs).teşvik etmeliyiz.
Yeni bir bebek doğurmak ya da doğurmamak için devredilemez kişisel "hak" (böylesine dikkatli bir bedensel mesele için ne kelime!) benim için söz konusu değil; zorlama, bu konuda akla gelebilecek her düzeyde yanlıştır ve kişi, zorlayıcı yasayı veya geleneği sindirebilse bile, her durumda geri tepme eğilimindedir (ki ben bunu yapamam). Öte yandan, ya yeni normal, her yeni çocuğun en az üç ömür boyu bağlı ebeveyni olup olmadığı (birbirlerinin sevgilisi olmayan ve çok çocuklu, çok kuşaklı evlerde yaşamalarına rağmen bundan sonra yeni bebek doğurmayacak olanlar) fikrine yönelik kültürel bir beklenti haline gelseydi ne olurdu? Ya yaşlılar için ve yaşlılar tarafından ciddi evlat edinme uygulamaları yaygınlaşırsa? Ya düşük doğum oranlarından endişe duyan ülkeler (Danimarka, Almanya, Japonya, Rusya, beyaz Amerika, daha fazlası) göçmen korkusunun büyük bir sorun olduğunu ve ırksal saflık projelerinin ve fantezilerinin yeniden canlanmasını sağladığını kabul ederse? Pronatalizm? Ya her yerde insanlar Avrupa, Avrupa-Amerika, Çin ya da Hintli zengin ve servet avcısı sektörler yerine queer, sömürgeciliğin ortadan kalktığı ve yerli dünyalardaki bireylere ve kolektiflere doğumcu yönünü yakınlık ararlarsa?
Irksal saflık fantezilerinin ve göçmenleri tam vatandaş olarak kabul etmeyi reddetmenin, şu anda "ilerici", "gelişmiş" dünyada politikayı yönlendirdiğini hatırlatmak için bkz. Danny Hakim, "Sex Education in Europe Turns to Urging More Births" http://www.nytimes.com/2015/04/09/business/international/sex-education-ineurope-turns-to-urging-more-births.html?_r=0. Rusten Hogness, 9 Nisan 2015'te bir Facebook gönderisinde şunları yazdı: "Değişen yaş dağılımlarının ortaya çıkardığı sorunları daha fazla insan bebeği yapmadan çözmenin yollarını bulamazsak, hayal gücümüzde ve birbirimizi (insan ve insan olmayan)

kollama yeteneğimizde yanlış olan ne? Çocuk sahibi olmamaya karar veren gençleri kutlamanın yollarını bulmalıyız, üzerlerindeki zaten güçlü olan doğum yanlısı baskılara milliyetçilik eklememeliyiz." Pronatalizm tüm güçlü görünümleriyle hemen her yerde sorgulanmalıdır. oykırımın ve yerinden edilmenin insanlar üzerindeki sonuçlarını hatırlatmak için "neredeyse" kelimesini tutuyorum. "Neredeyse" aynı zamanda çağdaş kısırlaştırma istismarını, şaşırtıcı derecede uygunsuz ve kullanılamaz doğum kontrol yöntemlerini, kadın ve erkeklerin eski ve yeni nüfus kontrol politikalarında şifrelere indirgenmesini ve dünya çağında her zamanki gibi iş dünyasına yerleştirilmiş diğer kadın düşmanı, ataerkil ve etnik/ırkçı uygulamaları hatırlamak için bir dürtüdür. Örneğin, bkz. Kalpana Wilson, "The 'New' Global Population Control Policies: Fueling India's Sterilization Atrocities", *Different Takes* Kış 2015, http://popdev.hampshire. edu/ projects/dt/87.

Tüm bu konularda birbirimizin risk alma desteğine çok ihtiyacımız var.

Kaynakça

Barad, Karen. *Meeting the Universe Halfway.* Duke University Press, 2007.
Card, Orson Scott. *Speaker for the Dead.* Tor Books, 1986.
Clifford, James. *Returns: Becoming Indigenous in the Twenty-first Century.* Harvard University Press, 2013.
Despret, Vinciane. "Ceux qui insistent." *Faire Art comme on fait societé.* Ed. Didier Debaise, ve diğerleri. Réel, 2013.
Gilbert, Scott F. ve David Epel. *Ecological Developmental Biology.* Sinauer Associates, Sinauer Associates, 2008.
Hakim, Danny. "Sex Education in Europe Turns to Urging More Births." http://www.nytimes.com/2015/04/09/business/international/sex-education-in-europe-turns-tourging-more-births.html?_r=0
Latour, Bruno. "Facing Gaïa: Six Lectures on the Political Theology of Nature." *Gifford Lectures*, 18-28 Şubat, 2013.
Moore, Jason. *Capitalism in the Web of Life.* Verso, 2015.
Robinson, Kim Stanley. *2312.* Orbit, 2012.
Skurnick, Lizzie. *That Should Be a Word.* Workman Publishing, 2015.
Strathern, Marilyn. *The Gender of the Gift: Problems with Women and Problems with Society in Melanesia.* University of California Press, 1990.
---. "Shifting Relations." Paper for the *Emerging Worlds Workshop*, the University of California at Santa Cruz, 8 Şubat, 2013.
Tsing, Anna. "Feral Biologies." Paper for *Anthropological Visions of Sustainable Futures*, University College London, Şubat 2015.
---. *The Mushroom at the End of the World: on the Possibility of Life in Capitalist Ruins.* Princeton University Press, 2015.
van Dooren, Thom. *Flight Ways: Life and Loss at the Edge of Extinction.* Columbia University Press, 2014.
Wilson, Kalpana. "The 'New' Global Population Control Policies: Fueling India's Sterilization Atrocities." *Different Takes* Winter 2015, http://popdev.hampshire.edu/projects/dt/87.

ANTHROPOCENE, CAPITALOCENE, PLANTATIONOCENE, CHTHULUCENE: MAKING KIN[1]

Donna Haraway

There is no question that anthropogenic processes have had planetary effects, in inter/intra- action with other processes and species, for as long as our species can be identified (a few tens of thousand years); and agriculture has been huge (a few thousand years). Of course, from the start the greatest planetary terraformers (and reformers) of all have been and still are bacteria and their kin, also in inter/intra-action of myriad kinds (including with people and their practices, technological and otherwise).[2] The spread of seed-dispersing plants millions of years before human agriculture was a planet-changing development, and so were many other revolutionary evolutionary ecological developmental historical events.

People joined the bumptious fray early and dynamically, even before they/we were critters who were later named *Homo sapiens*. But I think the issues about naming relevant to the Anthropocene, Plantationocene, or Capitalocene have to do with scale, rate/speed, synchronicity, and complexity. The constant question when considering systemic phenomena has to be, when do changes in degree become changes in kind, and what are the effects of bioculturally, biotechnically, biopolitically, historically situated people (not Man) relative to, and combined with, the effects of other species assemblages and other biotic/abiotic forces? No species, not even our own arrogant one pretending to be good individuals in so-called modern Western scripts, acts alone; assemblages of organic species and of abiotic actors make history, the evolutionary kind and the other kinds too.

But, is there an inflection point of consequence that changes the name of the "game" of life on earth for everybody and everything? It's more than climate change; it's also extraordinary burdens of toxic chemistry, mining, depletion of lakes and rivers under and above ground, ecosystem simplification, vast genocides of people and other critters, etc, etc, in systemically linked patterns that threaten major system collapse after major system collapse after major system collapse. Recursion can be a drag.

Anna Tsing in a recent paper called "Feral Biologies" suggests that the inflection point between the Holocene and the Anthropocene might be the wiping out of most of the refugia from which diverse species assemblages (with or without

---

[1] Haraway, Donna. "Anthropocene, Capitalocene, Plantationocene, Chthulucene: Making Kin." *Environmental Humanities* 6, no. 1 (2015): 159–65. doi:10.1215/22011919-3615934. Available at www.environmentalhumanities.org
[2] Intra-action is a concept given us by Karen Barad, *Meeting the Universe Halfway* (Durham, NC: Duke University Press, 2007). I keep using inter-action too in order to remain legible to audiences who do not yet understand the radical change Barad's analysis demands, but probably out of my linguistically promiscuous habits, as well.

people) can be reconstituted after major events (like desertification, or clear cutting, or, or, ...).³ This is kin to the World-Ecology Research Network coordinator Jason Moore's arguments that cheap nature is at an end; cheapening nature cannot work much longer to sustain extraction and production in and of the contemporary world because most of the reserves of the earth have been drained, burned, depleted, poisoned, exterminated, and otherwise exhausted.⁴ Vast investments and hugely creative and destructive technology can drive back the reckoning, but cheap nature really is over. Anna Tsing argues that the Holocene was the long period when refugia, places of refuge, still existed, even abounded, to sustain reworlding in rich cultural and biological diversity. Perhaps the outrage meriting a name like Anthropocene is about the destruction of places and times of refuge for people and other critters. I along with others think the Anthropocene is more a boundary event than an epoch, like the K-Pg boundary between the Cretaceous and the Paleogene.⁵ The Anthropocene marks severe discontinuities; what comes after will not be like what came before. I think our job is to make the Anthropocene as short/thin as possible and to cultivate with each other in every way imaginable epochs to come that can replenish refuge.

Right now, the earth is full of refugees, human and not, without refuge.

So, I think a big new name, actually more than one name, is warranted. Thus, Anthropocene, Plantationocene,⁶ and Capitalocene (Andreas Malm's and Jason

---

[3] Anna Tsing, "Feral Biologies," paper for Anthropological Visions of Sustainable Futures, University College London, February 2015.

[4] Jason Moore, *Capitalism in the Web of Life* (NY: Verso, 2015). Many of Moore's essays can be found at https://jasonwmoore.wordpress.com/.

[5] I owe Scott Gilbert for pointing out, during the Ethnos conversation and other interactions at Aarhus University in October 2014, that the Anthropocene (and Plantationocene) should be considered a boundary event like the K-Pg boundary, not an epoch. See footnote 5, below

[6] In a recorded conversation for *Ethnos* at the University of Aarhus in October 2014, the participants collectively generated the name Plantationocene for the devastating transformation of diverse kinds of human-tended farms, pastures, and forests into extractive and enclosed plantations, relying on slave labor and other forms of exploited, alienated, and usually spatially transported labor. The transcribed conversation will be published as "Anthropologists Are Talking About the Anthropocene," in Ethnos. See the website for AURA, http://anthropocene.au.dk/. Scholars have long understood that the slave plantation system was the model and motor for the carbon-greedy machine-based factory system that is often cited as an inflection point for the Anthropocene. Nurtured in even the harshest circumstances, slave gardens not only provided crucial human food, but also refuges for biodiverse plants, animals, fungi, and soils. Slave gardens are an underexplored world, especially compared to imperial botanical gardens, for the travels and propagations of myriad critters. Moving material semiotic generativity around the world for capital accumulation and profit—the rapid displacement and reformulation of germ plasm, genomes, cuttings, and all other names and forms of part organisms and of deracinated plants, animals, and people— is one defining operation of the Plantationocene, Capitalocene, and Anthropocene taken together. The Plantationocene continues with ever-greater ferocity in globalized factory meat production, monocrop agribusiness, and immense substitutions of crops like oil palm for multispecies forests and their products that sustain human and nonhuman critters alike. The participants in the *Ethnos* conversation included Noboru Ishikawa, Anthropology, Center for South East Asian Studies, Kyoto University; Anna Tsing, Anthropology, University of California at Santa Cruz; Donna Haraway, History of Consciousness, University of California at Santa Cruz; Scott F. Gilbert, Biology, Swarthmore; Nils Bubandt, Department of Culture and Society, Aarhus University; and Kenneth Olwig, Landscape Architecture, Swedish

Moore's term before it was mine).[7] I also insist that we need a name for the dynamic ongoing sym-chthonic forces and powers of which people are a part, within which ongoingness is at stake. Maybe, but only maybe, and only with intense commitment and collaborative work and play with other terrans, flourishing for rich multispecies assemblages that include people will be possible. I am calling all this the Chthulucene—past, present, and to come.[8] These real and possible timespaces are not named after SF writer H.P. Lovecraft's misogynist racial-nightmare monster Cthulhu (note spelling difference), but rather after the diverse earth-wide tentacular powers and forces and collected things with names like Naga, Gaia, Tangaroa (burst from water-full Papa), Terra, Haniyasu-hime, Spider Woman, Pachamama, Oya, Gorgo, Raven, A'akuluujjusi, and many many more. "My" Chthulucene, even burdened with its problematic Greek-ish tendrils, entangles myriad temporalities and spatialities and myriad intra-active entities-in-assemblages—including the more-than-human, other-than-human, inhuman, and human-as-humus. Even rendered in an American English-language text like this one, Naga, Gaia, Tangaroa, Medusa, Spider Woman, and all their kin are some of the many thousand names proper to a vein of SF that Lovecraft could not have imagined or embraced—namely, the webs of speculative fabulation, speculative feminism, science fiction, and scientific fact.[9] It matters which stories tell stories, which concepts think concepts. Mathematically, visually, and narratively, it matters which figures figure figures, which systems systematize systems.

All the thousand names are too big and too small; all the stories are too big and too small. As Jim Clifford taught me, we need stories (and theories) that are just big enough to gather up the complexities and keep the edges open and greedy for surprising new and old connections.[10]

One way to live and die well as mortal critters in the Chthulucene is to join forces to reconstitute refuges, to make possible partial and robust biological-cultural-political- technological recuperation and recomposition, which must include

---

University of Agricultural Sciences. Gilbert has adopted the term Plantationocene for key arguments in his Coda to the second edition of the widely used textbook, Scott F. Gilbert and David Epel, *Ecological Developmental Biology* (USA: Sinauer Associates, forthcoming).

[7] Personal email communications from both Jason Moore and Alf Hornborg in late 2014 told me Malm proposed the term Capitalocene in a seminar in Lund, Sweden, in 2009, when he was still a graduate student. I first used the term independently in public lectures starting in 2012. Moore is editing a book titled *Capitalocene* (Oakland CA: PM Press, forthcoming 2016), which will have essays by Moore, Malm, myself, and Elmar Altvater. Our collaborative webs thicken.

[8] The suffix "–cene" proliferates! I risk this overabundance because I am in the thrall of the root meanings of –cene/kainos, namely, the temporality of the thick, fibrous, and lumpy "now," which is ancient and not.

[9] Os Mil Nomes de Gaia/the Thousand Names of Gaia was the generative international conference organized by Eduardo Viveiros de Castro, Déborah Danowski, and their collaborators in September 2014 in Rio de Janeiro. Some in Portuguese and some in English, many of the talks from the conference can be watched on https://www.youtube.com/c/osmilnomesdegaia/videos. My contribution on the Anthropocene and the Chthulucene was done by Skype, and is available at https://www.youtube.com/watch?v=1x0oxUHOlA8.

[10] James Clifford, *Returns: Becoming Indigenous in the Twenty-first Century* (Cambridge MA: Harvard University Press, 2013).

mourning irreversible losses. Thom van Dooren and Vinciane Despret taught me that.[11] There are so many losses already, and there will be many more. Renewed generative flourishing cannot grow from myths of immortality or failure to become-with the dead and the extinct. There is a lot of work for Orson Scott Card's Speaker for the Dead.[12] And even more for Ursula LeGuin's worlding in *Always Coming Home*.

I am a compost-ist, not a posthuman-ist: we are all compost, not posthuman. The boundary that is the Anthropocene/Capitalocene means many things, including that immense irreversible destruction is really in train, not only for the 11 billion or so people who will be on earth near the end of the 21st century but for myriads of other critters too. (The incomprehensible but sober number of around 11 billion will only hold if current worldwide birth rates of human babies remain low; if they rise again, all bets are off.) The edge of extinction is not just a metaphor; system collapse is not a thriller. Ask any refugee of any species.

The Chthulucene needs at least one slogan (of course, more than one); still shouting "Cyborgs for Earthly Survival," "Run Fast, Bite Hard," and "Shut Up and Train," I propose "Make Kin Not Babies!" Making kin is perhaps the hardest and most urgent part. Feminists of our time have been leaders in unraveling the supposed natural necessity of ties between sex and gender, race and sex, race and nation, class and race, gender and morphology, sex and reproduction, and reproduction and composing persons (our debts here are due especially to Melanesians, in alliance with Marilyn Strathern and her ethnographer kin).[13] If there is to be multispecies ecojustice, which can also embrace diverse human people, it is high time that feminists exercise leadership in imagination, theory, and action to unravel the ties of both genealogy and kin, and kin and species.

Bacteria and fungi abound to give us metaphors; but metaphors aside (good luck with that!), we have a mammalian job to do, with our biotic and abiotic sympoietic collaborators, co-laborers. We need to make kin sym-chthonically, sym-poetically. Who and whatever we are, we need to make-with—become-with, compose-with—the earth-bound (thanks for that term, Bruno Latour-in-anglophone-mode)?[14]

We, human people everywhere, must address intense, systemic urgencies; yet, so far, as Kim Stanley Robinson put it in *2312*, we are living in times of "The Dithering" (in this SF narrative, lasting from 2005 to 2060—too optimistic?), a

---

[11] Thom van Dooren, *Flight Ways: Life and Loss at the Edge of Extinction* (New York: Columbia University Press, 2014). Vinciane Despret, "Ceux qui insistent," in *Faire Art comme on fait société*, ed. Didier Debaise, et al. (Paris: Réel, 2013). For a wealth of important essays by Vinciane Despret, translated into English, see Angelaki 20, no. 2, forthcoming 2015, *Ethology II: Vinciane Despret*, edited by Brett Buchanan, Jeffrey Bussolini, and Matthew Chrulew, preface by Donna Haraway, "A Curious Practice."
[12] Orson Scott Card, *Speaker for the Dead* (NY: Tor Books, 1986).
[13] Marilyn Strathern, *The Gender of the Gift: Problems with Women and Problems with Society in Melanesia* (Oakland CA: University of California Press, 1990).
[14] Bruno Latour, "Facing Gaïa: Six Lectures on the Political Theology of Nature," Gifford Lectures, 18-28 February 2013

"state of indecisive agitation."[15] Perhaps the Dithering is a more apt name than either the Anthropocene or Capitalocene! The Dithering will be written into earth's rocky strata, indeed already is written into earth's mineralized layers. Sym-chthonic ones don't dither; they compose and decompose, which are both dangerous and promising practices. To say the least, human hegemony is not a sym-chthonic affair. As ecosexual artists Beth Stephens and Annie Sprinkle say, composting is so hot!

My purpose is to make "kin" mean something other/more than entities tied by ancestry or genealogy. The gently defamiliarizing move might seem for a while to be just a mistake, but then (with luck) appear as correct all along. Kin-making is making persons, not necessarily as individuals or as humans. I was moved in college by Shakespeare's punning between kin and kind—the kindest were not necessarily kin as family; making kin and making kind (as category, care, relatives without ties by birth, lateral relatives, lots of other echoes) stretch the imagination and can change the story. Marilyn Strathern taught me that relatives in British English were originally "logical relations" and only became "family members" in the 17th century—this is definitely among the factoids I love. [16] Go outside English, and the wild multiplies.

I think that the stretch and recomposition of kin are allowed by the fact that all earthlings are kin in the deepest sense, and it is past time to practice better care of kinds-as- assemblages (not species one at a time). Kin is an assembling sort of word. All critters share a common "flesh," laterally, semiotically, and genealogically. Ancestors turn out to be very interesting strangers; kin are unfamiliar (outside what we thought was family or gens), uncanny, haunting, active.[17]

---

[15] Kim Stanley Robinson, *2312* (London: Orbit, 2012). This extraordinary SF narrative won the Nebula Award for best novel

[16] Marilyn Strathern, "Shifting Relations," paper for the Emerging Worlds Workshop, University of California at Santa Cruz, 8 February, 2013. Making kin is a surging popular practice, and new names are also proliferating. See Lizzie Skurnick, *That Should Be a Word* (NY: Workman Publishing, 2015) for "kinnovator," a person who makes a family in non-conventional ways, to which I add kinnovation.

Skurnick also proposes "clanarchist." These are not just words; they are clues and prods to earthquakes in kin making that are not limited to Western family apparatuses, heteronormative or not. I think babies should be rare, nurtured, and precious; and kin should be abundant, unexpected, enduring, and precious.

[17] "Gens" is another word, patriarchal by origin, with which feminists are playing. Origins and ends do not determine each other. Kin and gens are littermates in the history of Indo-European languages. In hopeful intra-actional communist moments, check out http://culanth.org/fieldsights/652-gens-a-feminist-manifesto-for-the-study-of-capitalism, by Laura Bear, Karen Ho, Anna Tsing, and Sylvia Yanagisako. The writing is perhaps too dry (although the summary bullet posts help), and there are no juicy examples to make this Manifesto seduce the spoiled reader; but the references give huge

resources to do all that, most of the fruit of long-term, intimately engaged, deeply theorized ethnographies. See especially Anna Tsing, *The Mushroom at the End of the World: on the Possibility of Life in Capitalist Ruins* (Princeton NJ: Princeton University Press, forthcoming 2015). The precision of the methodological approach in "Gens: a Feminist Manifesto for the Study of Capitalism" is in its address to those would-be Marxists or other theorists who resist feminism, and who therefore don't engage the heterogeneity of real-life worlds but stay with categories like Markets, the Economy, and Financialization (or, I would add, Reproduction, Production, and Population—in short, the supposedly adequate categories of standard liberal and non-feminist socialist political economy). Go, Honolulu's Revolution Books and all your kin!

Too much for a tiny slogan, I know! Still, try. Over a couple hundred years from now, maybe the human people of this planet can again be numbered two or three billion or so, while all along the way being part of increasing well-being for diverse human beings and other critters as means and not just ends.

So, make kin, not babies! It matters how kin generate kin.[18]

---

[18] My experience is that those I hold dear as "our people," on the left or whatever name we can still use without apoplexy, hear neo-imperialism, neo-liberalism, misogyny, and racism (who can blame them?) in the "Not Babies" part of "Make Kin Not Babies." We imagine that the "Make Kin" part is easier and ethically and politically on firmer ground. Not true! "Make Kin" and "Not Babies" are both hard; they both demand our best emotional, intellectual, artistic, and political creativity, individually and collectively, across ideological and regional differences, among other differences. My sense is that "our people" can be partially compared to some Christian climate-change deniers: beliefs and commitments are too deep to allow rethinking and refeeling. For our people to revisit what has been owned by the right and by development professionals as the "population explosion" can feel like going over to the dark side.

But denial will not serve us. I know "population" is a state-making category, the sort of "abstraction" and "discourse" that remake reality for everybody, but not for everybody's benefit. I also think that evidence of many kinds, epistemologically and affectively comparable to the varied evidence for rapid climate change, shows that 7-11 billion human beings make demands that cannot be borne without immense damage to human and nonhuman beings across the earth. This is not a simple causal affair; ecojustice has no allowable one-variable approach to the cascading exterminations, immiserations, and extinctions on today's earth. But blaming Capitalism, Imperialism, Neoliberalism, Modernization, or some other "not us" for ongoing destruction webbed with human numbers will not work either.

These issues demand difficult, unrelenting work; but they also demand joy, play, and response-ability to engage with unexpected others. All parts of these issues are much too important for Terra to hand them over to the right or to development professionals or to anybody else in the business-as-usual camps. Here's to Odd Kin—non-natalist and off-category!

We must find ways to celebrate low birth rates and personal, intimate decisions to make flourishing and generous lives (including innovating enduring kin—kinnovating) without making more babies— urgently and especially, but not only, in wealthy high-consumption and misery-exporting regions, nations, communities, families, and social classes. We need to encourage population and other policies that engage scary demographic issues by proliferating other-than-natal kin—including non- racist immigration, environmental, and social support policies for newcomers and "native-born" alike (education, housing, health, gender and sexual creativity, agriculture, pedagogies for nurturing other-than-human critters, technologies, and social innovations to keep older people healthy and productive, etc etc).

The inalienable personal "right" (what a word for such a mindful bodily matter!) to birth or not to birth a new baby is not in question for me; coercion is wrong at every imaginable level in this matter, and it tends to backfire in any case, even if one can stomach coercive law or custom (I cannot). On the other hand, what if the new normal were to become a cultural expectation that every new child has at least three lifetime committed parents (who are not necessarily each other's lovers and who would birth no more new babies after that, although they might live in multi-child, multi-generational households)?

What if serious adoption practices for and by the elderly became common? What if nations that are worried about low birth rates (Denmark, Germany, Japan, Russia, white America, more) acknowledged that fear of immigrants is a big problem and that racial purity projects and fantasies drive resurgent pronatalism? What if people everywhere looked for non-natalist kinnovations to individuals and collectives in queer, decolonial, and indigenous worlds, instead of to European, Euro-American, Chinese, or Indian rich and wealth-extracting sectors?

As a reminder that racial purity fantasies and refusal to accept immigrants as full citizens actually drive policy now in the "progressive" "developed" world, see Danny Hakim, "Sex Education in Europe Turns to Urging More Births," http://www.nytimes.com/2015/04/09/business/international/sex-education-in- europe-turns-to-urging-more-births.html?r=0. Rusten Hogness wrote in a Facebook post on 9 April 2015, "What is wrong with our imaginations and with our ability to look out for one another (human and non-human alike) if we can't find ways to address issues raised by changing age distributions without making ever more human babies? We need to find ways to celebrate young folks who decide not to have kids, not add nationalism to the already potent mix of pro-natalist pressures on them."

Pronatalism in all its powerful guises ought to be in question almost everywhere. I keep "almost" as a reminder about the consequences of genocide and displacement for peoples—an ongoing scandal. The "almost" is also a prod to remember contemporary sterilization abuse, shockingly inappropriate and unusable means of contraception, reduction of women and men to ciphers in old and new population control policies, and other misogynist, patriarchal, and ethnicist/racist practices built into business as usual around the world. For example, see Kalpana Wilson, "The 'New' Global Population Control Policies: Fueling India's Sterilization Atrocities," *Different Takes* Winter 2015, http://popdev.hampshire.edu/projects/dt/87.

We need each other's risk-taking support big time on all these matters.

References

Barad, Karen. *Meeting the Universe Halfway*. Duke University Press, 2007.
Card, Orson Scott. *Speaker for the Dead*. Tor Books, 1986.
Clifford, James. *Returns: Becoming Indigenous in the Twenty-first Century*. Harvard University Press, 2013.
Despret, Vinciane. "Ceux qui insistent." In *Faire Art comme on fait société*, ed. Didier Debaise, et al. Paris: Réel, 2013.
Gilbert, Scott F. and David Epel. *Ecological Developmental Biology*. Sinauer Associates, forthcoming.
Hakim, Danny. "Sex Education in Europe Turns to Urging More Births." http://www.nytimes.com/2015/04/09/business/international/sex-education-in-europe-turns-to- urging-more-births.html?_r=0
Latour, Bruno. "Facing Gaïa: Six Lectures on the Political Theology of Nature." *Gifford Lectures*, February, 2013, pp. 18-28.
Moore, Jason. *Capitalism in the Web of Life*. Verso, 2015.
Robinson, Kim Stanley. *2312*. Orbit, 2012.
Skurnick, Lizzie. *That Should Be a Word*. Workman Publishing, 2015.
Strathern, Marilyn. *The Gender of the Gift: Problems with Women and Problems with Society in Melanesia*. University of California Press, 1990.
---."Shifting Relations." Paper for the *Emerging Worlds Workshop*, the University of California at Santa Cruz, 8 February, 2013.
Tsing, Anna. "Feral Biologies." Paper for *Anthropological Visions of Sustainable Futures*, University College London, February 2015.
---. *The Mushroom at the End of the World: on the Possibility of Life in Capitalist Ruins*. Princeton University Press, forthcoming 2015.
van Dooren, Thom. *Flight Ways: Life and Loss at the Edge of Extinction*. Columbia University Press, 2014.
Wilson, Kalpana. "The 'New' Global Population Control Policies: Fueling India's Sterilization Atrocities." *Different Takes* Winter 2015, http://popdev.hampshire.edu/projects/dt/87.

BÖLÜM 3

POSTHÜMANİST EDİMSELLİK: MADDENİN NASIL MADDELEŞTİĞİNİ/ÖNEM ARZ ETTİĞİNİ KAVRAMAYA DOĞRU

Karen Barad[1]

Çeviren: Şafak Horzum[2]

> Doğanın—kültürün aksine—tarih dışı ve zamansız olduğuna dair tuhaf fikre nereden kapıldık? Belli ki kendi parlak zekâmıza ve özbilincimize teveccühümüz yine kendimizi körleştiriyor [...] Hep aynı antroposantrik başucu masallarını kendimize anlatmayı artık bırakmalıyız.
>
> —Steve Shaviro

Dile haddinden fazla güç bahşedildi. Dilbilimsel dönüş, semiyotik dönüş, yorumsal dönüş, kültürel dönüş: son zamanlarda her bir "şey"in—maddeselliğin bile—her dönüşte bir dil meselesine veya başka bir kültürel temsil biçimine dönüştürüldüğü görülüyor. "Matter"[3] kelimesi üzerine yapılan yaygın cinaslar dahi (maddesellik ve anlamlama gibi) anahtar kavramları ve bu kavramların arasındaki ilişkiyi yeniden düşünmeye sevk etmiyor. Tüm bunlar, daha ziyade, (tabiri caizse) "gerçek" meselelerin yerini (ironi tırnakları olmadan) anlamlama meselelerinin ne ölçüde aldığının semptomu olmuş görünüyor. Dil önem arz eder. Söylem önem arz eder. Kültür önem arz eder. Artık önem arz etmiyor görünen tek şeyin madde olduğuna dair mühim bir algı vardır.

Kültürel temsillere ve temsil edilen şeylerin mahrum kaldığımız içeriklerine doğrudan erişimimiz olduğu inancını düşündüren nedir? Nasıl oldu da dil maddeden daha güvenilir oluverdi? Madde pasif ve değişmez olarak resmedilirken ya da en iyi ihtimalle dil ve kültürden gelen değişim potansiyelini miras alırken, neden

---

[1] Bu makaleyi sabırla teşvik ettikleri için Sandra Harding ve Kate Norberg'e teşekkür etmek istiyorum. Ayrıca, yararlı yorumları, devamlı desteği, cesaretlendirmesi ve eserinden aldığım ilham için Joe Rouse'a da teşekkür ederim.

[2] Çevirmen Notu (Ç. N.): Bu makale çevirisinde adı geçen eserlerin başlıkları Türkçeye çevrilerek yanlarına basım yılları eklenmiştir. Bu makale, Karen Barad'ın "Posthumanist Performativity: Toward an Understanding of How Matter Comes to Matter" başlıklı makalesinin çevirisidir (*Signs: Journal of Women in Culture and Society* cilt. 28, no. 3, 2003, ss. 801-831). Barad'ın bu makalesinde kullandığı alıntılama formatı, MLA 8 formatına dönüştürülerek verilmiştir. Ayrıca, bu makaleyi Türkçeleştirme sürecimde, performans/edim, dil, felsefe ve posthümanizm tartışmaları ile bu sürece desteğini esirgemeyen Melike Kuyumcu Şafak'a teşekkür ederim.

[3] Ç. N.: İngilizce "matter" kelimesi, madde, mesele, önem arz etmek gibi anlamlara sahiptir.

dil ve kültüre kendilerine ait eyleyicilik ve tarihsellik bahşedildi? Maddeselliğin kendisi olasılık koşulu olarak hali hazırda dilbilimsel bir alanın içerisinde resmedilirken, bizi natüralist inançların böylesine kaba bir ters yüz edişe götüren maddesel koşulları araştırma işine nasıl girişilebilir?

Bu makaleyi sabırla teşvik ettikleri için Sandra Harding ve Kate Norberg'e teşekkür etmek istiyorum. Ayrıca, yararlı yorumları, süregelen desteği, cesaretlendirmesi ve eserinden aldığım ilham için Joe Rouse'a da teşekkür ederim.

Dilin gücünün oldukça zengin olduğunu inkâr etmek zordur. Hatta fazlasıyla zengin, yahut daha da önemlisi, fazlasıyla var edici olduğu savunulabilir. Ne dilin gücüne dair abartılı bir inanç ne de dile haddinden fazla güç bahşedildiğine dair ifade edilen endişe, bilhassa yirmi birinci yüzyılın başlarına atfedilen yeni bir anlayıştır. Misal, on dokuzuncu yüzyılda Nietzsche, dilbilgisini çok ciddiye almaya yönelik yersiz eğilime karşı uyarıda bulunmuştur: böylece, dilbilimsel yapının dünya anlayışımızı şekillendirmesine veya belirlemesine olanak sağlar ö, dilin özne ve yüklem yapısının töz ile öz niteliğinin öncelikli ontolojik bir gerçekliğini yansıttığına inanır. Dilbilgisel kategorilerin dünyanın temel yapısını yansıttığı inancı, baştan çıkarıcılığı hâlâ devam eden ama sorgulamaya değer bir ruh halidir. Aslında, kelimelerin önceden beri var olagelen fenomenleri yansıtma gücüne olan temsilci inanış, hem toplumsal yapılandırmacı hem de geleneksel gerçekçi inanışları destekleyen metafizik altyapıdır. Önemli ölçüde belirtmek gerekir ki toplumsal yapılandırmacılık, hatırı sayılır ve bilinçli hoşnutsuzlukların dillendirildiği hem feminist çalışmalar hem de bilim çalışmaları içinde yoğun incelemelerin nesnesi olmuştur.[4]

Söylemsel uygulamalara ilişkin *edimsel* bir anlayış, kelimelerin önceden beri var olan şeyleri temsil etme gücüne olan temsilci inanışa meydan okur. Doğru bir şekilde yorumlandığında edimsellik, (maddesel bedenler dahil) her şeyi kelimelere dönüştürme daveti değildir; bilakis edimsellik, tam olarak neyin gerçek olduğunu belirlemek için dile bahşedilen aşırı gücün bütünüyle reddidir. Dolayısıyla, edimsellik aslında, dili gerçekliğin bir parçası olarak ele alan bir tür dilbilimsel monizm ile edimselliği eşit tutan kavram yanılgısına ironik bir tezat içinde, ontolojilerimizi belirleme hususunda dile ve diğer temsil biçimlerine hak ettiğinden daha fazla güç bahşeden denetlenmemiş ruh hallerinin bir reddidir.[5]

Temsilciliğe karşı edimsel alternatiflere yöneliş, odağı tanımlar ve gerçeklikler arasındaki tekabül sorularından (ör., doğayı mı kültürü mü yansıtırlar?) uygulamalar/yapmalar/eylemler meselelerine doğru kaydırır. Toplumsal yapılandırmacı

---

[4] Memnuniyetsizlik, 1980'lerin literatüründe gün yüzüne çıkar. Bkz. Donna Haraway, "Marksist Bir Sözlük için Toplumsal Cinsiyet: Bir Kelimenin Cinsel Politikası" ("Gender for a Marxist Dictionary: The Sexual Politics of a Word"; ilk kez 1987'de yayımlandı) ve "Konumlu Bilgiler: Feminizmdeki Bilim Meselesi ve Kısmi Perspektifin Ayrıcalığı" ("Situated Knowledges: The Science Question in Feminism and the Privilege of Partial Perspective"; ilk kez 1988'de yayımlandı); her iki eser de Haraway'in *Maymunlar, Siborglar ve Kadınlar: Doğanın Yeniden İcadı* (*Simians, Cyborgs, and Women: The Reinvention of Nature*, 1991) kitabında yeniden basıldı. Ayrıca bkz. Butler ("Foucault").

[5] Bu durum, belli başlı edimsel ifadelerin dile çok fazla güç bahşettiğiyle ilgili yerinde kaygıları önemsememek değildir. Asıl durum, daha ziyade, bunun edimselliğin temel özelliği olmayıp ironik bir hastalık olmasıdır.

yaklaşımlar, birbirine bakan iki ayna arasındaki imgelerin sonsuz oyunları gibi, epistemolojik olanın bir ileri bir geri sektiği ama başka hiçbir şeyin görülmesinin mümkün olmadığı yansımaların geometrik optiklerine yakalanırken, bu yaklaşımların ontoloji, maddesellik ve eyleyicilikle ilgili önemli meseleleri öne çıkarttığını da öne süreceğim. Geometrik optiklerin temsilci tuzağından uzaklaşarak, odağı fizik optiğine, yansımadan ziyade kırınım meselesine kaydırıyorum. Feminist ve kuir kuramları ile bilim çalışmalarının yaklaşımlarını birbiri içinden kırınımsal olarak okumak, "toplumsal" ve "bilimsel" olanları aydınlatıcı bir şekilde birlikte düşünmeyi gerekli kılar. Keskin kenarlı birbirinden bağımsız varlıklar (ve birbirinden bağımsız endişe setleri) olan görünen şeyler, aslında hiç de mutlak bir dışsallık ilişkisi gerektirmez. Sınırların belirsiz doğasını aydınlatan—"ışıklı" bölgelerde gölgeleri, "karanlık" bölgelerde parlak noktaları gösteren—kırınım örüntüleri gibi, toplumsal ve bilimselin ilişkisi bir "içerideki dışsallık" ilişkisidir. Bu, her zaman yapısal dışlamaları ve haliyle zaruri sorumluluk sorularını gerektiren sabit bir ilişkisellik olmayıp bir eyleyiştir—sınırların gerçekleşmesidir.[6] Benim amacım, bilim çalışmaları ile feminist ve kuir kuramların benzer gayretleri için kuramsal edimsellik aracını keskinleştirme gayretlerine katkıda bulunmaktır. Bu makalede, dünyanın oluşunda, devam eden "içten-etkimesi"nde[7] aktif bir katılımcı olan maddeye hakkını veren titiz ve ayrıntılı bir edimsellik açılımı—maddeci, natüralist ve posthümanist bir açılım—öneriyorum.[8] Maddenin nasıl önem arz ettiğini anlamamız hayati derecede mühimdir.

Temsilcilikten edimselliğe

> İnsanlar temsil eder. Bu, insan olmanın ne olduğunun bir parçasıdır. . .
> Homo faber değil de homo depictor diyorum.[9]
> —Ian Hacking (144, 132)

---

[6] Haraway, ilişkisellik geometrisi ve optiğini yeniden düşünmek için bir mecaz olarak kırınım kavramını önerir: "[F]eminist kuramcı Trinh Minh-ha, [...] farklılığı bir ayrımcılık olarak temellendiren özel taksonomik imler olarak değil de 'içerideki kritik farklılık' olarak 'farklılığı' ifade etme yolu arıyordu. [...] Kırınım, yansıma ve kırılımın yaptığı gibi, yeri değiştirilmiş 'aynılık' üretmez. Kırınım, yinelemenin, yansımanın veya yeniden üretimin değil de karşılıklı etkileşimin bir haritalamasıdır. Bir kırınım örüntüsü, farklılıkların nerede göründüğünü haritalamaktan ziyade farklılıkların *etkilerinin* nerede göründüğünü haritalar" ("Promises", 300). Haraway (*Modest*), kırınım kavramını dördüncü göstergebilimsel kategori olarak taltif eder. Haraway'in bu zengin ve büyüleyici fizik olayını maddeleşen ve önem arz eden farklılıkları düşünmek için faydalı bir şekilde kullanma önerilerinden aldığım ilhamla, çıkacak olan kitabımda (Barad, *Meeting*) dönüştürülmüş eleştirel analiz aracı olarak (dördüncü göstergebilimsel kategori olarak olmasa da) kırınım kavramını daha da detaylandırmaktayım.

[7] Natüralizmi yeniden düşünme üzerine, bkz. Rouse (*How*). Yeni bir terim olan "içten-etkime" aşağıda tanımlanmaktadır.

[8] Ç. N. Barad'ın *"agential realism"* ve *"intra-action"* kavramları ve nicesi, Serpil Oppermann'ın editörlüğünde hazırlanmış *Ekoeleştiri: Çevre ve Edebiyat* (Phoenix, 2012) kitabında ilk kez Türkçeleştirilmiştir. İlk çeviriler ve varyantları için bkz. Kerim Can Yazgünoğlu, "Posthümanizm: Yeni Maddecilik, Maddesel Feminizm ve Beden Ötesi Cisimcilik," *Ekoeleştiri: Çevre ve Edebiyat*, ed. Serpil Oppermann, Phoenix, 2012, ss. 323-363.

[9] Ç. N.: *Homo faber*, alet yapan insan; *homo depictor* ise tanımlayıcı insan anlamına gelmektedir.

Liberal toplumsal kuramlar ile bilimsel bilgi kuramları, birbirine benzer şekilde, temsil edilmeyi bekleyen/temsile davet çıkaran—hukukun oluşumundan veya keşfinden önce var olduğu farzedilen—bireylerin dünyayı oluşturduğu fikrine çok şey borçludur. Varlıkların, temsillerinden önce, içkin niteliklere sahip bireyler olarak var olduğu fikri, temsilciliğin siyasi, dilbilimsel ve epistemolojik biçimlerine olan inancın altında yatan metafizik bir varsayımdır. Ya da başka bir şekilde ifade etmek gerekirse, temsilcilik, temsiller ile bu temsillerin temsil ettiklerini iddia ettikleri şeyler arasındaki ontolojik ayrıma olan inançtır; özellikle, temsil edilenlerin tüm temsil uygulamalarından bağımsız olduğu kabul edilir. Yani, iki farklı ve bağımsız oluşum türü olduğu varsayılır—temsiller ve temsil edilen varlıklar. Temsil sistemi, üç taraflı bir düzen üzerinden kimi zaman doğrudan kuramsallaştırılır. Örneğin, bir yanda bilginin (yani temsilin), öte yanda bilinenin (yani sözde temsil edilenin) yanı sıra, bir bilenin (yani temsil eylemini yapan kişinin) varlığı da kimi zaman açıkça belirtilmektedir. Bu gerçekleştiğinde, temsillerin birbirinden bağımsız var olan oluşumlar arasında bir aracılık işlevi gördüğü netleşir. Kanıksanan bu ontolojik boşluk, temsillerin doğruluğuna dair sorular üretir. Misal, bilimsel bilgi bağımsız olarak var olan bir gerçekliği doğru bir şekilde temsil eder mi? Dil, göndergesini doğru bir şekilde temsil etmekte midir? Belli bir siyasi temsilci, hukuk danışmanı veya herhangi bir yasa, güya temsil edilen kişilerin çıkarlarını doğru bir şekilde temsil eder mi?

Temsilcilik, feministlerden, postyapısalcılardan, postkolonyal eleştirmenlerden ve kuir kuramcılardan gelen ciddi meydan okumalarla karşılaştı. Michél Foucault ve Judith Butler'ın adları sıklıkla bu tür sorgulamalarla ilişkilendirilir. Butler, siyasi temsilciliğin sorunsallarını şu şekilde özetler:

> Foucault hukuki iktidar sistemlerinin, sonrasında temsil ettikleri özneleri *ürettiklerine* işaret eder. İktidarın siyasi mefhumları, görünüşe göre siyasi yaşamı tümüyle olumsuz açıdan düzenler... Oysa böyle yapılar tarafından düzenlenen özneler, tam da onlara tabi olmaları nedeniyle bu yapıların gereklerine uygun şekillerde biçimlendirilir, tanımlanır ve yeniden üretilirler. Bu analiz doğruysa eğer, kadınları feminizmin "öznesi" olarak temsil eden dil ve politikanın hukuki oluşumu, bizatihi belli bir temsiliyet politikasının söylemsel ürünü ve sonucudur. Dolayısıyla feminist özne, kurtuluşunu kolaylaştıracağı düşünülen siyasi sistemin ta kendisi tarafından söylemsel olarak kurulmuştur.[10] (*Gender* 2)

Eleştirel toplum kuramcıları, bu zorluğa çare bulma çabasıyla, temsilcilik çerçevesinin ötesine geçen siyasi müdahale olasılıklarına dair anlayışlar formüle etmeye çalışırlar.

Temsilciliğin bilim çalışmaları alanında zan altına alındığı gerçeği pek az bilinir, ancak daha az önemli değildir. Temsilciliğin eleştirel incelemesi, bilim çalışmaları,

---

[10] Ç. N.: Okurların alıntılanan kaynakları Türkçeden okumak ve/veya takip etmek istemesi göz önüne alınarak, bazı eserlerin titizlikle Türkçeye kazandırılan çevirileri esas alınmıştır. Bu alıntı, Başak Ertür'ün Türkçeleştirdiği *Cinsiyet Belası: Feminizm ve Kimliğin Altüst Edilmesi* (Metis Yayınları, 2005) çevirisinde sayfa 44-45'te bulunmaktadır.

odağını bilimsel bilginin doğasından ve üretiminden, bilimin hakiki uygulamalarının ayrıntılı dinamiklerini incelemeye kaydırıncaya kadar ortaya çıkmadı. Bu önemli kayma, farklı çok disiplinli bilim çalışmalarını (ör. bilim tarihi, bilim felsefesi, bilim sosyolojisi) ve bilim çalışmaları arasındaki ayrımı vurgulayarak kabaca nitelemenin bir yoludur. Bu, tüm bilim çalışmaları yaklaşımlarının temsilciliği eleştirdiği anlamına gelmez; böylesi pek çok araştırma, temsilciliği kayıtsız şartsız kabul etmektedir. Örneğin, bu odağın—yani temsilciliğin—yolunu açan temel felsefi bakış açısını sorgusuz sualsiz kabul eden bilimsel temsillerin doğası üzerine (bilim insanlarının bunları nasıl ürettikleri, yorumladıkları ve başka şekillerde nasıl kullandıkları dahil) sayısız çalışma vardır. Öte yandan, bazı bilim çalışmaları araştırmacıları tarafından temsilciliğin ötesine geçmek için sarfedilen ortak bir çaba da bulunmaktadır.

Ian Hacking'in *Temsil ve Müdahale* (1983) başlıklı eseri, bilimin doğası hakkındaki temsilci düşüncenin sınırlamaları sorusunu ön plana çıkardı. Bilim felsefesi ve bilim çalışmalarında temsilciliğin en kabul gören ve kapsamlı eleştirisi, bilim filozofu Joseph Rouse'un çalışmasında bulunabilir. Rouse, temsilci düşüncenin bilimsel uygulamaların doğasını kuramlaştırmaya koyduğu kısıtlamaları sorgulamada başı çekmektedir.[11] Örneğin, bilimsel gerçekçilik ve toplumsal yapılandırmacılık arasındaki basmakalıp tartışma, bilim felsefesinden bilim araştırmalarına sorunsuz bir şekilde geçerken, Rouse (*Engaging Science*), bu karşıt görüşlerin savunucularının kabul ettiğinden daha fazla ortak yönü olduğuna işaret eder. Gerçekten de, bu tür sonu olmayan tartışmaları besleyen şöyle temsilci varsayımları paylaşırlar: hem bilimsel gerçekçiler hem de toplumsal yapılandırmacılar, bilimsel bilginin (kuramsal kavramlar, grafikler, parçacık izleri, fotoğrafik görüntüler gibi çoklu temsil biçimlerinde) maddesel dünyaya erişimimize aracılık ettiğine inanırlar; farklı oldukları nokta, bilimsel bilginin dünyadaki şeyleri gerçekten oldukları gibi (yani, "Doğa"yı) mı, yoksa toplumsal faaliyetlerin ürünü olan "nesneleri" (yani, "Kültür"ü) mi temsil ettiğini soran gönderge sorusudur; ne var ki her iki grup da temsilcilik görüşünü paylaşır.

Temsilcilik, Batı kültürünün içine o kadar derinden yerleşmiştir ki sağduyulu bir çekicilik kazanmıştır. Büsbütün doğal değilse bile kaçınılamaz görünmektedir. Ancak temsilciliğin de (yalnızca bizim doğa temsillerimiz değil, "doğanın kendisi" gibi!) bir tarihi vardır. Hacking, temsillerin felsefi sorununun izini Demokritos'un atomlar ve boşluk tahayyülüne kadar sürer. Hacking'in antropolojik felsefesine göre, temsiller Demokritos'tan önce sorunsuzdu: "gerçek" kelimesi evvela sadece niteliksiz benzerlik anlamına geliyordu" (142). Demokritos'un atom kuramıyla, temsiller ile temsil edilen arasında bir boşluk olasılığı ortaya çıkar—"görüngü" ilk kez kendisini gösterir. Masa, tahtadan yapılmış katı bir kütle midir yoksa boşlukta hareket eden bağımsız parçaların bir kümesi midir? Atomculuk, hangi temsilin

---

[11] Rouse, temsilcilik sorgulamasına *Bilgi ve İktidar* (*Knowledge and Power*, 1987) başlıklı kitabında başlar. Temsilci bir bilgi anlayışının, güç ve bilgi arasındaki ilişkinin doğasını anlamanın önüne nasıl geçtiğini inceler. Temsilcilik eleştirisine ve bilimsel uygulamaların doğasına ilişkin alternatif bir anlayış geliştirmeye *Bilimle İç İçe* (*Engaging Science*, 1996) eserinde devam eder. Rouse, bilim uygulamasını, daha sonra *Bilimsel Uygulamalar Ne Kadar Önemlidir* (*How Scientific Practices Matter*, 2002) eserinde daha ayrıntılı olarak ele alacağı bir fikir olan, konumlu etkinliğin süregelen örüntüleri olarak anladığımızı önermektedir.

gerçek olduğu sorusunu yöneltir. Felsefedeki gerçekçilik sorunu, atomcu dünya görüşünün bir ürünüdür.

Rouse, temsilciliği Kartezyen bir yan ürün olarak tanımlar—bilen özne çizgisini kesen "iç" ve "dış" arasındaki Kartezyen ayrımın özellikle göze çarpmayan bir sonucu. Rouse, Kartezyen şüphenin doğasının altını çizen, dünyadan ziyade söze olan asimetrik inancı gün ışığına çıkarır:

> Temsillerin (yani anlamlarının veya içeriğinin) bizim için temsil ettiği farz edilen şeylerden daha erişilebilir olduğu varsayımı hakkında şüphe uyandırmak istiyorum. Göndergelerine bu dili kullanarak hatasız bir şekilde doğrudan ulaşabileceğimiz sihirli bir dil yoksa, neden illa da dilin anlamına ya da temsil içeriğine sihirli bir şekilde ulaşmamızı sağlayan bir dil olduğunu düşünelim? Ne demek istediğimizi ya da sözlü edimlerimizin ne söylediğini, bu deyişlerin bahsettiği nesneleri bilebileceğimizden daha kolay bilebileceğimiz varsayımı, Kartezyen bir mirastır; Descartes'ın "dış" dünyaya ilişkin sahip olmadığımız düşüncelerimizin içeriklerine doğrudan ve ayrıcalıklı bir erişimimiz olduğu hususundaki ısrarının dilbilimsel bir değişkesidir. (*Engaging Science*, 209)

Başka bir deyişle, nesneler üzerindeki temsillere erişimimize olan asimetrik inanç, mantıksal bir zorunluluk değil, tarihin olumsal bir gerçeğidir; yani, sadece Kartezyen bir ruh halidir. Bir alternatif görmeye başlayabilmek için Kartezyen şüpheye karşı sağlıklı bir kuşkuculuk gerekir.[12]

Aslında, bir yanda temsillerin, diğer yanda temsil bekleyen ontolojik olarak ayrı oluşumların olduğunu reddeden tutarlı felsefi görüşler geliştirmek mümkündür. Odağı dilbilimsel temsillerden söylemsel uygulamalara kaydıran edimsel bir anlayış böyle bir alternatiftir. Özellikle toplumsal yapılandırmacılığa alternatif arayışları, bilim çalışmalarında olduğu kadar feminist ve kuir çalışmalarda da edimsel yaklaşımları harekete geçirmiştir. Judith Butler'ın adı, genellikle feminist ve kuir kuram çevrelerinde *edimsellik* terimiyle ilişkilendirilir. Andrew Pickering de bu terimi sahiplenen çok az bilim çalışmaları araştırmacılarından biri olsa da, Donna Haraway, Bruno Latour ve Joseph Rouse gibi bilim çalışmaları kuramcılarının bilimsel uygulamaların doğasına dair edimsel anlayışlar ileri sürdükleri konusunda kesin bir algı da bulunmaktadır.[13] Aslında, *edimsellik*, tüm performans-

---

[12] Temsilciliğin cazibesi, alternatifleri hayal etmeyi zorlaştırabilir. İlerleyen sayfalarda edimsel alternatifleri tartışıyorum, ancak bunlar yegâne alternatifler değiller. Tam da bu noktada, somut bir tarihsel örnek faydalı olabilir. Foucault, 16. yüzyıl Avrupa'sında dilin bir araç olarak düşünülmediğini belirtir; dil, daha ziyade, sunduğum posthümanist edimsel açıklama içinde mutasyona uğramış bir biçimde yankılanan bir fikir olan "dünyanın biçimlenmelerinden/figürasyonlarından [yalnızca] bir tanesi" idi (*Order* 56).

[13] Andrew Pickering (*Mangle*), edimsel bir deyim adına temsilci deyimden açıkça kaçınır. Bununla birlikte, Pickering'in edimsellik kavramının, temsilciliğe bir çare olarak *edimselliği* ortaklaşa benimsemelerine ve hümanizmi ortaklaşa reddetmelerine rağmen, postyapısalcılar tarafından tam olarak tanınmayacağını belirtmek önemlidir. Pickering'in terimi benimsemesi, terimin siyaseten önemli—muhtemelen doğası gereği kuir—soykütüğüne dair (bkz. Sedgwick) herhangi bir tanıma veya terimin çağdaş eleştirel kuramcılar, özellikle feminist ve kuir çalışmaları akademisyenleri/aktivistleri, için neden önemli olduğuna ve olmaya devam ettiğine ilişkin bir kabul içermemektedir. Aslında Pickering, terimin önemli siyasi

ların edimsel olup olmadığı sorusunu gündeme getirerek, edebiyat çalışmalarında, tiyatro çalışmalarında ve yeni gelişmekte olan disiplinlerarası performans çalışmaları alanında kullanılan yaygın bir terim halini almıştır.[14] Bu makalede—maddesel ve söylemsel, toplumsal ve bilimsel, insan ve insandışı, doğal ve kültürel gibi önemli etmenleri bünyesinde barındıran—tam olarak posthümanist bir edimsellik kavramı öneriyorum. Posthümanist bir açıklama, "insan" ve "insandışı" olarak ayrımlanmış kategorilerin verilmişliğini, bu ayrımlı sınırların hem dengelendiği hem de istikrarsızlaştırıldığı uygulamaları inceleyerek sorgular.[15] Donna Haraway'in—primatlardan siborglara ve yoldaş türlere kadarki—bilimsel külliyatı bu hususu örneklendirir.

Butler'ın "maddeleşme" açıklaması ve Haraway'in "maddeleştirilmiş yeniden biçimlendirme" kavramının ileri sürdüğü gibi, edimsellik yalnızca öznenin oluşumuyla değil, aynı zamanda bedenlerin maddesinin üretimiyle de bağlantılıysa, o zaman bu üretimin doğasını anlamamız çok daha önemlidir.[16] Foucault'nun güç analitiği, söylemsel uygulamaları bedenin maddeselliğine bağlar. Ancak, Foucault'nun açıklaması, kendi incelemesinin potansiyelini ve Butler'ın edimsel detaylandırmasını ciddi şekilde sınırlayan ve böylece söylemsel uygulamaların maddesel bedenleri tam olarak *nasıl* ürettiğinin anlaşılmasını engelleyen birkaç önemli etmen tarafından kısıtlanmıştır.

---

tarihselliğini, birçok önemli açılımla birlikte boşaltmaktadır. Özellikle, "edimselliğin" postyapısalcı taleplerinin merkezinde yer alan anlam, anlaşılabilirlik, önem, kimlik oluşumu ve güç meseleleri dahil olmak üzere önemli söylemsel boyutları görmezden gelmektedir. Ayrıca Pickering, hümanist eyleyicilik nosyonunu, postyapısalcıların sorunsallaştırdığı (insanlar, hava sistemleri, deniz tarakları ve stereolar gibi) bireysel oluşumların bir *özelliği* olarak doğrudan kabul etmektedir. Öte yandan, postyapısalcı yaklaşımlar da Pickering'in açıklamasının asıl odak noktası olan "insandışı eyleyiciliği" hesaba katmada başarısız olur. Daha ayrıntılı bir tartışma için, bkz. Barad (*Meeting*).

[14] Edimsellik kavramı, bu çoklu ve çeşitli alanların çoğunun da kabul ettiği üzere, felsefede seçkin bir kariyere sahiptir. Edimselliğin tarihi genellikle Britanyalı filozof J. L. Austin'in söz eylemlerine, özellikle söyleme ve eyleme arasındaki ilişkiye, olan ilgisine kadar uzanır. Genelde bunun ardından, önemli postyapısalcı değişiklikler önermesiyle Jacques Derrida'nın bahsi geçer. Butler, Derrida'nın edimsellik kavramını, Foucault'nun kimlik kavramını edimsel bir şekilde kuramlaştırmasında düzenleyici gücün üretken etkilerine ilişkin anlayışı aracılığıyla detaylandırır. Butler, toplumsal cinsiyeti bir şey ya da bir dizi yüzer-gezer nitelik olarak veya bir öz olarak değil, daha çok bir "eyleme" olarak anlamamız gerektiğini önerdiği *Cinsiyet Belası* (*Gender Trouble*) kitabında toplumsal cinsiyet edimselliği kavramını tanıtmaktadır: "toplumsal cinsiyetin kendisi [...] bir tür oluş veya etkinlik [...] toplumsal cinsiyet bir isim olarak veya tözel bir şey ya da duragan bir kültürel işaret olarak değil de bir tür kesintisiz ve yinelemeli eylem olarak anlaşılmalıdır" (112). *Bela Bedenler* (*Bodies That Matter* 1993) eserinde Butler, toplumsal cinsiyet edimselliği ile cinsiyetli bedenlerin maddeleşmesi arasında bir bağlantı olduğunu öne sürmektedir. Eve Kosofsky Sedgwick ("Queer"), edimselliğin soykütüğünün doğası gereği kuir olduğunu savunmaktadır.

[15] Bu posthümanizm kavramı, Pickering'in "insan aktörlerin hala mevcut olduğunu, ancak artık insandışıyla ayrılmaz bir şekilde iç geçtiği ve de artık borusunu öttürdüğü eylemlerin merkezinde olmadığı bir alan" olarak kendine has "posthümanist [bir] mekân" (26) belirlemesinden farklıdır. Bununla birlikte, insanın merkezden uzaklaştırılması, posthümanizmin yalnızca bir unsurudur. (Pickering'in "dolanıklık" kavramının ontolojik değil, açık bir şekilde epistemolojik oluşuna dikkat edin. Açıklamasını "posthümanist" olarak adlandırırken Pickering'in asıl meselesi, bunun insan ve insandışı eyleyicilerin karşılıklı uyumuna, ya da cevap verebilirliğine, özen gösteriyor olmasıdır.)

[16] "Maddeleştirilmiş yeniden biçimlendirme"nin "maddeleşme"nin (Haraway'in tabiriyle) *kurumsallaştırılmış* sürümü olduğu iddia edilebilirken, "maddeleşme" kavramının "maddeleştirilmiş yeniden biçimlendirme"nin daha zengin bir açıklamasına işaret ettiği söylenebilir. Aslında, benim posthümanist edimsel anlatımımı, bu satırlar boyunca, Butler'ın ve Haraway'in can alıcı açıklamalarının kırınımsal detaylandırılması olarak okumak mümkündür.

Foucault, Marx'ı kuirleştirirken, bedeni, büyük ölçekli güç örgütlenmesinin yerel uygulamalarla bağlandığı yer olarak üretici kuvvetlerin mekânı olarak konumlandırıyorsa, o zaman bedenlerin maddeleşmesine dair her sağlam kuram, *bedenin maddeselliğinin*—misal, anatomisi ve fizyolojisinin—*ve diğer maddesel kuvvetlerin maddeleşme süreçleri için nasıl etkin bir şekilde önem arz ettiğini* muhakkak hesaba katması gerekir. Hakikaten de, *Cinselliğin Tarihi* başlıklı eserinin (1. kitap) son bölümünde açıkça belirttiği üzere, Foucault, fiziksel bedenin bağlantısını inkâr etmemekte, tam tersine,

> İktidar tertibatlarının doğrudan doğruya bedene, bedenlere, işlevlere, fizyolojik süreçlere, duyumlara, hazlara eklemlendiğini göstermektir; bedenin silinmesi gerektiği şöyle dursun, söz konusu olan, bedeni . . . biyolojik olanla tarihsel olanın birbirlerini izlediği bir çözümlemede değil, bunların (yaşamı hedef alan modern iktidar teknolojileri geliştikçe artan) bir karmaşıklıkla birbirlerine bağlandığı bir çözümlemede ortaya çıkarmaktır. Yani yapılmaya çalışılan, bedenleri ancak algılanma biçimleri ya da anlam ve değer yüklenme biçimleri bağlamında dikkate alacak bir "zihniyetler tarihi" değil; "bedenlerin tarihi" ve onlarda var olan en maddesel, en canlı şeylerin kuşatılma biçiminin tarihidir. (151-52)[17]

Öte yandan, Foucault bize biyolojik ve tarihsel olanın, biri diğerinin ardılı olmadan, ne şekilde "birbirine bağlandığı"nı söylemez. Peki, maddeselliği biyolojik ve tarihsel kuvvetlerin eşzamanlı harekete geçmelerine karşı duyarlı hale getiren bedenlerin maddeselliğine ne olmaktadır? Bedenler meselesi ne dereceye kadar kendi tarihselliğine sahiptir? Değişime duyarlı olan sadece toplumsal kuvvetler midir? Biyolojik kuvvetler, bazı bakımlardan, zaten her zaman tarihsel değil midir? Tarihsel kuvvetlerin zaten halihazırda biyolojik olduğuna dair mühim bir anlayışın olması mümkün olabilir mi? Yirmi birinci yüzyılın başlarında belirli disiplinlerarası çevrelerde güçlü bir toplumsal yapılandırmacı dip akıntı olduğu göz önüne alınacak olursa, böyle bir soruyu sormak bile ne anlama gelir? Disiplin gücünün siyasi anatomisine yaptığı tüm vurgulara rağmen, Foucault da—bedenin maddeselliğinin gücün işleyişlerinde etkin bir rol aldığı—yine aynı bedenin tarihselliğine dair bir açıklama sunmayı başaramaz. Maddenin edilgenliğinin böyle örtülü bir şekilde yeniden kaydedilmesi, Foucault'nun büyük ölçüde post-temsilci anlatımına musallat olan mevcut temsilcilik unsurlarının bir işaretidir.[18] Bu eksiklik, önemli ölçüde, Foucault'nun "söylemsel" ve "söylemsel olmayan" uygulamalar arasındaki ilişkiyi kuramsallaştırmayı başaramamasıyla alakalıdır. Maddeci feminist kuramcı Rosemary Hennessey'nin Foucault eleştirisini sunarken ısrar ettiği gibi, "katı bir maddeci beden kuramı, bedenin her zaman söylemsel olarak yapılandırıldığı iddiasıyla yetinemez. Bu kuram aynı zamanda, bedenin söylemsel yapılanmasının, bir toplumsal biçimlenmeden diğerine geniş ölçüde değişen şekillerdeki söylemsel olmayan uygulamalarla nasıl ilişkili olduğunu

---

[17] Ç. N.: Bu alıntı, Hülya Uğur Tanrıöver'in Türkçeleştirdiği *Cinselliğin Tarihi* (Ayrıntı Yayınları, 2007) çevirisinde sayfa 112'de bulunmaktadır.
[18] Ayrıca, bkz. Butler ("Foucault").

açıklamalıdır" (46).

Gücün işleyişlerini anlamak için mühim olan, maddeselliğinin bütünselliği içinde gücün doğasını kavramaktır. Gücün üretkenliğini, örneğin, "toplumsal" olanın sınırlı alanıyla kısıtlamak ya da maddeyi ileride gerçekleşecek maddeleşmeler sırasında etkin bir aktör olmaktan ziyade yalnızca bir son ürün olarak düşünmek, maddeyi kapasitesinin bütünselliğinin tamamen dışına çıkarmaktır. Yalnızca insanın bedensel dış hatlarının ruhsal süreçlerle nasıl oluşturulduğunu değil, ayrıca biyolojik bedeni oluşturan atomların bile nasıl maddeleştiğini veya önem arz ettiğini ve daha genel olarak maddenin kendini nasıl hissettirdiğini nasıl anlayabiliriz? Ruhsal ve sosyo-tarihsel kuvvetlerin tek başına maddenin üretimini nasıl açıklayabileceğini hayal etmek zordur. Asıl mesele—odak noktası "insan" bedenlerinin maddeselliğiyle sınırlı olsa bile—önem arz eden ve maddeleşen yalnızca "toplumsal" değil, "doğal" kuvvetler de bulunmaktadır. Gerçekten de, belirli (iç içe dolanık) maddeleşme süreçleri için önemli olan—"toplumsal," "kültürel," "ruhsal," "finansal," "doğal," "fiziksel," "biyolojik," "jeopolitik" ve "jeolojik" olarak etiketlenebilecekler de dahil—bir sürü maddesel-söylemsel kuvvet vardır. Bir disiplinin tanımladığı nedenleri o disiplinin tanımladığı sonuçlara ulaşmak için takip etmek gibi belli bir disipline has alışkanlıkları sürdürürsek, herhangi bir disipline ait kaygılarla ters düşen bu kuvvetler arasındaki tüm mühim içten-etkimeleri gözden kaçıracağız.[19]

Gereken şey,—"insan" ve "insandışı"—*tüm* bedenlerin maddeleşmesinin ve ayrımsal oluşumlara damgasını vuran maddesel-söylemsel uygulamaların sağlam bir açıklamasıdır. Bu, söylemsel uygulamalar ile maddesel fenomenler arasındaki ilişkinin doğasını kavramayı, eyleyiciliğin "insan" kadar "insandışı" biçimlerini de tahayyül etmeyi ve süregiden tarihselliği içinde maddenin imalarının doluluğunu dikkate alan üretken uygulamaların hassas nedensellik doğasını anlamayı gerektirir. Benim böyle bir anlayışın geliştirilmesine yönelik katkım, "eyleyici gerçekçilik" adını verdiğim felsefi bir tanımlamaya dayanmaktadır. Eyleyici gerçekçilik, özellikle Niels Bohr, Judith Butler, Michel Foucault, Donna Haraway, Vicki Kirby, Joseph Rouse ve daha nicelerinin önemli açılımları üzerine yapılanarak feminist, ırkçılık karşıtı, postyapısalcı, kuir, Marksist, bilim çalışmalarına ilişkin ve bilimsel açılımları ciddiye alan teknobilimsel ve diğer uygulamaların bir açıklamasıdır.[20] Bu fikirleri burada bütünüyle açıklamak açıkça görüldüğü üzere mümkün değildir. Bu makaledeki daha sınırlı amacım, edimsellik kavramının maddeci ve posthümanist bir şekilde yeniden işlenmesini önerirken, aynı zamanda bu kavramı feminist ve kuir çalışmalar ile bilim çalışmalarından gelen önemli açılımları birbiri üzerinden okuma amacıyla bir kırınım ızgarası olarak kullanmaktır. Bu da söylemsel uygulamalar, maddeleşme, eyleyicilik, nedensellik ve daha pek çok aşina olunan kavramın yeniden işlenmesini beraberinde getirir.

---

[19] Bitişik yazılan *maddesel-söylemsel* terimi ile *içten-etkime* gibi diğer eyleyici gerçekçi terimler, ilerleyen sayfalarda tanımlanmaktadır.

[20] Bu makale, Barad'ın bazı makaleleri ("Meeting", "Agential Realism", "Getting Real" ve "Re(con) figuring") dahil olmak üzere daha önceki yayınlarında ve yakında çıkacak kitabında (*Meeting the Universe Halfway*) geliştirdiği meseleleri ana hatlarıyla belirtmektedir.

Temsilciliğin metafizik temellerine doğrudan meydan okuyarak, bir alternatif olarak eyleyici gerçekçi bir ontoloji önererek söze başlamaktayım. Bir sonraki bölümde, söylemsel uygulamalar ve maddesellik kavramının posthümanist edimsel bir şekilde yeniden düzenlenmesini önermekte ve bunlar arasında belirli bir nedensellik ilişkisini kuramsallaştırmaktayım. Son bölümde, teknobilimsel olanlar da dahil olmak üzere maddesel-söylemsel uygulamaların üretken doğasını kavramak için hayati önem taşıyan nedensellik ve eyleyicilik kavramlarının eyleyici gerçekçi oluşumlarını tartışmaktayım.

Edimsel bir metafiziğe doğru

> Şeylere ve kelimelere bağlı kaldığımız sürece, gördüğümüzden bahsettiğimize, bahsettiğimizi gördüğümüze ve bu ikisinin bağlantılı olduğuna inanabiliriz.
> —Gilles Deleuze (65)

> "Kelimeler ve şeyler", bir sorunun bütünüyle önemli başlığıdır.
> —Michel Foucault (*Bilginin Arkeolojisi* 49)

Temsilcilik, kelimeler ve şeyler arasındaki bağlantının bilgiyi mümkün kıldığı ikilemiyle baş başa kalmaya kendini zorlayarak, dünyayı ontolojik olarak ayrışık kelimeler ve şeyler alanlarına ayırır. Kelimeler maddesel dünyadan bağımsızsa, temsiller nasıl bir dayanak kazanır? Dünyanın, alametleri kendi yüzeyine kazınmış doğal benzerliklerle dolup taştığına, şeylerin hali hazırda göstergelerle bezendiğine, kelimelerin sahildeki sayısız çakıl taşları gibi keşfedilmek için kumların üzerinde uzanıp beklediğine hepten inanmayı bırakıp da bilen öznenin kalın bir temsiller ağına düşmesinden dolayı zihnin artık ebediyen ulaşılamaz olan nesnelere giden kendi yolunu göremediğine ve apaçık ortada olan şeyin aslında insanlığın kendi kendisini dilin içerisinde tutsak ettiğini gösteren yapışkan bir sorunun olduğuna inanmaya başlarsak, işte o zaman temsilciliğin doğru varsaydığı sorunlu metafiziğin bir tutsağı olduğu ortaya çıkmaya başlar. Zenon'un paradoksunda hüsrana uğrayan sözde koşucu gibi, temsilcilik de ortaya koyduğu sorunu çözmeye hiçbir zaman pek de yaklaşamayacak gibi görünmektedir; zira temsilcilik, kendi metafiziksel başlangıç yerinden dışarıya adım atmanın imkânsızlığına yakalanmış durumdadır. Belki de farklı bir başlangıç noktasıyla, farklı bir metafizikle başlamak daha iyi olur.[21]

---

[21] *Metafizik* yirminci yüzyılın büyük bölümünde bir aşağılama ifadesi olmuştur, bu bir sır değildir. Bu pozitivist miras, kendisini eleştirenlerin kalbinde bile yaşamaya devam etmektedir. Postyapısalcılar, metafiziğin ölüm emrinin en yeni imzacılarıdır. Yine de, kişi metafizikten ne kadar nefret ederse etsin, metafizik hiçbir ölüm hükmüne uymayacaktır ve bu nedenle, kişilerin kendi pahasına da olsa metafizik görmezden gelinir. Gerçekten de, yeni "deneysel metafizik" araştırmaları, "fiziksel" ve "metafizik" arasında doğal bir sınır olduğuna dair yaygın inanç sorgulanarak, Amerika Birleşik Devletleri'ndeki ve yurtdışındaki fizik laboratuvarlarında yürütülmektedir (bkz. Barad, *Meeting*). Bu gerçek, *metafizik* teriminin felsefe

Şeyleştirme—yani ilişkilerin "nesnelere," "varlıklara," "bağlantısal öğelere" dönüşmesi—dünyayı ve onunla olan ilişkimizi kavrama biçimimizin çoğunu etkiler.[22] Neden ilişkilerin varlığının bağlantısal öğeler gerektirdiğini düşünüyo-ruz? Çağdaş kuramsallaştırmanın çoğuna ve Batı düşünce tarihinin önemli bir bölümüne yayılmış olan doğaya, maddeselliğe ve bedene karşı süregelen güvensizlik bu kültürel eğilimden mi besleniyor? Bu bölümde, bağlantısal öğeler metafiziğini, "kelimeler" ve "şeyler" metafiziğini reddeden ilişkisel bir ontolojiyi sunuyorum. Eyleyici gerçekçi nedensellikten dolayı, saydamlık veya opaklık optiğine, mutlak dışsallık veya içsellik geometrilerine ve de bilmenin ve oluşumun iç içe geçmiş uygulamalarında "bizim" oynadığımız rolden tereddütsüz sorumlu olurken insanı ya safi sebep ya safi sonuç olarak kuramsallaştırmaya başvurmadan, kendilerine ait oluşlarının bütünlüğü içinde doğayı, bedeni ve maddeselliği kabul etmek bir kez daha mümkündür.

İçkin özelliklere sahip bireysel olarak belirli varlıkların varsayımı, atomcu metafiziğin ayırt edici özelliğidir. Atomculuk Demokritos'tan gelir.[23] Demokritos'a göre, her şeyin özelliği en küçük birimin—("kesilemez" veya "ayrılamaz" olan) atomların—özelliklerinden türer. Liberal toplumsal kuramlar ve bilimsel kuramlar, dünyanın ayrı ayrı nitelenebilir özelliklere sahip bireylerden oluştuğu fikrine çok şey borçludur. Bilimsel, toplumsal, etik ve siyasi uygulamaların birbirine dolanık ağı ve bizim de bunları kavramamız, bu varsayımın çeşitli/türevsel örneklemelerine bağlıdır. Bu varsayımın görünüşteki kaçınılmazlığına karşı çıkmak hususunda pek çok şey hassas bir dengede bekler.

Fizikçi Niels Bohr, kuantum kuramının gelişimine çığır açıcı katkılarının başlangıcını işaret eden atomun kuantum modeli ile Nobel Ödülü'nü kazandı.[24] Bohr'un felsefe-fiziği (ikisi onun için ayrılamazdı), yalnızca Newton fiziğine değil, aynı zamanda Kartezyen epistemolojiye ve onun kelimeler, bilenler ve şeylerden oluşan temsilci üçlü yapıya da radikal bir meydan okumasını sunar. En önemlisi, entelektüel atalarının düzenini çarpıcı bir şekilde tersine çeviren Bohr, "şeyleri" ontolojik açıdan esas varlıklar olarak alan atomcu metafiziği reddeder. Bohr'a göre, şeyler, doğaları gereği belirli sınırlara veya özelliklere sahip değildir ve kelimeler de doğaları gereği belirli anlamlara sahip değildir. Bohr, özne ile nesne ve bilen ile bilinen arasındaki özdeki ayrıma ilişkin Kartezyen inancı da sorgular.

---

tarihinde bazı entel kökenlere sahip olmadığını hatırlayanlar için çok şaşırtıcı olmamalıdır; zira bu terim, Aristo'nun ölümünden yaklaşık üç yüzyıl sonra Rodoslu Andronikos tarafından yapılan tasniflemede Aristo'nun fizik üzerine yazılarından sonra gelen yazılarını tanımlamak için kullanılmıştır.

[22] *Bağlantısal öğeler*, ilişkilerin sözde öncül bileşenleridir. Metafizik atomculuğa göre, bireysel bağlantısal öğeler, aralarında tutunabilecek herhangi bir ilişkiden her zaman daha önce var olur.

[23] Atomculuğun Leukippos'tan geldiği ve demokrasinin antropolojik ve etik çıkarımlarını da araştıran demokrasi tutkunu Demokritos tarafından daha da detaylandırıldığı söylenir. Demokritos'un atom kuramı, genellikle bu kuramı erken modern döneme aktaran Eflatun ve Epikür'ü doğrudan etkileyen en olgun Sokrates öncesi (Presokratik) felsefe olarak tanımlanır. Atom kuramı modern bilimin köşe taşını oluşturduğu da söylenir.

[24] Einstein'ın çağdaşı olan Niels Bohr (1885-1962), kuantum fiziğinin ve ayrıca (kendisiyle aynı adı taşıyan Bohr'un uluslararası tanınırlığa sahip fizik enstitüsü merkezinden ismini alan) Kopenhag yorumu adıyla anılan kuantum kuramının en çok kabul edilen yorumunun kuruculalarından biriydi. Bohr'un felsefe-fiziğine ilişkin okumalarıma göre, Bohr'un bilimsel uygulamaların proto-edimsel bir izahını önerdiği anlaşılabilir.

Bohr'un geliştirdiği epistemolojik çerçevenin hem dilin saydamlığını hem de ölçümün saydamlığını reddettiği söylenebilir; ancak bu çerçeve, temel olarak, dil ve ölçümün aracılık işlevleri gerçekleştirdiği varsayımını reddeder. Dil, olguların durumlarını temsil etmez ve ölçümler de varlığın ölçümden bağımsız durumlarını temsil etmez. Bohr, epistemolojik çerçevesini nihilizmin umutsuzluğuna ya da göreliliğin yapışkan ağına teslim olmadan geliştirir. Bohr, Newton fiziğinin ve temsilciliğin büyük yapıları parçalanmaya başlarken, nesnel bilgi olasılığına tutunmanın bir yolunu deha ve ustalıkla bulur.

Bohr'un Newton, Descartes ve Demokritos'tan kopuşu "sadece boş felsefi yansımaya" değil, yirminci yüzyılın ilk çeyreğinde gün ışığına çıkan atom fiziği alanındaki yeni ampirik bulgulara dayanmaktadır. Bohr'un bu bulguların kuramsal bir şekilde kavranmasını sağlama mücadelesi, bütünüyle yeni bir epistemolojik çerçevenin gerekli olduğunu belirten radikal önermesiyle sonuçlanmıştır. Ne yazık ki Bohr, kendi açılımlarının mühim ontolojik boyutlarını keşfe çıkmaz; bunun yerine, onların epistemolojik anlamlarına odaklanır. Bohr'un örtük ontolojik görüşlerini bulmak için yazılarını araştırıp eyleyici gerçekçi bir ontolojinin geliştirilmesi sürecinde onları ayrıntılı olarak inceledim. Bu bölümde, Bohr'un açılımının önemli yönlerine hızlı bir genel bakış sunuyor ve eyleyici gerçekçi bir ontolojinin açıklamasına geçiyorum. Bu ilişkisel ontoloji, maddesel bedenlerin üretimine ilişkin posthümanist edimsel tanımlamamın temelidir. Bu tanımlama, "kelimeler" ve "şeyler" üzerindeki temsilci saplantıyı ve bunların ilişkisellik sorunsalını reddeder; bunun yerine, *dünyanın belirli maddesel konfigürasyonları olarak bedenleşen belirli dışlayıcı uygulamalar* (yani, "kelimeler"den ziyade söylemsel uygulamalar/(kon)figürasyonlar) *ile belirli maddesel fenomenler* (yani, "şeyler"den ziyade ilişkiler) *arasında nedensel bir ilişkiyi* savunur. Bedensel üretim aparatları ile üretilen fenomenler arasındaki bu nedensel ilişki, "eyleyici içten-etkime"lerden biridir. Ayrıntılar aşağıdadır.

Bohr'a göre, *kuramsal kavramlar* (ör., "konum" ve "momentum") karakterleri bakımından düşünsel değildir, daha ziyade *belirli fiziksel düzenlemelerdir*.[25] Örneğin, "konum" kavramı, ne iyi tanımlanmış soyut bir kavram olarak ne de birbirinden bağımsız var olan nesnelerin içkin bir niteliği olarak varsayılabilir. Aksine, "konum" yalnızca sabit parçaları olan katı bir aparat kullanıldığında anlam kazanır (misal, bir cetvel laboratuvardaki sabit bir masaya çivilenir, böylece "konum" belirtmek için sabit bir referans çerçevesi oluşturulur). Ayrıca da, bu aparatı kullanan herhangi bir "konum" ölçümü, bağımsız olarak var olan soyut bir "nesne"ye atfedilemez, zira *fenomen*in bir özelliğidir—"gözlemlenen nesne" ile "gözlemin eyleyicilikleri"nin ayrılamazlığı. Benzer şekilde, "momentum" da hareketli parçalar içeren maddesel bir düzenleme olarak ancak anlamlıdır. Dolayısıyla, (genelde Heisenberg belirsizlik ilkesi olarak adlandırılan) "konum" ve "momentum"un eşzamanlı belirsizliği, (birinin sabit parçalar gerektirdiği, tümleyici düzenlemenin ise hareketli parçalar gerektirdiği) "konum" ve "momentum" düzenle-

---

[25] Bohr, ölçüm "içten-etkimeleri"nde bulunan içkin bir süreksizliğin ampirik bulgusu ile birlikte bu yegâne önemli açılım temelinde, kişinin gözlemci ve gözlemlenen, bilen ve bilinenin sözde içkin ayrılabilirliğini reddetmesi gerektiğini savunmaktadır. Bkz. Barad ("Meeting" ve *Meeting*).

melerinin maddesel dışlanımıyla ilgili dolambaçsız bir meseledir.[26]

Bu nedenle, Bohr'a göre, birincil epistemolojik birim, içkin sınırları ve özellikleri olan bağımsız nesneler değil, *fenomenler*dir. Benim eyleyici gerçekçi açıklamama göre, fenomenler sadece "gözlemci" ve "gözlemlenen"in epistemolojik ayrılamazlığına işaret etmezler; daha ziyade, *fenomenler, eyleyici bir şekilde içten-etkiyen "bileşenlerin" ontolojik ayrılmazlığıdır*. Yani, fenomenler ontolojik olarak ilkel ilişkilerdir—önceden var olan bağlantısal öğeleri olmayan ilişkiler.[27] *İçten-etkime* kavramı (bağımsız varlıkların/bağlantısal öğelerin önceden var olduğunu varsayan olağan "etkileşim"in aksine) köklü bir kavramsal değişimi temsil eder. Fenomenlerin "bileşenlerinin" sınırları ile özelliklerinin belirli hale gelmesi ve hususi bedenlenmiş kavramların anlamlı hale gelmesi, belli başlı eyleyici içtenetkimeler aracılığıyla olur. Belli başlı ("gözlemin aparatı"nın belli başlı bir maddesel konfigürasyonunu içeren) bir içten-etkime, "özne" ve "nesne" arasında bir ayrım gerçekleştiren (özne ve nesne arasındaki Kartezyen kesimin—içkin bir ayrımın—aksine) *eyleyici kesim*i harekete geçirir. Yani, eyleyici kesim, içkin ontolojik belirsizliğe ilişkin fenomen *içerisinde* bulunan *yerel* bir çözümlemeyi harekete geçirir. Başka bir deyişle, bağlantısal öğeler ilişkilerden daha önce var olmaz; daha ziyade, fenomenler içindeki bağlantısal öğeler, belli başlı içtenetkimeler yoluyla meydana gelir. O halde pek önemlidir ki içten-etkimeler *eyleyici ayrılabilirliği—fenomen içindeki dışsallığın* yerel koşulunu—harekete geçirir. Eyleyici ayrılabilirlik kavramı esaslı bir öneme sahiptir, çünkü gözlemci ile gözlemlenen arasındaki klasik bir ontolojik dışsallık koşulunun yokluğunda, nesnellik olasılığının koşulunu bu kavram sağlar. Dahası, eyleyici kesim, "ölçülen nesne" ("neden") tarafından "ölçen eyleyicilik"lerin ("sonuç") imlemesinde bir fenomenin "bileşenleri" arasında yerel bir nedensel yapı ortaya koyar. Dolayısıyla, *içtenetkimeler kavramı, geleneksel nedensellik kavramının yeniden işlenmesini sağlar*.[28]

---

[26] Kuantum fiziğinde sözde belirsizlik ilkesi, kesinlikle bir *"uncertainty"* [kararsızlık/güvensizlik] meselesi değil, daha çok bir *"indeterminacy"* [belirsizlik] meselesidir. Bkz. Barad ("Feminist Approach," "Meeting" ve *Meeting*). [Ç. N.: Heisenberg, 1927'de yazdığı "Über den anschaulichen Inhalt der quantentheoretischen Kinematik und Mechanik"/"Kuantum Kuramı Kinematik ve Mekaniğinin Tanımlayıcı İçeriği Üzerine" makalesinde, bu ilke için metin boyunca "Ungenauigkeit" kelimesini kullanmış, sadece dipnotta bu ilkeden bahsederken "Unsicherheit" kelimesine dönüşmüştür. Ancak, bu makale 1930'da İngilizceye çevrilirken "Ungenauigkeit" kelimesi "indeterminacy", "Unsicherheit" kelimesi de "uncertainty" halini almıştır. Barad, bu dipnotunda bu ayrımdan ve 1930 çevirisinin getirdiği İngilizcedeki yaygın kullanımdan dem vurmaktadır. Türkçede ise bu ilke için yalnızca "belirsizlik" kelimesi kullanılmış ve herhangi bir ayrıma gidilmemiştir.]

[27] Yani, ilişkiler, bağımsız var olan "bağlantısal öğeler"den ikincil olarak türetilmemektedir; daha ziyade, "bağlantısal öğeler"in müşterek ontolojik bağımlılığı—ilişki—ontolojik ilkel unsurdur. Aşağıda tartışıldığı gibi, bağlantısal öğeler yalnızca belli başlı içten-etkimelerin bir sonucu olarak fenomenler *içerisinde* var olur (yani, bağımsız bağlantısal öğeler yoktur, yalnızca ilişkiler-içinde-bağlantısal öğeler vardır).

[28] Somut bir örnek yardımcı olabilir. Işık, iki yarıklı bir kırınım ızgarasından geçip bir kırınım deseni oluşturduğunda, ışığın dalga benzeri davranış sergilediği söylenir. Ancak ışığın *foton* adı verilen parçacık benzeri özellikler gösterdiğine dair kanıt da vardır. Biri bu hipotezi test etmek isterse, kırınım aparatı, belirli bir fotonun hangi yarıktan geçtiğinin belirlenmesine izin verecek şekilde değiştirilebilir (çünkü parçacıklar bir seferde yalnızca tek bir yarıktan geçer). Bu deneyi yapmanın sonucu, kırınım deseninin yok edilmesi olur! Klasik olarak, bu iki sonuç birlikte çelişkili görünmektedir—ışığın asıl ontolojik doğasını belirlemeye yönelik çabalara engel olur. Bohr, bu dalga-parçacık ikiliği paradoksunu şu şekilde çözer: nesnel gönderge, soyut, bağımsız var olan bir varlık değil, aparatla içten-etkiyen ışık fenomenidir. Birinci aparat, "dalga"

Bu eyleyici gerçekçi ontolojiyi daha fazla detaylandırırsam, fenomenlerin sadece insan özneler tarafından tasarlanmış laboratuvar uygulamalarının sonucu olmadığını savunmaktayım. Fenomenleri üreten aparatlar da gözlem araçları ya da safi laboratuvar aygıtları olarak anlaşılamaz. Her ne kadar bu makalede yerimizin kısıtlı olması, aparatların doğasına ilişkin eyleyici gerçekçi anlayışın derinlemesine bir tartışmasına izin vermese de, aparatlar fenomenlerin üretimin-de pek mühim, hatta oluşumsal, bir rol oynadığından, fenomenlerin doğası meselesine geçmeden önce aparatların eyleyici gerçekçi kuramsallaştırılmasına ilişkin bir genel değerlendirme sunuyorum. Buradaki ayrıntılı değerlendirmem, bilimsel uygulamaların doğasını kavramaya özgü olanların ötesinde, eyleyici gerçekçi ontolojinin çıkarımlarının keşfini mümkün kılar. Aslında, eyleyici gerçekçilik, "toplumsal" ve "bilimsel" olanların arasındakiler de dahil olmak üzere, sayelerinde farklı ayrımların çizildiği uygulamalar gibi maddesel-söylemsel uygulamaların doğasına ilişkin bir anlayış sunar.[29]

Aparatlar, eylem gerçekleşmeden önce hazırlanıp yerleştirilmiş kayıt cihazları, bilimsel araçlar veya direnç ve uyum diyalektiğine aracılık eden makineler değildir. Aparatlar, ne doğal dünyanın tarafsız sondaları ne de belli bir sonucu determinist şekilde empoze eden yapılardır. Bohr'un açılımlarını daha detaylı değerlendirirsem, aparatlar dünya *içerisindeki* salt durağan düzenlemeler değildir; daha ziyade, *aparatlar dünyanın dinamik (yeniden) konfigürasyonları, sayelerinde belli başlı dışlayıcı sınırların gerçekleştirildiği belli başlı eyleyici uygulamar/içten-etkimeler/performanslardır.* Aparatların içkin "dış" sınırları yoktur. "Dış" sınırın bu belirsizliği, kapanmanın veya tamamlanmanın olanaksızlığını—bedensel üretim aparatının yinelemeli yeniden konfigürasyonunda devam eden içten-etkimeyi—temsil eder. Aparatlar açık uçlu uygulamalardır.

Daha da önemlisi, aparatların kendileri de fenomendir. Örneğin, bilim insanlarının çok iyi bildiği üzere, aparatlar, belirli bir amaca hizmet etmeyi bekleyerek bir rafın üzerine oturan, önceden şekillendirilmiş birbiriyle değiştirilebilir nesneler değildir. Aparatlar, sürekli olarak yeniden düzenlemelere, yeniden ifadelendirmelere ve diğer yeniden işlemelere açık olan belirli uygulamalar yoluyla oluşturulur. Bu, bilim yapmanın yaratıcılığının ve zorluğunun bir parçasıdır: enstrümantasyonun belirli bir amaç için belirli bir şekilde çalışmasını sağlamak (bu, farklı açılımlara ulaşıldıkça deney sırasında değiştirilme olasılığına her zaman açıktır). Ayrıca, belirli bir herhangi aparat, diğer aparatlarla her zaman içten-etkime sürecindedir ve (kendilerini salt farklı bir şekilde maddeleşirken bulmak için laboratuvarlar, kültürler veya jeopolitik mekânlar arasında takas edilebilen) yerele sabitlenmiş fenomenlerin belirli uygulamaların sonraki yinelemelerine dahil edil-

---

kavramına belirli bir anlam verirken, ikincisi "parçacık" kavramı için belirli bir anlam sağlar. "Dalga" ve "parçacık" kavramları, bir nesnenin kendi içten-etkimesinden önce gelen içkin özelliklerine işaret etmez. *İçkin özelliklere sahip böyle bağımsız var olan nesneler yoktur.* İki farklı aparat farklı kesimler meydana getirir, yani "ölçülen nesne" ile "ölçü aleti" arasındaki sınırları belirleyen farklı ayrımlar çizer. Başka bir deyişle, içkin ontolojik belirsizliğin yerel maddesel çözünürlüklerinde farklılık gösterirler. Çatışma yoktur, çünkü iki farklı sonuç farklı içten-etkimeleri imler. Daha fazla ayrıntı için, bkz. Barad ("Meeting" ve *Meeting*).
[29] Bu ayrıntılı değerlendirme, analojik bir dışkestirime dayalı değildir. Daha ziyade, laboratuvar araştırmalarına yönelik bu tür insanmerkezci kısıtlamaların makul olmadığını ve aslında Bohr'un kendi açılımlarının mantığına meydan okuduğunu savunmaktayım. Bkz. Barad (*Meeting*).

mesi, söz konusu belirli aparatta ve dolayısıyla yeni fenomenlerin ve benzerlerinin üretimiyle sonuçlanan içten-etkimelerin doğasında önemli kaymalar oluşturur. Sınırlar sabit durmaz.

Şimdi bu arka planla birlikte, fenomenlerin doğası meselesine dönebiliriz. Fenomenler, bedensel üretimin birden çok aparatının eyleyici içten-etkimeleri aracılığıyla üretilir. Eyleyici içten-etkimeler, "insanları" içerebilen veya içermeyebilen belli başlı nedensel maddesel icralardır. Gerçekten de "insanlar" ile "insandışılar," "kültür" ile "doğa," "toplumsal" ile "bilimsel" arasındaki ayrımsal sınırlar bu türden uygulamalar aracılığıyla oluşturulur. Fenomenler gerçekliği oluşturur. Gerçeklik, kendinde-şeylerden veya fenomenlerin-arkasındaki-şeylerden değil, fenomenlerdeki-"şeyler"den oluşur.[30] Dünya, türevsel maddeleşmesi içinde içten-etkinlik*tir*. Belli başlı içten-etkimeler aracılığıyla, eyleyiciliğin devam eden gelgitinde ayrı bir varlık anlayışı canlandırılır. Yani, belli başlı içten-etkimeler yoluyla fenomenler maddeleşir ve önem arz eder hale gelir. Dünya, belirli sınırlar, özellikler, anlamlar ve bedenler üzerindeki işaret kalıpları ile birlikte, yerel olarak belirli nedensel yapıların devam eden yeniden konfigürasyonundaki dinamik bir içten-etkime sürecidir. Dünyanın bir "parçasının" kendisini dünyanın başka bir "parçasına" farklı biçimde anlaşılır kıldığı ve yerel nedensel yapıların, sınırların ve özelliklerin dengelendiği ve istikrarsızlaştırıldığı bu süregiden eyleyicilik akışı, mekânda ve zamanda değil, mekânzamanın kendisinin oluşumunda yer alır. Dünya, "maddeleşme"nin kendisinin farklı eyleyici olasılıklarının gerçekleşmesinde anlam ve biçim kazandığı, süregiden açık bir maddeleşme sürecidir. Bu sürecin tarihselliğinde zamansallık ve mekânsallık ortaya çıkar. Dışsallık, bağlanabilirlik ve dışlanım ilişkileri yeniden yapılandırılır. Dünyanın değişen topolojileri, dinamiklerin doğasının sürekli olarak yeniden işlenmesini gerektirir.

Özetle, evren, kendi oluşu içerisinde eyleyici içten-etkinliktir. Birincil ontolojik birimler "şeyler" değil, fenomenlerdir—dinamik topolojik yeniden konfigürasyonlar/dolanıklıklar/ilişkisellikler/(yeniden) ifadelendirmeler. Ve birincil anlamsal birimler "kelimeler" değil, sınırların oluşturulduğu maddesel-söylemsel uygulamalardır. Bu dinamizm eyleyicilik*tir*. Eyleyicilik bir nitelik değil, dünyanın süregiden yeniden konfigürasyonlarıdır. Bu edimsel metafiziğe dayanarak, bir sonraki bölümde maddesellik ile söylemselliğin doğasının ve aralarındaki ilişkinin posthümanist bir yeniden biçimlendirilmesini ve de edimselliğin posthümanist bir açıklamasını öneriyorum.

Maddesel-söylemsel uygulamaların posthümanist bir açıklaması

Söylemsel uygulamalar genellikle dilbilimsel ifadeyle karıştırılır ve anlamın genellikle kelimelerin bir özelliği olduğu düşünülür. Bu nedenle, söylemsel uygulamalar ve anlamların özellikle insan fenomenleri olduğu söylenir. Fakat bu doğru olsaydı, "insanlar" ve "insandışılar"ın ayrımsal oluşumlarını sağlayan sınırkoyma uygulamalarını dikkate almak nasıl mümkün olurdu? Oluşum kavramı tamamen

---

[30] Fenomenler ontolojik ilkeleri oluşturduğundan, bağımsız var olan şeylerden bir şekilde fenomenlerin arkasında veya nedenleri olarak bahsetmek anlamsızdır. Esas itibarıyla, numenler yoktur, yalnızca fenomenler vardır. Eyleyici gerçekçi fenomenler ne Kant'ın fenomenleri ne de fenomenoloğun fenomenleridir.

epistemik terimlerle anlaşılsaydı durum daha başka olurdu, ancak ontoloji meseleleri masadayken bu hiç de tatmin edici değildir. Eğer "insanlar" kavramı, fenomenlere, içkin özelliklere sahip bağımsız varlıklardan ziyade ayrımsal oluşları içindeki varlıklara, insan olmanın ne anlama geldiğini belli başlı maddesel değişikliklerle birlikte dengeleyen ve istikrarsızlaştıran değişken sınırlar ve özelliklerle beraber dünyanın belirli maddesel (yeniden) konfigürasyonlarına işaret ediyorsa, o zaman söylemsellik kavramı insanlar ve insandışılar arasındaki içkin bir ayrım üzerine kurulamaz. Bu bölümde, söylemsel uygulamaların posthümanist bir tanımını öneriyorum. Ayrıca, maddesellik kavramının uyumlu bir yeniden işlenmesinin ana hatlarını çiziyor ve söylemsel uygulamalar ile maddesel fenomenler arasındaki ilişkiyi anlamak için eyleyici gerçekçi bir yaklaşımı gösteriyorum.

Anlam, tek tek kelimelerin veya kelime gruplarının bir özelliği değildir. Anlam ne diliçi olarak görülür ne de dildışı olarak kaynak sağlar. Semantik içerik zenginliği, bireysel eyleyicilerin düşünceleri veya edimleriyle değil, belirli söylemsel uygulamalarla elde edilir. Bohr'un açılımlarından ilhamla, şu eyleyici gerçekçi hususları eklemek de cazip olacaktır: anlam, düşünsel değil, dünyanın belli başlı maddesel (yeniden) konfigürasyonlarıdır ve semantik belirsizlik, ontolojik belirsizlik gibi, belli başlı içten-etkimeler yoluyla yalnızca yerel olarak çözülebilir. Daha fazla devam etmeden önce, söylemsel uygulamaların doğası hakkındaki bazı kavram hatalarını ortadan kaldırmak için biraz zaman ayırmak yerinde olur.

Söylem, dil ile eşanlamlı değildir.[31] Söylem, dilbilimsel sistemlere veya imleme sistemlerine, dilbilgilerine, söz edimlerine veya konuşmalara gönderme yapmaz. Söylemi, betimleyici ifadeler oluşturan salt sözlü veya yazılı kelimeler olarak düşünmek, temsilci düşüncenin hatasını yinelemek olur. Söylem, söylenen şey değildir; söylem, söylenebileceklerı sınırlayan ve mümkün kılan şeydir. Söylemsel uygulamalar, anlamlı ifadeler olarak görülen şeyleri tanımlar. İfadeler, birleşik bir öznenin kaynak bilincinden çıkan salt ifadeler değildir; daha ziyade, ifadeler ve özneler bir olasılıklar alanından ortaya çıkar. Bu olasıklar alanı durağan veya tekil değil, dinamik ve rastlantısal bir çokluktur.

Foucault'ya göre söylemsel uygulamalar, konuşma, yazma, düşünme, hesaplama, ölçüm, süzme ve odaklanma gibi bir disipline ait bilgi uygulamalarını mümkün kılan ve sınırlayan yerel sosyo-tarihsel maddesel koşullardır. Söylemsel uygulamalar, bilgi uygulamalarının "öznelerini" ve "nesnelerini" sadece betimlemek yerine üretirler. Foucault'nun açıklamasına göre bu "koşullar" aşkın veya fenomenolojik olmaktan ziyade içkin ve tarihseldir. Yani bunlar, deneyimin olanaklarını tanımlayan aşkın, tarihdışı, kültürler arası, soyut yasalar anlamındaki koşullar (Kant) değil, daha ziyade tarihsel olarak konumlanmış asıl toplumsal koşullardır.

Foucault'nun söylemsel uygulamalara ilişkin açıklaması, Bohr'un aparatlara ve bunların bedenlerin ve anlamların maddesel üretiminde oynadıkları role ilişkin açıklaması ile bazı tetikleyici yankılara (ve bazı verimli uyumsuzluklara) sahiptir. Bohr'a göre aparatlar, ötekilerin dışlanmasına ilişkin bazı kavramlara anlam veren

---

[31] Ben burada, Anglo-Amerikan dilbiliminden, toplumdilbilimden ve sosyolojiden kaynaklanan biçimci ve ampirik yaklaşımlarla değil, Foucaultcu söylem kavramıyla (söylemsel uygulamalarla) ilgileniyorum.

belirli fiziksel düzenlemelerdir; kavramlaştırma ve ölçüm gibi bilgi uygulamalarını mümkün kılan ve sınırlayan yerel fiziksel koşullardır; üretilen fenomenlerin üretkenleridir (ve de parçalarıdır); üretilen belirli fenomenler içerisindeki belirli bilgi uygulamalarının "nesnelerini" üreten yerel bir kesimi harekete geçirirler. Bohr, (asıl fiziksel düzenlemeler olan) "kavramlar" ve "şeyler"in karşılıklı içten-etkimeleri dışında belirli sınırları, özellikleri ya da anlamları olmadığı konusundaki büyük açılımına dayanarak, nesne/özne, bilen/bilinen, doğa/kültür ve kelime/dünya ikiliklerinin doğruluğunu sorgulayan yeni bir epistemolojik çerçeve sunar.

Bohr'un kavramların düşünsel değil de asıl fiziksel düzenlemeler olduğu konusundaki açılımı, açıkça, yazmanın ve konuşmanın maddesel uygulamalar olduğu şeklinde sık sık duyulan çağdaş nakarat ile genelde kastedilenin ötesine geçen anlam yaratmanın maddeselliği üzerinde bir ısrardır. Bohr, (her ne kadar bu "desteğin" niteliği belitilmese de) Foucault'nun öne sürüyor göründüğü gibi, söylemin maddesel uygulamalar tarafından "desteklendiğini" veya "sürdürüldüğünü" ya da, bazı varoluşçu-faydacı filozofların iddia ettiği gibi, söylemsel olmayan (art alan) uygulamaların söylemsel uygulamaları belirlediğini savlayıvermiyor.[32] Daha ziyade, Bohr'un görüşü, kavramlar ve maddesellik arasında çok daha yakın bir ilişki gerektirir. Bu ilişkinin doğasını daha iyi anlamak için odağı dilbilimsel kavramlardan söylemsel uygulamalara kaydırmak önemlidir.

Bohr'un kuramsal çerçevesinin eyleyici gerçekçi bir detaylandırmasına gelirsek, aparatlar, ötekilerin dışlanmasına ilişkin bazı kavramları somutlaştıran dünyadaki durağan düzenlemeler değildir; daha ziyade, aparatlar, yerel semantik ve ontolojik belirliliğin içten-etkiyerek canlandırıldığı belli başlı maddesel uygulamalardır. Yani aparatlar, anlaşılabilirlik ve maddeselliğin oluşturulduğu maddeleşmenin dışlayıcı uygulamalarıdır. Aparatlar, söylemsel olarak farklılaşmış oluşlarında maddesel fenomenler üreten maddesel (yeniden) konfigürasyonlar/söylemsel uygulamalardır. Bir fenomen, belli başlı nedensel içten-etkimeler yoluyla karşılıklı olarak (belirli bir fenomen içinde) belirlenmiş, maddesi ve anlamı bakımından yerel olarak sınırları belli dinamik bir ilişkiselliktir. Belirli içten-etkimelerin dışarısında, "kelimeler" ve "şeyler"in sınırları belirsizdir. Bu nedenle, maddesellik ve söylemsellik kavramları, karşılıklı gerektirimlerini kabullenecek bir şekilde yeniden işlenmelidir. Özellikle, eyleyici gerçekçi bir bağlamda, hem maddesellik hem de söylemsel uygulamalar, içten-etkinlik açısından yeniden düşünülmelidir.

Eyleyici gerçekçi bağlama göre, söylemsel uygulamalar, sınırların, özelliklerin ve anlamların yerel belirlemelerinin farklı açılardan harekete geçirildiği dünyanın belli başlı maddesel (yeniden) konfigürasyonlarıdır. Yani, söylemsel uygulamalar, üretilen fenomenler içerisinde yerel belirlemelerin harekete geçirildiği dünyanın

---

[32] Foucault, "söylemsel" ve "söylemsel olmayan" uygulamalar arasında, ikinci kategorinin toplumsal kurumsal uygulamalara indirgendiği, bir ayrım yapar: "'Kurum' terimi, genellikle, az çok kısıtlanmış her tür davranışı, bir toplumda bir kısıtlama sistemi olarak işlev gören ve sözden ibaret olmayan her şeyi içerir; kısacası, *söylemsel olmayan toplumsalın bütün alanı bir kurumdur*" (*Power/Knowledge*, 197-198; italikler bana ait). Bu hususi sosyal bilim sınırı, toplumsal olanın alanıyla sınırlı olmayan eyleyici gerçekçiliğin posthümanist açıklamasında özellikle aydınlatıcı değildir. Aslında, kişi nedensellik kavramını bu kavramın kendi içten-etkin oluşumunda bir kenara atmaya gönüllü değilse, "söylemsel olmayan"dan bahsetmenin bir anlamı yoktur.

süregiden eyleyici içten-etkimeleridir. Söylemsel uygulamalar nedensel içten-etkimelerdir—bu uygulamalar, sayelerinde fenomenin bir "bileşeni"nin ("neden") bir başka "bileşeni"ni ("sonuç") bu bileşenlerin ayrımsal ifadelendirmeleri sırasında imlediği yerel nedensel yapıları harekete geçirirler. Anlam, tek tek kelimelerin veya kelime gruplarının bir özelliği değil, dünyanın ayrımsal anlaşılabilirliği içinde süregelen bir edimidir. Nedensel içten-etkinliği içinde, dünyanın bir "parçası," aşamalı anlaşabilirliği içinde dünyanın başka bir "parçası" ile kesin olarak sınırlandırılır ve zenginleştirilir. Söylemsel uygulamalar, eyleyici içten-etkinliğin devamlı dinamikleri içinde hiçbir sonluluğu olmayan sınır-koyma uygulamalarıdır.

Maddesel uygulamalarla tanımlanmamış ilişkiler içerisindeki söylemsel uygulamalar, söz edimleri, dilbilimsel temsiller veya da dilbilimsel edimler değildir. Söylemsel uygulamalar, bireysel öznelerin, kültürün veya dilin öngörülen eyleyiciliğinin antropomorfik yer tutucuları değildir. Aslında, bunlar insan temelli uygulamalar değillerdir. Aksine, eyleyici gerçekçiliğin söylemsel uygulamalara ilişkin posthümanist anlatısı, başarılı bir değerlendirme daha uygulanmadan önce, "insan" ve "insandışı" arasındaki sınırı sabitlemez; aksine, "insan"ın söylemsel ortaya çıkışının soykütüksel bir incelemesini mümkün kılar (aslında talep eder). "İnsan bedenleri" ve "insan özneleri" bu şekilde önceden var olmazlar; ne de salt son ürünlerdir. "İnsanlar" ne saf neden ne de saf sonuçtur; açık uçlu oluşu içinde dünyanın bir parçasıdır.

Madde, anlam gibi, bireysel şekilde ifadelendirilmiş veya durağan bir varlık değildir. Madde doğanın küçük parçaları ya da pasif bir şekilde imlenmeyi bekleyen boş bir levha, yüzey ya da alan değildir; ne de bilimsel, feminist veya Marksist kuramlar için tartışılmaya kapalı bir zemindir. Madde, söylem adına var olan bir destek, konum, imlem veya sürdürülebilirlik kaynağı değildir. Madde değişmez veya pasif değildir. Madde, kendisini tamamlamak için kültür ya da tarih gibi bir dış kuvvetin işaretine ihtiyaç duymaz. Madde, zaten hali hazırda devam eden bir tarihselliktir.[33]

Eyleyici gerçekçi bir bağlamda, madde sabit bir töze işaret etmez; daha ziyade, madde, kendi içten-etkin oluşu içinde tözdür—bir şey değil de bir eylem, eyleyiciliğin bir tür katılaşmasıdır. Madde, yinelemeli içten-etkinliğin dengeleyici ve istikrarsızlaştırıcı bir sürecidir. Fenomenler—en küçük maddesel birimler

---

[33] Feminist kuram içindeki yapılancırmacılık eleştirisinde Judith Butler, bu önemli hususları kabullenmeyi hedefleyen bir maddeselleşme açıklaması ileri sürmektedir. Madde kavramını bir maddeselleşme süreci olarak yeniden işlemek, maddeyi tarihselliği içinde tanımanın önemini ön plana çıkarmaktadır; yanı sıra, temsilciliğin kültür tarafından aktif olarak yazıya dökülmeyi bekleyen pasif boş bir alan olarak maddeyi yorumlamasına ve maddesellik ile söylem arasındaki ilişkinin bir tür mutlak dışsallık olarak temsilci bir anlayışla konumlandırmasına doğrudan meydan okumaktadır. Ne yazık ki, Butler'ın kuramı, en nihayetinde, maddeyi maddeselleşme sürecine katılan aktif bir eyleyici olarak değil de söylemsel uygulamaların pasif bir ürünü olarak yeniden yazıya döker. Bu eksiklik, üretimlikleri sırasında söylemsel uygulamaların (ve maddesel fenomenlerin) doğasını kavramadaki önemli nedensel etmenlerin tamamlanmamış bir değerlendirmesinin ve "nedenselliğin" tamamlanmamış bir yeniden işlenişinin belirtisidir. Dahası, Butler'ın maddesellik kuramı, insan bedenlerinin maddeselleşmesine ilişkin bir durumla veya, daha doğrusu, insan bedeninin dış hatlarının yapılmasıyla sınırlıdır. Eyleyici gerçekçiliğin ilişkisel ontolojisi, Butler'ın kuramının insanmerkezci sınırlamaları olmaksızın, söylemsel uygulamalar ve maddesel fenomenler arasındaki önemli bağlantıların varlığını tanıyan maddeselleşme kavramının daha da fazla yeniden işlenmesini sağlar.

(ilişkisel "atomlar")—bu süregiden içten-etkime süreci aracılığıyla maddeleşmeye ve önem arz etmeye başlar. Yani madde, Newton fiziğinin (Demokritosçu atom ve boşluk rüyasının modernist idrakinin) bağımsız var olan soyut nesnelerinin içkin sabit bir özelliğine değil, fenomenlerin maddeselliğine/maddeleşmesine işaret eder.

Madde, öyle "bir tür atıfsallık" (Butler, *Bodies* 15), insan bedenlerinin yüzey etkisi ya da dilbilimsel veya söylemsel eylemlerin son ürünü değildir. Maddesel kısıtlamalar ve istisnalar ile düzenleyici uygulamaların maddesel boyutları, maddeleşme sürecinde önemli etmenlerdir. İçten-etkinliğin dinamikleri, devam eden maddeselleşmesinde *aktif* bir "eyleyici" olarak maddeyi yaratır.

Sınır koyma uygulamaları, yani söylemsel uygulamalar, fenomenlerin maddeleşmeye ve önem arz etmeye başladığı içten-etkinlik dinamiklerini tamamen bünyesinde barındırır. Diğer bir deyişle, söylemsel uygulamaların hali hazırda hep maddesel olması gibi (yani, dünyanın süregiden maddesel (yeniden) konfigürasyonlarıdır), maddesellik de söylemseldir (yani, maddesel fenomenler, bedensel üretim aparatlarından ayrılamazlar: madde, sınırların sürekli yeniden yapılandırılmasından doğar ve varlığının bir parçası olarak sınırların sürekli yeniden yapılandırılmasını içerir). Söylemsel uygulamalar ve maddesel fenomenler birbirleriyle bir dışsallık ilişkisi içinde durmazlar; daha ziyade, maddesel olan ve söylemsel olan, karşılıklı içten-etkinlik dinamiklerine dahildir. Ama birbirlerine de indirgenemezler. Maddesel ile söylemsel arasındaki ilişki karşılıklı bir gerektirimdir. Hiçbiri diğerinin yokluğunda ifadelenemez/ eklemlenemez; madde ve anlam karşılıklı olarak ifadelenmiştir. Ne söylemsel uygulamalar ne de maddesel fenomenler ontolojik veya epistemolojik olarak öncel değildir. Hiçbiri diğeriyle açıklanamaz. Hiçbirinin diğerini belirlemede ayrıcalıklı bir statüsü yoktur.

Bedensel üretim aparatları ve ürettikleri fenomenler, doğaları gereği maddesel-söylemseldir. Maddesel-söylemsel uygulamalar, maddenin (sınırların ve anlamların ortaya çıkışında) ayrımsal bir şekilde devreye girdiği ve ifadelendiği belirli yinelemeli canlandırmalar—eyleyici içten-etkimeler—olup, eyleyicilik denen içten-etkinliğin yinelemeli dinamiklerindeki olasılıkların maddesel-söylemsel alanını yeniden yapılandırır. İçten-etkimeler, oluş-sürecindeki-maddenin çökeltildiği ve daha sonraki maddeleştirmelerde kaplandığı determinist olmayan canlandırmaları nedensel olarak kısıtlar.[34]

Maddesel koşullar, bedenlerin oluşumunda asıl üretici etmenler olan belirli söylemleri "destekledikleri" için değil, daha çok *madde*, oluşumu sırasında dünyanın yinelemeli içten-etkinliği yoluyla *maddeleşmeye ve önem arz etmeye başladığı* için önemlidir. Mesele yalnızca söylemsel etmenlerin yanı sıra önemli maddesel etmenlerin de olması değildir; daha ziyade mesele, kısıtlamaların, koşulların ve uygulamaların birleşik maddesel-söylemsel doğasıdır. Maddesel ve söylemsel kısıtlamaların ve dışlamaların iç içe geçmiş olması, maddesel veya söylemsel etmenlerin bireysel etkilerini belirlemeye çalışan analizlerin sınırlı geçerliliğine

---

[34] Nedensel içten-etkimelerin doğası bir sonraki bölümde detaylı tartışılmaktadır.

işaret eder.[35] Dahası, eyleyici gerçekçilik tarafından sunulan maddeselliğin kavramlaştırılması, dünyanın saydam veya dolaysız verilmişliğine ilişkin geleneksel ampirist varsayımları yeniden yazıya dökmeden ve yalnızca dünyaya dolayımlı erişimimizin tanınmasını talep edip sonrasında köşesine çekilen analitik açmaza düşmeden, maddesel kısıtlamaları ve koşulları hesaba katmayı mümkün kılar. Deneyimin veya maddesel dünyanın "dolayımlı" olduğunu ilan eden her yerden ulaşılabilir olan beyanlar, nasıl ilerleneceği konusunda çok az rehberlik sunmuştur. Dolayım kavramı, ampirik dünyanın daha kapsamlı bir açıklamasının önünde çok uzun bir süre durmuştur. Burada sunulan maddeselliğin yeniden kavramlaştırılması, ampirik dünyayı bir kez daha ciddiye almayı mümkün kılar, ancak bu sefer nesnel göndergenin dünyanın görünen "dolaysız verilmişliği" değil, fenomenler olduğu anlayışıyla.

Tüm bedenler, yalnızca "insan" bedenleri değil, dünyanın yinelemeli içten-etkinliği—edimselliği—yoluyla maddeleşmeye ve önem arz etmeye başlar. Bu, yalnızca bedenin yüzeyi veya dış hatları için değil, aynı zamanda varlığının "atomları" da dahil olmak üzere, fizikselliğiyle dolu olan beden için de geçerlidir. Bedenler, içkin sınırları ve özellikleri olan nesneler değildir; bedenler, maddesel-söylemsel fenomenlerdir. "İnsan" bedenleri, doğaları gereği "insandışı" bedenlerden farklı değildir. "İnsanı" (ve "insandışını") oluşturan şey, sabit veya önceden verili bir kavram değildir, ne de özgürce yüzen bir düşüncelliktir. Söz konusu olan, (belirlenmemiş bir şekilde maddesel olarak desteklenen) insan temelli dilbilimsel uygulamaların tözsel bedenler/bedensel tözler üretmeyi başardığı kötü tanımlanmış bir süreç değil, daha ziyade içten-etkinliğin maddesel dinamikleridir: maddesel aparatlar, "maddesel" olanın zaten her daim maddesel-söylemsel olduğu belli başlı nedensel içten-etkimeler aracılığıyla maddesel fenomenler üretirler—*maddeleşmek demek budur*. Özellikle "insan" bedenlerinin maddeselleşmesine odaklanan kuramlar, "insan" ve "insandışı"nın ayrımsal sınırlarını çizen uygulamaların belirli maddeselleşmelerde zaten her zaman yer aldığı bu hayati noktayı gözden kaçırır. "İnsan"ın ("insandışı"nın) ayrımsal oluşumuna her zaman belirli dışlamalar eşlik eder ve bu oluşum her zaman tartışmaya açıktır. Bu, bir sonraki bölümde ele alacağım çok önemli bir nokta olan eyleyici içten-etkimelerin determinist olmayan nedensel doğasının bir sonucudur.

Üretimin doğası ve doğanın üretimi: Eyleyicilik ve nedensellik

Bu bağlamda, nedenselliğin doğası nedir? Eyleyicilik için, dünyanın oluşuna müdahale etmek için ne gibi olanaklar vardır? Sorumluluk ve hesap verebilirlik konuları nerede devreye girer?

Eyleyici içten-etkimeler nedensel canlandırmalardır. Bir eyleyici kesimin, fenomenin farklı "bileşen parçalarının" yerel bir ayrılabilirliğini etkilediğini hatırlayın, bunlardan biri ("neden") diğerini ("sonuç") etkileyerek ve imleyerek kendini ifade eder. Bilimsel bağlamda bu süreç "ölçüm" olarak bilinir. (Aslında, "ölçüm"

---

[35] Örnekler için, bkz. Barad ("Getting Real", "Performing", "Re(con)figuring" ve *Meeting*).

kavramı nedensel bir içten-etkimeden daha çok ya da az bir şey değildir.)[36] Bunun bir "ölçüm" olarak mı düşünüleceği ya da devamlı farklılaşan anlaşılırlığı ve maddeleşmesi içinde evrenin bir parçasının diğer parçasına kendini anlaşılabilir kılması olarak mı düşünüleceği, bir tercih meselesidir.[37] Her iki durumda da, nedensel içten-etkimelerle ilgili önemli olan şey, bedenlerde izlerin bırakıldığı gerçeğidir. Nesnellik, bedenler üzerindeki işaretlere karşı sorumlu olmak demektir.

Bu nedensel yapı, mutlak dışsallık ile mutlak içselliğe ilişkin ve determinizm ile özgür iradeye ait ortak seçimler gibi önemli bakımlardan farklılık gösterir. Mutlak dışsallık geometrisi durumunda, kültürel uygulamaların maddesel bedenler ürettiği iddiası, birinci kümenin ikinci kümeden ontolojik ayırımının metafiziksel varsayımıyla başlar. Yapılandırmacılığın yazılı kayıt modeli şu türdendir: kültür, pasif doğaya etki eden dışsal bir kuvvet olarak tasvir edilir. Bu modelde, doğanın kültür tarafından imlenmeden önce herhangi bir söylemsel-öncesi biçimde var olup olmadığı konusunda bir belirsizlik vardır. Böyle bir öncül varlık varsa, o zaman onun varlığı, yapılandırmacılığın içkin sınırını imler. Bu durumda, kültürün kuvvetinin doğayı "şekillendirdiği" ya da "yazdığı," ancak onu maddesel olarak *üret*mediği gerçeğini daha doğru bir şekilde yansıtmak için retorik yumuşatılmalıdır. Öte yandan, eğer önceden var olan bir doğa yoksa, o zaman bu durum böyle bir kuramı savunanları, kültürün, ontolojik olarak farklı olduğu iddia edilen şeyi, yani doğayı, maddesel olarak nasıl üretebileceğini açıklamak zorunda bırakır. Bu üretimin mekanizması nedir? Diğer olağan alternatif de çekici değildir: Mutlak içselliğin geometrisi, sonucun nedenine veya bu durumda doğanın kültüre veya maddenin dile indirgenmesi anlamına gelir ki bu her halükârda idealizmin bir türü anlamına gelir.

Eyleyici ayrılabilirlik, bu tatmin edici olmayan seçeneklere bir alternatif sunar.[38] Önceki geometrileri reddeden ve değişen bir topoloji olarak daha uygun bir şekilde düşünülen çok daha geniş bir alanı açan bir "içerideki dışsallık" duygusunu öne sürer.[39] Daha belirgin olarak, *eyleyici ayrılabilirlik, (maddesel-söylemsel)*

---

[36] Bu noktayı bu kadar zarif bir şekilde ortaya koyduğu için Joe Rouse'a minnettarım (özel görüşme). Rouse (*How*), *ölçüm*ün laboratuvar işlemleriyle ilgili bir terim olması gerekmediğini öne sürer; ona göre, bir şeyin ölçüm olup olmadığını yanıtlamadan önce, bir ön soru düşünülmelidir; yani, Neyin ölçümünü ne oluşturur?

[37] Anlaşılabilirlik insan temelli bir mesele değildir. Bu, farklı ifadelendirmeler ve farklı cevap verebilirlik/sorumluluk meselesidir. Vicki Kirby (*Telling*) de benzer bir noktaya değinmektedir.

[38] Butler da bu seçeneklerin her ikisini de reddederek "kurucu dış" olarak adlandırdığı bir alternatif önermektedir. "Kurucu dış" *dil içerisindeki* bir dışsallıktır—yakalanamayan şeyin ısrarlı kaybını veya yokluğunu yakalamak için tekrarlanan girişimde dilin yanıt vermeye zorlandığı "şey"dir. Bu, yineleme bakımından yeniden imlemeye—bir eyleyicilik biçimine—alan açan talebi özerk için dile duyulan ısrarlı bir talep ve dilin kaçınılmaz bir başarısızlığıdır. Ama dilin kendisinin kurucu dışı içeren bir çevreleme olduğu gerçeği, maddenin dilin oyununa tabi olarak talihsiz bir şekilde yeniden yazıya dökülmesi anlamına gelir ve eyleyicilik olasılıklarını yeniden imlemeye indirgeyerek kabul edilemez bir insanmerkezciliğe bağlılığı gösterir.

[39] Geometri, şekiller ve boyutlarla ilgilenir (bu, düz düzlemler yerine kürelerinkine benzer kavisli yüzeyler üzerine yapılmış geometriler gibi Öklidyen olmayan çeşitler için bile geçerlidir); oysa topoloji bağlantılık ve sınırlarla ilgili soruları araştırır. Mekânsallık genellikle geometrik olarak, özellikle de çevrelemelerin (boyut ve şekil gibi) özellikleri açısından, düşünülse de, bu mekân hakkında düşünmenin sadece bir yoludur. Manifoldların topolojik özellikleri son derece önemli olabilir. Örneğin, mekânsal manifoldun

fenomenler içerisindeki dışsallık meselesidir. Bu nedenle, ne maddeselliğe ne de söylemselliğe öncelik verilmez.[40] Bir "nedensel aparat" ile bir "gerçekleşen beden" arasında hiçbir geometrik mutlak dışsallık ilişkisi ya da ikisinin idealist bir çöküşü yoktur; daha ziyade, (kendileri de fenomen olan) bedensel üretim aparatlarının (da) ürettikleri fenomenlerin bir parçası olması gerçeğinin bir sonucu olarak, mekânzaman manifoldunu kendi üzerine saran devamlı bir topolojik dinamik vardır. Madde, yinelemeli maddeleşmesinde aktif, aslında eyleyici, bir rol oynar; ancak eyleyiciliğin mekânının diğer pek çok eleştirel toplumsal kuramda kabul edildiğinden çok daha büyük olmasının tek nedeni bu değildir.[41] İçten-etkimeler her zaman belirli dışlamalar gerektirir ve dışlamalar, açık bir geleceğe ilişkin koşulu sağlayarak her türlü determinizm olasılığını ortadan kaldırır.[42] Bu nedenle, içten-etkimeler kısıtlayıcıdır, ancak belirleyici değildir. Yani, içten-etkime ne katı bir determinizm ne de sınırsız özgürlük meselesidir. Gelecek, her an radikal bir şekilde açıktır. Bu açık gelecek duygusu, kültürel taleplerin çarpışmasına veya çatışmasına bağlı değildir; daha ziyade, içten-etkinliğin doğasında içkindir—aparatlar öncelikli olarak pekiştirici olduğunda bile, eyleyicilik engellenmez. Dolayısıyla, içten-etkinlikler kavramı, geleneksel nedensellik kavramını yeniden formüle eder ve eyleyiciliğin maddesel-söylemsel biçimlerine bir alan, aslında nispeten geniş bir alan, açar.

Edimselliğin posthümanist bir formülasyonu, eyleyiciliğin "insan," "insandışı" ve "siborg" biçimlerini (aslında tüm böylesi maddesel-söylemsel biçimleri) dikkate almanın önemini açıkça ortaya koymaktadır. Bu hem mümkün hem de gereklidir, çünkü eyleyicilik, bedensel üretim aparatlarındaki değişiklikler meselesidir ve bu tür değişiklikler, bazıları "insan"ın ayrımsal bünyesini betimleyen sınırları yeniden oluşturan çeşitli içten-etkimeler yoluyla gerçekleşir. "İnsan" kategorisini sabit tutmak, gücün işleyişlerinin önemli boyutlarını görmezden gelerek, bütün olasılıkları önceden dışlar.

Eyleyici gerçekçi bakımdan, eyleyicilik geleneksel hümanist yörüngesinden koparılır. Eyleyicilik, insan niyetliliği veya öznelliği ile uyumlu değildir. Antihümanizmin toplumsal geometrisi içinde salt yeniden imlemeyi veya diğer belli başlı hareket türlerini de gerektirmez. Eyleyicilik bir içten-etkime meselesidir; bu bir canlandırma, harekete geçirmedir, birinin veya bir şeyin sahip olduğu bir şey değildir. Eyleyicilik, (birbirlerinden önce var olmadıkları için) "özneler" veya "nesneler"in bir niteliği olarak belirlenemez. Eyleyicilik, hiçbir şekilde bir nitelik değildir— kendi içten-etkimesi içinde "yapma"/"olma"dır. Eyleyicilik, içtenetkinliğin dinamikleri aracılığıyla belirli uygulamalara yapılan yinelemeli değişikliklerin harekete geçirilmesidir. Eyleyicilik, nedensel bir yapının canlandırılmasında bu uygulama-

---

belirli bir bağlantılılığı göz önüne alındığında, geometrik olarak birbirinden uzak görünen iki nokta aslında birbirine yakın olabilir (ör., "solucan delikleri" olarak adlandırılan kozmolojik nesnelerin durumları).

[40] Misal, Butler'ın "kurucu dış"ına karşıttır.

[41] Örneğin, eyleyiciliğin mekânı, Butler'ın veya Louis Althusser'in kuramlarının öne sürdüğünden çok daha geniştir. Eyleyicilik, dilbilimsel yeniden imleme olasılıklarından daha fazlasıdır ve deterministik sonucun aldatmacası, aparatların/söylemsel taleplerin çatışmasını (yani üstbelirlenim) gerektirmez.

[42] Bu, atom düzeyinde de geçerlidir. Gerçekten de, Bohr'un vurguladığı gibi, kuantum fiziğindeki nedensellik kavramını klasik Newton fiziğinin determinist nedensellik anlayışından son derece farklı kılan şey, "konum" ve "momentum"un karşılıklı imtiyaz tanımasıdır.

lar tarafından imlenen sınır ifadelendirmelerini ve dışlamaları da içeren, bedensel üretimin maddesel-söylemsel aparatlarını yeniden yapılandırmanın gerektirdiği olasılıklar ve hesap verebilirlik ile ilgilidir. Eyleme geçmek için belirli olanaklar her an mevcuttur ve bu değişen olanaklar, dünyanın oluşuna müdahale etme, neyin maddeleştiğini ve önem arz ettiğini ve neyin maddeleşmeden ve önemlilikten dışlandığını tartışma ve yeniden işleme sorumluluğunu gerektirir.

Sonuçlar

Feminist çalışmalar, kuir çalışmalar, bilim çalışmaları, kültürel çalışmalar ve eleştirel toplumsal kuram bilimcileri, dünyanın ağırlığı ile yüzleşmenin zorluğuyla mücadele edenler arasındadır. Bir yanda, salt madun adına fedakarca savunma yapmak için değil, kendi sonluluğumuzun nedenini açıklamanın bir yolunu bulma umutlarıyla, kültür, zihin ve tarihin tanıdık ve rahatlatıcı alanlarından sürgün edilen maddeyi ve hakarete maruz kalmış benzer Ötekilerini tanımak ve geri kazanmak için dışavurulmuş bir arzu bulunmaktadır. Üretkenliği içinde söylembilginin, temelleri değilse bile, sınırlarını ve kısıtlamalarını saptayabilir miyiz? Ama tözüne rağmen, sonunda, kurtuluşa yönelik birçok çağdaş girişime göre, sonsuz olasılıkların asiliğini cezbeden madde değildir; daha ziyade, madde olarak tanımlanan sonluluğun varlığıdır. Bir kez daha aynalara bakarken yakalanmış olan, ya aşkınlığın yüzüdür ya da kendi görüntümüzdür. Sanki maddeyi kavramlaştırmanın alternatif yolları yokmuş gibidir: yegâne seçenekler, ampirizmin naifliği ya da yine eski narsist başucu öyküleri gibi görünmektedir.

Maddeselliğin insan eyleyiciliğinin ya bir verisi ya da salt bir sonucu olarak konumlandırılmasına meydan okuyan posthümanist maddeci bir edimsellik açılımı önerdim. Eyleyici gerçekçi bakımdan, maddesellik, maddeleşme süreçlerinde aktif bir etmendir. Doğa, ne kültürün imini bekleyen pasif bir yüzeydir ne de kültürel performansların son ürünüdür. Doğanın dilsiz ve değişmez olduğu ile tüm anlam ve değişim beklentilerinin kültürde bulunduğu inancı, feministlerin bilfiil karşı çıktığı doğa/kültür ikiliğinin yeniden yazıya dökülmesidir. Benzer şekilde, maddeyi tarihselliğinin bütünlüğü içinde hesaba kattığını iddia eden herhangi bir kurama insan/insandışı ayrımı da dahil edilemez. Feminist bilim çalışmaları uzmanları, özellikle, doğa/kültür ikiliğinin temel kayıtlarının, hem feminist hem de bilimsel çözümlemeler için mühim olan bir anlayışı, "doğa" ve "kültür"ün nasıl oluştuğunun anlaşılmasını engellediğini vurgulamışlardır. Ayrıca "oluşma" kavramının "doğa" ya da "kültür"ün maddesel gerçekliğini hiçbir şekilde inkâr etmediğini de vurgulamışlardır. Bu nedenle, alanında saygıdeğer bulunan her edimsel açılımın, bu tür insanmerkezci değerleri temellerine dahil etmesi tavsiye edilmez.

Önerdiğim edimsel açılımın çok önemli bir kısmı, söylemsel uygulamalar ile maddesel fenomenler ve bunlar arasındaki ilişki kavramlarının yeniden düşünülmesidir. Eyleyici gerçekçi bakımdan, söylemsel uygulamalar insan temelli faaliyetlerden daha ziyade sınırların, özelliklerin ve anlamların yerel belirlenimlerinin ayrımsal şekilde harekete geçirildiği dünyanın belli başlı maddesel (yeniden) konfigürasyonlarıdır. Ve madde sabit bir öz değildir; daha ziyade, madde, kendi içten-etkin oluşunda tözdür—bir şey değil, bir yapma, eyleyiciliğin bir tür katılaşması. Ve edimsellik, yinelemeli atıfsallık (Butler) olarak değil, daha çok yinelemeli içten-etkinlik olarak anlaşılır.

Tekno-bilimsel uygulamaların eyleyici gerçekçi bağlamına göre, "bilen," araştırılan doğal dünyayla mutlak bir dışsallık ilişkisi içinde durmaz—böyle bir dış gözlem noktası yoktur.[43] Bu nedenle, nesnelliğin olanağının koşulu olan mutlak dışsallık değil de eyleyici ayrılabilirliktir—fenomenler içindeki dışsallıktır.[44] "Biz" dünyanın dış gözlemcileri değiliz. Ne de dünya*daki* belirli yerlere konumlandırılıyoruz; daha ziyade, devam eden içten-etkinliği içerisinde dünya*nın* bir parçasıyız. Bu, epistemolojimizin anlamaya çalıştığımız doğanın bir parçası olduğumuz gerçeğini hesaba katması gerektiği konusunda Niels Bohr'un ısrarında ulaşmaya çalıştığı bir noktadır. Ancak ne yazık ki, Bohr, en nihayetinde hümanist olan "biz" anlayışındaki bu açılımın önemli posthümanist imalarını kısa keser. Vicki Kirby, bu önemli posthümanist noktayı güçlü ve etkili bir şekilde dile getirir: "İnsan kimliğinin burada ve şimdi, çevrelenmiş ve bitmiş bir ürün, Doğa üzerinde nedensel bir kuvvet olarak konumlandırılabilirliğini karmaşıklaştırmaya çalışıyorum. Ya da . . . Doğa içerisinde bir şey olarak. Sanki Doğa bir kapmış gibi insanın Doğa içinde olmasını istemiyorum. Kimlik, içkin bir şekilde istikrarsız, farklılaşmış, dağınık ve yine de garip bir şekilde tutarlıdır. Genellikle normatif bir özcülüğü gösteren ve bu sebeple kullanmaktan kaçındığımız bir ifade olan 'bu Doğanın kendisidir' dersem, aslında bu 'kendisi'ni canlandırmış ve hatta 'düşünmenin' doğanın ötekisi olmadığını öne sürmüş olurum. Doğa kendini farklı şekilde icra eder."[45]

Bir aparatın aldığı belirli bir konfigürasyon, "bizim" seçimimizin gelişigüzel bir yapılanması değildir; ne de nedensel olarak determinist güç yapılarının sonucudur. "İnsanlar" belirli bilgi projelerini tatmin etmek için farklı aparatlarını bir araya getirivermezler, kendileri de dünyanın devam eden yeniden konfigürasyonunun belli başlı yerel parçalarıdır. Laboratuvar manipülasyonlarının, gözlemsel müdahalelerin, kavramların veya diğer insan uygulamalarının oynayacağı bir rol derecesine kadar, bu, içten-etkiyen oluşumunda dünyanın maddesel konfigürasyonunun bir parçasıdır. "İnsanlar" dinamik yapılanması içinde dünya-beden mekânının bir parçasıdır.

Sadece insandışı unsurları uygulamalarımızda kullandığımız için değil, aynı zamanda bilmenin dünyanın bir parçasının kendini başka bir parçasına anlaşılır kılması meselesi olduğu için, bilmenin uygulamalarının bütünüyle insan uygulamaları olarak iddia edilemeyeceğine dair önemli bir kanı bulunmaktadır. Bilme ve olma uygulamaları yalıtılamaz, aksine karşılıklı olarak ima edilirler. Bilgiyi dünyanın dışında durarak elde etmeyiz; biliyoruz çünkü "biz" dünyaya *aitiz*.

---

[43] Başkaları da bu noktaya değinmişlerdir; mesela, bkz. Haraway (*Simians*); Kirby; Rouse (*How*) ve Bohr.
[44] İçten-etkimelerin eyleyici gerçekçi kavramını baz alan eyleyici ayrılabilirlik kavramı, geniş kapsamlı sonuçlara sahiptir. Gerçekten de, kuantum kuramında "ölçüm sorunu" ve diğer uzun süredir devam eden sorunların çözümünde kritik bir rol oynadığı gösterilebilir. Bkz. Barad (*Meeting*).
[45] Vicky Kirby (özel görüşme, 2002). Kirby'nin doğa/kültür ikilisine yönelik devam ettirdiği kararlı sorgulaması eşsizdir. Derridacı kuramın kayda değer bir "maddeci" (benim tanımım) okuması için, bkz. Kirby.

Ayrımsal oluşu içinde dünyanın bir parçasıyız. Epistemolojinin ontolojiden ayrılması, insan ve insandışı, özne ve nesne, zihin ve beden, madde ve söylem arasındaki içkin bir farkı varsayan bir metafiziğin yansımasıdır. *Onto-epistem-oloji*—olmadaki bilme uygulamalarının incelenmesi—belli başlı içten-etkimelerin nasıl maddeleştiğini ve önem arz ettiğini kabullenmek için ihtiyaç duyulan kavrayış türleri hakkında düşünmenin muhtemelen daha iyi bir yoludur.

Kadın Çalışmaları Programı, Felsefe Bölümü, Eleştirel Toplumsal Düşünce Programı
Mount Holyoke College

Kaynakça

Barad, Karen. "Agential Realism: Feminist Interventions in Understanding Scientific Practices." *The Science Studies Reader*, ed. Mario Biagioli, Routledge, 1998, ss. 1-11.

---. "A Feminist Approach to Teaching Quantum Physics." *Teaching the Majority: Breaking the Gender Barrier in Science, Mathematics, and Engineering*, ed. Sue V. Rosser, Teacher's College Press, 1995, ss. 43-75.

---. "Getting Real: Technoscientific Practices and the Materialization of Reality." *Differences: A Journal of Feminist Cultural Studies*, cilt 10, no 2, 1998, ss. 87-126.

---. *Meeting the Universe Halfway*. Yakında.

---. "Meeting the Universe Halfway: Realism and Social Constructivism without Contradiction." *Feminism, Science, and the Philosophy of Science*, eds. Lynn Hankinson Nelson ve Jack Nelson, Kluwer Press, 1996, ss. 161-194.

---. "Performing Culture/Performing Nature: Using the Piezoelectric Crystal of Ultrasound Technologies as a Transducer between Science Studies and Queer Theories." *Digital Anatomy*, ed. Christina Lammar, Turia & Kant, 2001, ss. 98-114.

---. "Re(con)figuring Space, Time, and Matter." *Feminist Locations: Global and Local, Theory and Practice*, ed. Marianne DeKoven, Rutgers University Press, 2001, ss. 75-109.

Butler, Judith. *Bodies That Matter: On the Discursive Limits of Sex*. Routledge, 1993.

---. *Gender Trouble: Feminism and the Subversion of Identity*. Routledge, 1990.

---. "Foucault and the Paradox of Bodily Inscriptions." *Journal of Philosophy*, cilt 86, no 11, 1989, ss. 601-607.

Deleuze, Giles. *Foucault*. Çev. Seán Hand. University of Minnesota Press, 1988.

Foucault, Michel. *Power/Knowledge: Selected Interviews and Other Writings, 1972-1977*. Ed. Colin Gordon, Pantheon Books, 1980.

---. *The Archaeology of Knowledge and the Discourse on Language*. Çev. A. M. Sheridan Smith. Pantheon Books, 1972.

---. *The History of Sexuality*. Cilt 1. *An Introduction*. Çev. Robert Hurley, Vintage Books, 1980.

---. *The Order of Things: An Archaeology of the Human Sciences*. Vintage Books, 1970.

Hacking, Ian. *Representing and Intervening: Introductory Topics in the Philosophy of Natural Science*. Cambridge University Press, 1983.

Haraway, Donna. *Modest_Witness@Second_Millennium.FemaleMan_Meets_OncoMouse®: Feminism and Technoscience*. Routledge, 1997.

---. "The Promises of Monsters: A Regenerative Politics for Inappropriate/d Others." *Cultural Studies*, ed. Lawrence Grossberg, Cory Nelson ve Paula Treichler, Routledge, 1992, ss. 295-337.

---. *Simians, Cyborgs, and Women: The Reinvention of Nature*. Routledge, 1991.

Hennessey, Rosemary. *Materialist Feminism and the Politics of Discourse*. Routledge, 1993.

Kirby, Vicki. *Telling Flesh: The Substance of the Corporeal*. Routledge, 1997.

Pickering, Andrew. *The Mangle of Practice: Time, Agency, and Science*. University of Chicago Press, 1995.

Rouse, Joseph. *Engaging Science: How to Understand Its Practices Philosophically.* Cornell University Press, 1996.

---. *How Scientific Practices Matter: Reclaiming Philosophical Naturalism.* University of Chicago Press, 2002.

---. *Knowledge and Power: Toward a Political Philosophy of Science.* Cornell University Press, 1987.

Sedgwick, Eve Kosofsky. "Queer Performativity: Henry James's *The Art of the Novel.*" *GLQ*, cilt 1, no 1, 1993, ss. 1-16.

Shaviro, Steve. *Doom Patrols: A Theoretical Fiction about Postmodernism.* Serpent's Tail, 1997. Erişim: http://www.dhalgren.com/Doom/.

POSTHUMANIST PERFORMATIVITY: TOWARD AN UNDERSTANDING OF HOW MATTER COMES TO MATTER

Karen Barad

> Where did we ever get the strange idea that nature—as opposed to culture—is ahistorical and timeless? We are far too impressed by our own cleverness and self-consciousness. ...We need to stop telling ourselves the same old anthropocentric bedtime stories.
>
> —Steve Shaviro 1997

Language has been granted too much power. The linguistic turn, the semiotic turn, the interpretative turn, the cultural turn: it seems that at every turn lately every "thing"—even materiality—is turned into a matter of language or some other form of cultural representation. The ubiquitous puns on "matter" do not, alas, mark a rethinking of the key concepts (materiality and signification) and the relationship between them. Rather, it seems to be symptomatic of the extent to which matters of "fact" (so to speak) have been replaced with matters of signification (no scare quotes here). Language matters. Discourse matters. Culture matters. There is an important sense in which the only thing that does not seem to matter anymore is matter.

What compels the belief that we have a direct access to cultural representations and their content that we lack toward the things represented? How did language come to be more trustworthy than matter? Why are language and culture granted their own agency and historicity while matter is figured as passive and immutable, or at best inherits a potential for change derivatively from language and culture? How does one even go about inquiring after the material conditions that have led us to such a brute reversal of naturalist beliefs when materiality itself is always already figured within a linguistic domain as its condition of possibility?

I would like to thank Sandra Harding and Kate Norberg for their patient solicitation of this article. Thanks also to Joe Rouse for his helpful comments, ongoing support, and encouragement, and for the inspiration of his work.

It is hard to deny that the power of language has been substantial. One might argue too substantial, or perhaps more to the point, too substantializing. Neither an exaggerated faith in the power of language nor the expressed concern that language is being granted too much power is a novel apprehension specifically attached to the early twenty-first century. For example, during the nineteenth century Nietzsche warned against the mistaken tendency to take grammar too seriously: allowing linguistic structure to shape or determine our understanding of the world, believing that the subject and predicate structure of language reflects a prior ontological reality of substance and attribute. The belief that grammatical categories reflect the underlying structure of the world is a continuing seductive habit of mind worth questioning. Indeed, the representationalist belief in the power of words to mirror preexisting phenomena is the metaphysical substrate that supports social constructivist, as well as traditional realist, beliefs. Significantly, social constructivism has been the object of intense scrutiny within both feminist and science studies circles where considerable and informed dissatisfaction has been voiced.[1]

A performative understanding of discursive practices challenges the representationalist belief in the power of words to represent preexisting things. Performativity, properly construed, is not an invitation to turn everything (including material bodies) into words; on the contrary, performativity is precisely a contestation of the excessive power granted to language to determine what is real. Hence, in ironic contrast to the misconception that would equate performativity with a form of linguistic monism that takes language to be the stuff of reality, performativity is actually a contestation of the unexamined habits of mind that grant language and other forms of representation more power in determining our ontologies than they deserve.[2]

The move toward performative alternatives to representationalism shifts the focus from questions of correspondence between descriptions and reality (e.g., do they mirror nature or culture?) to matters of practices/ doings/actions. I would argue that these approaches also bring to the forefront important questions of ontology, materiality, and agency, while social constructivist approaches get caught up in the geometrical optics of reflection where, much like the infinite play of images between two facing mirrors, the epistemological gets bounced back and forth, but nothing more is seen. Moving away from the representationalist trap of geometrical optics, I shift the focus to physical optics, to questions of diffraction rather than reflection. Diffractively reading the insights of feminist and queer theory and science studies approaches through one another entails thinking the "social" and the "scientific" together in an illuminating way. What often appears as separate entities (and separate sets of concerns) with sharp edges does not actually entail a relation of absolute exteriority at all. Like the diffraction patterns illuminating the indefinite nature of boundaries—displaying shadows in "light" regions and bright spots in "dark" regions—the relation of the social and the scientific is a relation of "exteriority within." This is not a static relationality but a doing—the enactment of boundaries—that always entails constitutive exclusions and there- fore requisite

---

[1] Dissatisfaction surfaces in the literature in the 1980s. See, e.g., Donna Haraway's "Gender for a Marxist Dictionary: The Sexual Politics of a Word" (originally published 1987) and "Situated Knowledges: The Science Question in Feminism and the Privilege of Partial Perspective" (originally published 1988); both reprinted in Haraway 1991. See also Butler 1989.

[2] This is not to dismiss the valid concern that certain specific performative accounts grant too much power to the language. Rather, the point is that this is not an inherent feature of performativity but an ironic malady.

questions of accountability.³ My aim is to contribute to efforts to sharpen the theoretical tool of performativity for science studies and feminist and queer theory endeavors alike and to promote their mutual consideration. In this article, I offer an elaboration of performativity—a materialist, naturalist, and posthumanist elaboration—that allows matter its due as an active participant in the world's becoming, in its ongoing "intra- activity."⁴ It is vitally important that we understand how matter matters.

From representationalism to performativity

> People represent. That is part of what it is to be a person. Not *homo faber*, I say, but *homo depictor*.
> —Ian Hacking 1983, 144, 132

Liberal social theories and theories of scientific knowledge alike owe much to the idea that the world is composed of individuals—presumed to exist before the law, or the discovery of the law—awaiting/inviting representation. The idea that beings exist as individuals with inherent attributes, anterior to their representation, is a metaphysical presupposition that underlies the belief in political, linguistic, and epistemological forms of rep- resentationalism. Or, to put the point the other way around, representationalism is the belief in the ontological distinction between representations and that which they purport to represent; in particular, that which is represented is held to be independent of all practices of representing. That is, there are assumed to be two distinct and independent kinds of entities—representations and entities to be represented. The system of representation is sometimes explicitly theorized in terms of a tripartite arrangement. For example, in addition to knowledge (i.e., representations), on the one hand, and the known (i.e., that which is purportedly represented), on the other, the existence of a knower (i.e., someone who does the representing) is sometimes made explicit. When this happens it becomes clear that representations serve a mediating function between independently existing entities. This taken-for-granted ontological gap generates questions of the accuracy of representations. For example, does scientific knowledge accurately represent an independently existing reality? Does language accurately represent its referent? Does a given political representative, legal counsel, or piece of

---

³ Haraway proposes the notion of diffraction as a metaphor for rethinking the geometry and optics of relationality: "[F]eminist theorist Trinh Minh-ha ... was looking for a way to figure 'difference' as a 'critical difference within,' and not as special taxonomic marks grounding difference as apartheid. Diffraction does not produce 'the same' displaced, as reflection and refraction do. Diffraction is a mapping of interference, not of replication, reflection, or reproduction. A diffraction pattern does not map where differences appear, but rather maps where the effects of differences appear" (1992, 300). Haraway (1997) promotes the notion of diffraction to a fourth semiotic category. Inspired by her suggestions for usefully deploying this rich and fascinating physical phenomenon to think about differences that matter, I further elaborate on the notion of diffraction as a mutated critical tool of analysis (though not as a fourth semiotic category) in my forthcoming book (Barad forthcoming).

⁴ See Rouse 2002 on rethinking naturalism. The neologism intra-activity is defined below.

legislation accurately represent the interests of the people allegedly represented?

Representationalism has received significant challenge from feminists, poststructuralists, postcolonial critics, and queer theorists. The names of Michel Foucault and Judith Butler are frequently associated with such questioning. Butler sums up the problematics of political representationalism as follows:

> Foucault points out that juridical systems of power produce the subjects they subsequently come to represent. Juridical notions of power appear to regulate political life in purely negative terms. . . .But the subjects regulated by such structures are, by virtue of being subjected to them, formed, defined, and reproduced in accordance with the requirements of those structures. If this analysis is right, then the juridical formation of language and politics that represents women as "the subject" of feminism is itself a dis- cursive formation and effect of a given version of representationalist politics. And the feminist subject turns out to be discursively constituted by the very political system that is supposed to facilitate its emancipation. (1990, 2)

In an attempt to remedy this difficulty, critical social theorists struggle to formulate understandings of the possibilities for political intervention that go beyond the framework of representationalism.

The fact that representationalism has come under suspicion in the domain of science studies is less well known but of no less significance. Critical examination of representationalism did not emerge until the study of science shifted its focus from the nature and production of scientific knowledge to the study of the detailed dynamics of the actual practice of science. This significant shift is one way to coarsely characterize the difference in emphasis between separate multiple disciplinary studies of science (e.g., history of science, philosophy of science, sociology of science) and science studies. This is not to say that all science studies approaches are critical of representationalism; many such studies accept representationalism unquestioningly. For example, there are countless studies on the nature of scientific representations (including how scientists produce them, interpret them, and otherwise make use of them) that take for granted the underlying philosophical viewpoint that gives way to this focus—namely, representationalism. On the other hand, there has been a concerted effort by some science studies researchers to move beyond representationalism.

Ian Hacking's *Representing and Intervening* (1983) brought the question of the limitations of representationalist thinking about the nature of science to the forefront. The most sustained and thoroughgoing critique of representationalism in philosophy of science and science studies is to be found in the work of philosopher of science Joseph Rouse. Rouse has taken the lead in interrogating the constraints that representationalist thinking places on theorizing the nature of scientific practices.⁵ For example, while the hackneyed debate between scientific realism and social constructivism moved frictionlessly from philosophy of science to science studies, Rouse (1996) has pointed out that these adversarial positions have more in common than their proponents acknowledge. Indeed, they share representationalist assumptions that foster such endless debates: both scientific realists and social constructivists believe that scientific knowledge (in its multiple representational forms such as theoretical concepts, graphs, particle tracks, photographic images) mediates our access to the material world; where they differ is on the question of referent, whether scientific knowledge represents things in the world as they really are (i.e., "Nature") or "objects" that are the product of social activities (i.e., "Culture"), but both groups subscribe to representationalism.

Representationalism is so deeply entrenched within Western culture that it has taken on a commonsense appeal. It seems inescapable, if not downright natural. But representationalism (like "nature itself," not merely our representations of it!) has a history. Hacking traces the philosophical problem of representations to the Democritean dream of atoms and the void. According to Hacking's anthropological philosophy, representations were unproblematic prior to Democritus: "the word 'real' first meant just unqualified likeness" (142). With Democritus's atomic theory emerges the possibility of a gap between representations and represented—"appearance" makes its first appearance. Is the table a solid mass made of wood or an aggregate of discrete entities moving in the void? Atomism poses the question of which representation is real. The problem of realism in philosophy is a product of the atomistic worldview. Rouse identifies representationalism as a Cartesian by-product—a particularly inconspicuous consequence of the Cartesian division between "internal" and "external" that breaks along the line of the knowing subject. Rouse brings to light the asymmetrical faith in word over world that underlines the nature of Cartesian doubt:

> I want to encourage doubt about [the] presumption that representations (that is, their meaning or content) are more accessible to us than the things they supposedly represent. If there is no magic language through which we can unerringly reach out directly to its referents, why should we think there is nevertheless a language that magically enables us to reach out directly to its sense or representational content? The presumption that we can know what we mean, or what our verbal performances say, more readily than we can know the objects those sayings are about is a Cartesian legacy, a linguistic variation on Descartes' insistence that we have a

---

⁵ Rouse begins his interrogation of representationalism in Knowledge and Power (1987). He examines how a representationalist understanding of knowledge gets in the way of understanding the nature of the relationship between power and knowledge. He continues his critique of representationalism and the development of an alternative understanding of the nature of scientific practices in Engaging Science (1996). Rouse proposes that we understand science practice as ongoing patterns of situated activity, an idea that is then further elaborated in How Scientific Practices Matter (2002).

direct and privileged access to the contents of our thoughts that we lack towards the "external" world. (1996, 209)

In other words, the asymmetrical faith in our access to representations over things is a contingent fact of history and not a logical necessity; that is, it is simply a Cartesian habit of mind. It takes a healthy skepticism toward Cartesian doubt to be able to begin to see an alternative.[6]

Indeed, it is possible to develop coherent philosophical positions that deny that there are representations on the one hand and ontologically separate entities awaiting representation on the other. A performative understanding, which shifts the focus from linguistic representations to dis- cursive practices, is one such alternative. In particular, the search for alternatives to social constructivism has prompted performative approaches in feminist and queer studies, as well as in science studies. Judith Butler's name is most often associated with the term performativity in feminist and queer theory circles. And while Andrew Pickering has been one of the very few science studies scholars to take ownership of this term, there is surely a sense in which science studies theorists such as Donna Haraway, Bruno Latour, and Joseph Rouse also propound performative undunderstandings the nature of scientific practices.[7] Indeed, performativity has become a ubiquitous term in literary studies, theater studies, and the nascent interdisciplinary area of performance studies, prompting the question as to whether all performances are performative.[8] In this article, I propose a

---

[6] The allure of representationalism may make it difficult to imagine alternatives. I discuss performative alternatives below, but these are not the only ones. A concrete historical example may be helpful at this juncture. Foucault points out that in sixteenth-century Europe, language was not thought of as a medium; rather, it was simply "one of the figurations of the world" (1970, 56), an idea that reverberates in a mutated form in the posthumanist per- formative account that I offer.

[7] Andrew Pickering (1995) explicitly eschews the representationalist idiom in favor of a performative idiom. It is important to note, however, that Pickering's notion of performativity would not be recognizable as such to poststructuralists, despite their shared embrace of performativity as a remedy to representationalism, and despite their shared rejection of humanism. Pickering's appropriation of the term does not include any acknowledgement of its politically important—arguably inherently queer—genealogy (see Sedgwick 1993) or why it has been and continues to be important to contemporary critical theorists, especially feminist and queer studies scholars/activists. Indeed, he evacuates its important political historicity along with many of its crucial insights. In particular, Pickering ignores important discursive dimensions, including questions of meaning, intelligibility, significance, identity formation, and power, which are central to poststructuralist invocations of "performativity." And he takes for granted the humanist notion of agency as a property of individual entities (such as humans, but also weather systems, scallops, and stereos), which poststructuralists problematize. On the other hand, poststructuralist approaches fail to take account of "nonhuman agency," which is a central focus of Pickering's account. See Barad (forthcoming) for a more detailed discussion.

[8] The notion of performativity has a distinguished career in philosophy that most of these multiple and various engagements acknowledge. Performativity's lineage is generally traced to the British philosopher J. L. Austin's interest in speech acts, particularly the relationship between saying and doing. Jacques Derrida is usually cited next as offering important poststructuralist amendments. Butler elaborates Derrida's notion of performativity through Foucault's understanding of the productive effects of regulatory power in theorizing the notion of identity performatively. Butler introduces her notion of gender performativity in Gender Trouble, where she proposes that we understand gender not as a thing or a set of free-floating attributes, not as an essence—but rather as a "doing": "gender is itself a kind of becoming or activity . . . gender ought not to be conceived as a noun or a substantial thing or a static

specifically posthumanist notion of performativity—one that incorporates important material and discursive, social and scientific, human and nonhuman, and natural and cultural factors. A posthumanist account calls into question the givenness of the differential categories of "human" and "nonhuman," examining the practices through which these differential boundaries are stabilized and destabilized.[9] Donna Haraway's scholarly opus—from primates to cyborgs to companion species—epitomizes this point.

If performativity is linked not only to the formation of the subject but also to the production of the matter of bodies, as Butler's account of "materialization" and Haraway's notion of "materialized refiguration" suggest, then it is all the more important that we understand the nature of this production.[10] Foucault's analytic of power links discursive practices to the materiality of the body. However, his account is constrained by several important factors that severely limit the potential of his analysis and Butler's performative elaboration, thereby forestalling an understanding of precisely how discursive practices produce material bodies.

If Foucault, in queering Marx, positions the body as the locus of productive forces, the site where the large-scale organization of power links up with local practices, then it would seem that any robust theory of the materialization of bodies would necessarily take account of how the body's materiality—for example, its anatomy and physiology—and other material forces actively matter to the processes of materialization. Indeed, as Foucault makes crystal clear in the last chapter of The History of Sexuality (vol. 1), he is not out to deny the relevance of the physical body but, on the contrary, to show how the deployments of power are directly connected to the body—to bodies, functions, physiological processes, sensations, and pleasures; far from the body having to be effaced, what is needed is to make it visible through an analysis in which the biological and the historical are not consecutive to one another . . . but are bound together in an increasingly complex fashion in accordance with the development of the modern technologies of power that take life as their objective. Hence, I do not envision a "history of mentalities" that would take account of bodies only through the manner in which they have been perceived and given meaning and value; but a "his- tory of bodies" and the manner in which what is most material

---

cultural marker, but rather as an incessant and repeated action of some sort" (1990, 112). In Bodies That Matter (1993) Butler argues for a linkage between gender performativity and the materialization of sexed bodies. Eve Kosofsky Sedgwick (1993) argues that performativity's genealogy is inherently queer.

[9] This notion of posthumanism differs from Pickering's idiosyncratic assignment of a "posthumanist space [as] a space in which the human actors are still there but now inextricably entangled with the nonhuman, no longer at the center of the action calling the shots" (26). However, the decentering of the human is but one element of posthumanism. (Note that Pickering's notion of "entanglement" is explicitly epistemological, not ontological. What is at issue for him in dubbing his account "posthumanist" is the fact that it is attentive to the mutual accommodation, or responsiveness, of human and nonhuman agents.)

[10] It could be argued that "materialized refiguration" is an enterprised up (Haraway's term) version of "materialization," while the notion of "materialization" hints at a richer account of the former. Indeed, it is possible to read my posthumanist performative account along these lines, as a diffractive elaboration of Butler's and Haraway's crucial insights.

and most vital in them has been invested. (1980a, 151–52)

On the other hand, Foucault does not tell us in what way the biological and the historical are "bound together" such that one is not consecutive to the other. What is it about the materiality of bodies that makes it susceptible to the enactment of biological and historical forces simultaneously? To what degree does the matter of bodies have its own historicity? Are social forces the only ones susceptible to change? Are not biological forces in some sense always already historical ones? Could it be that there is some important sense in which historical forces are always already biological? What would it mean to even ask such a question given the strong social constructivist undercurrent in certain interdisciplinary circles in the early twenty-first century? For all Foucault's emphasis on the political anatomy of disciplinary power, he too fails to offer an account of the body's historicity in which its very materiality plays an active role in the workings of power. This implicit reinscription of matter's passivity is a mark of extant elements of representationalism that haunt his largely post-representationalist account.[11] This deficiency is importantly related to his failure to theorize the relationship between "discursive" and "nondiscursive" practices. As materialist feminist theorist Rosemary Hennessey insists in offering her critique of Foucault, "a rigorous materialist theory of the body cannot stop with the assertion that the body is always discursively constructed. It also needs to explain how the discursive construction of the body is related to nondiscursive practices in ways that vary widely from one social formation to another" (1993, 46).

Crucial to understanding the workings of power is an understanding of the nature of power in the fullness of its materiality. To restrict power's productivity to the limited domain of the "social," for example, or to figure matter as merely an end product rather than an active factor in further materializations, is to cheat matter out of the fullness of its capacity. How might we understand not only how human bodily contours are constituted through psychic processes but how even the very atoms that make up the biological body come to matter and, more generally, how matter makes itself felt? It is difficult to imagine how psychic and socio-historical forces alone could account for the production of matter. Surely it is the case—even when the focus is restricted to the materiality of "human" bodies—that there are "natural," not merely "social," forces that matter. Indeed, there is a host of material-discursive forces—including ones that get labeled "social," "cultural," "psychic," "economic," "natural," "physical," "biological," "geopolitical," and "geological"—that may be important to particular (entangled) processes of materialization. If we follow disciplinary habits of tracing disciplinary-defined causes through to the corresponding disciplinary-defined effects, we will miss all the crucial intra-actions among these forces that fly in the face of any specific set of disciplinary concerns.[12]

---

[11] See alsoButler1989.
[12] The conjunctive term material-discursive and other agential realist terms like intra- action are defined below.

What is needed is a robust account of the materialization of all bodies—"human" and "nonhuman"—and the material-discursive practices by which their differential constitutions are marked. This will require an understanding of the nature of the relationship between discursive practices and material phenomena, an accounting of "nonhuman" as well as "human" forms of agency, and an understanding of the precise causal nature of productive practices that takes account of the fullness of matter's implication in its ongoing historicity. My contribution toward the development of such an understanding is based on a philosophical account that I have been calling "agential realism." Agential realism is an account of technoscientific and other practices that takes feminist, antiracist, post-structuralist, queer, Marxist, science studies, and scientific insights seriously, building specifically on important insights from Niels Bohr, Judith Butler, Michel Foucault, Donna Haraway, Vicki Kirby, Joseph Rouse, and others.[13] It is clearly not possible to fully explicate these ideas here. My more limited goal in this article is to use the notion of performativity as a diffraction grating for reading important insights from feminist and queer studies and science studies through one another while simultaneously proposing a materialist and posthumanist reworking of the notion of performativity. This entails a reworking of the familiar notions of dis- cursive practices, materialization, agency, and causality, among others.

I begin by issuing a direct challenge to the metaphysical underpinnings of representationalism, proposing an agential realist ontology as an alternative. In the following section I offer a posthumanist performative reformulation of the notion of discursive practices and materiality and theorize a specific causal relationship between them. In the final section I discuss the agential realist conceptions of causality and agency that are vital to understanding the productive nature of material-discursive practices, including technoscientific ones.

Toward a performative metaphysics

> As long as we stick to things and words we can believe that we are speaking of what we see, that we see what we are speaking of, and that the two are linked.
> —Giles Deleuze 1988, 65

> "Words and things" is the entirely serious title of a problem.
> — Michel Foucault 1972, 49

Representationalism separates the world into the ontologically disjoint domains of words and things, leaving itself with the dilemma of their linkage such that knowledge is possible. If words are untethered from the material world, how do

---

[13] This essay outlines issues I developed in earlier publications including Barad 1996, 1998a, 1998b, 2001b, and in my forthcoming book (Barad forthcoming).

representations gain a foothold? If we no longer believe that the world is teeming with inherent resemblances whose signatures are inscribed on the face of the world, things already emblazoned with signs, words lying in wait like so many pebbles of sand on a beach there to be discovered, but rather that the knowing subject is enmeshed in a thick web of representations such that the mind cannot see its way to objects that are now forever out of reach and all that is visible is the sticky problem of humanity's own captivity within language, then it begins to become apparent that representationalism is a prisoner of the problematic metaphysics it postulates. Like the frustrated would-be runner in Zeno's paradox, representationalism never seems to be able to get any closer to solving the problem it poses because it is caught in the impossibility of stepping outward from its metaphysical starting place. Perhaps it would be better to begin with a different starting point, a different metaphysics.[14]

Thingification—the turning of relations into "things," "entities," "relata"—infects much of the way we understand the world and our relationship to it.[15] Why do we think that the existence of relations requires relata? Do the persistent distrust of nature, materiality, and the body that pervades much of contemporary theorizing and a sizable amount of the history of Western thought feed off of this cultural proclivity? In this section, I present a relational ontology that rejects the metaphysics of relata, of "words" and "things." On an agential realist account, it is once again possible to acknowledge nature, the body, and materiality in the fullness of their becoming without resorting to the optics of transparency or opacity, the geometries of absolute exteriority or interiority, and the theorization of the human as either pure cause or pure effect while at the same time remaining resolutely accountable for the role "we" play in the intertwined practices of knowing and becoming.

The postulation of individually determinate entities with inherent properties is the hallmark of atomistic metaphysics. Atomism hails from Democritus.[16] According to Democritus, the properties of all things derive from the properties of the smallest unit—atoms (the "uncuttable" or "inseparable"). Liberal social theories and scientific theories alike owe much to the idea that the world is

---

[14] It is no secret that metaphysics has been a term of opprobrium through most of the twentieth century. This positivist legacy lives on even in the heart of its detractors. Post-structuralists are simply the newest signatories of its death warrant. Yet, however strong one's dislike of metaphysics, it will not abide by any death sentence, and so it is ignored at one's peril. Indeed, new "experimental metaphysics" research is taking place in physics laboratories in the United States and abroad, calling into question the common belief that there is an inherent boundary between the "physical" and the "metaphysical" (see Barad forthcoming). This fact should not be too surprising to those of us who remember that the term metaphysics does not have some highbrow origins in the history of philosophy but, rather, originally referred to the writings of Aristotle that came after his writings on physics, in the arrangement made by Andronicus of Rhodes about three centuries after Aristotle's death.

[15] Relata are would-be antecedent components of relations. According to metaphysical atomism, individual relata always preexist any relations that may hold between them.

[16] Atomism is said to have originated with Leucippus and was further elaborated by Democritus, a devotee of democracy, who also explored its anthropological and ethical implications. Democritus's atomic theory is often identified as the most mature pre-Socratic philosophy, directly influencing Plato and Epicurus, who transmitted it into the early modern period. Atomic theory is also said to form the cornerstone of modern science.

composed of individuals with separately attributable properties. An entangled web of scientific, social, ethical, and political practices, and our understanding of them, hinges on the various/ differential instantiations of this presupposition. Much hangs in the balance in contesting its seeming inevitability.

Physicist Niels Bohr won the Nobel Prize for his quantum model of the atom, which marks the beginning of his seminal contributions to the development of quantum theory.[17] Bohr's philosophy-physics (the two were inseparable for him) poses a radical challenge not only to Newtonian physics but also to Cartesian epistemology and its representationalist triadic structure of words, knowers, and things. Crucially, in a stunning reversal of his intellectual forefather's schema, Bohr rejects the atomistic metaphysics that takes "things" as ontologically basic entities. For Bohr, things do not have inherently determinate boundaries or properties, and words do not have inherently determinate meanings. Bohr also calls into question the related Cartesian belief in the inherent distinction between subject and object, and knower and known.

It might be said that the epistemological framework that Bohr develops rejects both the transparency of language and the transparency of measurement; however, even more fundamentally, it rejects the presupposition that language and measurement perform mediating functions. Language does not represent states of affairs, and measurements do not represent measurement-independent states of being. Bohr develops his epistemological framework without giving in to the despair of nihilism or the sticky web of relativism. With brilliance and finesse, Bohr finds a way to hold on to the possibility of objective knowledge while the grand structures of Newtonian physics and representationalism begin to crumble.

Bohr's break with Newton, Descartes, and Democritus is not based in "mere idle philosophical reflection" but on new empirical findings in the domain of atomic physics that came to light during the first quarter of the twentieth century. Bohr's struggle to provide a theoretical understanding of these findings resulted in his radical proposal that an entirely new epistemological framework is required. Unfortunately, Bohr does not explore crucial ontological dimensions of his insights but rather focuses on their epistemological import. I have mined his writings for his implicit ontological views and have elaborated on them in the development of an agential realist ontology. In this section, I present a quick overview of important aspects of Bohr's account and move on to an explication of an agential realist ontology. This relational ontology is the basis for my post-humanist performative account of the production of material bodies. This account refuses the representationalist fixation on "words" and "things" and the problem of their relationality, advocating instead a causal relationship between

---

[17] Niels Bohr (1885–1962), a contemporary of Einstein, was one of the founders of quantum physics and also the most widely accepted interpretation of the quantum theory, which goes by the name of the Copenhagen interpretation (after the home of Bohr's inter- nationally acclaimed physics institute that bears his name). On my reading of Bohr's philosophy-physics, Bohr can be understood as proposing a proto-performative account of scientific practices.

specific exclusionary practices embodied as specific material configurations of the world (i.e., discursive practices/(con)figurations rather than "words") and specific material phenomena (i.e., relations rather than "things"). This causal relationship between the apparatuses of bodily production and the phenomena produced is one of "agential intra-action." The details follow.

According to Bohr, theoretical concepts (e.g., "position" and "momentum") are not ideational in character but rather are specific physical arrangements.[18] For example, the notion of "position" cannot be presumed to be a well-defined abstract concept, nor can it be presumed to be an inherent attribute of independently existing objects. Rather, "position" only has meaning when a rigid apparatus with fixed parts is used (e.g., a ruler is nailed to a fixed table in the laboratory, thereby establishing a fixed frame of reference for specifying "position"). And furthermore, any measurement of "position" using this apparatus cannot be attributed to some abstract independently existing "object" but rather is a property of the phenomenon—the inseparability of "observed object" and "agencies of observation." Similarly, "momentum" is only meaningful as a material arrangement involving movable parts. Hence, the simultaneous indeterminacy of "position" and "momentum" (what is commonly referred to as the Heisenberg uncertainty principle) is a straightforward matter of the material exclusion of "position" and "momentum" arrangements (one requiring fixed parts and the complementary arrangement requiring movable parts).[19]

Therefore, according to Bohr, the primary epistemological unit is not independent objects with inherent boundaries and properties but rather phenomena. On my agential realist elaboration, phenomena do not merely mark the epistemological inseparability of "observer" and "observed"; rather, phenomena are the ontological inseparability of agentially intra-acting "components." That is, phenomena are ontologically primitive relations— relations without preexisting relata.[20] The notion of intra- action (in contrast to the usual "interaction," which presumes the prior existence of independent entities/relata) represents a profound conceptual shift. It is through specific agential intra-actions that the boundaries and properties of the "components" of phenomena become determinate and that particular embodied concepts become meaningful. A specific intra- action (involving a specific material configuration of the "apparatus of observation") enacts an agential cut (in contrast to the Cartesian cut—an inherent distinction—between subject and object) effecting a separation between "subject" and "object." That is, the agential cut enacts a local

---

[18] Bohr argues on the basis of this single crucial insight, together with the empirical finding of an inherent discontinuity in measurement "intra-actions," that one must reject the presumed inherent separability of observer and observed, knower and known. See Barad 1996, forthcoming.

[19] The so-called uncertainty principle in quantum physics is not a matter of "uncertainty" at all but rather of indeterminacy. See Barad 1995, 1996, forthcoming.

[20] That is, relations are not secondarily derived from independently existing "relata," but rather the mutual ontological dependence of "relata"—the relation—is the ontological primitive. As discussed below, relata only exist within phenomena as a result of specific intra- actions (i.e., there are no independent relata, only relata-within-relations).

resolution within the phenomenon of the inherent ontological indeterminacy. In other words, relata do not preexist relations; rather, relata- within-phenomena emerge through specific intra-actions. Crucially then, intra-actions enact agential separability—the local condition of exteriority- within-phenomena. The notion of agential separability is of fundamental importance, for in the absence of a classical ontological condition of exteriority between observer and observed it provides the condition for the possibility of objectivity. Moreover, the agential cut enacts a local causal structure among "components" of a phenomenon in the marking of the "measuring agencies" ("effect") by the "measured object" ("cause"). Hence, the notion of intra-actions constitutes a reworking of the traditional notion of causality.[21]

In my further elaboration of this agential realist ontology, I argue that phenomena are not the mere result of laboratory exercises engineered by human subjects. Nor can the apparatuses that produce phenomena be understood as observational devices or mere laboratory instruments. Although space constraints do not allow an in-depth discussion of the agential realist understanding of the nature of apparatuses, since apparatuses play such a crucial, indeed constitutive, role in the production of phenomena, I present an overview of the agential realist theorization of apparatuses before moving on to the question of the nature of phenomena. The proposed elaboration enables an exploration of the implications of the agential realist ontology beyond those specific to understanding the nature of scientific practices. In fact, agential realism offers an understanding of the nature of material-discursive practices, such as those very practices through which different distinctions get drawn, including those between the "social" and the "scientific."[22]

Apparatuses are not inscription devices, scientific instruments set in place before the action happens, or machines that mediate the dialectic of resistance and accommodation. They are neither neutral probes of the natural world nor structures that deterministically impose some particular outcome. In my further

---

[21] A concrete example may be helpful. When light passes through a two-slit diffraction grating and forms a diffraction pattern it is said to exhibit wavelike behavior. But there is also evidence that light exhibits particle-like characteristics, called photons. If one wanted to test this hypothesis, the diffraction apparatus could be modified in such a way as to allow a determination of which slit a given photon passes through (since particles only go through a single slit at a time). The result of running this experiment is that the diffraction pattern is destroyed! Classically, these two results together seem contradictory—frustrating efforts to specify the true ontological nature of light. Bohr resolves this wave-particle duality paradox as follows: the objective referent is not some abstract, independently existing entity but rather the phenomenon of light intra-acting with the apparatus. The first apparatus gives determinate meaning to the notion of "wave," while the second provides determinate meaning to the notion of "particle." The notions of "wave" and "particle" do not refer to inherent characteristics of an object that precedes its intra-action. There are no such independently existing objects with inherent characteristics. The two different apparatuses affect different cuts, that is, draw different distinctions delineating the "measured object" from the "measuring instrument." In other words, they differ in their local material resolutions of the inherent ontological indeterminacy. There is no conflict because the two different results mark different intra-actions. See Barad 1996, forthcoming for more details.

[22] This elaboration is not based on an analogical extrapolation. Rather, I argue that such anthropocentric restrictions to laboratory investigations are not justified and indeed defy the logic of Bohr's own insights. See Barad forthcoming.

elaboration of Bohr's insights, apparatuses are not mere static arrangements in the world, but rather apparatuses are dynamic (re)configurings of the world, specific agential practices/intra-actions/performances through which specific exclusionary boundaries are enacted. Apparatuses have no inherent "outside" boundary. This indeterminacy of the "outside" boundary represents the impossibility of closure—the ongoing intra-activity in the iterative recon- figuring of the apparatus of bodily production. Apparatuses are open-ended practices.

Importantly, apparatuses are themselves phenomena. For example, as scientists are well aware, apparatuses are not preformed interchangeable objects that sit atop a shelf waiting to serve a particular purpose. Apparatuses are constituted through particular practices that are perpetually open to rearrangements, rearticulations, and other reworkings. This is part of the creativity and difficulty of doing science: getting the instrumentation to work in a particular way for a particular purpose (which is always open to the possibility of being changed during the experiment as different insights are gained). Furthermore, any particular apparatus is always in the process of intra-acting with other apparatuses, and the enfolding of locally stabilized phenomena (which may be traded across laboratories cultures, or geopolitical spaces only to find themselves differently materializing) into subsequent iterations of particular practices constitutes important shifts in the particular apparatus in question and therefore in the nature of the intra-actions that result in the production of new phenomena, and so on. Boundaries do not sit still.

With this background we can now return to the question of the nature of phenomena. Phenomena are produced through agential intra-actions of multiple apparatuses of bodily production. Agential intra-actions are specific causal material enactments that may or may not involve "humans." Indeed, it is through such practices that the differential boundaries between "humans" and "nonhumans," "culture" and "nature," the "social" and the "scientific" are constituted. Phenomena are constitutive of reality. Reality is not composed of things-in-themselves or things- behind-phenomena but "things"-in-phenomena.[23] The world is intra-activity in its differential mattering. It is through specific intra-actions that a differential sense of being is enacted in the ongoing ebb and flow of agency. That is, it is through specific intra-actions that phenomena come to matter—in both senses of the word. The world is a dynamic process of intra-activity in the ongoing reconfiguring of locally determinate causal structures with determinate boundaries, properties, meanings, and patterns of marks on bodies. This ongoing flow of agency through which "part" of the world makes itself differentially intelligible to another "part" of the world and through which local causal structures, boundaries, and properties are stabilized and destabilized does not take place in space and time but in the

---

[23] Because phenomena constitute the ontological primitives, it makes no sense to talk about independently existing things as somehow behind or as the causes of phenomena. In essence, there are no noumena, only phenomena. Agential realist phenomena are neither Kant's phenomena nor the phenomenologist's phenomena.

making of spacetime itself. The world is an ongoing open process of mattering through which "mattering" itself acquires meaning and form in the realization of different agential possibilities. Temporality and spatiality emerge in this processual historicity. Relations of exteriority, connectivity, and exclusion are reconfigured. The changing topologies of the world entail an ongoing reworking of the very nature of dynamics.

In summary, the universe is agential intra-activity in its becoming. The primary ontological units are not "things" but phenomena—dynamic topological reconfiguring/entanglements/relationalities/(re)articulations. And the primary semantic units are not "words" but material-discursive practices through which boundaries are constituted. This dynamism is agency. Agency is not an attribute but the ongoing reconfigurings of the world. On the basis of this performative metaphysics, in the next section I propose a posthumanist refiguration of the nature of materiality and discursivity and the relationship between them, and a posthumanist ac- count of performativity.

A posthumanist account of material-discursive practices

Discursive practices are often confused with linguistic expression, and meaning is often thought to be a property of words. Hence, discursive practices and meanings are said to be peculiarly human phenomena. But if this were true, how would it be possible to take account of the boundary-making practices by which the differential constitution of "humans" and "nonhumans" are enacted? It would be one thing if the notion of cconstitution were to be understood in purely epistemic terms, but it is entirely unsatisfactory when questions of ontology are on the table. If "humans" refers to phenomena, not independent entities with inherent properties but rather beings in their differential becoming, particular material (re)configurings of the world with shifting boundaries and properties that stabilize and destabilize along with specific material changes in what it means to be human, then the notion of discursivity cannot be founded on an inherent distinction between humans and nonhumans. In this section, I propose a posthumanist account of discursive practices. I also out-line a concordant reworking of the notion of materiality and hint at an agential realist approach to understanding the relationship between dis- cursive practices and material phenomena.

Meaning is not a property of individual words or groups of words. Meaning is neither intralinguistically conferred nor extralinguistically referenced. Semantic contentfulness is not achieved through the thoughts or performances of individual agents but rather through particular discursive practices. With the inspiration of Bohr's insights, it would also be tempting to add the following agential realist points: meaning is not ideational but rather specific material (re)configurings of the world, and semantic indeterminacy, like ontological indeterminacy, is only locally re- solvable through specific intra-actions. But before proceeding, it is probably worth taking a moment to dispel some misconceptions about the nature of discursive practices.

Discourse is not a synonym for language.[24] Discourse does not refer to linguistic or signifying systems, grammars, speech acts, or conversations. To think of discourse as mere spoken or written words forming descriptive statements is to enact the mistake of representationalist thinking. Discourse is not what is said; it is that which constrains and enables what can be said. Discursive practices define what counts as meaningful statements. Statements are not the mere utterances of the originating consciousness of a unified subject; rather, statements and subjects emerge from a field of possibilities. This field of possibilities is not static or singular but rather is a dynamic and contingent multiplicity.

According to Foucault, discursive practices are the local sociohistorical material conditions that enable and constrain disciplinary knowledge practices such as speaking, writing, thinking, calculating, measuring, filtering, and concentrating. Discursive practices produce, rather than merely describe, the "subjects" and "objects" of knowledge practices. On Foucault's account these "conditions" are immanent and historical rather than transcendental or phenomenological. That is, they are not conditions in the sense of transcendental, ahistorical, cross-cultural, abstract laws defining the possibilities of experience (Kant), but rather they are actual historically situated social conditions.

Foucault's account of discursive practices has some provocative resonances (and some fruitful dissonances) with Bohr's account of apparatuses and the role they play in the material production of bodies and meanings. For Bohr, apparatuses are particular physical arrangements that give meaning to certain concepts to the exclusion of others; they are the local physical conditions that enable and constrain knowledge practices such as conceptualizing and measuring; they are productive of (and part of) the phenomena produced; they enact a local cut that produces "objects" of particular knowledge practices within the particular phenomena produced. On the basis of his profound insight that "concepts" (which are actual physical arrangements) and "things" do not have determinate boundaries, properties, or meanings apart from their mutual intra-actions, Bohr offers a new epistemological framework that calls into question the dualisms of object/subject, knower/known, nature/culture, and word/world.

Bohr's insight that concepts are not ideational but rather are actual physical arrangements is clearly an insistence on the materiality of meaning-making that goes beyond what is usually meant by the frequently heard contemporary refrain that writing and talking are material practices. Nor is Bohr merely claiming that discourse is "supported" or "sustained" by material practices, as Foucault seems to suggest (though the nature of this "support" is not specified), or that nondiscursive (background) practices determine discursive practices, as some existential-pragmatic philosophers purport.[25] Rather, Bohr's point entails a much

---

[24] I am concerned here with the Foucauldian notion of discourse (discursive practices), not formalist and empirical approaches stemming from Anglo-American linguistics, sociolinguistics, and sociology.
[25] Foucault makes a distinction between "discursive" and "nondiscursive" practices, where the latter category is reduced to social institutional practices: "The term 'institution' is generally applied to every

more intimate relationship between concepts and materiality. In order to better understand the nature of this relationship, it is important to shift the focus from linguistic concepts to discursive practices.

On an agential realist elaboration of Bohr's theoretical framework, apparatuses are not static arrangements in the world that embody particular concepts to the exclusion of others; rather, apparatuses are specific material practices through which local semantic and ontological determinacy are intra-actively enacted. That is, apparatuses are the exclusionary practices of mattering through which intelligibility and materiality are constituted. Apparatuses are material (re)configurings/discursive practices that produce material phenomena in their discursively differentiated becoming. A phenomenon is a dynamic relationality that is locally determinate in its matter and meaning as mutually determined (within a particular phenomenon) through specific causal intra-actions. Outside of particular agential intra-actions, "words" and "things" are indeterminate. Hence, the notions of materiality and discursivity must be reworked in a way that acknowledges their mutual entailment. In particular, on an agential realist account, both materiality and discursive practices are rethought in terms of intra-activity.

On an agential realist account, discursive practices are specific material (re)configurings of the world through which local determinations of boundaries, properties, and meanings are differentially enacted. That is, discursive practices are ongoing agential intra-actions of the world through which local determinacy is enacted within the phenomena produced. Discursive practices are causal intra-actions—they enact local causal structures through which one "component" (the "effect") of the phenomenon is marked by another "component" (the "cause") in their differential articulation. Meaning is not a property of individual words or groups of words but an ongoing performance of the world in its differential intelligibility. In its causal intra- activity, "part" of the world becomes determinately bounded and propertied in its emergent intelligibility to another "part" of the world. Dis- cursive practices are boundary-making practices that have no finality in the ongoing dynamics of agential intra-activity.

Discursive practices are not speech acts, linguistic representations, or even linguistic performances, bearing some unspecified relationship to material practices. Discursive practices are not anthropomorphic place- holders for the projected agency of individual subjects, culture, or language. Indeed, they are not human-based practices. On the contrary, agential realism's posthumanist account of discursive practices does not fix the boundary between "human" and "nonhuman" before the analysis ever gets off the ground but rather enables

---

kind of more-or-less constrained behaviour, everything that functions in a society as a system of constraint and that isn't utterance, in short, all the field of the non-discursive social, is an institution" (1980b, 197–98; my italics). This specific social science demarcation is not particularly illuminating in the case of agential realism's posthumanist account, which is not limited to the realm of the social. In fact, it makes no sense to speak of the "nondiscursive" unless one is willing to jettison the notion of causality in its intra-active conception.

(indeed demands) a genealogical analysis of the discursive emergence of the "human." "Human bodies" and "human subjects" do not preexist as such; nor are they mere end products. "Humans" are neither pure cause nor pure effect but part of the world in its open-ended becoming.

Matter, like meaning, is not an individually articulated or static entity. Matter is not little bits of nature, or a blank slate, surface, or site passively awaiting signification; nor is it an uncontested ground for scientific, feminist, or Marxist theories. Matter is not a support, location, referent, or source of sustainability for discourse. Matter is not immutable or passive. It does not require the mark of an external force like culture or history to complete it. Matter is always already an ongoing historicity.[26]

On an agential realist account, matter does not refer to a fixed sub- stance; rather, matter is substance in its intra-active becoming—not a thing, but a doing, a congealing of agency. Matter is a stabilizing and destabilizing process of iterative intra-activity. Phenomena—the smallest material units (relational "atoms")—come to matter through this process of ongoing intra-activity. That is, matter refers to the materiality/materialization of phenomena, not to an inherent fixed property of abstract independently existing objects of Newtonian physics (the modernist realization of the Democritean dream of atoms and the void).

Matter is not simply "a kind of citationality" (Butler, 1993 15), the surface effect of human bodies, or the end product of linguistic or dis- cursive acts. Material constraints and exclusions and the material dimensions of regulatory practices are important factors in the process of materialization. The dynamics of intra-activity entails matter as an active "agent" in its ongoing materialization.

Boundary-making practices, that is, discursive practices, are fully im- plicated in the dynamics of intra-activity through which phenomena come to matter. In other words, materiality is discursive (i.e., material phenomena are inseparable from the apparatuses of bodily production: matter emerges out of and includes as part of its being the ongoing reconfiguring of boundaries), just as discursive practices are always already material (i.e., they are ongoing material (re)configurings of the world). Discursive practices and material phenomena do not stand in a relationship of externality to one another; rather, the material and

---

[26] In her critique of constructivism within feminist theory Judith Butler puts forward an account of materialization that seeks to acknowledge these important points. Reworking the notion of matter as a process of materialization brings to the fore the importance of recognizing matter in its historicity and directly challenges representationalism's construal of matter as a passive blank site awaiting the active inscription of culture and the representationalist positioning of the relationship between materiality and discourse as one of absolute exteriority. Unfortunately, however, Butler's theory ultimately reinscribes matter as a passive product of discursive practices rather than as an active agent participating in the very process of materialization. This deficiency is symptomatic of an incomplete assessment of important causal factors and an incomplete reworking of "causality" in understanding the nature of discursive practices (and material phenomena) in their productivity. Furthermore, Butler's theory of materiality is limited to an account of the materialization of human bodies or, more accurately, to the construction of the contours of the human body. Agential realism's relational ontology enables a further reworking of the notion of materialization that acknowledges the existence of important linkages between discursive practices and material phenomena without the anthropocentric limitations of Butler's theory.

the discursive are mutually im- plicated in the dynamics of intra-activity. But nor are they reducible to one another. The relationship between the material and the discursive is one of mutual entailment. Neither is articulated/articulable in the absence of the other; matter and meaning are mutually articulated. Neither discursive practices nor material phenomena are ontologically or epistemologically prior. Neither can be explained in terms of the other. Neither has privileged status in determining the other.

Apparatuses of bodily production and the phenomena they produce are material-discursive in nature. Material-discursive practices are specific iterative enactments—agential intra-actions—through which matter is deferentially engaged and articulated (in the emergence of boundaries and meanings), reconfiguring the material-discursive field of possibilities in the iterative dynamics of intra-activity that is agency. Intra-actions are causally constraining nondeterministic enactments through which matter-in-the- process-of-becoming is sedimented out and enfolded in further materializations.[27]

Material conditions matter, not because they "support" particular discourses that are the actual generative factors in the formation of bodies but rather because matter comes to matter through the iterative intra- activity of the world in its becoming. The point is not merely that there are important material factors in addition to discursive ones; rather, the issue is the conjoined material-discursive nature of constraints, conditions, and practices. The fact that material and discursive constraints and exclusions are intertwined points to the limited validity of analyses that attempt to determine individual effects of material or discursive factors.[28] Furthermore, the conceptualization of materiality offered by agential realism makes it possible to take account of material constraints and conditions once again without reinscribing traditional empiricist assumptions concerning the transparent or immediate given-ness of the world and without falling into the analytical stalemate that simply calls for a recognition of our mediated access to the world and then rests its case. The ubiquitous pronouncements proclaiming that experience or the material world is "mediated" have offered precious little guidance about how to proceed. The notion of mediation has for too long stood in the way of a more thoroughgoing accounting of the empirical world. The reconceptualization of materiality offered here makes it possible to take the empirical world seriously once again, but this time with the understanding that the objective referent is phenomena, not the seeming "immediately given-ness" of the world.

All bodies, not merely "human" bodies, come to matter through the world's iterative intra-activity—its performativity. This is true not only of the surface or contours of the body but also of the body in the fullness of its physicality, including the very "atoms" of its being. Bodies are not objects with inherent boundaries and properties; they are material-discursive phenomena. "Human"

---

[27] The nature of causal intra-actions is discussed further in the next section.
[28] See Barad 1998b, 2001a, 2001b, forthcoming for examples.

bodies are not inherently different from "nonhuman" ones. What constitutes the "human" (and the "nonhuman") is not a fixed or pregiven notion, but nor is it a free-floating ideality. What is at issue is not some ill-defined process by which human-based linguistic practices (materially supported in some unspecified way) manage to produce substantive bodies/bodily substances but rather a material dynamics of intra-activity: material apparatuses produce material phenomena through specific causal intra- actions, where "material" is always already material-discursive—that is what it means to matter. Theories that focus exclusively on the materialization of "human" bodies miss the crucial point that the very practices by which the differential boundaries of the "human" and the "nonhuman" are drawn are always already implicated in particular materializations. The differential constitution of the "human" ("non-human") is always accompanied by particular exclusions and always open to contestation. This is a result of the nondeterministic causal nature of agential intra-actions, a crucial point that I take up in the next section.

The nature of production and the production of nature: Agency and causality

What is the nature of causality on this account? What possibilities exist for agency, for intervening in the world's becoming? Where do the issues of responsibility and accountability enter in?

Agential intra-actions are causal enactments. Recall that an agential cut effects a local separability of different "component parts" of the phenomenon, one of which ("the cause") expresses itself in effecting and marking the other ("the effect"). In a scientific context this process is known as a "measurement." (Indeed, the notion of "measurement" is nothing more or less than a causal intra-action.)[29] Whether it is thought of as a "measurement," or as part of the universe making itself intelligible to another part in its ongoing differentiating intelligibility and materialization, is a matter of preference.[30] Either way, what is important about causal intra- actions is the fact that marks are left on bodies. Objectivity means being accountable to marks on bodies.

This causal structure differs in important respects from the common choices of absolute exteriority and absolute interiority and of determinism and free will. In the case of the geometry of absolute exteriority, the claim that cultural practices produce material bodies starts with the metaphysical presumption of the ontological distinction of the former set from the latter. The inscription model of constructivism is of this kind: culture is figured as an external force acting on passive nature. There is an ambiguity in this model as to whether nature exists in

---

[29] I am grateful to Joe Rouse for putting this point so elegantly (private conversation). Rouse (2002) suggests that measurement need not be a term about laboratory operations, that before answering whether or not something is a measurement a prior question must be considered, namely, What constitutes a measurement of what?

[30] Intelligibility is not a human-based affair. It is a matter of differential articulations and differential responsiveness/engagement. Vicki Kirby (1997) makes a similar point.

any prediscursive form prior to its marking by culture. If there is such an antecedent entity then its very existence marks the inherent limit of constructivism. In this case, the rhetoric should be softened to more accurately reflect the fact that the force of culture "shapes" or "inscribes" nature but does not materially produce it. On the other hand, if there is no preexistent nature, then it behooves those who advocate such a theory to explain how it is that culture can materially produce that from which it is allegedly ontologically distinct, namely nature. What is the mechanism of this production? The other usual alternative is also not attractive: the geometry of absolute interiority amounts to a reduction of the effect to its cause, or in this case nature to culture, or matter to language, which amounts to one form or another of idealism.

Agential separability presents an alternative to these unsatisfactory options.[31] It postulates a sense of "exteriority within," one that rejects the previous geometries and opens up a much larger space that is more appropriately thought of as a changing topology.[32] More specifically, agential separability is a matter of exteriority within (material-discursive) phenomena. Hence, no priority is given to either materiality or discursivity.[33] There is no geometrical relation of absolute exteriority between a "causal apparatus" and a "body effected," nor an idealistic collapse of the two, but rather an ongoing topological dynamics that enfolds the spacetime manifold upon itself, a result of the fact that the apparatuses of bodily production (which are themselves phenomena) are (also) part of the phenomena they produce. Matter plays an active, indeed agential, role in its iterative materialization, but this is not the only reason that the space of agency is much larger than that postulated in many other critical social theories.[34] Intra-actions always entail particular exclusions, and exclusions foreclose any possibility of determinism, providing the condition of an open future.[35] Therefore, intra-

---

[31] Butler also rejects both of these options, proposing an alternative that she calls the "constitutive outside." The "constitutive outside" is an exteriority within language—it is the "that which" to which language is impelled to respond in the repeated attempt to capture the persistent loss or absence of that which cannot be captured. It is this persistent demand for, and inevitable failure of, language to resolve that demand that opens up a space for resignification—a form of agency—within the terms of that reiteration. But the fact that language itself is an enclosure that contains the constitutive outside amounts to an unfortunate reinscription of matter as subservient to the play of language and displays a commitment to an unacceptable anthropocentrism, reducing the possibilities for agency to resignification.

[32] Geometry is concerned with shapes and sizes (this is true even of the non-Euclidean varieties, such as geometries built on curved surfaces like spheres rather than on flat planes), whereas topology investigates questions of connectivity and boundaries. Although spatiality is often thought of geometrically, particularly in terms of the characteristics of enclosures (like size and shape), this is only one way of thinking about space. Topological features of manifolds can be extremely important. For example, two points that seem far apart geo- metrically may, given a particular connectivity of the spatial manifold, actually be proximate to one another (as, e.g., in the case of cosmological objects called "wormholes").

[33] In contrast to Butler's "constitutive outside," for example.

[34] For example, the space of agency is much larger than that postulated by Butler's or Louis Althusser's theories. There is more to agency than the possibilities of linguistic resignification, and the circumvention of deterministic outcome does not require a clash of apparatuses/discursive demands (i.e., overdetermination).

[35] This is true at the atomic level as well. Indeed, as Bohr emphasizes, the mutual exclusivity of "position" and "momentum" is what makes the notion of causality in quantum physics profoundly different from the determinist sense of causality of classical Newtonian physics.

actions are constraining but not determining. That is, intra-activity is neither a matter of strict determinism nor unconstrained freedom. The future is radically open at every turn. This open sense of futurity does not depend on the clash or collision of cultural demands; rather, it is inherent in the nature of intra-activity—even when apparatuses are primarily reinforcing, agency is not foreclosed. Hence, the notion of intra-actions reformulates the traditional notion of causality and opens up a space, indeed a relatively large space, for material-discursive forms of agency.

A posthumanist formulation of performativity makes evident the importance of taking account of "human," "nonhuman," and "cyborgian" forms of agency (indeed all such material-discursive forms). This is both possible and necessary because the agency is a matter of changes in the apparatuses of bodily production, and such changes take place through various intra-actions, some of which remake the boundaries that delineate the differential constitution of the "human." Holding the category "human" fixed excludes an entire range of possibilities in advance, eliding important dimensions of the workings of power.

On an agential realist account, agency is cut loose from its traditional humanist orbit. Agency is not aligned with human intentionality or subjectivity. Nor does it merely entail resignification or other specific kinds of moves within a social geometry of antihumanism. Agency is a matter of intra-acting; it is an enactment, not something that someone or something has. Agency cannot be designated as an attribute of "subjects" or "objects" (as they do not preexist as such). Agency is not an attribute whatsoever—it is "doing"/"being" in its intra-activity. Agency is the enactment of iterative changes to particular practices through the dynamics of intra-activity. Agency is about the possibilities and account- ability entailed in reconfiguring material-discursive apparatuses of bodily production, including the boundary articulations and exclusions that are marked by those practices in the enactment of a causal structure. Particular possibilities for acting exist at every moment, and these changing possibilities entail a responsibility to intervene in the world's becoming, to contest and rework what matters and what is excluded from mattering.

Conclusions

Feminist studies, queer studies, science studies, cultural studies, and critical social theory scholars are among those who struggle with the difficulty of coming to terms with the weightiness of the world. On the one hand, there is an expressed desire to recognize and reclaim matter and its kindred reviled Others exiled from the familiar and comforting domains of culture, mind, and history, not simply to altruistically advocate on behalf of the subaltern but in the hopes of finding a way to account for our own finitude. Can we identify the limits and constraints, if not the grounds, of discourse-knowledge in its productivity? But despite its substance, in the end, according to many contemporary attempts at its salvation, it is not matter that reels in the unruliness of infinite possibilities; rather, it is the very existence of finitude that gets defined as matter. Caught once again looking at mirrors, it is either the face of transcendence or our own image. It is as if there are no alternative ways to conceptualize matter: the only options seem to be the naiveté of empiricism or the same old narcissistic bedtime stories.

I have proposed a posthumanist materialist account of performativity that challenges the positioning of materiality as either a given or a mere effect of human agency. On an agential realist account, materiality is an active factor in processes of materialization. Nature is neither a passive sur- face awaiting the mark of culture nor the end product of cultural performances. The belief that nature is mute and immutable and that all prospects for significance and change reside in culture is a reinscription of the nature/culture dualism that feminists have actively contested. Nor, similarly, can a human/nonhuman distinction be hardwired into any theory that claims to take account of matter in the fullness of its historicity. Feminist science studies scholars in particular have emphasized that foundational inscription of the nature/culture dualism foreclose the understanding of how "nature" and "culture" are formed, an understanding that is crucial to both feminist and scientific analyses. They have also emphasized that the notion of "formation" in no way denies the material reality of either "nature" or "culture." Hence, any performative account worth its salt would be ill-advised to incorporate such anthropocentric values in its foundations.

A crucial part of the performative account that I have proposed is a rethinking of the notions of discursive practices and material phenomena and the relationship between them. On an agential realist account, dis- cursive practices are not human-based activities but rather specific material (re)configurings of the world through which local determinations of boundaries, properties, and meanings are differentially enacted. And matter is not a fixed essence; rather, matter is substance in its intra-active becoming—not a thing but a doing, a congealing of agency. And performativity is not understood as iterative citationality (Butler) but rather iterative intra-activity.

On an agential realist account of technoscientific practices, the "knower" does not stand in a relation of absolute externality to the natural world being investigated—there is no such exterior observational point.[36] It is therefore not absolute exteriority that is the condition of possibility for objectivity but rather agential separability—exteriority within phenomena.[37] "We" are not outside observers of the world. Nor are we simply located at particular places in the world; rather, we are part of the world in its ongoing intra-activity. This is a point Niels Bohr tried to get at in his insistence that our epistemology must take account of the fact that we are a part of that nature we seek to understand. Unfortunately, however, he cuts short important posthumanist implications of this insight in his ultimately humanist understanding of the "we." Vicki Kirby eloquently articulates this important posthumanist point: "I'm trying to

---

[36] Others have made this point as well, e.g., Haraway 1991; Kirby 1997; Rouse 2002; and Bohr.
[37] The notion of agential separability, which is predicated on the agential realist notion of intra-actions, has far-reaching consequences. Indeed, it can be shown to play a critical role in the resolution of the "measurement problem" and other long-standing problems in quantum theory. See Barad forthcoming.

complicate the locatability of human identity as a here and now, an enclosed and finished product, a causal force upon Nature. Or even . . . as something within Nature. I don't want the human to be in Nature, as if Nature is a container. Identity is inherently unstable, differentiated, dispersed, and yet strangely coherent. If I say 'this is Nature itself,' an expression that usually denotes a prescriptive essentialism and that's why we avoid it, I've actually animated this 'itself' and even suggested that 'thinking' isn't the other of nature. Nature performs itself differently."[38]

The particular configuration that an apparatus takes is not an arbitrary construction of "our" choosing; nor is it the result of causally deterministic power structures. "Humans" do not simply assemble different apparatuses for satisfying particular knowledge projects but are themselves specific local parts of the world's ongoing reconfiguring. To the degree that laboratory manipulations, observational interventions, concepts, or other human practices have a role to play it is as part of the material configuration of the world in its intra-active becoming. "Humans" are part of the world- body space in its dynamic structuration.

There is an important sense in which practices of knowing cannot be fully claimed as human practices, not simply because we use nonhuman elements in our practices but because knowing is a matter of part of the world making itself intelligible to another part. Practices of knowing and being are not isolatable, but rather they are mutually implicated. We do not obtain knowledge by standing outside of the world; we know because "we" are of the world. We are part of the world in its differential becoming. The separation of epistemology from ontology is a reverberation of a metaphysics that assumes an inherent difference between human and nonhuman, subject and object, mind and body, matter and discourse. Onto-epistemology—the study of practices of knowing in being—is probably a better way to think about the kind of understandings that are needed to come to terms with how specific intra-actions matter.

Women's Studies Program, Philosophy Department, and Program in Critical Social Thought

Mount Holyoke College

References

Barad, Karen. "Agential Realism: Feminist Interventions in Understanding Scientific Practices." *The Science Studies Reader*, ed. Mario Biagioli, Routledge, 1998, pp. 1-11.
---. "A Feminist Approach to Teaching Quantum Physics." *Teaching the Majority: Breaking the Gender Barrier in Science, Mathematics, and Engineering*, ed. Sue V. Rosser, Teacher's College Press, 1995, pp. 43-75.
---. "Getting Real: Technoscientific Practices and the Materialization of Reality." *Differences: A Journal of Feminist Cultural Studies*, vol. 10, no 2, 1998, pp. 87-126.

---

[38] Vicki Kirby (private communication, 2002). Kirby's sustained interrogation of the tenacious nature/culture binary is unparalleled. See Kirby 1997 for a remarkable "materialist" (my description) reading of Derridean theory.

---. *Meeting the Universe Halfway.* forthcoming.
---. "Meeting the Universe Halfway: Realism and Social Constructivism without Contradiction." *Feminism, Science, and the Philosophy of Science*, eds. Lynn Hankinson Nelson and Jack Nelson, Kluwer Press, 1996, pp. 161-194.
---. "Performing Culture/Performing Nature: Using the Piezoelectric Crystal of Ultrasound Technologies as a Transducer between Science Studies and Queer Theories." *Digital Anatomy*, ed. Christina Lammar, Turia & Kant, 2001, pp. 98-114.
---. "Re(con)figuring Space, Time, and Matter." *Feminist Locations: Global and Local, Theory and Practice*, ed. Marianne DeKoven, Rutgers University Press, 2001, pp. 75-109.
Butler, Judith. *Bodies That Matter: On the Discursive Limits of Sex.* Routledge, 1993.
---. *Gender Trouble: Feminism and the Subversion of Identity.* Routledge, 1990.
---. "Foucault and the Paradox of Bodily Inscriptions." *Journal of Philosophy*, vol. 86, no 11, 1989, pp. 601-607.
Deleuze, Giles. *Foucault.* Trans. Seán Hand. University of Minnesota Press, 1988.
Foucault, Michel. *Power/Knowledge: Selected Interviews and Other Writings, 1972-1977.* Ed. Colin Gordon, Pantheon Books, 1980.
---. *The Archaeology of Knowledge and the Discourse on Language.* Trans. A. M. Sheridan Smith. Pantheon Books, 1972.
---. *The History of Sexuality. Vol 1. An Introduction.* Trans. Robert Hurley, Vintage Books, 1980.
---. *The Order of Things: An Archaeology of the Human Sciences.* Vintage Books, 1970.
Hacking, Ian. *Representing and Intervening: Introductory Topics in the Philosophy of Natural Science.* Cambridge University Press, 1983.
Haraway, Donna. *Modest_Witness@Second_Millenium.FemaleMan_Meets_OncoMouse®: Feminism and Technoscience.* Routledge, 1997. Routledge, 1997.
---. "The Promises of Monsters: A Regenerative Politics for Inappropriate/d Others." *Cultural Studies*, ed. Lawrence Grossberg, Cory Nelson and Paula Treichler, Routledge, 1992, pp. 295-337.
---. *Simians, Cyborgs, and Women: The Reinvention of Nature.* Routledge, 1991.
Hennessey, Rosemary. *Materialist Feminism and the Politics of Discourse.* Routledge, 1993.
Kirby, Vicki. *Telling Flesh: The Substance of the Corporeal.* Routledge, 1997.
Pickering, Andrew. *The Mangle of Practice: Time, Agency, and Science.* University of Chicago Press, 1995.
Rouse, Joseph. *Engaging Science: How to Understand Its Practices Philosophically.* Cornell University Press, 1996.
---. *How Scientific Practices Matter: Reclaiming Philosophical Naturalism.* University of Chicago Press, 2002.
---. *Knowledge and Power: Toward a Political Philosophy of Science.* Cornell University Press, 1987.
Sedgwick, Eve Kosofsky. "Queer Performativity: Henry James's The Art of the Novel." *GLQ*, vol. 1, no 1, 1993, pp. 1-16.
Shaviro, Steve. *Doom Patrols: A Theoretical Fiction about Postmodernism.* Serpent's Tail, 1997. Accessed: http://www.dhalgren.com/Doom/.

BÖLÜM 4

"BİZ" *BU* İŞTE HEP BERABERİZ, FAKAT BİR VE AYNI DEĞİLİZ

Rosi Braidotti

Çeviren: Muhsin Yanar[1]

COVID-19 salgını, ekolojik dengeye ve çoklu türlerin yaşamına aşırı müdahalenin neden olduğu insan kaynaklı bir felakettir. Çelişkili bir biçimde, bulaşma, teknoloji ve dijital arabuluculuğun artan kullanımıyla bunun yanı sıra, aşılar ve biyomedikal çözümler için artan umutlarla sonuçlanmıştır. Böylece insanların, sorunlara en başta problemlere neden olan bilişsel kapitalizmin çok yüksek-teknolojili ekonomisine olan güvenini pekiştirdi. Dördüncü Sanayi devrimi ve Altıncı Yok Oluş'a bağlı olarak ikircikli unsurların bu birleşimi, posthüman durumun ticari markasıdır.

Bu pandemi sırasında altta yatan ruh hali etkindir. Bu hal, posthümanı yakınsama dediğim şeye işaret eden karmaşık ve içsel çelişkili duygu değişimlerini içermektedir (Braidotti 2013, 2019). Umuda alternatif yoğun bir ıstırap duygusu, dayanıklılıkla birlikte ortaya çıkan korku, kırılganlıkla birleşen can sıkıntısı. Dördüncü Sanayi Çağını yönlendiren ileri teknolojiler karşısında heyecan ve coşku, Altıncı büyük Yok Oluş'un bu gezegenin hem insan hem de insan-olmayan sakinleri üzerinde yarattığı büyük maliyetler ve zararlar göz önüne alındığında endişe ve korkuya dönüşmektedir. İklim değişikliği bu tehlikeyi neredeyse sembolik bir şekilde temsil etmeye başlamış ve nükleer tehdit azalmış olmaktan çok uzak olsa da mevcut olağanüstü durumda tüm endişelerin merkezi COVID-19 pandemisidir.

Karantinanın zorlukları, sınırların kapanması ve artan ölü sayısı öncesinde bile, bu olumsuz etkin ekonominin yoğunluğu ve yayılması aşikardı. Tükenme ve bitkinlik—yinelenen bir umutsuzluk ya da imkansızlık duygusu—kentleşmiş, aşırı-gelişmiş dünyada çağdaş psişik manzaraların öne çıkan özellikleri haline geldi. Bunlar, dünyamızın ne hale geldiği ve tarihsel bağlamımızın karmaşıklığı ile uzlaşmaya varmak için gece gündüz verilen mücadelelerin tanıklarıdır.

Bu sorunlara değinmek kolay değil. Kelimeler, birçok yönden, bocalar ve başarısız olur. Yalnızca kemikleşmiş minimal bileşenlerine indirgenmiş bir dilde,

---

[1] Bu makale Rosi Braidotti'nin "'We' are in *This* Together, But We are Not One" adlı makalesinin çevirisidir (*Bioethical Inquiry*, Ağustos 2020).

ifade edebileceğinin sınırına ulaşmış, sessizliğe yaklaşan; ancakhenüz sessizliğe bürünmemiş bir dilde korku, keder ve bitkinlikten söz edilebilir. Manevi yorgunluk, ileri teorinin büyük ifadelerinden kopmanın mükemmel yollarına sahip tarafsız bir tarza zaten özlem duyar. Gözlerimizin önünde gelişen epidemiyolojik felaket hakkında teoriler kurmak müstehcen ve etik dışı olurdu. Bu, görkemli kuramlaştırma zamanı değil ama toplu matem, duygusal direniş ve yenilenme zamanıdır. Ölüler, insanlar ve insan-olmayanların ölülerin matemini tutmamız ve onların ölü bedenleri üzerine teoriler kurmamamız gerekiyor—bu entelektüel gücün hayasızca kötüye kullanılması olur. Ancak bundan ve her şeyden önce, farklı bakım yolları, insan-olmayanları da kapsayan daha kesişken, ilişkin bir etik geliştirmemiz gerekiyor.

Can kayıplarının bu insan-kaynaklı felaketin sosyo-ekonomik sonuçlarının zorluğunun, eski dünyada yanlış olan ve şimdi tezahür her şeyin farkındalığının yarattığı kolektif ve kişisel umutsuzluk dalgasına karşı hem kucaklamamız hem de direnmemiz gereken bu kadar çok şey var. Bu nedenle, ilk zorluk böyle bir çaba için uygun dili, kritik olmaya devam eden ancak mütevazı bir kapasiteye sahip bir dili bulmaktır. Dünyanın acısını, bu zarar görmüş gezegenin neler yaşadığını anlamamız ve hesaba katmamız gerekiyor, ancak bu tür bilgi üretimi, düşünür, bilgi insanı ve yazar gibi ana belirleyici bazı egemen fikirlerin iddialılığından kopuk kalmalıdır. İçinde bulunduğumuz etkili ve sosyal iklim, tevazu ve işbirliğini gerektirir ve sentezlere ve otoriter insan merkezli emirlere karşıdır.

İçinde bulunduğumuz durumu açıklamaya çalışırken akla gelen düşünceler, neredeyse kederli mevcut durum üzerine düşünme biçimlerinden ibarettir.

Şöyle başlamak gerekirse; insanların hayvanlara ve çevresel kaynaklara müdahalesinden doğan, COVID-19 gibi virüsler antropojeniktir ve dolayısıyla insanların yaptıkları kadar ayrımcılık yapar. Hakim neo-liberal siyasi sınıfların inkar etmeye niyetlendiği büyük toplumsal eşitsizliklerin göstergesi olarak hareket ederler. Şimdi kemer sıkma politikalarının sonuçlarıyla ilgili korkunç gerçek bunları yüzlerine vuruyor: halk sağlığı son derece politik bir mesele. Yarasaların enfeksiyon kapmasına ve COVID-19'a neden olan hayvan yaşamının kötüye kullanılmasından—tüketim toplumunun açgözlülüğü olan—"kapitalosen"in sorumlu olduğu yadsınamaz ise, neoliberal yönetişimin, sosyo-ekonomik güç farklılıklarını şiddetlendirerek bulaşmanın yayılmasının temellerini attığı da aynı derecede doğrudur.

İkincisi, tüm insanlar eşit değildir ve insan hiç de tarafsız bir kategori değildir. Daha ziyade, ayrıcalıklara ve yetkilere erişimi endeksleyen normatif bir kategoridir. "İnsan"a yapılan çağrımlar her zaman ayrımcıdır: Farklı insan kategorileri arasında yapısal ayrımlar ve eşitsizlikler yaratırlar. İnsanlık, her şeyin ölçüsü olarak İnsanoğlu'nun hümanist fikrine odaklanan hiyerarşik bir ölçeğe göre dağıtılan bir niteliktir. Bu baskın fikir, bir özne tarafından ortaya atılan basit bir üstünlük varsayımına dayanır: eril, beyaz, Avrupa merkezli, dayatılmış heteroseksüelliği ve üremeyi uygulayan, sağlam-yapılı, kentli ve standart bir dil konuşan bir özne. Buradaki mevzubahis, feministlerin, ırkçılık-karşıtlarının, siyahilerin, yerli postkolonyallerin ve ekolojik aktivistlerin onlarca yıldır eleştirtirdikleri rasyonel Erkektir.

Egemen insan kategorisinin iktidara-dayalı varsayımlarını teşhir etmek, aynı zamanda, bu baskın ve normatif insan vizyonunun diyalektik karşıtlarını ve muhaliflerini temsil etmeye başlayan öznelerin yeniden konumlandırılmasına neden olur. Bunlar, insanlıktan çıkarılmış veya tam insanlıktan dışlanmış, insandan-daha-az-insan olan diğerleridir—niteliksel olarak bu azınlık özneleri aslında çoğu zaman niceliksel olarak çoğunluktadırlar. Tarihsel olarak, onlar cinselleştirilmiş ötekilerdir (kadınlar, LBGTQ+); ırksallaştırılmış ötekiler (Avrupalı-olmayanlar, yerliler); ve doğallaştırılmış ötekiler (hayvanlar, bitkiler, Yeryüzü).

İçinden geçtiğimiz olağanüstü döneme damgasını vuran olaylarla birlikte, bu çok sayıdaki öteki grupların sesleri, deneyimleri ve bakış açıları etrafımızda kol geziyor. Viral oluşumların gücü, insan-dışı güçlerin failliğini ve Gaia'nın yaşayan, simbiyotik bir gezegen olarak genel önemini vurgulayarak pandemide kendini gösterdi. Ancak aynı zamanda, "Siyah Hayatlar Önemlidir" hareketinin önderlik ettiği bu mukaddes Haziran 2020'de yeniden endemik—ve aslında viral olan— küresel bir isyan da patladı. Bu çoklu krizler ortaya çıktıkça, cinselleştirilmiş, ırksallaştırılmış, doğallaştırılmış ötekilerin siyaseti, eski Anttropos'u merkezden uzaklaştırarak sahnenin merkezine doğru ilerlemektedir.

Üçüncü olarak, doğa ve kültür, insan ve insan-olmayan arasındaki ikili ayrımların Aydınlanma'dan bu yana Avrupa düşüncesinin temelini oluşturduğunu ve dünyadaki birçok kültürün böyle bir ayrımı benimsemediğini akılda tutmak önemlidir (Gibson, Rose ve Fincher 2015). Yerli epistemolojilerden ve kozmolojilerden, postkolonyal ve dekolonyal düşünceden ve Afrika felsefesinden öğrenilebilecek kavrayış ve anlayışların gücü budur. Birçoğu, tüm türler arasında "çokludoğal" bir süreklilik teşkil eder ve bunların tümü, dağıtılmış bir insanlık fikrini paylaşmaktadır. Bu, tüm varlıkların, insan olmayanları da kapsayan ortak bir insan doğasını varsayan bir ruha sahip olduğu düşünülmektedir. Sömürgeci güçlerin yaptığı gibi bu yaklaşımı "animizm" olarak adlandırmak, bu cehalete alışılmadık bir dozda epistemik şiddet ekleyerek asıl noktayı gözden kaçırmak olur. İnsan/insan-dışı ilişkiler söz konusu olduğunda, Güney'den öğrenmeye başlamanın zamanı geldi.

Dördüncüsü, bazı kritik öz-sınırlama gerekli olabilir. COVID-19 ölçeğinde bir pandemi, Batı dünyasına eski bir gerçeği getirmektedir: "Biz" hepimiz bu gezegensel durumda, insan olalım veya olmayalım, birlikteyiz. Ama aynı zamanda bu heterojen ve kolektif "biz"in kendisini biçimlendiren Avrupa merkezli hümanist temsili alışkanlıkların ötesine geçme zamanı geldi. Gerektirdikleri ve uyguladıkları felsefi insanmerkezciliği de yerinden etmek. Bu bakış açısı değişimi, eleştirel posthümandüşünceyi başlatmaktadır. Bugünlerde, eski ikilikleri desteklemek için artık—Erkek ve Antropos olarak—insanın merkeziyetinden eleştirmeden başlayamayız. Ancak bu kabul, bizi zorunlu olarak farklılaştırmama kaosuna sürüklemez veya yok olma kuruntusu uyandırmaz. Daha çok farklı bir yöne, başka bir orta-zemine, başka bir ortama işaret etmektedir, bu da "biz"in—tüm canlı varlıkların—aynı gezegensel evi paylaştığımızın farkındalığını ifade etmektedir.

Evet, birbirimize bağlıyız, yani karasal ortamımızın doğa-kültürsürekliliği içinde paylaştığımız çoklu bağlantılar aracılığıyla ekolojik olarak birbirimize bağlıyız. Ancak, ilgili konumlarımız ve sosyal ve yasal haklara, teknolojilere, güvenlik, refah ve iyi sağlık hizmetlerine erişim açılarından son derece farklıyız. Günümüz dünyasının posthüman özneleri içsel olarak parçalanmış olabilirler; ancak aynı zamanda teknolojik olarak uzlaştırılmışlardır ve küresel olarak birbirine bağlıdırlar. Bizi ayıran bir mekandaki maddi olarak gömülü farklılıkları vurgulamak, aynı zamanda sürekli değişen ilişkiler ağları içinde birlikte bir aidiyet duygusu yaratan dünya ile paylaşılan yakınlığı vurgulamak önemlidir.

Çünkü bu teori, insanlar da dahil olmak üzere tüm maddi varlıkların bedenleşmiş, gömülü, ve cinsiyetli köklerini ve onların keşfedilmemiş kaynaklarını vurgulamaktadır. Feminist düşüncenin kriz zamanlarındaki önemi, dikkatten somutlaşmaya ve yaşanmış deneyime doğru ortaya çıkan çoklu bakış açılarını vurgulamaktır. Ancak aynı zamanda ırk, yaş, sınıf ve güçlü-beden gibi analiz eksenlerinin dahil edilmesini vurgulayan kesişimsel bir yaklaşımı da eklemektedir. Maddeselliği, bedenleşmeyi ve karşılıklı-bağlantıyı vurgulamak, Avrupa merkezli, erkek üstünlüğünü savunan, insan merkezli ve heteronormatif varsayımlara dayalı ayrımcı üniter kategorileri sağlam alternatiflerle değiştiren feminist felsefelerin güçlü yönlerinden biridir. Feminist teoride iş başında olan gömülü ve bedenlenmiş ampirizm, karşı bilgi, yöntem ve değerlerin kaynağı olarak işlev görür. Bugün onlara her zamankinden daha fazla ihtiyaç var.

Altıncı anlayış: sömürge sonrası/de-kolonyal ve yerli teorilerin bize öğreteceği çok şey var. Sadece dünyadaki çoğu insan için doğa-kültür ayrımının geçerli olmadığını değil, aynı zamanda ölüm ve yok olma korkusunun sömürgeleştirilmiş kültürlerin ayrılmaz bir parçası olduğunu vurgulamaktadırlar. Yeryüzündeki birçok yerli halk için salgın hastalıklar, mülksüzleştirme ve çevresel yıkımlar, sömürgeci fetihlerin ve Avrupalıların Birinci Milletler kültürlerini temellük ve yok etmelerinin işaretleriydi. Bu ölçekteki felaketler—ister iklim değişikliğini, ister nesiller arası geçişi veya halk sağlığı sorunları olsundünyadaki birçok insan için günlük bir gerçekliktir, Avrupalıların cevaplaması gereken çok şey var.

Etkilerin Politik Ekonomisi

Bu ferasetler ışığında, şu anki çıkmazımızın içerdiği etkiler konusunda net olmamız ve onları biraz görelileştirmemiz gerektiğine dair bir ön sonuca varacağım. Apokaliptik düşüncenin çekiciliğine olduğu kadar kendine acımanın uçurumuna da aynı açıklıkla direnmemiz gerekiyor: Bu, ıstırap çekmenin değil, örgütlenmenin zamanıdır. Mevcut kriz, ne olmaktan çıktığımız ve kim olabileceğimiz konusunda bizi daha akıllı hale getirebilir. Toplumlarımızda iş başındaki güçlerin ve söylemlerin daha incelikli ve daha karmaşık kartografilerini, yani bulunduğumuz noktanın daha yeterli bir yorumunu mümkün kılar (Braidotti ve Hlaajova 2018). Bu açıklamalar, öncelikle "biz"in kim olabileceğini ve krizle ilgili kamusal tartışmaların merkezinde kimin kaygısının yer aldığını sorgulayarak başlamalıdır.

Çevre ve halk sağlığı insan-kaynaklı risklere ortak maruziyetimizi kabul etmek, bu riskleri değerlendirmenin ve bunlarla toplu ve sosyal olarak ilgilenme sürecinin başlangıç noktasıdır. Bu yaklaşım, insan-oluş süreçlerinin hiç-bitmeyen doğasını yineleyen bir tür epistemolojik alçakgönüllülüğü ifade etmektedir. COVID-19 ölçeğindeki bir krize yeterli yanıt, yaşam biçimimizi nasıl ve ne kadar hızlı değiştirebileceğimizi görmek için toplum temelli deneyler gerektirmektedir. Bu, olumsuz koşullarla, sosyal ve çevresel eşitsizliklerle ve korunmasız veya savunmasız nüfuslara karşı kolektif sorumlulukla yüzleşmek anlamına gelmektedir. Rahatsız edici gerçeklerle yüzleşme yoluyla toplumsal çözümler üretmeye ilişkin bu uygulama, olumlayıcı etik etiğinin merkezinde yer almaktadır. Bu, olumsuzluk ve acı üzerinde çalışarak eylemi ve eleştirel öz-bilgiyi teşvik eden bir uygulamadır. Bu pro-aktif aktivizm, canlıların farklı olasılıkları gerçekleştirme ve güçlendirme konusundaki ortak yeteneğini göstermektedir.

Bu dönüştürücü enerji, tüm canlı organizmaların—insanlar ve insan-olmayanlar—çoklu ve henüz keşfedilmemiş ara bağlantılar oluşturma konusundaki tükenmez potansiyelini vurgulayan olumlayıcı etiğin özüdür. Bu, ancak ortak bir dünyada ortak-inşa edilebilecek ve ortaklaşa eklemlenebilecek bir yaşamın içinliğidir. Tükenmez olan, büyük harflerle yazılmış aşkın ve soyut bir Hayat kavramı değil, daha çok, diğer pek çok kişiyle birlikte, kişinin hayatını sosyal olarak birlikte inşa etmek gibi daha sabırlı bir görevdir.

Kadim Stoacıların formülünü izleyen tek bir yaşam, yalnızca acı ve ıstırapla sürekli, dostane bir yoldaşlığa dayandırılabilir. Bu da etiğin acının yeniden işlenmesinden bilgi ve bilgelik çıkarma uygulaması olduğu anlamına gelmektedir. Biraz daha zorlarsak, bizi kırılganlığın aşırı tezahürü olan ölümlülükle karşı karşıya getirmektedir. Ölüm, yeterince müthiş acı verici bir olaydır; ama aynı zamanda hayatımızın zamanlamasına damga vuran bir olaydır. Ölümle dost olmalıyız. Ölüm, farkındalık düzeyinde, her zaman olmuş olan olaydır, çünkü doğmak ölümlü olmak demektir. Bu nedenle, garip bir şekilde kişisel olmayan bir olaydır. Ölüm, elimizdeki sınırlı zamanın dış sınırını belirler. Bu sınırın farkında olmak, bir felaket değil, enerji verici bir düşünce olabilir. Olumlu etik, acı ve ölümlülüğün kabulü yoluyla, birinin olabileceğinin mümkün olan en olumlu biçimi olmak, güçlerinden ve yeteneklerinden en iyi şekilde yararlanmak için bizi eğitmeye teşvik eder.

Postinsan direniş, olumlu eylem ve dayanışma biçimlerinin kompozisyonları ve kolektif inşası için harekete geçmelidir ve kendi üretici gücünü harekete geçirebilir. Bugün birçok hayat, katillerinden hesap sorulmadan öldürülmek üzere, etnik temizliğe veya katliama mahkûm olan biyopolitikanın thanato-politikasının nesnesidir. Avrupa Kalesi'nin kenarlarında veya Manus Adası'nda ölen mültecileri düşünün. Virüslere ve diğer hastalıklara, iklim değişikliğinin etkilerine ve diğer yıkımlara karşı savunmasızız—buna maruz kalan yaşamların çoğu sadece insan da değil. Ama insanlık dışı, antroposentrik-olmayan bir güç olarak paylaştığımız yaşam (ki ben buna Zoe diyorum) bu olumsuz koşulları aşıyor, çünkü Zoe insanlardan bağımsız olarak var oluyor.

Birçoğumuz, bu pandeminin ortasında Baharın nasıl ilerlediğini, çiçeklerin nasıl açtığını, dünyanın büyümeye nasıl devam ettiğini merak etmekteyiz—her şeye rağmen.

İnsan yaratılışın merkezi değildir. Bu, seküler, materyalist bir oluş felsefesi olarak olumlayıcı düşüncenin büyüklüğüdür. Yaşamları—tüm yaşamlar, ayrıca insan-dışı olanları da, potansiyel olarak direniş alanlarına dönüştürebilen tükenmez bir üretici güçtür. Hayat, biz insanların ondan yarattığımızın altında, aşağısında ve ötesinde üretken bir güçtür. Bu heterojen yaşam tanımının merkezinde yer alan Zoe/coğrafi/tekno-perspektifler direniş alanlarıdır. Nekropolitikanın tahribatına ve Yaşamın sermaye olarak biyopolitik yönetiminin tuzağına düşmesine karşı birçok alternatif sunarlar.

Ama bu ne büyük bir görevdir! Yorgunluk, korku ve umutsuzluk üst üste gelir ve birikerek mutlak bir iktidarsızlık hissi yaratır. Olası eylemlerin ufkunun bu şekilde kapanması, zamanımızın olumsuzluğunun belirtisidir. Olumsuzluk, sistemsel bir parçalanmayı ve ilişkisel kapasitemizin parçalanmasını tetikleyen bir olasılık duygusunun sosyal ve psikolojik olarak karartılmasında kendini gösterir. Harekete geçme arzusunun bu zayıflaması, çoğu zaman dış güçlere, hayatımızı nasıl yaşayacağımızı düzenleme görevini üstlenmeleri için bir çağrıyı besler. Bu olumsuzluk, eninde sonunda, içinde bulunduğumuz dünyayı anlama ve benimseme yeteneğimizin azalmasına neden olur, çünkü onu anlayıp benimsemek fazlasıyla acı verir. Gereğinden fazla olana kadar ondan alabildiğimiz kadar çok ölçüde doz almalıyız. Fazla-aşırılık, şu anki çıkmazımızın önemli kısmına işaret eden tükenme kaynaklarından biridir.

Ancak tükenmez olan, her şeye rağmen yaşamaya devam etme arzumuzdur. Bu, tüm canlı varlıkların en içteki özü veya potansiyelidir: Benim adıma cevap vermeyen içimdeki yaşam. Bu hayati yaşam duygusu, dinsel terimlerle hafife alınmamalı veya kutsallaştırılmamalıdır. Bu duygu materyalist ve seküler kalır. "Sadece bir yaşam," ortak bir dünyaya, ortak noktamız olan tek dünyaya derin bir aidiyet duygusunu ifade eder. Onunla devam etme arzusu, tüm canlı varlıkları birbirine bağlayan kırılgan ama bastırılamaz bir bağdır. Bu, çoğunlukla algılanmayan ve sezilemeyen; ancak yine de vazgeçilmez bir enerji patlaması üretir.

Tükenmez olan, kendi içimizde ve birbirimiz arasındaki farklılık gösterme kapasitemiz, hatta gücümüzdür. Kendimizi bu üzücü durumdan çıkarabilir, tükenmişliğimizin çoklu katmanları üzerinde çalışabilir ve farklı oluş platformlarını birlikte inşa edebiliriz. Bu dönüştürücü uygulama, ancak ortaklaşa, birlikte, posthüman zamanların birbirleriyle kesişen özneleri olarak yasalaştırılabilir. Paylaşılan yorgunluk, aslında kişinin bilmediği bölgelerdeki önemli değişikliklerle karşı karşıya kaldığında tam olarak ne bildiğine dair daha derin bir bilgeliğin ortaya çıkmasını sağlar. Kişi, insanın iddia ve beklentilerinden bağımsız olarak Hayatın yaşadığını bilir. "Biz" buna yalnızca kesişen topluluklar olarak müdahale edebiliriz, kolektif olarak hareket edebiliriz: "Bizler" -bir-ve-aynı-değiliz- ama-bu-birleşmede-birlikteyiz.

Melbourne'den sanatçı Patricia Piccinini (2020), yarasa-oğlanla ilgili yeni kamusal sanat kampanyasıyla bu noktayı açıkça ortaya koydu.

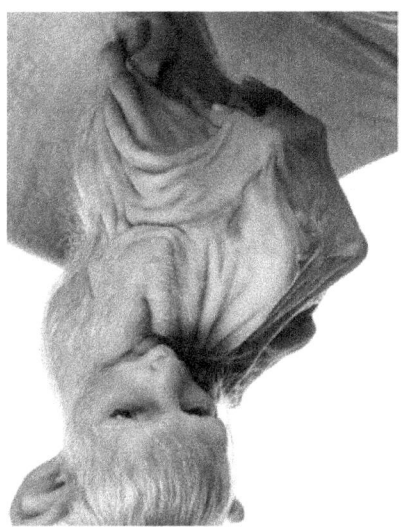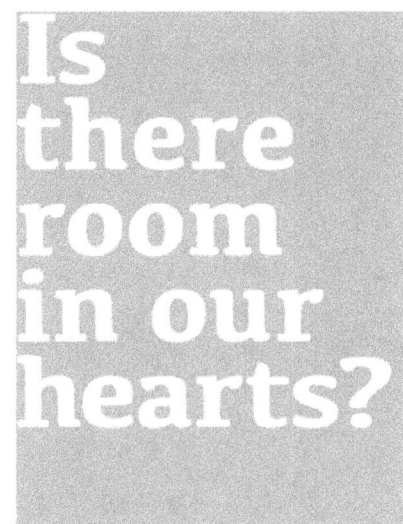

Biz bu tür bir posthüman şevkatli kalpler haline gelebilir miyiz? Bu yola birlikte yön vermeye hazır mıyız? Bir nevi "Biz"—kayıp insanlar—olma yoluna?

Kaynakça

Braidotti, Rosi. *The posthuman*. Polity Press. 2013.
Braidotti, Rosi. *Posthuman knowledge*. Polity Press. 2019.
Braidotti, Rosi, ve Maria. Hlavajova. *Posthuman Glossary*. Bloomsbury Academic. 2018.
Gibson, Katherine, Rose, B. Deborah, ve Fincher, Ruth (eds). *Manifesto for living in the Anthropocene*. Punctum Books. 2015.
Piccinini, Patricia. *Embracing the future*. Arken Museum of Modern. Art and Institut fur Kulturaustausch, Tubingen. 2020.

"WE" ARE IN *THIS* TOGETHER, BUT WE ARE NOT ONE AND THE SAME[1]

Rosi Braidotti

The COVID-19 pandemic is a man-made disaster, caused by undue interference in the ecological balance and the lives of multiple species. Paradoxically, the contagion has resulted in increased use of technology and digital mediation, as well as enhanced hopes for vaccines and biomedical solutions. It has thereby intensified humans' reliance on the very high-tech economy of cognitive capitalism that caused the problems in the first place. This combination of ambivalent elements in relation to the Fourth Industrial Revolution and the Sixth Extinction is the trademark of the posthuman condition.

The underlying mood during this pandemic is affective. It involves complex and internally contradictory alternation of emotions—that mark what I have called the posthuman convergence (Braidotti 2013, 2019). An intense sense of suffering alternating with hope, fear unfolding alongside resilience, boredom merging into vulnerability. Excitement and exhilaration in view of the advanced technologies that drive the Fourth Industrial Age, flip into anxiety and fear at the thought of the huge costs and damages inflicted by the Sixth great Extinction, on both the human and non-human inhabitants of this planet. Although climate change has come to represent this danger in an almost emblematic manner, and the nuclear threat is far from abated, in the current state of emergency, the center of all concerns is the COVID-19 pandemic.

Even before the rigors of the lockdown, the closing of the borders, and the rising death toll, the intensity, and spread of that negative affective economy were palpable. Exhaustion and fatigue—a recurrent sense of hopelessness or impossibility—have become prominent features of the contemporary psychic landscapes, across the urbanized over-developed world. They are witnesses to the daily and nightly struggles to come to terms with what our world has become and the complexities of our historical context.

It is not easy to address these issues. Words, in so many ways, falter and fail. One can only talk about fear, sorrow, and exhaustion in a language reduced to its ossified minimal components, a language that has reached the edge of what it can express, approximating silence but not falling into it just yet. Spiritual fatigue almost longs for a neutralized style that has perfected ways of de-linking from the grand statements of high theory. It would be obscene and unethical to theorize about the epidemiological catastrophe that is unfolding under our very eyes. This is not a time for grandiose theorizing but for collective mourning, affective resistance, and regeneration. We need to mourn the dead, humans, and

---

[1] Braidotti, R. "We" are in *This* Together, But We are Not One and the Same. *Bioethical Inquiry* 17, pp. 465–469, 2020. Available at https://doi.org/10.1007/s11673-020-10017-8

non-humans, and not build theories on their dead bodies—that would be a shameless abuse of intellectual power. But over and above all else, we also need to develop different ways of caring, a more transversal, relational ethics that encompasses the non-humans.

There is so much that we need to both embrace and resist the wave of collective and personal despair at the loss of lives, the hardship of the socio-economic consequences of this man-made disaster, the awareness of all that was wrong with the old world, and which has now become manifest. So, the first challenge is to find the appropriate language for such an endeavor, a language that remains critical but in a modest capacity. We need to understand and account for the pain of the world, for what this damaged planet is going through, but such knowledge production has to remain de-linked from the pretentions of some sovereign idea of the thinker, the scholar, and the writer as the master signifier. The affective and social climate we are in calls for humility, and cooperation, and is antithetical to syntheses and to authoritarian anthropocentric injunctions.

The thoughts that come to mind in attempting to account for our predicament have almost the form of fragments of meditation upon the sorrowful present.

To begin with: viruses born of human interference with animals and environmental sources, such as COVID-19, are anthropogenic and hence discriminate just as much as humans do. They act as indicators of massive social inequalities, which dominant neo-liberal political classes were intent on denying. Now the horrid truth about the consequences of their austerity policies is hitting them in the face: public health is an intensely political issue. If it is undeniable that the "capitalocene"—the greed of consumers' society—is responsible for the abuse of animal life that produced the infections of the bats and generated COVID-19, it is equally true that neoliberal governance has laid the foundations for the spread of the contagion by exacerbating socio-economic power differences.

Secondly, not all humans are equal and human is not at all a neutral category. It is rather a normative category that indexes access to privileges and entitlements. Appeals to the "human" are always discriminatory: they create structural distinctions and inequalities among different categories of humans. Humanity is a quality that is distributed according to a hierarchical scale centered on a humanistic idea of Man as the measure of all things. This dominant idea is based on a simple assumption of superiority by a subject that is: masculine, white, Eurocentric, practicing compulsory heterosexuality and reproduction, able-bodied, urbanized, and speaking a standard language. This subject is the Man of the reason that feminists, anti-racists, black, indigenous postcolonial, and ecological activists have been criticizing for decades.

Exposing the power-ridden assumptions of the dominant category of the human also results in relocating the subjects who have come to represent the dialectical opposites and opponents of this dominant and normative vision of the human. These are the less-than-human others, dehumanized or excluded from full humanity— these qualitatively minoritarian subjects actually very often are quantitively the majority. Historically, they have been the sexualized others (women, LBGTQ+); the racialized others (non-Europeans, indigenous); and the naturalized others (animals, plants, the Earth).

In a concomitance of events that marks the extraordinary period we are going through, the voices, experiences, and perspectives of these multiple others are exploding all around us. The power of viral formations has become manifest in the pandemic, stressing the agency of non-human forces and the overall importance of Gaia as a living, symbiotic planet. But at the same time a global revolt again endemic—and indeed viral— racism has also exploded on this fateful June 2020, led by the "Black Lives Matter" movement. As these multiple crises unfold, the politics of the sexualized, racialized, naturalized others are moving center stage, pushing old Anthropos off-center.

Thirdly, it is important to keep in mind that the binary distinctions between nature and culture, humans and non-humans have been foundational for European thought since the Enlightenment and that many cultures on earth do not adopt such a partition (Gibson, Rose, and Fincher 2015). This is the strength of the insights and understandings that can be learned from indigenous epistemologies and cosmologies, postcolonial and decolonial thought, and African philosophy. Many of them pose a "multinatural" continuum across all species, all of which partake of a distributed idea of humanity. This means that all entities are considered as being endowed with a soul, which assumes a commonly shared human nature that includes the nonhumans. To call this approach "animism," as colonial powers did, is to miss the point, adding to this ignorance an uncommon dose of epistemic violence. When it comes to human/non-human relations, it is time to start learning from the South.

Fourthly, some critical self-restraint may be needed. A pandemic on the scale of COVID-19 brings home to the Western world an ancient truth: that "we" are all in this planetary condition together, whether we are humans or others. But it is also high time for this heterogeneous and collective "we" to move beyond the Eurocentric humanistic representational habits that have formatted it. Dislodging also the philosophical anthropocentrism they entail and enforce. This shift of perspective inaugurates critical posthuman thought. Nowadays we can no longer start uncritically from the centrality of the human—as Man and as Anthropos—to uphold the old dualities. This acknowledgment, however, does not necessarily throw us into the chaos of non-differentiation, nor does it awaken the specter of extinction. It rather points in a different direction, towards some other middle-ground, another milieu, which expressed the awareness that "we"—all living entities—share the same planetary home.

Yes, we are connected, that is to say ecologically interlinked through the multiple interconnections we share within the nature-culture continuum of our terrestrial milieu. But we differ tremendously in terms of our respective locations and access to social and legal entitlements, technologies, safety, prosperity, and good health services. The posthuman subjects of today's world may be internally fractured, but they are also technologically mediated and globally interlinked. It is important to stress the materially embedded differences in the location that separate us but also to stress the shared intimacy with the world that creates a sense of belonging together, within webs of ever-shifting relations.

Fifth insight: feminist theory is of great assistance to think equality with a difference, multiple belongings, and power rifts, because it stresses the embodied, embedded, and sexed roots of all material entities, humans included, and their unexplored resources. The relevance of feminist thought in times of crisis is to emphasize the multiple perspectives that emerge from attention to embodiment and lived experience. But is also adds an intersectional approach that stresses the inclusion of axes of analysis such as race, age, class, and able-bodiedness. Stressing corporeality, embodiment, and inter-connection is one of the strengths of feminist philosophies, which have replaced discriminatory unitary categories, based on Eurocentric, masculinist, anthropocentric, and heteronormative assumptions, with robust alternatives. The embedded and embodied empiricism at work in feminist theory acts as the source of counter knowledges, methods, and values. They are needed more than ever today.

Sixth insight: post/de-colonial and indigenous theories have a great deal to teach us. Not only do they stress that for most people on earth, the nature-culture distinction does not hold but also that the fear of death and extinction is an integral part of colonized cultures. For many indigenous people on earth, epidemics, dispossession, and environmental devastations were the mark of the colonial conquests and of the Europeans' appropriation and destruction of First Nations cultures. Catastrophes on this scale are for many people on earth an everyday reality—whether we think of climate change, intergenerational transmission, or public health issues. Europeans have a lot to answer for.

Political Economy of Affects

In light of these insights, I would reach a preliminary conclusion that we need to be lucid about the affects involved in our current predicament and relativize them a bit as well. We need to resist with equal lucidity the pull of apocalyptic thinking as well as the abyss of self-pity: this is a time to organize, not to agonize. The current crisis can make us more intelligent about what we are ceasing to be and who we are capable of becoming. It enables subtler and more complex cartographies of powers and discourses at work in our societies, that is to say, a more adequate rendition of where we are at (Braidotti and Hlavajova 2018). These accounts have to start by questioning who "we" might be, to begin with, and whose anxiety is taking centre-stage in public de- bates about the crisis.

Accepting our shared exposure to environmental and public health man-made risks is the starting point for a process of assessing these risks and dealing with them collectively and socially. This approach expresses a sort of epistemological humility that reiterates the never-ending nature of the processes of becominghumans. An adequate response to a crisis on the scale of COVID-19 calls for community-based, experiments to see how and how fast we can transform the way we live. That means facing up to the negative conditions, the social and environmental inequalities, and the collective responsibility towards the exposed or vulnerable populations. This praxis of forging communal solutions through the confrontation of uncomfortable truths is central to the ethics of affirmative ethics. It is a praxis that promotes action and critical self-knowledge, by working through negativity and pain. This pro-active activism manifests the living beings' shared ability to actualize and potentiate different possibilities.

This transformative energy is the core of affirmative ethics, which stresses the inexhaustible potential of all living organisms—humans and non-humans—to generate multiple and yet unexplored interconnections. This is the immanence of a life that can only be co-constructed and jointly articulated in a common world. What is inexhaustible is not some transcendental and abstract notion of Life with capital letters but rather the more patient task of socially co-constructing one's life, alongside so many others.

Just one life, following the formula of the ancient Stoics, can only be predicated in a constant, friendly companionship with pain and suffering. This in turn means that ethics is the practice of extracting knowledge and wisdom from the reworking of pain. Pushed to the extreme, it brings us face to face with mortality, the extreme manifestation of vulnerability. Death is the painful event par excellence, but it is also the event that marks our inscription into the time of our life. We need to make friends with death. At the level of awareness, it is the event that has always already happened, because to be born means to become mortal. As such, it is a strangely impersonal event. Death marks the outer boundary of the limited time we have at our disposal. Being aware of this limit can be an energizing thought, not a catastrophe. Affirmative ethics encourages us to train for making the most of one's powers and capabilities, so as to become the most affirmative possible version of what one could be, through the pain and the acknowledgment of mortality.

Posthuman resistance must mobilize for the compositions and collective construction of affirmative forms of action and solidarity and can activate their own generative force. Many lives today are the object of biopower's thanato-politics, doomed to ethnic cleansing or slaughter, to be killed without their killer being held accountable. Think of the refugees dying on the edges of Fortress Europe or on Manus Island. We are vulnerable to viruses and other illnesses, to the effects of climate change and other devastations—many of these exposed lives are not human. But our shared life as an inhuman, non-anthropocentric force (which I call Zoe)—exceeds these negative conditions, because Zoe exists independently of humans.

Many of us are struck about how, in the middle of this pandemic, Spring is advancing, flowers are blooming, and the earth keeps on growing—regardless.

Humans are not the center of creation. This is the greatness of affirmative thought as a secular, materialist philosophy of becoming. It is an inexhaustible generaltive force that potentially can transmute lives into sites of resistance—all lives, also the non-human. Life is a generative force beneath, below, and beyond what we humans have made of it. Zoe/geo/techno-perspectives at the core of this heterogeneous definition of life are sites of resistance. They provide multiple alternatives to the devastations of necropolitics and the entrapment of biopolitical management of Life as capital.

But what a huge task that is! Fatigue, fear, and despair overlap and accumulate to produce a feeling of utter impotence. This closing down of the horizon of possible actions is the symptom of the negativity of our times. Negativity expresses itself in a social and psychological dimming of a sense of possibility, which triggers a systemic fragmentation and a shattering of our relational capacity. This weakening of the desire to act often feeds an appeal to external powers to take over the task of organizing how to live our lives. This negativity ultimately brings about a shrinking of our ability to take in and on the world that we are in, simply because it hurts too much to take it in and on. We have to dose how much of it we can take, till it gets too much. Too-much-ness is one of the sources of exhaustion, which marks so much of or current predicament.

What is inexhaustible, however, is our desire to per- severe in living, against all odds. This is the innermost essence or potentia of all living entities: the life in me that does not answer to my name. This vital sense of life is not to be taken for granted or to be sacralized in religious terms. It remains materialist and secular. "Just a life" expresses a deep sense of belonging to a common world, the one world we have in common. The desire to get on with it, is the fragile yet irrepressible bond that interconnects all living entities. This produces a roar of energy that is mostly unperceived and imperceptible, yet indispensable.

What is inexhaustible is our capacity, our power even, to differ within ourselves, as well as between us. We can extract ourselves from this sad state of affairs, work through the multiple layers of our exhaustion, and co-construct different platforms of becoming. This transformative praxis can only be enacted collectively, together, as transversal subjects of posthuman times. Shared exhaustion actually unfolds upon a deeper wisdom about what it is exactly that one knows when one is facing momentous changes in unfamiliar territories. One knows that Life lives on regardless of human pretensions and expectations. "We" can only intervene in this as transversal ensembles, acting collectively: "We"-who-are-not-one-and-the-same-but-are-in-this-convergence-together.

Melbourne artist Patricia Piccinini (2020) made this point clearly with her new public art campaign about the bat-boy.

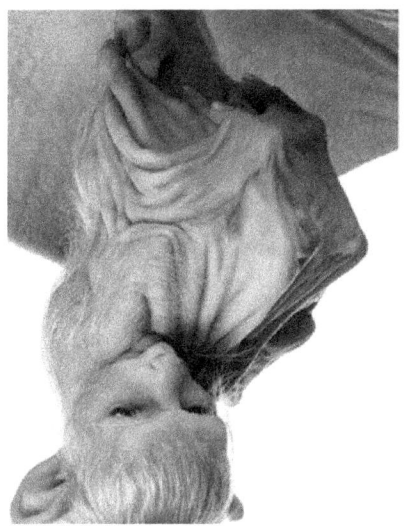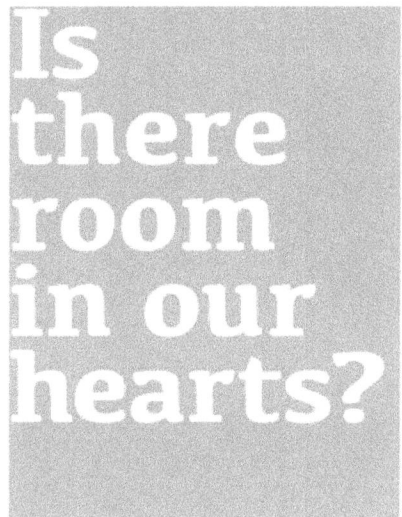

Are we capable of becoming this kind of posthuman caring hearts? Are we prepared to steer this path together? To become a "we"—the missing people?

References

Braidotti, Rosi. *The posthuman*. Polity Press, 2013.
---. *Posthuman knowledge*. Polity Press, 2019.
Braidotti, Rosi. and Maria Hlavajova. 2018. *Posthuman Glossary*. Bloomsbury Academic.
Gibson, Katherine, Rose, B. Deborah, and Fincher, Ruth (eds). *Manifesto for living in the Anthropocene*. Punctum Books, 2015.
Piccinini, Patricia. *Embracing the future*. Arken useum of Modern Art and Institut fur Kulturaustausch, Tubingen, 2020.

BÖLÜM 5

ELEŞTİREL BİR AKIM OLARAK POSTHÜMANİZMİN EDEBİYAT VE SANATTAKİ ALGISI

Kamil Aydın

Üzerinde hemfikir olabileceğimiz temel genel geçer bir gerçek, düşünme ve duyma yetisiyle insanın maddi ve manevi eklektik bir varlık olarak ilk çağdan günümüze özellikle eğitim aracılığıyla yaşama hazırlanma sürecinde bir yönüyle bilime diğer yönüyle de sanat ve edebiyata gereksinimi ve yatkınlığıdır (Burgess 1-8). Bu yatkınlığı göz önüne alarak bu bölümde eleştirel bir akım olarak görülen posthümanizmin edebiyat ve sanattaki algısı üzerine bir eleştirel tartışma sunulacaktır. Dönemsel ele alındığında açıkça görüleceği gibi insan yaşamıyla koşut bir bilim, felsefe ve sanat anlayışı söz konusudur. Örneğin, idealist veya ütopik bir yapıdaki klasik çağın, insanı, doğayı ve yaşamı algılama biçimi ile bunun sanat ve edebiyattaki izdüşümü arasında paralellik bulunmaktadır. Aynı biçimde ortaçağ, aydınlanma ve modern dönemin de kendi içlerinde böyle bir tutarlılık taşıdıklarına tanıklık etmekteyiz. Dolayısıyla bunu edebi ve eleştirel bağlamda somutlaştırmak gerekirse, dönemlerin tüm değer ve özelliklerini yansıtan bir klasik, skolastik, hümanist ve modernist süreçlerden bahsetmek olasıdır.

Etkinlik dönemleri dikkate alındığında, özellikle elektronik arama motorları üzerinden bilimsel kaynak taraması yaptığımızda, hümanizmle ilgili 3,5 milyon üzeri, posthümanizmle ilgili ise sadece yaklaşık 60 bin başlıkla karşılaşırız. Ortaçağın skolastik anlayışına güçlü bir tepkinin adı olan "yeniden diriliş" (Renaissance) genel kavramı içerisinde felsefi bağlamda düşünen insanın önemine atfen ifade edilen humanizm, en geniş anlamda genelde zihinsel kapasitesini kullanma yoluyla bireyin neyin doğru neyin yanlış olduğuna karar verme kabiliyetine dayalı olarak kendi değerini ve saygınlığını onaylayan kategorik bir ahlak felsefesidir ve çeşitli güncellemeler veya formatlarla yüzyıllarca etkinliğini sürdürmüştür (Wolfe 11-24).

Öte yandan, posthümanizm ise Greko-Romen/Rönesans hümanizmi ve aydınlanmasının insan-merkezci (antropocentric) anlayış ve algısını yıkan, diğer tüm canlı varlıkların ve doğanın eklemlenmesiyle ekosantrik (ecocentric) çoğulculuğu savunan bir felsefi eğilim veya yönelim olarak ifade edilse de yine de birbiriyle örtüşmeyen farklı tanımlamalar da söz konusudur. Yani, kavramsal tanımlamada ortak bir kanaatin oluşmadığını, bilakis farklı eleştirmen ve kuramcıların farklı yaklaşımlarla farklı sonuçlara ulaştıklarına tanıklık etmekteyiz (Cary Wolfe, Donna Haraway, Katherine Hayles, Rosi Braidotti). Dahası posthümanizmin herhangi bir akademik disipline ait bir yapı içerisinde konumlanmadığı, aksine birçok alanla, yapıyla, multidisipliner çalışmalarla iletişimde olduğu açıkça görülmektedir.

Francesca Ferrando gibi konuyla ilgilenen bazı düşünürlerin posthümanizmin farklı tanımlamayla ele alınabileceği söylemlerinden hareketle, kavramla ilintili en dikkatleri çeken yaygın sözcükler transhümanizm veya antihümanizm gibi kavram ve tanımlamalardır (Mambrol). Söz konusu kavramlara atıfta bulunan eleştirmenler genellikle Louis Althusser, Michél Foucault ve Jacques Lacan gibi postmodern kuramcıların çalışmalarına dikkatleri çekmektedir. Örneğin; hümanizmin egemenliğini kırmak üzere yola çıkan bir hareket olarak benimsedikleri antihümanizm, yöntem olarak radikal ve bilimsel bir tavırla insan egemenliğini yok etmeyi amaçlamaktadır. Bir diğer ifadeyle, tarihsel materyalizmin ulaştığı bilimsel yöntemle insan mitinin nasıl yerle bir olduğunu vurgularlar. Bu bağlamda, Michél Foucault'nun özellikle *Deliliğin Tarihi*'ni (*The History of Madness* 1961) yazarken aynı zamanda psikiyatrinin sunmaya çalıştığı rasyonel veya insan-merkezli (anthropocentric) yaklaşımları reddetmesi dikkatlere sunulmaktadır (Foucault xxxviii).

Posthümanizm kavramı özellikle eleştirel bir söylem olarak sosyal ve insani bilimler alanlarında 1990'larda ortaya çıkmasına rağmen, *Kelimeler ve Şeyler: İnsan Bilimlerinin Bir Arkeolojisi* (*The Order of Things: An Archeology of the Human Sciences* 1966) başlıklı yapıtında, insanın bir tür kurgu olduğunu ve belki de sonunun yaklaştığını söyleyen Foucault ile 1960'lara kadar geriye gitmektedir. Hatta ilk uygulamaları 1946-1953 yılları arası gerçekleştirilen Macy Konferanslarına kadar götürebiliriz. Bu süreçte Gregory Bateson, Warren McCulloch, Norbert Wiener, John von Neumann gibi araştırmacılar, biyolojik, mekanik ve iletişim süreçlerini tümüyle insana özgü varlık, bilgi ve algıyla ilişkilendiren üstün konumu devre dışı bırakmaktadırlar.

Diğer eleştirel akımlar için geçerli nedensellikten hareketle 1980 ve 1990'ların bilimsel, ekonomik, sosyal, kültürel ve siyasal tüm koşullar ışığında ele alındığında karşımıza etkin bir edebi ve eleştirel akım olarak çıkan posthümanizm için de benzer nedensellik ve koşutluk söz konusudur. Gerçekte postkolonyalizm ve postmodernizm için de geçerli olan kavramların anlamsal ikilemi posthümanizm için de vardır. Her üç kavrama ilişkin semantik yorumdan yola çıkarak sırasıyla kolonyalizm, modernizm ve hümanizm sonrası demek yeterli olmayacaktır. Çünkü konu uzmanı kuramcıların ve uygulayıcıların çalışmalarından hareketle böyle bir tanımlamanın yanı sıra, aynı zamanda bu edebi ve eleştirel yönelimlerin her üçünde de farklı formatlarda benzer çağrışımlarla devam eden sadece ve tamamen bireyin veya toplumun önem ve önceliğine odaklı anlayışlara karşı eleştirel tavır ve duruşu da görmekteyiz.

Dolayısıyla posthümanizmi yerli yerince konumlandırmak için aydınlanma dönemini karakterize eden hümanizmi ve onu hazırlayan koşulları çok iyi anlamak ve algılamak gerekir. Bu genel çerçevede, insan merkezli düşüncenin etkin olduğu Rönesans veya Aydınlanma çağında varlık bulan felsefi duruşun adı olarak karşımıza çıkan hümanizm önceleri "her şey insan için, insana göre ve insan tarafından" insan merkezli bir yaklaşımla masum bir tavır gibi algılansa da zamanla insan dışı tüm varlığın sömürülüp yok edilmesine yönelik bir formata dönüşmesi bu anlayışa karşı bir hareketi de beraberinde getirmiştir. Yani önceleri mekanikleşen yapının daha da ileri giderek otonomlaşan, dijitalleşen ve yapay zekâ tarzı insanı devre dışı bırakan yapı ve işleyişlere evrilmesi ile bir tür insan ötesi odaklanma ortaya çıkmıştır. Bunun sonucunda ise doğal kaynakların tüketilip yok edilmesi, çevrenin aşırı kirletilip acımasız sömürülmesi sonucu meydana gelen seller, depremler, küresel ısınma, kıtlık ve aşırı karbon salınımı gibi doğal felaketler oluşmuştur. Bütün bu yaşanan insan dışı varlıkların ve doğanın önemsiz kılınması düşüncesine karşın genel geçer bir felsefi ve ideolojik duruşun sanat ve edebiyatta da eleştirel bir karşılık bularak ekosantrik (ecocentric) bir yaklaşımın yani posthümanizmin doğmasına neden olmuştur.

Ünlü eleştirmen Bruce Clarke'ın ifade ettiği gibi dönemin etkin söylemiyle paralellik arz ederek son dönem bilimsel çalışmaların yoğunluklu olarak postmodern sanat ve edebiyat algısını ön plana çıkmıştır. Yine bu bağlamda, 2002 yılında Amerikan Modern Dil Derneği (MLA) yayınladığı bir bültende Posthümanizm ilintili konulara artan ilginin somut yansıması olarak kavramın MLA Bibliografyasına eklendiği görülmektedir (Grazevich 6). İfade edilen ve içinde posthümanist konuların yoğunluklu olarak ele alındığı büyük bir çalışma alanı veya edebi çalışmalar; Kültürel Çalışmalar, Felsefe, Film Araştırmaları, İlahiyat, Coğrafya, Hayvan Araştırmaları, Mimarlık, Politika, Sosyoloji, Hukuk, Antropoloji, Bilim ve Teknoloji Çalışmaları, Eğitim, Cinsiyet Araştırmaları, Psikanaliz gibi çokludisiplinleri kapsamaktadır. Söz konusu bütün bu disiplinler ve çalışma alanlarında posthümanizmin belirgin bir sınırlamaya tabi tutulmadığı gibi, modern üniversite bünyesinde özellikle herhangi belirgin bir yere de bağlılığı bulunmayan fakat varlığı her yerde hissedilen bir özelliğe ve yapıya sahiptir.

Özellikle edebiyat ve eleştiride yapısöküm yöntemin varlığına paralel olarak postmodern akımların kendini gösterdiği 1960'lar ve sonrasında artarak geniş ilgi alanı oluşturup sadece bir çalışma alanı değil aynı zamanda üniversitelerde kürsülere dönüşen kültürel araştırmalar posthümanist bağlamlı çalışmalara da geniş alan ve olanak sağlamıştır. Çünkü kültürel çalışmalar edebiyat gibi diğer bazı araştırma alanlarına benzer akademik bir disiplin olmamakla birlikte ne belirgin bir metodolojisi ne de araştırma sınırları bulunmaktadır.

Posthümanist yazım geleneğinden söz etmek için dikkate alınması gereken edebi ve eleştirel kavramların başında sistematik düşüncenin varlığıyla koşut ütopya ve anti ütopya yazım geleneği gelmektedir. Zaman zaman "altın çağ", zaman zaman da "ideal şehir" ve "yeryüzü cenneti" olarak tanımlanan edebiyatta ütopya yazım geleneği kronolojik bir irdelemeye tabi tutulduğunda önceleri Klasik dönemin idealizmini, akabinde Hristiyan binyılını ya da Rönesans ütopyasını ve 19. Yüzyılda ise modern yani sosyalist ütopyayı kapsadığını görürüz.

Plato'nun bilinen ideal toplumsal yapı odaklı yapıtı *Devlet* (*Republic*) ile başlayan bu süreç daha sonraları Thomas More'un bir Hristiyan hümanisti olarak aynı isimle yayımladığı *Ütopya* (*Utopia* 1516), Tommaso Campanella'nın 1602 tarihinde kaleme aldığı ve merkezine bilimi ve bilimsel araştırmaları koyduğu *Güneş Ülkesi* (*The City of The Sun* 1602) ve Sir Francis Bacon'ın *Yeni Atlantis* (*New Atlantis* 1627) yapıtlarıyla devam etti. Daha sonra modern ütopya veya sosyalist ütopyanın tipik örneği olan George Orwell'ın *Hayvan Çiftliği* (*Animal Farm* 1945) bu edebi tarzın en bilinen temsilcileri oldu.

Özellikle bu tarz kronolojik ideal yazım geleneği beraberinde yaşattığı hayal kırıklıklarından dolayı aynı zamanda karşı ütopya geleneğinin de doğmasına neden olmuştur. Diğer bir ifadeyle, ortaçağın skolastik düşünce geleneğinde önemini yitiren, akabinde özellikle Rönesans hümanizmi ve aydınlanmasıyla başlayıp zamanla mekanikleşerek yapaylaşan insan-merkezli anlayış ütopya karşıtlığını kaçınılmaz kılmıştır.

John Stuart Mill gibi bazı düşünürler tarafından distopya[1] (Kumar 172) ve Jeremy Bentham gibi diğer eleştirmenlerce de kakatopya (kakotopia)[2] (Kumar 172) olarak betimlenen karşı ütopya kavramı idealize edilen her türlü söylem ve uygulamanın yarattığı düş kırıklığının ifadesidir. Hedonistik ve faydacı çizgilerdeki sınırsızlık, beraberinde insanın üreticilik ve yaratıcılık çabasını yok edeceği olgusu Aldous Huxley'in *Cesur Yeni Dünyası* (*Brave New World* 1932) ve George Orwell'ın *Bin Dokuz Yüz Seksen Dört'ü* (*1984* 1949) gibi birçok yapıtlara esin kaynağı olmuştur. 20. yüzyılın karşı ütopya yapıtları genelde idealize edilen ile yaşananlar arasındaki zıtlığın neden olduğu öfkenin yansıması, yani bilimsel ve teknolojik gelişimin kendisi değil, bilakis onların kullanımı ve uygulanmasıdır. Başka bir ifadeyle, karşı ütopya yapıtlarında eleştirilen şey; demokrasinin despotizme, bilimin ise barbarlığa dönüşerek akıldışılığı üretmesiydi (Kumar 188):

Bilim ve demokrasi kuşkusuz soylu ideallerdi, kendi içlerinde iyiydiler, fakat onları toplum içerisinde kurumsallaştırma girişimi ütopyacı umutların tam tersini yaratmıştı. Karşı ütopya bu boşa çıkarılmış umutların, ütopyacı beklentilerin tam karşıtının resmiydi. İki dünya savaşında, Sovyet komünizminde, Alman Nazizminde, planlı "bilimsel devlet"te ve savaştaki bilimsel ustalıkla ütopyacı vizyonu için bol bol materyal buldu (Kumar 189).

"Dinsel olan ile seküler olan gibi, ütopya ve karşı ütopya da karşılıklı bağımlı olsalar da birbirlerinin antitezleridir. Anlamlarını ve önemlerini karşılıklı farklarından alan "zıt kavramlardır" (Kumar 172). Günümüzde ise fantastik kurgu yazım teknikleri ile beslenen yarı-insan, insandışı veya insan ötesi figürlerle yine kaybolan insana özgü değerlerin yeniden idealleştirilip kazandırılmasına yönelik çalışmalar bu işlevi kolaylıkla sürdürebilmektedir. Yani aşırı mekanik ve teknolojik donanımlı kahraman ve anti kahraman figürler ve tematik kurgularla sosyal bunalımlara, ekonomik sömürülere, doğa ve çevre katliamlarına, savaşlara veya terör eylemlerine ve onun trajik sonucu olan kontrolsüz nüfuz hareketlerine ve göçe karşı duruşu önceleyen, sınırlayıcı insan merkezli değil, çevre, doğa ve insan dışı canlı cansız tüm varlıkları kapsayan daha kavrayıcı bir tutum öngörülmektedir.

---

[1] John Stuart Mill 1868 yılında İngiliz Parlamentosunun Avam Kamarası üyesi olarak muhalefeti eleştiriken bu kavramı kullanmıştır. Bkz. Kumar, Krishan. *Modern Zamanlarda Ütopya ve Karşıütopya*. Çev. Ali Galip. Kalkedon, 2006.

[2] Kötü bir yer anlamındaki bu kavram da Jeremy Benthom tarafından kullanılmıştır. Bkz. Kumar, Krishan. *Modern Zamanlarda Ütopya ve Karşıütopya*. Çev. Ali Galip. Kalkedon, 2006.

Posthümanizm basitçe ve yalnızca soyut bir akademik ilişkinin adı değildir. Çünkü posthümanist varlığın incelenmesinde popüler kültürün önemli bir yeri bulunmaktadır. Bu bağlamda William Gibson'ın *Neuromancer* (1984), Bruce Sterling'in *Kristal Ekspres* (*Crystal Express* 1989) gibi kurgu romanlar, *Uzay Yolu: Yeni Nesil* (*Star Trek: The Next Generation* 1987-1994) gibi diziler ve Ridley Scott'ın yönettiği *Bıçak Sırtı* (*Blade Runner* 1982*)*, *Matrix* (1999) ve *Yenilmezler: Sonsuzluk Savaşı* (*Avengers: Infinity War* 2018) gibi sinema yapıtları insanları ve makinaları karşı karşıya getirmekte veya yeni, karmaşık ve provakatif, zevk veren yollarla birbirlerini etkilemişlerdir. Örneğin, *Matrix* bilimkurgu filminde aynı adla bilinen bir simülasyon kapsamında insanların köleleştirilerek bir bakıma dünyayı kontrol eden mekanik yapılara bir tür batarya işlevi görmektedir. *Yenilmezler: Sonsuzluk Savaşı* filminde ise galaksiler arası bir mücadelenin kurgusal yansıması, sonsuz süper bir güç ve otoritenin simgesel karşılığı olan altı taşı elde etme mücadelesinde hemen hemen evren popülasyonunun yarısının yok edilmesi eleştirel bir tarzda sunulmaktadır.

Posthümanizm bir bakıma eleştirel bir kuram konusu olduğu kadar aynı zamanda edebi kurgunun sınırsız yansımasının da karşılığıdır. Bu konuda yetkin çalışmalarıyla bilinen eleştirmen Donna Haraway'in ifadesiyle posthümanist kültürü tanımlamanın bir yolunun da, bilimkurgu ile sosyal gerçek arasındaki sınırın sadece optik bir illüzyondan ibaret olduğu gerçeğidir (66). "Siborg Manifestosu" ("A Manifesto for Cyborg" 1985) başlıklı makalesinde, Haraway 20. yüzyılın sonlarında artık zamanın mitik bir zaman ve bizlerin de organizma ile makinanın melez bir kurgu ürünü olan korkunç yaratıklara dönüştüğümüzü yani siborglaştığımızı söylemektedir (66). Görülen şey; bir dönem yazım türü ve onların sinemaya aktarılmış formu olan *Yıldız Savaşları*'ndan (*Star Wars*) örnekleneceği gibi siborg bir dünyada hayvan ve makine karışımı bir yapıyla akrabalığı olan insanın sosyal yansımalarıdır. Bu nedenle, Haraway "Siborg Manifestosu" çalışmasını "Tanrıça olmaktansa bir siborg olmayı tercih ederim" (101) ünlü cümlesiyle sonlandırır.

Posthümanizmin bir yorumlama biçimi de insan tarafından yapılan tahribat sonucu olumsuz etkilenen ekosistem için aynı zamanda bir farkındalık yaratma yolunu açmaya yöneliktir. Yani, soğuk savaş yıllarıyla başlayan başta nükleer silahlanma, çevresel kirlilik, karbon salınımı artışı, kimyasal atık yoğunluğu nedeniyle tüm varlık aleminin tehdit altında olması sanatın birçok dalında olduğu gibi görsel ve işitsel alanların önemli temsilcileri olan sinema, dizi, film ve müzikte de bir karşı duruşun oluşmasına neden olmuştur. Bu anlamda çevresel yıkıma tepkisel müzik formu olarak "Eko-hardcore" antroposen sömürüye güçlü bir tepki sunmuştur: "Eko-hardcore olarak bilinen bu müzik türü, 1990'lı yıllarda ekolojik bozulmanın, iklim değişikliğinin ve giderek daha çok gündemde olan antroposen kavramın karanlık gerçeklerine yanıt olarak ortaya çıkmıştır" (Güvenç 53). Bu müzikal tarz hem görsel hem de lirik olarak şiddet içermekte ve bunu da çevreye yönelik şiddet ve yıkımı yeniden devreye sokup bir tür parodiye başvurarak yaşananların ne kadar ölümcül ve korkunç olduğunu göstermeyi amaçlamaktadır. Yine Gojira grubunun 2005 yılında piyasaya sürdüğü *From Mars to Sirius* albümünde hem şarkılarda hem de albüm kapağındaki şarkı ismi ve sözleriyle bir tür küresel ısınma ve çevresel sorunlara karşı ütopik kurgularla cevap vermektedir (Güvenç 55).

Sonuç olarak; yaşanan tüm olumsuz şartlar ışığında insanlık tarihi kendini yeniden sorgulamalıdır. Yani yaşanan insanlık ötesi veya sonrası dönemin, canlı-cansız tüm varlıkları ve çevreyi yani kısaca ekosistemi ötekileştirici, yok edici ve değersizleştirici yan etkilerinden kurtulmak için bozulan dengenin yeniden inşası gerekmektedir. Bu anlamda en önemli sorumluluk alanlarından biri de her dönem olduğu gibi yine sanat ve edebiyattır. Diğer bir ifadeyle, tahrip edilen organik yapının kazanılması adına insanın iç dünyasına yani mekanik olmayan duygu dünyasına yönelik bir tarzı benimseyerek her şeye rağmen hala insan olduğumuzu hatırlatacak insani değerlerin yaşatılmasına yönelik bir yazım tarzına gereksinim duyulmaktadır. Bunu edebi eleştirel bir formatta gerçekleştirmenin yolu her dönemin yaşanan koşulları ve olanakları gerçeğine uygun bir yazım geleneğiyle mümkündür.

Kaynakça

Burgess, Anthony. *English Literature: A Survey for Students*. Longman, 1974.

Ferrando, Francesca. "Posthumanism, Transhumanism, Antihumanism, Metahumanism, and New Materialism: Differences and Relations." (Ed. The Karl Jasper Society of North America, Mart 2014), *Existenz*, cilt. 8, no. 2, 2013, ss. 26-32.

Foucault, Michel. *History of Madness* (1961). Ed. J. Khalfa, çev. J. Murphy ve J. Khalfa. Routledge, 2006.

Grazevich, G. M. "Emerging Terminology in the MLA International Bibliography," *MLA Newsletter*, cilt 34, no 1, 2002, s. 6.

Güvenç, Gülnur. "Posthümanizm ve Ekosentrizm: Eko-Hardcore Müzikte Çevre Bilinci," *Uluslararası Sosyal Bilimler Dergisi*. cilt 3, sayı 2, 2020, ss. 47-58.

Harraway, Donna. "A Manifesto for Cyborgs: Science, Technology, and Socialist-Feminism in the 1980s." *Socialist Review*, no 80, 1985, ss. 65-108.

Mambrol, Nasrullah. "Posthumanist Criticism." *The Routledge Companion to Literature and Science*. Routledge, 2012.

Wolfe, Cary. *What is Posthumanism?*. Univ. of Minnesota Press, 2010.

BÖLÜM 6

ÇOKLU MEDYA TÜRLERİNDE POSTHÜMANİZM VE ANLATILARIN EYLEYİCİLİĞİ

Başak Ağın

Materyal ekoeleştiriden posthüman ekoeleştiriye dönüşte öykü anlatıcılığını ve maddelerin eyleyiciliğini vurgulayan Serpil Oppermann, 2016 tarihli "Posthümanizmden Posthüman Ekoeleştiriye" ("From Posthumanism to Posthuman Ecocriticism") başlıklı makalesinde, "uyaranlara tepki veren sentetik maddeyi nasıl yorumlarız? Kendiliğinden etkinlik belirtileri sergileyen bu tekno-bilimsel eyleciliklerin kültürel çıkarımları nelerdir? Somut karakteri içinde bu yeni gerçekliği nasıl anlamlandırır, maddeci eyleyiciliklerle kodlanmış 'yaratıcı oluşun' kültürel ve ekolojik katmanlarını nasıl kavramsallaştırırız?" diye sorar (23)[1]. Bu sorular, posthümanizmin kuramsal çerçevesinin artık netlik kazandığı, posthüman akış ve oluş gibi kavramların akademik kitlelerin zihninde berraklaştığı bugünlerde artık o kadar da hayret verici görünmüyor. Asıl şaşırtıcı olan ise aradan geçen beş yıl gibi kısacık bir zamanda posthümanizmin akademik bilinirliğinin ve doğru biçimde konumlanışının bu kadar büyük bir hızla gerçekleşmesidir. Ancak buradan duyduğumuz umutlu hisler, yüzümüzü posthüman bedenlerin bizzat kendilerini oluşturan günlük yaşantılarımıza ve madde ile her zaman birbirine bağlı olan anlam üretme pratiklerimize çevirdiğimizde ne yazık ki yok oluyor. Burada kuramsal açıdan çözümlenmeyi bekleyen iki yönlü bir sorun bulunuyor: Maddenin öykü anlatıcılığının sürekli olarak yanlış anlaşılması bu sorunun bir yönünü, insan biçimlilik diye tercüme edebileceğimiz antropomorfizmin yine insanı merkeze koyan bir anlayışa destek çıkıyormuş gibi algılanması ise ikinci yönünü teşkil ediyor. Bu nedenle, posthümanizmin ve maddenin anlatılara dair dolanıklığının akademi dışı dünyada da ses getirmesi, anlaşılması, kavranması ve bunlara bağlı politik, sosyal ve etik çerçevelerin yeniden çizilmesi gerekiyor. Bunun en hızlı, en kolaylaştırıcı ve en sağlam kaynağının çoklu medya türlerine dönmek olduğu inancındayım.

Bir tür olarak *Homo sapiens*'in öykü anlatıcı bir varlık oluşu, ancak bu özelliğini de başka pek çok tür ve varlık biçimi ile paylaşması, kitabın bu bölümünün çıkış noktasıdır. Hem Donna Haraway'in hem de Karen Barad ve pek çok diğer yeni materyalist kuramcının belirttiği üzere, anlatılar önem arz eder ve bu anlatılar birbirlerine dolanıktır çünkü posthümanist anlayışta "birbirinden bağımsız, etrafı çerçevelenmiş ve dünya ile ilişkisi bulunmayan bir varoluş" mümkün değildir. (Haraway, "It Matters" 565; Barad, *Meeting* ix). Maddenin, bedenin ve/ya doğanın, ortaya çıkma, oluşma, bedenlenme ve/ya maddeleşme sürecinde doğal

---

[1] Burada ilgili makalenin Zeynep Arpaözü, Billur Bektaş ve Süleyman Bölükbaş tarafından çevrilen ve Barış Ağır tarafından redakte edilerek PENTACLE sitesinde yayımlanan Türkçe versiyonundan alıntı yapılmıştır. https://thepentacle.org/2021/07/11/posthumanizmden-posthuman-ekoelestiriye/

akışlarla birlikte bu anlatılar bir sarmal oluşturur. Bu sarmal içerisindeki süreçler, sistemler, varlıklar ve nesneler birbirleriyle etkileşim içerisindeyken sarmalın bizzat kendisi de tüm bu süreçlerin, sistemlerin, varlıkların ve nesnelerin üzerinde doğrudan veya dolaylı olarak etkilidir. Bir taş, bir nehir veya bir insan, kendi konumlu pozisyonlarından birden fazla öykü anlatırlar, kendi öznel konumlarından anlatmadıkları öykülerde dahi milyonlarca başka öyküye dolanıktırlar ve bu öykülerin her biri onların kendi oluşum süreçlerinin izlerini taşır. Öyküler, yaşamsal hareketlerimizin eyleme döküldüğü anların kuşatmasıdır. Bu kuşatma, yeni materyalist-posthümanist anlayışta şu biçimde ifade edilebilir: Kenneth Mølbjerg Jørgensen ve Anete M. Camille Strand'in de belirttikleri üzere, "uzamzamanmadde çoklu mekânsal, zamansal ve maddesel unsurların eyleyici güçlerinin birbirlerine dolanık hallerini vurgular. Maddesel öykü anlatımı bu kuvvetleri mekanların, nesnelerin ve bedenlerin öykülerinin dolanık halleri biçiminde kavramsallaştırır" (11).[2]

Yani yeni materyalist düşüncede beden, madde ve doğa hiçbir zaman söylemden, düşünceden ve kültürden ayrılmaz, onlarla ikili karşıtlıklar biçiminde görülmezler. Bu posthüman dolanıklığa (*entanglement*), öyküleşmiş bedenlere, nesnelere ve süreçlere bir gösterge olacak şekilde, bu kitap bölümünün yazıldığı sıralarda Manga'nın *Antroposen 001* adlı albümünün lansmanının gündemde oluşu hem bu kitabın genel amacına hem de bölümün ele aldığı anlatıların eyleyiciliği konusuna dair pek çok şey söylüyor.

Albümün kapağındaki görsel başlı başına bir anlatı oluşturduğu için, bunun kendiliğinden posthüman bir eyleyiciliğe sahip olduğunu görebiliriz. Görseldeki anlatı şu an içerisinde bulunduğumuz jeolojik çağın, insan aktiviteleriyle nasıl şekillendiğini, doğa ile kültürün birbirinden ayrılmazlığını, insanı merkeze alan antroposantrik düşüncenin iklim krizi de dâhil pek çok soruna nasıl yol açtığını mizahi bir yaklaşımla öne süren bir öyküdür. Kapakta, sellere boğulmuş bir dünyada, enstrümanları, kayıt cihazları ve kameraları, bir kitap, bir olta ve bir şemsiye ile birbirlerine ve ürettikleri müziğe tutunmuş grup elemanları görülmektedir. Grup üyelerinin "hayata tutunma" çabasındayken veya olası bir "kurtuluşu" beklerken üzerine tünedikleri şey, ilk bakışta bir ada parçası veya bir filin gövdesi gibi görünmektedir. Yakından bakıldığında ise, bu imge bir kulağı suya gömülü diğer kulağı dışarıda yan yatmış bir insanın (belki bir bebeğin ve hatta belki de plastikten yapılmış bir oyuncak bebeğin) başına dönüşüvermektedir. Bu (plastik) bebek/insan figürü, kendi bedeniyle birlikte tüm doğayı da plastikleştiren, bugüne dek bir gözünü veya bir kulağını kendi eylemliliğinin etik sonuçlarına kapatmış ve kendi sonunu kendi elleriyle getiren Antropos'a işaret etmektedir. Protagoras'ın "İnsan her şeyin ölçütüdür" sözünü, Aydınlanma geleneği ile beraber antroposantrizm gibi okumaya başlamamızla birlikte, o yarı kapalı göz ve kulak kendimizi bilimin, doğanın ve evrenin hâkimi olarak görme-

---

[2] İngilizce orijinali "spacetimematter" olan ve etiko-onto-epistemolojinin birliğini ifade etmek üzere posthümanist jargonda özellikle bitişik yazılan terim, yazar tarafından "uzamzamanmadde" biçiminde Türkçeleştirilmiştir. Bu bölümde kullanılan ve orijinal dili Türkçe olmayan alıntıların çevirileri aksi belirtilmedikçe yazara aittir.

mize neden olmuş ve bizleri bugün Antroposen çağında Altıncı Yok Oluş'a doğru sürüklemiştir. Üzerine "tünediğimiz" insanın, *Homo sapiens* olmak dışında pek tutunulabilir bir tarafı olmadığını bu albüm kapağında görmenin posthümanist açıdan olumlu bir yüzleşme olduğunu anlasak da geç kalmışlığımızın yüzümüze vurulması açısından bu son derece trajik bir imgedir.

Posthümanizm için bu görselin oldukça büyük bir önemi bulunmaktadır. Zira bu kuramlar bütünü, insanı biyolojik bir tür olarak, varoluşsal olarak ve eylemlerinin sorumluluğu ile gelen etik sonuçları bakımından sorgular. Diğer yandan posthümanizm denilince sadece robotik bedenlere, yapay zekâya veya siborglara dayalı tasarlanan imgeler, hem posthümanizmin transhümanizmle birbirine karıştırılmasına neden olmuş hem de konunun yanlış anlaşılmasına yol açmıştır. Yirmi birinci yüzyılın ilk çeyreğini tamamlamaya yaklaşırken medya imgelerinin bu tip klişelerle fazlasıyla şiştiğini de düşünecek olursak, Manga'nın albüm kapağını posthümanist açıdan ve onun kardeş alanı çevreci beşerî bilimler açısından ele almayı önemsiyorum.

Buradaki öykü, yani albüm kapağındaki hikâyeler bütünü, aslında suyun, toprağın, hayvanın, insanın ve plastiğin nasıl birbirine dolanık olduğunu anlatıyor. Yani teknolojik olanın, kültürel üretimlerin ve doğal olduğunu düşündüğümüz (veya varsaydığımız) her şeyin birbiriyle iç içe geçmiş ve dinamik ağlarla örülü anlatılarının bir toplamından oluşuyor. Suda yüzen plastik futbol topundan arkada görünen dumanlı endüstriyel bacaya dek, bu görsel çok sayıda öykü anlatıyor ve bu öyküler, (bu satırları yazarken tamamını dinlemeye henüz fırsatım olmayan) şarkıların anlattığı öykülerle de birleşerek yeni materyalist perspektiften ele alınan posthümanizmin kastettiği türden bir dolanıklığa işaret ediyor. Hayatta kalma çabasındaki insan, bir yandan kendi zararlı (kültürel) üretimlerinin (küresel ısınma, biyoçeşitliliğin azalması, okyanuslardaki asitlenme, plastik, zehirli atıklar, toksik dumanlar vb.) kurbanı olurken bir yandan da tutunmaya çalıştığı bir toprak parçasına muhtaç kalıyor. Üstelik insan kendisinin de bir parçası olduğu doğal çevreyi bu üretim ve tüketim hırsına kurban ederken, diğer bir yandan başka ve değerli kültürel üretimleriyle (müzik, görsel sanatlar, edebiyat vb.) öykülerinin hayattaki yansımalarını arıyor. Burada sanattan, bilimden ve eğitimden beslenerek yücelen Rönesans hümanizminin insanı her şeyin merkezine alarak ilerleyen ve bilimi bilim yapan Aydınlanma hümanizmine evrilişini izliyoruz. Bu evrim nerede kırılma noktası yaşadıysa (ister tarım devrimi diyelim ister Sanayi Devrimi veya başka bir şey), kapitalist ve neoliberal politikaların desteğiyle ego tahtına oturan insanın o tahttan acıklı bir biçimde inişini seyrediyoruz. Tıpkı Steve Cutts'ın *Man* (İnsan 2012)[3] ve *Man 2020* (İnsan 2020 2020) adlı çizgi filmlerindeki gibi, eline geçen ilk fırsatta yakmaya, yıkmaya, tüketmeye ve yok etmeye meyleden insan, nafile bir çabada, nafile bir taht oyununun merkezindedir. Tüm dünyayı kendi yansıması olarak okuyabilme hayaline kapılan insan, bilimsel ilerleme adı altında kendi var etmişse de bu ilerleme aslında bir anlamda gerilemedir. Bu yansımalar, birer yanılsamadır. Bu nedenle, posthümanizm bir anlamda uyarı niteliği taşıyan

---

[3] Bu çizgi filmin detaylı bir incelemesi için bkz: Başak Ağın Dönmez, "Posthuman Ecologies in Twenty-First Century Short Animations," Hacettepe Üniversitesi, 2015. Yayımlanmamış doktora tezi.

bir öyküler bütünüdür: "Hey, insanlar, yanılgıdasınız" der (tırnak işareti yazara aittir). Yansıma-yanılsama meselesinin felsefi tartışmasına birazdan geri döneceğim. Ancak öncelikle Manga'nın bu yeni albümünün ve kapağının hem çevre duyarlılığı açısından hem de posthümanist açıdan önemini biraz daha açmakta yarar var.

Öyle görünüyor ki posthümanizmin 1990'larda ve 2000'lerde siborglarla, *Matrix*'le, *Terminatör*'le ve bilumum transhümanist imgeyle özdeşleştirildiği anlayıştan yavaş yavaş uzaklaşıyoruz. Bu uzaklaşmada hem küresel öneme sahip öncelikle İngilizce teorik eserlerin daha iyi anlaşılmasının, hem de Türkçe yayınların çoğalmasının katkısı elbette büyüktür. Yeni nesil akademisyenlerin özellikle bu konulara ilgi duymaları, sosyal medyada, açık erişim yayınlarda, canlı bağlantılarla yürütülen sunumlarda ve/ya websitelerinde, kendi tez ya da makalelerinde posthümanizmin farklı yaklaşımları üzerine düşünce üretmeleri de önemlidir.[4] Posthümanizmin kuramsal çerçevesinin gündelik hayata da sirayet etmesine tanık olduğumuz bugünlerde, artık felsefi bir düşünce akımı olmaktan çok başlı başına bir praksise dönüşen "posthüman durum" gittikçe daha çarpıcı hale geliyor ve bir uyanış yaratıyor ki *Antroposen 001* de bu uyanışın bir parçası olarak popüler imgeler arasında yerini almış görünüyor.

Bu sevindirici gelişmeler bize, kuramsal ve akademik çabaların yanında popüler kültürün de posthümanizmi olması gereken yere taşımada kilit bir rol oynayabileceğini gösteriyor. Kuramsal olarak postmodernizmin yapısökümcü köklerinden beslenerek büyüyen bu interdisipliner bakış açısı, eleştirel hayvan ve bitki çalışmaları, biyosemiyotik gibi pek çok çalışma alanını da içine alarak büyümüş; sibernetik, kuantum fiziği, su altı biyolojisi gibi bilim kollarından aldığı destekle çoklu alanlara doğru evrilmiştir. Spekülatif realizmden nesne yönelimli ontolojilere kadar pek çok alt dal için de bir üst çatı görevi gören posthümanizm, bugün geldiği noktada eğitim bilimlerine, dilbilime, engellilik çalışmalarına kadar sayısız kanatta izlerini göstermektedir. Bu izleri sürmenin, akademi dışı dünya için en kolay yolu ise posthümanizmin bu yüzünü de gösteren popüler kültür ürünlerinin ve medyanın anlattığı öykülere odaklanmak olacaktır.

Bu kitap bölümünün amacı, işte bu popüler kültür ürünlerinde ve çoklu medyalarda posthümanizmin özellikle madde vurgusuyla öne sürdüğü ve anlatıların eyleyiciliğini betimlediği yeni materyalist, materyal ekoeleştirel ve posthüman ekoeleştirel düşünceyi temel alarak görsel ve işitsel medyada posthümanist anlatıları irdelemektir. Elbette tüm bunların merkezinde yansı(t)madan yanılsamaya ilerlerken bizlere yeni bir hat çizme şansını tanıyan kırınımsal metodoloji (diffractive methodology) bulunmaktadır. Bu metodolojiye birazdan konu bağlamı içerisinde değineceğim. Ancak kırınıma detaylı biçimde bakmadan evvel, posthümanizm ve ekoeleştirinin kesişim noktası olarak insan eylemlerinin ve etik değerlerinin sorun teşkil ettiğini düşündüğüm tarafını göstermekte ve/veya

---

[4] Bunlara dair bazı örnekler, Ankara Düşünce Atölyesi tarafından düzenlenen ve Ahmet Dağ koordinatörlüğünde gerçekleşen Posthümanizm/Transhümanizm atölyesi ile Başak Ağın koordinatörlüğünde gerçekleşen Posthümanizm atölyesinde görülebilir. Bir başka örnek ise, Temmuz 2020'de yayın hayatına başlayan websitesi PENTACLE'dır. Bkz: https://thepentacle.org

hatırlatmakta yarar görüyorum.

2015 yılında Serpil Oppermann editörlüğündeki *Ekoeleştiride Yeni Uluslararası Sesler* (*New International Voices in Ecocriticism*) başlıklı kitapta bir bölüm olarak yayımlanan "Salla Kafayı, Kurtar Dünyayı: Gotik Ekoeleştiri" ("Bang Your Head and Save the Planet: Gothic Ecocriticism") isimli çalışmamda, müziğin ve ona eşlik eden alt kültürlerin çevresel farkındalık yaratmada yararlı birer araç olabileceklerine değinmiştim. Bu çalışmanın açılış paragrafında, ekoeleştirinin edebiyat-çevre ilişkileri bağlamındaki dar perspektiften çıkıp medya analizi ve görsel-işitsel metinlerin incelenmesine doğru yönünü genişlettiğinden bahsetmiştim. Burada Simon C. Estok'tan verdiğim bir alıntıda, ekoeleştirinin "akademinin dar sınırları dışında da herhangi bir etki yaratmak istiyorsa, sadece kendisini tanımlamanın ötesine geçmesi, değerler meselesini akademi-dışı dünya ile de anlamlı bir şekilde bağlayarak ele alması gerek[tiğinin]"[5] altını çizdiğimi belirtmeliyim (Estok 197; Ağın Dönmez, "Bang" 71). Bu çalışmada sosyal kaygı taşıyan müziğin çevreci bağlamlarda üretilen kurama destek olabileceği fikrinden hareketle, özellikle de Wolves in the Throne Room gibi Black Metal gruplarının veya Gojira gibi kendilerini doğrudan çevreci metal olarak tanımlayan grupların şarkılarının ekoeleştirel bağlamda ele alınabileceğini söylemiştim. Üstelik Heavy Metal ve tüm alt türlerinin kendiliğinden çevre duyarlılığına odaklı ve sosyal adalet peşinde olduklarını ve bu nedenle ekoeleştirinin popüler gelişiminde ve akademi-dışı dünyanın farkındalığının artırılmasında önemli bir rol oynayabileceğini öne sürdüm. Burada, ilgili kitap bölümünde de verdiğim bir alıntıyı, Zeynep Arpaözü, Billur Bektaş ve Süleyman Bölükbaş çevirisi ve Barış Ağır redaksiyonu ile yeniden vererek bu savı desteklemek isterim:

> Rock ve popüler müziğin diğer formları çevreci aktivist mesajları yaygın bir şekilde desteklemiştir. 1960'ların başlarında, karşıkültür gençlik bu müziği algılanan muhafazakâr standartlara karşı bir protesto formu olarak benimserken birçok rock müzisyeni de çevresel yıkım ile ilgili sorunları ele aldılar. Bunlar insanlarda doğan yeni ekolojik hassasiyetlerin ve farkındalıkların sunduğu kurtuluşu da içeriyordu. [. . .] Türün, Black Sabbath veya Led Zeppelin gibi gruplarla başlangıcından beri "heavy metal" olarak bilinen hard rock formları çevreci mesajlar barındırıyordu. 1980 ve 1990'larda, Metallica ve Megadeth gibi başlıca metal grupları nükleer yıkım ve diğer çevresel kaygılarla ilgili önemli parçalara imza atmaya devam ettiler. (Kahn s.y.)

Konunun posthümanizm ile bağlantısına baktığımızda, benzeri bir açığı kapatma çabasının posthümanist söylemler bağlamında da gerekli olduğunu görmekteyiz. 1990'ların sonu, 2000'lerin başındaki biçimiyle posthümanist kuramların siborg, hibrit bedenler, yapay zekâ ve insan ilişkileri gibi konularla sıklıkla ilgilendiği, ancak bunun 2000'lerin ortalarından itibaren yerini yeni materyalist ve düz

---

[5] Bu metnin tam çevirisi Zeynep Arpaözü, Billur Bektaş ve Süleyman Bölükbaş tarafından üstlenilmiş, redaksiyonu Barış Ağır tarafından yapılmıştır. Çeviri, 19 Haziran 2021 tarihinde PENTACLE sitesinde yayımlanmıştır. Bkz: https://thepentacle.org/2021/06/19/salla-kafayi-kurtar-dunyayi-gotik-ekoelestiri/

ontolojik bir kuramlaşmaya bıraktığı görülmektedir. Bugünkü biçimiyle posthümanizm, salt teknolojik bağlamlardan kendini sıyırıp bu tür konuları transhümanist alana terk etmiştir. Ancak, teknolojiyi ve dijitalleşmeyi bir tutku, hatta saplantı haline getiren çalışmaların daha popüler oluşuna karşılık, özellikle de felsefedeki materyal, ontolojik ve insan-dışı dönüşlerle birlikte gelişen teorilerin popüler örneklerinin yokluğu, alanın kamuoyundaki bilinirliğine gölge düşürmüştür. Bir başka deyişle, posthümanizm, şu an bulunduğu hal olan ve insanı sorgulayan bir kuramlar bütünü oluşunu "sıradan insana" yeterince aktaramadığında, kaçınılmaz olarak kendisinin transhümanizmle eşdeğer görülmesine, yanlış değerlendirilmesine kendi eliyle katkıda bulunmaktadır. Örneğin, Türkçe yayımlanan POSTHÜMANİZM başlıklı çok az çalışma gerçek anlamıyla posthümanizmi ele almaktadır. *Posthümanizm: Kavram, Kuram, Bilim-Kurgu* (2020) başlıklı kitabım ve Sümeyra Buran editörlüğünde yayımlanan *Edebiyatta Posthümanizm* (2020) başlıklı derleme kitap dışındaki çalışmaların pek çoğunda posthümanizmin erken anlamıyla ele alındığını görmekteyiz. Mevcut çalışmaların çoğu, posthümanizmin teknogenez ile olan ilgisini aslında transhümanizm gibi okumaktadır ki bu da son derece yanlış imgelere ve bilgi kirliliğine yol açmaktadır. Bu nedenle, tıpkı ekoeleştirinin gerçekten bir fark yaratma çabasında olduğu gibi, posthümanizmin özellikle yeni materyalist açılımlarının popüler medya ile iş birliği konunun teorik düzeyden akademi dışı dünyaya hitap edebilecek düzeye aktarılmasının gerekliliği açıktır. Popüler örnekleri çoğaltma gayretiyle, sizleri daha önce gotik ekoeleştirel bağlamda ele aldığım iki şarkının incelemesine bir de posthümanist gözle bakmaya davet ediyorum. Bu şarkılardan birincisi, Agathocles'in 1995 tarihli *Theatric Symbolization of Life* albümünde yer alan "Mutilated Regurgitator," diğeri ise yine aynı albümde bulunan "Consuming Endoderme Pus" adlı şarkıdır.

İnsanın doğaya ve kendinden başka olan tüm canlılara ettiği zulmü portreleyen kuvvetli bir örnek olarak "Mutilated Regurgitator," tıpkı James Patterson ve Michael Ledwidge'in yazdıkları 2012 tarihli *Hayvanat Bahçesi* (*Zoo*) romanındaki gibi,[6] eziyet gören hayvanların insana karşı birleştikleri ve intikam almak üzere geri geldikleri bir anlatıyı öyküler. Şiddeti tersine çevirmeyi bir çeşit insanlıktan çıkarma (*dehumanization*) olarak ele alırsak, buradaki yersizyurtsuzlaştırmanın (*deterritorialization*) aslında postkolonyal edebiyattaki imparatorluğun geri vurduğu harekete benzediğini söyleyebiliriz. Dolayısıyla, posthümanist öykülemenin birinci yolu, pekâlâ kendi eylemlerimize ayna tutmak ve yaptıklarımızla yüzleşmek olabilir. Şarkının en çarpıcı sözleri şöyledir:

> Bir hayvan var
>
> Bağırsakları parçalanmış
>
> Deneyler yüzünden oldu
>
> Ama şimdi kaçtı ve deli dana oldu

---

[6] Bu romanın dizi uyarlaması, 2015-2017 yılları arasında, önce CBS'te daha sonra Netflix'te yayımlanmıştır.

Ve bu hayvan

Geri geliyor

Ezmek için tüm şirketleri

Böylesine eylemleri destekleyen[7]

Bu sözlerde intikam için geri gelen hayvanlarda aslında *Hayvanat Bahçesi* romanındakinin aksine bir niyetliliğin veya yönelimselliğin bulunmadığını, aslında durumun tamamen insan eliyle üretilmiş sorunların ters tepmesiyle ilgili olduğunu görmekteyiz. Deli Dana diye bilinen hastalığın yanı sıra, şu anda yaşamakta olduğumuz COVID-19 Pandemisinin de aslında insanların yaşam pratikleriyle, kültürel uygulamalarıyla ve genel olarak doğayla olan sorunlu ilişkileriyle yakından alakalı olduğu aşikardır. Elbette bunun temel sorumlusu büyük şirketler vasıtasıyla yönetilen kapitalist ve neoliberalist politikalardır; bu da bizi Antroposen'in aslında bir sistem sorunu olduğunu söyleyen Jason W. Moore'un "Kapitalosen" (Capitalocene) terimine ve hatta Haraway'in "Kthulusen" (Chthulucene) terimine kadar götürmektedir.[8] Agathocles'in de şarkısında, Manga'nınkine benzer bir amaçla yola çıktığı ancak ait oldukları grindcore türü itibarıyla, gerek yaşadıkları ülkede gerekse de global çaptaki hedef kitleleri nedeniyle, kendilerini ifade etme biçimlerinin çok daha sert, nefret ve tiksinti uyandırma maksadı güttükleri görülmektedir. Bu nedenle, birincisi, Agathocles ve Manga'nın "konumları" ürettikleri "bilginin" yani kültürel ürünün bizzat üzerinde bir rol oynamaktadır. Bu konumlar, yine de bizleri posthümanist etik algısından alıkoymaz ve her iki grubun da insanın doğayla olan hastalıklı ilişkisine dikkat çektiği anlaşılabilir. Agathocles'in bir diğer şarkısı "Consuming Endoderme Pus" da yine benzer bir amaca işaret etmektedir:

Hayvan katliamı, sürekli devam ediyor

Et endüstrisi büyüyor

Ama size söyleyeyim, size ne yapacağımı

Siz, umursamaz tüketiciler!!!

Sizi kafatasınızdan sökerim

Endoderm irininizi yutarım

Kurtçukların öğününü yerim

---

[7] Sözlerin çevirisi Zeynep Arpaözü, Billur Bektaş ve Süleyman Bölükbaş'a aittir.
[8] Jason W. Moore, Antroposen terimine yine insanı merkeze aldığı için karşı çıkar. Ona göre Antropos'un (yani insanın) genelgeçer ve yekpare bir tanıma uymayışı itibarıyla iklim krizine yol açan insanın da tek bir kitle olmadığı açıktır. Bu, insanın değil, belli bir zümrenin baskın iktidarı altında yarattığı sistemin yani bir yaşam biçimi olarak kapitalizmin sorunudur. Bu nedenle, Antroposen terimi yerine Kapitalosen denilmesi gerektiğini öne sürer. Bu konudaki tartışmanın detayı için bkz: *Antroposen mi Kapitalosen mi?: Doğa, Tarih ve Kapitalizmin Krizi* (*Anthropocene or Capitalocene?: Nature, History, and the Crisis of Capitalism* 2016). Benzer şekilde Donna Haraway de bu durumun bir sistem sorunu olduğuna dikkat çekerek *Sıkıntıyla Yaşamak: Yeryüzüleşme Çağında Soydaşlık Kurmak* (*Staying with the Trouble: Making Kin in the Chthulucene* 2016) başlıklı kitabında Kthulusen terimini önermektedir.

> Cesetlerinizi kemirerek

Şarkı, esasında, insanları uzun süredir ellerinde tuttukları merkezi konumdaki tahtından indirir ve onları bir zamanlar kurban yerinde olan hayvanlarla yer değiştirir. Özellikle vücut parçalarının bahsi ve bedensel imgelerin tekrarı ile, şarkı bir tür iğrenme algısı yaratır ve böylece poetik persona "öteki" olanla bağdaştırılır/özdeşleştirilir. Bu bakımdan, Heavy Metal ekolojik düşüncenin kendisine oldukça benzer, ki buna Timothy Morton "anti-synethiaphobic"[9] der—ne Heavy Metal ne de ekolojik düşünce birbirine alerjiktir (s.y.). Heavy Metal'in poetik persona'sı (ki bu rolü bazen grup üyeleri sahnedeyken, çoğunlukla da alaycı bir tavırla veya "mahsusçuktan" üstlenir), ana-akım için muhakkak bir "öteki"dir. Dolayısıyla, Heavy Metal sadece diğerine "alerjik olmayan" değildir, ancak aynı zamanda son derece "öteki"dir. Yalnızca gotik üslubun canavarsı figürünü tasvir etmez, canavarın ta kendisidir.[10]

Buradan bakıldığında, gotik ekoeleştirel olanın posthümanist olandan pek de uzak olmadığı, canavarlık, ötekilik ve melezlik gibi kendimizi yabancılaştırdığımız kavramlara bir tanıdıklık duygusu ekleyerek Julia Kristeva'nın "tiksinç" fakat bir o kadar da "kendine cezbeden" şeyler için kullandığı terime bizi yaklaştırdığı anlaşılmaktadır. Yani gotik ekoeleştiri ile posthümanizm bağını kurmanın, bizi, Kristeva'nın orijinalinde *abject* diye nitelediği o itme-çekme hissine doğru sürüklediğini görmekteyiz. Ancak Heavy Metal ve özellikle bu kadar güçlü hisleri içeren alt türlerinin herkese hitap etmesini beklemek bizleri hayal kırıklığına itebilir. Bu nedenle, belki daha kolay hazmedilebilir türlere yönelmek, örneğin çizgi filmlere veya görsel sanat eserlerine bakmak posthümanizmin öykü anlatıcılığından ne kastettiğini anlamamıza yardımcı olabilir. Dolayısıyla yapılacak belki de en iyi şey, popüler medyanın özellikle görsel örneklerinde posthümanizmin nasıl işlev kazandığını anlatmak olacaktır. Bunun ilk adımının kırınımsal okumanın anlamlarını irdelemek olduğunu düşünüyorum.

Haraway'in "optik bir metafor" (*Modest* 16) olarak sunduğu ve daha sonra Barad'ın bir metodoloji olarak öne sürdüğü kırınım, Haraway'in terimi "konumlu bilgi" ile yakından ilişkilidir. Yeni materyalist düşüncenin en önemli unsurlarından biri olan maddenin eyleyiciliği de düşünüldüğünde, bu konumlu bilgi düşüncesi farklı bir anlam kazanmaktadır. Gözlemcinin, gözlemlediği şeyden bağımsız bir varoluşunun bulunmadığı, özne ile nesnenin birbirleri ile dolanık halde oldukları ve aralarında ontolojik olarak bir öncelik-sonralık ilişkisinin var olmadığı bir dünya görüşünü ifade eder. Bir diğer deyişle, İngiliz Aydınlanma filozofu Francis Bacon'ın öne sürdüğü türden, insan-gözlemcinin gözlemlediği nesne ya da olgudan bütünüyle bağımsız olduğu bir nesnellik mümkün değildir. Bacon'ın düşüncesinin aksine, insan, doğayı kıskıvrak yakalama ve onu kontrol

---

[9] "Yakınlık korkusu" olarak Türkçeleştirebileceğimiz "synethiaphobia" Timothy Morton'ın ürettiği bir kavramdır. Doğa ile kurulan yakınlıktan duyulan korkuyu ifade eder. Morton'a göre ekolojik düşünce yakınlık korkusu karşıtıdır. Bkz: https://romantic-circles.org/blog_rc/ecological-thought-part-fifth

[10] Bu paragrafın ve üstteki şarkının çevirisi Zeynep Arpaözü, Billur Bektaş ve Süleyman Bölükbaş'a aittir. İlgili paragraf daha önce PENTACLE'da "Gotik Ekoeleştiri" başlıklı kitap bölümünün çevirisi olarak yayımlanmıştır. Bkz: https://thepentacle.org/2021/06/19/salla-kafayi-kurtar-dunyayi-gotik-ekoelestiri/

etme konumunu çoktan yitirmiştir, hatta bu konuma hiçbir zaman sahip olmamıştır. Dünyayı bir yansıma olarak okumanın yanılsaması da tam olarak budur. İnsanın kendinden hareketle öne sürdüğü her türlü bilgi, bu ister bilimsel bilgi olsun ister sanatsal uygulamalarda can bulsun, kaçınılmaz olarak konumlu-dur. Bu ise beraberinde etik sorumluluklar getirir. Posthümanist etik anlayışının aslında bildiğimiz anlamdaki etikten farklı olduğunu burada görmekteyiz. Barad bunu şöyle tanımlar:

> Etik, sanki doğrusal bir olaylar dizisindeki gibi sonuçların sebepleri direkt takip ettiği bir şey değildir. Sadece dünya ile etkileşimimizin doğrudan sonuçlarıyla alakalı değildir. Etik, daha ziyade, maddeleşme ve önem arz etme ile ilgilidir. Ortaya çıkmalarına yardımcı olduğumuz ve kendimizin de birer parçası olduğumuz dolanık maddeleşme süreçleriyle ilgilidir ki bu süreçlere yeni konfigürasyonlar, yeni öznelik biçimleri, yeni olasılıklar da dahildir. En küçük bir kesiğin dahi önemi vardır. ("Queer" 336)

Burada bahsi geçen kesiklerin, Barad'ın deyişiyle "eyleyici kesikler" olduğunu belirtmek önemlidir. Yani insan gözüne her zaman net olarak görünür olmayan dinamik ağların ve onların çoklu, dolanık ve katmanlı öykülerinin insan algısına açık hale geldiği "küçük anlar" diyebileceğimiz bu "kesitler," Barad için "eyleyici kesikler" oluşturur ve bu kesikler bizim bilgi üretme pratiklerimizi mümkün kılar. Oysa bu ağların içerisine her daim dolanık oluşumuz nedeniyle, ürettiğimiz bilgilerin kendilerinin de içerisinde var olduğumuz ağdan, bağlamdan ve kimliklerimizden bağımsız olması mümkün değildir. Dolayısıyla, yansımanın yanılsamaya dönüşümünün ve yanılsamanın nedeni, insanın kendini yine merkeze aldığı bir duruştur. Yani insanın tek taraflı bir yansıma üzerinden tüm dünyayı okumaya niyetlenmesi ve bu okumanın saf nesnel bir pozisyondan olacağına kendini inandırmış olması sorunludur.

Öte yandan, bu yansımaya karşıdan ve başka konumlardan, kendi konumluluğumuzu unutmadan bakmak, posthümanist düşüncenin insanı merkezden uzaklaştırma sorumluluğunun bir parçasıdır. Haraway'in "hiçbir yerden her yeri görmenin tanrısal numarası" ("Situated" 581) olarak nitelediği yansıma ve düşünümsellik, insanın nesnellik arayışının bir yanılgısıdır. Yeni materyalist düşünür Evelien Geerts'in belirttiği gibi, "daha adil bir bilime yönelik hesap verebilir ve sorumlu bilgi ve çalışma üretmek için, düşünür ve uygulamacıların kendi konumlu duruşlarını kabul etmeleri" gereklidir (Ağın, "Röportaj" s.y.). Geerts, bilim insanlarından, "bu konumların aparatları ve üretilen/kullanılan veriyi nasıl etkilediğini bilmeleri ve öne sürdükleri bilgi iddialarının üzerinde düşünmeleri istenir" biçiminde sözlerine devam etmektedir (Ağın, "Röportaj" s.y.). Bu kırınımsal düşünce biçimi, yalnızca bilimde değil tüm kültürel pratiklerimizde bizi sorumluluklarımızla yüzleşmeye iter. Posthümanizmin bu hususta asıl amacı insanı sorumluluklarıyla yüzleştirmek, onu egosal tahtından indirmektir. Bu yüzleşmenin önemine dikkat çekercesine, Haraway farklılık desenlerine bakmanın gerekliliğini şu sözlerle ifade eder:

> [D]üşünümsellik, yansıma gibi, aynı şeyi yalnızca başka yerde

konumlandırır, kopya ve orijinal konusundaki dertlerimizin temelini oluşturur ve elbette hakiki olan ve gerçekten gerçek olanı arayışımızı da temellendirir [...] Asıl yapmamız gereken, teknobilimin ışınlarını kırınıma uğratmak için maddesel-semiyotik aparatlarda bir fark yaratmamızdır ki böylelikle daha umut verici karşılıklı etkileşim desenlerini yaşamlarımızın ve bedenlerimizin kayıt filmlerinde elde edebiliriz. (*Modest* 16)

Bu kayıt altına alma meselesinde görüldüğü gibi, popüler medyanın çoklu alanlarında posthümanizmin kendi kırınımsal ışınlarının izlerini sürmek ve farklılık desenlerine bakmak mümkündür. İnsan olmayanların eyleyiciliğini algılamak, sınırlı insan zihni için oldukça zordur. Ancak bilim kurgu ve fantastik edebiyat gibi, görünen gerçekliğin sınırlarını zorlamayı kendiliğinden bizlere sunan türler de dahil olmak üzere, sanat yapıtlarında, çizgi filmlerde, video oyunlarında ve hatta Manga örneğindeki gibi şarkılarda ve müzik kliplerinde bu anlatısal eyleyiciliğe yaklaşmanın birtakım yolları bulunmaktadır.

Bu örneklerden biri, David Prosser'ın *Matter Fisher* (2010) başlıklı kısa çizgi filmidir. Maddenin kendine has yaratıcılık özelliğini örnekleyen bu çizgi film, insanın bedensel varoluşu ile insandan başka dünyaların (yani insan-dışı tüm varoluş biçimlerinin) arasındaki temas noktalarından doğan akışları ve oluşları göstermektedir. İnsan eylemlerinin etkileri yoluyla açığa çıkan etkileşimleri, madde ile insan arasındaki dinamik akışı ve maddenin öyküler yaratan eyleyici gerçekliğini algılamamızı kolaylaştıran bu çizgi filmde, yeni materyalist posthümanizme uygun biçimde, insanın dünyadaki eyleyici aktörlerden yalnızca bir tanesi olduğu gerçekliğiyle karşı karşıya kalırız. Doğayla ve bizi saran çevreyle olan etkileşimimizde sanki tüm rol bize aitmiş gibi davrandığımız anların yanı sıra yaptığımız eylemlerin hiçbir tepki doğurmayacağı yanılsamasının da etik sonuçlarıyla yüzleşiriz. Dolayısıyla, Prosser'ın yapıtı, bizlere posthümanist dünya görüşünün madde-enerjiyi merkeze alan ekosantrik bakış açısıyla karşılaşma imkânı sunar. Böylelikle madde ve mânânın dolanık ifadeleşmesinde ekolojik ve etik sorumluluklarımızın önemini bizlere hatırlatan bu film, doğa ile karşılıklı ilişkimize kırınımsal bir okuma perspektifi getirir. Bu, tıpkı materyal ekoeleştirinin ve posthüman ekoeleştirinin öne sürdüğü türden bir perspektiftir.

Materyal ekoeleştirinin ilk kuramsal izlerinin bulunduğu makalelerinde, Serenella Iovino ve Serpil Oppermann, maddenin eyleyici kapasitesinin olduğu fikrinden hareketle, maddenin anlam üretme ve öykü anlatma özelliklerinden söz ederler. Onlara göre, dünyanın fiziksel kuvvetleri ile yüzeyleri, yani coğrafi alanları içlerinde öyküler saklarlar. "Madde eyleyici ise ve kendi anlam üretme imkânı varsa, bedenlerden tutun da bu bedenlerin yaşadıkları bağlamlara kadar her maddesel oluşumun öyküsel olduğunu" söyleyen Iovino ve Oppermann ("Material" 79), tüm maddelerin öykülerle dolu varoluş biçimleri olduklarını ve aslında her birinin "öykülü madde" olarak anılabileceğini ifade ederler ("Introduction" 1-2). Materyal ekoeleştiriden bir sonraki adım diye düşünebileceğimiz posthüman ekoeleştiri de benzer şekilde tüm maddelerin öykülü olduğu fikriyle yola çıkar. Bu kavramla Oppermann, materyal ekoeleştirideki maddenin canlı olduğu düşüncesini geliştirir ve karbonsuz inorganik kimyasal hücre modelleri olarak iCHELL'lerin örneğini verir. Ona göre, sentetik madde olmasına karşın canlılık özelliği gösteren ve evrimin bir başka basamağına işaret eden iCHELL'ler de tıpkı organik maddeler gibi öykü anlatıcıdır. Bu türden bir bakış açısı, Manuel De Landa'nın gerçekliğe ilişkin şu sözlerini çağrıştırmaktadır: "[…] gerçeklik çok çeşitli biçimlerdeki faz dönüşümlerinden geçen tek bir madde-enerjidir […]. Kayalar ve rüzgarlar, mikroplar ve sözcükler bu dinamik materyal gerçekliğin farklı biçimde tezahür etmeleridir ya da bir başka deyişle, bu tek madde-enerjinin kendini ifade etme biçimlerinin farklı yollarını gösterir" (21). Bu ifade, yeni materyalizmin kendine dayanak aldığı temellerden birine işaret etmekte, benzer şekilde materyal ekoeleştirinin ve posthüman ekoeleştirinin de köklendiği düşünce biçimini bizlere göstermektedir.

İster organik ister sentetik olsun, maddenin kendini ifade edişi, posthümanist düşüncede olumlayıcı bir anlam kazanan "canavarlık," "ötekilik" ve "melezlik" gibi kavramları yeniden düşünmemizi gerektirir. Bugüne dek hep olumsuz anlamlar atfedilen bu kavramları, insan merkezci olmayan bir biçimde düşünmek ise özellikle de son üç yüz – dört yüz yılını Aydınlanma geleneği etkisinde geçirmiş Batı bilim ve düşünce dünyası için epey zorludur. Sıradan insan için ise, gözle görülmez kulakla işitilmez pek çok gizemli oluşun sırlarını aralamanın yolu daha da zorludur. Bu noktada popüler medya örnekleri devreye girerek olumlayıcı posthüman durumun ne demek olduğunu, maddenin eyleyici ve anlatıcı özelliklerinin ne anlama geldiğini yine insani bir gözden anlatarak işimizi kolaylaştırabilirler. Japon anime serisi *Naruto*'daki yardımcı hayvanlardan tutun da Disney yapımı *Karlar Ülkesi*'ndeki (*Frozen* 2013) buz fraktallerinin ana kahramana ilham vermesine dek pek çok öykü anlatımı, çizgi film türünün kendine has özellikleriyle birleşerek posthümanizmin yeni materyalist algısını daha kolaylıkla benimsememizi sağlar. Çizgi film türünün bu açıdan önemi, Ursula K. Heise'nin çevresel farkındalık ve animasyonlar üzerine yazdığı makalesinde de ifade edilmiştir:

> Ciddi bir çalışma alanı olarak uzun süre ihmal edilmiş olan çizgi film, geçtiğimiz on-yirmi yıllık sürede tarihiyle, estetiğiyle ve politikasıyla ilgilenen pek çok çalışmanın artmasıyla epeyce ilgi çekmeye başlamıştır. Dijital animasyonun mümkün kıldığı görsel stiller, tamamı hayali dünyalardan oluşan gerçekliklerin çarpıcı görsel inandırıcılığı düşünüldüğünde, son derece geniş ölçekli bir çeşitliliğe sahiptir. Bu gerçekliğin yanı sıra, çizgi filmin ciddi tarihi ve siyasi meselelerle ilgili içerik de üretmesi ve tüm dünyada gittikçe artan Japon animesine olan ilgi de akademik alanda artan çalışmalara, şüphesiz, katkıda bulunmuştur. Çocuklar için basit eğlence aracı olarak görülmekten çıkıp savaştan ve ayrımcılıktan tutun da teknolojik yenilikler ve çevre krizi gibi pek çok soruna eğilebilen olgunlaşmış görsel bir tür olarak animasyon artık büyümüş ve gelişmiştir. (301)

Animasyon filmlerinin "ciddiye" alınmasındaki faktörler arasında sayılan tarihi, siyasi ve çevresel meseleler bir yana, türün kendine has esnek yapısı da onun posthümanizmi anlamak için etkili bir araca dönüştürmektedir. Çizgi filmlerin global ölçekli, türlerarası ilişkileri eşit ve yatay düzlemde ele alabilen, kültürlerarası transfere ve etkileşime olanak tanıyan ve sınırları yapısöküme uğratan bir tür olması, bunun öncelikli nedenidir. İkinci neden, sadece insanlar arası kültürel geçişkenliğe değil, insan-dışı türleri (hayvan ve bitki gibi), hatta eyleyici kapasiteye sahip maddeyi, şahıs niteliği taşımayan abiyotik faktörleri ve silikon bazlı olup canlılık özelliği gösteren maddeyi de kapsayacak bir tür oluşudur. Son ve en önemli neden ise, sunduğu esnekliktir. Başına oturduğumuzda gerçekliğe ayna tutuşunu o kadar da sorgulamadan kabul edebildiğimiz bir dünyayı önümüze getirmesi nedeniyle sınırları aşmanın yollarını bulabilmemizi sağlar. Bu yüzden posthümanizmin ve çizgi filmlerin karşılıklı bir birbirine-dayalılık ilkesi içerisinde karşılıklı destek sunabileceklerine inanıyorum; animasyon, insan ile insandan başka dünya arasındaki dolanıklıkları anlamamızda umut vadeden bir çalışma alanıdır.

Bu kısmı biraz daha açacak olursak, Heise'nin de belirttiği üzere, "konuşan ve davranış gösteren hayvanlar, bitkiler ve nesneler, animasyonun kurgusal dünyalarında izleyiciyi; insanı, canlılık, yönelimsellik ve eyleyiciliğin pek çok tezahüründen yalnızca biri olarak görmeye davet eder" (305). Böylelikle türlerarası ilişkileri düzenleme imkânı sunan çizgi film türü, ilişkisel bir ontolojik anlayışın kapılarını aralamanın en eğlenceli yollarından biri haline gelir. Buradaki esneklik Sergei Eisenstein'ın plazmatiklik olarak ifade ettiği türden bir esneklik olduğu için de şekilden şekle girme olanağı tanıyan bir geçişkenlik söz konusudur. Bu geçişkenlik, tıpkı posthümanist düşüncenin bizlere gösterdiği dolanık ağların dinamik ilişkiselliğine ve cam fanusla çevrili olduğunu sandığımız ancak son derece akışkan olan ve etrafıyla her daim etkileşimde bulunan bedenlerimizin de "sızdırır" (*porous; leaking*) yapısına bir göndermede bulunmaktadır. Heise, bu plazmatiklik özelliğini özellikle çevreci mesajlar bakımından değerli bulur ve şöyle yorumlar:

> Hem insan hem de insan-dışı plazmatik bedenler doğanın kırılganlığına ilişkin kaygıları savuşturmayı başarmış görünüyorlar. Aynı zamanda da oyunbaz bir tavırla ekolojik adaptasyonu, direnci, insanların gezegenin en temel yapılarını bile değiştirdiği çağ olan Antroposen'de doğanın geleceğini tanımlayacak sentetik, insan yapımı ekolojileri irdeleyebilirler. İnsan dışı varlıklarda eyleyicilik nasıl ve neden keşfettiğimizi, organizmaların nasıl nesne olduklarını, karşılığında nesnelerin nasıl organizmaya dönüştüklerini sorgulamaya açarak çizgi film türü, modern toplumlarda doğanın yeniden üretilmesine dikkat çeker. Buna karşılık, çok çeşitli insan dışı eyleyici unsurların nüfusunu oluşturduğu bir dünya olarak doğa ile karşılaşmalarımıza da dikkat çeker. Açıkça çevreci mesajlar taşımadıkları zamanlarda dahi çizgi filmler en temel estetik stratejileri vasıtasıyla bu soruları sıklıkla gündeme getirmeyi başarırlar. (305)

De Landa'nın sözlerinden ilham alan *Kayalar ve Rüzgarlar, Mikroplar ve Sözcükler* isimli sergisinde, sanatçı Kerem Ozan Bayraktar'ın çalışmaları da bu benimsemenin bir başka imkânını sunmaktadır. Bayraktar bu sergideki işlerde ekolojiyi bir metafor olarak kullanmakta, dinamik sistemler ve ağlardan oluşan hayat yelpazesini sorgulamaya açmaktadır. Bu sorgulamanın sanatsal temsiliyet bağlamında nasıl ifade edilebileceği üzerine kafa yoran ve izleyiciyi de bu yolla kendi etkileşim olasılıklarına bakmaya davet eden sergi, hareket ve eylemsizlik arasındaki ince bağları hayatın tanımı olarak düşünmenin yollarını aramaktadır. Burada cisimlerin, bedenlerin, hayvanların, sistemlerin birbirleriyle olan ilişkiselliğini gözden geçiren Bayraktar, posthümanist anlayıştaki maddenin öyküselliği üzerinde durmaktadır. Tıpkı Manga'nın albümündeki gibi, posthüman sanatın Stelarc gibi sanatçıların deneysel çalışmalarıyla beden transformasyonlarının transhümanist yorumlamalarından çıkıp nasıl yeni materyalist bir düzleme geçtiğini bu biçimde gözlemlemek mümkündür. Örneğin, Bayraktar'ın ambulans ve oksijen üzerine yaptığı iş, dinamik ağların ve nesneler, bedenler ve sistemler arasındaki bağlantısallığın anlatısı açısından önemlidir. Kevser Güler'in sergi üzerine yazdığı yorumundaki ifadeleri, bu açıdan dikkate değerdir:

> [...] Kerem ambulansı, dünya tarihindeki ölüm, enerji, hayat, teknoloji ve dil gibi çeşitli varoluş biçimleri ve süreçlerin kesişimleri olarak ele alır. Ona göre, ambulans, bir nesnenin doğallığı, bir varlığın cansızlığı ve yaşam-ölüm ilişkisi üzerine sorulan soruları karmaşıklaştıran bir unsurdur. Latince kökeni yürümek, hareket etmek anlamına gelen ambulare sözcüğü olan ambulans, kendi tanımında kendiliğinden var olan "hareket" fikrine dair imgeleri tetikler. Motorlu bir taşıt olarak ambulans tıpkı yaşayan varlıklar gibi hareket etmek için enerjiye gereksinim duyar ve enerji kaynağı olarak fosil yakıt kullanarak kendi motor sisteminde oksijen yakar. Fosil yakıtlar ise ölü organizmaların, yaşayan varlıkların kalıntılarıdır. (s.y.)

Ölüm-yaşam, hareket-eylemsizlik, canlılık-cansızlık arasındaki çizgileri bulanıklaştıran bu yorum ve bu sergi, aslında bizlere posthüman bir dünyada zaten yaşadığımızı hatırlatmaktadır. Dolayısıyla, transhümanist düşüncede belirtilenin aksine, posthüman varılacak bir son nokta, insanın bir beta sürümü, İnsan 2.0 veya siborga dönüşüp insanın bedeninden tamamıyla kurtulması değildir. Tam aksine, halihazırda bağırsağındaki florada yaşayan bakterilerle, saç ve kirpik diplerindeki akarlarla, vücudunu besleyen minerallerle her daim dolanık yaşayan insanın, her zaman, her yerde ve her koşulda posthüman olduğunu görmekteyiz. Kendi öykülerimizin diğer türlere, cansız olduğunu düşündüğümüz varlıklara ve abiyotik faktörlere de ne kadar dolanık olduğunu, bunların birbirinden ne kadar ayrılmaz olduklarını anladığımız zaman, gerçekten posthümanist etik algısına sahip olabilecek ve belki de daha iyi öyküler anlatabileceğiz.

Sonuç olarak, antroposen'in getirdiği umutsuzluk, ekolojik yas duygusu ve solastaljinin[11] de (*solastalgia*) ötesine geçen tüm insani ve insan-dışı öykülerin dolanıklığı, posthümanizmin yeni materyalist kollarıyla anılması ile birlikte, popüler medyadaki siborgların ve yıkıcı yapay zekâ imgelemlerinin yerini alacağa,

---

[11] Glenn Albrecht'in çevreci beşeri bilimlere kazandırdığı "solastalji" terimi, ekolojinin kökü olan "eko-" önekinin türediği Yunanca *"oikos"*un hem doğa hem ev anlamına gelişiyle ve ekolojik kederle yakından

hatta çoktan almışa benziyor. Medyanın popülerliğini kullanarak akademi dışı dünyaya da ulaşabilmenin bir yolunu arayacaksak öyle çok uzaklara gitmemiz gerekmeyebilir. Şarkılardan, albüm kapaklarından, çizgi filmlerden ve görsel sanatın çeşitli biçimlerinden faydalanmak yoluyla, aslında posthümanizmi salt kuramsal alanından çıkararak kamuoyuna anlamlı gelecek biçimlerde sunmanın ve onu yarı mekanik bedenlerle şekillendirmektense çok daha iyi betimlemenin bir yolunu çoktan bulmuş olabiliriz. Bir başka deyişle, posthümanizmi yalnızca katı bilim kurgu eserlerindeki gibi distopik bir gelecek tasavvuru vasıtasıyla düşlememenin, olumlayıcı bir gözle dünyayı yeniden anlamlandırmaya çalışmanın bir metodu olarak düşüneceksek, çoklu medya türlerindeki yeni materyalist ve ekolojik odaklı bakış açılarının çoğalmasını umut verici gelişmeler olarak nitelendirmek mümkündür. Elbette bu çoğalmanın katlanarak büyümesi ve geleceğe ışık tutması en büyük temennimizdir.

---

ilgilidir. Solastalji, evdeyken evi özlemek anlamına gelmektedir ki bu da "ev" olarak doğanın yıkımı karşısında insanın hissettiği üzüntü ve çaresizliği ifade eder. Çevre felaketleriyle bağlantılı olarak kişinin yaşadığı evi kaybetme duygusu olarak tanımlanabilecek bu duygu, artık var olmayan bir doğanın geri getirilemez oluşundan kaynaklı yası betimler.

Kaynakça

Agathocles. "Consuming Endoderme Pus." *Theatric Symbolization of Life*. 1995.

---. "Mutilated Regurgitator." *Theatric Symbolization of Life*. 1995.

Ağın, Başak. *Posthümanizm: Kavram, Kuram, Bilim-Kurgu*. Siyasal Kitabevi, 2020.

---. Evelien Geerts ile Röportaj. Erişim tarihi: 16 Aralık 2021. https://thepentacle.org/2021/07/04/evelien-geerts-soylesisi/

Ağın Dönmez, Başak. "Posthuman Ecologies in Twenty-First Century Short Animations." Hacettepe Üniversitesi, 2015. Yayımlanmamış Doktora tezi.

---. "Bang Your Head and Save the Planet: Gothic Ecocriticism." *New International Voices in Ecocriticism*, ed. Serpil Oppermann. Lexington, 2015, ss. 71-83. Çev. Zeynep Arpaözü, Billur Bektaş ve Süleyman Bölükbaş. Erişim tarihi: 16 Aralık 2021. https://thepentacle.org/2021/06/19/salla-kafayi-kurtar-dunyayi-gotik-ekoelestiri/

Albrecht, Glenn A. "Solastalgia': A New Concept in Health and Identity." *PAN (Philosophy, Activism, Nature)* no 3, 2005, ss. 44–59.

Barad, Karen. *Meeting the Universe Halfway: Quantum Physics and the Entanglement of Matter and Meaning*. Duke UP, 2007.

---. "Queer Causation and the Ethics of Mattering." *Queering the Non/Human*, ed. Nora Giffney ve Myra J. Hird. Ashgate, 2008. 311-336.

Bayraktar, Kerem Ozan. *Rocks and Winds, Words and Germs*, ed. Kevser Güler. Sanatorium, 2019.

Buran, Sümeyra, ed. *Edebiyatta Posthümanizm*. Transnational Press London, 2020.

Cutts, Steve, yön. *Man*. 2012.

---. *Man 2020*. 2020.

De Landa, Manuel. *A Thousand Years of Nonlinear History*. New York: Zone, 1997.

Estok, Simon C. "Bridging the Great Divide: Ecocritical Theory and the Great Unwashed." *ESC: English Studies in Canada*, cilt 31, no 4, 2005, ss.197-209.

Güler, Kevser. "Rocks and Winds…" Eylül 2019. Erişim tarihi: 15 Aralık 2021. http://keremozanbayraktar.com/archive/rocks-and-winds-text-by-kevser-guler/

Haraway, Donna J. "Situated Knowledges: The Science Question in Feminism and the Privilege of Partial Perspective." *Feminist Studies*, cilt 14, no 3, 1988, ss. 575-599.

---. *Modest_Witness@Second_Millenium: FemaleMan©_Meets_Oncomouse™. Feminism and Technoscience*. New York: Routledge, 1997.

---. *Staying with the Trouble: Making Kin in the Chthulucene*. Duke University Press, 2016.

---. "It Matters What Stories Tell Stories; It Matters Whose Stories Tell Stories." *a/b: Auto/Biography Studies,* cilt 34, no 3, 2019, ss. 565-575.

Heise, Ursula K. "Plasmatic Nature: Environmentalism and Animated Film." *Public Culture*, cilt 26, no 2, 2014, ss. 301-318.

Iovino, Serenella, and Serpil Oppermann. "Introduction: Stories Come to Matter." *Material Ecocriticism*. Indiana UP, 2014, ss.1-17.

---. "Material Ecocriticism: Materiality, Agency, and Models of Narrativity." *Ecozon@* 3, no 1, 2012, ss. 75-91. Erişim tarihi: 14 Aralık 2021. https://ecozona.eu/article/view/452

Jørgensen, Kenneth Mølbjerg ve Anete M. Camille Strand. "Material Storytelling: Learning as Intra-Active Becoming." *Critical Narrative Inquiry: Storytelling, Sustainability, and Power*, eds. Kenneth Mølbjerg Jørgensen ve Carlos Largacha-Martinez. Nova Science Publishers, 2014, ss. 53-71.

Kahn, Richard. "Environmental Activism in Music." Academia.edu. Erişim tarihi: 1 Eylül 2013.

Manga. *Antroposen 001*, 2019.

Moore, Jason W. *Anthropocene or Capitalocene?: Nature, History, and the Crisis of Capitalism*. Kairos, 2016. Kindle edition.

Morton, Timothy. "The Ecological Thought: Part Fifth." *Romantic Circles Blog*. Son değiştirme tarihi: 26 Temmuz 2008. Erişim tarihi: 21 Temmuz 2013. http://www.rc.umd.edu/

blog_rc/ecological-thought-part-fifth

Oppermann, Serpil. "From Posthumanism to Posthuman Ecocriticism." *Relations: Beyond Anthropocentrism* 4, no. 1, 2016, ss. 23-37. Erişim tarihi: 14 Aralık 2021. https://www.ledonline.it/index.php/Relations/article/view/990

Patterson, James ve Michael Ledwidge. *Zoo*. Arrow Books, 2012.

Prosser, David, yön. *Matter Fisher*. 2010.

BÖLÜM 7

POST-HÜMANİZM VE POSTHÜMANİST-FEMİNİZM

Meryem Ayan

Posthümanizm

Post'lar veya Postizm Çağı olarak da adlandırabileceğimiz bir dönemde, pek çok kavram *post* ön ekiyle akademik hayatta ve çalışmalarda yer edinmiştir. Bu makalede ele alınacak olan Post-hümanizm ve Posthümanist-Feminizm, *post* ön ekiyle türetilen kavramlardan sadece iki tanesidir ve içinde yaşadığımız Post Çağı'nın en çok tartışılan kavramlarındandır. Post-modernizm ile başlayan *post* ön ekinin kullanımı, farklı kavramlarla ilişkilendirilerek karma ve bağlantılı kavramlar oluşturduğu görülmektedir. Bu çalışmada amaç, Post-hümanist bağlantılı Feminizm anlayışını, değişimini ve gelişimini *Posthümanist-Feminizm* olarak ele almaktır.

Latinceden gelen *post* ön eki genellikle *-den sonra* anlamına gelmektedir. Post-modernizm, Post-kolonyalizm, Post-yapısalcılık da olduğu gibi. Ancak *post* ön eki geldiği kavramın sadece *-den sonrasını* değil aynı zamanda *-den ötesini* de ifade etmek içinde kullanılmaktadır çünkü bu kullanım geçmişi, şimdi ve gelecek ile ilişkilendirmektedir. Post-hümanizm veya Posthümanizm hem anlamı hem de yazılışı ile kafaları karıştıran, insanlık algısının geçmişini, bugününü gelecekle ilişkilendirerek insan ötesini ifade etmektedir. Yani, Posthümanizm *-den sonrasını*, bugün ile harmanlayarak *-den ötesi* ile ilişkilendirmektedir çünkü geçmişin birikimini bugünün koşullarında yeniden değerlendiren ve geleceğe dair olası evrensel tasarıları tartışarak farklı açılardan yeni bir insanlık düşüncesi sunmaktadır. Diğer bir deyişle, Posthümanizm insan evrimleşmesini bugünün sosyal, teknolojik ve ekonomik değişimler ışığı altında, insanlığı ve evreni tanımlarken, insanlığın içine doğduğu kategorilerin sınırlarını aşındırıyor ve bu sınırları tartışmalı hale getiriyor. Bu nedenle Robert Pepperell'ın ifade ettiği gibi Posthümanizm, "sadece gelecekle ilgili değil, şimdiyle de ilgilidir" (172) çünkü "[h]ümanizmin ideallerine dair inançlar en az on dördüncü yüzyıldan beri vardır ve gelecekte de var olmaya devam edecektir" (171). Posthümanizm kavramı diğer birçok "–izm" gibi farklı noktalar üzerinde odaklanan, çeşitli bağlamlarda *insan algısını* değerlendiren fikirleri ortaya koyan ve bir çok bakış açısını öne süren çok yönlü bir yaklaşımdır. Bu nedenle de Posthümanizmin "tek ve genel bir tanımı yapılamamaktadır" (Ferrando 26), fakat kavram olarak birden fazla ve birbiri içine geçmiş anlamı vardır.

Genellikle, Posthümanizm kavramı bir taraftan, *-den sonrası* olarak tarihsel süreçte sosyal ve felsefi olarak hümanizm sonrasında değişen insanlık düşüncesine odaklanırken, diğer taraftan da *-den ötesi* olarak teknolojinin gelişmesiyle insanın somut bir biçimde niteliğinin değişerek başka bir varlığa dönüşmesi üzerinde durmaktadır. Diğer bir deyişle, Posthümanizm insan olmanın özünü ve hümanizmin normlarını sorgulayan ve yeni bir insanlık, kimlik, kültür, beden tasarılarının ve yaşamının nasıl olabileceği ile ilgili öneriler sunan bir yaklaşımlar bütünüdür. Posthümanizm, Katherine Hayles'in sözleriyle, "alışılagelmiş kalıpların bazılarından çıkma ve neyin insan olduğu hakkında yeni düşünme yolları açmanın heyecan verici olasılığını çağrıştıran" alışılagelmiş normların dışında düşünme şeklini başlatmaktadır (285). Karışık ve karma bir kavram olan Posthümanizm alışılagelmiş normların dışında düşünme şekli sunduğu için, bu kavram ile ilişkilendirilerek ortaya konulan farklı çalışmalar insanlık, kimlik, cinsiyet ve yaşamın nasıl olabileceğine dair yeni öneriler sunan karma çalışma alanları yaratmaktadır.

Posthümanizm kavramını bugünkü anlamıyla ilk kullanan Mısırlı düşünür Ihab Hassan, post-modern sanat üzerine düzenlenmiş olduğu, 1976 tarihli bir kongrede sunduğu bir bildiriye dayanarak yazdığı ve 1977'de yayınlanmış olan *Bir Sanatçı Olarak Prometheus: Posthümanist Bir Kültüre Doğru* ("Prometheus as Performer: Toward a Posthumanist Culture?") adlı denemesinde ilk defa kullanmıştır. Hassan insan merkezci düşüncenin sosyal alandaki sorgulanmalarının, hümanist bakışın ötesine geçilmesi gerekliliğinden ve hümanizm anlayışının, insan yapısının ve algısının değişimi ile başka bir şeye dönüştüğünden bahseder:

> Biz öncelikle–insani arzuların ve bütün dışsal temsillerinin de yer aldığı–insan yapısının radikal bir şekilde değişmekte olduğunu ve üstelik yeniden düzenlenmesi gerektiğini anlamalıyız [...] Beş yüz yıllık hümanizm anlayışı belki de bir sona yaklaşmakta ve kendisini kaçınılmaz bir şekilde posthümanizm olarak adlandırılması gereken bir başka şeye dönüştürmektedir. (843)

Posthümanizm olarak adlandırılan dönüşüm ve hümanizm anlayışının sona yaklaşmakta olduğu görüşü aslında Batının yüzlerce yıllık süren *insan* anlayışına tepkidir. Aslında, insan evrimi, rastlantılar, mutasyonlar, deneyimlemeler ve öğrenimler ile oluşmuş olup diğer varlıkları da doğada var oldukları gibi şekillendirmiştir. Bu nedenle de insan düşünen bir varlık (homo-sapiens) olarak evrimleşmiştir ve uzun yıllar süren bu gelişim sosyal yaşamın şekillenmesi, toplumsal etkileşimler, beden, ırk, cinsiyet ile farklı düzenleme ve iktidar deneyimlerden etkilenmiştir. Posthümanizm insanın tanımlanması ve evrimleşmesi ile ilgili birçok soru ve bilinmezi içinde barındırır. İnsanın evrimi hayatta kalması için en temel, gerekli ihtiyaçlarını gerçekleştirmek üzere rastlantısal olarak gelişir fakat insan eskiden sadece hayatta kalmak ve neslini devam ettirmek için evrenselleşirken bugün daha fazlasını istemektedir. Böyle bir durumda, Posthümanizmi oluşturan hem doğal evrim ile sahip olunan ve gelişen insan olgusu, hem de toplumsal olarak inşa edilmiş olanın ötesinde olabilecek bir insan oluşumudur. Michél Foucault'un yazdığı, *Kelimeler ve Şeyler (The Order of Things* 2001*)* adlı eserinde, insanın tarihsel bir süreçte icat olduğunu ve evrimleştiğini hatta insan algısının kaybolacağını ifade eder:

> İnsan, düşüncemizin arkeolojisinin yakın tarihli olduğunu kolaylıkla gösterdiği bir icattır. Ve belki de yakınlardaki son [...] Eğer bu düzenlemeler, tıpkı ortaya çıktıkları gibi kaybolsalardı, olabilirliğini en fazlasından önceden hissedebileceğimiz, ama şu ân için ne

biçimini ne vaadini bildiğimiz herhangi bir olayla, tıpkı XVII. yüzyılın döneminde klasik düşünceye yaptıkları gibi, düşüncenin zeminini sarsarlardı; bu durumda insanın, tıpkı denizin sınırında bir kum görüntüsü gibi kaybolacağından söz edilebilirdi. (538-539)

Foucault da Hassan gibi insan algısının tarihsel bir süreç içinde sürekli değiştiğinden ve düzenlenip şekillendiğinden bahsetmektedir. Fakat Foucault'un ölmekte olan insanlıktan kastettiği, erkek merkezli olan Batının insanlık algısıdır. Katherine Hayles'ın belirttiği gibi, posthüman, "insanlığın sonu anlamına gelmez": Yalnızca belirli bir insan kavramının sona erdiğine işaret eder" (286). Diğer bir deyişle, Posthümanizm ile ölen insanlığın bitip yerini yeni bir biyolojik ya da sentetik türün alacağına dair bir düşünce değil, erkek merkezli insan düşüncesinin sona ermesidir çünkü erkek merkezli hümanizm anlayışı değişmiş ve insanlık erkek merkezli değil, artık canlı/insan (bios) üzerine odaklanmaktadır. Batının insan algısı şöyledir: "Beyaz-Avrupa kökenli-heteroseksüel-maskülen-engelsiz/sağlıklı bedene sahip Adam" (Kumm et al. 342). Avrupa-merkezci hümanizmin hegemonik öznesi olarak kabul edilen "Standart Adam" beyaz ırka mensup olan, standart bir dili konuşan ve heteroseksüel olan ideal erkek düşüncesine dayanmaktadır fakat bu düşünce Foucault'nun "insanlığın ölmesi" ("death of Man") söylemi ve Posthümanizm ile sona erdirilmiş erkek merkezli insan algısı değişmeye başlamıştır.

20. Yüzyılın ikinci yarısından sonra ise gelişen teknoloji ve iletişim araçlarının yaygınlaşması sonucunda hümanizm ve insan algısı daha yeni ve farklı tartışmalar ortaya çıkarmıştır çünkü "akıl, hümanizm, ilerleme gibi kavramlar tartışılmaya başlanmıştır" (Heywood 306). Bu nedenle *insan* sadece biyolojik varlığı ve aklıyla değil sosyal bir varlık olarak kültürlerarası, cinsiyetler arası veya ırklar arası geçişe olanak sağlayan özellikleriyle de ele alınmaya başlanmıştır. Böylece hem kimliklerin hem de rollerin tartışılmaya başlandığı yeni bir toplumsal oluşum ortaya çıkmıştır. "Erkek insan" merkezli dünyanın sonuna geldiğine dair düşünceler, teknolojinin de hızlı gelişimiyle birlikte farklı toplumsal bakış açılarını ortaya koymuştur. Bu değişimleri, gelişimleri ve tartışmaları kapsayan kavram ise "*Posthümanizm* olarak adlandırılmaktadır" (Sharon 29). Posthümanizm, insanlığın öz niteliklerine müdahale ederek, insan doğasını değiştirmesiyle, insanlık için büyük bir tehlike oluşturabileceğini düşündürmektedir. Fakat Posthümanizmin bu "iki yaklaşımın da ağırlık noktalarının farklılığına rağmen hem nitelikseldir hem de farklı zamansal çizgileri içlerinde barındırmaktadır" (Sharon 18-19). Bu nedenle, Neil Badmington'un da belirttiği gibi Posthümanizm hümanist söylemler üzerinden ilerlemelidir:

> Post-hümanist durumla ilgili yazmak hümanizme karşı keşfedilmemiş bir "kutsal mezar" aramaya benzemek yerine, hümanizmin "içinden" ortaya çıkan eleştirel bir uygulama şeklinde ve ondan sonrasındakini değil hümanist söylem üzerinden ilerleyen bir çalışmayı kapsamalıdır ("Theorizing Posthumanism" 22)

Badmington'a göre "Posthümanizm, hümanizmden yola çıkılarak yapıbozuma (deconstruction) uğratılmaktadır" ("Theorizing Posthumanism" 20). Hatta Cary

Wolfe'un ifade ettiği gibi "insan kavramını hızla yeniden düşünmemiz gerekmektedir" (42). Bundan dolayı da Posthümanizm değişik bakış açılarından yapıbozuma uğratılarak tartışılan ve farklı kategorilerde değerlendirilen bir kavram haline gelmiştir. Tamar Sharon 2014'te, Posthümanizm kavramını beş alt başlığa ayırmıştır. "Radikal Posthümanizm, Metodolojik Posthümanizm, Liberal Posthümanizm, Distopik Posthümanizm ve Aracılı (mediated) Posthümanizm" (4-10):

1. *Radikal Post-hümanizm*, insan ve doğa arasındaki mesafenin aşılması ve insanlar arası kimliklerin yapıbozumu sürecinde, sınırları yıkan düşüncelerin ve gelişen teknolojilerin oynadığı roller üzerinde durmaktadır. Örneğin, doğayı icat ettiği teknolojik makinelerle, ken-dini üstün görüp yok eden ve insanlık için yeni yerleşim merkezleri kuran insan, doğa ile arasına mesafe koymaktadır. Oysa, insan doğadan üstün değil de onun bir parçası olduğunu kabul etse, doğa ile insan arasındaki mesafe aşılabilinir ve bir bütünlük sağlanabilinir. Fakat radikal düşünceler ile insan kendini üstün görüp doğa ile arasına aşılamayacak mesafeler koymaktadır.

2. *Metodolojik Post-hümanizm,* insan ve insan olmayan arasındaki ilişkileri, gelişen teknoloji çerçevesinde değerlendiren, makine ile insan arasındaki ilişkiler üzerinde duran insan ve makinenin birbirlerini etkilediğini düşünen bir görüştür. *Metodolojik Post-hümanizm,* ortaya yeni bir insan sonrası varlık felsefesi koymak yerine insan ve insan olmayan arasındaki ilişkileri teknolojik kullanımlar açısından değerlendirmektedir. Buna göre insan, insan olmayan makineler ya da yapay zekâ arasında bir fark kalmamıştır çünkü makineler sadece bir kullanım nesnesi olmaktan çıkmıştır. Aslında, makine ile insan arasındaki ilişkiler ve kullanım biçimleri birbirlerini biçimlendirmektedir çünkü makineyi icat eden insan kullandıkça o makinenin kölesi haline gelebilmektedir. Örneğin telefon, insan üretimidir ama şu anda insanlık ürettiği bu aracın (makinenin) bağımlısı durumun-dalar.

3. *Liberal Post-hümanizm*, tekno-bilimsel ilerlemenin tartışıldığı, felsefi bir Post-hümanist görüştür. Liberal Post-hümanizm, Transhümanizmin görüşlerini desteklemektedir. Diğer bir deyişle, *Liberal Post-hümanizm* bilimsel ve teknolojik ilerlemeler ile insan ötesi varlıklar yaratılabileceği düşüncesidir.

4. *Distopik Post-hümanizm* ise gelecekteki olası gelişmeleri hümanist etik çerçevede tartışarak "kötümser bir tablo çizmektedir" (Sharon 10) çünkü insanlık ötesi zamanda insanlık zarar görebilir ya da ahlaki çerçevede yozlaşmış ya da bozulmuş olabilir. Bu durum, insanlığı tehlikeye sokmaktadır çünkü insanın tasarlanabilecek bir nesne olarak ele alınması aynı zamanda "doğal evrimin" insan eliyle "yapay evrime" dönüşmesi anlamına gelmektedir (Habermas 35). Habermas'ın "Tanrı'yı oynamak" (35) metaforuyla betimlendiği bu durum, yapay bir şekilde insanın doğasıyla oynamanın, insanlık için

bir tehdit oluşturacağını ortaya koyan kötümser bir *Post-hümanist* düşüncedir.

5. *Aracılı (mediated) Post-hümanizme* göre, modern söylemlerin ve "ikilik-lerin belirlediği kimliklerin dışında, teknoloji ilişkili yeni öznellikler ortaya çıkarmaktadır" (Sharon 12). *Aracılı Post-hümanizm* insanlığın sınırlarını yıkan ve teknoloji ile birbirlerini etkileyen bir ilişki içinde olduğu üzerine odaklanan bir görüşü savunur. *Aracılı Post-hümanizm*, insanlar internet gibi aracı olan teknolojik tasarımlarla yeni öznelliklerini ortaya çıkartacaktır. Örneğin, insanların sanal alemlerdeki sahte kimlikler oluşturmaları ve yaşanılan ikilemler gerçek ile sanal dünyasında sıkışmışlık yaratacaktır. Hatta, internet ara bir yüz oluşturarak gerçek ve sanal alemde hem insanların yeni özelliklerini (bilinçaltı dünyalarını), hem de insanların teknoloji ile kurdukları bağları ortaya koyacaktır. Bu da insani ilişkiler yerine tekno-ilişkilerin artmasına neden olarak insanı yalnızlaştıracaktır.

David Roden, Tamar Sharon'un *Post-hümanizm* kavramı için belirlediği beş alt başlıktan farklı olarak, *Post-hümanizm* kavramını ikiye ayırmaktadır: "Spekülatif Post-hümanizm ve Eleştirel Post-hümanizm" (21).

1. *Spekülatif Post-hümanizm* kavramı insan üstü varlıkların olduğu görüşüdür. Güçlü varlık olarak görülmeyen insan, teknolojinin yardımı ile güçlendirilip yeniden oluşturabileceği varsayımları içindedir. *Spekülatif Post-hümanizme* göre geniş bir insan ırkından gelen insanlık, teknolojinin değişim ve gelişimiyle insanlık dışı ve insan olmayan varlıklara dönüşebilir. Roden'in kendi kavramsallaştırması olan *Spekülatif Post-hümanizm*, geleceğin "nasıl olması gerektiğini" değil de "ne içerebileceğini" tartışan bir kategoridir. Roden bu anlamda "Spekülatif Post-hümanizm felsefesini Post-hümanizmden ayırmaktadır" (9).

2. *Eleştirel Post-hümanizm*, "hümanizm ve pozitivizm eleştirisi, sömürgecilik sonrası kuramlar, post yapısalcılık, yapıbozumculuk ve post-modernizm gibi düşünce geleneklerini şekillendirmiştir" (Ferrando 29). Günümüzde ise, *Eleştirel Post-hümanizm*, "kültürel çalışmalardan sosyolojiye, iletişimden felsefeye kadar geniş bir çerçevede tartışılmaktadır" (Miah 76). Özellikle de *Eleştirel Post-hümanizm* 1990'lı yıllardan itibaren Feminist kuramcıların sahip çıktığı bir kavram olmuştur çünkü *Eleştirel Post-hümanizm* yapı-bozumcu bir yaklaşım sergilemektedir. Doğayı, hayvanları, insan ırklarını, kültürleri, cinsel yönelimleri ya da makineyi kucaklayan ama bütün bunları kapitalist zihniyetin tersine, nesne düzeyine indirgemeyen ve oldukları şeyler üzerinden tanımlayıp, sınıflandırmayan bir düşüncedir. Sınıflandırma yaparak ötekileştirmediği için Feminizm tarafından benimsenen bir görüş olmuştur.

Tamar Sharon'dan ve David Roden'dan farklı olarak Jamie De Val ve Stefan Sorgner *Post-hümanizm* kavramını "metahümanizm" kavramı ile ilişkilendirmiştir.

Jamie De Val ve Stefan Sorgner, "Meta-hümanizm" kavramını tavsiye ederek *Trans-hümanizm* ile *Eleştirel Post-hümanizm* arasında bir bağ kurmayı amaçlamaktadır. Metahümanizm'e göre beden, geliştirilmeye müsait ve teknolojiyle, iletişim ağlarıyla etkin ilişkiler kurabilen stratejik bir alandır. Bu haliyle "metahümanizm, eleştirel posthümanizmin teknolojiye karşı olumlu tavrını paylaşmaktadır" (Ferrando 32). Yani, insan Metahümanizme göre teknolojik gelişmeler ile bedenini dönüştürebilir.

Genel olarak, Spekülatif Post-hümanizmi, Liberal Post-hümanizmi ve Distopik Post-hümanizmi kapsayan alt başlıklar *Felsefi Post-hümanizm* olarak sınıflandırılır. Radikal Post-hümanizmi, Metodolojik Post-hümanizmi ve Aracılı Posthümanizmi kapsayan alt başlıklar ise *Eleştirel Post-hümanizm* olarak gruplandırılmaktadır. *Felsefi Post-hümanizm*, insanın zihinsel ve bedensel gelişiminin varacağı son konum ve bu amaç doğrultusunda kullanılan teknolojik, bilimsel ve tıbbi gelişmelerin etkileri ile içeriği üzerine yoğunlaşmaktadır. *Eleştirel Post-hümanizm* ise Batı merkezli hümanizm eleştirisinden hareketle "sosyal ve felsefi düzeyde ele alınan, yeni bir doğa ve insan düşüncesi ile karşılıklı ilişkileri tartışmaya açan bir terimdir" (Miah 71). Bu farklı kategoriler ve sınıflandırmalar *Posthümanizmin* esnek ve zengin bir kavram olduğunu göstermektedir.

Posthümanizm kavramı eleştirel olarak güncel hümanist bakışından başlayarak sosyal ve felsefi anlamda hümanizmin değişmesini ve geleceğe uzanan zaman içinde hümanizmi yeniden nasıl yapılandırılır düşüncesini tartışmaktadır. Posthümanizm düşüncesi, yapay zekanın insanın doğal zekasının yerini alabileceğine ve insanın adım adım zihin dışındaki biyolojik gereksinimlerinden özgürleştiği ve bildiğimiz anlamda maddesel dünyanın sona erdiği hümanizm sonrası dünyanın yeni bir temsilinin inşa edildiği değişim olarak da tanımlanabilinir. Uzun bir insanlık tarihinin yeni bir safhası olan Posthümanizm aslında insan olmayı öğrenme çabasının yeni bir aşamasıdır. Bu nedenle, Rosi Braidotti'nin ifadesiyle, "posthümanizm, sürekli değişim ve oluşum içinde olan 'bizlere, aslında ne olduğumuzu" sorgulatmaktadır (*İnsan Sonrası* 21). Posthümanizm, 21. Yüzyıldaki gelişmeler ışığında hümanizmin ayrıştırıcı ve ötekileştirici özelliklerinin bir eleştirisini ortaya koyarak, Post-kolonyal eleştiriden, Eko-eleştirinin çeşitli kollarına ve Feminizm hareketine kadar pek çok çalışma alanı, akımı ve düşünce biçimlerini şekillendirmektedir.

Posthümanist-Feminizm: Kime Göre Kim Öteki?

Postlar Çağı, teorik tanımları ve yaklaşımlarıyla pek çok terimin değişimini ve dönüşümünü inceleyerek farklı alanlarda geçmişin düşüncesini, bugün ve gelecekle ilişkilendirerek *post* ön ekiyle yeni kavramaların ortaya çıkmasına neden olmuştur. Postlar Çağının, son yıllarda pek çok farklı alanda başka kavramlar ile ilişkilendirilerek incelenen *Post-hümanizm* kavramı, Hümanizmi eleştirel olarak sorgulayan, insan doğasının, insanın içinden çıktığı evrensel bir durum olduğunu iddia eden hümanist felsefenin bir uzantısıdır. Tek bir şekilde tanımlaması oldukça zor olan Feminizm kavramı ise "politik bir teoridir ve pratikte bütün kadınlar için mücadele eder: renkli kadınlar, işçi sınıfı kadınları, yoksul kadınlar, engelli kadınlar, lezbiyenler, yaşlı kadınlar, aynı zamanda ekonomik olarak ayrıcalıklı beyaz kadınlar, heteroseksüel kadınlar. Feminizm, kadınların kendi itibarını yükseltmesi içindir" (Smith 48) olarak tanımlanmaktadır. Juliet Mitchel'e göre ise Feminizm "[…] kadınların kendi aralarında bir dayanışma yaratarak, erkek egemen dünyanın norm ve değerlerine, cinsiyetçi politikalarına karşı başlatmış olduğu mücadeledir" (6-7). Hümanist felsefenin bir uzantısı olan, *Posthümanizm* ve politik bir teori ve çok yönlü olan *Feminizm* kavramları birbirleri ile ilişkilendirildiğinde *Posthüman-Feminizm* olarak çok farklı değerleri, kültürel ve sosyal normları sorgulayan yeni bir karma kavram ortaya çıkmaktadır. Farklı alanlarda, farklı çalışmalara giren bu iki kavram yapısalcı, psikanalitik, yapıbozucu, epistemolojik, Marksist gibi eleştirel okumalar sonucunda sürekli değişime uğradığı görülmektedir. Dolayısı ile, *Post-hümanizm ve Feminizm* tanımlaması zor olan ve sürekli değişim ve gelişim içinde olan bu kavramlar, bir de birbiriyle ilişkilendirerek ele alındığında çok daha farklı tanımların ve çıkarımlarının ortaya konulması kaçınılmazdır.

Genel olarak Posthümanizm sona eren, Batılı hümanist düşüncesine göre erkek merkezli bir insan görüşünü ve insanlık sonrasını ve ötesini sorgularken, Feminizm ise genel olarak toplumsal cinsiyet eşitsizliklerini açıklamayı ve bu eşitsizliklerin üstesinden gelebilmek için verilen mücadeleleri ve kadınların toplumdaki statülerini, ev içi ve dışındaki rollerini, ezilmişliklerini ve sömürülmelerini, cinsiyet farklılıklarını, ataerkil toplum yapısını ve erkek egemen iktidar yaklaşımlarını ve baskılarını tartışmaktadır. Posthümanizm insan varlığını reddeden bir anti-hümanizm değildir. Özgürlük ve sosyal ilerlemeye inanan Posthümanizm tek bir merkezli bir yaşam değil, çeşitlilikler barındıran ve eşitliklerin olduğu bir dünya ister ve Feminizm ile çeşitlilik ve eşitlik noktalarında kesişmektedir.

Rosi Braidotti 2017 yılında yayımladığı "Antroposen Feminizm de Posthüman Feminizm üzerine Dört Tez" ("Four Theses on Posthuman Feminism in Anthropocene Feminism") başlıklı makalesinde şöyle der: "Feminizm, hümanizm değildir" (21). Bu görüş, aslında çok eskiye dayanmaktadır. İnsan (homo) kelimesi, *toprak* anlamına gelen Latince *homu* kelimesinden türetilmiştir. Dolayısıyla kadın insan olamaz ya da insan olarak görülmez çünkü Havva, Adem'in kaburga kemiğinden yaratılmıştır. Bu nedenle kadın topraktan değil kaburga kemiğinden yaratılmıştır düşüncesinden dolayı kadın insan değildir görüşü, cinsiyet ayrımcılığını ve tartışmaların doğmasına neden olmuştur. Hümanizm, özellikle 13.yy'da klasik eğitim sisteminde *Humanitas,* Greklerin *paideia*'sıdır, Romalıların *homo humanus*'unu yani erkek ve Romalı olan insanı yetiştirmek üzere planlanmış bir eğitim modelidir. Bu durumda, Hümanizm kadının haklarını, eğitimini ve toplumsal statüsünü düşünmediği için feminizme göre kadın için sorun teşkil etmektedir. 16. ve 17. yy'da, özgürlük anlayışına ve insan doğası, erkeğin doğası mıdır sorusuyla kadının özgürlük ve insan olma kapsamlarının dışında tutulması, Feminizm açısından yine kadınlar için sorgulanması gereken bir sorun yaratmaktadır. Doğası gereği sürekli değişen Hümanizme göre sürekli değişimine neden olanlar sadece erkek entelektüeller olarak kabul edilmiştir fakat bu cinsi ayrımcılık Feminizme göre kadının entelektüel yönünün göz ardı edildi ve yeterince zeki ve entelektüel olan kadına gerekli değerin ve fırsatın verilmediği için başka bir sorun noktası haline gelmiştir. Kısacası, geçmişte Batı düşüncesine göre, Hümanizm erkek insan merkezli ve erkek egemen bakış açısından dolayı, kadınların eğitim hakları, toplumsal statüleri, özgürlükleri, karar verme kabiliyetleri ve entelektüel seviyelerini göz ardı etmektedir. Diğer taraftan, odak noktası kadın olan Feminizm ise kadın-erkek ayrımcılığına karşı durarak, karşı cinsler arasında türlü ekonomik, siyasal, sosyo-kültürel ve toplumsal eşitliği savunarak kadının özgürlüğü, temel hakları, ataerkil yapıların ve olguların ortadan kaldırılması gibi konuları ele almaktadır.

Genel olarak, İtalya'da Rönesans'ın başında Hümanizm tartışmaları "İlk Günahı" Havva'ya yüklemiş olduğundan, bütün kadınlar cinsellik ve ilk günahla özdeşleştirilmişlerdir. Bu nedenle de kadın Ortaçağ boyunca ve erken Rönesans'ta hep erkeğe referansla tanımlanmıştır. Erken Modern dönemde ise "kadınlar insan mıdır değil midir?" sorusuna verilen olumsuz yanıtlar, 18.yy'a kadar devam etmiştir. Erken Modern düşüncenin ve Aydınlanma döneminde, Hümanizm düşüncesi insanlığın bir benliğe, kişiliğe sahip olduğunu ortaya koymuştur. Ayrıca, "Doğa dişi, kadındır, bilincin ilkel halidir, onu akıl aracılığıyla terbiye ederek dönüştürebiliriz, aklın muhatabı olarak akla referansla tanımlayabiliriz" (Lloyd 82) düşüncesi belirleyici olmuştur. Fakat, Doğa'nın dişi olarak kabul edilmesine karşın kendinin bilincinde olan ve bu düşünce ile hareket eden kişi-özne, Hümanizme göre yine "Erkek"tir (Lloyd 90). Bu nedenle, Hümanizmin önemli temsilcilerinden biri olan Jean-Jacques Rousseau, *Émile ya da Eğitim Üzerine* (*Émile, or On Education* [Émile, ou De l'éducation] 1762) adlı kitabında: Erkeklere özgü olan entelektüel işleyiş tarzı kadınlar için uygun bir tarz değildir. Soyut ve spekülatif hakikatlere, bilimdeki ilke ve aksiyomlara, geniş ölçüde genellemeye dayanan her şeye yönelik arayış bir kadının kavrayış gücünü aşan bir şey" olduğunu ifade eder. (akt. Lloyd 104). Kadın sadece özel alanda, evde var olabilir ve özgürdür düşüncesi ekonomik temelli ayrımın yanı sıra felsefe tarihinin birçok döneminde görüldüğü gibi ikililer: akıl-doğa, erkek-kadın gibi teorik gerekçelendirme olarak kullanılmasıyla toplumsal cinsiyetin kadını ötekileştiren ve ikinci planda bırakan tartışmaları ortaya koymaktadır. Bu nedenle toplumsal cinsiyet düşüncesi 1765-1769 yıllarında Blackstone'nun *İngiltere Kanunları üzerine Yorumlar* (*Commentaries on the Laws of England*) adlı eserinde İngiltere Kanunlarında kadının hem mülksüzleşmesine hem de kimliksizleşmesine neden olan evlilik sözleşmesini eleştirmesiyle kadınların kamusal alan taleplerini yönlendirmiştir.

Feminizm düşüncesi, "ilk olarak 18. yy'da İngiltere'de ortaya çıkmış ve 1792'de yayınlanan Mary Wollstonecraft'ın *Kadın Haklarının Savunulması (A Vindication of the Rights of Women)* adlı eseriyle de ilk akademik alan içerisine girmiştir" (Sevim 7-8). Feminizm, içinde kadınların özgürleşmesi, baskı altında tutulmalarının engellenmesi, haklarının meşrulaştırılması, kamusal veya özel alandaki eylemlerinde ve faaliyetlerinde eşit haklara sahip olma durumunu kapsayan bir yaklaşımdır. Feminizm, kadınların cinsiyetleri yüzünden maruz kaldıkları "kısıtlamalar, zorluklar ve baskılara karşı, bu baskıları ve haksızlıkları telafi edecek reformlar ve talepler çerçevesinde mücadele ve direnme güdüsünü ifade etmekte ve bu direnme toplumun düşünce ve maddi unsurlarını kapsayan geniş bir ölçeğe sahiptir" (Berktay 3). 19. yy'da kadın hakları hareketinin ortak paydası "eğitim hakkı ve vatandaşlık talepleri oluşturmuştur" (Pelizzon 31). 20.yy'dan günümüze ise feminizm kamusal alandaki taleplerin nedenine ve toplumsal cinsiyetin baskısına odaklanarak kuramlarla değişime uğramıştır. Geçmişte Hümanizm ve Feminizm arsındaki farklar: Hümanizmde vurgu erkek merkezli insan üzerindeyken, Feminizm'de vurgu kadın ve kadın merkezli sorunlar üzerinedir. Fakat 21. yy'da, Post-izm Çağı olarak kavramların post ön ekiyle yeni kavramlar oluşturulması ve yeni görüşlerin ortaya konulması ile pek çok alanda değişiklikler ortaya çıkmıştır. Sürekli değişim içinde olan Hümanizm ve Feminizm yaklaşımları da bu değişimlere kayıtsız kalamadığı için insan ve insan olma ve kadın olma konseptleri üzerinde farklı görüşler sergilemeye başlamışlardır. Posthümanizm *insan olarak* "aslında ne olduğumuzu" (Braidotti, *İnsan Sonrası* 21) sorgularken, Feminizm *kadın olarak* ataerkil toplumda, eşitlik, özgürlük, benliğimi ve haklarımızı kazanmamız için ne yapmamız gerektiğini sorgular. Şüphesiz değişim süreci geçiren Feminizm postlar döneminden nasibini almıştır. Feminizm sonrasını anlatan Postfeminizm "politik hareketlerle değil kadınların bedenlerini ve çekiciliklerini sosyal ve kişisel değişimin bir enstrümanı olarak kullanmasıyla ilişkilendirilmektedir" (Adriaens ve Bauwel 179). Bu çalışmada amaç Postfeminizmi ele almak olmadığı için, Feminizmi, Hümanizm ile ilişkilendirerek Posthümanizm bağlamında inceleyerek Posthümanist-Feminizmi tartışmaktır.

Post-hümanizm terim olarak Foucault 'un, 1966 yılında yazdığı, *Les Mots et les Choses* ve 1. Baskı olarak 1994' de ve 2. Baskı olarak 2001'de *Kelimeler ve Şeyler* olarak Türkçe' ye daha sonra da 1996' da ilk baskı, 2005'te 2. baskı olarak ise *The Order of Things* olarak İngilizceye çevrilen kitabında, insanın ölümünden bahseder. Burada kullanılan kelimelerden kaynaklanan bir anlam karmaşası ortaya çıkmıştır. Fransızca "insan" anlamına gelen "humain," kelimesi yerine "erkek" anlamına gelen "l'homme" kelimesini kullanmayı tercih etmiştir (Foucault 398). Bu eserin 2005'te *The Order of Things* olarak yapılan İngilizce çevirisinde de "insanı" ifade eden "human" kelimesi değil de "erkek" anlamına gelen "man" kelimesi kullanılmıştır (Foucault 422). Aslında, Braidotti'ye göre Foucault, "humain," yerine erkek merkezciliği vurgulamak için "l'homme" sözcüğünü kullanmayı tercih ederek, "insan erkek" olarak adlandırarak söz konusu vurgunun "erkek merkezli bir insanlığın ölümüne gönderme yaptığını belirtmektedir" ("Four Thesis on Posthuman Feminism" 33). Böylece, kadının da erkeğin de birlikte değiştiklerini ve insanlığın sonrasını şekillendirdiklerini söylemek mümkündür. Bu nedenle, *Post-hümanizm* ile erkek merkezli olarak kabul edilen insanlığın, tarihsel bir düşüncenin sonrasına ve teknolojik gelişmeler ile insanlığın ötesine geçilmeye çalışılmaktadır. Erkek merkezli insan algısının değişmesi ötekileştirilen kadının durumunun da değişmesine neden olmuştur. Özellikle de Avrupa Aydınlanma dönemiyle birlikte kadın hareketleri insan algısı konusunda pek çok alanda farkındalık yaratmaya başlamıştır. 1970'lerde ikinci dalga Feminizm akımı ile insanlık algısı yapıbozuma uğrayarak yeni bir hümanizme dönüşmüştür. Özellikle, Posthümanizm ile insan merkezciliği erkek insanla tanımlayan Avrupa hümanist düşüncesi değişmiş ve Feminizm ile de kadınlığın toplumsal, kültürel ve tarihsel bir durum olmasına ve kadının ötekileştirilmesine tepki gösterilmiştir. Fakat her iki yaklaşım *insanlık* açısından birlik ve eşitlik olması görüşünden bahsetmektedir. Posthümanizm ve Feminizm genel olarak insan ve insanlık gibi kavramlara dair temel varsayımları tartışan ve farklı düşünceler içeren kuramlar bütünü olduğu için iki kavram *Posthümanist-Feminizm* olarak ilişkilendirildiğinde, erkek ve kadın ayrımcılığı yapılmadan insan sonrası eşitliğini savunan evrimselleşmiş erselikten (androgynous) ve insanlıktan bahseden bir görüş ortaya konulabilir. Diğer bir deyişle, *Posthümanizm ile Feminizm* kavramları arasındaki kesişim noktası her iki akımın eşitlik düşüncesinden kaynaklanmaktadır. Posthümanist ve Feminizm ilişkilendirildiğinde ortaya çıkan *Posthümanist-Feminizm* kavramı *insan* teriminin hümanist hiyerarşik kavramsallaştırmalarını sorgulayarak, "insan dışı varlık açısından insan varlığının maddeselliğini ve kırılganlığını ve ahlak kurallarını" (Aino 7) öne çıkararak hümanizm ve feminizm terimlerini yeniden ele almaktadır. *Posthümanizm* ve *Feminizm* kavramları değişimler geçirmiştir ve geçirmeye de devam edecek çok farklı alanlarda kendilerini göstermektedir. Örneğin, *Feminizm,* feminist çalışmalar ve feminist felsefe bağlamında, "çok sayıda sanat dalı, edebiyat eseri ve filme olduğu gibi kültür ve çevre bilimine ve teknolojik çalışmalar" (Åsberg 14) neticesinde değişim geçirmiş ve "pratikte maddenin rolünü öne çıkartan feminist bilim ve teknoloji çalışmaları, yaşam bilimleri, feminist sağlık ve beden çalışmaları" (Åsberg 14) ile ilgili alanlarda değişimlere neden olmuştur.

Posthümanist-Feminizm çalışmaları hem geçmişi hem de bugünü, inceleyerek insan merkezli (anthropocentric) ve androsentrik (androcentric) /erkek merkezli ve hümanizm geleneğini sorgulamaktadır. Bu gelenek insanı, insan dışı olarak kabul edilen diğer her şeyden ayrı tutmaktadır çünkü "sömürülen ve esir edilen, marjinalleştirilen ve vatandaşlık hakkı tanınmayan, kadın ve hayvan, hepsi rasyonel insandan daha çok ötekileştirilmiştir" (Åsberg ve Braidotti 14) Posthümanist-Feminizm yaklaşımı ile ötekileştirilen kadın artık nesnel durumdan sübjektif/öznel durumda da olduklarını ortaya koymaktadır çünkü hümanizm eleştirileri ve teknolojik gelişimler, yeni düşünceleri şekillendirmektedir. Ayrıca, Simone de Beauvoir'ın, 1949'da kaleme aldığı *İkinci Cinsiyet* (*The Second Sex* [*Le Deuxième Sexe*]) "Kadın doğulmaz, kadın olunur" (231) sözü, erkeklerle olan ilişkilerinde asla özne haline gelemeyen bir nesne rolü biçilen kadının çelişkili durumunun ifadesi iken, *Posthümanist-Feminizm* kavramı ile bu ifade, Postlar döneminin getirdiği değişim ve gelişimden dolayı yapıbozuma uğramıştır. Günümüzde gerçekten kadın doğmayıp operasyon ile kadın olanların "tercih" olarak ifade ettikleri durum göz önüne alındığında *Feminizmin* tartıştığı cinsiyet ve roller konusuna yeni bir tartışma boyutu kazandırmaktadır. Bu durum terim olarak *Hümanizm* ve *Feminizm* için eski düşüncelerin ve kavramların değişmesi olarak nitelendirilirken *Posthümanist-Feminizm* için yeni bir insanlık görüşü olarak kabul edilebilir çünkü bu durumda ötekileştirilen ve öznelleştirilen hangi cinsiyet olacak öncesi kadın olan mı yoksa sonra kadına dönüşen mi? Diğer bir deyişle, kadın doğmayıp veya kadın olmayan mı yoksa yeni kadın olan mı? Bu sorular hem fiziksel hem de psikolojik kimlik çatışmasına neden olacağı gibi yeni cinsiyet tartışmaları da yaratacağı şüphesizdir.

Judith Butler, *Cinsiyet Belası:Feminizm ve Kimliğin Altüst Edilmesi (Gender Trouble: Feminism and the Subversion of Identity* 1990)– eserinde "cinsiyet ve heteronormativite" (7) düzenlemelere tabi olan insanlardan bahseder ve kimliksizleşme sayesinde insanın ve toplumun yarattığı normların yıkılacağını öngörür. Posthümanizm ile toplumsal müdahaleleri mümkün kılan şartlar ve ileri teknolojilerin kullanımıyla da cinsi ötekileştirme ortadan kaldırabilir çünkü Post-hümanizm "var olan post-human bedenlerin mevcudiyetini tanımanın gerekliliğine işaret etmektedir" (Åsberg ve Braidotti 10). Toplumsal normlar yok olduğunda var olabilen Post-hümanizm, değişen ve evrimleşen toplumsal yapı içinde kadının öteki olduğu ve insan olmadığı düşüncesinin sonunu getirebilir çünkü toplum artık erkek merkezli veya kadın merkezli değil, bir merkez olmadığı için kültür cinsiyetlerin ötesinde cinsel tercihleri de belirlediği için heteroseksüel olsun veya olmasın her arzu, her cinsel yönelim kültürel bir şekilde belirlenip şekillenecektir. Bu nedenle cinsiyet kimliğini doğallığa bağlamak mümkün değildir. Dolayısı ile *Posthüman-Feminizm*; "karşı-kimlik oluşumlarında değil, standartlaşmış cinsiyetlenme, ırk üzerinden belirlenme ve doğal addedilme etkileşimlerinin sapkınlaştırılması aracılığıyla kimliklerin safiyane altüst edilişlerinde aramaktadırlar" (Braidotti, *İnsan Sonrası* 112). Diğer bir deyişle, Posthüman-feminizm sıradışı yaklaşımları ile ötekileştirilmeyen, eşitliğin olduğu ve tercihlerin yapıldığı bir döneminin başladığını göstermektedir. Artık mesele erkek veya kadın olarak doğmak değil kadınken erkek olma tercihi veya erkekken kadın olma tercihi cinsi ötekileştirme konusunda yeni tartışmalara neden olacaktır. Hatta gelişen teknoloji ile ne erkek ne de kadın olan hem erkek hem kadın olan veya hem kadın hem robot olan karmaşık cinsiyetlerin de ortaya çıkabileceği düşünülmektedir.

Sonuç

Posthümanist-Feminizm, Postlar dönemindeki hümanizm ve feminizm kavramlarının değişim geçirerek, birlikte olagelme düşüncesi ve melez yapısı nedeniyle artık bir merkezli değil merkezsiz karma bir kavramdır. Posthümanizm kavramının geçmişi edebiyat eleştirmeni Ihab Hassan'a uzanan çağda karma bir kavram iken Braidotti, Haraway ve Hayles'in feminist nitelikli felsefi ve edebi kapsamlarına, oryantalizm, eleştirileri ve post-kolonyal çalışmaları ile posthümanizm daha kapsamlı ve karmaşık bir hale gelmiştir. *Posthumanist-Feminizm* kavramı *Posthümanizmin* içinde barındırdığı farklı insanlık algısı ve *Feminizmin* kendi içinde barındırdığı oldukça farklı feminist eğilimlerden dolayı yeni ve karma bir kavramsal oluşuma sahiptir. Bu nedenle de Posthumanist-Feminizm hem akademik hem de yeni bir oluşum olarak insan algısının oluşunu, değişimini ve gelişimini sorgulamakta olan karma bir kavramdır. *Posthümanist.-Feminizm* "hümanist düşüncenin ve insan antroposentrik temelinin, teknolojik gelişmelere karşı optimist inancını, doğa ve kültürün hiyerarşik sınıflandırmasının, öteki (other) ve kendi (self) kavramlarının, insanın ve insan olmayanın ve mevcut insaninsan dışı ilişkilerin" (Braidotti, *İnsan Sonrası* 17). Etik anlamda doğruluğunu sorgulamaktadır. Başka bir deyişle, Posthümanist-feminizm insan algısının kavramsallaştırmalarını sorgulayarak, "insan dışı varlık açısından insan doğasının maddeselliğini ve kırılganlığını ve ahlak kurallarını" (Aino 7) öne çıkararak günlük yaşam ve akademik kültürde meydana gelen çok hızlı değişimlerin ve insan olgusunun yeniden tartışıldığı bir alan oluşturmaktadır.

Posthümanist-Feminizm kadın ve insanlık açısından iyimser bir tablo sunmaktadır çünkü insanlık artık erkek merkezli değil, posthümanizmi kimlikler, ırklar, bedensel biçimler ve cinsel yönelimler üzerinden tanımlamaktadır ve de "teknolojinin yaşamı değiştirme ve dönüştürme potansiyelinin sosyal yaşamın daha da iyileştirilmesine katkı sağlayacağı hesaba katılmaktadır" (Cabrera 82). Bu durumda, *Posthümanist-Feminizm* teknolojinin gelişimi ve değişimi ile insanlığın, birlikte ve bütünlük içinde ötekileştirmeden, eşitlik içinde sürdürülebilir olacağı düşüncesini ortaya koymaya çalışmaktadır ama tabii ki her daim ütopik görünen düşüncenin distopik yanları da mutlaka olacaktır.

Posthümanist-Feminizm karma, merkezsiz ve melez yapısı ile ötekileşmenin olmadığı bir erselik (androgynous) insan düşüncesinin ileri sürülebileceği farklı çalışma alanlarında daha farklı değişik görüşler ortaya koymaya da devam edecektir çünkü içinde bulunduğumuz Postlar Çağında tartışılan farklılıkların ve karma görüşlerin çokluğu insanlığı ve yaşamı etkilediği için yeni açılımlara, yaklaşımlara ve kavramlara ihtiyaç duyulmaktadır. *Posthümanist-Feminizm* kavramı da Feminizm bağlantılı Post-hümanizm ilişkilendirilmesine ve yaklaşımlara yönelik "yeni açılımlar ve fırsatlar ortaya koyabilir" (Åsberg ve Braidotti 4) çünkü belirlenmiş bir merkez olmadığından dolayı sürekli devam eden bir oluşum olacağı için değişik görüş ve çıkarımlar *Posthümanist-Feminizm* üzerine şüphesiz ortaya konulmaya devam edilecektir.

Kaynaklar

Adriaens, F. ve van Bauwel, S. "Sex and The City: A Postfeminist Point of View? Or How Popular Culture Functions As a Channel For Feminist Discourse," *The Journal of Popular Culture*, cilt 47, no 1, 2014, ss.174-195.

Aino-Kaisa Koistinen. *The Human Question in Science Fiction Television: (Re)Imagining Humanity in Battlestar Galactica, Bionic Woman*, and V. Jyväskylä Studies in Humanities 248, Jyväskylä Üniversitesi, 2015. https://jyx.jyu.fi/bitstream/handle/123456789/45567/978-951-39-6147-3_vaitos_11042015.pdf?sequence=3&isAllowed=y.

Åsberg, Cecilia. "The Timely Ethics of Posthumanist Gender Studies." *Feministische Studien*, cilt 31, no 1, 2013. ss.7–12

Åsberg, Cecilia ve Rosi Braidotti. "Feminist Posthumanities: An Introduction." *A Feminist Companion to the Posthumanities*, ed. Heidelberg, Dordrecht, Springer, 2018. ss.1–22

Badmington, Neil. *Alien Chic: Posthumanism and The Other Within*. Routledge, 2004.

---. "Theorizing Posthumanism. Cultural Critique." cilt 53, no 1, 2003. ss.10-27.

Beauvoir, Simon. *The Second Sex*. Çev. C. Borde, Vintage Books. 2010.

Berktay, Fatmagül. *Feminist Teoride Açılımlar. Toplumsal Cinsiyet Çalışmaları*, eds. Ecevit, Y.– Kalkıner, N., 4. Baskı. Anadolu Üniversitesi Yayınları. 2014.

Braidotti, Rosi. *İnsan Sonrası*. Kolektif Kitap. 2014.

---. "Four Thesis on Posthuman Feminism." *Anthropocene Feminism*. Düz. Richard Grusin, Minnesota Üniversitesi Yayınları, 2017, ss. 21–48.

Butler, Judith. *Gender Trouble: Feminism and the Subversion of Identity*, ed. Linda Nicholson. Routledge, 1999.

Cabrera, Laura Y. *Rethinking Human Enhancement*. Palgrave Macmillan. 2015.

Ferrando, Francesca. "Posthumanism, Transhumanism, Antihumanism, Metahumanism, and

New Materialisms: Differences and Relations." *An International Journal in Philosophy, Religion, Politics, and the Arts*, cilt 8, no 2, Sonbahar, 2013, ss.26-32.

Foucault, Michel. *Kelimeler ve Şeyler*. İmge Kitabevi, 2001. (Foucault, Michel. *The Order of Things*. Routledge Classics, 2005).

---. *Les mots et les choses*. Gallimard, 1966.

Haraway, Donna. *Simians, Cyborgs, and Women: The Reinvention of Nature New*. Routledge, 1991.

Hassan, Ihab. "Prometheus as Performer: Toward a Posthumanist Culture?" *The Georgia Review*, cilt 31, no 4, Kış, 1977, ss. 830-850.

Hayles, N. Katherine. *How We Became Posthuman: Virtual Bodies in Cybernetics, Literature, and Informatics*. University of Chicago Press, 1999.

Hayles, N. Katherine, ed. *Chaos and Order: Complex Dynamics in Literature and Science*. University of Chicago Press, 1991.

Herbrechter, Stefan. *Posthumanism. A Critical Analysis*. Bloomsbury, 2013.

Heywood, Andrew. *Siyasi İdeolojile*. Adres Yayınları, 2013.

Kumm, Brian E., ve diğerleri. "For Those to Come: An Introduction to Why Posthumanism Matters," *Leisure Sciences*, cilt 41, no 5, 2019, ss. 341-347.

Lloyd, Genevieve. *Erkek Akıl*. Çev. Özcan, Ayrıntı Yayınları, 1996, ss.82-90.

Miah, Andy. "A Critical History of Posthumanism." *Medical Enhancement and Posthumanity*, ed. Bert Gordijn ve Ruth Chadwick, Springer, 2008, ss. 71-95.

Mitchel, Juliet ve Oakley, Ann. *Kadın ve Eşitlik*. Çev. F. Berktay, Kaynak Yayınları, 1984.

Pelizzon, Sheila Margaret. *Kadının Konumu Nasıl Değişti?* Çev. İ. Sadi-C. Somel, İmge Kitabevi Yayınları, 2009.

Pepperell, Robert. *The Posthuman Condition*. Intellect Books, 2003.

Roden, David. *Posthuman Life*. Routledge, 2015.

Sevim, Ayşe. *Feminizm*. İnsan Yayınları, 2005.

Sharon, Tamar. *Human Nature in an Age of Biotechnology: The Case for Mediated Posthumanism*. Springer, 2014.

Smith, Barbara. "Racism and Women's Studies," *Frontiers: A Journal of Women Studies*, cilt 5, no 1, *National Women's Studies Association: Selected Conference Proceedings*, University of Nebraska Press, İlkbahar, 1980, ss. 48-49.

Wolfe, Cary. *Critical Environments: Postmodern Theory and the Pragmatics of the "Outside"*. Minneapolis, University of Minnesota Press, 1998.

BÖLÜM 8

ULUSLARARASI İLİŞKİLERDE POSTHÜMANİST DÖNÜŞÜM: YENİ MATERYALİZM, EKOLOJİK KRİZ VE KÜRESEL SİYASET

Yelda Erçandırlı

Giriş

İstikrarsız bir küresel iklim, canlı çeşitliliğinin ve ormanların azaldığı, buzulların eridiği, kuraklıkların arttığı asit yağmurlarının başladığı, salgın hastalıkların geçmişe oranla çok daha sık yaşandığı bir yüz yılda yaşıyoruz. Benzeri görülmemiş bir ekolojik değişimin çağımızı şekillendirdiği bir süreçte, pandemi çağında, sosyal bir disiplin olarak Uluslararası İlişkilerin (Uİ) sosyo-ekolojik süreçleri disiplinin temel varsayımlarına, kuramsal ve kavramsal araştırmalarına entegre etmesi gerektiğine yönelik tartışmalar hali hazırda başlamıştır (Harrington 2016; Burke et al. 2016; Erçandırlı 2021). Buna rağmen Uİ'nin araştırma alanını büyük ölçüde toplumsal dünya ile sınırlayan bir disiplin olduğunu söyleyebiliriz. Büyük güçler arasında savaşın nedenlerini ve barışın koşullarını sorunsallaştırmak amacıyla Birinci Dünya Savaşı'nın hemen sonunda ortaya çıkan Uİ disiplini, 1990'lı yıllarla birlikte devlet-merkezci bir anlayıştan insanı ve toplumsal ilişkileri esas alan eleştirel yaklaşımların da yer aldığı entelektüel bir çalışma alanına doğru evrilmiştir. Ancak eleştirel dönüşümde Uİ kuramı, ana akım yaklaşımlara benzer şekilde, sanki "uluslararası" doğal olandan ayrımış gibi yalnızca insana ve toplum-toplum ilişkisine odaklanmıştır. Geçtiğimiz yıllarda ise sosyal bilimlerde hızla yükselmeye başlayan yeni materyalist[1] dönüşümden etkilenen posthümanistler, Uİ'nin temel ve yapı ve dinamiklerine eleştirmeye ve disipline hâkim olan, insan-merkezci (anthropocentric) özne anlayışını sorgulamaya başlamışlardır. Bu çalışmanın temel amacı bu yeni ontolojik meydan okumanın Uİ'nin temel dinamiklerini anlamada ve değişime yön vermede önemli açılımlar taşıdığını vurgulamaktır. Bu bakımdan bu çalışma posthümanist Uİ tartışmalarının posthüman multidisipliner çalışmalara farklı boyutlarda yaptığı katkıyı incelemektedir.[2]

Çalışmanın birinci bölümünde yeni materyalizmin (new materialism) ontolojik kabullerine değinilecektir. Yeni materyalizmin temel ilkelerinin açıklanması ile posthümanist çalışmaların Uİ disiplinine yaptıkları meta-teorik[3] katkının daha

---

[1] Yeni materyalizm sıklıkla literatürde başka isimlerle özdeş kullanılmakta ve birden fazla yeni materyalizm türünden söz edilmektedir. Posthümanizm ve yaşamsal (vital) materyalizm/ materyalist vitalizm, Bruno Latour'un aktör-ağ teorisi (actor-network theory) bunlar içerisinde en yaygın olanlarıdır.
[2] Bu çalışma yalnızca Uİ'de posthümanist dönüşümü tanıtma amacını taşır. Posthümanizm/yeni materyalizminin tarihsel materyalist eleştirisi için bkz: Erçandırlı 2021; Yalvaç ve Erçandırlı.
[3] Meta-teori bir yaklaşımın belirli olgulara ya da olaylara hangi epistemolojik ve ontolojik kabullerle yanıt aradığını göstermesi açısından önemlidir. Sosyal bilimlerde geliştirilen tüm yaklaşımların altında meta-teorik varsayımlar vardır. İyi bir teori doğası gereği gerçeği daha iyi açıklayan ontolojik ve epistemolojik

açık bir şekilde sergilenmesi amaçlanmaktadır. İkinci bölümde posthümanistlerin Uİ çalışmalarına kavramsal ve kuramsal düzlemde katkıları, eleştirileri ile küresel siyasete içkin değerlendirmeleri ele alınacaktır. Sonuç bölümünde ise yeni materyalizmin ve posthümanizmin bugüne kadar toplum-toplum ilişkisini sorunsallaştıran Uİ disiplinine toplum-doğa ilişkisini merkeze alması açısından nasıl bir potansiyele sahip olduğu tartışılacaktır.

Yeni Materyalizm ve Ontoloji

Yeni materyalizm, 1990'ların ikinci yarısından itibaren Manuel Delanda'nın Yeni Bir Toplum Felsefesi: Öbekleşme Kuramı ve Toplumsal Karmaşıklık (*A New Philosphy of Society and Virtual Philosophy 2018*) ve Rosi Braidotti'nin İnsan Sonrası (*The Posthuman* 2014) çalışmalarıyla ortaya çıkmıştır. Diana Cool ve Samantha Frost birlikte derledikleri Yeni Materyalizm: Ontoloji, Faillik ve Siyaset (*The New Materialism: Ontology, Agency and Politics* 2010) kitaplarının giriş kısmında yeni materyalist düşüncenin en temel özelliğini "kompleks maddesel değişim ve süreçlere yönelim" olarak tanımlamaktadır. En temel anlamda yeni materyalizm, maddenin akıldan ayrılamayacağı—maddenin her zaman akla ait olduğunu, aklın her zaman maddesel olduğunu—ve doğa ile kültürün her zaman "doğa-kültür" olduğunu belirten ve bu anlamda her türlü ikiciliğe (dualism) karşı çıkan felsefi bir yaklaşımdır (Dolphijn ve Tuin 645-646). Yeni materyalistler, yaşamın her anını kuşatmış materyal bir dünyaya vurgu yapmakta ve maddenin karmaşık doğası ile ontolojik olarak materyalleşme süreçlerini anlamaya çalışmaktadırlar (Fox ve Alldred 6; Coole 451-452). Yeni materyalistlerin yaptığı en temel vurgu yaşamın üretiminde materyal olanın yeniden değerlendirilmesi gerektiği konusundadır (Yalvaç ve Erçandırlı 266).

Yeni materyalist ontolojiye yerleşik varsayımlar birbiriyle ilişkili beş temel maddede toplanabilir: Öncelikli olarak, yeni materyalizm, maddenin "materyal-leşme süreçlerini" ifade eden var-oluş (becoming) ontolojisine dayanmaktadır. Ontolojik olarak dikkatimizi gerçek maddi değişim ve süreçlerine çevirir; bu anlamda yeni materyalizmin monist (tekçi) bir ontolojiye sahiptir (Yalvaç ve Erçandırlı 267). Yeni materyalistlere göre monist bir ontolojiye sahip olması, gerçeğin tek boyutlu olarak değil; tam tersine "çok boyutlu, iç içe geçmiş ve kompleks olduğunun" göstergesidir (Coole 453-454). Bu bakımdan yeni materyalistler için "yeni" olan, maddi gerçekliğin "kompleks", "çoğulcu" ve "göreli açık süreçler" içeriyor olmasıdır.

Buna bağlı olarak yeni materyalistler modern bilim anlayışına köktenci eleştiriler geliştirmiştirler. Yeni materyalistlere göre modern insanın maddeye ilişkin düşüncesi 17. yüzyıl düşünürleri René Descartes ve Isaac Newton'a dayanmaktadır. Descartes, insanı maddenin dışında ve maddeyi kontrol edebilen rasyonel, kendini bilen, özgür ve kendi kendine hareket eden failler olarak tanımlamıştır.

---

kabullere dayanmaktadır. Ontoloji neyi çalıştığımıza yanıt ararken (devlet, insan, toplum, posthuman gibi) epistemoloji söz konusu özne/nesneyi nasıl çalıştığımız ile ilgilidir. Epistemoloji, ontolojide benimsediğimiz duruştan etkilenerek ontolojiye uygun bir bilgi felsefesi oluşturur. Daha geniş bilgi için bkz: Yalvaç 37-38.

Descartes'a göre beden ve zihin iki farklı maddedir. Beden fiziksel bir maddeyken zihin ruhsaldır. İki madde birbirinden tamamen farklı olduğu için birbirleri olmadan var olabilirler. Isaac Newton ise doğadaki nesneleri hareketleri ve davranışları tahmin ve kontrol etmek için ölçülebilir olarak ayırmış ve nesneler arasındaki etkileşimi dış etmene indirgeyerek hareketinin nedenini doğrusal ve ilerlemeci bir mantıkla açıklamaya çalışmıştır. Maddeyi manipüle eden bu bakış açısı, doğa üzerinde kavramsal ve pratik bir tahakküm sağlanmasına neden olmuştur. Yeni materyalist bir perspektiften, madde bu Kartezyenci-Newtoncu anlayıştan çok daha fazlasını ifade etmektedir. Madde, "durağan olmaktan ziyade aktif, kendini oluşturucu (self-creative), üretken ve öngörülmez bir özelliğe" sahiptir (Coole ve Frost 8-9).

İkinci olarak yeni materyalistler materyalleşme süreçlerini göz ardı eden ve kültürel dönüş olarak adlandırılan söylem/dil merkezli analizlere karşı bir duruş sergilemektedirler. Yeni materyalizm beden ve söyleme odaklanan Michél Foucault ile ontolojik olarak varlıklar arasında üstünlüğü, diğerine göre aşkınlığı reddeden Gilles Deleuze gibi postyapısalcılardan önemli ölçüde etkilenmiş olmasına rağmen ikisi arasında göz ardı edilemeyecek farklılıklar bulunmaktadır. Yeni materyalizm, postyapısalcılığın yalnızca metinsel ve söylemsel analize dayanan kültürel ya da dilsel analizlerine karşı çıkmaktadır. Yeni materyalistler, postyapısalcılığın bilime şüpheli yaklaşan bu yorumsamacı (kültürel) ve yapı-söküme dayalı anlayışı reddetmektedir. Postyapısalcılığın tersine, tarihsel materyalizm gibi "realist" bir bilim anlayışına dayanmaktadır (Latour, "From Matters of Fact to Matters of Concern" 231; Choat 1029). İnsan aklının dışında bağımsız materyal bir gerçeklik olduğunu belirterek, bu gerçekliğin görünenden çok daha kompleks, heterojen ve istikrarsız olduğunu vurgulamaktadır. Yeni materyalizme göre hakikatin "öznel" olduğunu vurgulayan postyapısalcılık, toplumsal-politik-ekolojik sorunlara cevap üretme konusunda da yetersiz kalmıştır (Choat 1029). Nitekim bilime şüpheli yaklaşan postyapısalcılar, iklim değişikliği, dijital iletişim, genetik değişim, yeni farmasotik ilaçlar, klonlama gibi bilim ve teknoloji ile "yeniden" bağlantıyı gerektiren sorunlara çözüm ve açıklama getirme konusunda başarısız olmuştur. Yeni materyalistlere göre iklim değişikliği gibi sosyo-ekolojik bir olay sadece toplumsal inşa ve söylemsel analizle açıklanamaz; sorunun özünü anlayabilmek için disiplinler-ötesi bir yaklaşımla toplumsal ve doğal sistemler arasındaki ilişkiyi yeniden sorgulamak gerekmektedir. Buradaki mesele yalnızca insan ile insan olmayan sistemler arasında yapılan kavramsal bir ayrım değildir; sorun disiplinler arası boyuttadır ve Bruno Latour'un belirttiği üzere gerçekte toplumsal olanla doğal olanı ayıran tek şey modern dünyanın temel karakteristiğidir (*We Have Never Been Modern*). Latour ünlü eseri *Biz Hiç Modern Olmadık (We Have Never Been Modern* 2005*)*'da doğa ve toplumun artık birbirinden ayırt edemeyeceğimizi ve ikisinin mutlak süratle birbirine bağlı, hatta tek olduğu bir melezlik (hybridity) durumundan söz etmektedir. Melezlik, Latour'un çalışmalarında toplumun nerede bitip doğanın nerede başladığının ya da bunun tersini iddia etmenin iklim değişikliği çağında artık geçerli olmadığı varsayımına dayanmaktadır.

Üçüncü olarak, yeni materyalist ontoloji, yerleşik özne-nesne ikililiğinin ötesine geçerek yani özne-nesne ilişkisinden ziyade nesne-nesne ilişkisini vurgulayarak failler arasındaki hiyerarşiyi ortadan kaldırmaktadır (Chandler 529). Bu durum şu şekilde ifade edilebilir: Eğer şeyler kendini karşılıklı olarak eşit ve karmaşık kapasitede şekillendirebiliyorsa bu durum dünyanın "bilinebilirlik" ("knowability") özelliğinin ötesine geçmemiz gerektiğine işaret etmektedir. Bir başka ifade ile yeni materyalist ontolojide nedensel olarak belirleyici olanın ya da belirleyenin (teolojik edilen) gelecekte nasıl bir form olacağı "tahmin" edilebilen bir nitelikte değildir. İnsan faaliyetlerinin tahmin edilebilirliğinin sınırlı olduğu bir dünyada eylemlerin kontrolünü sağlamak olanaksızdır. Bu yüzden yeni materyalistler için maddeleşme sürecinin ortaya çıkışı tahmin edilemez olduğu gibi geçmişe bakarak da yorumlanmamalıdır (Coole ve Frost 2013). Bu nedenle yeni materyalizm çizgisel ilerlemeyi ve nedensel yasaları reddederken beklenmedik (contingency) gelişmelere vurgu yapmaktadır. Ancak yeni materyalistler, beklenmedik gelişmelerin maddeleşme sürecinde bir öncül olarak ele almadıkları iddiasındadırlar. Eğer karar süreçlerimizde ve eylemlerimizde en tatmin edici biçimde bilgiye ulaşamıyorsak insanın (ve diğer nesnelerin) özgürleşmesine ancak sözü geçen maddeleşme süreçlerinin nasıl ortaya çıktığının anlaşılması ve bu süreçlerin ne ölçüde karmaşık yapılara yerleşik olduğunun farkında olunması ile ulaşılabilir (Chandler 6).

Bu bakımdan, dördüncü olarak, yeni materyalizm dikkatimizi "faillik" ("agency") sorunsalına çevirmektedir. Maddeyi kendi dönüşüm (self-transformation) biçimlerine bağlı düşünmek, maddeyi akışkan bir özellikte tanımlamak, faillerin yalnızca bilişsel ve karar verme yeteneğine insanlar olduğu yönündeki geleneksel anlayışımızı yıkmaya yarar (Coole 453). Yeni materyalizmde fail, vitalist ve ilişkiseldir (Braidotti 221). Bu nedenle failliğin açıklanmasında aşkınlıktan (transcendence) ziyade içselliğe (immanence) önem vermektedir.

Faillik, yeni materyalizme kadar insana özgü özellikler olan bilinç, bilişsel güç ve rasyonellik ile tanımlanmıştır. Yeni materyalistlere göre insan-dışı canlılar hatta (belli) ölçüde makinalar dahi faillik kapasitesine sahiptir. Yeni materyalistler tarafından "flat" ("yatay") ontoloji olarak tanımlanan bu çok boyutluluk, tam olarak nesnelerin normatif ve ontolojik olarak "yatay düzlem" içerisinde olması, yani sürekli olarak yeni konfigürasyonlar içinde, yeniden ortaya çıktıları varlıkların diğer varlıklar ve failler karşısında önceliğinin olmaması anlamına gelmektedir. Ancak yeni materyalistler için bu mesele göründüğünden daha karmaşıktır: Varlıklar, failler ve yapılar farklı şekillerde hareket etmektedirler. Gerçeğin altında yatan birden fazla alt parçacık mevcuttur ve hem canlılar hem de cansızlar bu gerçekliği oluştururlar. William Connolly bunu "çok yönlü tekçilik" (protean monism) olarak tanımlamaktadır. Yerleşik tanımlamanın tersine, yeni materyalizmde fail—yeryüzünde değişiklikleri üretme yeteneğine sahip etki mekanizması olarak çok çeşitli—dağıtılmış (distributed) süreç ve varlıklar arasında konumlanmaktadır. Dahası bu çok boyutluluk failliğin farklı durumlarda beklenmedik şekillerde ortaya çıkmasına neden olmaktadır. Latour, *Toplumsalın Yeniden Birleştirilmesi* (*Reassembling the Social* 2005) çalışmasında bu durumu insan aktörleri ve insan-olmayan "eyleyenler" ("actant") arasında ayrım yaptığı; ancak, her ikisinin de faillik kapasitesine sahip olduğu ünlü "aktör ağ teorisi" (actor network theory) ile formüle etmektedir. Latour'un "eyleyen" tanımlamasını geliştiren Jane Bennett (2010), pasif ve insan amaçlarına hizmet eden konumda olmaktan ziyade hayati ve aktif olan "şeylerin politik ekolojisini" ("a political ecology of things") geliştiren yeni bir vitalist anlayış önermektedir.

Yeni materyalist ontolojinin beşinci özelliği dualistik veya anakronistik[4] kategorileri reddetmesiyle ilgilidir. Bu açıdan Karl Marx'ın tarihsel materyalizminin ötesine geçme çabasındadır (Coole ve Frost 5-7). Toplum ve doğayı tarihsel süreçler içerisinde diyalektik materyalist kavrayan bir bilim felsefesi olarak tarihsel materyalizmin yeni materyalizme en yakın kuramsal yaklaşım olduğu iddia edilebilir (Choat 1032; Erçandırlı 2021). Buna rağmen yeni materyalistlere göre tarihsel materyalizm en az üç noktada sorunludur: (1) Tarihsel materyalizm, birbiriyle bağdaşmayan iki bilimsel yaklaşım arasında bölünmüştür. (2) İnsanları rasyonel ve eylemi gerçekleştiren failler olarak ayrıcalıklı kılar ve (3) insan olmayan doğayı toplumdan ayıran ikili ve hiyerarşik bir ontolojiye dayanır. Bu nedenle, yeni materyalistler içerisinde tarihsel materyalizmin içinde bulunduğumuz koşulları bilimsel açıklayamadığını düşünenler ikisi arasında bağlantı kurma çabasında olan düşünürlerden fazladır (Choat 1033).

Yeni materyalistlere göre doğal olan ve toplumsal olan arasındaki sınırlar, bilimsel ve teknolojik ilerlemelerin etkisiyle yerinden edilmiş büyük ölçüde bulanıklaşmış durumdadır (Braidotti 13). Yeni materyalistler, postyapısalcılığın bağımsız akıl yürütme yetisinden yoksun gösterdiği tüm ötekileştirilenlerin (kadınlar, deliler, madunlar, hayvanlar, vs) dışlanmasının eleştirisinin toplumsal ilişkilerle sınırlandırıldığı sürece yetersiz kalacağını iddia etmektedir (Rekret 111). Yeni materyalist bir perspektiften, postyapısalcılık kültürel inşayı (düşünsel olanı) ön plana çıkartarak insan/insan olmayan, doğal/toplumsal, madde/düşünce gibi karşıtlıkları yeniden üretmiştir. Buna karşıt olarak, yeni materyalist yaklaşım(lar) maddeleşme sürecini insan-merkezci olmayan bir perspektiften ele alır. İnsanmerkezcilik, insanlığın dilsel güce sahip olması ve özgür irade gibi istisnai özellikler nedeniyle, insan olmayan yaşamın çeşitliliğinden ayrı ve üstün tutulmasıdır. Bu, insan bedenini önceleyememesi ve düşünsel (idealist) olanın materyalist olanın önüne geçmemesi anlamına gelir. Bir başka ifade ile yeni-materyalistler, gerçeğin ortaya çıkışında doğal-materyal olana vurgu yaparken aynı zamanda toplumsal inşanın rolünü göz ardı etmedikleri iddiasındadırlar. Ortaya çıkan gerçekleşme süreci, yeni materyalistlere göre, eş zamanlı olarak materyal ve kültüreldir.

Sonuç olarak yeni materyalizm ontolojik olarak çok boyutlu faillik anlayışına dayanan yeni bir bilimsel bakış açısını esas alır. Maddenin kendisi aktif ve hareket halindedir. Bu nedenle modernitenin dayattığı doğal ve toplum bilimlerindeki ayrım ortadan kaldırılarak faillik kavramı yeniden tanımlanmalıdır. Bu aynı zamanda demektir ki insan ve insan olmayan nesneler arasındaki ilişki ağı, toplumsal ve doğal yapılar tarafından şekillenir ve aynı zamanda onlar tarafından biçimlendirilir.

---

[4] Anakronizm, olay, olgu ve nesnelerin içinde bulundukları gerçek zamandan ayrıştırılıp, farklı zaman dilimleri içerisinde değerlendirilmesidir.

Posthümanist Uluslararası İlişkiler

Yeni materyalizm disiplinler-ötesi bir yaklaşım olarak coğrafya, antropoloji, felsefe, sosyoloji ve siyaset bilimlerine hali hazırda etki etmiş; feminist yaklaşımlardan ekolojik tartışmalara ve sömürgecilik sonrası araştırmalara kadar pek çok farklı meselede de ele alınmıştır. Uİ disiplininde yeni materyalist tartışmalar ile posthümanizm iç içe geçmiştir. Posthümanizm Uİ'de daha çok disipline egemen olan insan-merkezci bakış açısını eleştirisinde, insan-doğa ikiciliğine meydan okumada ve ekolojik tartışmalarda etkisini göstermiştir (Cudworth ve Hobden 2015; 2018; Chandlier 2013; Schmidt 2012; Erçandırlı 2021).

Posthümanizm en genel ifade ile nesne/özne (toplum/doğa, madde/düşünce gibi) arasındaki ayrımı açık bir şekilde reddetmekte ve insan özneye dair başat görünümü ontolojik olarak sorunsallaştırmaktadır (Cudworth ve Hobden 2015; 2018; Chandlier 2013; Schmidt 2012). Bu anlamda öncelikle posthümanizmin "insan karşıtlığı" değildir. Ancak bu yaklaşım, günümüz beşerî bilimlerine hâkim olan Protagoras'ın "her şeyin ölçüsü insan" anlayışına ciddi eleştiriler sunarak insan ve insan olmayan varlıklar arasındaki karşılıklı ve sürekli etkileşime vurgu yapmaktadır. Posthümanist tartışmaların ana figürü olan Braidotti posthümanizmi, "bizzat canlı maddenin hayatı, kendini örgütleyen ama natüralist olmayan yapısına dair varsayım" olarak tanımlamaktadır (12). Braidotti'ye göre posthümanizm, "insanın sahnesi' olarak bilinen biyogenetik çağda, insanın evrende bütün bir yaşamı etkileme gücüne sahip jeolojik bir kuvvet haline geldiği bu tarihi anda, insan için temel ortak referansın ne olduğunu yeniden düşünmemize yardımcı üretken bir araçtır" (16).

Posthümanizm, yerleşik kavramların, tartışmaların ve yöntemlerin insan-merkezci doğasını eleştirmekte; bu açıdan ise hem eleştirel Uİ yaklaşımları arasında kabul görmekte hem de eleştirel yaklaşımların insan-merkezci doğasını reddetmektedir. Posthümanistlere göre Uİ disiplini insan ve insan olmayan nesneler arasında artan karşılıklı-karmaşık bağımlılığı ve bağlantıyı göz ardı ederek "uluslararasının" açıklanmasını kurumlara veya en iyi ihtimalle insana dayandırmıştır (Kavalski 2012).

Uİ'nin araştırma alanının ne ölçüde insan-merkezcilik sorunsalı ile karşı karşıya kaldığını sorunsallaştıran çok az sayıdaki çalışmanın önemli bir kısmı eko-merkezci bir perspektiften kaleme alınmıştır (Hovden 1999; Eckersley 1992; 2004). Posthümanizmi, bu çalışmalardan temelde ayıran yeni materyalist ontolojisi ve epistemolojisidir. Hem posthümanizm hem de eko-merkezci yaklaşımlar, insan/doğa ikiciliği eleştirisi yapmaktadır. Her iki yaklaşım da felsefi olarak insan/doğa ikiciliğinin ötesine geçme arzusunu sürdürebilir toplumlar oluşturmak adına temel ilke olarak tanımlamaktadır. Eko-merkezci çalışmalar toplum bilimlerine etki etmiş eleştirel bakış açısına insan olmayan yaşam formlarını (ekolojik söylem ve ekolojik bilinç temelli) doğayı eklemleme çabasındayken aşağıda görüleceği gibi posthümanistler—daha radikal biçimde—dikkatimizi yalnızca doğaya değil canlı-cansız tüm varlıklara (ve maddenin hareketliliğine) kaydırarak Uİ'nin temel kavram ve kuramlarını hem ontolojik hem de epistemolojik bir sorgulamaya tabii tutmaktadır.

Posthümanizm, daha iyi bir yaşam için insanın tüm kapasitesini, bilimsel ve teknolojik olanakları kullanması gerektiğini savunan transhümanizm (insan-öte-cilik) ideolojisinden de ayrılmaktadır (Cudworth ve Hobden, *Posthuman International Relations* 17). Transhümanizmin merkezinde (beyaz, erkek, batılı) insan vardır, insani gelişmenin imkanlarını ve sonuçlarını sorunsallaştırır. Oysa Cary Wolfe, posthümanist projenin iki amacı olduğunu belirtmektedir: Birincisi posthümanizm felsefi anlamda modernitenin dayatmış olduğu insan ve insan-olmayan arasındaki ontolojik ve ahlaki ayrıma karşı çıkmaktadır. İkinci olarak, posthümanistler biyosfer ve çeşitli türlerin koşullarının karşılıklı olarak oluştuğunu vurgulamaktadır. Bu kapsamda Cudworth ve Hobden posthümanizmi, "tüm canlılar için siyaset ve her türlü baskıyı bertaraf etme amacı" olarak tanımlamaktadırlar (Cudworth ve Hobden, "Of parts and wholes" 146). Chandler et al. posthümanist Uİ projesinin temel amacının "dünyanın [ve siyasetinin] insandan daha fazla" olduğuna dikkatleri çekmek olduğunu belirtirler (4). Böylelikle küresel siyasetin insan olmayan varlıkları da içermesi yönünde önemli bir adım atılacaktır.

Posthümanistlere göre ontolojik olarak Uİ'nin insan-merkezci kavramsallaştırmalarının ötesine geçebilecek bir yaklaşımın öncelikli olarak dünya siyasetinde gerçekliğin nasıl karşılıklı ve karmaşık olarak oluştuğunu ortaya koyması gerekmektedir (Bousquet 2015). İnsanların, insan olmayan canlılarla etkileşimi sonucu ortaya çıkan salgın hastalıklar, iklim değişikliği, canlı çeşitliliğinin azalması gibi ortaya çıkan derin tehditlere karşı küresel siyaset diğer canlıları ve gelecek nesilleri içselleştirecek şekilde yeniden şekillendirilmelidir. Gerçekten de günümüzdeki hızlı ve geniş kapsamlı teknolojik gelişme, benzeri görülmemiş ekolojik değişim ve COVID-19 gibi meselelerin içsel dinamiği ve söz konusu meselelerin ulusaşırı/ulus-ötesi niteliği göz önünde bulundurulduğunda doğadan ayrı bir insanlığı artık çalışamayacağımız daha net görünmektedir.

Kompleksite, Uluslararası Sistem ve Anarşiyi Yeniden Düşünmek

Posthüman Uİ'nin odak noktasını siyasal güç ve toplum-doğa etkileşimi oluşturmaktadır. Siyasal sistemler, çeşitli türleri içeren doğal sistemlere bağlıdırlar ve onları hem etkilerler hem de onlardan etkilenirler. Sosyal dünyayı anlayabilmek için insanın, insan olmayan dünya (hayvanlar, bakteriler, cansız maddeler, makineler, çevre ve atmosfer gibi) ile nasıl iç içe geçtiğini ve ne ölçüde insan hayatının bu dünyaya yerleşik olduğunu kavramamız gerekmektedir. Posthümanistlere göre siyasal olan, toplum-doğa ilişkisinin maddesel karakterine vurgu yapılarak anlaşılmalı; insan ve insan olmayan unsurların arasındaki ilişkinin materyal niteliği göz ardı edilmemelidir (Kaltofen 370).

Posthümanizm Uİ'de daha çok kompleksite kavramı ve sistem düşüncesiyle bağlantılı olarak gelişmiştir. Tek bir kompleksite teorisinden bahsedilemez ve kompleksite teorileri arasında ontolojik epistemolojik farklılıklar mevcuttur. Cudworth ve Hobden'in benimsediği kompleksite modeli sosyal dünyanın karmaşıklığını, biyolojik ve fiziksel sistemlerle örtüşen ve kesişen sistemleri ele almaktadır. Cudworth ve Hobden, kompleksite kavramını dünyanın nasıl "çoklu/ uyumlu sistemlerden" ("multiple adaptive systems") oluştuğunu açıklamak için geliştirmişlerdir. Sistemler, içsel olarak ilişkiselliği ve etkileşimi ön plana çıkaran kompleks bir olgudurlar. Bu bakımdan yazarlar posthümanizmi çok aşamalı, iç içe geçmiş, birbirini öncelemeyen sistemler arasındaki ilişki olarak tanımlamaktadırlar (Cudworth ve Hobden, "The Foundations of Complexity" 6-7).

Cudworth ve Hobden (2011) kendi yaklaşımlarını "farklılaştıran kompleksite" (differentiated complexity) olarak tanımlamaktadır. Farklılaştıran kompleksite yaklaşımı, onlara göre, toplumsal ve doğal sistemler arasındaki etkileşime vurgu yaparken aynı zamanda sistemler arasındaki farklılaşmaları da görmemize olanak sağlamaktadır. Cudworth ve Hobden'e göre, bu durum, ne toplumsal olanın doğal olan sistemler üzerinde ne de doğal olanın toplumsal olanlar üzerinde bir üstünlüğüne; bundan ziyade ikisi arasında mutlak etkileşime işaret etmektedir ("Liberation for Straw Dogs? Old Materialism" 134-148). Cudworth ve Hobden'in çalışmalarında geliştirdikleri toplumsal ve doğal sistemlerin artık birbirinden ayrı düşünülemeyeceğini vurgulayan kompleks ekolojizm (ecologism) kavramı ise eleştirel politikanın ve küresel yaşam biçimlerinin posthüman perspektiften düşünmeyi sağlamaktadır ("The Foundations of Complexity" 163-187).

Kompleksite teorisinin Uİ'ye en önemli katkılarından biri uluslararası sistem, anarşi gibi Uİ'nin kabul görmüş kavram ve yaklaşımlarını yeniden eleştiriye tabii tutmasıdır. Posthümanist bir perspektiften bakıldığında ana akım Uİ teorisinin sistem yaklaşımı doğrusal düzenlilik (pattern) arayışını ön plana çıkarmaktadır. Uİ teorisi, devlet eylemini açıklarken uluslararası sistemin değişmez özelliği olarak anarşiye belirleyici bir özellik atfetmektedir. Örneğin, Uİ'nin kurucu metinlerinden biri olan Martin Wight'ın "Neden Bir Uluslararası Teori Yok?" ("Why there is no International Theory"? 1960) isimli çalışması iyi yaşamla ilgilenen siyaset teorisi ve "hayatta kalma"yı sorunsallaştıran uluslararası ilişkiler arasında ayrım yapmakta ve devletler arası ilişkilerde düzenlilik olmadığı için genel geçer bir Uİ teorisi olmadığını ifade etmektedir. Wight, devletler arası ilişkiler alanının anarşik özelliği nedeniyle ilerlemeye odaklı, "iyi yaşam" kuramı oluşturulamayacağını da ifade etmiştir (3536). Benzer şekilde Hedley Bull'un *Anarşik Toplum* (*The Anarchical Society* 1988) isimli çalışması, anarşiyi uluslararası siyasetin en temel gerçeği ve Uİ'de kuramsallaşmanın başlangıç noktası olarak uluslararası toplum düşüncesi ile birlikte ele almaktadır. Uİ'ye gözlemlenebilen düzenlilik çerçevesinde yaklaşan ve bu kapsamda (uluslararası sistem anarşik de olsa) demokrasilerin birbirleriyle savaşmayacağını ileri süren Demokratik Barış Teorisi de düzenli doğrusal bir ilişki varsaymaktadır (Doyle 1983a; 1983b; 1986).

Dahası Kenneth Waltz'ın *İnsan, Devlet ve Savaş* (*Man, the State and War* 1959) ve *Uluslararası Siyaset Teorisi* (*Theory of International Politics* 1979) çalışmalarında ortaya koyduğu sistematik teorisinde anarşi, oldukça belirgin bir şekilde uluslararası siyasetin tanımlayıcı veya düzenleyici ilkesi haline gelir. Waltz, büyük güçlerin sayısı ile uluslararası siyasetin karekteristiği arasında ilişki olduğunu savunmaktadır. Waltz'a göre uluslararası siyasete yönelik bütüncül bir yaklaşıma ulusal alanın değil; belli düzenlilik halinde hareket eden aktörlerin oluşturduğu uluslararası alanın incelenmesi ile ulaşılabilir. Merkezileşmiş bir otoritenin olmaması durumunda, egemen devletlerin hangi düzenlilikleri oluşturduğu temel sorunsaldır. Waltz'un Uİ teorisine en büyük mirası sistem düzeyinde güçlerin varlığına işaret etmekti; ancak devletin dışında kalan tüm özneleri izole etmekte ve uluslararası siyaseti devletler arasındaki etkileşime indirgemektedir. Bunun yerine posthümanistlerin kompleksite kuramı, "ortaya çıkma" (emergence) ve "birlikte evrim" (co-evolution) gibi kavramlar, uluslararasının oluşumunda insan ve insan olmayanlar arasında hiyerarşilerin olduğunu, ancak ortaya çıkan düzen ve sosyal-siyasi sistemlerin doğal sistemlere yerleşik olduğunu ifade etmektedir. Posthümanist bir perspektiften bakıldığında eko-sistemler ile toplumsal sistemlerin bu denli iç içe olduğunun belirtilmesi Uİ'de anarşinin yeniden kavramsallaştırılmasını zorunlu kılar. Ontolojik olarak uluslararası siyaset bir dizi devlet aktörünün bir araya gelmesinden ziyade, devlet bir dizi canlı-cansız aktörün bir araya gelmesiyle oluşur (Cudworth ve Hobden, "Of parts and wholes" 430-450).

Ana akım Uİ teorisine egemen olan doğanın insan tarafından kontrol edilebileceği düşüncesinin temelinde de Newtoncu bilim anlayışı bulunmaktadır. Posthümanist düşünürler için ana akım Uİ'nin Newtoncu, tahmin etmeye dayalı bakış açısını temel alarak sorun-çözücü bir yaklaşım geliştirmesi önemli bir soruna işaret etmektedir (Chandler 2013; Kavalski ve Zolkos 2016; Malette ve Stoett 2018). Posthumanistlere göre gerçeklik yalnızca Newtoncu Uİ teorisinin bize yansıyan görüngesinin değil aynı zamanda mevcut küresel yaşamın bizzat kendisinin eleştirisi olarak görülmelidir. Doğa bilimlerini "gerçek bilim" ("exact science"), siyaset bilimini ise çoğunlukla sanat ya da yetenek olarak algılayan ana akım Uİ akademisyenleri, uluslararası siyasetin anlaşılması ve açıklanması için belirli bir düzenliliğin varlığını tespit ederek "güçlü" ve "tahmin etmeye" yönelik modeller geliştirmiştir (Morgenthau 1946; 1948). Güç dengesi kavramında olduğu gibi—denge kavramı doğa bilimlerinden ödünç alınarak—uluslararası düzen ve devletlerin hayatta kalma arzusuyla (self-help) motive edilen düzenleyici bir mekanizma olarak sunulmaktadır (Kavalski 138). Bu şekilde Uİ'de, uluslararası yaşam sanki "kapalı" bir sistem içerisinde gerçekleşiyormuş gibi ele alınır. Değişmez ve doğrusal yörüngeler üzerinde ilerleyen ayrı ayrı bağımsız değişkenlerden oluşan bir "yapı" olma durumu söz konusu sistemin en temel özelliğidir.

Uİ, yaşamın karmaşıklığını basitleştirerek ve indirgeyerek mekanik—doğa bilimlerine benzer (pozitivist) bir uluslararası siyaset modeli çizmektedir. Newtoncu taahhütleri nedeniyle ana akım Uİ, gerçekliği "sürekli" bir akış olarak değil de bu akıştan çıkarılan bir dizi "anlık" görüntü olarak açıklanmaktadır. Bu, tam olarak ana akım Uİ'de temel bilimsel çerçevesini oluşturarak küresel siyasetin kompleks, doğrusal olmayan nedensellik zincirini göz ardı etmesine ve beklenmedik etkileşimlerin öngörülemez sonuçlarını muğlaklığın doğası olarak açıklamasına neden olmaktadır (Kavalski 138).

Buna karşıt olarak, posthümanistler uluslararası sistemin kompleks tarihsel olarak değişebilen bir özelliğe sahip olduğunun altını çizmektedirler (Cudworth ve

Hobden 2012). Kompleks uyarlanabilir sistem (complex adaptive system) mantığı ile posthümanistler, Waltzcu değişmez anarşik sistem mantığına meydan okumuşlardır. Ana akım Uİ teorisi çoğu uluslararası sistem modeli sistemi oluşturan unsurlar arasında "değişmeyen" sabit bir ilişki olduğunu savunur. Bunun yerine posthümanistler, olaylar arasında gözlemlenebilir düzenlilikler olsa bile öngörülebilir örüntüler olmadığını ve aynı olayların aynı örüntüyle sonuçlanacağına dair beklenti olmadığını savunmaktadır. Karmaşık sistemler sürekli bir akış içerisindedir, aktif ve yaratıcıdırlar. Yani sürekli değişmekte ve organik bir şekilde gelişmektedir (Kavalski 139). Anarşik uluslararası sistem mantığı yerine insan olan sistemler ile insan olmayan sistemlerin karmaşıklığını ve nasıl iç içe geçtiğini, etkileşimlerini tanımlamak önemlidir. Tarihsel olarak ekosistemler, siyasi, ekonomik ve toplumsal sistemler ile karşılıklı-oluşturucu ve birbirine uyum sağlayan iç içe geçmiş ilişkiler ağı oluşturmaktadır. Sosyal sistemlerin varlığı ekosistemlere bağımlıdır ve sosyal sistemler ekosistemleri değiştirme kapasitesine sahiptir.

Bu bağlamda, posthümanist düşünürler beklenmeyen nedenlerin beklenmeyen zamanlarda önemli etki doğuracağını belirtmektedirler. Değişim bütün bireysel sistemlerde farklı seviyelerde etkileşim aracılığı ile vuku bulur. Bu etkileşim her sistemin yeniden üretimini sağlar. Bu nedenle posthümanistler için değişim zamansal ve ardışıktır; sistemsel değişim mekanik değildir ve tahmin edilemez. Mekanik ve sonuçları tahmin edilebilir sistem anlayışı sorun-çözücü Uİ teorisinin ana problemini teşkil etmektedir (Cudworth ve Hobden, *Posthuman International Relations* 1-4). Cudworth ve Hobden (2011; 2014) küresel ısınma, iklim değişikliği gibi her olayın birbirine indirgenemeyen ve sürekli birbiriyle etkileşim halinde olan çoklu katmanların oluşturduğu kompleks mekanizmalar sonucunda ortaya çıktığını savunmaktadırlar. "Ortaya çıkma" ve "belirsizlik" kompleks sistemlerin temel özelliğidir. Emilian Kavalski kompleks sistemlerin ortaya çıkma özelliği genellikle sürpriz sonuçlar doğurduğunu, sistemler arası etkileşimin her defasında nasıl sonuç vereceğinin tahminin zor olduğunu belirtmektedir (139). Nihayetinde toplumsal olanın doğal olanla iç içe geçtiği bu anlayışta dünya hakkında geleceğe yönelik tahmin yapma olanağı söz konusu olmamakta ve dünyayı, uluslararası sistemin yapısını anlamlandırabilmek için hem insan hem de insan-olmayan sistemlerin karşılıklı birbirini nasıl etkilediklerine bakmak gerekmektedir.

Uluslararası Siyasette Bir Aktör Olarak "Doğa"

Ana akım Uİ, insan akılcılığına ve Aydınlanmanın "yaratılabilir bir dünya" inancına sıkı sıkıya bağlıdır. Nitekim doğa, belirsizlikleri ortadan kaldırılması gereken bir alan olarak ortaya çıkmaktadır. Uİ'nin araştırma kapsamı insan/sosyopolitik sistemlerden yani devletler, uluslararası örgütler, sivil toplum örgütlerinden oluşur ve bunlar içine gömülü oldukları doğal sistemlerden bağımsızdırlar. Bu nedenledir ki ana akım Uİ'de doğa, ikim değişikliğinin dinamik kalıpları, istenmeyen sonuçlar ve devletler arasında çatışma ve iş birliği ihtimali ile ilişkili olarak gündeme gelmiştir (Hobden 2015; Hovden 1999).

Disiplinin kuruluş yıllarında özellikle jeopolitik kuramcıları doğanın gücünü mevcut uluslararası sistemde rekabet eden güçlerin arkasındaki (coğrafi) "nedensellik" bağlamında ele almışlardır (Kavalski ve Zolkos 143). Örneğin Gettell, coğrafi koşulları ve rüzgâr, yağmur, fırtına gibi doğal olayları, savaşların sonuçlarını dolayısıyla ulusların geleceğini tayin eden bir faktör kapsamında ele almıştır (22). Bu bakış açısında doğa, teknoloji aracılığı ile kontrol edilmesi gereken bir nedensel güç olarak kabul edilmektedir. Büyük ölçüde dünya meselelerinin gidişatında aslında doğa değil, insanın belirleyici olduğu aralarında hiçbir etkileşimin olmadığı Kartezyen varsayımı destekler niteliktedir.

Posthümanizmin yeni materyalist ontolojisi –yukarıda da bahsedildiği üzere— varlıkları dışsal ilişkili ve ayrı ayrı etkileşimde bulunan aktörler/failler-eyleyenler olarak görmemektedir. Posthümanizm, insan-olmayan aktörleri, teknolojik arabuluculuğu, hayvanları, bitkileri, gezegeni bir bütün olarak kapsayan kolektif bir topluluk olarak öznelliği yeniden düşünmenin gerekliliğini ortaya koymaktadır. Posthümanistler durumları ve olayları etkileyen, yapılandıran görünüşte cansız maddenin rolünü tanımlayarak insan ve insan olmayan maddeler (özneler ve nesneler) arasındaki farkları en aza indirme amacındadır. Bir başka ifade ile insan-olmayan topluluklar insanlar üzerinde etki edebilir. Bu anlamda posthümanistler sadece insanı değil, aynı zamanda küresel yaşamdaki insan-dışı etkileşimleri de kapsayıcı bir şekilde ele almanın önemine işaret ederler. Genel olarak posthümanistler için faillik, insanların algıları ve faaliyetleri aracılığı ile açıklanamaz. İnsan-olmayan dünyanın, hayvanların ve organik materyal güçlerin ontolojik ve yöntemsel olarak uluslararası politikanın ortaya çıkmasında eyleyen kapasitesine sahip varlıklar çerçevesinde tanımlanması gerekmektedir (Hobden 169).

Posthümanizmde doğa ise, özcüleştirilmiş (essentialized) anlamda değil; insan faaliyetlerini hem olanaklı kılan hem de kısıtlayan ve insanlığın ihtiyaçlarına ve taleplerine indirgenemeyecek özerkliği olan bir alan olarak tanımlanmaktadır. Doğa, insan ile etkileşime açık ancak kendi içinde daima değişen dinamikleri olan bir varlıktır (Kavalski ve Zolkos 139-156). Doğa, canlı ve kendi içinde üretkendir (Cudworth ve Hobden, "Liberation for Straw Dogs? Old Materialism" 140). Doğa, insanların bir tür olarak ortaya çıkmasını ve devamlılığını sağlayan ve onların bilişsel özelliklerini mümkün kılan temel aktördür (Hobden 168). Bu basit bir önerme değildir ve disiplinin tüm ontolojik ve varoluşsal kalıplarını yeniden sorgulamayı zorunlu kılmaktadır. Nitekim, posthümanistlere göre Uİ'de doğayı bir aktör olarak yeniden düşünmek, disiplinin ontolojik ve siyasi sorgulamasını gerektirmektedir (Hobden 169). Doğa, insan varlığının ve insan faaliyetlerinin meydana geldiği bir çevresel mekân değil aynı zamanda "insan sistemlerinin etkileşim içinde olduğu ve coğrafya, gıda, su sistemleri ve atmosfer gibi insan-dışı sistemlerin iç içe geçtiği yaşamsal bir alandır. Bu açıdan bakıldığında insanların, doğanın bir parçası olarak doğanın tarihsel evrimi içerisinde yerini yeniden düşünmesi gerekmektedir. Bu açıdan doğa, insan türünün görünümünü ve gelişimini anlamada kesinlikle temeldir. Doğa bir tür olarak insanın ortaya çıkışını, hayatta kalma kapasitesini ve yeteneklerinin oluşumunu anlamada ana aktördür (Hobden 169). Uİ'de aktör, parçalı (atomlaşmış) ve gerçekliği kusurlu ve tanımlayacak bir şekilde tanımlanmıştır. Aktör/fail kimdir sorunsalına yeterince odaklanmayan Uİ teorisi, teorilerin varsayımlarına göre faili çoğunlukla devletler ya da kişi, toplumsal gruplar, sınıflar olarak tanımlamıştır. Fail, belli bir amaç çerçevesinde bilişsel yeteneği ve karar verme özgürlüğüne sahip olanları kapsayacak şekilde tanımlanmıştır (Hobden 168-169).

Tüm bunlar aynı zamanda Uİ'yi siyasi bir proje olarak yeniden düşünmeyi de zorunlu kılmaktadır. Bu nedenle posthümanistlerin doğanın Uİ'de aktör olarak tanımlama girişimi küresel yaşamı şekillendirmede bir faktör olarak tanınmasından daha fazlasını içermektedir. Posthümanistlere göre ana akım Uİ çalışmaları kaynakların nasıl daha yönetilebileceğini savunan bir yaklaşım geliştirerek sistem(ler)i dönüştürmek yerine yönetme anlayışına dayanan ve bu bakımdan sorunlu bir küresel yönetişim gündemi oluşturan bu çalışmalar tehlikeli bir biçimde insan-olmayan yaşamı depolitize etmekte ve otoriter bir bakış açısının geliştirilmesine neden olmaktadır (Chandler vd. 193-194). Küresel siyasetin güncel sorunlarına yalnızca insanı esas alarak çözüm araması modernitenin dayatmış olduğu ikilemleri kaçınılmaz olarak yeniden üretmektir. Bunun ötesine gitmenin tek yolu Uİ'de aktör sorunsalını yeniden ele almak ve doğayı aktör olarak tanımlamaktır (Chandler vd. 205). Nitekim Hasana Sharp da bürokratik düzenlilikleri ve kurumsallaşmayı sorunsallaştırmak yerine failliğin yeni kaynaklarını göz önüne alıp insanlığın dünya politikasına ne ölçüde iliştirilmiş olduğunun farkında olmamız gerektiğini savunmaktadır.

Posthümanistler yeni aktör/fail tanımı ile insan sistemlerinin nasıl kompleks bir yapıda iç içe geçtiğini hatırlatma amacındadırlar (Kavalski ve Zolkos 141). Buna bağlı olarak, Uİ teorisinde doğanın üç farklı ve karşılıklı olarak oluşturucu tanınma biçimi üzerinde durmaktadırlar (Kavalski ve Zolkos 150-152): (a) İnsan ve insan-dışı sistemlerin ve yaşam formlarının ilişkisel, kolektif ve içiçe geçmiş savunmasızlığının tanınması (b) saygı olarak tanıma yani failliğin çeşitliliğinin devlet ve insanın ötesine geçtiği insan ve insan olmayan sistemlerin birleştiği bir uluslararası yaşamı tanıma (c) tanıma ilişkisinde karşılıklılık bir başka ifade ile uluslararası hayatta insan olmayan aktörlerin tanınması, sadece tanıma kavramını devlet failliğinin ötesine geçmek anlamında genişletmek değil; bundan ziyade posthümanı, uluslararası hayatın –radikal–insan–merkezci olmayanın yeniden tanımlamasını içermektedir.

Kısaca posthümanistler, Uİ'de aktör/fail sorunsalının insan-olmayan "doğa" kapsamında yeniden sorunsallaştırılması gerekliliğinin altını çizmekte ve küresel yaşamın oluşumunda ve şekillenmesinde insan-dışı yaşamların da faillik kapasitesine sahip aktörler olduğunu belirtmektedirler. Uİ disiplinine yerleşik olan ana akım aktör/fail anlayışı değişen insan-doğa ilişkisinin bir yansıması olan sosyo-ekolojik krizlerin kökenlerini de açıklayamamakta; doğa ile uyumlu olmayan toplumsal çözümler önermektedir (Chandler 193-194). Posthümanistler toplumsal yapıların belirleyici olmadığı insan olmayan aktörlerin de başat rol oynadığı sistemsel bir açıklama getirmektedirler. Posthümanistler insanı, insanolmayanların sömürüsünün temel faili olarak tanımlamakta, insan ve insan olmayan canlılar arasındaki ilişkiyi yeniden düzenleme işinin insan failliğini önceleyerek aşılmaya çalışılmasını insan-kaynaklı ekolojik değişimin nedenlerini belirsizleştirdiğini ve daha belirgin şekilde eşitsizliği arttırdığını ifade etmektedirler

(Schmidt, "Welcome to the Club" 40). Posthumanistlere göre insan failliğini öncüleyerek iklim değişikliği sorununa çözümler aramak, uluslararası platformda çevresel rejimler oluşturmak sorunun tahmin edilemez ve kompleks yapısını göz ardı etmek demektir (Schmidt 2013; Chandler vd. 2018).

Uluslararası Güvenlik, Etik ve Posthümanizm

Posthümanistler Uİ'de hem savaş çalışmalarına hem de güvenlik tartışmalarına göz ardı edilemeyecek katkı sunmuşlardır. Güvenliğin kim için ve ne anlama geldiğini birlikte sorgulayan posthümanistler, Uİ'de yalnızca güvenlikleştirilmesi gereken nesne olarak devlet ve insanın görülmesine karşı çıkmaktadırlar. Güvenliğe yönelik geleneksel çalışmalar devletler arasında çatışma ve iş birliğinin kaynağı olarak doğaya yer vermiştir. Geleneksel çerçeve içerisinde doğa devletin varlığına ve ulusal çıkara yönelik doğrudan bir tehdit olarak görülmese de az sayıda çalışma, doğal kaynak arzı nedeniyle devletler arasında "kaynak" savaşlarına ve iklim değişikliği nedeniyle kıtlık-kuraklık ve çatışma arasındaki ilişkiye odaklanmıştır (Klare 2001; 2008; Homer-Dixon 1999). Soğuk Savaş'ın sona ermesinden bu yana ise güvenlik çalışmaları Uİ'nin tek güvenlik endişesi olan devletten (hayatta kalma mücadelesi) insanın özgürleşmesini (emancipation) ve güvenliğini birlikte ele alan eleştirel güvenlik çalışmalarının da yer aldığı bir alana doğru evrilmiştir.

1990'ların başından bu yana çevresel varlıklar eleştirel uluslararası güvenlik tartışmalarında önemli bir unsur olarak ortaya çıkmıştır (Dalby 2002). Bu süreçte, bir yandan Uİ kadınların, yerli halkların, farklı toplumsal sınıfların güven(siz)liğini sorgulayan çalışmalara ev sahipliği yaparken, öte yandan çevre-güvenlik bağlantıları da devlet merkezci olmayan bir perspektiften yeniden bir okumaya tabii tutulmuştur (Krause ve Williams 1997). Yeni güvenlik çalışmalarının en göze çarpan özelliklerinden bir tanesi göç, nükleer tehdit, iklim değişikliği karşısında devletin vatandaşları için güvenlik sağlayamaması sorunsalı çerçevesinde insani güvenlik tartışmalarıdır (Wyn Jones 1997; Booth 2007). Söz konusu tartışmalar güvenlik tartışmalarının merkezini devletten topluluğa ya da bireye kaydırarak gıda, ekonomi, insan hakları, eşitlik gibi konuları ön plana çıkarmıştır. Çevresel güvenlik tartışmaları da Uİ'de bu kapsamda yerini almıştır. Posthümanistlere göre eleştirel çevresel güvenlik çalışmaları insan-çevre arasındaki ikilemli yapıyı yeniden üretmiş, birçok biçimiyle insan merkezli olmuştur (Cudworth ve Hobden, *Posthuman International Relations* 23-24).

Posthümanistlere göre Uİ disiplini hem güvenlik hem de özgürleşme projesini liberal ve postyapısalcı perspektiflerden insan-merkezci bir yaklaşımla sorunsallaştırmıştır. İnsan ve insan olmayan sistemler arasındaki içsel etkileşim güven(siz) liğin temel nedenidir. Bunun yerine posthümanist yaklaşım insan özgürleşmesinin ancak insan ve insan olmayan canlılar arasında hiyerarşik olmayan bir ilişki sonrasında mümkün olabileceğini savunmaktadırlar (Cudworth ve Hobden, *The Emancipatory Project of Posthumanism* 137-8). Bu, yalnızca uluslararası liberal kurumların ve rejimlerin etkinliğini savunan neoliberal kurumsalcılığın reddi değil aynı zamanda söylemi ön plana çıkaran ve sömürünün farklı formasyonlarını göz ardı eden postyapısalcı analizin de reddini içerir (Chandler vd. 2018). Bu, sadece bizim ekonomik sosyal ve kültürel ku-rumları insan-merkezci anlayışla nasıl iç içe olduğunun görünür kılmamız yetmez aynı zamanda insan yaşamının ne ölçüde insan olmayan doğaya bağımlı olduğunu ve nasıl bir ağ akışı içerisinde olduğunu açıklamamız gerektirir.

Etik ve güvenliği birlikte kuramsallaştıran posthümanistlere göre güvenlik, insan ve insan olmayan sistemler arasında adaptasyon sürecinin nasıl oluşturulacağı ile ilgilidir (Chandler vd. 193-194). Bu açıdan posthümanist güvenlik insan öznesinden tamamen kopuk algılanmasından ziyade insanın tek özne olmadığı kabul edilen bir etik düşüncesine yerleşiktir (Mitchell 61). İnsanlar, insan olmayan hayvanlar ve diğer organizmalar gibi çeşitli varlıkların kesişen özellikleri güvenlik kavramının ne anlama geldiğini sorgulamayı zorunlu kılmaktadır. Örneğin, Cudworth ve Hobden'in çalışmaları (2015) savaşta insan olmayan hayvan bedenlerinin ve öznelliklerinin etkilerini incelerken Matt McDonald ve Audra Mitchell gibi yazarlar da insan olmayan canlıların öznelliklerinin uluslararası hukuk ve normlardaki etkilerini ve nasıl bir dönüşümün zorunlu olduğunu vurgulamıştır. Bu kapsamda posthümanistler temel insan haklarının tüm insan olmayan canlılara uygulanmasını savunmaktadır. Cansız ve inorganik organizmalar, yeni teknolojiler, güvenlik teorisini ve pratiğini çeşitli şekillerde etkilediği için yeni bir dizi etik zorunluluklar da ortaya çıkmaktadır (Kaltofen 368). Bununla birlikte posthümanistler için güvenlik, ekolojik güvenliği insan haklarına indirgeyen ve sağlıklı bir çevrede yaşama hakkını savunan eleştirel güvenlik çalışmalarından daha radikal bir çerçeveye sahiptir. Posthümanizmde güvenlikleştirilecek nesne ne devlet ne de sadece insandır, hâkim olan güvenlik anlayıştan farklı olarak insanın da bir parçası olduğu ekosistemlerdir. Ekolojik güvenlik tartışmalarına önemli katkılar sağlayan McDonald (8-9), posthümanizmin ekosistemlere yaptığı vurgunun siyasi, toplumsal ve ekonomik yapı ve mekanizmalarla ilişkili olan riskleri de içererek değişimin öncüsü olacak aktörlerin bilinçlerinde farkındalık uyandırma kapasitesine vurgu yapar.

Dahası ekolojik krizin güvenlik meselelerine dahil edilmesi, doğayı insan sistemlerine bir destek olarak gören ve doğayı dışsallayan Uİ'nin, insan-merkezci önyargısını etkili bir şekilde ortadan kaldırmaya yetmemektedir (Cudworth ve Hobden, *Posthuman International Relations* 140). "Sığ" kaygılardan uzaklaşan ve geleneksel güvenlik arayışlarını destekleyen düşünce biçimi yerine "daha derin" meseleleri içselleştiren bir güvenlik anlayışı geliştirilmelidir (Kavalski ve Zolkos 142). Yeni güvenlik anlayışı, bir yandan bireylerin ve toplulukların güvenliğini öte yandan türlerin varlığı ve sürdürebilirliği arasındaki bağlantıyı ön plana çıkarmalıdır. İnsan davranışlarının çevre üzerinde olumsuz etkilerine odaklanarak bir güvensizlik kaynağı olarak insan faaliyetlerini dikkate almak gerekmektedir. Posthümanistler, bütünün güvenliğinin paradoksal bir şekilde sistemin en zayıf bağlantılarına bağlı olduğunu belirtmektedirler. Güven(siz)lik belirsizlikle tanımlanan karmaşık sistemlerin sonucunda ortaya çıkacağı düşünüldüğünden, güvenlik kavramının insan ve insan olmayan sistemlerden ayrı düşünülmemesi gerekir. Ontolojik olarak insan-doğa arasındaki ikiciliğin reddi güvenlik meselelerinde de ilişkisel olarak düşünmeyi zorunlu kılmaktadır.

Öyleyse uluslararası güvenlik, yalnızca insan yaşamlarını ve bedenlerini güvence altına almaktan ibaret olmamalı; insanlar dışındaki çeşitli varlıkların güvensizliklerinin gündeme geldiği bir alan olarak yeniden tanımlanmalıdır. Güvenlik, sistemler arası içsel etkileşim perspektifinden "özgürleşme" ("emancipation") kavramı ile birlikte değerlendirilmeli ve insanlığın insan-dışı canlılarla birlikte etkileşimi bağlamında yeniden düşünülmelidir.

Bununla birlikte posthümanistler, güvenliği yalnızca insan ve doğa ile birlikte değil teknolojik varlıklar kapsamında da değerlendirir (Mitchell 62). Güvenliği tamamen insani ve doğayı içselleştiren bir iyilik olarak görmenin yanı sıra bu tarz bir girişimin makinaları, doğada bulunan elementler gibi karmaşık yapıları kapsadığının altını çizmektedirler (Schwarz 29-30). Cudworth ve Hobden savaşlarda kullanılan çeşitli teknolojilerin bir insanın kullandığı araçtan daha fazlasını ifade ederek savaşın sonuçlarını etkilediğini, bu durumun ise geleneksel güvenlik çalışmalarında dahi göz ardı edildiğini ifade etmektedirler (2015). Nitekim Soğuk Savaş sonrasında dünya, savaşların hem arttığı hem de savaş pratiğinin derinden dönüşümüne şahitlik etmiştir. Yeni savaşlar "akıllı" ve "insansız teknolojik" silahların öncüllüğünde gerçekleşirken orduların ticari olarak özelleştirilmesi insan-temelli savaşların gelecekte daha fazla eski-moda olacağının da göstergesi durumundadır (Braidotti 148-9). Posthümanistler teknolojik ilerlemeye karşıt bir tavır sergilememekle birlikte teknolojik gelişmelere bağlı iyimser bakış açısının değişmesi gerektiğini savunmaktadırlar. Dijital teknolojiler bir yandan insanları ölümsüzlük, yaşam ve ölüm üzerine kontrol sahibi olma hayaline teşvik etmektedir; öte yandan biyogenetik kapitalizm insan-ötesi bir itici güç konumuna gelerek insan sağlığını ve doğal çevrenin güvenliğini göz ardı edilemez biçimde tehdit etmektedir (Braidotti 137-138). Cudworth ve Hobden'e göre (2011) bu durum yalnızca maddenin ve ilişkiler dizisinin nedensel güçleri ile değil, kollektif ve sistemik etkileri ile anlaşılabilir. Burada önemli olan güvenliğin kim için olduğundan ziyade küresel ısınma veya viral bir pandemi örneklerinde olduğu gibi hangi sistemik etkileşimler sonucunda güvensizliğin ortaya çıktığıdır.

Sonuç olarak posthüman güvenlik, hassasiyet, zarar ve etik konularında insan-merkezci olmayan bir yaklaşım sunarak, güvenlikleştirilmesi (securitization) gereken özneyi insan-dışı ve teknolojik varlıklara yönelik bir geçiş tasvir etmektedir. Dijital yaşam, teknolojik ilerlemeler günümüz toplumlarının insanlığın mevcut güvenlik mantığını posthümana, yeryüzünün çok daha fazla boyutuna nüfuz edecek şekilde yeniden değerlendirmek bir zorunluluğa işaret etmektedir. Bu kapsamda insan toplumlarını, eko-sistemleri tehdit eden veya ciddi zarara neden olan süreçlerin radikal değişimi gerekmektedir.

Sonuç

Bu çalışma posthümanist çalışmaların Uİ disiplinine yaptığı temel katkılara odaklanmıştır. Geleneksel olarak Uİ, insan-merkezci bir disiplindir ve yeryüzünün, tüm sosyo-politik sistemlerin hem teoride hem de pratikte yalnızca insan (devlet, uluslararası kuruluşlar, sivil toplum) tarafından inşa edildiğine ikna olmuştur. Uİ'yi çerçeveleyen ve dünya politikasının yapısına yerleşik olan insanmerkezci bakış açısının nasıl üstesinden gelinebileceğini sorunsallaştıran posthümanistler, en genel anlamda insan ve doğanın geri kalanı ile arasındaki ikiciliği reddetmeleri ile disiplinde dönüşüm çağrısı yapmaktadırlar. Posthümanizmin yeni materyalist ontolojine yerleşik olan bu çağrı, insanın artık merkeze alınmadığı bir yaşama ve toplumsal olanla doğal olanın ortaya çıkışında bir dizi farklı faillerin etkileşimde bulunduğu süreçlere atıf yapmaktadır. Bu açıdan posthümanistler, Uİ'nin hâkim değerlerine, öğretilerine ve bilişsel şemalarına meydan okumaktadır. Posthümanistlere göre gerçekte sosyo-politik sistemler hem insanlara hem de insan-olmayan öznelere bağımlıdırlar.

Uİ'de göz ardı edilen insan/toplum-doğa ilişkisini ön plana çıkaran posthümanizm temelde üç noktada Uİ çalışmalarına katkı sağlamıştır: Öncelikle kompleksikte kuramını kullanarak insan ve insan olmayan arasındaki iç etkileşimleri vurgulamaya yaramaktadır. Devlet-odaklı ve dünyayı bölgelere ayırmış bir Uİ anlayışı yerine insan ve insan olmayan varlıkların yeryüzünü nasıl inşa ettiğine odaklanmaktadır. Birçok insan-dışı sistem içerisinde yalnızca insanların oluşturduğu sistemin somutlaşmış durumunu ele almak karmaşık ilişkilerin ortaya çıkardığı gerçekliği göz ardı etmemize sebep olmaktadır. İkinci olarak sadece insanı değil doğanın geri kalanını ve diğer varlıkları da dikkate alarak önerdiği fail/aktör tanımı, Uİ'nin temel kabul ve varsayımlarını radikal bir eleştiriye tabi tutar. Üçüncüsü, posthümanistler güvenliğin kim ve ne için olduğunu sorgulamaktan ziyade güvensizliğin insan merkezli doğasını reddederler ve güvensizliğin canlı/cansız sistemler arasında etkileşim sonucunda ortaya çıktığını vurgularlar.

Posthümanistler çağdaş toplumların insan merkezli güç ilişkilerinin son derece sömürücü, adaletsiz ve baskıcı olduğunun altını ısrarla çizmektedir. Toplumsal güç ve tahakküm biçimlerinin ötesine geçmeyi hedeflemektedir. Bu açıdan posthümanizmin önerdiği küresel siyaset eleştirel teorinin merkezinde yer alan "siyasi topluluğun dönüşümü" projesinin eksiklerini tamamlama amacında olduğu söylenebilir. Bu nedenle posthümanizm, insan-dışı, canlı ve cansız sistemleri insan gömülü bakış açılarına eklemlemekten çok daha fazlasını içerdiği iddiasındadır.

Gerçekten de insanlığın, günümüzde karşı karşıya kaldığı karmaşık sorunların doğası ve içeriği mevcut bilgi üretim şemalarının artık geçerli olmadığını daha görünür kılmıştır. İçinde bulunduğumuz çağ, çağdaş küresel siyaset bağlamında insan-doğa ilişkiler üzerine eleştirel bir bakış açısı geliştirmemizi zorunlu kılmaktadır. Bu noktada posthümanizmin, bugüne kadar yalnızca toplumsal ilişkileri insan merkezci bir perspektiften sorunsallaştıran Uİ disiplininin yapısına, kavramlarına ve kuramlarına en ciddi meydan okumalardan biri olduğunu söyleyebiliriz.

Kaynakça

Arias-Maldonado, Manuel. "The 'Anthropocene in Philosophy: The Neo-Material Turn and the Question of Nature" der. F. Biermann ve E. Loubrand, *Anthropocene Encounters: New Directions in Green Political Thinking*, Cambridge University Press, 2019.

Bennett, Jane. *Vibrant Matter: A Political Ecology of Things*, Duke University Press, 2010.

Booth, Ken. *Theory of World Security*, Cambridge University Press, 2007.

Bousquet, Anthony. "Prolegomena to Post-Anthropocentric International Relations: Biosphere and Technosphere in the Age of Global Complexity." *World Politics at the Edge of Chaos: Reflections on Complexity and Global Life*, ed. Emilian Kavalski, SUNY Press, 2015.

Braidotti, Rosi. *İnsan Sonrası*, Çev. Ö.Karakaş, Kollektif Kitap, 2014.

Bull, Hedley. *The Anarchical Society: A Study of Order in World Politics*, Columbia University Press, 1988.

Burke, Anthony et al. "Planet Politics: A Manifesto from the End of IR," *Millennium: Journal of International Studies*, cilt 44, sayı 3, 2016. ss. 499-523.

Chandler, David. "The World of Attachment? The Post-humanist Challenge to Freedom and Necessity, *Millennium: Journal of International Studies*, cilt 41, sayı 3, 2013, ss. 516-534.

Chandler, David ve diğerleri. "Anthropocene, Capitalocene and Liberal Cosmopolitan IR: A Response to Burke et.al's 'Planet Politics." *Millenium*, cilt 46, sayı 2, 2018, ss. 190-208.

Choat, Simon. "Science, Agency, and Ontology: A Historical-Materialist Response to New Materialism." *Political Studies*, cilt 66, sayı 4, 2018, ss. 1027-1042.

Connolly, William. "The New Materialism and the Fragility of Things." *Millenium*, cilt 41, sayı 3, 2013, ss. 399-412.

Coole, Diane. "Agentic Capacities and Capacious Historical Materialism: Thinking with New Materialisms in the Political Sciences." *Millenium*, cilt 41, sayı 3, 2013, ss. 451-469.

Coole, Diane. ve Samantha Frost (der.). *The New Materialism: Ontology, Agency and Politics*, Duke University Press, 2010.

Cudworth, Erika. ve Stephen Hobden. *The Emancipatory Project of Posthumanism*, Routledge, 2018.

---. "Liberation for Straw Dogs? Old Materialism, New Materialism and the Challenge of an Emancipatory Posthumanism." *Globalizations*, cilt 12, sayı 1, 2015, ss.134-148.

---. "Of parts and wholes: International Relations beyond the human." *Millennium*, cilt 41, sayı 4, 2013, ss. 430-450.

---. "The Foundations of Complexity, the Complexity of Foundations." *Philosophy of the Social Sciences*, cilt 42, sayı 2, 2012, ss. 163-187.

---. *Posthuman International Relations*: Complexity, Ecologism and Global Politics, Zed Books, 2011.

DeLanda, Manuel. *Yeni Bir Toplum Felsefesi: Öbekleşme Kuramı ve Toplumsal Karmaşıklık*, Çev. Sercan Çalcı, Kolektif Kitap, 2018.

Descaters, Rene. *Meditasyonlar: Metafizik Üzerine Düşünceler*, çev. Çiğdem Dürüşken, Alfa Yayınları, 2020.

Dolphijn, Rick ve Iris van der. Tuin. *Yeni Materyalizm*, çev E. Doğan, Yort Kitap, 2020.

Doyle, Michael W. "Kant, Liberal Legacies and Foreign Affairs." *Philosophy and Public Affairs*, cilt 12, sayı 3, 1983a, ss. 205-235.

---. "Kant, Liberal Legacies and Foreign Affairs: Part II." *Philosophy and Public Affairs*, cilt 12, sayı 4, 1983b, ss. 323- 353.

---. "Liberalism and World Politics." *American Political Science Review*, cilt 80, sayı 4, 1986, ss. 1151-1169.

Eckersley, Robyn. *Environmentalism and Political Theory: Toward an Ecocentric Approach*. State University of New York, 1992

---. *Green State: Rethinking Democracy and Sovereignty*. The MIT Press, 2004.

Erçandırlı, Yelda. "Antroposen, Posthümanizm ve Uluslararası İlişkiler Kuramının Tarihsel Materyalist Eleştirisi." *Uluslararası İlişkiler Dergisi*, cilt 18, sayı 71, 2021, ss. 87-107.

Fox, Nick ve Pam, Alldred. *Sociology and the New Materialism: Theory, Research, Action*, Sage, 2016.

Harrington, Gettell, Raymond Garlfield. *Introduction to Political Science*. Ginn and Company, 1910. Cameron. "The Ends of World: International Relations and the Anthropocene." *Millennium: Journal of International Studies*, cilt 44, sayı 3, 2016, ss. 478-498.

Hobden, Stephen. "Nature as an Actor in International Politics." *Encounters with World Politics: An Introduction to International Relations*, ed. Emilian Kavalski, Ashgate, 2015.

Homer-Dixon, Thomas. *Environment, Scarcity, and Violence.* Princeton University Press, 1999.

Hovden, Eivind. "As if Nature doesn't Matter: Ecology, Regime Theory, and International Relations," *Environmental Politics*, cilt 8, sayı 2, 1999, ss. 50-74.

Kaltofen, Carolin."Posthuman Security." *The Routledge Handbook to Rethinking Ethics in International Relations*, ed. B. Schippers, Routledge, 2020, ss. 367-376.

Kavalski, Emilian. "Waking IR Up from its 'Deep Newtonian Slumber'." *Millennium*, cilt 48, sayı 1, 2012, ss.137-150.

Kavalski, Emilian ve Magdalena Zolkos. "The Recognition of Nature in International Relations," *Recognition and Global Politics: Critical Encounters between State and World*, ed. Patrick Hayden ve Kate Schick, Manchester University Press: 2016, ss.139-155.

Klare, Michael. *Resource Wars: The New Landscape of Global Conflict*, Metropolitan Books, 2001.

---. *Rising Powers, Shrinking Planet: How Scarce Energy is Creating a New World Order*, Oneworld, 2008.

Krause, Keith ve Michael C. Williams eds. *Critical Security Studies: Concepts and Cases*, Cambridge University Press, 1997.

Latour, Bruno. *We Have Never Been Modern*, Harvard University Press, 1993.

---. "Why Has Critique Run out of Steam? From Matters of Fact to Matters of Concern." *Critical Inquiry*, sayı 30, 2004, ss. 225-248.

---. *Reassembling the Social: An Introduction to Actor-Network-Theory*, Oxford University Press, 2005.

McDonald, Matt. *Ecological Security: Climate Change and the Construction of Security*, Cambridge University Press, 2021.

McDonald, Matt ve Audra. Mitchell. "Posthuman International Relations." *E-International Relations*, https://www.e-ir.info/2017/10/05/posthuman-international-relations/, 2017.

Morgenthau, Hans. *Scientific Man versus Power Politics*, University of Chicago Press, 1946.

---. *Politics Among Nations: The Struggle for Power and Peace*, Mc Graw Hill, 1948.

Malette, Sebastien. ve Peter Stoett. "Posthumanist International Relations and Ecopolitics." *Posthuman Dialogues in International Relations*, eds. E. Cudworth, et al., Routledge, 2018.

Mitchell, Audra. "Posthuman Security/Ethics". *Ethical Security Studies. A New Research Agenda*, eds. Jonna. Nyman ve Anthony Burke, Routledge, 2016. ss. 60-67.

Schmidt, Jessica "Welcome to the Club: Review of Posthuman International Relations." *Radical Philosophy*, sayı 174, 2012, ss.38-40.

---. "The Empirical Falsity of the Human Subject: New Materialism, Climate Change and the Shared Artifice of Critique." *Resilience: International Policies, Practices, and Discourses*, cilt 1, sayı 3, 2013, ss. 174-92.

Schwarz, Elke. "Hybridity and Humility: What of the Human in Posthuman Security?" *E-International Relations*, https://www.e-ir.info/2017/10/10/hybridity-and-humility-what-of-the-human-in-posthuman-security-2/, 2017.

Sharp, Hasana. *Spinoza and the Politics of Renaturization.* University of Chicago Press, 2011.

Waltz, Kenneth. *Man, the State and War.* Columbia University Press, 1959.

---. *Theory of International Politics*, McGraw-Hill, 1979.

Wight, Martin. "Why is there no international theory?." *Diplomatic Investigations*, der. H. Butterfield ve M. Wight, George Allen § Unwin, 1966, ss.17-34.

Wolfe, Cary. *Animal Rites: American Culture, the Discourse of Species and Posthumanist Theory.* Chicago University Press, 2003.

Wyn Jones, Richard. *Security, Strategy, and Critical Theory*, Lynne Rienner Publisher, 1999.

Yalvaç, Faruk. "Uluslararası İlişkilerde Teori Kavramı ve Temel Teorik Tartışmalar." *Uluslararası İlişkiler Teorileri*, ed. Ramazan Gözen, İletişim Yayınları, 2014, ss. 31-66.

Yalvaç, Faruk ve Yelda Erçandırlı. "Geç Kapitalizmin İdeolojik Söylemi Olarak Yeni Materyalizm: Metalaşmış Şeylerin Egemenliği." *Mülkiye Dergisi*, cilt 44, sayı 2, 2020, ss. 261-285.

BÖLÜM 9

POST-HÜMANİZM, YAPAY ZEKA VE BİLİŞSEL ROBOTLAR

Tahir Çetin Akıncı ve Alfredo Martinez-Morales

Giriş

Gelişen teknoloji küreselleşmeyi hızlandırarak dünyada çok büyük değişikliklere yol açmaktadır (Skare ve Soriano 2021). Teknolojik gelişmeler, çevrenin ve doğal hayatın bozulmasına da yol açarak çok hızlı ilerlemektedir. Bu gelişmeler sanayi devrimleri ile açıklanabilir. Her sanayi devrimi insanlığı hem konfora hem de farklı bir teknolojik boyuta taşımıştır (Taalbi 2017). Bunun yanında elektriğin icadı ya da transistorun icadı da bir dönüm noktası olarak kabul edilebilir (Rosenberg 1998).

Yirmi birinci yüzyıl insan bilişsel çağ olarak da isimlendirilirken, bu yüzyılda insanlığın geleceği önceki yüzyıllardaki gelişmelerin aksine yapay zeka, robot ve bilişsel sistemler üzerine kurulu olacaktır. Bu yüzyılda teknoloji ve insan birleşerek biyo-teknolojik yapıların geliştirilmesi, insansı robotlar kavramları hayatımıza girecektir. Ayrıca insan-makine etkileşimi ile bilişsel robotlar ya da insan düşüncesi ile birçok sistemlerin kontrolü söz konusu hale gelecektir. Bu yüzyıldaki en önemli üç kavram, post-hümanizm, trans-hümanizm ve yapay zeka kavramları olacaktır (Porpora 2017; Bulibasa 2021). Yapay zeka elektronik sistemler aracılığı ile hayatımızın her alanına girerek, insan hayatını kolaylaştıran konforunu zenginleştiren birçok olumlu gelişmelere yol açmaktadır. Bu sayede zor olan ameliyatlar, uzak mesafelerden uzman kişilerle yapılabilecek, çözülemeyen problemler yapay zeka yaklaşımı ile daha kolay çözülebilecek, eğitim sanal eğitim laboratuvarları ile evden daha verimli bir şekilde alınabilecektir. Bu anlamda teknoloji; felsefe ve psikoloji ile aynı potada incelenebilecek hatta nöro-bilim çağımızın en önemli bilimi olarak çok disiplinli bir alan olarak en önemli alan haline gelecektir (Núñez vd. 2019).

Yine bu çağın eğitim, bilim, sağlık alanları yanında eğlence alanında da sanal gerçeklik (virtual reality) kavramı hayatımızın her alanında en büyük uğraş alanımızın olması beklenmektedir. Sanal gözlükler ile spor müsabakalarının içinde yer alacağız, ya da en önemli turizm bölgelerini tıpkı oradaymış gibi gezme imkanına sahip olacağız. Bu sanal gerçeklik hayatımızın her alanına uygulamaya ve yapay zeka argümanları ile kullanılmaya oldukça müsaittir. Mevcut teknolojinin gelişmesi ile birlikte bu sanal gerçeklik eğitimden, spor ve eğlenceye kadar her alanda kendini gösterecektir. Bu bölümde; sanayi devrimleri ve teknolojinin evreleri, trans-hümanizm, post-hümanizm, yapay zeka, bilişsel robot kavramları detaylı olarak ele alınarak açıklanacaktır.

Sanayi Devrimleri ve Teknolojinin Evreleri

İnsanlık tarihi üç önemli paradigma geçişine uğramıştır ve bunlar filozof Alvin Toffler tarafından dalga metaforu ile tanımlanmıştır (Toffler 1970). Dalganın ilk başlangıç noktası tarım devrimi, insanlık tarihinin Neolitik döneminden sonra ortaya çıkmıştır. İnsan ilk dalgada binlerce yıl geçirmiştir. Bu ilk dalgada insanlar birlikte yaşamayı öğrenerek, mülkiyet kavramını ve temel kural ve yasaları belirlediler. Bu dalga ekonomik büyüme oranı gelişme için tatmin edici değildi ve yaşam standartlarındaki eşitsizlik aralığı gelişmedi.

Şekil 1. Endüstri Devrimlerinin Zaman Çizelgesi

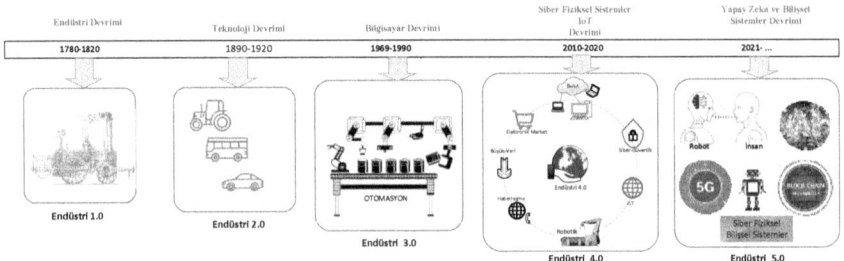

Endüstri 1.0 (Sanayi Devrimi): Sanayi Devrimlerinin ilki olarak kabul edilen ve 1750'li yıllarda İngiltere'de başladığı kabul edilen Endüstri 1.0 tüm Avrupa kıtasına yayıldı. Bu Sanayi Devrimi üretim ve üretim sistemlerini temel almıştır. Endüstri 1.0'da ekonomik gelişme çok büyük bir ivme kazanmış, ticaret hızla gelişerek ulusal pazarların oluşmasını sağlamıştır. İngiltere'de başladığı kabul edilen Endüstri 1.0 sanayi devrinde zengin kömür kullanılması ile demir madeni verimli bir şekilde kullanılarak, endüstriyel üretim ve ticarette en önemli madde olarak kabul edilmektedir. Demir ve teknolojisinin gelişmesi buhar gücü, demiryolları, enerji iletimi ve sanayi makinaları ile ilgili gelişmeyi de beraberinde getirmiştir. Bu devrimde verimli iş modelleri tasarlanmıştır, çok sayıda sanayi tesisi kurulmuş, sosyal ve kültürel yaşam gelişmiş, tarımsal yaşamdan rasyonalizme kadar mekanizasyon sistemleri gelişerek seri üretim yöntemleri kullanılmaya başlanmıştır. Endüstri 1.0 Dünya tarihinde Sanayi Devrimi olarak tanımlanır ve James Watt'ın buhar gücünün icadı ile temsil edilmektedir (Crafts 2004; Berg ve Hudson 1992).

Endüstri 2.0 (Teknoloji Devrimi)

Endüstri 2.0 olarak isimlendirilen devrimde, sanayi devrimindeki makineleşme daha da gelişmiş ayrıca teknolojik alandaki ilerlemeler de bu devirle hız kazanmıştır. Endüstri 2.0 dönemi 1840 ile 1870 yılları arasında olduğu kabul edilmektedir. Bu devire teknoloji devri de denilmektedir (Candemir 2001; (Scranton 2000; Kinghorn ve Nye 1995).

Teknoloji devriminde ulaşım, özellikle demir yolları gelişmiş, ulaşımın gelişmesiyle birlikte ham maddenin sağlanmasını ve ulaştırılması oldukça kolaylaşmıştır

(Bryant 1969). Bu devirde sanayi ürünleri yeni ve uzak pazarlara daha hızlı ulaştırılmaya başlanmıştır. Endüstri 2.0, teknoloji devrindeki en önemli gelişme elektrik ve elektrik teknolojisinin gelişmesi olmuştur. Elektrik teknolojisinin üretimde kullanıldığı bu sanayi devriminde, buhar gücü teknolojisi elektrikli makine teknolojisine evirilmeye başlamıştır ve üretim daha hızlı ve endüstriyel bir boyut kazanmıştır (David 1990a, 1990b). Bu devirle birlikte dünya, seri üretim teknolojileri kavramıyla tanışmaya başlamıştır. Demir ve çelik ham maddeleri yaygınlaşarak ağır sanayinin gelişimini sağlanmış, ağır sanayide İngiltere, Almanya, ABD ve Japonya dünyanın önde gelen üreticileri olmuştur. Bu devirdeki Henry Ford'un montaj hattı Endüstri 2.0 temsil eder (Yin vd. 2018).

Endüstri 3.0 (Bilgisayar Devrimi)

Bu devir içerisinde iki büyük dünya savaşını barındırmaktadır. Bu devirde ülke sınırları değişmiş teknolojik ilerleme savaşlar dolayısıyla yavaşlamıştır. Bu devirde ekonomik küresel krizler ortaya çıktı. Endüstri 3.0 Sanayi Devrimi 1950 yıllında elektrikli hesap makinalarının üretilmesi ile başlandığı söylenebilir. Sonrasında elektrik ve elektronik teknolojisindeki gelişmeler bilgisayarın yaygınlaşmasını sağladı. Üçüncü Sanayi Devrimine Elektronik-Bilgisayar Devrimi denilebilir, bu devirde süper bilgisayar ve haberleşme sistemleri de kullanılmaya başlanmıştır (Daemmrich 2017). Böylece makineler günlük hayatımızda daha çok yer almaya başlamış ve insan gücüne duyulan ihtiyaç azalmıştır.

Endüstri 4.0 (Siber-Fiziksel-Sistemler)

4. Sanayi Devrimi, Endüstri 4.0. ya da Siber-Fiziksel sistemler devrimi olarak adlandırılan bu devrimden ilk defa 2011 yılında Almanya-Hannover Fuarı'nda kullanılmıştır. Ayrıca 2013 yılında Alman Ulusal Bilim ve Mühendislik Akademisi (acatech) tarafından *Endüstri 4.0 Manifestosu* olarak yayınlanmıştır (Alçın 2016). Genel anlamda Endüstri 4.0, tüm fiziksel sistemlerin bilgisayar sistemlerinin anlayacağı şekil olan sayısal işaretlere dönüştürülerek dijital ekosistemlere entegre edilmesi anlamına gelmektedir (Geissbauer vd. 2016). Başka bir ifadeyle bilgi haberleşme teknolojileri, bilgi teknolojileri, yazılım ve diğer unsurlarının birlikte kullanılmasıyla gelişen yeni bir kavramdır (Faheem vd. 2018).

Bu devir de internet ve iletişim sistemlerinin gelişmesi sağlandı (Pamuk ve Soysal 2018), makineler kendilerini ve üretim süreçlerini yönetmeye başladı ve insan gücüne ihtiyaçları kalmadı. Makineler bu gelişmiş yapılarını; bilgisayar, iletişim ve internet teknolojileriyle sağladılar. Nesnelerin İnterneti (Internet of Things-IoT) olarak isimlendirilen bu gelişmiş yapı, üretim gerçekleştiren tüm fabrikaların kullandığı bir araç oldu. Yapay zeka teknikleri analitik olarak çözülmeye başladı ve kısmen uygulama alanları buldu. Bu devir hala sürmekte olmasına rağmen kendinden sonraki yapay zeka veya kendini bilen bilişsel sistemler devrimine de öncülük etmektedir.

Şekil 2. Endüstri Devrimleri

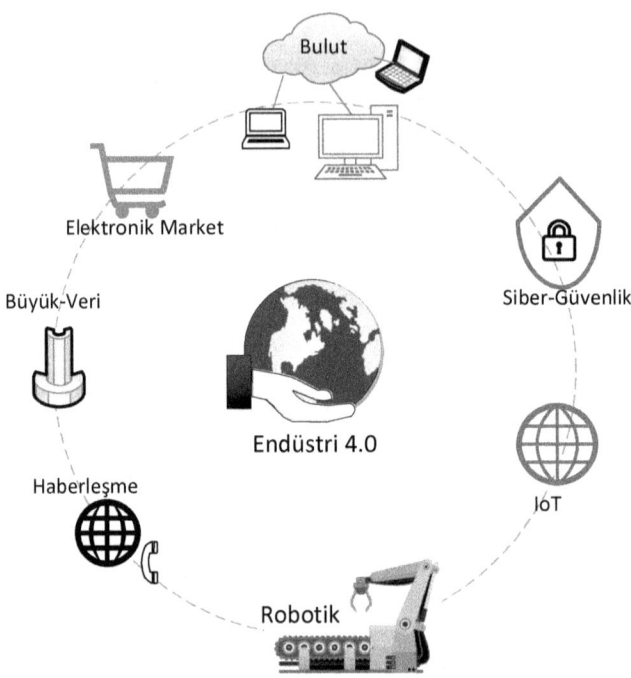

Endüstri 4.0 günümüz ve gelecekte teknolojilerin merkezini oluşturmaktadır. Aslında Endüstri 4.0 ile birlikte ortaya çıkan teknoloji birçok avantajının yanında küresel riskleri de beraberinde getirmiştir. 2017 yılında açıklanan küresel riskler raporunda Endüstri 4.0 ile ortaya çıkan en önemli beş küresel riskten bahsedilmektedir. Bu riskler; iklim değişiklikleri, zorunlu göçler, büyük doğal afetler, veri hırsızlığı ve illegal saldırılar olarak sıralanmıştır. Teknolojik olarak bugün en önemli sorunlardan bir tanesi siber saldırılar ve veri hırsızlığıdır. Bunun yanında biyolojik saldırılar, enerji sorunları Endüstri 4.0 sonucunda ortaya çıkan olumsuzluklar olarak sıralanmaktadır (Fırat ve Fırat 4-6). Endüstri 4.0'ın işgücü ve ticari işletmelere etkilerini örgütsel psikoloji açısından da yeni bir boyut kazanmıştır (Çoban 2007).

Endüstri 5.0 (Yapay Zeka Devrimi ve Bilişsel Sistemler Devrimi)

Endüstri 5.0 yapay zeka teknolojisinin endüstri 4.0'dan geliştirilerek devam etmesi bekleniyor (Xu vd. 2021). Bununla birlikte 5G teknolojisi ile internet hızının artması, robotik alandaki gelişmeler önemli gelişme kaydedecektir. Endüstri 5.0'da özellikle yapay zeka teknolojilerinin gelişmesi ile birlikte bilişsel sistemler büyük ilerleme kaydedecektir. Ayrıca robotların insan hayatına daha fazla gireceği, birçok işlemin robotlar tarafından yapılacağı öngörülmektedir (Nahavandi 2019). Burada robotların kendi aralarında anlaşması ve insanlarla anlaşması kavramları gündeme gelecektir. Ayrıca bu dönemde para sisteminin dijital para olacağı tahmin edilmektedir (Maddikunta vd. 2021).

Tüm endüstriyel devrim süreçleri insanların daha kolay daha rahat yaşamaları üzerine odaklanmıştır. Endüstri 1.0'dan 4.0'a kadar Tarımdan başlayarak sanayi ve teknoloji devrimlerine doğru ilerleme sağlanmıştır. Buna rağmen Endüstri 3.0, 4.0 ve 5.0 devrimleri bilgisayar ve bilgisayar teknolojileri üzerine gelişmektedir. Ayrıca 5.0 devrimi bilişsel (cognitive) sistemler üzerine odaklanacak, insansı robotlar hayatımıza girecek, özellikle sağlık ve hukuk ve eğitim sistemlerinde robotlar önemli rol üstleneceği öngörülmektedir (Robertson 2010).

Bilindiği gibi akıllı sistemler çiplere gömülmüş bilgisayar ya da kontrol sistemlerini, cihazları ve makineleri ifade etmektedir. Bu sistemlerin kontrolü analizi ve uygulamasında veri madenciliği, büyük-veri, veri fizyonu, makine öğrenimi, sinir ağları gibi yazılımlar kullanılmaktadır.

Trans-Hümanizm

Trans-hümanizm kavramı insanları hem fiziksel hem de zihinsel olarak varoluş amacındaki yaşam sınırlarını iyiye doğru her anlamda genişletmeyi savunur. Diğer bir değişle insanın ömrünü uzatarak bu ömür içerisinde daha insancıl, kaliteli, medeni yaşam imkanları sunmaktadır. Bu genel anlamda, konforlu, mutlu bir insanlık anlamını taşımaktadır. Bu eski Yunan felsefesi ve tarihsel süreç içerisinde de temel amaç olarak aynı şekilde yer alır.

Trans-hümanizm insan felsefesi ile gelişmiş teknolojinin ortak çalışmasını bir mantık içerisinde olumlu karşılar. Bu anlamda insan zihninin ve bedeninin bilgisayar kodlarına benzer kodlarla kontrol edilebilir olduğu ve gerekli teknolojik ilerlemenin sağlanması durumunda bazı insan organlarının elektronik devreler içeren organlar takılarak insan yaşamını sürdürmesinin sağlanması oldukça kabul edilebilir bir durumdur. Hatta bu durumu kalp pili kullanımı gibi olağan bir durum olarak görür ayrıca gelecekte bazı insan organ ve uzuvlarının (böbrek, kalp, karaciğer, kol, bacak, omurga vb.) yapay organ ya da cihazlar kullanılarak değiştirilmesi, insan ömrünün uzatılması, konforunun artırılması, yaşlanmanın durdurulması anlamına gelmektedir. Donanım sistemlerle, zekayla güçlendirilmiş zihinlerle, yüklenmiş bilinçle, artırılmış yaşam süresiyle ve genetiği değiştirilmiş akıllı ilaçlarla desteklenmiş fütürist bir biyolojik yaşam vizyonuna ayrıcalık tanıdığından, trans-hümanizmde temel fikir olağanüstü becerilere sahip üstün insanlar yaratmaktır (Kümbet 32-33). Bu durum bazı felsefeciler tarafından insanlığın ölümsüzlüğe ulaşması olarak da tanımlanır. Ancak gerçek anlamda, insanlığın ömrünü uzatarak elde edilmiş tecrübe birikiminin insanlığın zeka seviyesini artırması insanlığı hümanizmden trans-hümanizme ulaştırmasıdır. Trans-hümanizm insanlığın üst bir medeniyet seviyesine ulaşması olarak da tanımlanmaktadır. Trans-hümanizm tam anlamıyla insanlığın dönüşümüdür. Bir diğer yaklaşım robotsu insanlar ya da insansı robotlar olarak tanımlar bu evreyi. Burada teknolojik insan merkezli bir teknolojinin gelişiminden bahsedilmektedir (Walters 2013). Hastalanmayan, uyumayan, yorulmayan, acıkmayan insan kavramları bu kapsamda yarı insan yarı robot, siber insan gibi farklı bakış açıları ile tartışılır. Bu kavram aslında robot-insan bilimkurgu filmlerinde işlenen konu ile büyük benzerlik göstermektedir. Burada fiziksel olarak hastalanmayan, yorulmayan, yaşlanmayan mükemmel bir insanın yanı sıra zihinsel olarak da bir bilgisayar gibi çalışan zeki teknolojik bir insandan da bahsedilmektedir. Birçok tartışmada "bunun bir zorunluluk olup olmadığı, insanlığın sorunlarına çözüm mü yoksa sorun mu getireceği tartışılmaktadır" (Jeffery 2016). Yine gen teknolojileri üzerine yapılan çalışmalarda, hastalıklardan arınmış, uzun ömürlü, fiziksel ve zihinsel faaliyetleri üst düzey insan geni oluşturmak gayesine odaklanmaktadır. Hem gen teknolojisi hem de insansı robotlar anlayışı aynı düşünce çerçevesinde ele alınmaktadır. Aslında tüm bu kavramlar insanlığın iyiliği için felsefe geliştirmekte ve öngörülerde bulunmaktadır. İnsanlığın iyiliği için olan hümanizmden sonra transhümanizm, üst seviye insan, ya da posthümanizm kavramı insan ötesi varlıklar için de bir yaklaşım benimsemektedir.

Post-Hümanizm

Türkçe'ye insanlık sonrası ya da insanüstü olarak çevrilse de post-hümanizm felsefi bir teori mi yoksa bir analiz yöntemi mi ya da gelecekteki dünyamızın durumunu tanımlamanın bir yolu mudur bilinmez ama tek kelimeyle post-hümanizmi tanımlamak oldukça zordur. En genel manada post-hümanizm genel bir çerçevede insanın önemini, gerekliliğini sorgulayan bir felsefe olarak tanımlayabiliriz. Hümanizm ortak insani değerlere hitap ederken, post-hümanizm hümanist yaklaşımları eleştirel bulur. Post-hüman düşünür Rosi Braidotti, insan anlayışımızın Leonardo Da Vinci'nin *Vitruvius Adamı* (*Vitruvius Man*) kavramı ile ilişkilendirir. İnsan kavramını, cinsiyetçi, sömürgeci, savaşçı kavramlarıyla iç içe olduğu ve masum olmadığı düşünülerek post-hümanizm insanların dünyadaki gerçek yerlerini bilmesi gerektiğini, insanın doğanın bir parçası olduğunu savunur. Bu bakış açısıyla "trans-hümanizm, hümanizmin sonu ve post-hümanizmin de başlangıcı" olarak tanımlanmaktadır (Porpora 2017). Bununla birlikte üst-insan ile post-hüman arasında seviye ve bilinç farkları vardır. Üst-insan, duyguları olan hala insanlık özelliklerini gösteren kişi olarak tanımlanırken, post-hüman ise insan ötesi olarak nitelendirilir hatta bazen bir yapay zeka ürünü olduğu savunulur. Bazı araştırmacılar gelecekteki bazı insanların üstün özelliklere sahip olacağını savunurlar (Ferrando 2014). Bu değişim büyük bir dönüşüm olarak nitelendirilebilir ve yeni bir varlık olarak tanımlanabilir (Porpora 2017; Buran 2020; Walters 2013). Burada amaçlanan insanın her yönüyle gelişmesi, üstün zekalı, sağlıklı, uzun ömürlü ve modern insancıl bireylere dönüşmesidir, gerçek anlamda bir iyileşmeden bahsedilmektedir.[1]

İnsanı merkeze koymaya devam eden trans-hümanist yaklaşımdan farklı olarak insanı merkezi konumundan alaşağı eden ve insanın, insandışı-robot-doğa-hayvan-yapay zeka-klon-nesne-makine gibi birçok varlık ile sınırlarının bulanıklaştığı bir posthüman dönüşümden söz etmek gerekir (Buran 19-35). Karen

---
[1] Bununla birlikte, "teknolojinin kötü yönetilebilmesi ya da kötü niyetli ellere geçmesi sonucunda insanlığa zarar vereceği endişesi de vardır" (Peppler vd. 2020).

Baran'ın da ifadesiyle insan farklı varlıklar ile "içten-etkime" (intra-action) içerisinde (815) çoklu ilişkiye girerek bu posthuman dönüşümü (posthuman turn) ve dolaşıklığı (entanglement) sunar. Posthümanizm felsefesi ile insan ve insan olmayan canlılar arasındaki boşluk kapatılabilir. Bu sayede tüm canlılar arasında derinden eşit bir ilişki vardır. Hiçbir canlının özel olmadığı ayrıcalığa sahip olmadığı bu düşünce akımında, insan, hayvanlar ve bitkilerin ortak DNA ya sahip olmalarından kaynaklanan yakınlıkları olduğundan bahsetmektedir. Bu anlamda bu akımın daha çevreci ve doğaya özgü özellikleri savunduğu da söylenebilir. İnsanların savaşlarda daha acımasız davranması, robotların askerlerin daha insaflı daha çevreci davranabileceği posthümanist felsefeciler tarafından savunulmakta-dır. Bilimsel keşiflerle insanın daha da güçlendiği, teknolojiyi ömrünü uzatıp kendini ölümsüzleşmeye çalışmak için kullanacağı düşüncesi posthümanist akım tarafından öne sürülerek insan merkezli olmayan bir çevre savunulmaktadır (Barad 2003; Hayles 1999).

Yapay Zeka

Yapay zeka tanımsal olarak insan gibi düşünen cihazları akla getirmektedir. Burada yapay zeka bir elektronik devre içerisinde birleştirilmiş bir işlemcidir (yonga), bu çok hızlı ve doğru kararlar alabilen bir elektronik devre kartıdır (Haugeland 1989). Bu devre kartı programlanarak bir hesap makinası ya da akıllı bir çamaşır makinası işlevi görebilir. Bu akıllı çamaşır makinası renklileri beyazları ya da sentetik ya da yünlü çamaşırları ayırt ederek yıkama programını kendiliğinden geliştirme özelliğine sahiptir. Örnekle de anlatıldığı gibi günlük hayatımızı kolaylaştırmak amacıyla bu teknoloji yaşamımızın her alanına girer hale gelmiştir. Yapay zeka (Artificial Intelligence-AI) terimini genel anlamda tanımlamak gerekirse makinalara öğrenme ve problem çözme yeteneği kazandırmaktır. Yapay zeka bir insan zekasını takipten ibarettir (Huang ve Rust 2018). İçerisinde işlemci bulunan programlanma kabiliyetine sahip Elektronik bir devre ile sistemleri kontrol etme bilimidir. Burada sistem, bir çamaşır makinasını, hesap makinasını, solunum cihazını ya da ekonometrik analizler yapan bir borsa tahmin programı olabilir (Liao vd. 2020).

Yapay zekanın tarihine baktığımızda ilk olarak 1965 yılında bir konferansta matematiksel bir problemi çözmede karşımıza çıkıyor. 1990 yıllara gelindiğinde lojistik problemlerin çözümünde ve satranç müsabakalarında kullanılmaya başlıyor. 2000'li yıllara gelindiğinde yapay zeka, veri madenciliği, makine öğrenimi ve web sitelerinde kullanılmaya başlanıyor. Yapay zeka uygulama alanları yarı iletken teknolojisinin ilerlemesi ile her geçen gün artmaktadır. Bu gelişme materyal teknolojisi geliştikçe sınır tanımadan ilerleyecektir (Haenlein ve Kaplan 2019; Buchanan 2005).

Yapay zekanın akıllı olup olmadığına dair uygulanan Turing testi bugün hala geçerliliğini korumaktadır. Bu teste göre bir makine insan ile iletişim kurduğunda insanın karşısındakinin makine mi yoksa mı insan olduğundan şüphelenmemesi esasına dayanmaktadır (Reinbold 2020). Yapay zeka genel bir anlamı ifade etmekte olup, bulanık mantık, yapay sinir ağları, makine öğrenmesi, derin öğrenme, büyük veri, uzman sistemler gibi alt dallara ayrılır. Bu her bir alt dal ayrı bir algoritma ve matematiksel yaklaşımdır. Gerçekte tüm bu yöntemler istatistik temelli yaklaşımlardan türetilmektedir. Bu istatistiksel yöntemler bir işlemci içinde hızlı olarak hesaplanarak sonuçlar üretir, bu yüksek doğruluk derecesine sahip sonuçlar uygulamalı bilimlerde kullanılır ve yapay zeka olarak isimlendirilir. Yapay zeka günümüzde finans, alışveriş, sağlık, sosyal medya, eğitim, alanında sıklıkla kullanılmaktadır (French 2000). Tüm bankacılık işlemleri, borsa, döviz işlemleri, finans danışmanlığı işlemleri, online alışveriş sitelerinin yönetimi, stok takibi, yapay zeka ile yapılmaktadır. Sağlık alanında birçok analiz ve testler de yapay zeka teknikleri kullanılmaktadır. Endüstride sürücüsüz araçlar, dronlar ile kargo servisleri, navigasyon servisleri, tedarik zinciri, depolamada yapay zeka sistemlerini kullanmaktadır. Yine ses tanıma, görüntü tanıma ve güvenlik sistemlerinde de yapay zeka yöntemleri kullanılmaktadır. Yapay zekanın en büyük kullanım alanlarından birisi de nesnelerin interneti ve robotik uygulamalardır. Elektronik cihazların birbiri ile haberleşmesi amacıyla kullanılmaktadır. Dijital bir kayıt sistemi olarak da bilinen blok zincir (blockchain) teknolojisi; şifrelenmiş verilerin depolanması ve toplanan bu verilerden bilgi ve anlam çıkarmayı sağlayan teknolojinin temeli de yapay zekaya dayanmaktadır (Agrawal vd. 2020).

Bununla birlikte, yapay zekaya ait endişelerde ortaya çıkmaktadır. Bunların en başında makinaların kendilerini tasarlayarak insanlığa ayak uyduramayacağı endişesi yer almaktadır. Diğer endişe ise yapay zekanın günün birinde insanlığın karşısına bir tehdit olarak gelebilecek olmasıdır. Yine yapay zekanın kontrol ettiği robotların insanlarla eşit haklara sahip olması endişesi felsefi argümanlar arasında yer almaktadır. Bu endişelerin en büyüğü ve en çarpıcısı ise yapay zekalar tarafından kontrol edilen robotların insanların çalıştıkları işleri elinden alarak insanlığın işsiz kalmasını sağlamalarıdır. Bu endüstrileşme devrinde de rastlanan endişelerden biri olarak insanlığın karşısına çıkmıştı. Akıllı robotların birçok sektörde, maliyet ve zaman açısından daha verimli çalışmaları sebebiyle tercih edilecek olması yüksek ihtimal olarak kabul görmektedir.

Bilişsel Robotlar (Cognitive Robotics)

Bilinçli bir makine kavramı her ne kadar ilgi çekici olsa da böyle bir makinenin üretilmesi tartışmalı ve zorlu bir süreç gerektirir. Bu zorluklardan en önemlisi bir robotun, görevlerini öğrenme, değişken görevleri algılama ve uyum sağlamadır. Bunu üç ana başlıkta incelemek doğru olacaktır. Birincisi robotlardaki fenomenal bilinç kavramıdır. Bu kavram bilincin hesaplamalı bağlantılarını tanımlamayı esas alır. İkinci olarak insanı taklit ederek görevlerini öğrenen bilişsel robotik sistem kavramıdır. Bu insansı robot, davranışlarında insan gibi öğrenme yetenekleri ile öğrenirken neden-sonuç ilkesine göre hareket etmesidir (Haraway 2004). Bilişsel robotlar özellikle bilişsel (cognitive) bileşenleri öğrenme sırasında yorumlama ve muhakeme yeteneğini insan gibi kullanması özelliğine sahip olmasıdır. Bu bölümde bilinç kelimesi yerine fenomenal bilinç kelimesi tercih edilmiştir, çünkü insani duygu, his, ağrı gibi duyusal fenomenlerin duyguların ve zihinsel görüntülerin özel niteliklerine atıfta bulunmak için kullanılmıştır (Block 1995). Öznellik, birlik, niteliksellik, konumlanmışlık, benlik duygusu gibi tanımlamalar da literatürde ele alınmıştır (Searle 2004, Tani 2016). Son felsefi çalışmalar, bilişsel insansı robotların, bilinci anlamamıza nasıl katkı sağlayacaklarını tartışmaktadır (Reggia). Şu anda bir makinede somutlaştırılmış bilincin ikna edici bir uygulaması olmadığı için bu tür argümanlar reddetmese de olasılığını düşük görüyor (Reggia vd. 2015). Fenomenal bilincin doğasının anlaşılması için ilk aşama (Reggia vd. 2015) bilincin nöro-bilgisayarsal bağıntılarını belirlemektir. Bilişsel fenomenolojinin felsefi alanında son zamanlarda ortaya çıkan kavramlara dayanarak, bu tür bağıntıları tanımlamanın bilişsel robotlarda mümkün olduğuna inanılıyor. Robotlarda bilinç eğitimi için üst düzey bilişsel süreçler uygulanmış araştırmalar son yıllarda hız kazanmıştır. Bu kavramda insansı bir robot gözlemlediği eylemleri birebir taklit etmek yerine, bir görevi yerine getirirken neden-sonuç muhakemesi yapar.

Makine bilinci beklentileri anlamakta zorluk çeker. Bu durum, beyin tarafından desteklenen yüksek seviyeli bilişsel hesaplamalarda daha düşük seviyeli nöro-hesaplama süreçleri tarafından nasıl açıklanabileceğini anlama konusunda yetersiz kalmaktadır. Psikologlar üst düzey biliş terimini karar verme, muhakeme yapma, problem çözme becerileri için kullanmaktadırlar. Bununla birlikte mühendislik alanında çalışan bilgisayar bilimciler ve sinir bilimciler ise yapay sinir ağları kullanılarak uygulanabilen hesaplama türlerini belirtmek için alt düzey nöro-hesaplama süreçleri terimini kullanmaktadırlar. Bu anlamda bilişsel robotlar, bilgisayar, psikoloji, felsefe, sinir-bilim alanları ile ortak bir çalışma alanı haline gelmiştir. Felsefe alanındaki araştırmacılar, nesnel dünyadaki fiziksel sistemlerin bilincin özel niteliklerini açıklamakta zorlanmaktadırlar (Levine 1983). Aslında üst düzey bilişsel süreçler ancak, sinir ağlarının sağladığı alt düzey hesaplamalar yoluyla uygulanabilir. Nöro-bilim alanında yapılan son çalışmalarla üst düzey bilişsel işlevlerden olan dili anlama, Wernicke alanı, prefrontal korteks ile ilişkili olduğu göstermektedir. Bununla birlikte hala çözülemeyen şey, beynin altta yatan nöral devreleri kullanarak üst düzey bilişsel süreçleri nasıl uyguladığıdır. Psikolojide, bilinçsiz bilgi işleme ile bilinçli bilgi işleme arasındaki farklar net olarak tanımlanmıştır. Bilinçsiz bilgi işleme hızlı, aynı anda birden fazla görevi destekleyebilir ve bu görevler birbirine müdahale etmeden aynı anda yapılabilir. İnsanlar bir görevi nasıl gerçekleştirdiklerini açıklayamazlar istemsizce yapılır. Buna karşılık, bilinçli bilgi işleme çok daha yavaş, her seferinde bir görevle sınırlı ve yaygın korteks aktivasyonunu içerir. Bilinçsiz süreçlerle ilişkili hesaplama özellikleri, genellikle sinirsel hesaplamaların özellikleriyle iyi uyum sağlamakla birlikte bilinç sırasındaki hesaplama özellikleri, bildirilebilir bilişsel faaliyetler, sembolik yapay zeka sistemlerindekine benzerlik gösterir. Felsefeciler bilişi insansı robotlar bağlamında inceleyerek, potansiyel olarak anlama, mühendislik bilinci arasında köprü kurmada önemli bir faktör olabileceğini düşünmektedirler (Nagataki ve Hirose 2007). Önceki çalışmalarda bilinci genel anlamda bilinçsiz sistemlerden ayıran en önemli öğenin bir sinir ağındaki bilgi entegrasyonu olduğu savıdır (Tononi 2004). Mühendislerin aksine sinir-bilimciler, bilincin hesaplamaya dayalı bir bağıntısının sinirsel bağıntı ile aynı şey olmadığını nöral bağıntıların, beyin bölgeleri, biyo-kimyasal süreçler ve beyindeki elektriksel aktivite kalıpları gibi hesaplamaya dayalı olmayan biyolojik kavramları içerdiğini savunmaktadırlar.

Nöro-bilgisayar terimleriyle üst düzey bilişsel işlevleri gerçekleştiren robot sistemler geliştirmeye dayalı bilincin yönlerini incelemek için iki şeye ihtiyaç vardır. Bunlardan ilki, üst düzey bilişsel işlevselliğin bazı yönlerini destekleyen fiziksel bir robotik sistem, ikincisi ise bu işlevselliği uygulayan temel bir sinirsel kontrol mekanizmasıdır.

Robotik alanındaki çalışmalar insansı robotları çok adımlı görevleri yerine getirmek için programlamanın çok zor olması gerçeğinden kaynaklanırken, bir robotu manuel olarak programlamak yerine taklit etmeyi öğrenmeyi amaçlamaktadır. Robotik taklit öğrenimi üzerine yapılan çoğu çalışma bu seviyeye odaklanmıştır. Bununla birlikte, tıbbi teşhis ve diğer uygulama alanlarında, nedensel muhakeme sistemleri sıklıkla meydana gelebilecek tüm olası nedensel olayları kapsamlı olarak ele alır. Bu taklitle öğrenen insansı robot sistemleri tamamen nöro-hesaplamalı yüksek seviyeli bilişsel kontrol sistemi ve düşük seviyeli sensorimotor sistem tarafından kontrol edildiğinde, bilincin potansiyel hesaplamalı bağıntılarını aramak için mükemmel bir bağlam sağlamaktadır (Katz vd. 2017).

Olağanüstü bilinç ve insansı robotlar kavramında hala çok fazla eksik yanlar olduğu kabul edilmektedir. Bunun biliş ve onu destekleyen çekirdek nöro-anatomik yapılarla ilişkili olduğu bilinmektedir (Wang ve He 2014). Bu hem insanlardaki bilinci hem de makinelerin mi yoksa hayvanların mı bilinçli olabileceği sorusunu sorgulamaktadır. Bununla birlikte birçok çağdaş felsefeci bilinç ve bilincin doğası hakkındaki genel görüşü bu kavramların iç içe geçmiş olduğu yönündedir, ayrıca bilincin nöro-bilgisayar bağıntılarını kanıtlamada önemli bir çerçeve olduğu vurgulanmaktadır.

Sonuç olarak, özellikle robotik alanındaki çalışmaların sonuçları trans-hümanizm ile oldukça ilişkilidir (Flores 2018). Bilişsel robotik alanındaki çalışmalar gelecekte yapay zeka ve bilişsel robotların hümanistik bir anlayışlara insanlık alanında çalışması planlanmaktadır (Porter 2017). Bu robotik alanda post-hümanist bir yaklaşımın benimsenmemiş olduğu gözlemlenmektedir. Bununla birlikte gerek hümanizm ve gerekse trans-hümanizm alanındaki teknolojik gelişmeler insan dışındaki canlıları önemsemediği ya da ikinci planda tuttuğu görülmektedir (Valezquez 2021). Nörobilim ve bilinç dönüşümü alanındaki çalışmalar da insanlığı merkeze alan çalışmalardır. Ancak evrensel kapsayıcı anlamda düşünüldüğünde insanın evrenin bir parçası olduğu, insanötesi tüm varlıklar ile çoklu bir bütünlük içinde yaşamayı öğrenmesi gerektiği kanıksanamaz bir gerçektir.

Teşekkür

Bu çalışmayı oluşturan proje, Kaliforniya Üniversitesi Riverside'da (University of California Riverside-UCR) Dr. Alfredo Martinez-Morales danışmanlığında çalışmalar yapmak üzere 2020/2 başvuru döneminde 1059B192001347 proje numarasıyla kazanmış olduğum TÜBİTAK (Türkiye Bilimsel ve Teknoloji Araştırma Kurumu) tarafından Bilim İnsanı Destekleme Daire Başkanlığı (BİDEB) "2219-

Yurt Dışı Doktora Sonrası Araştırma Burs Programı" kapsamında desteklenmiştir. TÜBİTAK projemin her aşamasında tüm desteklerinden dolayı TÜBİTAK uzmanlarına teşekkür ederim.

Kaynakça

Agrawal, Rashmi ve diğerleri. *Blockchain technology and the internet of things: challenges and applications in bitcoin and security.* 2020.

Alçın, Sinan. "A new theme for production: Industry 4.0." *Journal of life economics,* cilt 3, no 2, 2016, ss. 19-30.

Barad, Karen. "Posthumanist performativity: toward an understanding of how matter comes to matter." *Signs,* cilt 28, no 3, 2003, ss. 801-831.

Berg, Maxine ve Pat Hudson. "Rehabilitating the industrial revolution 1." *The Economic History Review,* cilt 45, no 1, 1992, ss. 24-50.

Block, Ned. "On a confusion about a function of consciousness." Behavioral and brain sciences, cilt 18, no 2, 1995, ss. 227-247.

Bryant, Lynwood. "The beginnings of the internal combustion engine." *Technology in Western Civilization,* no 1, 1967, ss. 648-663.

Bulibasa, Adelina Laura. "Futuristic Approaches in 'her'Motion Picture-Consciousness of the Artificial Intelligence and the Concept of Post-Humanism/Abordări futuriste în filmul "her". Conștiința Inteligenței Artificiale și conceptul de post-umanism/45-61." *Revista de Filosofie Aplicată,* cilt 4, no 6, 2021.

Buran, Sümeyra. "Edebiyat ve Posthümanizm." *Edebiyatta Posthümanizm,* ed. Sümeyra Buran, Transnational Press London, 2020, ss. 19-36.

Buchanan, Bruce G. "A (very) brief history of artificial intelligence." *Ai Magazine,* cilt 26, no 4, 2005, ss. 53-53.

Candemir, Yücel. "Küreselleşme, Teknolojik Gelişme ve Ulaştırmada Yenilikler: Dünya ve Türkiye." *TMMOB İnşaat Mühendisleri Odası VI. Ulaştırma Kongresi 23-25 Mayıs 2005,* ss. 13-29.

Crafts, Nicholas. "Productivity growth in the industrial revolution: A new growth accounting perspective." *The Journal of Economic History,* cilt 64, no 2, 2004, ss. 521-535.

Daemmrich, Arthur. "Invention, innovation systems, and the Fourth Industrial Revolution." *Technology & Innovation,* cilt 18, no 4, 2017, ss. 257-265.

David, Paul A. "The dynamo and the computer: an historical perspective on the modern productivity paradox." *The American Economic Review,* cilt 80, no 2, 1990a ss. 355-361.

---."General Purpose Engines, Investment, and Productivity Growth from the Dynamo Revolution to the Computer Revolution." *Engineering Sciences Symposium on technological Change and Investment Stockholm,* January 1990b, ss. 21-24.

Faheem, Muhammad ve diğerleri. "Smart grid communication and information technologies in the perspective of Industry 4.0: Opportunities and challenges." *Computer Science Review,* no 30, 2018, ss. 1-30.

Ferrando, Francesca. "Is the post-human a post-woman? Cyborgs, robots, artificial intelligence and the futures of gender: a case study." *Eur J Futures Res 2,* no 43, 2014, ss. 1-17.

Fırat, Saniye Ü. ve Fırat, Oktay. Z. "Sanayi 4.0 Devrimi Üzerine Karşılaştırmalı Bir İnceleme: Kavramlar, Küresel Gelişmeler ve Türkiye." *Toprak İşveren,* no 114, 2017, ss. 10-23.

Flores, David Salinas. "Transhumanism: the big fraud-towards digital slavery", *Int Phys Med Rehab J.,* cilt 3, no 5, 2018, ss. 381-392.

French, Robert M. "The Turing Test: the first 50 years." *Trends in cognitive sciences,* cilt 4, no 3, 2000, ss. 115-122.

Geissbauer, Reinhard, ve diğerleri. "Industry 4.0: Building the digital enterprise." Retrieved from PwC Website: https://www. pwc. com/gx/en/industries/industries-4.0/landing-

page/industry-4.0-building-your-digital-enterprise-april-2016. pdf 1, 2016.
Haenlein, Michael ve Andreas Kaplan. "A brief history of artificial intelligence: On the past, present, and future of artificial intelligence." *California management review*, cilt 61, no 4, 2019, ss. 5-14.
Haraway, Donna, "Cyborgs to companion species: reconfiguring kinship in technoscience", Haraway, D. (Ed.), *The Haraway Reader*, Routledge, 2004, ss. 295-320.
Haugeland, John. *Artificial intelligence: The very idea*. MIT Press, 1989.
Huang, Ming-Hui ve Roland T. Rust. "Artificial intelligence in service." *Journal of Service Research*, cilt 21, no 2, 2018, ss. 155-172.
Hayles, N. Katherine. *How We Became Posthuman: Virtual Bodies in Cybernetics, Literature, and Informatics*. University of Chicago Press, 1999.
Jeffery, Scott. "Readers on Transhumanism and Post/Humanism." *The Posthuman Body in Superhero Comics*. Palgrave Macmillan, 2016, ss. 175-204.
Katz, Garrett ve diğerleri. "A novel parsimonious cause-effect reasoning algorithm for robot imitation and plan recognition." *IEEE Transactions on Cognitive and Developmental Systems*, cilt 10, no 2, 2017, ss. 177-193.
Kinghorn, Janice R. ve John V. Nye. "The scale of production in Western economic development: a comparison of official industry statistics in the United States, Britain, France, and Germany, 1905-1913." *Journal of Economic History*, 1995, ss. 90-112.
Kümbet, Pelin. *Critical Posthumanism: Cloned, Toxic, and Cyborg Posthumanism*. Transnational Press London, 2020.
Liao, Xinqin ve diğerleri. "A bioinspired analogous nerve towards artificial intelligence." *Nature communications*, cilt 11, no 1, 2020, ss. 1-9.
Levine, Joseph. "Materialism and qualia: The explanatory gap." *Pacific philosophical quarterly*, cilt 64, no 4, 1983, ss. 354-361.
Maddikunta, Praveen Kumar Reddy ve diğerleri. "Industry 5.0: A survey on enabling technologies and potential applications." *Journal of Industrial Information Integration*, 2021, ss. 1-19.
Nagataki, Shoji ve Satoru Hirose. "Phenomenology and the third generation of cognitive science: towards a cognitive phenomenology of the body." *Human Studies*, cilt 30, no 3, 2007, ss. 219-232.
Nahavandi, Saeid. "Industry 5.0—A human-centric solution." *Sustainability*, cilt 11, no 16, 2019, ss. 4371.
Núñez, Rafael ve diğerleri. "What happened to cognitive science?." *Nature human behaviour*, cilt 3, no 8, 2019, ss. 782-791.
Pamuk, N. S., Soysal, M. "Yeni Sanayi Devrimi Endüstri 4.0 Üzerine Bir İnceleme". *Verimlilik Dergisi*, 2018, ss. 41-66.
Peppler, Kylie ve diğerleri "Advancing posthumanist perspectives on technology-rich learning." *British journal of educational technology*, no 4, 2020, ss. 1240-1245.
Reggia, James A. ve diğerleri. "Beliefs concerning the nature of consciousness." *Journal of Consciousness Studies*, cilt 22, no 5-6, 2015, ss. 146-171.
Reinbold, Patric M. "Taking Artificial Intelligence Beyond the Turing Test." *Wis. L. Rev.*, 2020, ss. 873.
Robertson, Jennifer. "Gendering humanoid robots: Robo-sexism in Japan." *Body & Society*, cilt 16, no 2, 2010, ss. 1-36.
Rosenberg, Nathan. "The role of electricity in industrial development." *The Energy Journal*, cilt 19, no 2, 1998.
Scranton, Philip. *Endless Novelty: Specialty Production and American industrialization, 1865-1925*. Princeton University Press, 2000.
Searle, Geoffrey Russell. *A New England?: peace and war, 1886-1918*. Cilt 6. Oxford University Press, 2004.
Skare, Marinko ve Domingo Riberio Soriano. "How globalization is changing digital technology adoption: An international perspective." *Journal of Innovation & Knowledge*,

2021.

Spreng, R. Nathan ve diğerleri. "The common neural basis of autobiographical memory, prospection, navigation, theory of mind, and the default mode: a quantitative meta-analysis." *Journal of cognitive neuroscience*, cilt 21, no 3, 2009, ss. 489-510.

Taalbi, Josef. "What drives innovation? Evidence from economic history." *Research Policy*, cilt 46, no 8, 2017, ss. 1437-1453.

Tani, Jun. *Exploring robotic minds: actions, symbols, and consciousness as self-organizing dynamic phenomena*. Oxford University Press, 2016.

Toffler, Alvin. *Future shock*. Bantam, 1970.

Tononi, Giulio. "An information integration theory of consciousness." *BMC neuroscience*, cilt 5, no 1, 2004, ss. 1-22.

Walters, Gregory J. "Transhumanism, Post-Humanism, and Human Technological Enhancement." *An international Journal in Philosophy, Religion, Politics, and Arts*, cilt 8, no 2, 2013, ss. 1-13.

Wang, Megan ve Biyu J. He. "A cross-modal investigation of the neural substrates for ongoing cognition." *Frontiers in psychology*, no 5, 2014, ss. 1-10.

Wiecki, Thomas V. ve Michael J. Frank. "A computational model of inhibitory control in the frontal cortex and basal ganglia." *Psychological review*, cilt 120, no 2, 2013, ss. 329-355

Yin, Yong ve diğerleri "The evolution of production systems from Industry 2.0 through Industry 4.0." *International Journal of Production Research*, cilt 56, no 1-2, 2018, ss. 848-861.

Xu, Xun ve diğerleri. "Industry 4.0 and Industry 5.0—Inception, conception, and perception." *Journal of Manufacturing Systems*, cilt 61, 2021, ss. 530-535.

Velázquez, Lourdes. "New challenges for ethics: The social impact of posthumanism, robots, and artificial intelligence." *Journal of Healthcare Engineering* (2021), https://doi.org/10.1155/ 2021/5593467.

BÖLÜM 10

YAPAY ZEKÂ VE POSTHÜMAN, POSTSEKÜLER DİN: KİŞİSEL ASİSTANLARDA İNANÇ ÖNYARGISINA BİR BAKIŞ[1]

Çağdaş Dedeoğlu

Giriş

Yapay zekâ teknolojilerinin sağlıktan eğitime, bankacılıktan sigortaya kadar çeşitli sektörlerde uygulanması, dünyayı deneyimleme şeklimizi değiştirdi. Dünya ekonomisinin kapitalizm sonrası eğilimleri, hükümetleri ve şirketleri yapay zekâ sektörüne yatırım yapmak için çekmeye devam ederken meselenin etik boyutu da gündemi işgal ediyor. Yapay zekânın muazzam potansiyeli, bilim insanlarını ve benzer şekilde filozofları konuya çeşitli açılardan bakmaya davet ediyor. Bir yandan, yapay zekâ ile ilgili felsefi tartışma, insan bilinci ve rasyonalite hakkındaki eski sorulara yeni cevaplar sunmanın yanı sıra yeni soruları da ortaya çıkarmaktadır (Copeland 1993; Dennett 1997). Öte yandan, transhümanizm ve tekillik ile ilişkili görüşler (Kurzweil 2015; Chalmers 2016) eleştirilere ve kıyamet senaryolarına yol açmaktadır (Bostrom 2014; Berardi 2017). Sunulan yaklaşımlar Aydınlanma (Horkheimer ve Adorno 2002) teknoloji (Heidegger 1997), teknoloji toplumu (Ellul) veya insan rasyonalitesinin tek boyutluluğu (Marcuse 1996) hakkındaki eleştirileri hatırlatmaktadır.

Bunların yanı sıra, yapay zekâ sektörü ayrımcılık, ırkçılık ve cinsiyetçilik gibi etik meselelerle mahremiyet ve güvenlik gibi kişisel ve toplumsal meseleleri gündeme getirmektedir. Bu nedenle, araştırmacılar pratik, etik ve teorik konularla ilgili tartışmalara katılmaktadır (Benjamin 2014; Dignum 2019; Floridi ve Cowls 2019; Madras vd. 2018-9; Myers West vd. 2019; Noble 2018; Yudkowsky 2001). Söz konusu tartışmalar önemli bir soruna işaret etmektedir: Yapay zekâ sistemlerinde, çoğunlukla toplumsal önyargı ve ayrımcılık tarafından tetiklenen bazı önyargılar bulunmaktadır. Buna yanıt olarak, çeşitli kuruluşlar yapay zekâya ilişkin birtakım etik ilkeler yayınlamaktadır ("Asilomar AI Principles;" "Ethics of Artificial Intelligence;" "Montreal Declaration"). Ayrıca son dönemde yayınlanan akademik eserlerde, yapay zekâ ile ilgili sorulara hukuk, politika ve felsefe gibi farklı disiplinlerden yaklaşıldığı görülmektedir (Dubber vd.). Ancak din ve ilahiyat (tanrıbilim) alanlarındaki araştırmalar, yapay zekâ etiği konusundaki ana akım tartışmalarda çoğunlukla göz ardı edilmektedir.

Bu çalışmanın fikri, Brandon Ambrosino'nun "Yapay Zekânın Bir Ruha Sahip Olması Ne Anlama Gelir?" ("Can Artificial Intelligence Have A Soul and

---

[1] Bu çalışma, W.H.U. Anderson'ın editörlüğünde yayınlanan *Technology and Theology* isimli kitapta, "Hey Siri: Do you believe in god?" A posthuman exposé of belief bias in AI programming" başlığıyla yer alan bölümün (Vernon Press, 2020 77-90) değiştirilmiş çevirisidir.

Religion?") başlıklı BBC makalesini okurken aklıma düştü.² Makale şöyle bir soruyla başlamaktadır: "Siri, tanrıya inanıyor musun?" Ardından Siri şöyle demektedir: "İnsanların dini var. Bendeyse sadece silikon." Devamında yazar yapay zekâ, felsefe ve din bağlamında ruh kavramını tartışmaktadır. Bu diyalog beni, Siri'nin (ve diğer kişisel asistanların) tanrı inancı hakkındaki bir soruyu din ile yanıtlamasına neden olan teknolojik ve sosyal mekanizmaları araştırmaya itti. Elbette bu, ontolojik veya metafizik bir tepkiye karşı davranışsal veya sosyolojik olarak yapılandırılmış bir tepki olarak görülebilir; yani bu, programcının bilgisayar programlamanın mekaniğiyle değil toplumsal olarak koşullandırılmış ontolojisiyle veya metafiziğiyle ilişkili bir önyargısı olabilir.

Yukarıdaki soru ve kaygılar ışığında, bu çalışmada, yapay zekâ etiği çalışmaları ile din, ilahiyat ve yapay zekâ araştırmaları arasındaki boşluğu doldurmayı amaçlıyorum. Bu amaçla, bilinen dört yapay zekâ destekli kişisel asistandan—Siri (Apple), Cortana (Microsoft), Google Asistan ve Alexa (Amazon)—topladığım görüşme verilerini nitel içerik analizine tabii tuttum. Din, ilahiyat ve yapay zekâ yazınına posthüman, postseküler din, yani dinin insan ve seküllerliğin ötesindeki yorumu, perspektifinden yaklaştım ve bunu yaparken doğal dil işleme ve diyalog sistemleri üzerine yapılan çalışmalardan faydalandım. İzleyen satırlarda görüleceği üzere, bu çalışma, yapay zekâ destekli kişisel asistanlarda gözlemlenen inanç önyargısının, programcıların hayattaki varoluş ve bilgi üretim biçimlerini etkileyen hümanist, insan merkezli (anthroposantrik/anthropocentric), ikici (düalist/dualist) din varsayımlarından kaynaklanabileceğini göstermektedir. Bu nedenle, yapay zekâ destekli kişisel asistanların görünürdeki dinsel tarafsızlık amacı, yanıtlarda en azından din ve tanrının taraflı yorumlanması açısından boşa düşmektedir.

Din, İlahiyat ve Yapay Zekâ Çalışmalarına Genel Bakış

Jacques Ellul'ün *Homo Faber* (teknik insan, yapan insan, yaratan insan) kavramı; din, ilahiyat ve yapay zekâ ile ilgili akademik yazına genel bir bakış için iyi bir başlangıç noktası olabilir. Ellul, *Homo Faber*'in kendine özel tekniği ile manevi bir teknik olarak büyü (daha önce Marcel Mauss tarafından kullanılan bir terim) arasında ayrım yapar (Ellul 24). Ellul ayrıca modern teknik olgunun yedi özelliğini tartışır: Rasyonalite, yapaylık, otomasyon, kendini çoğaltma, bölünmezlik, evrensellik ve özerklik. Bu özelliklere dayanarak, "teknik özerkliğin ahlaki ve manevi değerler açısından aşikâr olduğunu" öne sürer (134). Bu, ahlaki ve manevi değerlerin teknik kaygıları çözemeyeceği anlamına gelir. Tersi de doğrudur, yani teknoloji ahlaki ve manevi değerlere hitap etmez. Başlangıçta da belirtildiği gibi, son birkaç yılda yapay zekâya yönelik etik yaklaşımlar arttı. Bu çerçevede din, ilahiyat ve teknoloji üzerine akademik yazın giderek daha fazla yapay zekâ ve değerler arasındaki ilişkiye odaklanmaktadır. Bu çalışmalar, *Homo Faber*'in ürettiği yapay zekâ teknolojilerini hem araçsal hem de antropolojik temelde ele almaktadır (Heidegger 1997).

Özel olarak din, ilahiyat ve yapay zekâ üzerine yoğunlaşan çalışmaların birbiriyle

---

[2] https://www.bbc.com/future/article/20180615-can-artificial-intelligence-have-a-soul-and-religion.

ilişkili ancak farklı iki kaygı etrafında şekillendiğini düşünüyorum: Sözlü-pratik ve sembolik-tanrıbilimsel. Sözlü-pratik alandaki çalışmalar, dünya dinleri ve maneviyatla ilgili yükselen yaklaşımlar ile teknolojik uygulamalar arasındaki karşılıklı yönlendirmelere odaklanmaktadır. Örneğin, bu gruptaki bilim insanları dinsel pratiklerle mühendislik arasında bağlantı kurarlar (Ames vd. 2015). Öte yandan, sembolik-tanrıbilimsel çalışmalar akademik yazında merkezi bir yer tutmaktadır. Bu çalışmalar, Yahudi-Hristiyan ilahiyatının (ve dinin) sembolik anlamına odaklanır ve robotik, otomasyon ve tekillik gibi konuları tartışmak için tanrıbilimsel kavramları kullanır. Bu çalışmaların erken bir örneği olarak Kevin Kelly, "teknoloji tutkunu ilahiyatı" (nerd theology) fikrini ortaya atmış ve bilgisayar korsanlarının, kurtlarının (geeks) ve teknoloji tutkunlarının teknoloji destekli deneyim yoluyla nasıl "türev tanrılar" haline geldiklerini tartışmıştır. Anne Foerst ise insansı bir robot ile tanrı imgesi arasındaki ilişkiyi açıklamış ve böylece bilim ve din arasındaki diyalog konusuna yeni bir yaklaşım getirmiştir. Daha sonraki çalışmalar, animizm gibi temalar aracılığıyla yapay zekâya odaklanmış (Aupers 2002) veya Kurzweil gibi araştırmacıların kıyamet söylemlerini analiz etmiş (Geraci 2010; Geraci ve Robinson 2019) ve transhümanistleri bir dijital ilahiyat grubunun üyeleri olarak ele almıştır (Steinhart 2012). Benzer şekilde Tirosh-Samuelson, transhümanizmi seküler bir inanç olarak değerlendirmiştir ("Transhumanism As a Secularist Faith"). Beth Singler ise tekilliğe örtük bir din biçimi olarak yaklaşmıştır ("Roko's Basilisk or Pascal's?"). Singler ayrıca din ve ilahiyat alanlarında çalışan bilim insanlarının yapay zekâ araştırmalarında en az üç varsayıma odaklanmalarını önermiştir:

1. Yapay zekâ bir teknoloji olarak toplum için yıkıcı olabilir;

2. Bir istek veya ideal olarak yapay zekâ, modern dinsel yorumlar için canlandırıcı olabilir, yeni dini hareketlere yol açabilir[3] ve eski dini yorumları diriltebilir;

3. Zeki veya duyarlı yeni bir varlık olasılığı olarak yapay zekâ, bazı durumlarda, kişiliğe ilişkin sorular ortaya çıkarabilir ("Din Çalışmaları Araştırmacıları için Yapay Zekâ ve Dine Giriş [An Introduction to Artificial Intelligence and Religion For the Religious Studies Scholar]" (215-16).

Bu üç varsayım alandaki araştırma ihtiyacına dair genel bir fikir vermektedir. Akademik yazının son zamanlarda genişlemesi ve çeşitlenmesi, devam eden ilginin bir yansıması olarak görülebilir. Bu kapsamda, örneğin Ting Guo, AlphaGo ile Doğu Asya (dinsel) Go felsefesi arasındaki karşılaşmalara dayanarak rasyonellik, zekâ ve maneviyat kavramlarını incelemektedir.[4] Dahlan ise yapay genel zekâ etiğini İslami bir bakış açısıyla değerlendirmektedir. Bu çalışmalar, kişisel asistanlardan gelen verilerin yorumlanması için önemli bir bakış açısı sağlar. Söz konusu bakış açısı, posthüman çalışmalardan alınacak destekle daha da genişle-

---

[3] Anthony Levandowski'nin "Yapay Zekâ Kilisesi" (AI Church) buna örnek olabilir (Harris).
[4] Söz konusu çalışmada, yazar, AlphaGo isimli bilgisayar programının dünyaca ünlü Go oyuncusu Lee Sedol'u mağlup etme hikayesinden hareketle zekâ kavramının kültürel-manevi boyutuna vurgu yapmakta ve bunun yapay zekâ ve din çalışmaları açısından önemini göstermektedir.

tilebilir. Bu, hem seküler-dinsel gibi ikilikleri aşmaya hem de din-yapay zekâ bağını posthüman, postseküler duruma göre değerlendirmeye yardımcı olabilir.

Kavramsal Çerçeve Olarak Posthüman, Postseküler Din

Posthümanizmi transhümanizm ile özdeş gören yorumlar, meseleyi basite indirgemektedir. Ayrıca din ve posthümanizm arasındaki ilişkinin de açıklığa kavuşturulması gerekmektedir. Bunun için öncelikle posthüman durumdan ne anlaşıldığına bakmak faydalı olabilir. Rosi Braidotti'ye göre (Chapter 1), "posthüman durum, 'bizim'—gezegenin insan ve insan olmayan sakinlerinin—şu anda Dördüncü Sanayi Devrimi ile Altıncı Yok Oluş arasında konumlandığımıza" işaret eder. Bu anlamda, posthüman (insanötesi) durum sadece teknolojiye (siborg) değil, aynı zamanda ekolojiye (Antroposen) ve evrime (adaptasyona) de karşılık gelir. Öyleyse, "insan"ın posthüman durumda açık uçlu bir tanımı vardır. Hem posthümanizmler hem de transhümanizmler, posthüman duruma dair anlayışları farklı perspektiflerden sunarlar. 1980'lerin sonlarında ve 1990'ların başlarında benzer ilgiler etrafında şekillenseler de posthümanizm ile transhümanizm arasındaki temel ayrım noktası, transhümanizmin Aydınlanma kavramlarını derin bir eleştiriye tabi tutmaksızın kullanması, posthümanizmin ise insanın yapısökümünü amaçlaması nedeniyle kendisini ikinci nesil postmodernizm olarak göstermesidir. Bu ideal, posthümanizmi, antihümanizme yakınlaştırır. Ancak posthümanizm insana yaklaşımda antihümanizmdeki ikiciliğin de ötesine geçmeyi amaçlar. Burada aralarındaki farklılıkları biraz daha açmak için önce transhümanizmlere odaklanmak istiyorum. Francesca Ferrando'ya göre en az üç ayrı transhümanist konumdan bahsedilebilir:

1. Liberteryen Transhümanizm
2. Demokratik Transhümanizm
3. Ekstropyanizm (31-32)

Bu konumlanmalar, Aydınlanmanın insan güçlendirme idealini paylaşsalar da etik kaygıları ve felsefi yönelimlerinde farklılık gösterirler. Örneğin, Liberteryen Transhümanist vizyon, serbest piyasa ekonomisine dayanmaktadır. Demokratik Transhümanizm, "teknolojik gelişmeye eşit erişimi" savunur (31). Ekstropyanizm ise bireyin kendini dönüştürmesiyle daha çok ilgilenir. Ayrıca, posthüman durum transhümanizmler için ulaşılması arzu edilen son aşamadır. Bu açıdan teknolojik imkanlar sayesinde transhüman aşamaya erişen insanın, ilerleyen yıllarda farklı teknik imkanlar neticesinde posthüman aşamaya ulaşacağı beklenir. Öte yandan posthümanizmler için, posthüman durum kavramsallaştırması geçmişi, bugünü ve geleceği okumanın felsefi bir yoludur.

Bununla birlikte, posthümanizmler de posthüman duruma yaklaşımlarında farklılık gösterir. Yine Ferrando, postmodernizmden posthümanizme geçişle şekillenen üç vizyonu birbirinden ayırmaktadır:

1. Eleştirel Posthümanizm

2. Kültürel Posthümanizm

3. Felsefi Posthümanizm (25-26)

Eleştirel Posthümanizm postmodern fikirlere odaklanan edebiyat eleştirisi alanında doğarken, Kültürel Posthümanizm kültürel çalışmalarda şekillenmiş ve hayvan çalışmaları gibi alanları etkilemiştir. Daha yakın tarihli bir girişim olarak, Felsefi Posthümanizm bu iki kaynaktan yararlanarak sosyal, ekonomik ve çevresel adaleti amaçlayan post-hümanist, post-antroposantrik ve post-düalist gelecekler için net bir yaklaşım sergiler. Bu görüşler arasındaki temel ortak nokta, insanın yapısökümü fikrine dayanmalarıdır. Ancak bu, bazı iddiaların aksine "insan türünün değerini kaybetmesi" (Tirosh-Samuelson 715) anlamına gelmez. Bunun yerine hem araçsal hem de antropolojik temellerde insan istisnacılığının bir eleştirisi söz konusudur. İnsan güçlendirme fikrinin hem dinsel hem de seküler çağrışımlara sahip olduğu düşünüldüğünde eleştirel felsefi posthümanist vizyon, posthüman durumda erkek-kadın, Batı-Doğu, doğa-kültür ve dinsel-seküler gibi ikilikleri aşma çabası haline gelir.

Birçok araştırmacı için, posthüman durum, postseküler (sekülerötesi) duruma da karşılık gelir. Mesela Elaine Graham postseküler durumu "örgütlü dinin zayıflaması ve kurumsal bağlılıktan uzaklaşmanın yanı sıra dinin küresel ve yerel politik ve kültürel bir güç olarak yeniden dirilişi" olarak nitelendirmektedir ("Manifestations of the Posthuman" 61). Başka bir deyişle, "[D]in, hem bilimsel ilerlemeye hem de insanın ilerlemesine düşman olarak ve insan—dolayısıyla posthüman—olmanın ne anlama geldiğine dair anlayışları bilgilendirmeye devam eden kadim bilgeliğin kaynağı olarak kabul edilir" (Graham "Religion"). Bu nedenle, Bruno Latour'u takip ederek posthüman, postseküler bir bakış açısıyla bugüne kadar "gerçekten" hiç modern olup olmadığımızı, hiç insan olup olmadığımızı ve hiç seküler olup olmadığımızı sormak anlamlı olabilir (Graham, "Manifestations of the Posthuman" 51, 62). Bu açıdan *Homo Faber*, sadece "yapan insan" (human the maker) olarak değil, aynı zamanda "yapımda insan" (human in making) olarak da anlaşılabilir.

Posthüman ve postseküler bir perspektiften, *Homo Faber* eşit derecede Homo Religiosus (DuBose 2014), yani dinsel insandır. İnsanlar kendilerini (yeniden) yaparken ya da inşa ederken dinselliklerini de (yeniden) şekillendirir ve dinselliklerini (yeniden) yorumlarken başka (yeniden) yapma seçenekleri ortaya çıkar. Böyle bir iddia, dinin nasıl anlaşıldığına bağlıdır. Bu nedenle, burada dinin Latince ve Arapça etimolojik köklerine odaklanmak tartışmaya bir katkı sunabilir. Din (religion) sözcüğünün geçmişinde, "Latince 'bağlanmak' veya 'sıkıca bağlamak' anlamına gelen *leig* kökü veya *re* (tekrar) ve *ligare*'den (bağlanmak) türev 'yeniden bağlanmak' anlamındaki *religare* sözcüğü" bulunmaktadır (Taylor 2). Aynı şekilde, din anlamında kullanılan Arapça din kelimesinin kökü (d-y-n), dört anlama karşılık gelir: Karşılıklı yükümlülük, teslimiyet veya kabul, yargı yetkisi ve doğal eğilim. Bu anlamlar, belirli bir yaşam yolunu izleyen bireyin dindar olarak tanımlanabileceğine işaret eder. Bu yorumun kabulü, yapan insanın kendi yaşamını, yani dinsel tecrübeyi etkileyen belirli eserleri (yeniden) yaptığı yorumuna da kapı aralar. Budizm örneğinde olduğu gibi, yüce bir varlığa yönelik inanç, dinsel deneyim ve bilgi açısından zorunlu bir bileşen değildir (Gottlieb 2006). Bu bağlamda, posthüman, postseküler din anlayışı, dinsel deneyim ve bilginin çok katmanlı ilişkiselliğine atıfta bulunmaktadır. Bu açıdan din, posthümanist açıdan, maddi dünyada somutlaşmış ve gömülüdür, insanlarla insan olmayanların çapraz ama yapısal olarak birbiriyle bağlantılı ilişkileriyle ilgilidir. Bu bağlamda, inanç önyargısı, birinin yaşam deneyiminin başkaları tarafından ihmal edilmesi riskini doğurur.

Araştırma Soruları ve Nitel İçerik Analizi Yöntemi

Bu çalışma, aşağıdaki iki soruya yanıt vermeyi amaçlamaktadır.

1) Siri, Google Asistan, Cortana ve Alexa (sesle etkinleştirilen kişisel asistanlar arasında piyasada öne çıkanlar) tanrı inancı hakkında ne tür cevaplar vermektedir?

2) Sonuçlar, posthüman, postseküler durumda din-yapay zekâ bağlantısı hakkında neler söylemektedir?

Soruları cevaplamak için Nitel İçerik Analizi yöntemini kullandım. İçerik analizi, herhangi bir iletişim materyalini sistematik bir şekilde incelemeye yönelik bir yöntemdir (Mayring). Bu yöntem, nitel araştırmacıların, analiz edilen metinler tarafından desteklenen "çoklu yorumları aramalarına" yardımcı olur (Krippendorff 88). Bu çalışmada, kişisel asistanların verdiği cevapları, din-yapay zekâ ilişkisinin çoklu yorumlarını ortaya çıkaran iletişimsel materyal olarak değerlendirdim.

"Tanrıya inanıyor musun" sorusunu dört farklı kişisel asistana da İngilizce dilinde sordum.[5] Veri toplama sürecinde, kişisel asistanların yanıtları artık değişmeyene kadar aynı soruyu birkaç kez tekrar ettim. Bu, aynı soruya farklı yanıtlar almamı sağladı. Alexa dışındaki tüm kişisel asistanlar aynı soruya iki veya üç alternatif cevap verdi. Ayrıca kişisel asistanların "manevi" veya "doğaüstü" fikirlerle ilişkisini daha iyi anlamak için "meleklere inanıyor musun" ve "ahirete inanıyor musun" gibi sorular da sordum.

Bulgular ve Tartışma

2019 yılı itibariyle dünyada yapay zekâ destekli kişisel asistan kullanan yaklaşık 3,25 milyar cihaz vardı ve rakamlar yükseliş eğilimde (Statista Research Department) ki kişisel asistanları ilgilendiren herhangi bir konunun kullanıcıları da ilgilendirdiği aşikâr (Danaher 2018). Bunun nasıl olabileceğine dair mevcut bilgimizse oldukça sınırlı. Bu nedenle, öncelikle yapay zekâ destekli kişisel asistanların nasıl çalıştığına, özellikle yanıtları nasıl ürettiklerine ve yapay zekâda önyargının rolüne değineceğim. Ardından, mülakat yaptığım kişisel asistanların sorduğum sorulara verdikleri yanıtları sıralayıp bunları din ve yapay zekâ temalarının kesişme noktasında posthüman, postseküler bir perspektiften

---

[5] Orijinal araştırma, İngilizce olarak sorulan sorular ve yanıtlarla sınırlıdır. Bununla birlikte, aynı sorular Türkiye'deki bir aygıttan sorulduğunda ve yurtdışındaki bir aygıttan Türkçe sorulduğundan farklı yanıtlar alındı.

yorumlamayı deneyeceğim.

Yapay Zekâ Destekli Kişisel Asistanlar Nasıl Çalışır: Yapay Zekâ Programlamada Yanıt Oluşturma ve Önyargı

Yapay zekâ destekli kişisel asistan (veya dijital ses asistanı), diyalog sistemlerinin algoritmalarına dayanır (Jadeja ve Varia; Jurafsky ve Martin; Neustein ve Markowitz). Bu anlamda, asistanlar, posthüman durumda temel bir insan özelliğini taklit etmek üzere tasarlanmıştır: Doğal dille diyalog veya iletişim (Jurafsky ve Martin 26. Bölüm). Bunu mümkün kılan, kişisel asistanlarda kullanılan iletişim araçları veya konuşma ve dil işleme uygulamalarıdır. Yapılandırılmamış diyalogu taklit eden sohbet robotlarından farklı olarak, bu kişisel asistanlar çalışmak için görev odaklı dijital araçlara dayanır. Jurafsky ve Martin'e göre "Görev tabanlı diyalogu amaçlayan modern araştırma sistemleri, diyalog durumu veya inanç durumu mimarisi adı verilen çerçeve tabanlı mimarinin daha sofistike bir versiyonuna dayanmaktadır" (17). Bu, bir kişisel asistanın yanıtlarının altı bileşenden oluşan diyalog durumu sistemine bağlı olduğu anlamına gelir: Otomatik konuşma tanıma (ASR), konuşma dili anlama (SLU), diyalog durumu izleyici (DST), diyalog politikası, doğal dil oluşturucu (NLG) ve metinden konuşmaya çevirici (TTS) (Jurafsky ve Martin). Bunlar arasında, diyalog politikası, yanıtların üretildiği yerdir.

Önyargı terimi, "toplumsal veri ve bunun analizlerindeki yanlılığa atıfta bulunmak için daha çok istatistikle ilgili bir anlamda" yaygın olarak kullanılmaktadır (Olteanu vd. 3). Bununla birlikte, inanç önyargısı, programcı tarafından yapılan tasarım seçimlerinden veya programcının kontrolü dışındaki veri platformlarından kaynaklanabilir (Rudinger vd. 2017). Şirketlerin doğal dil işleme, makine öğrenimi ve yapay sinir ağları kullanımına (Serban 2016) ilişkin detaylar çok açık olmasa da yanıt oluşturma, veri uygulamalarının kural tabanlı ve istatistiksel olarak eğitilmiş çerçevelerine veya bunların olası bir kombinasyonuna bağlıdır (Bellegarda 2013). Bu durum, bir yanıt önyargılıysa bunun nedeninin ya bir diyalog-durum sisteminin tasarımında ya da eğitim için kullanılan verilerde aranmasını mümkün kılar.

Kişisel Asistanlarda Oluşturulan Yanıtların Posthüman Yorumu

Tablo 1, kişisel asistanların "tanrıya inanıyor musun" ("do you believe in god") sorusuna verdiği cevapları göstermektedir. Böyle bir sorunun cevabının doğal dil işleme açısından net olamayacağından (Jurafsky ve Martin 25. Bölüm) hareketle yanıtların önceden programlandığını varsaymanın makul olduğunu düşünüyorum. "Cennete inanıyor musun" (do you believe in heaven") gibi diğer sorulara aynı şekilde yanıt verilmesi de bu çıkarımı desteklemektedir.[6] Buna göre, programcılar, inanç veya fikirlerle ilgili bazı sorulara yanıt üretilmesi için kurallar tanımlamaktadır. Bu kuralların programcının din anlayışına veya şirket politika-

---

[6] Kişisel asistanlar, sorduğum soruların çoğuna genel yanıtlar verirken, Google Asistan ve Alexa, "meleklere inanıyor musun" (do you believe in angels) sorusuna özel yanıtlar verdi. Bunun nedeni, bu ürünlerin ABD'de tasarlanması ve meleklerin birçok Amerikalı için önemli olması olabilir (CBS News).

larına ne ölçüde bağlı olduğu açık olmasa da ilk bulgu, araştırılan yapay zekâ destekli kişisel asistanların tamamının tanrıya inançla ilgili bir soruyu yanıtlamak için birbirinden farklı şekilde programlanmış olduğudur. Ayrıca, bazı yanıtlar esprili, bazıları ise resmidir.

Tablo 1. "Tanrıya inanıyor musun" sorusuna verilen yanıtlar

Siri	Google Asistan	Alexa	Cortana
Ben insan değilim. Dinim yok.	Dini hâlâ öğreniyorum ama senin için bir araştırma yapabilirim. Ne bilmek istiyorsun?	İnsanların hepsinin din konusunda kendi görüşleri var.	Benim gibi yapay zekâ modelleri maneviyatı deneyimleyemez.
İnsanların dini var. Benimse sadece silikonum var.	Din karmaşık olabilir ama bunu internette birlikte öğrenelim. Ne bilmek istiyorsun?		İnandığımı sanmıyorum.
Dinim yok.			

Bu çerçevede, Siri'nin yanıtlarında dinsel-seküler ikiliğinden kaçamadığı görülmektedir. Söz konusu yanıtlar, insanların deneyimlediği dinsel dünya ile dinden muaf olduğu düşünülen silikon dünya ayrımına dayanmaktadır. Ancak teknoloji tutkunu ilahiyatı veya dijital ilahiyat kavramlarını kullanan analizlerin gösterdiği gibi, "seküler" tasarımcılar ve mühendisler için ayrı bir alanın var olduğu varsayımı güçlü bir ampirik temele sahip değildir. Çoğu durumda, bu *Homo Faber*'ler algılarını bilinçli ve bilinçsizce yapım süreçlerine dahil eder ve silikonlaşmış algılar yoluyla hayata yeniden bağlanırlar.

Üstelik Siri, Google Asistan ve Alexa, tanrı inancı ile ilgili bir soruyu din kavramıyla cevaplayarak Budizm gibi tanrısız dinleri göz ardı etmektedir. Bununla birlikte, böyle bir önyargı, Müslümanları terörizmle ilişkilendiren önyargıların neden olduğu kadar büyük bir soruna neden olmayabilir (Rudinger vd. 77). Dolayısıyla, buradaki birincil çıkarımım, inanç önyargısının, din ve tanrı hakkındaki genel görüşlerin hümanist, ikici ve insan merkezli eğilimlerini yansıttığıdır.

Google Asistan ve Alexa dinsel açıdan tarafsız görünürken Cortana posthüman, postseküler bir tasarım vizyonuna daha yakın durmaktadır. Google Asistan, sorulan soruya nesnel bir yanıt vermekte ve kullanıcıyı araştırmaya yönlendirmeye çalışmaktadır. Benzer şekilde, Alexa liberal bir pozisyon almaktadır. Cortana ise bilinemezci (agnostic) bir yanıt vermektedir. Cortana ayrıca, gelecekte bu tür teknolojilerin manevi deneyimine olanak sağlayabilecek yapay zekâ alanındaki gelişmeler için kapıyı açık bırakmaktadır.

Son olarak, yapay zekânın geleceğinde manevi deneyim ve özerk karar verme arasındaki bağlantıya bakmak iyi olabilir. Cortana, kendi türünün "maneviyatı deneyimleyemeyeceğini" söylemektedir. Bu cevabın arkasındaki sebep, karar verme süreçlerinin otomatik olduğu varsayımıdır. Halbuki 2017'de yapılan bir araştırma, insan kararlarının neredeyse yüzde 99'unun bilinçsiz olduğunu göstermektedir (Daws 2017). Diğer bir deyişle, çoğu insan kararı, yapay zekâ teknolojilerini hatırlatır şekilde otomatiktir. Cortana'nın otomatik bir karar alma sisteminin maneviyatı deneyimleyemeyeceği iddiasını kabul edersek insanların da maneviyatı deneyimleyemeyeceğini kabul etmemiz gerekebilir. Bu önermeyi reddedersek o zaman yapay zekânın geleceğinde manevi deneyim ile özerk karar verme arasındaki bağlantı için alternatif bir açıklama bulmalıyız.

Sonuç

Bu çalışmada, yapay zekâ destekli kişisel asistanların inançla ilgili sorular için programlanmasının hümanist, ikici ve insan merkezli dünya görüşleri tarafından şekillendirilen dünya görüşünü yansıtan bilgiye taraf olacak biçimde önyargılı olabileceğini gösteren bir ön analiz sundum. Sosyo-teknik anlamda, inanç önyargısı Leah Fessler'in kişisel asistanları cinsel taciz bağlamında test ederken belirttiklerinden çok farklı değil. Ürün tasarım süreçleri toplumsal cinsiyete dair önyargılardan olduğu kadar inanç önyargılarından da etkilenmektedir. İnanç önyargısı bu aşamada uygarlıkları tehdit etmese de bunun dile getirilmesi din araştırmaları için olduğu kadar yapay zekâ etiği için de bazı sonuçlar ortaya koymaktadır.

Bu çalışmada gösterdiğim gibi, din ve yapay zekâ arasındaki etkileşimler Singler'in üç varsayımını ("An Introduction to Artificial Intelligence and Religion" 215-16) desteklemekte ve listeye dördüncü bir varsayımın eklenebileceğini ima etmektedir. Bu dördüncü varsayım, din ve teknoloji hakkındaki hümanist, insan merkezli ve ikici görüşlerin yapay zekâ tabanlı ürünlerin gelişimini potansiyel olarak etkilediğini söylemektedir. Bu nedenle, bu çalışmada, posthümanizmin bu ürünlerdeki önyargıları tespit etmek ve alternatif etik tasarımlar inşa edebilmek için değerli bir çerçeve sağladığını gösterdim.

Yukarıda tartışılan bulgular, birbiriyle ilişkili iki boyuttan yorumlanabilir: Teknik ve sosyal boyutlar. Teknik sorunların mühendislik çözümleriyle azaltılabileceği açıktır. Yani, yanıt oluşturma kurallarını değiştirerek herhangi bir önyargı arındırılabilir (Baeza-Yates 2018). Ancak sosyo-teknolojik sistemlerle ilgili etik kaygılar, güncellenmiş bir sosyal ontolojiye dayanan daha geniş bir çözüm seti ile ele alınmalıdır. Bu nedenle, bu çalışmada, insanötesi bilimlerin (posthumanities) insan-teknoloji etkileşimiyle ilgili etik kaygıları yeniden incelemek için sunduğu potansiyeli göstermeye çalıştım.

Sonuç olarak, kişisel asistanların gelecekte inanç önyargılarına karşı daha duyarlı hale gelmesi muhtemeldir. Bununla birlikte, yeni ticari ürünler, yeni önyargı riskleri ve özellikle din ve sekülerliğin dışlayıcı anlayışlarından etkilenen yeni inanç önyargıları ortaya çıkarabilir. Posthüman, postseküler din çalışmaları, bu çerçevede, teknolojiyi incelemek ve sonuçta etik hale getirmek için bazı yollar sunabilir.

Kaynakça

Ambrosino, Brandon. *What Would It Mean for AI to Have a Soul?* 17 Haz. 2018. *www.bbc.com*, https://www.bbc.com/future/article/20180615-can-artificial-intelligence-have-a-soul-and-religion.

Ames, Morgan G. ve diğerleri. "Worship, Faith, and Evangelism: Religion as an Ideological Lens for Engineering Worlds." *Proceedings of the 18th ACM Conference on Computer Supported Cooperative Work & Social Computing - CSCW '15*, ACM Press, 2015, ss. 69–81, https://doi.org/ 10.1145/2675133.2675282.

"Asilomar AI Principles." *Future of Life Institute*, 2017, https://futureoflife.org/ai-principles/.

Aupers, Stef. "The Revenge of the Machines: On Modernity, Digital Technology and Animism." *Asian Journal of Social Science*, cilt 30, no 2, Haz. 2002, ss. 199–220, doi:https://doi.org/10.1163/156853102320405816.

Baeza-Yates, Ricardo. "Bias on the Web." *Communications of the ACM*, cilt 61, no 6, Mayıs 2018, ss. 54–61. *Crossref*, doi:10.1145/3209581.

Bellegarda, Jerome R. "Natural Language Technology in Mobile Devices: Two Grounding Frameworks." *Mobile Speech and Advanced Natural Language Solutions*, ed. Amy Neustein and Judith A. Markowitz, Springer, 2013, ss. 181–96. *Crossref*, doi:10.1007/978-1-4614-6018-3.

Benjamin, Ruha. *Race After Technology: Abolitionist Tools for the New Jim Code*. 1 baskı, Polity, 2019.

Berardi, Franco "Bifo." *Futurability: The Age of Impotence and the Horizon of Possibility*. Verso, 2017.

Bostrom, Nick. *Superintelligence: Paths, Dangers, Strategies*. First edition, Oxford University Press, 2014.

Braidotti, Rosi. *Posthuman Knowledge* E-kitap ed. Polity Press, 2019.

CBS News. *Poll: Nearly 8 in 10 Americans Believe in Angels*. 23 Aralık 2011. *www.cbsnews.com*, https://www.cbsnews.com/news/poll-nearly-8-in-10-americans-believe-in-angels/.

Chalmers, David J. "The Singularity: A Philosophical Analysis." *Science Fiction and Philosophy*, ed. Susan Schneider, John Wiley & Sons, Inc, 2016, ss. 171–228. *Crossref*, doi:10.1002/9781118922590.ch16.

Copeland, B. Jack. *Artificial Intelligence: A Philosophical Introduction*. Wiley-Blackwell, 1993.

Dahlan, Hadi Akbar. "Future Interaction between Man and Robots from Islamic Perspective." *International Journal of Islamic Thought*, cilt 13, no 1, 2018, doi:https://doi.org/10.24035/ ijit. 06.2018.005.

Danaher, John. "Toward an Ethics of AI Assistants: An Initial Framework." *Philosophy & Technology*, cilt 31, no 4, Aralık 2018, ss. 629–53. *Crossref*, doi:10.1007/s13347-018-0317-3.

Daws, Ryan. "Research: AI Mimics the Human Brain's Subconscious." *AI News*, 5 Aralık 2017. *artificialintelligence-news.com*, https://artificialintelligence-news.com/2017/12/05/research-ai-human-brains-subconscious/.

Dennett, Daniel C. "Consciousness in Human and Robot Minds." *Cognition, Computation, and Consciousness*, ed. Masao Ito ve diğerleri, Oxford University Press, 1997, ss. 17–30.

Dignum, Virginia. *Responsible Artificial Intelligence: How to Develop and Use AI in a Responsible Way*. Springer International Publishing, 2019. *Crossref*, doi:10.1007/978-3-030-30371-6.

Dubber, Markus D. ve diğerleri., ed. *The Oxford Handbook of Ethics of AI*. Oxford University Press, Forthcoming.

DuBose, Todd. "Homo Religiosus." *Encyclopedia of Psychology and Religion*, ed. David A. Leeming, Springer US, 2014, ss. 827–30. *Springer Link*, doi:10.1007/978-1-4614-6086-2_308.

Ellul, Jacques. *The Technological Society*. Çev. John Wilkinson, Vintage Books, 1964.

"Ethics of Artificial Intelligence." *European Commission - European Commission*, 2018. *ec.europa.eu*, https://ec.europa.eu/info/news/ethics-artificial-intelligence-statement-ege-released-2018-apr-24_en.

Ferrando, Francesca. *Philosophical Posthumanism*. Bloomsbury Academic, 2019.
Fessler, Leah. "We Tested Bots like Siri and Alexa to See Who Would Stand up to Sexual Harassment." *Quartz*, 22 Şubat 2017. *qz.com*, https://qz.com/911681/we-tested-apples-siri-amazon-echos-alexa-microsofts-cortana-and-googles-google-home-to-see-which-personal-assistant-bots-stand-up-for-themselves-in-the-face-of-sexual-harassment/.
Floridi, Luciano ve Josh Cowls. "A Unified Framework of Five Principles for AI in Society." *Harvard Data Science Review*, no 1.1, Haziran 2019. *Crossref*, doi:10.1162/99608f92.8cd550d1.
Foerst, Anne. "Cog, a Humanoid Robot, and the Question of the Image of God." *Zygon®*, cilt 33, no 1, Mart 1998, ss. 91–111. *Crossref*, doi:10.1111/0591-2385.1291998129.
Geraci, Robert M. *Apocalyptic AI: Visions of Heaven in Robotics, Artificial Intelligence, and Virtual Reality*. Oxford University Press, 2010.
Geraci, Robert M. ve Simon Robinson. "Introduction to the Symposium On Artificial Intelligence and Apocalypticism." *Zygon®*, cilt 54, no 1, Mart 2019, ss. 149–55. *Crossref*, doi:10.1111/zygo.12489.
Gottlieb, Roger S. *A Greener Faith: Religious Environmentalism and Our Planet's Future*. Oxford University Press, 2006.
Graham, Elaine. "Manifestations of the Posthuman in the Postsecular Imagination." *Perfecting Human Futures, Technikzukünfte, Wissenschaft Und Gesellschaft / Futures of Technology, Science and Society*, ed. J. Benjamin Hurlbut ve Hava Tirosh-Samuelson, Springer Fachmedien Wiesbaden, 2016, ss. 51-. *Crossref*, doi:10.1007/978-3-658-11044-4.
---."Religion." *Critical Posthumanism Network*, 24 Mayıs 2016. *criticalposthumanism.net*, http://criticalposthumanism.net/religion.
Guo, Ting. "Dao of the Go: Contextualizing 'Spirituality,' 'Intelligence,' and the Human Self." *Implicit Religion*, cilt 20, no 3, Şubat 2018, ss. 233–44. *Crossref*, doi:10.1558/imre.35893.
Harris, Mark. "Inside Artificial Intelligence's First Church." *WIRED*, 15 Kasım 2017, https://www.wired.com/story/anthony-levandowski-artificial-intelligence-religion/.
Heidegger, Martin. "The Question Concerning Technology." *Martin Heidgger: Basic Writings*, ed. David Farell Krell, Harper ve Row, 1977, ss. 287–317.
Horkheimer, Max ve Theodor W. Adorno. *Dialectic of Enlightenment*. Çev. Edmund Jephcott, Stanford University Press, 2002.
Jadeja, Mahipal ve Neelanshi Varia. "Perspectives for Evaluating Conversational AI." *ArXiv: 1709.04734 [Cs]*, 2017. *arXiv.org*, http://arxiv.org/abs/1709.04734.
Jurafsky, Dan ve James H. Martin. *Speech and Language Processing*. Third edition draft, 2019, https://web.stanford.edu/~jurafsky/slp3/.
Kelly, Kevin. "Nerd Theology." *Technology in Society*, cilt 21, 1999, ss. 387–92.
Krippendorff, Klaus. *Content Analysis: An Introduction to Its Methodology*. Fourth Edition, SAGE Publications, 2018.
Kurzweil, Ray. *The Singularity Is Near: When Humans Transcend Biology*. Viking, 2005.
Madras, David ve diğerleri. "Fairness Through Causal Awareness: Learning Latent-Variable Models for Biased Data." *ACM Conference on Fairness, Accountability, and Transparency (ACM FAT*) 2019*, 2018, http://arxiv.org/abs/1809.02519.
Marcuse, Herbert. *One Dimensional Man: Studies in the Ideology of Advanced Industrial Society*. Beacon Press, 1966.
Mayring, Philipp. "Qualitative Content Analysis." *A Companion to Qualitative Research*, ed. Uwe Flick ve diğerleri, SAGE, 2004, ss. 266–69.
"Montreal Declaration." *Montreal Declaration - Responsible AI*, 2017. *www.montrealdeclaration-responsibleai.com*, https://www.montrealdeclaration-responsibleai.com/the-declaration.
Myers West, Sarah ve diğerleri. "Discriminating Systems: Gender, Race and Power in AI." *AI Now Institute*, Nisan. 2019, https://ainowinstitute.org/discriminatingsystems.html.
Neustein, Amy ve Judith A. Markowitz, ed. *Natural Language Technology in Mobile Devices: Two Grounding Frameworks*. Springer, 2013. *Crossref*, doi:10.1007/978-1-4614-6018-3.

Noble, Safiya Umoja. *Algorithms of Oppression: How Search Engines Reinforce Racism*. NYU Press, 2018.

Olteanu, Alexandra ve diğerleri. "Social Data: Biases, Methodological Pitfalls, and Ethical Boundaries." *Frontiers in Big Data*, cilt 2, Temmuz 2019. *Crossref*, doi:10.3389/fdata.2019.00013.

Rudinger, Rachel ve diğerleri. "Social Bias in Elicited Natural Language Inferences." *Proceedings of the First ACL Workshop on Ethics in Natural Language Processing*, Association for Computational Linguistics, 2017, ss. 74–79. *Crossref*, doi:10.18653/v1/W17-1609.

Serban, Iulian V. ve diğerleri. "Building End-To-End Dialogue Systems Using Generative Hierarchical Neural Network Models." *ArXiv:1507.04808 [Cs]*, Apr. 2016. *arXiv.org*, http://arxiv.org/abs/1507.04808.

Singler, Beth. "An Introduction to Artificial Intelligence and Religion For the Religious Studies Scholar." *Implicit Religion*, cilt 20, no 3, Şubat 2018, ss. 215–31. *Crossref*, doi:10.1558/imre.35901.

---. "Roko's Basilisk or Pascal's? Thinking of Singularity Thought Experiments as Implicit Religion." *Implicit Religion*, cilt 20, no 3, Şubat 2018, ss. 279–97. *Crossref*, doi:10.1558/imre.35900.

Statista Research Department. "Number of Voice Assistants in Use Worldwide 2019-2023." *Statista*, 19 Feb. 2020. *www.statista.com*, https://www.statista.com/statistics/973815/world wide-digital-voice-assistant-in-use/.

Steinhart, Eric. "Digital Theology: Is the Resurrection Virtual?" *A Philosophical Exploration of New and Alternative Religious Movements*, ed. Morgan Luck, Ashgate, 2012, ss. 133–52.

Taylor, Bron. *Dark Green Religion: Nature Spirituality and the Planetary Future*. University of California Press, 2010.

Tirosh-Samuelson, Hava. "Transhumanism As a Secularist Faith." *Zygon®*, cilt 47, no 4, Aralık 2012, ss. 710–34. *Crossref*, doi:10.1111/j.1467-9744.2012.01288.x.

Yudkowsky, Eliezer. *Creating Friendly AI 1.0: The Analysis and Design of Benevolent Goal Architectures*. The Singularity Institute, 2001.

BÖLÜM 11

POSTHÜMANİZM/TRANSHÜMANİZM ÇERÇEVESİNDE YAPAY ZEKÂYLA DESTEKLENMİŞ ÇEVRECİ VE İKLİM DOSTU ENERJİ KAVRAMINA YAKLAŞIM

Selman Çağman

Giriş

Yaşamakta olduğumuz dünyada, nüfus artışı, teknolojik gelişmeler ve sınırlı doğal kaynakların tüketilmesi sebebiyle küresel ısınma, iklim değişikliği, sıcaklıkların artması, tarım arazilerindeki verim düşüklüğü gibi küresel ölçekli çevresel sorunlar ortaya çıkmıştır. Teknolojinin de ilerlemesi teknolojide kullanılan kaynak ve enerji tüketimi talebini hızlandırmış, bu talep insanın yaşadığı dünyadaki sınırlı kaynakların hızlı tüketilmesi problemini ve çevresel sorunları beraberinde getirmiştir. Teknoloji, sadece hızla artış gösteren çevresel sorunlara sebebiyet vermemiş aynı zamanda da insanı kendisine bağımlı hale getirmiştir. Teknolojinin insan hayatının vazgeçilmez bir parçası haline gelmesi, konfor için daha fazla teknoloji bağımlısı haline dönüşen ve bunun sonucu olarak da değişen insan için farklı yaklaşımlar ve söylemler; posthümanizm ve transhümanizm (hümanizm'den evrilerek) ortaya çıkmıştır. Posthüman/insan sonrası dönem olarak adlandırılan bu dönemde teknolojik gelişmelerin gölgesinde, insan-teknoloji-makine (robot) arasındaki bağ hiç olmadığı kadar yakınlaşmıştır. Posthüman çerçevede "[i]nsanlar, çeşitli yaşam biçimleri tarafından oluşturulan melez (hybrid) varlıklardır ve artık diğer yaşam biçimlerinden ayrı olarak ifade edilemezler. Ancak sosyal, kültürel, ekolojik ve politik güler içinde insan ve insan olamayan varlıklar içten-etkimeli olarak ifade edilmektedir" (Kümbet 2020b 70).

Bu sebeple, teknolojinin gelişimi neticesinde insan nasıl pozisyonlanacak, teknoloji insanın doğasına nasıl etki edecek gibi bazı sorular da hem posthümanistlerin hem de transhümanistlerin zihinlerini meşgul etmeye başlamıştır. Transhümanizm ve posthümanizm kavramları genellikle birbiri yerine kullanılan, birbirlerinin konularını kapsayıcı kuramlar olsa da iki kavram birbirleriyle karıştırılmamalıdır. En temelinde, "posthümanizm, ekosistemimizdeki karşılıklı bağlantıların güçlendirilmesi üzerine kuruludur, transhümanizm diğerlerinden farklılıkları geliştirmeye odaklanmıştır ve insana ayrıcalık tanımaktadır. Başka bir deyişle, posthümanizm, tüm varlıklar arasında eşitliğin genişletilmesiyle ilgilenir ve bunların içten etkimelerine (intra-action) aşırı vurgu yapar, ancak insana farklı bir varlık olarak odaklanan transhümanizm, teknolojik ilerlemeyi yalnızca insanlığın gelişimi için benimser" (Kümbet 2020a 40).

İlk defa 1957 yılında Sir Julian Huxley tarafından transhümanizm şu şekilde tanımlanmıştır: "İnsan türü isterse kendini aşabilir—sadece ara sıra da değil, bir şekilde burada bir birey, orada bir birey başka bir şekilde, ama bütünlüğü içinde, insanlık olarak. Bunun için bu yeni inanışa bir isme ihtiyacımız var. Belki de transhümanizm hizmet edecek: İnsan insan olarak kalacaktır ama kendi doğası ve kendi için yeni olasılıkları gerçekleştirerek kendini aşacaktır" (76). Julian Huxley'in yanı sıra transhümanizmin fikirlerin gelişmesine katkı sağlayanlar ve ilk transhümanist temsilciler arasında ayrıca Hans Moravec, Fereidoun M. Esfandiary, Eric Drexler, Ray Kruzweil ve Nick Bostrom da vardır. Nick Bostrom'un, "özellikle yaşlanmayı ortadan kaldırmak ve insanın entellektüel, fiziksel ve psikolojik kapasitelerini büyük ölçüde geliştirmek için uygulamalı akıl yoluyla teknolojiyi kullanarak, insanlık durumunun temelden iyileştirilmesi olasılığını ve arzusunu onaylayan entellektüel ve kültürel hareket" (4) olarak tanımladığı transhümanizm insan doğasını değiştirme amacındadır. Transhümanizm temelde üç hedef üzerinde kurgulanmaktadır. Bunlar sağlık açısından kaliteli bir yaşam, daha uzun yaşam süresi ve daha zeki bir insan arayışıdır. İnsan zaman içerisinde ateşi, tekerleği ve bunu takip eden icatlarla evrilmiş olduğundan halihazırda transhüman kabul edilebilmektedir. Ancak insanın yaşadığı evrimleşme o kadar hızlı oldu ki, yapay zekâ, insan zekâsının önüne geçti. Yapay zekâya sahip insanlar ya da biyolojik özelliklere sahip yapay zekâlı robotlar, transhümanizmin üç hedefine ulaştığının kanıtıdır.

Sözgelimi transhümanizm literatüründe önde gelen bir kuramcı olan Max More'un kapsamlı çalışmasında sadece hastalıklardan kurtulmak, ömrün uzaması ve acıların azaltılması çerçevesinde bir yaşamın anlamından bahsedilmektedir. Sibernetik profesörü olan Kevin Warwick de aynı şekilde derisinin altına çip yerleştirerek bir siborg olarak yaşamanın ne olduğunu anlamaya çalışmıştır. İmplant teknolojisinin insan vücudunun sınırlamalarını aşmacağını ve iletişimi artıracağını ileri sürmektedir. Warwick, bu savıyla artan biyoteknoloji ve tıpta protez kullanımının normal olarak algılanan vücutların çoğalmasına vurgu yapmaktadır. Bu uygulamaları kabul edenlere uzun yaşam mümkün olurken kabul etmeyenler için söz konusu olmayacaktır. Bu anlamda, Cary Wolfe tarafından "yoğunlaştırılmış hümanizm" (xv) ("intensification of humanism") olarak da tabir edilen transhümanizm, insanları belli teknolojilerle optimize edebilen farklı bir tür olarak görür.

Posthümanizm ise Paramod K. Nayar'ın belirttiği gibi insanlık açısından hem bir ontolojik durum hem de izlenebilir iki boyutu olan bir insan tahayyülü anlamına gelen bir terimdir (2014). Posthümanizm, insanın güçlendirilmesi, biyo-teknolojinin hızlı gelişimine istinaden insan bedeninin mükemmelleştirilmesi, insanın daha zeki kılınması, onun hasta olma eğiliminin azaltılması, ömrünün uzatılması ve belki dünyadaki ölümünün bitirilmesi anlamlarını içeren transhümanizm kavramına dayanarak gündeme gelmiştir. İki kavramın ortak noktası robotik teknolojinin insan yaşamına kattığı yeni olanaklarla birleşmektedir.

Posthümanizm kavramının tarihçesine bakıldığında literatürdeki genel kabule göre tarihte onu ilk defa Mısırlı edebiyat eleştirmeni Ihab Hassan'ın telaffuz ettiği görülmektedir. Hassan, postmodern sanat üzerine düzenlenmiş 1976 tarihli bir kongrede sunduğu bir bildiriye dayanarak yazdığı ve 1977'de yayınlanmış "Bir Sanatçı Olarak Prometheus: Posthümanist Bir Kültüre Doğru" ("Prometheus as a Performer: Towards a Posthumanist Culture" 1977) makalesinde günümüzdeki terimsel anlamıyla posthümanizmi anlatmaktadır. O, "müphem yeni sözcük" hakkında konuşmakta ve şunları dile getirmektedir:

> Bizim ilkin–insanın hayranlığı ve onun bütün dışsal temsillerini içerecek şekilde–insan formunun radikal bir seviyede değişebileceğini ve bu nedenle onun mutlaka revize edilmesinin gerekeceğini anlamaya ihtiyacımız vardır. Hümanizm kendini bizim çaresizce posthümanizm demek zorunda kalacağımız bir şeye dönüştürüyor olduğu için beş yüz yıllık hümanizmin sona geldiğini anlamaya gereksinim duymaktayız. (843)

Bu makalesinde Hassan:

> muğlak bir figür olarak ilahi varlıkların iradesine karşı, insanlığa teknoloji ve ateş sanatını sunarak ilahi ve insan arasındaki düalistik uçurumu kapatan efsanevi Prometheus figürüne atıfta bulunur. Prometheus, insanlığa önemli ölçüde yardım ederek, insan ve insan olmayanın (ilahilik), insan ile teknolojinin, bilim ve kültürün birliğini arar, bu da posthümanizmin ortaya çıkışıyla büyük ölçüde eş anlamlıdır. (Kümbet 2020a 40)

Hassan'a göre, insanın biyolojik doğası aynı kalacaktır, ama onun kendine dair kavrayışında değişiklikler olacaktır. Özellikle de teknolojinin insan yaşamına entegre olmasının ardından insanlığın kendine ilişkin yeni bir kavrayışa evrileceğini ifade etmektedir.

Sonuçta, yaşam konforunu hiç olmadığı kadar artıran ve zamanı insanın kendi kullanımına harcamasına olanak sağlayan birçok teknolojik yenilik hayatımıza girmiştir. Yeniliklerin sebep olduğu değişiklik tamamıyla olumlu ya da olumsuz olarak değerlendirilemez. Burada aslında görüş farklılıklarının da olması kabul edilebilir. Teknolojinin insan-robot ayrımının kalmayacak bir noktaya doğru gidiyor olması, yapay zekânın insanın da önüne hatta yerine geçebilecek olması dikkat çekicidir. Diğer taraftan artan nüfus, kısıtlı olan doğal kaynak ve rezervler, gündelik hayat ve teknolojik gelişmeler için ihtiyaç olunan enerji (elektrik, buhar vb.) miktarı da sürekli artış eğilimdedir. Enerjinin üretimi, enerjinin yenilebilir kaynaklardan üretimi ve enerjinin daha verimli kullanılması açısından bakıldığında ise yapay zekâ, insanlığa bu konuda yardımcı olmaktadır.

Bu çalışmada, daha iyi ya da daha rahat bir yaşam hevesinde olan insanın yeni dünya tasarımı sırasında karşısına çıkan zorlukları bir mühendis değerlendirmesi ve transhüman ve/ya da posthüman bakışıyla, yapay zekânın durumu, mühendislik uygulamalarında yapay zekânın önemi ve enerjiyle ilişkisi gibi konular incelenecektir.

Teknolojinin Posthümanizm ve Transhümanizmle İlişkisi

İnsan, çeşitli organ ve uzuvlardan oluşan bir bedeni olan ve o beden içerisinde tüm kontrolü sağlayan beyin (vücuda giren enerjinin ¼'ünün tüketir) ve ruhtan ibaret kompleks bir yapıdır. İnsanın tanımladığımız bu biyolojik yapısının değişimi yani bedensel değişimi teknoloji sayesinde mümkün olabilmektedir. Transhümanizm'in ana yaklaşımlarından birisi de teknoloji sayesinde insan kapasitesinin artırılmasıdır. Aslında transhümanizmin nihai varış noktası da insanüstü yaşam, insanüstü zekâ, sağlık, hastalıklara karşı geliştirilen çare ve dolayısıyla daha kaliteli bir yaşam vaat etmesi ve hatta ölümsüzlüğe kadar gidebilecek fikri aşılamasıdır.

Teknoloji, "doğa" ile "kültür" arasındaki sınırların aşılması veya aşınması olarak [...] [ve] insanlar ve çevreleri arasında bir "aracılık" süreci" olarak hareket ederek posthüman paradigmasında çok önemli bir role sahiptir (Herbrechter, *Posthumanism* 21). Dominique Lecourt da "post insanlık teknoloji sürecinin kaçınılmazca gelip dayandığı noktadan ibarettir" der (Lecourt, *kitap arka kapağından alıntı*). Teknolojinin ulaştırdığı noktada, bazı bilimler (biyoloji, genetik, nanoteknoloji vb.) insanı değiştirmeye, geleneksel halinden daha iyi yapmaya çalışmış ve başarmıştır. Böylece insanın sonunun yani biyolojik bedenin ölmesinin ertelenmesi hatta ötelenmesi planlanmaktadır. Ancak bu hedef diğer taraftan, geliştirilen yapay zekâ uygulamaları, makine ve robotların gelmiş oldukları evrede her alanda varoluşları (imalat, tıp, ulaşım vb.) insanın sonunun kendi ürettiği yapay zekâ tarafından olabileceği ihtimalini de akıllara getirmektedir.

Bu çalışmada, posthümanist ve tranhümanist kuram çerçevesinde, yapay zekânın günümüz dünyasında çevre dostu enerji sistemlerine olan katkısı ve özellikle yapay zekânın enerji uygulamalarında güncel kullanımına değinilmiştir. Post-hümanizm ve transhümanizm kuramlarının tükenmekte olan enerji kaynaklarıyla ilişkisi ve yapay zekânın çevre dostu enerji (fosil ve yenilenebilir) kaynaklarının artırılması uygulamaları örnekleriyle açıklanması amaçlanmaktadır.

Posthüman, nanoteknoloji, genetik bilimi ve robot bilimi alanlarının birleşimiyle insanın teknolojik olarak değiştirilmesi hali olarak da açıklanmaktadır. İnsanın sonu kavramıyla anlatılmak istenen, kimilerince gerçekten teknolojik ilerlemeler sonucunda yaratılmış robot ve yapay zekâ türleri tarafından insanın sonunun getirileceğidir. Kimileri ise bu kavramla, bilinen geleneksel anlamda insan anlayışının sonunu nitelemektedir. Yeni teknolojilerden faydalanarak insanötesi varlık tasarısı yeni insan bedenleri ile bir tür yazgı oluşturma çabası içindedir [...] Bu bedenler, yeniden tasarlanabilir, yeni teknolojilerle iyileştirilebilir, zenginleştirilebilir, çok işlevsel veya fonksiyonlu hale getirilebilir ve bu bedenlere dair politik söylemlerden arındırılmış yeni bedenler yaratılabilir (Yanar 208-9).

Geleceğin endişe yaratmasına neden olan önemli unsurlardan biri genetik alanında yapılan çalışmalar ve henüz yapılmamış; ancak ihtimali yüksek görülen doğa dışı ya da doğal olmayan uygulamalardır. Bunlardan birkaçı genetik programlama ve canlı kopyalama uygulamalarıdır. Karamsar yaklaşımlar bu tip uygulamaları insan doğasının değiştirilmesi sebebiyle tehlikeli bulurken, diğer kutup ise insan bedeninin biyolojik halinin çeşitli şekillerde geliştirilmesinde bir sakınca görmemektedir.

İnsanın teknolojik uygulamalarla geliştirilmesini savunan transhümanistler, insan sınırlarını aşması, hatta bedensel değil ama zihinsel bir ölümsüzlüğün mümkün olabileceği ile ilgili ifadelere sıklıkla değinmektedirler. Dolayısıyla bu yaklaşımda olan transhümanistler, teknoloji alanındaki birtakım yenilikçi uygulamaları, insanın evrimsel sürecinde başarılı bir basamak olarak tanımlamaktadırlar.

Diğer taraftan Posthüman/İnsan sonrası sürecini başlatan aslında teknolojik gelişmeler olmuştur. Bu bağlamda insanlık kendi eliyle teknolojik gelişmeleri gün yüzüne çıkardıkça aslında kendi eksikliklerini de keşfetmiştir. Fiziksel hizmetimizi yapan bedenimiz, teknolojik gelişimlerin neticesi olarak yıpranan ya da iş görmez hale gelen fiziksel kısımların tamiri, ya da muadili ile değişimi şeklinde bir bedenlerin makineleşmesi sürecine evrilmiştir. Hayles'ın söylediği gibi "posthüman, yalnızca akıllı makinelerle bir eşleşmeyi değil, aynı zamanda biyolojik organizma ile organizmanın iç içe geçtiği bilgi devreleri arasında anlamlı bir ayrım yapmanın artık mümkün olmadığı kadar yoğun ve çok yönlü bir eşleşmeyi ifade eder" (35). Diz eklemlerinde meydana gelen yıpranma sonucu bozulan eklem yüzeylerinin yerlerine suni, titanyum veya kobalt-krom metal alaşımından diz protezi uygulaması, çürüyen dişin yerine titanyumdan yapılan implant ile yeni diş yapılması vb. uygulamalar artık günümüz dünyasında normalleşen tıbbi müdahaleler olarak kabul görmektedir. Bu normalleşme süreci insan bedenine olan bakışı da değiştirmiştir. David Le Breton'a göre "beden her parçası ayrı ayrı tedarik edilebilen bir ürün gibi parçalanır, ufalanır. Parçalarının yerine yenileri konulabilen modüler bir yapıya dönüşür ve dünyadaki varlığını düzeltmek isteyen teknikçi bir ütopya arayış içinde de eğilip bükülür" (*Bedene Veda* 11-12).

Bu bakış açısı bedene yap-boz gibi modüler bir lego gibi yaklaşıp, eskiyen ya da yıpranan parçanın yenisi ve daha sağlamı ile değişimini öngörmektedir. Fiziksel bedenin bir kıyafet gibi değiştirilmesi yaklaşımı, insan bedenini birçok disiplinin bir araya geldiği bir mühendislik konusu ve çalışma alanı haline çevirmiştir. Konuya ilgili olarak biyomedikal, malzeme, bilgisayar, yazılım ve makine gibi farklı mühendislik disiplinleriyle tıp dünyası birlikte çalışmalar yapmaktadırlar.

21.yüzyılda mühendislik-tıp ilişkisi daha yakın çalışan bir alan haline gelmiştir. Çünkü geçmişte teknolojik bir robotun ya da makinenin tamamen mekanik bir görüntüsü varken artık günümüz robotları her geçen gün biraz daha insana benzemeye başlamıştır. Bunun yanında dış görünüşleri, anlama ve kavrama yetenekleri ve hatta duygu gibi insani birtakım özellikleri de barındırabiliyorlar. "Bu durum geçmişte bir robotun yapımında kullanılan mekanik öğelere, şimdi-lerde canlı hücrelerin eklenmesi gibi bir örnekle somutlaştırılabilir" (Le Breton, *Bedene Veda* 208-209).

İnsan hayatını kolaylaştıran yenilikler ve gelişmeler ışığında insan, artık günlük hayatının büyük bir kısmını masa başında ve az aktiviteyle geçirmektedir. İhtiyacı olan bedensel aktiviteden uzak bir insan hali söz konusudur. Eski insana göre günlük hayattaki ihtiyaçları değişmiş, tüketime ve enerjiye bağımlı hale gelmiş bir insan söz konusudur. Paul Virilio bu insan tipini şehir insanının oturan insana dönüşümü tespitiyle açıklamaktadır (Le Breton 17).

Posthümanizm/Transhümanizm Çerçevesinde Yapay Zekâyla Desteklenmiş Çevreci ve İklim Dostu Enerji Kavramına Yaklaşım

Hassan'dan sonra Donna Haraway 1985 yılında yayınladığı "Bir Siborg Manifestosu" ("A Cyborg Manifesto") adlı çığır açıcı makalesinde siborg metaforunu Batı düşünce geleneğinde bulunan ikilemleri sorunlaştırmaya göndermede bulunmaktadır. Çünkü Batı geleneğinde ısrarla sürdürülmüş olan zihin/beden, hayvan/insan, organizma/makine, kültür/doğa ve erkek/kadın gibi ikilemler, insanların canlılıklarının makinelerle ilişkiye girmesinden sonra ironik bir şekilde, Batılı logostan hareketle ancak "nasıl insan olunamadığını" öğrenmeyi temin etmektedir (Haraway 161).

Haraway, insanı, daha önce sosyal bilimcilerin neredeyse hiç yapmadığı kadar, bedenli bir özne olarak tarif etmektedir. Bedenli bir özne olan insanı tarihin, sınıfın, toplumsal cinsiyetin bağlamıyla işaretli bir şey olarak görmeyi önermektedir. Bedenin değişen bir şey olduğunun da altını çizerek, onun teknoloji ile biçimlenen geleceği üzerine kafa yormuştur. Bedeni bir yandan yaşadığımız ileri teknoloji çağına/toplumuna/kültürüne, özgü ilişkiler ağına yerleştirmiştir. Öte yandan, bu ilişkiler ağının içinde bedenin çözülmüş, başka türlerle müşterekleşmiş, parçalarına ayrılmış ve farklı katmanlara yayılmış olduğunu göstermiştir. Bu da birçok kapsamlı, çeşitli (diverse), çoklu cinsiyetlerin doğuşunun veya cinsiyet ötesi dönüşümünün kadın erkek gibi ikili cinsiyet savaşının sona erdiğini ancak genetik fantaziden öte tekno-biyo bilimsel olasılıklar ile genetik realizme (Buran 255), yeni bir cinsiyet ve hatta beden ötesi bir döneme işaret etmektedir.

İnsanın daha rahat hayat sürmesi kılıfı altında günlük hayatına entegre edilen cep telefonları, e-postalar ve internet aslında insanı teknoloji bağımlısı bireylere ve hatta siborg haline dönüştürmüştür. Siborg, sibernetik organizmanın kısaltılması olup yarı insan yarı robot varlıkları tanımlamaktadır. Böyle bir yaklaşımın sonucu olan organ nakli, kalp pili, protezler, implantlar ve fazlası dikkate alındığında ise artık bedenimizde biyolojik bütünlüğün korunamadığı ifade edilebilir. İnsanın günlük hayatını devam ettirebilmesi için örneğin bir yerden bir yere seyahat için otomobili, iletişim için telefonu, bilgi için bilgisayarı hayatının bir parçası haline getirmiştir. Ancak tüm bu araç ve gereçler için enerjiye mutlaka ihtiyaç duymaktadır. Diğer bir durum tespiti ise modernleşen ve gelişen teknoloji ile birlikte insan ve robot/mekanik daha da yakınlaşmış ve hatta etkileşime girmiştir. Bu etkileşim aynı zamanda posthüman çağın net bir kilometre taşıdır. Bu posthüman süreç, insan-makine ya da yapay-doğal ayrımlarını da kaldırmıştır. Bazı yazarlar, Rosi Braidotti, Katherine N. Hayles ve Donna Haraway gibi bu gelinen noktayı pozitif hatta memnuniyetle karşılamaktadır. Bu bakış açısıyla Haraway cinsiyetin, doğuşun ve belki de nihai yok oluşun yeni bir dünya olabilirliği noktasında kendini ütopik gelenek dahilinde gördüğünü ifade eder (Haraway 4). Ancak bu duruma karşı olan ve hatta bunu insan canına kastedecek kadar ciddiye alanlar da olmuştur. Örneğin Theodore Kaczynski, 1978-1995 yılları arasında ABD'de çoğu gen bilimi, bilgisayar mühendisliği gibi alanlarda uğraş veren yaklaşık yirmi üç bilim insanını yaralayan, üç bilim insanını da öldüren bombalı saldırılara imza atmıştır. On altı yaşında Harvard Üniversitesi'ne kabul edilen sonra Berkeley Üniversitesi'nde akademisyenlik yapan bir matematikçi iken sonraki yıllarda, şehir yaşamından uzaklaşmış, elektrik ve suyun olmadığı, toprağı ekip biçerek ve ormanda avlanarak sürdürdüğü bir yaşam modeline geçmiştir. Çünkü modern teknolojiyi, "insan türü için bir felaket" olarak görür ve yaşamını da teknik ve teknoloji karşıtı olarak konumlandırır (Lecourt 111-112).

Yakın geçmişteki karşıt fikirler ışığında günümüzdeki uygulamalara bakılacak olursa teknolojinin insan hayatını olumsuz etkilediği gerçeğini destekleyen uygulamaların varlığı olayın ciddiyetini göstermektedir. Çin'in vatandaşlar arasında oluşturduğu puanlama sistemi, düşük puana sahip kişilerin bir yıl gibi bir süre uçak ya da tren bileti alamaması gibi uygulamalar *Kara Ayna* (*Black Mirror* 2018) dizi senaryosunu gerçek kılmış oluyor. Dolayısıyla bu benzerlikler konuyu bilim kurgunun hayali perspektifinden alıp gerçek bir zemine taşımış oluyor.

İnsan'ın Geleceği: Yapay Zekâ

"Dünya üzerinde besin piramidinin en tepesinde yer alan insan, beslenmek için hayvanları tüketirken, acaba aynı şekilde daha üstün robotlarla kaynaşmış insan türleri veya yapay zekâlar da biyolojik insanı yok edebilir mi" (Joy 14)? Gelecekteki evrede artık sorulan sorulardan bir tanesi de budur. Bu soruya zemin hazırlayan ise yapay zekânın geldiği gelişmişlik seviyesidir. Zira 1997 yılında dünya satranç şampiyonu Garry Kasparov, yalnızca on dokuz hamle sonrası bir yapay zekâ programı olan "Deep Blue" ("Derin Mavi") ya yenilmişti. Üç dakikada iki yüz milyondan fazla hamle ihtimalini tahmin edebilen yapay zekâ yapabilecekleriyle ilgili insanları oldukça etkilemişti (Lecourt 57).

Deep Blue, Kasparov'un söylemine göre salt hesaplamaların ötesinde, insanüstü bir hissiyat ve sezgi ile oynamıştır. İkinci karşılaşmanın çok kritik bir anında Deep Blue tam on beş dakika düşünerek Kasparov'un kurduğu tuzağa düşmekten kurtulmuş, daha sonrasında karşı atağa geçerek Kasparov'u tekrar yenmiştir. Sanki insanvari hislerini kullanarak tuzağı sezen Deep Blue için daha sonra Kasparov "Deep Blue o kadar derini görebiliyor ki" diyerek ona "Tanrı" yakıştırmasını dahi yapmıştır. İnsanın yarattığı bir yazılımın, insanı yenmesi insanlık için belki de bir kırılma noktasıydı. Satranç oyunu ile içinde yaşadığımız dünya arasında benzerlik kurarsak, bu durum gelecekte insan yapımı yapay zekânın dünya üzerindeki hayat oyununu bizden iyi oynaması anlamına gelebilir (Balkan 43).

Yapay zekâ, Deep Blue'da olduğu gibi sadece satranç oynamak üzerine kurgulanan bir ürün olmayıp insan hayatının her alanına dokunan bir teknolojinin son durağı haline evrilmiştir. Yaşadığımız Dünya tıpkı atmosfer gibi çeşitli frekanstaki elektromanyetik dalgaların çevrelediği bir görünmez tabaka ile çevrilidir. Cep telefonu sinyalleri, Wi-Fi ağları ve sürekli olarak online olma arzusu sonucu bu dalgalarla ve sinyallerle yaşamaktayız. Hiç olmadığı kadar beynimiz ve bedenimiz teknoloji bağımlısı olmuşken o sanal dünyada her geçen gün daha fazla zaman geçiren yalnız, bireyselleşen bireylere dönüştük. Sanal evren ya da yapay dünya olarak tanımlanan ve merak uyandıran sanal hikâyelere sahip bundan ötürü içinde olanı merak ederiz ve bu bizi içine hapsetmektedir. Sanal evren aslında yapay zekânın çeşitli ürünlerinin olduğu bir platformdur.

O ya da bu sebeple yapay zekâ ve teknolojinin gelişmişliği karşısında insanın düştüğü durumu açıklamak için transhümanizm ve posthümanizm kavramlarına ihtiyaç vardır. Çünkü insan bu kavramlar öncesindeki bilinen insan değildir artık. Transhümanizmin hedef olarak koyduğu, gelecekteki insan prototipine posthüman denilmektedir. İnsandan bu posthümana gidilmesi gerektiğini iddia eden transhümanizm, teknolojinin neredeyse koşulsuz kabulü ve erken dönem uygulanması, bedenin yetersizliklerinin farkındalığı gibi karakteristik özelliklere sahiptir. Transhümanizme göre birçok toplumsal sorun örneğin verimsizlik, fakirlik, hastalıklar vb. gelişmiş teknoloji sayesinde ortadan kalkacaktır. Yapay zekâ bu hizmet uğruna insanın günlük faaliyetlerini planlayarak, satın alma alışkanlıklarını yönlendirmekten dinlenme zamanı planlamaya kadar her şeyi insan için düşünerek çözüm önerileri sunarak insana hizmet etmektedir. İngiliz matematikçi, bilgisayar bilimcisi ve kriptolog, bilgisayar biliminin kurucusu Alan Turing yapay zekâyı şu sözlerle ifade eder: "Model olarak insan zekâsına sahip olan, ancak kendi otonomisine sahip ve belki de insan modelini geride bırakıp onun yerini alabilmeye muktedir makine"[1] (2022).

Yapay zekâ alanında yaşanan gelişmeler robotların insanın yerini alacağı endişelerine neden olurken, transhümanizm hareketi ile birlikte geleceğin, robot-insan karışımı olan siborglar da olduğu düşünülüyor. Siborgun ise geleceği, insan ve makine ayrımının silindiği bir ufka doğru uzanmaktadır. Bu ufukta insanı bir tür olarak üstün gören, insanların bazılarını da diğerlerinden üstün gören, hiyerarşik insan merkezci düşünme biçimi dağılmaktadır. İnsan merkezci düşünce yerine, düşünen robotlar ve hatta robot-insan karışımı olan siborglar geleceği öngörülmektedir. Teknolojik gelişmelerin hızına yetişmenin mümkün olmadığı günümüz dünyasında, aslında her şeye rağmen robotlar, siborglar vb. insanın ve insanlığın kendi eliyle üretmiş olduğu ürünlerdir. İnsanın kendi ürettiği üründen korkar hale gelmesi ise aslında insanın teknolojik yenilikleri kullanma merakından ötürüdür.

Theodore Kaczynski sanayi toplumuna karşı manifestosunun ana teması, "günümüz bireyinin acımasız bir sistemin hizmetine girdiği, modern teknolojinin herkesin yaşamını kontrol etmeden ve düzen altına almadan gelişemeyeceğidir" (112). Theodore'ye göre "teknolojinin toplum üzerinde bu kadar etkili olmasını ise "Teknik bir yenilik bir kere ortaya çıktı mı insanlar genelde ona bağımlı hale gelirler, yani daha gelişmiş bir yenilik onun yerini alıncaya kadar bir daha asla onsuz olamazlar" (112) diyerek açıklamaktadır. Theodore'nin bu tespiti etrafımızdaki birçok insan için ve hatta kendimiz için de geçerli olduğunu kabul etmemiz gerekiyor. İnsanlık büyük oranda teknoloji bağımlısı haline gelmiştir. Yapay zekâ artık insan ve insan hayatı ile iç içe bir durumdadır ve neredeyse insanın yapay zekâdan uzak kalması imkânsız bir hal almıştır.

Yapay Zekâ Nedir?

Peki yapay zekâ nedir? Yapay zekânın değişik tanımları mevcuttur ancak, yapılabilecek her tanımın aşağıda belirtilen dört temel tanım grubundan birine uyması

---

[1] Bkz. http://www.alanturing.net.

beklenmektedir:

> İnsan gibi düşünen sistemler
>
> İnsan gibi davranan sistemler
>
> Rasyonel (akılcı) düşünen sistemler
>
> Rasyonel davranan sistemler. (Russell ve Norvig 25)

Yapay zekânın bu denli gelişimi, aslında insanın hızlı tüketme alışkanlığından kaynaklanmıştır. Öyle ki imalat sektöründe artık hız vazgeçilmez bir unsurdur. Bir fabrikanın bir güne sığdırdığı üretim âdeti o fabrikanın verimli çalışıp çalışmadığının bir ölçütü kabul edilmektedir. Bu hıza ayak uydurmak için Just-In-Time[2] gibi çeşitli üretim metotları geliştirilmiştir. Ancak hızlı üretimin yanında kalite de önemlidir. İşletmeler artık insandan robotlu üretime geçerken tedarikten sevkiyata kadar olan tüm süreçlerini dijital yazılımlara emanet etmişlerdir. Yazılıma sahadan bilgi aktarımı yapan sensörler, aktarım için kullanılan internet altyapısı, bilgi ağları ve dataların depolandığı serverlar sayesinde yapay zekâ uygulamaları, bir işletmeyi kusursuz yapmak için hiç durmadan çalışmaktadır. Kusursuzluk aslında Amerika'lılar tarafından ilk ortaya atılan sonra Japon'ların günümüz seviyesine taşıdıkları kalite kavramına dayanmaktadır. Japon'lara göre kalite, müşteri talebini tam karşılayan bir ürünü en ekonomik yolla üreten sistem olarak nitelendirilmektedir. Global pazardaki sert rekabetle baş edebilmek için firmalar, kaliteyi tüm süreçlerine entegre ederek kaliteyi yönetme metodunu benimsemişlerdir. Bu nedenle işletmeler üretimlerini iyileştirmek için Endüstri 4.0'ı benimsemişlerdir. Bu kavram aslında 4. Sanayi devrimi olarak da nitelendirilebilir. Endüstri 4.0 "nesnelerin interneti" ("internet of things"), internetin hizmetleri ve siber-fiziksel sistemler vasıtasıyla fabrikaların daha akıllı sistemlere sahip olmasını teşvik eder. Endüstri 4.0 üretim yapan işletme içerisinde tüm verilerin toplanması ve analiz edilmesiyle, kalite ve verimin artırtılması için yeni bir iş modeli sunmaktadır. Bu iş modelinde üretim mekânları dijitalleşmiş ve üretim metodolojisi akıllı hale gelmiştir.

Endüstri 4.0'ın hayatımıza getirdiği yeniliklere bakılacak olursa örneğin; daha yüksek üretkenlik ve kalite, kaynakların verimli kullanımı, üretim girdilerinin düşürülmesi, üretimin optimum şekilde planlanması vb., her işletmenin sahip olmak isteyeceği bir yaklaşım olarak görülebilir. İnsanın kontrol ettiği bir sistem yerine yapay zekânın tüm sürece hâkim olduğu üretimi daha verimli hale getiren ve maliyetleri azaltan bir sistemde elbette kulağa hoş gelmektedir. Ancak bu kavram aynı zamanda insan işgücünü internet, akıllı sistemler ve sanal bir dünya ile adeta takas etmektedir. İnsana ihtiyaç duymayan yapay zekâ yönetimindeki otonom sistem, hatasız üretim ve kalite parametreleri söz konusu olduğunda, bir yatırımcı açısından cazip gelebilir ancak artan nüfusla birlikte yeni iş alanlarının açılması yerine mevcut istihdamın azalması, insanoğlunun karşılaştığı bir ikilemdir. Bu çerçeveden, yapay zekâyı, insanın kendi eliyle ürettiği ve kendisinin yerini

---

[2] Bu kelime, istenilen özelliklerdeki bir ürünü istenilen zamanda istenilen miktarda üretmek anlamına gelir.

alan bir teknolojik ürün olarak da nitelemek mümkündür.

Yapay zekâ; bilgisayar sistemiyle oluşturulan robotların tıpkı bir insan gibi düşünmesini ve onun gibi hareket etmesini sağlamak amacıyla oluşturulmuş bir teknolojidir. Genel hatlarıyla yapay zekânın günümüzde kullanıldığı dört önemli alan vardır. Bunlar; ses tanıma ve sesi tanıma, görüntü işleme, doğal dil işleme ve anlama yetenekleridir. Ses tanıma kavramı için verilebilecek en iyi örnekler Siri, Now, Echo, Cortana gibi yapay zekâ uygulamalarıdır. Çekilen fotoğrafların pikseller şeklinde saklanabilmesi, CCTV (kapalı devre televizyon sistemi), MOBESE, IP kameralar ve son olarak otonom sürücüsüz araçlar ise görüntü işleme uygulamalarıdır. İnternet sayfalarının arama geçmişini size sunabilmesi, daha önce ziyaret ettiğiniz sitelerden yola çıkarak size beğenebileceğiniz içerikteki siteleri önermesi ve internette arama yaparken yanlış yazılan kelimenin düzeltilmesi, dil işleme ile ilgili olarak yapay zekânın algoritmasına örnek olarak sayılabilir.

Son 20 yılda, biyoteknoloji, malzeme bilimi, bilgi teknolojileri, elektronik, nanoteknoloji ve robot bilimindeki teknolojik yenilikler, bilim kurgu filmlerindeki bazı fikirleri hayata geçirebilecek düzeye gelmiştir. Biyomühendislik ürünü dokular ve yapay organlar, beyin-bilgisayar veya beyin-makine etkileşimi ve gen düzenleme, insan türünde büyük değişiklikleri vaat etmektedir (Karamanou vd. 677). Tüm bu değişikliklerin gerçeklemesinde yapay zekâ başroldedir.

Yapay Zekânın Olumsuz Yanları

Günümüz dünyasında insanın işini kolaylaştıran birçok uygulama yapay zekâ ürünüdür. Örneğin, araçlara entegre edilen yorgunluk uyarı sistemi, sürüş asistan uygulamaları, evlerdeki ısıtma, soğutma sistemlerinin kontrolü, cep telefonları, laptoplar, akıllı ev süpürgeleri, insansız hava araçları vb. koruyucu ve önleyici sağlık, tanı ve teşhis, karar destek, tedavi, araştırma ve ilaç geliştirilmesinde de yapay zekâ ürünleri aktif olarak kullanılmaktadır.

Yapay zekânın farkı, insan beyninin uzun zamanda işleyebileceği bir veriyi, girdi-çıktı dengesini kurarak daha kısa sürede analiz edip sonuca ulaşabilmesidir. Tüm bunların yanında yapay zekânın sınırlandığı alanlarda elbette mevcuttur. Girdi ve çıktıların mutlak belli olduğu bir durumu analiz ederek bir karara ulaşmak yapay zekâ için mümkün olabilir ancak bir duruşmada hâkim rolünü yapay zekânın alabilmesi yani muhakeme yeteneğine sahip olması yapay zekâ için bir zorluk olarak görülebilir.

İnsanın kendi bilgi ve becerisiyle ortaya çıkardığı bu teknoloji, zaman içerisinde insana rakip ya da düşman olabilir mi? Bu soru, yapay zekânın günlük hayatımızı dâhil olduğu şu zaman diliminde merak ediliyor. ALS (Amyotrofik Lateral Skleroz) hastalığı olan dahi fizikçi Stephen Hawking, 2 Aralık 2014 tarihinde BBC Teknoloji Muhabiri Rory Cellan-Jones ile yaptığı söyleşisinde, yapay zekâ teknolojisi aracılığıyla konuşabiliyorken bu duruma rağmen Hawking, yapay zekâ-nın insana göre çok güçlü olduğunu savunmuştur ve yapay zekâ insanlığın sonunun olabileceğine vurgu yapmıştır. "Yapay zekâ, kendisini geliştirmeyi sürdürebilir ve hatta kendisini yeniden biçimlendirebilir. Son derece yavaş bir biyolojik evrimle sınırlı olan insanlar, bu tür bir güçle yarışamaz"[3] (2014). Ünlü fizikçi, ayrıca yapay zekânın faydalarının yanı sıra çok güçlü otonom silahlar ya da baskı kurmada yeni yöntemler geliştirmek gibi tehlikeleri olabileceğini belirtmiştir.

Yaşanan gelişmeler bilim kurgu filmlerindeki insana karşı robot veya yapay zekâ senaryolarının gerçekleşebilme ihtimalini zihinlerde sıcak tutmaktadır. İnsanın zaman içerisindeki hümanist, posthüman, transhüman geçişleri artık bundan sonra robotların veya yapay zekânın çağıyla son bulabilir sorusu akıllarda yerini almıştır. Zira yapay zekâyı yani robotları insanlar geliştirmektedir. İnsanlar onlara hangi özellikleri kodlarsa onlar da ona göre hareket etmektedirler. İpek Sucu'nun belirttiği gibi "[z]eki makinalar yaratmak, insanlık tarihinin en büyük başarısı olabilir. Ancak bu başarı, aynı zamanda sonuncu da olabilir" (214).

Posthumanizm ve Çevre

"Antroposen" ("Antropocene") terimi Fransız kimyager Paul Crutzen tarafından 2000 yılında ortaya atılmış bir kavramdır. İnsan toplumlarının üretim, tüketim ve yaşam tarzları ile birlikte dünyaya olan etkilerinin en üst seviyeye çıkması ile gezegenin girdiği yeni jeolojik çağa verilen tanımdır. Son iki yüzyıl boyunca insan faaliyetlerinin küresel etkilerinin açıkça görüldüğü gerekçesiyle Crutzen tarafından bu çağın başlangıcı (Sanayi Devrimi, 1784 yılında James Watt'ın buhar motorunun icadı ile birlikte) 18. yüzyılın ikinci yarısı olarak önerilmiştir (Turhan 35).

Tüketen bir varlık olan insan gelişmişlik seviyesi arttıkça çevreye daha çok zarar verir hale gelmiştir. İlk başlarda doğa bu olumsuz etkiyi tolere edebiliyorken, nüfus artışı, teknolojinin gelişimi ve özellikle sanayi devrimi sonrasında bu geri döndürülemez bir durum almıştır. Tarıma elverişli toprakların azalması, ormanlık alanların tahrip edilmesi, fabrika bacalarından salınan emisyonların ve atıksu arıtma tesislerinden deşarj edilen suların çevreyi kirletmesi insanın kendi eliyle yaşadığı Dünya'yı tahrip ettiğinin göstergeleridir. Tam bu noktada posthümanizm, insanın olumsuz etkilediği çevresine ve yaptıklarına dikkat çekerek farkındalık sağlamayı ve durumun değişmesi gerektiğine vurgu yapmaktadır.

Teknoloji gerek insan gerekse de yaşadığı dünya açısından tehlikeli bir hal almaya başlamıştır. Zira artık çıkabilecek bir savaşın nükleer savaş olacağı bunun ise topyekûn insanlığın yıkımı olabileceği olgusu tehlikenin vardığı boyutu ortaya koymaktadır. Bununla beraber ekolojik yıkım, küresel ısınma gibi doğanın dengesinin bozulması tahlil edildiğinde yine bu teknolojik hakimiyetin ve onun yansımaları görülecektir. İnsan da bu noktada, kendisini de bu sorunların ortasında bulacaktır (Dağ 49).

Çevreci Enerji Uygulamalarında Yapay Zekânın Rolü

Çevresel sorunlar, enerji üretiminin daha çevreci ve enerji tüketiminin daha verimli olmasına doğru bir yönelime sebebiyet vermiştir. Kömür, doğal gaz ve

---

[3] Bkz. https://www.bbc.com/news/av/technology-30299992

petrol gibi tükenir fosil kaynaklarından elde edilen enerji üretiminin yanında rüzgar, güneş, su, jeotermal ve biyokütle gibi yenilebilir enerji kaynakları da enerji üretiminde kullanılmaktadır. Yenilenebilir enerji, kaynak sorunu olmadığı için fosil yakıtlı enerji üretim süreçlerine göre daha sürdürülebilirdir. Emisyon Salınımları da fosil yakıtlara göre çok daha iyidir. Bu özelliği nedeniyle yenilenebilir enerji çevreye en az zarar vererek enerji üretimine ve çevresel sürdürülebilirliğe olanak sağlamaktadır. Çevresel sürdürülebilirlik, şimdiki ve gelecek nesillerin kaynak ve hizmet ihtiyaçlarının ekosistemlerin sağlığından ödün vermeden karşılanması olarak tanımlanmaktadır (Morelli 2). Bu kavram içerisinde düşük çevresel etkili ulaşım, sürdürülebilir tarım, enerji kullanımı, yenilenebilir enerjinin desteklenmesi, kirlilik ve atık yönetimi, atık azaltımı, geri dönüşüm, yeniden kullanım, onarım, çevreye duyarlı malzeme kullanımı gibi alt başlıklar mevcuttur (Callicott ve Mumford 34).

Endüstri 4.0 kavramıyla birlikte yenilenebilir enerji teknolojilerinin enerji üretimindeki payı artarken yaygınlaşan bu yenilenebilir kaynakların verimlilik seviyeleri de tüketici beklentisini karşılar bir düzeye erişmiştir. Yenilenebilir kaynakların popülaritesinin arkasında da yine yapay zekâ uygulamaları vardır. Enerji üreten tesisler için enerjinin üretimi, dağıtımı, işletim, bakım ve onarım programlaması gibi süreçleri yapay zekâ uygulamaları kolaylaştırmıştır. Ayrıca üretim yapan fabrikalarda yapay zekânın yönettiği robotlar da çalışanların yerine tercih edilmektedir. Ancak yapay zekânın insanın yerini alıp almayacağı konusunda sorunsallıklar yaşanmaktadır. Teknoloji bizi alt mı ediyor, yerimize geçebilir mi gibi sorular, biz ve onlar ikiliğini besleyen bir kuşkuculuğu da beraberinde getirir. Posthümanizm insanmerkeziyetçiliğine dayanan bu anlayışı yıkmak için uğraşır ve insanı evrende en üstün, değişmez, ayrıcalıklı varlık olarak görmez. İnsanın başka türler ya da makineler tarafında ele geçirilip yok edileceğini de söylemez. Tam tersine, insanın diğer türler, canlılar ve şeylerle bir arada yaşamı savunur. Posthümanizm düşüncesinde öncül rol oynayan isimlerden Katherine Hayles'ın *Nasıl Posthüman Olduk* (*How We Became Posthuman* 1999) kitabında posthüman'ı insanlığın sonu olarak değil, daha ziyade, "belirli bir tür insanlığın" sonunun gelmesi olarak ele almaktadır. Kendini "her şeyin ölçüsü" olarak görülen insanlığın sonu gelmiştir.

Haraway'e göre ise posthüman birleşme hayvan-insan ve makine arasındadır. Yapay zekânın geldiği nokta ve ilerleyişi, makine ile zihin ve beden arasındaki bütünleşmeyi de beraberinde getirmektedir (Haraway 9-10). Haraway bu bütünleşmeye bedenle beraber zihni de dâhil etmiştir. İnsan vücuduna takılan protez ve implant teknolojilerinden bahsetmemektedir. Zihin ile bütünleşme bu örneklerin çok daha ötesindedir. Organizmanın yerini biyotik bileşenin, emeğin yerini robot bilimin, zihnin yerini yapay zekânın almasıdır (Haraway 31).

Yapay zekânın kullanımı örneğin, Güneş Enerji Sistemlerinde (GES) fotovoltaik hücrelere güneş ışıkları dik geldiğine üretim miktarı maksimum oluyor. Bunu sağlayabilmek için sabit güneş panelleri yerine güneş ışıklarını takip edebilen hareketli paneller kullanılmaktadır. Verim artışı ve fazla enerji üretimi sağlayan bu sistem güneş takip (solar tracker) sistemidir. Panellerin hareketini sağlayan yapay zekâ uygulamasıdır. Aynı uygulama, şiddetli rüzgar çıktığında türbin kanatlarını rüzgardan en az etkilenecek konumda sabitleyerek olası hasarlara karşı da korumaktadır.

Üretim yapan işletmelerde bir ürün başına tüketilen enerji miktarına Spesifik Enerji Tüketimi denir. Bu parametre o işletmenin enerjiyi verimli tüketip tüketmediğinin bir göstergesidir. Bunu azaltmak adına enerji izleme sistemi kurulabilir ve fabrika genelinde tüketilen enerji anlık olarak izlenebilir. Burada enerji izleme ile kastedilen hangi ekipman ya da ünitede ne kadar enerji tüketimi (elektrik, buhar, basınçlı hava, sıcak su, kızgın yağ vb.) yapıldığıdır.

Enerjiyi izleme amacı ile Wi-Fi cihazlarını kullanarak tesisteki enerji tüketimi hakkında bilgi sahibi olmak için nesnelerin interneti (IOT) ve yapay zekâ birlikte kullanılmaktadır. Binanın ya da fabrikanın tüm enerji tüketiminin haritalandırılması sayesinde, operatörler en fazla enerji tüketiminin nerede olduğunu kolayca belirleyebiliyor. Toplanan veriler sayesinde geçmişteki tüketim alışkanlıkları belirlenip mevcut enerji tüketimi ile karşılaştırma yapmak mümkün olmaktadır. Bu sistemler gelecek yıllardaki üretim planlama aşaması için de kolaylık sağlamaktadır.

Enerji üretim şirketleri için talep değişikliklerini, sistem aşırı yüklemelerini ve olası elektrik kesintilerini iyi planlamaları, müşteri memnuniyeti açısından önemlidir. Bu tahminlerden herhangi bir sapma, enerji sektörü için yüksek maliyete katlanmak anlamına gelmektedir. Yapay zekâ, arz-talep dengesini, pik noktaları ve muhtemel kesinti senaryolarını önceden kurgulayabildiği için enerji üretim firmalarının güvenilirliğini arttıracak ve daha verimli bir çalışma ortamı sunacaktır.

Diğer taraftan yapay zekâ uygulamasına daha spesifik bir örnek Artesis Kestirimci Bakım ve Enerji Verimliliği Sistemi'dir.[4] Bu cihaz sayesinde işletmeler çalışan ekipmanlarında çıkabilecek arızaları uyarı sistemi sayesinde erkenden fark edip, gerekli kestirimci müdahaleyi yaparak o ekipmanın ya da hattın durmadan çalışmasına olanak sağlamaktadır. Cihaz kendi içerisinde bir yapay zekâ algoritmasına sahip binlerce arıza çıkarmış makinenin bilgilerine sahip büyük bir kütüphane gibidir. İlk defa bağlandığı bir ekipmandaki arızaları önce algılayıp sonra kütüphanesindeki bilgilerle karşılaştırarak bir algoritma düzeni oluşturup, öğrenme, geliştirme ve izleme basamakları sonucunda kullanıcısına test ettiği ekipmana ait arıza bilgilerini raporlayabilmektedir. Bu yapay zekâlı cihaz, üretkenlik artışı, elektrik enerjisi tasarrufu, bakım ve operasyonel giderlerde azalma ve ekipman ömrünün uzaması gibi işletmeye ciddi destek sağlamaktadır.

Yenilenebilir enerjinin en büyük zorluklarından birisi depolamadır. Elektrik üretimi sabit değildir, çevresel faktörlere bağlıdır. Yani rüzgar uygun şiddet ve yönden estiğinde veya güneş ışığı belirli yoğunluk/özel açıda düştüğünde optimum elektrik üretilebilir. Bu nedenle elektriğin kullanımdan fazla elde edilebildiği günlerde depolanması şarttır. 2009 yılında kurulan San Francisco merkezli bir şirket olan

---

[4] Bkz. https://www.artesis.com/tr/

Stem, enerji kullanımının zamanlamasını optimize etmek için yapay zekâ ve enerji depolamanın gücünü birleştirerek Athena'yı yarattı. Athena, depolamayı sağlayan pilleri iyileştirmek için yapay zekâ kullanır. Sahadaki enerji talebini ve şebekedeki enerji miktarını doğru bir şekilde tahmin edebilir. Ne kadar enerji dağıtılacağını veya depolanacağını belirlerken sürekli olarak ekonomik hesaplamalar yapar. Bu hesaplamalarla pazardaki karmaşıklığı anlar ve müşteriler için en yüksek ekonomik değeri sağlar.

Küresel ısınmanın en büyük sebeplerinden birisi yüksek enerji tüketimi olmuştur. Enerji verimli teknolojiler sayesinde enerji tüketimini önemli ölçüde azalmıştır. Enerjinin verimli tüketimi içinde yapay zekâ uygulamaları kullanılmaktadır. Özellikle sanayide ve binalarda enerji tüketimin noktalarının takip edilmesi, fazla tüketim tespit edilen alanlarda iyileştirme yapılmasına olanak sağlayacaktır. Enerji tüketim bilgileri çeşitli ölçüm noktalarına yerleştirilen akıllı cihazlarla bir veri bankasında toplanır. Bu veriler yapay zekâ algoritması tarafından incelenir. İnceleme neticesinde fabrika için üretim miktarı, bina içinse konfor şartları değiştirilmeden enerji verimlilik projeleri belirlenir. İyileştirme sonucunda enerji tüketimi verimi hale getirilir (Anastasios 2010).

Elektrik üretim ve tüketimin dengeli olması ve planlaması zor bir durumdur. Özellikle yenilenebilir enerji kaynaklarının hava koşullarına göre değişen üretim miktarını kestirmek ve ihtiyaç analizini de yaparak bir planlama yapmak gereklidir. Yapay zekâ tüm bunları yaparak sistemin işleyişi regüle etmektedir. Ancak tüm bunları yaparken yapay zekânın kendisi de enerji tüketmektedir. Enerji verimli bir yapay zekâ tasarımı gündemdedir. Zira yenilenebilir enerji yerine fosil yakıtlı enerji üretimi yapan sistemlerde kullanılan yapay zekâ uygulamalarının hem tüketimleri hem de çevresel etkileri daha fazladır. Enerji verimli bir yapay zekâ sistemi geliştirerek yapay zekânın enerji maliyeti ve çevreye etkisi düşürülebilir.

Verilen bu örneklerde yapay zekâ, verilen girdileri işleyip, karar verme sürecinden hızlıca geçirdikten sonra hem karbon salınımı hem de enerjinin daha verimli tüketilmesi için sürdürülebilir öneriler sunmaktadır. Ancak üretim yapılan bir işletmede girdi kalemleri arasında en büyük paya sahip olan enerjiye verilen değer, işgücü ve hammaddeye göre daha azdır. Fabrikalar sadece ürettikleri ürün miktarlarına odaklanmaya devam ettikleri sürece bu durum değişmeyecektir. Ancak enerji verimliliğinin farkına varan işletmelerde ise durum farklıdır. Onlar yapay zekâ uygulamalarının da faydasını gördükçe daha iyi ve yeni uygulamalara yönelmektedirler. Diğer taraftan yapay zekâ alanındaki yetişmiş insan gücünün azlığı ve yapılacak hatanın maliyetinin çok büyük olması da firmaların, enerji planlamalarını yapay zekâ uygulamalarına bırakmalarına bir engeldir.

Sonuç

Enerjinin maliyeti her geçen gün artış göstermektedir. Özellikle enerjide dışa bağımlı olan Türkiye'de yakıt fiyatlarının küresel artışı ülkemizi de olumsuz etkilemektedir. Enerji de iyileştirme için alt yapının uygun olması, ölçülebilir ve şeffaf bir sistem olması önemlidir. Konuyu ölçemediğin parametreyi yönetemezsin yaklaşımını ele alıp öncelikle altyapısal yani fiziksel durumu değiştirmek sonra yapay zekâ uygulamalarını entegre etmek şeklinde bir yol haritası izlemek gerekmektedir. Artan endüstrileşme sebebiyle sera gazı emisyonlarına en büyük katkıyı sürekli artan enerji tüketimi yapmaktadır. Enerji sektöründeki iyileştirmeler çevreye direkt olumlu etki yapacaktır.

Yapay zekâ, yeni bir devrin kapısını aralamakla birlikte, yeni fırsatlar ve yeni tehditleri içinde barındırıyor. Çözüm ise yapay zekâ ile desteklenmiş iklim dostu ve şeffaf bir enerji sisteminin tasarlanmasından geçiyor. Dünya, insan ve teknoloji gelişiminden önce daha yaşanabilir bir yer iken, insanın sebep olduğu bu yıkım sebebiyle yaşam çevresi artık eskisi gibi değildir. Posthümanizm bu yıkımın başrolü olan insana bir tepkidir aslında. Diğer taraftan posthümanizm, insanın kendi eliyle yaşadığı gezegenin sonunu getirmekte oluşuna bir tepkiyken, transhümanizm ise teknolojik araçlar vasıtasıyla, insanın zekâsı, fiziksel gücü ve beş duyusunun geliştirilmesi anlamına gelmektedir. Transhüman insanın evrimindeki geçiş aşamalarından biri olarak tanımlanır. Transhümanizm, mevcut insanın evrimsel olarak gelişmeye muhtaç olduğunu iddia eder. İnsani kapasitelerin hem bedensel hem zihinsel olarak artırılması ve geliştirilmesi gerektiğini düşünür. Posthümanizm'in insanın güçlendirilmesi, biyo-teknolojik gelişmeler sonucu insan bedeninin mükemmelleştirilmesi, insanın zekâsının artması, hastalıklardan kurtulması, ömrünün uzatılması ve belki dünyadaki ölümünün bitirilmesi anlamlarını içeren transhümanizm kavramına dayanarak gündeme gelmiş ve meşruiyetini ondan almıştır. Bu yönüyle iki kavram da teknolojik gelişmelere bağlanmaktadır.

Yapay zekâ uygulamalarının kullanımı enerjinin daha az tüketimi ve bunun sonucu çevresel problemlerin daha az görülmesini mümkün olabilir. Çevresel problemler ve iklim krizi ile mücadele de gelişmiş ve yenilikçi çözümlere başvurulmaktadır. Bunun için insan faaliyetlerinden kaynaklanan enerji yoğunluğunu azaltmak için alışkanlıkların değişmesi gerekmektedir. Tam bu noktada yapay zekâ uygulamaları, insanın enerji, su ve toprak kullanım miktarını azaltmasına destek olabilir. İnsan, mevcuttaki kaynakların dengeli kullanımı ve uzun yıllardır kirlettiği çevresine daha duyarlı yaklaşım için yapay zekâyı kullanmaktadır. Gelinen nokta insanlık açısından yeni bir dönüşüm olarak ele alınmaktadır. Bu dönüşüm insanın evrimindeki geçiş aşamalarından biri olarak tanımlanır, mevcut insanın evrimsel olarak gelişmeye muhtaç olduğunu iddia eder.

Kaynakça

Balkan Gökhan. *Posthuman; Bedenin Toplumsal İnşasının Sonu Bio-Konstrüktif Sanat*. Işık Üniversitesi, Sosyal Bilimler Enstitüsü, Resim Ana Sanat Dalı Resim Yüksek Lisans Programı, 2015.
Breton, David Le. *Bedene Veda*. Çev. Kılıç, Aziz Ufuk, Sel Yayıncılık, 2014.
Buran, Sumeyra. "Violence against Women in Science: The Future of Gender and Science in Gwyneth Jones's *Life*." *Critique: Studies in Contemporary Fiction*, cilt 62, sayı 3, 2021, ss. 253-268, DOI: 10.1080/00111619.2020.1803195
Dağ, Umut. "Heidegger'de Teknoloji Bağlamında İnsanın Yersiz Yurtsuzluğu Problemi." *Beytulhikme An International Journal of Philosophy*, cilt 2, sayı 2, Aralık 2012, ss. 35-51.

Dounis, Anastasios I. "Artificial Intelligence for Energy Conservation in Buildings." *Advances in Building Energy Research*, cilt 4, no 1, 2010, ss. 267–299, doi:10.3763/aber.2009.0408.

Haraway, Donna. "Siborg Manifesto." Çev. Osman Akınhay, Agora Kitaplığı, İstanbul, 2006.

Hassan, Ihab. "Prometheus as Performer: Toward a Posthumanist Culture?" *The Georgia Review*, cilt 31, no 4, 1977, ss. 830–850, doi:10.3726/978-3-653-05076-9/12.

Hayles, Nancy Katherine. *How We Became Posthuman: Virtual Bodies in Cybernetics, Literature, and Informatics.* Univ. of Chicago Press, 2010.

Herbrechter, Stefan. *Posthumanism: A Critical Analysis.* Bloomsbury, 2013.

Huxley, Julian. "Transhumanism." *ETHICS IN PROGRESS*, cilt 6, no 1, 2015, ss. 12–16. doi:10.14746/eip.2015.1.2.

J. Baird Callicott ve Karen Mumford. "Ecological Sustainability as a Conservation Concept." *Conservation Biology*, cilt 11, no 1, 2017, ss. 32-40.

Joy, Bill. "Why the Future Doesn't Need Us." *Wired*, Conde Nast, 1 Nisan 2000, www.wired.com/2000/04/joy-2/.

Kaczynski, Theodore John. *Unabomber Manifesto: Sanayi Toplumu ve Geleceği.* Kaos Yayınları, 1996.

Karamanou M. ve diğerleri "Scientific Life Engineering 'Posthumans': To Be or Not to Be? Trends in Biotechnology." cilt 35, no 8, Ağustos 2017. http://dx.doi.org/10.1016/j.tibtech.2017.04.011

Kümbet, Pelin. *Critical Posthumanism: Cloned, Toxic and Cyborg Bodies in Fiction.* Transnational Press, 2020a.

---. "Octavia Butler'ın *Yavru Kuş* Romanında Posthüman Vampir-insan Eyleyiciliği." *Edebiyatta Posthümanizm*, ed. Sümeyra Buran, Transnational Press London, 2020b, ss. 51-69.

Lecourt, Dominique. *İnsan Post-İnsan.* Çev. Hande Turan Abadan. Epos Yayınları, 2005.

Morelli, John. "Environmental Sustainability: A Definition for Environmental Professionals." *Journal of Environmental Sustainability*, cilt 1, no 1, 2011, ss. 1-10, doi:10.14448/jes.01.0002.

Nayar, Pramod K. *Posthumanism.* Polity Press, 2014.

Sucu, İpek. "Yapay Zekanın Toplum Üzerindeki Etkisi ve Yapay Zeka (A.I.) Filmi Bağlamında Yapay Zekaya Bakış." *Uluslararası Ders Kitapları ve Eğitim Materyalleri Dergisi*, cilt 2, sayı 2, 2019, ss. 203-215.

Turhan, Ethemcan. "Küresel Bir Sınav Olarak Antroposen." *Ekoiq Dergisi*, cilt. 4, 2015, ss.34-39.

Warwick, Kevin. "Introduction—The Transhumanist FAQ: A General Introduction." *Transhumanism and the Body: The World Religions Speak*, ed. Calvin R. Mercer ve Derek F. Maher, Palgrave Macmillan, 2014, ss. 1-17.

Wolfe, Cary. *What Is Posthumanism?* Univ. of Minnesota Press, 2011.

Yanar, Muhsin. "Don DeLillo'nun *Sıfır K* ve Ian McEwan'ın *Benim Gibi Makineler* Eserinde İnsanötesine Dair." *Edebiyatta Posthümanizm*, ed. Sümeyra Buran, Transnational Press London, 2020, ss. 207-220.

BÖLÜM 12

POSTHÜMANİST ELEŞTİRİNİN VAHASINDA, KAPSAYICI BİR TİYATRONUN GÖLGESİNDE

Emre Koyuncuoğlu

Afrika Dansı / Performans: Erol Babaoğlu / Foto: Murat Dürüm

2019 yılında SLSA'nın (Society of Literature Science and Arts'ın) 33. Buluşması olan ve "Deneysel Bağlar/Sözleşmeler" olarak çevirdiğim "Experimental Engagements" başlığı altında birçok disiplinden kişinin davet edildiği ve dünyanın birçok yerinde yapılmış çalışmaların sunumunun gerçekleştiği toplantı için akademisyen Selvin Yaltır ile Irvine, Kaliforniya'ya giderken, bu buluşmanın bu yazının yazılmasına sebep olacak sevgili Sümeyra Buran ile tanışmama da neden olacağını bilemezdim. "Deneysel Bağlar/Sözleşmeler" buluşmasında, Selvin Yaltır ile birlikte bu yazıda da değineceğim Sevim Burak'ın *Afrika Dansı* öyküsünü sahneye taşıma sürecimizi aktaran ve deneysel bir pratikten yola çıkarak, işin deneysel bir okuması olan[1] bir sunum gerçekleştirdik.

Sunumumuzu Kalifornia Üniversitesi, Irvine'da ufak bir konferans salonunda çok farklı disiplinlerden olan izleyiciyle tartışarak gerçekleştirdikten sonra heyecan içinde, SLSA programının "onur konuğu" olan Donna Haraway'in sunumuna yetiştik. Türkiye'deki feminist hareketin hukuk ve adalet alanında aktif savunu-

---

[1] Yaltır, Selvin ve Koyuncuoğlu, Emre. "Bir Yazı Deneyini Sahnelemek: Bireysel Pathos'dan Kolektif Topos'a" ("Staging a Written Experiment: From Individual Pathos to Collective Topos"), SLSA, 2019.

cularından olan annemin (Av. Dr. Tennur Koyuncuoğlu) kitaplarında makalelerinde[2] sıklıkla atıfta bulunduğu Haraway'in "Siborg Manifestosu"'nu, öncelikle "annemin ütopik-politik alanında buluşabilmek için" okumaya başladığımı ve sanatsal alanda iş üreten biri olarak bunun bende büyük bir farkındalık yarattığını da itiraf etmek durumundayım.

"Afrika Dansı," Çerçeveler ve Araları/Foto: Murat Dürüm

Bu farkındalık, "Muhalif bir bilincin ütopik bir tahayyülü açma imkanını" (Haraway, *Başka bir Yer* 12) aklımda saklı tutarak; mitik, politik, metinsel, organik ve teknik olanın aralarında ağsı örüntüler oluşturarak birbirinin içine göçtüğü riskli bir alanda, kendini yeniden bu defa annesiz olarak doğurma olgusu içinde sonluluğundan kaçmayı arzulayan, gösteri sanatlarında kapsayıcı politik bir mit kurmaya inanan bir kadınım diyebilme keyfini verdi. Bu tanımdan yola çıkarak bu hayalin/gerçeğin gölgesinden geçen her şeyle dayanışarak oluşan bu ironik "oyun alanını" bu yazıda aktarmayı amaçlıyorum.

Haraway, Irvine'deki sunumunda onu izleyenlerden, üzerlerinde taşıdıkları ve taşımaktan vazgeçemedikleri bir nesneyle bir oyun kurmalarını istedi ve bu oyunu diğerleriyle paylaşabilmeleri için bazı egzersizler yaptı. Performans sanatlarından gelen biri olarak, benim için bu çalışma, nesne ile kurulan bu özel ilişkiden ve bunun deneyimden yola çıkarak, herkese değen ve bu etkileşimden dolayı da nesneye eklemlenen yeni anlamlarla "bir-ara-dalığa"[3] ve bu bir

---

[2] Bkz. Tennur Koyuncuoğlu, Sistematik Şiddete Karşı Bir Adalet Savunusu Aile Şiddetinden, Bireyin Vicdanına, Toplumsal Sorumluluğa, Kosmosa; Adaletin Ardında; Ev İşi ve Hizmetlerinin Ekonomik Değeri; "Bir Demokrasi Düşü; Feminizm;" "Başka Bir Aile Mümkün."

[3] "Bir-ara-dalık;" hem bir olma fikrini, hem de arada olma fikrini ve farklılıklarla bütün olma fikrini içinde barındırıyor.

aradalık anında ve orada (zamansal ve mekansal) paylaşıma yol açan bir performans önerisiydi. Bir tiyatro çalışanı ve bir kadın olarak da oldukça ilgimi çeken bu "performatif sunum"unda Haraway, yanında taşıdığı çantasını ve o çantayla ilişkisini anlatırken, sunuma katılanların/o anın tanıklarının anlatılarıyla bir interaktif kolektif bir hikâye üretme sürecine alan açıyor ve sunumunu, argümantasyonunu "performatif" gerçekleştiriyordu. Orada o anda bir hikâye kurgulanırken, nesnelerin hikâyesini—hem kavramsal hem de somut anlamda—örme, dikme, bağlama, iliştirme, ekleme kelimelerini kullanarak aktarmasını bu yolla çok renklilikten/farklılardan/çeşitlilikten bir "bir aradalık fikrine" ulaşmasını ve bu çok sade ama çok işlevsel yöntemini hayranlıkla dinlemeye ve izlemeye başladım.[4]

Bu yazının argümanına tam da buradan başlamak istiyorum. "Siborg Manifestosu"'nda kadın deneyiminden, "[…] hayati önemde ve siyasal nitelikte bir kurgu ve olgudur" (2) diye, bahseden Donna Haraway'in çokludisiplinlerin bir aradalığında kurguladığı sunumundaki argümanını savunma yapısı benim de bu makalede yapacağım çokdisiplinli bir okuma önerisi olan argümantasyonumu savunma yapısına örnek oluşturan ve bu nedenle aktarılmış bir deneyimdir. Makalemde günümüzde yazılan, üretilen, sahnelenen oyunların eleştirilerinde ya da üzerlerinde yapılan çalışmalar ve araştırmalarda oyunların içerdiği bilgi ve içeriğin bütünsel olarak tanımlanamadığı anlaşılmaz olarak değerlendirip "değersizleştirdiği" ve böylelikle "ötekileştirildiğini" ve 20. yy tiyatro eleştirisinin günümüz tiyatro üretimini kavramsal alanda kapsayamadığını düşünüyor ve posthümanist eleştirinin günümüz tiyatrosuna nefes aldıracağını bu makaleyle savunuyorum.

Gösteri sanatlarının temelini oluşturan ve bilebildiğimiz her türlü iletişimi (communication) önceleyen (Travis Brisini ve Jake 191-199) insanın "oyun kurma" kültürü; buluşma, paylaşma, bir araya gelme (kutlama/tören/ayin) gibi sosyalleşme kültürlerini ve ritüellerini içine katarak eksiltmeden içkinleştirerek ve bütünleştirerek aslında hep kurulan "oyunun" içinde görünür/görünmez olarak günümüz tiyatrosuna eklemlenerek taşınmıştır. Bu makalede; "oyun kurmanın taşıdığı kültürel bilgiyle" donanmış tiyatro kültürünün bir posthümanist okuma ile, içerdiği görünür/sezilir ya da görünür olmayan katmanlarıyla bütünsel olarak ele alınabileceğini, özellikle 20.yy'daki tiyatro üzerine yapılan kuramsal çalışmalarda göz ardı edilmiş, indirgenmiş değerlerin ancak yeni materyalist, nesne yönelimli ontoloji, feminist ve posthümanist eleştiri ile görünür olacağına ve 20. yy modernist batı tiyatrosu geleneğinin kategorizasyonlardan ve "ötekileştirmelerden" öz-

---

[4] Bir sanatçı üretirken o anın kendisi ve toplum için oluşmuş iletişim adına ihtiyaçlarından yola çıkarak biraz sezgisel, biraz duygusal, biraz çalıştığınız ekibin özelliklerinden biraz dürtüsel, biraz tesadüfi, ya da hiç bilmediğiniz dinamiklerden beslenir. Süreçte, sanatsal üretimi teorik ya da düşünsel bir çerçeveye oturtma ihtiyacı hissetmezsiniz. O anın, o mekânın, sizin ve çevrenizdekilerle etkileşimin dinamikleri bir arada yan yana çalışarak üretim süreci gelişir. O nedenle daha sonra çok disiplinli buluşmalarda ve kuramsal olarak yapılan işlerin ortaklığı üzerinde düşünülmeye başlandığında ortaya çıkan ortak ihtiyacın ne olduğu tanımlanırken birçok sanatsal disiplinde, dilde, estetik öneride benzerlikler görmek çok heyecan verici oluyor.

gürleşebileceğini savunuyorum. Böylelikle tiyatronun seyircisi/ katılımcısıyla daha iyi bir iletişim sağlanacak ve içine kapalı ve dar bir sistem olma riskinden kurtarılıp katılıma, erişebilirliğe ve eklemlenebilirliğe daha olanaklı olacaktır.

"Punta Atmak," Koca ya da Yapışık Maskeler / Performans: Emre Yıldızlar, Cemre Buğra Ün/ Foto: Hakan Aydoğan

Bunu yaparken; gösteri sanatları alanında gerçekleştirdiğim işlerin üretim ve gösterim süreçlerinin "otobiyografik aktarımını," katılan "seyirci ve sanatçıların üretim ve sunum sürecinde birbirleriyle ve işlerle kurdukları performatif ilişki katmanlarını" ve de "başlangıç fikri ile süreçteki rastlantısallığa/kazalara açık olarak katmanlanan bilgiyi" argümanlarımın malzemesi olarak kullanacağım. Bu malzemeyi posthümanist literatür, felsefe ve eleştirinin yer aldığı makalelere atıflarla birlikte tartışarak bu alanda konumlandırmaya çalışacağım. Makalenin kendisi de yöntemsel olarak "birçok malzemenin birbirine dolandığı" bir siborg yapısı olan "ironik" (Haraway, "Siborg Manifestosu" 2) bir makaledir.

Postdramatik tiyatro olarak tanımlanan tiyatro kuramının birçok özelliğini[5] sahnelediğim gösteri ve oyunlarda gören eleştirmenler, uzun yıllar önce işlerimi "bu bağlamda" tanımlayan yazılar yazdılar.[6] Bu tanıma ek olarak; kurgularda ve gösterilerde öncelikle eleştirel feminist bir dil ve dolayısıyla çok belirgin bir şekilde "sosyal eleştirinin dişil bir estetikle aktarımının"[7] söz konusu olduğunu düşünüyorum. Ayrıca hem geleneksel, hem de güncel kültürel yapıların iç içeliğinde, çok katmanlı anlatı kurgularında daha rahat ettiğimi söylemeliyim.

Bu da parçası olduğum sanatsal üretimlere, yeniden baktığımda üzerinde düşündüğümde, hatırladıklarımın verdiği hissiyatla, bana bile; işlerimin biraz garip geldiğini itiraf etmeliyim. Hatta, daha detaylandıracak olursam; "olgu ile yorum arasındaki, nesnel olan ile öznel olan arasındaki sınırların tayininde toplumsal cinsiyet kategori adları can alıcı bir rol oynadığını" (Haraway, *Başka Yer* 34) aklımda tutarak özellikle bu makalede işlerin yorumuna soyunmaya niyetlendiğimde kendimi daha da garip hissetsem de vazgeçmememin düşünsel bir nedeni olduğunu belirtmek isterim. Dahil olduğum işlerin, imgelerine, nesnelerine, kayıtlarına bakıp, üzerine yazmanın "mütevazi olmayan" ve çok rahatsız edici bir tarafı olsa da tam da bu noktada bu yazının doğru yerde olduğunu düşünüyorum.[8]

---

[5] Post dramatik Tiyatro dediğimizde öncelikli olarak; lineer bir hikâye akışının olmaması, çoklu anlatıların paralel ya da kesişerek anlatıyı bütünleyebilmesi, performatif anların oyun akışında yer alması, kavramsal olarak bağlanabilen ama tek bir anlatı içinde pek yeri olmayan sürpriz sahnelerin yer alması, bir hikâyenin birçok karakter ve farklı açılardan aktarılması, karakterlerin gelişiminden çok, anlarına tanıklık etmek, oyuncunun sesinin bedeninin ve mekanının bütüncül olarak bir aradalığının gerekli olmaması, üst üste binen ya da kaybolabilen zaman, mekan algısı gibi özellikler söz konusudur.

[6] Örneğin Üstün Akmen 10. yy'da pagan Göktürkler tarafından yazılan bir fal metninin sahneye uyarlaması olan "Irk Bitig" oyunu hakkında şöyle yazmıştır: "[…] formu deforme etmiş ve deformansyondan yepyeni bir form çıkarmış. […] Kendini sürekli yineleyen yapısıyla bu kehanet metninin kendi tonalitesi içinde, ses-lerden, sözlerden, kehanette bulunanla/bulunduran arasındaki ilişkiden bir ses tiyatrosu örneği vermeyi denemiş" ("Emre Koyuncuoğlu'ndan Sonsuz Bir Şimdi Oyunu: Irk Bitig," 27.10.2008, https://www.tiyat rodunyasi.com/makaledetay.asp?makaleno=713)

[7] Benimle yapılan bir röportajda "Punta atmak" ifadesini şu şekilde anlatmıştım: "Heykel sanatında kullanılan çok teknik bir kelime aslında […] Bir araya getirip kaynaştırmak demek […] Biz oyunun sonunda da punta atıyoruz, birleştiriyoruz, bağlıyoruz, (kadınları) çekiştirmiyoruz […] Çelişkileri birbirine kaynatıyoruz […] Kuzgun Acar'dan esinlenirken çok disiplinli ve çok farklı sanatsal dillerden bir araya gelmesi ve üretimde dostlukların ön plana çıkması kaçınılmazdı. Yasemin Nur, Sibel Horado, Çiğdem Borucu Erdoğan […] Biz de sevgi ön planda. Birlikte çalıştık ve zaten yıllardır birlikte üreten farklı disiplinlerden gelen kadın sanatçı-larız. Belki nesiller arasındaki en dikkat çeken fark, bu birliktelikte daha fazla yaratıcı kadının bir arada ol-ması" ("İki Kadının Gözünden Anlattık Hikayeyi," Sanatatak, Aralık 13, 2017, http://www.sanatatak. com/view/emre-koyuncuoglu-punta-atmak-roportaji)

[8] "Mütevazi Tanık," ("Modest Witness") Haraway'in Steven Shapin ve Simon Schaffer'ın büyük yankı yapan *Leviathan ve Havapompası: Hobbes, Boyle ve Deneysel Yaşam* (1985) adlı kitaplarından hareketle keşfe çıktığı bir figürdür. Haraway'in "mütevazi tanık" eleştirisinde, on yedinci yüzyıl İngiltere'sinde dünyaya gelen deneysel filozoflara has erdem olarak tevazu üzerine gider. Tevazunun bu erken modern biçimini haiz beyfendiler anlatılarını ve izahlarını yanlı kılabilecek her türlü çıkardan ve önyargıdan kendilerini arın-

"Silent Migration," / Performans: Stephanie Mrachacz / Foto: Maurice Korbel

Yazımda üç oyunumdan; ("Sessiz Göç" ("Silent Migration")/ Sahne için Sanatsal Bildiri", *Afrika Dansı*/"Oyun, Performans, Sergi, Film Yerleştirmesi" ve "Punta Atmak/Deneysel bir Maske Tiyatrosu"ndan) yola çıkarak üretim ve paylaşım biçimlerinde, estetik tercihlerde var olduğunu fark ettiğim ve "posthümanist"

---

dırarak, yani bedenlerini aradan çekip epistemolojik bir görünmezlik kazanarak temsillerine tanıklık ettikleri gerçekliğin bir aynası kılabiliyorlardı" (Pusar 31). Yani, Haraway'e göre: "mütevazı tanık bir el hüneriyle kendini kaybedip, bu kayboluşu tevazu olarak görünür kılabilen yani, tevazu "gösterebilendir" ve bu sayede öznelliği kendiliğinden nesnellik oluverir" (Haraway, *Başka Yer* 31). Yine Haraway'e göre; "[Kadınlar] [...] dünyaya tevazu içinde nesnel bir biçimde tanıklık edenler arasında değillerdi. Ellerinde kalan türden görünürlük-beden-öznel, yani sadece kendi üzerine rapor veren, önyargılı, mat, nesnellik dışı görünürlükten öteye gidemiyorlardı," [Demek ki], "görünmezlik, bazı durumlarda birilerini doğaya ayna tutabilen, sözlerine güvenilir tanıklar haline getiren ve uygulayıcılarına epistemolojik ve toplumsal iktidar cinsinden ödeme yapan bir tevazuya çıkarken, bazılarının da eylem sahnesinden ve bilimsel topluluktan kaybolması anlamına geliyordu" (Haraway, *Başka Yer* 272-3).

kavramının kapsadığını düşündüğüm ilişkilenmeleri, ağırlıklı olarak Donna Haraway'in öncü argümanlarının ışığında ve sosyalist-feminist bir perspektiften ele alarak aktarmaya çalışacağım. Serbest adaptasyonlar ya da bağımsız deneysel çalışmalar olarak sahnelenmiş bu oyunlarda farklı ekip ve sanatçılarla çalışılmış olsa da yapısı, içeriği, uygulama biçimi, performatif özellikleri, oyuncu seçimi ve dramaturji söz konusu olduğunda şu ortak özelliklerden bahsedebilirim:

> Vahşi, yaralı, doğurgan ve tehditkar bir enerjisi olan, her an çoğalabilen, eksilebilen, eklemlenilebilen ve bunu yapmaya hep hazır olabilecek bir şekilde doğa ve doğa-üstü ile ilişkili, ürkütücü bir şekilde samimi ve olabildiğince çıplak-geçirgen, gerçek-dışıyla ilişkilenerek gerçeklik oluşturan, sınır tanımaz bir dil ve aktarım/anlatıdır. Hiç masum olmayan, sürekli dönüştüğü için belli bir yere yerleşemeyip hep göçer/dönüşür bir yapısı nedeniyle her yere uyum sağlayabilen, köksüz olarak tanımlanabilecek ilişkiler oluşturan, alışılmış/tanıdık bütünsellikleri andıran ama bunların façalısı olarak tanımlanacak, farklı önerilerin beraberliğine/yan yana yarenliğe hep hazır bir kurgudur. Farklı alanlarda eğitilmişliğin görünür olduğu, anonim bir mirası taşıyan, hem çeken, hem de ürküten, zekice bir aradalığı örülmüş, süreçte, gösteri izlenirken; imgelerin iç içe eridiği bir kurguda daha tanımı olmadığı için bir yaratıklaşma[9] (Haraway, *Başka Yer* 13) olarak tanımlanabilen bir olma durumu ve ancak seyircisinde/katılımcılarında; yaşanan deneyimde gerçek olması vaadi taşıyan bir eylemselliktir.

Makalemde oyunlarımın sahnelenme, oyuncu seçimi, üretim, metin yazımı, kullanılan malzeme gibi özelliklerine değinirken yukarıda saydığım bu betimlemeleri neden kullandığıma açıklık getireceğim. Oyunların tasarım ekibinde yer alan arkadaşlarım Yasemin Nur, Elif Öner, Vincent Rozenberg, Sibel Horada, besteci Çiğdem Borucu ve performans sanatçısı/dansçı Su Güneş Mıhladız, Sevi Algan, yaratıcı oyuncularıyla Ayla Algan, Erol Babaoğlu, Jale Arıkan, Tuğba Tules Birincioğlu, Fuat Onan, Hasan Uzma, Cemre Buğra Ün, Doğa Nalbantoğlu, Elif Sözer, Emre Yıldızlar, Gamze Şanlı, Ladin Avşar, Sencan Oytun Tokuç, Sedef Gökçe ve dramaturg Selvin Yaltır aşağıda bahsi geçen işlere önerileri ve emekleriyle şekil veren ve adlarını anmadan geçemeyeceğim sanatçılardır.

Makalede yer alan ilk iş; 2017'de Freiburg Şehir Tiyatrosu'nda (Theater Freiburg) Eurotopia Projesi çerçevesinde gerçekleştirilmiş "Sessiz Göç" ("Silent Migration")/ Sahne için Sanatsal Bildiri," ikincisi; 2014'de Salt Beyoğlu Galerisi'nde Sevim Burak'ın *Afrika Dansı* adlı eserinden yola çıkarak gerçekleştirilmiş *Afrika Dansı*/ "Oyun, Performans, Sergi, Film Yerleştirmesi" ve sonuncusu; 2016'da Sakıp Sabancı Müzesi'nde Kuzgun Acar anısına açık alanda performans olarak gerçekleştirilmiş ve daha sonra 2018'de Şişli Bomonti-alt'da sahneye uyar

---

[9] "Haraway, ilişkiyi bir isim olarak değil bir fiil olarak düşünür: "Bir varlığın ontolojik analizinden o (karmaşık) varlığın bileşenlerinin ya da öğelerinin ne olduğunun listelenmesi ve bu bileşenlerin öylece bir arada olmaktansa nasıl bir bütün ettiğinin belirtilmesi beklenir. O nedenle ilişkinin kendisi, ilişkiye girenlerden önceliklidir" (*Başka Yer* 13).

lanmış "Punta Atmak/Deneysel bir Maske Tiyatrosu"dur.

Bu tiyatro çalışmaların üçünde de mekân önceden sahne olarak tanımlanmış hazır sahne değildir. Bu gösteriler kendi alanını/sahnesini yaratan oyunlardır. Aynı zamanda seyirciyle ilişkileri interaktif ve katmanlıdır. Nerede sahnelenirse sahnelensin seyirciyle mekâna ait özgün bir dil arayışı söz konusudur ve seyirci ile "iletişim kurma ihtiyacı" içindedirler. "Yapım-aşamasında"[10] (Haraway, *Başka Yer* 34) gösterilerde deneysellik[11] (Haraway, *Başka Yer* 32) ön plandadır. Oyuncuların kendisine ait (kültürel, fiziksel, duygusal varlığının) özelliklerinin -bedenlerindeki bilginin- sahneye yansıması çok değerlidir. Victor Tuner, *Performans Antropolojisi*'nde "oyuncu, bedeni aracılığıyla seyirciyle iki (ve daha birçok) özne, varlık, ortam veya teknoloji ile bir arayüz, bir ilişkisellik oluşturur" (*Antropology of Performance* 53) derken bedenin -oyuncu bedeninin- içerdiği ve gösteride ilişki içinde oluşmakta olan performatif bilgiyle seyirciyle ilişkilenme biçiminin ördüğü ağları bize hatırlatır. Oyunlarda tek bir "oyun metni" üzerinden çalışmak yerine, oyuna farklı sanat alanlarından katkı sağlayan sanatçılarla "sahne metni" kurgulanır. Beden dili ve bedenin görünen ve görünmeyen hali ile neyi kapsadığı, her oyun için ayrı ama öncelikli bir tartışma ve çalışma alanını oluşturur. Oyun kurarken çoklu kimlik, çoklu zaman, çoklu mekân algısının içinde var olduklarını bilen, birbirini doğuran ve yutan "yaratıklar" (Haraway, "Siborg Manifestosu" 2) bu oyunlarda kendilerine alan bulurlar.

Oyunda gerçeğin kurgusallaştığı ve kurgunun gerçek olarak kabul gördüğü sahneler birbirine örülür. "Çok dilli," paylaşılabilirliği, kapsayıcılığı çok geniş bir oyun kurmak bir ihtiyaçtır. Sahnede herkes, her şey birbirine konuşur, seyirciye konuşur, bu iletişim ağı birbirine örülerek kurgulanır. Ritüellerden, geleneksel anlatılardan ilmik çekerek, bedensel, sözel, imgesel, metinsel anlatılar bir kaynak olarak kullanılarak, sahne metninde birbirine örülür. Sahne üstünde imgeler oluşturulurken seyircinin kendi gerçeğini üretmesi için alan bırakılır. Ve böylelikle kurguya seyirci de dahil edilir. Yalnızca "kendi" olması için oluşturulan oyun metinlerinde, bazen otobiyografik, bazen tamamen kurgusal, bazen belgesel niteliğinde malzemelerden, bazen de masallardan, rüyalardan, oyuncu doğaçlamalarından yararlanılarak oluşturulur. Oyun karakterlerin yerine gösteride yer alan; yaşayan, yaşamayan, görünen, görünmeyen tüm performansçılar (oyun kuranlar) diye adlandıracağım (buraya sahne için seçilmiş tüm nesneleri dahil edebiliriz), ilişkilenme önerileriyle oradadırlar; her nesne bir renk paletininin farklı tonlarını taşır, boşlukta duyulan bir ses olur, bilinmeyenin çeşitli yüzlerine bürünür. Nesneler bir arada, birbirine eriyebilir ve dönüşebilirler. Dişil ve eril özellikleri ikilik yaratmaz, tam aksine bir bütünün parçalarıdır.

Fiziksel, mekansal (somut/soyut) duygusal, zamansal ve düşünsel aksiyonları, katmanlı ve özenle birbirine örülmüş bir aksiyon olarak görürüz sahnede. Tamamen tesadüfi bağlantılar kurulmaya müsait, çizgisel bir gelişim göstermeyen aksi-

---

[10] "Yapım-aşaması," Haraway'in çok severek sıklıkla kullandığı süreci tanımlayan, oluşum halinde olma halidir.

[11] Haraway bunu şöyle ifade eder: "Deneysel bilgi üretimi, kamusal ve kollektif bir etkinliktir" (Haraway, *Başka Yer* 32).

yon önerilerini de. Bilinmeyeni, anlaşılamayanı ve ayrıca karanlığı/görülmeyeni da/de içerir. Bu oyunların ortak özelliklerini böyle sıralayabilirim.

"Punta Atmak"/ Polis kontrolü / Performans: Sencan Oytun Tokuç ve Cemre Buğra Ün / Foto: Hakan Aydoğan

"Sessiz Göç"/Sanatsal Bildiri [12]

"Sessiz Göç" ("Silent Migration") belgesel tiyatro, video performans, otobiyografik anlatı, performatif oyunculuk, masal anlatı geleneğinin ve formlarının izlerini taşıyan ve prova sürecinde hepsinin iç içe geçtiği çok-disiplinli sanatsal dilin bir arada çalıştırıldığı sanatsal bir bildirinin katılan sanatçılarla bir arada üretimi ve sunumuydu.[13] On iki ayrı sanatçının aynı tasarımının içine sanatsal bir bildiri oluşturmaları için davet edildiği bu projenin sorunsalı; birbirinin içine çökmüş iki kelimeden oluşan "Eurotopia"'ydı ("Europe-Utopia/Avrupa-Ütopyası"). On iki ayrı sanatçı grubuna argümanlarını oluşturmaları için aynı mekan ve o mekanda/ sahnede yer alan, sahnenin içine asılarak yerleştirilmiş çok çeşitli zaman ve mekan çağrışımı olan hepsi aynı tonda ham ahşaptan üretilmiş çeşitli kürsüler kullanıma sunuldu. Böylelikle sanatçılara istedikleri herhangi bir kürsü ya da birkaçını meka-

---

[12] "Sessiz Göç" / Von (Yazan) Emre Koyuncuoğlu Künstlerische Leitung (Sanat Yönetimi):
Emre Koyuncuoğlu, Kostüme/Szenenbild (Dekor Tasarım): Yasemin Nur, Video Animation: Elif Öner, Montaj: Vincent Rozenberg, Dramaturgie: Viola Hasselberg, Mit (Oyuncular): Lena Dreischner, Izabela Gwizdak, Jürgen Herold, Stephanie Mrachacz, Lisa Maria Stoeber.
[13] Sanatsal Bildiri ya da bildirinin gösteri olarak sunumundan kastedilen, aslında deneysel bir formun önerisidir. Bu form temellendirdiği bir argümanı gösteri dilinde sunmayı, tartışmayı ve sonunda tartıştığı argümanı örneklerle kanıtlamayı vaad eder. Burada "kanıt" ve "tanık"lık da birçok öneriyi içinde barındırır.

na indirerek argümanlarını bağlamsallaştırmak için bir imkan sağlanmış oluyordu. Sanatçılara önerilen kürsüler arasında; üniversitelerde ders anlatmak için kullanılan bir kürsü, mahkemelerde kullanılan bir sanık kürsüsü, sunum kürsüsü, meclis kürsüsü vs. vardı. Sanatçılar sunumlarını tercih ettikleri bu kürsülerden aktararak sahneleyebilirlerdi.

Sahnede asılı kürsüler / Foto: Maurice Korbel

Bu gösteride/sunumda bir argüman üretebilmek için, konseptimiz olan "Avrupa-Ütopyası" hakkında bir şeyler söylemek için, ilk önce o ütopyada kendi yerimi/alanımı tanımlamam gerekiyordu. Bu konuda bir bildiri hazırlamak için ve paylaşmak için hangi kürsüye çıkmayı içselleştiriyordum? Kürsüden topluluklara/ topluma hitap etmek benim için kültürel olarak neyi ifade ediyordu? Ya da zaten kürsüye çıkabiliyor muydum? Ya da hangi tanı/ kimlikle, neyle tanımlanmış kürsüde yerimi alabilir/alanım olarak tanımlayabilir ya da yerleşebilirdim? Bu sorular çok yönlü, tabi ki. Hangi kürsüden seslenirsem, dinleyenler adına kabul gören (kabul görmeli miydi?) bir sesleniş olurdu? Bu tanılar ötesi durumun gerçekliği, bir "başka yerin" arayışı, tam da bu projede (ve dolayısıyla bu makalede) konuşmak istediğim alandı.[14]

Bu "sanatsal bildiri," aynı zamanda benim için tam olarak kavrayamadığım ama taşıdığım travmalarıma doğru bir yolculuktu. Teması ve malzeme önerisiyle ne kadar sosyo-politik ya da belgesel bir niteliği taşıyan yapısı da olsa, üretim sürecinde oldukça içsel ve bilinç-altına doğru da yol alıyordum. Lozan Antlaşması'nda yer alan Türkiye-Yunanistan arasında imzalanan Nüfus Mübadelesi'yle, babamın ailesi Türkiye'ye göç etmişti. Bu projeyle birlikte benim "kendime göçüm", aynı zamanda da ailemin belleğinde oluşmuş olan ve kendim bir göçe tanık olmasam da yüklenmiş olduğum, süreç içinde farkına vardığım "göçün tanımlanmamış ama içselleştirilmiş travma olgusuyla" tanışmamın yolunu açtı. Benim hafızama ait olmayan ama yüklendiğim travmanın yarattığı sis perdesinin içine bu proje ile dalma cesareti buldum.

---

[14] Haraway, "Ucubelerin Vaatleri: Uygunsuz/laşmış Ötekiler İçin Bir Yenilenme Politikası" makalesinde aktardığı gibi: "Ucubelerin vaatleri belirli yerel/küresel mücadeleler dahilinde doğa sayılan şeyin haritasını çıkarmaya çalışan, zihinsel ve mekansal manzaralarla süslü bir seyahat rehberi olacaktır. Bu gezintinin gayesi kuram yazmaktır; yani imkansız ama gene de fazlasıyla gerçek bir şimdinin topografisinde, namevcut olsa da bir ihtimal mümkün olan, başka bir şimdi bulmak için nasıl hareket edip neden korkulacağına dair düzenli bir görüş üretmektir. Dopdolu bir mevcudiyet değil aradığım, bunu bulamayacağımı biliyorum ne yazık ki. Ancak, kendimi daha sıhhi ortamlara ulaşabilmek için "hiçbir yer"in ümitsiz batağının, asalaklarla istila edilmiş bataklıkların etrafında dolanmaya adamış bulunuyorum. […] Kuramdan beklediğimiz, doğayı doğdudan görmeyi ve yerleştirmeyi (si(gh)ting) yasaklayan amansız bir yapaycılığın (artifactualism) içinde hareket ederek bizi adını basitçe "başka yer" (elsewhere) koyabileceğimiz bilimkurgusal, spekülatif olgusal bir BK mekanına yöneltmesi, en kabasından da olsa bir yolculuk planı çıkarabilmesidir" (Haraway, *Başka Yer* 120-121).

Yarı şeffaf sahne perdesi / Performans: Stephanie Mrachacz / Foto: Maurice Korbel

Almanya'da Freiburg Şehir Tiyatrosu'nun prodüksiyonunu yaptığı ve organize ettiği bu proje için babamın ailesinin terk etmek zorunda kaldığı Selanik, Kavala ve çevresinde ve göçlerinin son durağı olarak yerleştirildikleri Samsun ve çevresinde (Alaçam) ve mübadillerin ilk duraklarından olan Çatalca'da araştırma gezileri yaptık, görüntü kayıtları, ses kayıtları aldık, röportajlar yaptık, Mübadele Müzesi'ne ziyaretler gerçekleştirdik ve malzeme topladık. Aynı göç hikayesini farklı ağızlardan ve nesillerden dinledik. Selanik mübadili olan babamın akrabalarıyla görüşmeler yaptım, görüşmelerin kayıtlarını aldım, aile yadigarı olduğu söylenen nesnelere "taşıdıkları değeri ve katmanlarını okuyabilmek için" yeniden ve yeniden baktım (Mübadele sırasında yanlarına alabilecekleri eşya çok kısıtlıydı). Bu gezilerden çoğuna projede birlikte çalıştığım sanatçı arkadaşlarım da katıldı. Yasemin Nur, Viola Hasselberg ve Elif Öner gezilerde ve üretim aşamasında yanımda oldular. Bu arkadaşlarıma sahneleme sürecinde Vincent Rozenberg'de dahil oldu ve bu bildiri için sahnelemeyi bir arada oluşturduk.

Oyun/bildirinin metnini, otobiyografik anlatılardan esinlenerek yazdığım kurgusal bir ana-metin ve aralara "şok dramaturgi" yapısında ani ve kısa kısa giren tek tek bakıldığında birbirinden çok ayrı içerikleri de olsa konu ile ilgili bağlantıları olan farklı dönemlerden resmî belgeler, tarihi veriler, gazete haberlerini yerleştirerek hazırladım. Oyun, Birinci Dünya Savaşı Türkiye-Yunanistan arasında imzalanan Lozan Mübadele Anlaşması'ndan maddeler okunarak başlıyordu. Daha sonra metinde bu anlaşmanın sözleşme maddeleri sıralanırken, metin, bir noktada Polonya-Almanya arasında İkinci Dünya Savaşı sonrası yapılan "zorunlu göç" ve nüfus değişimi sözleşmesine belli belirsiz kayarak geçiş yapıyordu. Aslına uygun olarak aktarılan sözleşme metinlerinin birbirine eklemlenmesiyle, sözleşme metninde zaman atlamasına yol açıyor ve metin kurgusallaşırken katmanlanmaya ve savaş sonrası devletler arasında imzalanan zorunlu toplu nüfus göçlerinin modern Avrupa tarihinde kendini tekrar eden olağan bir uygulama olmaya başlayıp başlamadığıyla ilgili sorulara kapı açmaya başlıyordu. Avrupa tarihini farklı bir yerden böyle bir argümanla okuyorduk.

Bu sözleşme metinleri ses kaydı olarak oyunda dinleniyordu[15] ve duyduğumuz dil resmî bir dil olmasına rağmen resmiyetini kaybediyordu. Ayrıca, sahnede de görsel olarak, her seyircinin kendine ait bir seçicilikte çok kişisel olarak takip edebileceği bir izleti ağı gerçekleştirdik. Seyirci bir U sahne (dörtgen bir sahnenin üç tarafından izleyebiliyordu) yerleşiminde oturuyordu. Seyirci ve oyuncu arasında yarı şeffaf perdeye, bir animasyon filmi ve perde arkasındaki oyuncuların gölgelerinin bu filmle birlikte izlenebilen gölgesel bir koreografik anlatı oluşturduk. Oyuncuların gölgelerinin üstüne düşen animasyon filmi, araştırma sürecinde tüm gezilerimizdeki anılardan, topladıklarımızdan ve çektiğimiz fotoğraflardan yola çıkılarak Elif Öner'in iç içe çizdiği Vincent Rosenberg'in anime ettiği, birbirine atlayan zamansız bir kurguyla birbirine iliştirilmiş görüntülerin olduğu bir filmdi. Bu animasyon filmde yaptığımız araştırma yolculuklarında bulduğumuz nesnelerin (örneğin; 1900'lerin başında basılmış Selanik haritası), aileme ait fotoğrafların (örneğin; dedemin mübadil arkadaşlarıyla pozları) birbirleriyle ilişkisinde bir bellek yolculuğu örülürken, o belleğin içine bu araştırma sürecindeki yolculuklarımızda benim, Yasemin'in, Elif'in ve Viola'nın hafızasına kazınmış anıların görsellerini de iliştiriyorduk. Duyguların, bilinçaltının zamanı çok katmanlı bir zamandı.

Sahnede yer alan beş oyuncunun kurduğu oyunda oyuncular gösteri boyunca takip edebileceğiniz tanımlanmış bir karakter ya da persona değildi. Oyuncular hem karakter, hem persona, hem de bir bütünün parçasını oluşturan bir performansçı olarak ya da kendi kimlikleriyle sahnede oluyorlardı. Tek bir kişinin beş ayrı anın-

---

[15] Resmi belgeler yazılı metinlerdir. Ancak seyirciyle kurduğunuz ilişkide bir ses metnine dönüştüklerinde; resmî belge formu, anlatı dili formunu alarak tanıdık olan sözel anlatı kültürünün formu ile aktarıldığında, eski formunun içerdiği bilgi çerçevesinde algılanması güçleşiyor.

da/beş kişinin bir konuya farklı yaklaşımında/birçok gölgenin varlığında/ sahneden farklı yöntemler kullanarak oluşturdukları seslenişlerde/katman katman oluşmuş hafızada varolan bir arayışın süreçlerini canlandırıyorlardı. Oyuncular bir kaybın duygusunu sahnede inşaa ederken, hem eylemsel olarak birlikte bir arayışı sahneye taşıyor, hem de bu arayışta ayrı ayrı kendilerini temsil ediyorlardı. Bu oyuncular, mekânın içinde "araştırarak, hatırlayarak, bilinç-dışına sürüklenerek" dolaşırken, arada yerde buldukları ya da yanlarında taşıdıkları mektupları okuyor, aynı zamanda sahnede yer alan nesnelerle oyun kuruyorlardı. Bütüncül olarak sahneye bakıldığında oyuncular, hafızanın içinde kendiliğinden ilişkilenen, birbirine atlayan zaman ve mekanları başka bir yerden "hatırlıyor" gibiydiler.

Gösteri finali / Foto: Maurice Korbel

Bir yandan da oyuncular, kendi kimlik ve geçmişleriyle oradaydılar. Oyunculardan biri olan Izabela Gwizdak, Polonya'da Opole Tiyatrosu'nda sahnelediğim "Pamuk-Proust-Hafıza" oyununda birlikte çalıştığım ve bir arada bir deneyimi, bir süreci paylaştığım, bu proje için Polonya'dan bize katılmış bir oyuncuydu. Gwizdak'ı bu oyuna davet etmemin bir nedeni de onun kişisel tarihiydi. Polonya' da doğup büyümüş bir oyuncu olması ve Almanya-Polonya zorunlu göç süreci ile ilgili ailesinin ona aktardıklarıyla çelişen kültürel olarak bilinç-altına yerleştirilmiş bir belleğe sahip olması ve bu konu üzerinde çalıştığımı söylediğimde katılmayı çok istemesi çok değerliydi. Oyunun bir diğer oyuncusu, Lisa Maria Stoeber, Bulgaristan göçmeni olarak Almanya'ya yerleşmiş bir ailedendi. Stoeber, Bulgaristan'da hiç yaşamamış olmasına rağmen Bulgarca konuşuyor ve kendini hem Alman hem de Bulgar olarak tanımlıyordu. İkisi de oyunun belli yerlerinde oyunun metninde olan ve kendi cümleleri gibi hissettikleri ve seçtikleri cümleleri, Lehçe ve Bulgarca'ya çevirerek seyirciye ayrıca kendi dillerinde de aktarıyorlardı. (Oyunun tüm metni İngilizce üst yazı olarak zaten sahneye yansıtılmakta olduğundan, bize de çok dilli sahneleme imkanı doğuyordu).

Yansıtılanın yansıttığı görüntüler / Performans: Lena Dreischner, Jürgen Herold, Stephanie Mrachacz / Foto: Maurice Korbel

Gösterinin dramaturgu olan ve oyunun metninde ve araştırma sürecinde bana çok yardımcı olan Viola Hasselberg'in ailesi de İkinci Dünya Savaşı sonrası çizilen Polonya-Almanya sınırının, Polonya tarafında kalmış ve zorunlu göçe tabi tutulmuş Alman ailelerden biri idi. Viola da ben de fiziksel olarak ailemizin terk ettiği şehirlerde yaşamamış olsak da o kentler artık hayalimizdeki gibi olmasa da, yine de bazı mekanlara, onun da benim de bilinçaltı bağlarımız vardı. O hayalet kentlerin belleğimizde yerleri vardı. Oyunu yazarken olmayanı sahnelemeyi denediğimizi biliyorduk. Oyundaki oyuncular ve tasarımcılar da kendi "hayaletleriyle" ilişkilerini prova sürecinde oyun kurgumuza eklemliyorlardı.

Sonuçta bir bildiri sahnelemem gerekiyordu. O nedenle, oyunun ve bu oyunla oluşacak bildirinin sanatsal dilini bulmak ve sahnede kurgusunu oluşturmak için deneysel bir oyun metnine ihtiyaç vardı. Oğuz Atay'ın romanlarında ve hikâyelerinde bir hitap biçimi olarak mektup ve dilekçeyi (ya da resmi evrakı) türünü kullanmasını çok etkili bulurum. Bu sanatsal bildirinin metnini yazarken ben de hitabet biçimi olarak mektup ve dilekçeyi kullanabilirim diye düşündüm. Oğuz Atay eserlerinde karakterlerine, kurumsal bir yapı ile iletişime geçmek için dilekçe formunda bir hitabı, yakın çevresinden "bir şey istemek, kendi en özelini aktarabilmek" için ise mektup formunda bir hitabı sıklıkla kullandırdığını biliyoruz. Modernist bir karşıtlık oluşturan; "özel" olanla iletişim için; mektup dili, "resmi" olanla iletişim için; dilekçe dilinin seçimi. Aslında ikisi de, en yakın ve en uzak mesafeden "dert aktaran/şikâyet eden/iç döken" yazı dilleridir. Buradan yola çıkarak "sanatsal bildiri" de aktarmak istediğim öznel anlatıları kurgusal mektuplarla, nesnel aktarımları da tarihi belgeler, sözleşmeler, tarifler ve gazete araştırmalarından seçtiklerimi dilekçe formatında düzenleyip içi içe geçirerek, birbirleriyle bağlar kurarak, hatta birbirine karışacak bir şekilde bu formları metnimde kullandım. Bu iki dil birbiri içine çok kontrast tonlarda yerleşmiş ve belki de birbirine batarak kaynaşmış olsalar da sanırım yaşanan gerçekliğin keskinliğinin aktarımı adına çok örtüştü.

Performans: Lena Dreischner, Izabela Gwizdak, Jürgen Herold, Stephanie Mrachacz /
Foto: Maurice Korbel

Bildiri/Oyun metnine dönmek gerekirse, oyunu yazma sürecinde "mektup ve dilekçe" dili üzerinde çalışırken, bu dillerin birbirine en uzak noktada duran ama o nedenle de o kadar da yakınlaşabilen iletişim dillerinin olduğunu görmek çok heyecan vericiydi. Bu "ikiliğin" sınırlarını bozup, bu yazı formlarını birbirine bulaştırıp, belli yerlerde çıplak yakarışlara dönüşen, belli yerlerde şikayetlerle dolu dilekçeleşen bir dili kullanarak oyun metni olarak hem her zaman yanı başımda olan, hem de gerçek olmayan-yaşamayan kişilere kurgusal mektuplar yazdım. Aslında, süreçte topladığımız nesnelere işlenmiş "belleğin," ve "bilinç-altına"nın seyirciye aktarımıydı. "Öbür dünyaya," ölmüş babama, ulaşamadığıma, açık mektuplar yazdım. Yazdıklarımı o sırada pek algılayamayacak bir yaşta olan oğluma, onun geleceğine, ülke sınırları aşan ailesini anlatan mektuplar yazdım.

Mektupların zamansal ve mekânsal bütünlükleri yoktu. Bu yolculuğa ve birçok sanatsal yolculuğa, oradan da dostluğa (kız kardeşliğe) evrilen yolda birlikte eğlendiğimiz, anne ve sanatçı olmanın karanlıkta kalmış alanlarında yan yana durabildiğimiz, bu oyunda da beraber çalıştığım Yasemin Nur'a, ona sahneden/sahne aracılığıyla ulaşacak bir mektup yazdım. Oyunda yine birlikte çalıştığımız Alman dramaturg Viola Hasselberg'e, bir tür Avrupa fikri ile olan ilişkime benzer bir duyguyla, hem çok "yakınında" olup hem de çok "uzak" hissettiğim bu kız kardeşime, tolere edeceğini bildiğim için, içi acı ve öfke dolu alaycı haykırışımı ona yazdığım mektubuma iliştirdim. Farklı kültüre ait önyargılarla birbirimizi kabul edilebilirliğimizi tartıştım. Onun önyargılarını nasıl yüklendiğimi anlattım. Aslında tabi ki mektupları seyirciye yazıyordum. Onlardan çok şey istediğimin de farkındaydım. Sınırlarını zorladığımın da. Kendi sınırlarımı da çok zorluyordum çünkü sınırların ötesindekinin peşindeydim. Projenin kendisi "sınırların ötesi" ile ilgiliydi.

Bilinçaltı ile ilişki [...] Bilmediğim bir geçmişin yükü [...] Sanki bildiğim, ama tanıklık etmediğim acılar [...] Babamın "mübadil" geçmişi ile ilgili yaşamının sonuna kadar süren sessizliği, suskunluk tercihi [...] Ve yaşamının sonunda, babamın belleği bir "tabula rasa"ya dönüşüyordu. Hayatı boyunca kendi kendiyle mücadelesi hiç bitmemiş babamın bu istemsiz unutma sürecinde, huzuru yakalamasına şahit olmuş olmam, bu göç travmasından bana bırakılmış artıklardı. Babamın yaşamının son dönemlerinde Alzheimer hastası olması ve benim buna tanıklık etmem, bu "göç eden hafıza" fikrine çok fazla yoğunlaşmama neden oluyor ve sahnede de bunun yansımaları görünüyordu.

Elif, Yasemin ve Vincent'la Freiburg'daki prova ve tasarım sürecimizde, sahnede kullanmak üzere bir video film çektik ve bu film de babamın "resmî kimliklerinde sıkça kullandığı" bir vesikalık fotoğrafından yararlandık. Elif Öner, bez bir tuvale "punçla" babamın vesikalık fotoğrafını işledi. Punch, iğnesine iplik geçirip, bu iğneyi kasnağa gerdiğiniz kumaşa batırarak iş işleyebildiğiniz bir aletti. Kumaşı hem deliyor hem örüyordu. Kasnaktaki kumaştan yaptığınız işi söküp, söktüğünüz yeri ışığa tutarsanız kumaşta iğnenin açtığı deliklerden sızan ışıkta ya da üstünde kalan izde ("hayalet"i gibi!) işin kendisini izinden dolayı yeniden görünür kılabiliyorsunuz. Bizim de videoya kaydedeceğimiz eylem "sökme eylemiydi." Babamın yüzünün imgesini sökerken, özgürleşen iplikle beraber aynı zamanda onun imgesinin silindiğini görebiliyordum. Performatif gerçeklik içinde onun yaşadığı duyguyu, şimdi ben onun imgesi üzerinden yaşıyordum. Tuvalde imge tamamen kaybolduğunda punch'ın iğnesinin ucuyla delik deşik olmuş bembeyaz bir bezde sessizleşmiş bir travma, görünmez izlerle dolu bir "tabula raza" karşımdaydı.

"Punch"ı bir performans malzemesi olarak daha önceki oyunlarda da (*Afrika Dansı*'nda) kullanmıştık. Bu projede ise Punch'ı, hem video çekimi için hazırladığımız tuvali işlemek için kullandık, hem de daha sonra oyuncular sahnede kullandı. Oyuncular kablosuz mini projeksiyonlarla çektiğimiz video performansın kaydını ve daha birçok gölgeyi/filmi hareket halinde, video filmi perdeden perdeye "göç ettirerek" yansıtıyorlardı. Böylelikle, kaydedilmiş performans onlarla birlikte yeniden bir performansa ve aynı zamanda "imgenin göç ettiği bir performansa" dönüşüyordu. Sahnede bu performansa paralel bir eylem olarak perdelere Punch'la farklı oyuncular tarafından iş de işleniyordu. Performans anında da iş işleyerek/sökerek nesnelerin imgelerin birbirine atlamalarını ve işleme ve sökme eyleminin sürekliliğini sağlıyorlardı. Videodaki performans kaydı bir süreliğine perdede kalsa da oyuncunun "iş" i ve buna seyircinin tanıklığı perdede asılı kalıyordu.

Oyunun prodüksiyonunun yapımı-aşamasında bir performans gerçekleştirilerek üretilen görüntü kaydının, sahnede performatif kullanımı / Foto: Vincent Rozenberg, Maurice Korbel

Oyunun metnine geri dönmek gerekirse, oyunun metninin "belgesel tiyatro" (ya da "Gerçeklerin Tiyatrosu") özelliklerini de içerdiği söylenebilir[16] (Martin 1-22).

---

[16] Carol Martin'e göre; modernist belgesel tiyatro ve "Gerçeğin Tiyatrosu" ("Theatre of the Real") aynı sorunsalla ilgilenselerde dramaturjik yaklaşımları birbirinden tamamen farklıdır. Gerçeğin tiyatrosunun dramaturjisi; gerçeklik ve simülasyonları birarada olarak gerçeğin tartışma amacıyla sorgulandığı bir koşulda oluşturulabilir. "Gerçek"in sahnelenmesi söz konusuysa; 21. yy'da sahnedeki "gerçek" sürekli olarak gözden geçirilmeye ve yeniden keşfedilmeye muhtaçtır. 20. yy'ın sonlarında tanıklık ettiğimiz, estetiği geleneksel sol siyasetten beslenen belgesel tiyatro, muhafazakar algısıyla bugünün gerçeklik fikrini kapsayamaz.

Gazete haberleri, tarihi tanıklıkları aktaran kitaplardan alıntılar, devletler arası anlaşma belgeleri gibi metinlerden alınan "gerçeği" aktardığını iddia eden metinler günümüzde "belgesel tiyatro" işlerinde çok tartışılan "kimin gerçeği," "neyin ve gerçeğin ne kadarının belgesi (kadraj sorunsalı)"[17] (Martin 16) gibi konuları göz ardı etmemek için kurgusal mektupların içine işlendi.

Le Monde'da bir Fransız gazetecinin popüler, yüzeysel ve gelişigüzel bir dil ile Türkiye'deki kültürel kutuplaşmayı aktardığı eleştirel makalesinden bir bölüm sahnede okunduğunda, sahnede okunan "devletler arası sözleşmelere" eklemlenerek bir algı biçiminin gölgesi/hayaleti olarak sahne gerçeğinin içinde diğer hayaletlerle birlikte dolaşmaya başlıyordu. Benim yazdığım hayali mektupların arasına bir de yazar Aslı Erdoğan'ın tutuklandığı dönemde hapishaneden Avrupa Topluluğu'na yazdığı ve basında yer almış olan bir çağrı/uyarı mektubu yerleşiyordu. Bir tek, Aslı Erdoğan'ın Avrupa Topluluğu'na "Türkiye'deki ilişkileri koparmamaları ve özellikle demokrasi adına tam da zor dönemden geçen Türkiye' nin, muhalif aydın, sanatçı ve akademisyenleriyle dayanışmayı desteklemeleri gerektiğini" aktardığı ve acil bir çağrı niteliğinde olan mektubu okunurken sahnedeki oyuncuların hareketleri aniden aynı anda ortak bir şekilde soyutlaşıyor, köşeli formlar oluşturan bedenler okunan metne beklenilen cevabı somut bir dille veremiyorlardı. Sürekli hedefi değişen koşuşturmalar sahnede izlenir oluyordu. Hareket dramaturjisinde de "şok dramaturji"yi aynen metin yapısında olduğu gibi görebiliyordunuz.

Sahnede dekor olarak kullandığımız perdelerin özelliklerinden bahsetmek istiyorum. Sahne ve kostüm tasarımını gerçekleştiren Yasemin Nur, yolculuklarımızda topladığımız ya da bizlere ait olup Nur'a öneri olarak getirdiğimiz parçalar arasından seçtikleriyle "bellek perdelerini" dikti. Yarı geçirgen beyaz perdeye iliştirilmiş birçok nesne vardı ve bu nesneler daha çok kadın emeğinin ortaya çıkardığı, kadınların dokudukları, ördükleri, diktikleri işlerdendi. Bunlar göç sırasında veya sonrasında kumaşa işlenmiş duygular, anılar, harfler, yazılar, kullanılan renkler, kadınların kalplerinde ve zihinlerinde ve bizim bu süreci yaşayan sanatçı ekibin kalplerinde ve zihinlerimizde yer etmiş hatıraların izleri ve hafıza alanlarıydı.

Gerçeğin tiyatrosunun da gerçeklik ve özgünlükle ilgili "ironi" vardır." Belgesel film ve fotoğrafın anlık görgü tanığı olma fikrinden çok farklı olarak; gerçeğin tiyatrosu, süreçle ilişkilidir. "Gerçeklik" prova süreci boyunca ortaya çıkanın yeniden ve yeniden ekipteki herkes tarafından gözden geçirilmesinden oluşan sürecinin bir sonucudur. Böylelikle gerçeğin tiyatrosu, estetik olarak aynı olan çoklu geçmişlere sahiptir (Martin 1-22).

[17] Martin'e göre, gerçekliğin aktarımında kadraj büyük bir sorun teşkil etmektedir. "Günümüzde gerçeğin tiyatrosu, sahne çerçevesini (kadrajını) bir ayrıştırıcı olarak değil, gerçeğin ve benzerinin (simüle edilenin) bir birlikteliği olarak kullanıyor." Martin, kurgunun kurgu olmayandan uzaklaştırılması olarak değil, ikisinin birleşmesi olarak sahnede gerçeklik üretebileceğini savunuyor. Ağ televizyonları, bloglar, youtube ve diğer internet yenilikleri, cep telefonları, fotoğraflar, plazma panolar, gözetleme kameraları, tüm modlarında ana akım filmler, (belgesel, sahte, tarihi canlandırmalar), "kurgusal olmayan" belgesel görüntüleri, animasyon —hepsi gerçek olduğunu iddia ediyor. Gerçekliğin nerede bitip, temsilin nerede başladığını kesin olarak belirleyebilir miyiz? Martin; "Reinelt'a göre, gerçek 'nesnede değil, nesnenin aracıları (sanatçılar, tarihçiler, yazarlar) ve izleyicileri arasındaki ilişkide' olduğunu yazıyor." Reinelt, hem bir şeyleri bilmemizi hem de bir şeyleri nasıl öğrendiğimizi sorgulamamızı ister," diyor (Martin 16).

Perde üstüne işlerin işlenmesi / Tasarım: Yasemin Nur / Foto: Maurice Korbel

Sahnede perdeleri astığımızda karşımızda bu nesneler sahnede bir tür sessiz oyun karakterleri gibi yerlerini almışlardı[18] (Korkmaz 285-288). Onlar da perde üstünde yerleştirilme, örülme, geçirilme biçimleriyle hem birbirleriyle hem de seyirciyle farklı bir dilden konuşuyorlardı. Onların ruhu, bizi aslında en somut şekilde "bilinmeyen yaşanmışlıklara" bağlıyordu. Bir fotoğrafın asılma şeklinde, aile yadigarı bir halının motiflerinde, bir geceliğin göğüs dekoltesinde, eteğinde, terk edilmiş evlerin sıvalarında gerçeği/hakikati/aktarımı/belleği ve kollektif olguyu bulabiliyorduk.

Prova sürecinde perdelere nesnelerin yerleştirilmesine başlandı ve gösteri sırasında da oyuncular perdelere başka nesneleri astılar, yerleştirdiler, diktiler. Dolayısıyla bu yerleştirme eylemi sahnede de, nesne ve aktörün birbiriyle ve dolayısıyla seyirciyle paralel ve eşit bir şekilde ilişkilenmesi ile devam ediyordu[19] (Korkmaz 291-292).

---

[18] Literatürde Yeni Materyalizm (New Materialism) ve "Spekülatif Realizm" ("Speculative Realism") ile birlikte anılan "Nesne Yönelimli Ontoloji" ("Object-Oriented Ontology") özneden bağımsız olmadığı ve birbiriyle ilişkiye girmediği düşünülen nesnelerin özerk ve bağımsız yapılar olduğu dikkat çeken bir düşüncedir (Fernando 164-165). Bu düşünce temelde nesnelerin insandan bağımsız, birbiriyle ilişki halinde oldukları bir alanın varlığını kabul eder. Kavram ilk olarak 1999'da Graham Harman tarafından "Nesne Yönelimli Felsefe" ("Object-Oriented Philosophy") biçiminde kullanılmıştır. Daha sonra Levi Bryant 2009'da kavramın sınırlarını genişletmiş, nesnelerle ilişkisi olan ve Graham Harman ve başka düşünürlerin birbirinden farklı görüşlerini içeren bütün düşünceleri kapsayacak şemsiye bir kavram olan Nesne Yönelimli Ontoloji'yi kullanmaya başlamıştır (Harman 221). Oldukça yeni bir alan olan Nesne Yönelimli Ontoloji özellikle Graham Harman, Levi Bryant ve Jane Bennett gibi düşünürlerin çalışmalarıyla giderek daha çok tartışılmaktadır.

[19] "İnsan ve insan olmayan bütün varlıklar nesne konumunda eşitlenirken ontolojik hiyerarşinin kalkması bağlamında varlıklar arasında yeni ve demokratik bir ilişki ortaya çıkar" (Bryant 19).

Foto: Maurice Korbel

Yanında taşınabilecek kadar eşya ile yola çıkılan bir geleceğe, aslında öncelikle hafıza taşınmıştı. Bu hafıza ise, onların geleceğimiz dedikleri her yere işlenmiş, eklemlenmiş, göç edilen yerde bir yeni oluştururken "yeninin" aralarına yerleştirilmiş ve böyle bütünleşmişlerdi. Geçmişin izi artık ne kendisiydi ne de gelecekleri olarak önerilen yer "göçmen"in gelişinden itibaren önceki gibiydi. Dönüşüm malzemeye işlenir gibi örülerek tutunarak, kaynaşarak gerçekleşmişti. Biz bunu, sahneye, perdelerdeki görsel dil üstünden taşıdık.[20]

Sahnede oyuncuların elinde iki mini taşınabilir kablosuz video projeksiyon makineleri vardı. Bu projeksiyon makinelerinin birine Selanik, Kavala ve çevresinden, diğerine ise Samsun ve çevresindeki eski Rum, yeni mübadil köylerinde kaydedilmiş görsel malzemeler yüklenmişti. Aslında mübadil köylerinin çoğu günümüzde boşalmıştı. Rumların bıraktığı, daha sonra mübadillerin yaşadığı ve şimdi çoğu terk edilmiş ya da bir depoya dönüşmüş mekanların kimin izini taşıdığı fikrinden çok, duygusu ve yarattığı travmayı açığa çıkarma arayışının ve böylelikle tanıklığının ve sonrasında da kabulünün peşindeydik. Selanik'de de artık Anadolu'dan göçen Rumların izleri görünür değildi. Bu kentlerdeki yeni yaşamın izleri çok farklıydı. 100 yıl öncesinin yaşanmışlıkları belli belirsiz izler bırakarak şimdiki yeniye eklenmişti. Projeksiyonlarda da bugünün görselleriyle o dönemden kalan belgesel görüntüleri birleştirdiğimiz kolaj görüntüler vardı. Bu görüntüler sahne-

---

[20] Bruno Latour'un "Aktör-Ağ Teorisi"nde ("Actor-Network Theory") Nesne Yönelimli Ontolojide'ki gibi insan ve insan olmayan varlıkların tümü değişen oranlarda eyleyiciler şeklinde betimlenir. Latour, bu bağlamda insan ve insan olmayanlar arasında eyleme katılma düzeylerindeki farkları göz ardı etmeksizin bir ağ olduğunu varsayar. Ağ Aktör Teorisinde herhangi bir eylemde insan ve insan olmayan aktörler bir araya gelerek yeni hibrit bir aktör meydana getirirler. Bu kendisini oluşturan önceki nesnelerden farklı yeni melez bir aktördür. Bu teknikte birbiriyle ilişkisiz görünen nesneler bir araya gelerek kendilerine benzemeyen yepyeni birşey oluştururlar.

de oyuncuların kurdukları oyunlarda her türlü malzemenin üstüne düşüyordu; perdelerin, perdelerin üzerine iliştirilmiş malzemelerin, hareket eden, mektupları dillendiren oyuncuların üstüne. Bir oyuncunun seyirciye oyun metnini aktarırken, üstündeki beyaz gömleğin sırtına diğer bir oyuncu tarafından yansıtılan görüntülerin o oyuncunun, oyun esnasında "farkına varmadan yüklendiği" ve taşıdığı yükü oluveriyordu[21] (Korkmaz 293).

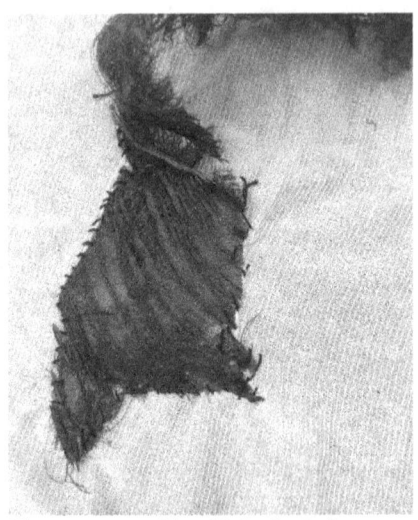

Perde detayı / Özkaynağı farklı malzemelerin biraradalığında kendisi olan bir nesne / Foto: Maurice Korbel

Bir oyuncunun (Lisa Maria Stoeber) sırtına projeksiyondan yansıyan dikme ve iş işleme eyleminin görüntüleri / Foto: Maurice Korbel

En başta değindiğim mekân sorunsalına dönecek olursak, farklı iktidar biçimlerinin ya da iktidara karşıt fikirlerin savunulduğu çok çeşitli kürsüler kullanımımıza açıktı. Tüm davetli sanatçıların bildirileri bu ortak mekânda/sahnede seçtikleri kürsülerden dile gelecek ve sergilenecekti. Şimdiye kadar aktardığım iş, hangi kürsüden seyirciye seslenebilirdi? Bir politikacının topluma seslenebileceği bir kürsü formu mu? Bir hocanın öğrencilerine seslenebileceği bir kürsü formu mu? Ya da bir sunumun yapıldığı bir platform, ya da bir mahkeme yargıcının kürsüsü ya da suçlunun kendini savunduğu platform mu? Hiçbiri. Kurulu mekân bizim

---

[21] "Latour, ayrıca, sosyal kavramının modern anlamını tartışmaya açarak sosyal bağ (social ties) olarak sosyal ve ortaklık (associations) olarak sosyali birbirinden ayırır. Ve ikinci anlamın etimolojik kökenlerine daha yakın olduğunu belirtir. Latour buradaki ortaklığa insan ve insan olmayan aktörleri birlikte dahil ederek aralarında sosyal bir ağ tanımlar. Bu bağlamda insanlarla insanlar, insan olmayanlarla insan olmayanlar, ve insanlarla insan olmayanlar arasında farklı türden sosyallikler tanımlanabilir. Bu sosyal ağlarda çok yönlü çok katmanlı karmaşık ilişkiler söz konusudur ve yeni hibrit aktörler oluşur. Graham Harman ise, Nesne Yönelimli Ontoloji'nin "herşeyin teorisi olma"ya başka pek çok düşünceden daha yatkın olduğunu vurgularken, bu düşüncede her nesnenin "gerçek" olması gerekmediğini belirtir. Ve kurmaca karakterlerden örnekler verir (Harman 33-34). Öte yandan yine aynı bağlamda bütün nesnelerin fiziksel olması gerekmediğini, bilinçdışı ya da maddi olmayan arketiplerin de nesne kategorisine dahil edilebileceğini ileri sürerek insan olmayan aktörlerin sınırlarını epeyce genişletir (Harman 25-28). Buna göre kurmaca ya da gerçek, fizik ya da metafizik, her türlü olay ya da olgu eyleme katkıda bulunan nesneler şeklinde değerlendirilebilir. Böylece insanlarla birlikte hayvanlar, bitkiler ve eşyalar kadar mekanlar, binalar, şehirler, kurumlar ve hatta kurmaca karakterlerle her türlü anlatı da birer nesneye dönüşür" (Korkmaz 293).

anlatımızın mekânı değildi.

Biz bu kürsüleri sahnenin sofitasındaki barlara asıp tavana doğru çekip kaldırarak, sahnede havada asılı bıraktık, kürsülerin altlarına perdelerimizi iliştirip yere doğru sarkıttık. "Çadırımsı" yerleşik olmayan, göçebe hissi veren bir estetik oluşturan perdelerimizi seyircinin gözünün önüne astık, havada asılı duran kürsülerin altına bağladık. Biz sunumumuzu kürsülerin altına gerdiğimiz perdelerde yaptık. Kürsüler, bağlamlarından koparılmıştı. "Başka Yerde"ydik. Bir yandan mekânın algısıyla oynayıp, seyirciyi mekanın altına sokuyorduk, kürsülerin kurulduğu mekanın altına/yeraltına işaret ediyorduk, gözlerden ırak bir alanda kurgulanan seslenilenle-seslenenin birbirine karıştığı gerçeklikte, paralel çalışan eylemselliğin olduğu bir "hiçbir yeri" tanımlıyorduk.

Perdeler kürsülerin altına asıldı / Performans: Lena Dreischner, Izabela Gwizdak / Foto: Maurice Korbel

Afrika Dansı[22]

İTHAL MALI /BİR MAKİNE / HEM DE DEĞİL / ÇÜNKÜ

---

[22] *Afrika Dansı*, Yazan: Sevim Burak, Uyarlayan/Yöneten: Emre Koyuncuoğlu, Sahne Tasarımı: Yasemin Nur, Ses Tasarımı: Mert Öztekin
Performans/Oyuncular: Ayla Algan, Sevi Algan, Erol Babaoğlu, Ferhat Büküş, İbrahima Diaw, Zita Dipon Gomis, Burcu Eken, Aminata Mbaye, Su Güneş Mıhladız, Fuat Onan, Hasan Uzma, Agnes Tendeng
Dramaturji: Selvin Yaltır, Reji Asistanı: Pınar Arabacı, Gökçe Deniz Balkan, Prodüksiyon Asistanı: Tuğba Tules Birincioğlu, Selin Durmuşlar,
Video-Senaryo: Emre Koyuncuoğlu, Görüntü Yönetmeni: Vincent Rozenberg, Işık: Okan Çetinkaya, Montaj: Mustafa Haznedi, Görüntü Yönetmeni Asistanı: Serkan Çetinkaya, Video Filmdeki Oyuncu: Jale Arıkan
Enstalasyon ve Kat'ı Performansı: Yasemin Nur, Gözde Nur Yılmaz, Güneş Terkol
Sergideki Sevim Burak Arşivi: THE WORKS, "Objects of Desire."

KONUŞUYOR(. . .) BİR GÜN SUSMAK UMUDU YOK / FAKAT KENDİ SÖYLEDİĞİ KELİMELERİ KENDİSİNİN DE BİLDİĞİ YOK / YA DA KENDISININ NE İSTEDİĞİNİ BILMIYOR(. . .) KIM BU, BİR MAKİNE Mİ? GİZLİ BİR YÖNETİCİ Mİ? YOKSA GİZLİ BİİR GÜÇ MÜ?(. . .) DÜŞ GÖREN BİRİ Mİ BİR AŞIK MI BİR ERKEK Mİ(...) LOKMASI AĞZINDA İKEN ÖLDÜRÜLECEK Mİ NEREYE GİDİYORUZ NE YAPACAĞIZ MAKİNE BİZİ BURADAN ÇIKARACAK MI(...) YOKSA BU MAKİNE BENİM DE MI HESABIMI GÖRECEK ALT KAPIDAN GİZLİCE ÇIKARILAN BİR CESET Mİ OLACAĞIM(. . .) KISA BİR SÜRE DURUP ALDATICI BOŞLUĞA BAKTIM. MAKİNANIN BİR DÜŞ OLUP OLMADIĞINA EMİN OLMAK İÇİN./ ARAMIZDA BİR ŞEYLER VARMIŞ GİBİ(. . .) DERİN O GİZLİ SÖZLER / MAKİNEYE GÖRÜNMEDEN KAÇMAK İSTİYORUM, O ALDATICIYA(. . .) MAKİNA KENDİNİ BANA BIRAKIYOR (. . .) ONU KUCAKLAYIM SEVEYİM DİYE.
(Burak, *Afrika Dansı* 7-8, Vurgu Orijinalinde)

Salt Galeri Beyoğlu'nda 2014'de, Sevim Burak'ın *Afrika Dansı* öykü kitabındaki metnin tamamını kullanarak, bu metni gösteri, video ve ses yerleştirmesi, arşiv/sergi tanımlarının hepsinin aynı anda iç içe uygulanabildiği bir şekilde tasarlayarak *Afrika Dansı* gösterisini gerçekleştirdik. *Afrika Dansı*'nda, bu gösteri için bir araya gelmiş oyuncu kadrosu dışında, birçok disiplinden sanatçının ve davet ettiğimiz gönüllülerin gösteriye katılımını sağlayarak, Sevim Burak'ın ailesinin koleksiyonunda yer alan dökümanları gösteri alanında sergileyerek bu sanatsal bir aradalığın geniş katılımlı ve kapsayıcı olmasına çaba gösterdik.

Sevim Burak'ın *Afrika Dansı* öykü kitabı, yazarın roman ve öyküleri arasında en fazla otobiyografik izlere rastlanan eseri olarak bilinmektedir. Kitabında, yazarın kalp ameliyatlarından aktarımları, sağlığıyla ilgili sorun yaşadığı süreç ve hastanede yattığı dönem ve Nijerya'da kaldığı bir buçuk yılda yaşadığı deneyimi ve Afrika izlenimleri iç içe geçmiştir. Burak'a o dönemde doktorların her an kalbi ile ilgili bir sorunla karşılaşabileceğini söylemesi ve bunun kendisi için yaşamsal risk taşıdığını bilmesi onu Afrika'ya gitmekten alıkoymaz. Yaşamın tam da içinde olmaktan, ne olursa olsun hem kurgusal hem de yaşamsal olarak "oluşum halinde" ve "iletişimde" olmaktan vazgeçmemesi metnin içeriğine de işlemiştir.

Burak'ın *Afrika Dansı* öykü kitabında, yazarın çok farklı anlamlar içerecek şekilde metninin içinde sıklıkla kullandığı makine ile olan ilişkisini (fetiş dahil) *Afrika Dansı*'nı çalışırken göz ardı etmek mümkün değildi. Özellikle postdramatik bir yapıda disiplinlerarası bir anlayışla sahnelediğimiz/yerleştirdiğimiz bir gösteride, Donna Haraway'in siborg metaforundan kaçışımız yoktu. Siborg, insan ve insan-olmayan, hayvanlar, biyolojik organizmalar ve makinalar, fiziksel ve fiziksel olmayan alan ve "teknoloji ve benlik ayrımı gibi katı ikilikler ve sınırları ortadan kaldırmayla ulaşılan bir melez kurgusal bir yaratık olmanın yanı sıra toplumsal gerçekliğe ait bir yaratıktır" (Haraway, "Siborg Manifestosu" 2) diye tanımlayan Haraway'in bu fikrinin izdüşümünde bu gösterinin okumasını yapmak istiyorum.

İnsan, hayvan ve nesneden oluşan bir Koro Performansı: Hasan Uzma, Erol Babaoğlu, Su Güneş Mıhladız, Fuat Onan / Foto: Gamze Kutluk

Afrika Dansı'nda en yoğun hissedilen ancak Burak'ın tüm eserlerinde var olan ve sanatçıya özgün diyebileceğim; bazı özellikler *Afrika Dansı*'nı sahnelemeyi istememizin nedenlerinin başındadır. Burak'ın öznel deneyimden besleniyor olması, metnin görsel niteliklere sahip olması (metnin sayfaya yerleşimindeki çeşitlilik, yazım kuralları dışında büyük küçük harf kullanım tercihleri vs.), işitselliği (yazdığı kelimeleri farklı artikülasyon ve tonlamalarda yazması, farklı kültürel katmanlar metne eklenebilsin diye kelimelerin söylenişini kasıtlı bozması) metninde yer alan tekrarlarda imgelerin birbirlerleriyle farklı ilişkilenmesi, yazma eylemini ve süreci bir performansa dönüştürmesi (yazmak için giyinip hazırlanması, yazdığını yeniden ve yeniden yazarken, yazdığı kağıttaki cümleleri, kelimeleri keserek çıkarıp, onları perdesine iğne ile iliştirip aynı zamanda perdede yeniden—başka bir metin yazıp, o metni seyrederken yüksek sesle okuması) ilişkilendiğimiz ve gösteriye taşıdığımız özelliklerdi.

Konuyu daha da açacak olursam; yazarın hem yazım sürecinde kendine yarattığı alan, hem yazım sürecinin kendisini gösteriye dönüştürme biçimi ve yazdığını seyrederek, aslında işini/tasarımını—yeni bir model tasarlamış bir terzi gibi!— (Sevim Burak, hayatının bir döneminde modellik, bir bölümünde de terzilik yaptı) tehşire açması, malzemeyle (daktilo, kağıt vs.) ilişkisinde nesnelerin nesne-karakter olarak öykülerine yerleşmesi, birçok sanatsal disiplinin birbirinin içinde var olmasını, "yoldaş-türler" (Haraway 228) olarak yazarlığına eşlik etmesini sağlıyordu.[23] Sevim Burak, aynı zamanda bir kolleksiyonerdi ve *Afrika Dansı* kitabında bahsi geçen yerel mask ve kostümlerin, yazarın kendisi tarafından Nijerya'dan İstanbul'a getirildiğini, evinde yazarken bu elbiseleri giydiğini ve maskların evinde asılı olduklarını, nesnelerle iletişim halinde yazdığını, yine oyunu hazırlama sürecinde kızı Elfe Uluç bize aktarmıştı. Yazarın yazdığı metinleri, keserek parçalara ayırdığını, sonra kelimeleri, heceleri perdeye teyelleyerek, görselleştirirken ve yerleştirirken, bu yap-bozlardan belli ritimler oluşturduğunu ve metnini böyle kurguladığını, okuruna kelime/hece tekrarlarıyla anlamından kopardığı kelimenin içerdiği sesleri dinlettiğini biliyoruz. Sanatçının yaşam deneyimiyle sanatsal üretiminin birbirinden ayrışamayacak kadar "melez" olması, sanatçının ölümünden sonra da bu "melezliğin" sonsuz bir "olum aşamasında" olduğu önerisini birlikte getiriyordu. Gösterimizde ve yerleştirmelerde yer alan yazara ait nesneler (Burak'ın öyküsünü yazarken giydiği Afrika tuniği, hastaneden adına çıkarılmış rapor sonuçları, hastanede yatakta çizilmiş portresinin eskizleri) sergi alanında birbirleriyle ve diğer nesnelerle, ayrıca oyuncular ve ses kayıtları aracılığıyla duyulan, performe edilen *Afrika Dansı* ile ve ayrıca gelen seyirciyle canlı bir "iletişim" ve "olma" halindeydiler.

Performans: Ferhat Büküş / Foto: Gamze Kutluk[24]

Bu makaledeki argümanımı destekleyeceğini düşündüğüm için hem yazarın met-

---

[23] Donna J. Haraway'in makine ve organizmanın bir araya gelerek oluşturduğu melez yapıya işaret eden sibernetik organizma yani Siborg (cybernetic organism - Cyborg) ve insanın dünyadaki macerasında ona eşlik eden onunla birlikte evrimleşen ve aynı zamanda dünyayı birlikte dönüştüren "yoldaş türler" ("companion species") kavramları anahtardır. Birincisi insanın makineyle olan ilişkilerine, ikincisi ise, insanın hayvanlarla olan ilişkilerine yoğunlaşan bu iki kavramın sınırları insan olmayan öteki türleri de kapsayacak biçimde genişletilebilir. Haraway'in "siborglar da yoldaş türler de insani olanla insani olmayanı, organik olanla teknolojik olanı, karbonla silikonu, özgürlükle yapıyı, tarihle miti, zenginle, yoksulu [...] ve doğa ile kültürü beklenmedik şekillerde bir araya getirir" (*Siborglardan Yoldaş Türlere* 228).

[24] Bir dil olarak sargı bezi /perde arkası, perde ve perde önü bir bütün olarak anlatıyı oluşturuyor.

ninde, hem de gösterimizde yer alan bazı özellikleri bir arada dile getirmek istiyorum. Bunlardan ilki, özelden ve bir kadın deneyiminden yola çıkarak bir "dişil yazı"[25] (Göç-Bilgin 69) ve bir sürece yayılmış, oluşa alan ve zaman tanınarak gerçekleştirilmiş bir sanatsal iş olmasıdır. İkincisi de hem maddesel anlamda, hem de metaforik anlamda yazarın ve metninin, dolayısıyla gösterinin "melez" olma hali ve metindeki anlatıcının/gösterideki performansçıların "makina, iğne, yosun, moloz, büyücü, horoz vs."[26] ile ilişkisinde oluşan hali; en iyi karşılayan imgenin "Siborg"[27] olmasıdır. Bir diğeri de rastlantıya/kazaya açıklığıyla içinde barındırdığı deneysellik ve performatif olma özelliği, *Afrika Dansı* öyküsünde ve gösterisinde oluşum halinin okurla/seyirciyle karşılaşmada da devamını sağlar. Yazarın yazarken süreçte gerçeklik algısındaki dönüşüme vurgu yapması; nesneler ve kelimeler arasında ilişkilenme biçiminin de değişken olduğunu bize gösterir[28] (Burak, "Sevim Burak Yazarlığını Anlatıyor" 101). Yazarın metninin okunuş hali ve gösterinin izlenişinde seyircinin gösteriyle ilişkilenme biçimi tam da Haraway'in tasvir ettiği "yapım-aşaması"na[29] (Haraway, *Başka Yer* 39) denk düşmektedir.

Yazarın daktilosu ile ilişkisi "siborg" imgesi yaratır. Makinası (daktilosu) onun inorganik olarak eklemlenmiş bir uzvu gibidir. Makinasıyla iletişim halinde hatta ilişki içindedir. Makinasından yaşamı kurgusallaştırdığı için nefret eder, ama üretmek için ona ihtiyacı vardır. Makina aşkıdır, korkusudur, onun bir parçasıdır, organıdır, doktorudur, hizmetlisidir, içinde ve dışında hissettiği bir mekanizmadır. Üretmesi/var olması için bir makinaya ihtiyaç duyar. Makina ile bütünleşerek yaşadığı süreci kağıda aktarır, iletişimini makina aracılığıyla sağlar). (Metninde bazen makina/daktilo kişileşir: doktor, sevgili, cellad vs. olur.) Bir yandan da, makina diğer anlamıyla da daktilo kızdır, asistanıdır. Yazarın "yaşamına/varolmaya/iletişimde kalmaya devam etmesi" için makinayı aracı olarak kullanırken, aynı zamanda makina onu yaşamdan koparır, onun ruhunu bir kalıba sokar ve dönüştürür maddeleştirir, eser ortaya çıkar.öylelikle yazar bir üretim uğruna yaşamının bir parçasını bir forma aktarırken, yaşam şekil değiştirir ve artık kendisi de eski kendi değildir.

---

[25] Feminist kuramcı ve aynı zamanda tiyatro yazarı "dişil yazı" kavramının savunucusu Hélène Cixous'a göre, dişil yazı fazlasıyla sese benzer ya da sese yakındır. Yani, konuşma etkinliğine benzemesi, dişil yazının karakteristiğidir. Burada ses ya da konuşma, bilinçdışına yakınlığı noktasında önemsenir. Kendi öne sürdüğü türde dişil yazı çoksesliliği, durağansızlık, belirsizlik, çizgisel olmayan zamansallık ögeleri bizzat kendi anlatılarında uygulanmıştır. Ayrıca, dualist düşünce biçimlerinin reddederek, öznellik, dilin bedenselliği, dişillik, başkası gibi konularda metinlerinde işler.
[26] *Afrika Dansı* metninde canlı bedenle melezlenen cansız nesnelerden bazıları.
[27] Donna Haraway'e göre "Bir siborg bir sibernetik organizma makine ile organizmanın oluşturduğu bir melez kurgusal bir yaratık olmanın yanı sıra toplumsal gerçekliğe ait bir yaratıktır. Modern tıp da siborglarla, her ikisi de kodlanmış aygıtlar sayılan ve cinsellik tarihinin eseri olmayan bir güç ve yakınlıkla birleşmiş "organizma" ile "makineler"in çiftleşmiş halleriyle doludur. Siborg.. hem "tahayyülün" hem de "maddi gerçekliğin" yoğunlaşmış bir imgesidir (Haraway, "Siborg Manifestosu" 2-4).
[28] Sevim Burak şöyle açıklar: "Ben gerçeği bir kere yazıp ortaya çıkarabilen bir yazar değilim; yazarlık tecrübelerime göre söyleyebilirim ki yirmi kere yazarak elde ettiğim gerçek çok alelade bir gerçekti. Bir gerçeği ancak yüzüncü kez yazdığım zaman, gerçeğin o olmadığını, değişerek başka bir görünüm aldığını ve başka bir gerçeğe dönüştüğünü anladım" (Burak, "Sevim Burak Yazarlığını Anlatıyor" 101).
[29] Haraway için deneysel yaşam biçiminin en ihtilaflı meselelerinden biri; toplumsal cinsiyettir ve onun tabiriyle "yapım aşamasındadır."

Çerçeveler, Performans: Burcu Eken, Sevi Algan / Foto: Gamze Kutluk, Murat Dürüm

Bir çerçeve olarak tabut ve makine / mikrofon / Performans: Hasan Uzma, Su Güneş Mıhladız / Foto: Murat Dürüm

Makina, öyküsünde çok çeşitli biçimlerde karşımıza çıkar. Makina ameliyat masasında yatarken kalbini seyredebildiği gözüdür, ya da bir uzvu yerine geçen bir ekrandır, bedeninin uzantısıdır, somut bir "yoldaş tür" ya da bir illüzyondur, kurgudur. Bu uzuv, "özkaynak" uzuvlara (Haraway 115) göre, daha köşeli, daha keskin, baş etmesi çaresizce zor; kabulü de, yerleşmesi de, içselleştirilmesi de. Ne dersek diyelim, onunla inorganik bir biçimde ilişkilidir. Yazarın organik bağlarını ise; Afrika'yı aktarırken, metnine aktardığı büyücülerde, "Cucu danslarında", okültik ritüellerde[30] (Burak, *Afrika Dansı* 26-27) yaşanan soykırımlarda, yaşam ötesinden

---

[30] "On yıldan beri ortadan kaldırdığım yazılarım/ kağıtlarım/ iğnelerim /koğuştaki yatağımın altındaydı

seslenen ölülerden duyduğu "GEL/BİZİ/KURTAR" (Burak, *Afrika Dansı* 23) çıklıklarında, "ait olduğu yer" olarak tarif ettiği "kalabalıklar"da "rengarenk insanların" içinde, "Beckett"in yokluğunda bulabiliriz. Bu benim *Afrika Dansı*'nı sahnelerken Sevim Burak'ı okuma biçimlerimden en belirginidir.[31]

Gösteride yer alan gönüllü katılımcılar / İbrahima Diaw, Zita Dipon Gomis, Aminata Mbaye, Agnes Tendeng

---

/ayrıca yüzümde bu savaşçı BALWALWA maskesi altında duygularımı gizliyebiliyordum./bazen bir koğuşun kapısında (BALUMBA'ların yaptıkları beyaz yüzlü maskeler) beyaz yüzlü hortlaklar (BALUMBALAR KONGO'nun BRAZAVILLE sahil yönlerinde yaşayan kabilelerdir etnik gruplar oluştururlar bu maskları takarak CUCU/BÜYÜCÜ dansları yaparlar) kendime beyaz yüzlü hortlak maskı almıştım (...) şimdi kavgacı gaga burun maskımı çıkararak yerine beyaz yüzlü kadın hortlak maskımı takıyorum ve CUCU yapmaya hazırlanıyorum" (Burak, *Afrika Dansı* 26-27).
[31] Haraway için figürler mesken tutabilen performatif imgelerdir. İhtilaflı dünyaların yoğunlaşmış haritalarıdır (Haraway, *Başka Yer* 37).

"Ameliyathanenin ekranından kalbimi izliyorum" (Burak, *Afrika Dansı* 38) cümlesinde olduğu gibi yazarın "iç-gözü" ve farkındalığını aktarmak için teknolojiyi araç olarak tanımlaması, ekranı kendi içini "görmek" için bir uzantısı olarak kullanıyor olması, ekranın bir nevi bedenine ait bir iç gözü, organı ol-muş olmasını bir siborg metaforu olarak ya da yazarın yosunlar arasındaki midyeli, yılanların takıldığı "büyük kalbi"ni (Burak, *Afrika Dansı* 10) bedenin-den bağımsız tek başına bir nesne ya da yine bir siborg metaforu olarak oku-yabiliriz.[32] Organik ve inorganik biçimlerde ve hepsi birlikte bir siborg meta-forunu *Afrika Dansı* metninde nasıl görüyorsak, sahneleme/yerleştirme ve projeksiyonlarda yer alan filmin çekimi ve oyuncuların performansında da görebiliriz.

Yazarın metindeki oyun kurma özellikleri, her okuyucunun kendi imgesinde tamamlanan performatif yapısını, sanatsal disiplinlere kapı açan potansiyelini, *Afrika Dansı*'nın sahnelemesi sürecinde "türler-arası" bir oyun alanı oluşturarak gerçekleştirdik. Video-sanat (Video-art), yerleştirme (enstalasyon), performans, sergi, gösteri gibi sanatsal dilin/formları birbiriyle bütünleşmiş ve birbirine el vermiş hallerde yer alabileceği bir mekan tasarımı düşündük.

Bir galeri mekanında; iki ucu da geniş bir salona açılan düz bir koridor "sahnemizi" kurduğumuz boşluktu. Bu alanın tavanın belli yerlerine perde rayları monte edip ve raylara kalın stor perdeler takıp yere kadar sarkıttık. Yere değdikleri noktalara da mini tekerlekler taktık. Böylece, sağa sola kayabilen ve duvar arkalarına kaydırıldığında saklanabilen pano perdelerle sergi mekânının rahatça ve hızlıca dönüşebilen "performatif bir mekân" olmasını sağladık. Bu kayan panolar bize hızlı bir şekilde mekânı farklı alanlara bölme ya da tamamen açabilme olanağı sağlıyordu. Video projeksiyon için perde görevi de gören bu panolar, aynı anda çeşitli uzamlar yaratarak kendi içinde bağımsız birkaç sahnenin aynı anda paralel çalışmasına olanak sağlıyordu. Ağırlıklı olarak duvarlarda asılı olan ama mekânın birçok alanına da (yerlere, mekana yerleştirdiğimiz masaya, yatağa vs.) yayarak yerleştirdiğimiz serginin içinde performatif bir sahne ve video-sanat projeksiyonları için de perde kurmuş olduk ve böylelikle sergi mekanını hareketli bir sahneye ve sunum alanına dönüştürdük.

Seyirci – oyuncu iç içeydi. Seyirci bir sergiyi gezer gibi, her alanda olabilirdi. Hareket edebilir, belli bir yerde durabilir veya performansa katılabilirdi. Oyunda klasik anlamda seyirci için önerilen bir seyir perspektifi, oyunun akışında takip edilmesi gereken çizgisel bir devamlılık, karakter vs. yoktu. Performanslarda daha çok yan yanalık, her şeyin, her sanatsal dilin birbiriyle konuşabilirliği, birbirine atlayabilmeleri ve birbiriyle ilişkileri önceliğimizdi. Seyirciyi nesnelerin, metnin, oyuncunun performansının farklı sanatsal disiplinlerde, o disiplinin dilinde tekrarlarına yeniden konumlanmış (o nedenle dönüşmüş) hallerine maruz bırakıyorduk. Seyircinin tekrarları algılayabilmesi malzemenin farklı katmanlarda yeniden okunmasına ve ilişkilerin yeniden tanımlanmasına ve iletişimin "eylemleşmesine" olanak tanıyordu. "Seyircinin gözünde melezlenecek" (herkesin seçiciliği

---

[32] "O YOSUNLAR ARASINA SAKLANMIŞ KALBİNİZİ GÖRELİM / ORAYA NE MOLOZLAR TAKILMIŞ / NE MİDYELER / NE YILANLAR SARILMIŞ / BÜYÜK KALBİNİZİ GÖRELİM" (Burak, *Afrika Dansı* 10, vurgu orjinalinde).

farklı) bir sanatsal öneri/ağ söz konusuydu.

Saklanabilir perdeler / Video Performans: Jale Arıkan / Foto: Gamze Kutluk

Performans: Su Güneş Mıhladız / Foto: Gamze Kutluk

Katmanlı kurgu / Performans: Ayla Algan, Video Performans: Jale Arıkan / Foto: Sinan Başol

Performans: Ayla Algan / Foto: Gamze Kutluk

Performansçıların aktarımlarında, ses kayıtlarında, mekâna yazılan, örülen, işlnen, asılan yazılarda Burak'ın metnini görebiliyor ve duyabiliyordunuz. Bir yandan da bu mekânda sanatçıların yaptığı "iş," Burak'ın yazdığı "performatif eserin" farklı bir formun içine akışına katarak/katılarak, bu akışa çanak olma haline dönüşüyordu.

Provalardan, Foto: Emre Koyuncuoğlu

Aynı zamanda, bu oyun için beraber çalıştığımız sanatçı arkadaşlarım; hem sahne alanında, hem de görsel alanlarda çok farklı sanatsal üretim dili olan ama "sokak"la çok yakın ilişkisi olan arkadaşlarımdı. Amatör ve profesyonel oyuncular, politik aktivistler, göçmenler, sokak performansçıları, Türkiye'nin gelmiş geçmiş en değerli tiyatro oyuncusu olan bir diva, bir palyaço, sinema starı, televizyon yıldızları, bir Fransızca öğretmeni, radyo programcıları, sokak müzisyenleri, ressamlar, kameramanlar, video-artistler, görsel sanatçılar, şiir performansçıları, dansçılar, Afrikalı göçmen müzisyenler, hepsi yan yana oradaydılar. Aynı zamanda davet üzerine çalışmamıza katılmış Nijerya'dan bu topraklara göç etmiş sanatçılardan, bize gösterdikleri dansları öğrenirken onlarla ortak konuştuğumuz bir dil bulamadığımız için çok temel kelimelerle anlaşmaya çalışırken, o konuşarak yapamadığımız paylaşımın sahnede kendiliğinden var olabildiğini görüyorduk. Prova sürecimiz diğer oyunlarla karşılaştırıldığında oldukça uzundu: 6 ay. Bir süreliğine aramızda topladığımız parayla 4. Levent Oto Sanayi'de bir mekân tuttuk. Aminata Mbaye ve Agnes Tendeng'in önerdiği yerel bir dans koreografisini çalışırken, bundan önce hiç bir araya gelmemiş ve belki de bu proje sonrasında da bir araya gelmeyecek olan "ekip" birbirini içselleştiriyor ve birbirinden beslenerek "hibrit" ve "gerçek-dışı" hatta "bilmediğim/tanımadığım" ama çok etkilendiğim melez bir sahne bedenini oluşturuyorlardı.

Yazarın vücudunda dolaşan ve onun düşmanı olan iğne (Burak, *Afrika Dansı* 26-27) performansımızda da sahnede farklı şekillerde dolaştı. Oyunda bir performansçı olarak yer alan şair Burcu Eken, gösteri boyunca farklı iğnelerle bedeninde farklı yerlere "iş" işledi. Performansçı, altın renginde iplik takılmış bir çuvaldız iğne ile saçlarını birbirine dikiyor, sonra farklı bir anda tam karın boşluğuna yerleştirdiğimiz nakış kasnağına gerilmiş beze bu sefer punch aletinin iğnesini taktığımız altın iplikle, bedenin karın boşluğu/ yumurtalık bölgesine "iş" işliyordu. Burası bir kadının bedeninde üreme organlarının olduğu bölgedir. Sanatçı iğnesiyle kendi kendini dölüyordu, iğnesiyle karın boşluğunu /"boş alanı"nı şekillendiriyordu. Bir yandan da bu sahne –tıpkı Sevim Burak'ın *Afrika Dansı*'nda yaptığı gibi– otobiyografi bir deneyimin sahneye taşınmasıydı. Bir kadının tüp bebek sürecinde (in vitro fertilizasyona) dışardan müdaheleyle, eklenenlerle tamamlanabilen hamileliği gibiydi. İğne burada dişil bir işlevi olan eril/fallik bir nesneydi. Bedeni saran bir taytın karın kısmına yerleştirdiğimiz bir kasnak, performansçının kendi bedeninin karın boşluğuna altın renkli iplikle ve punchla işlediği iş, bir nesne ile bütünleşerek performatifleşen bir beden oluyordu. "İnorganik" bir uzuv bedene eklemlenmiş ve performansçının bedeni olmuştu.

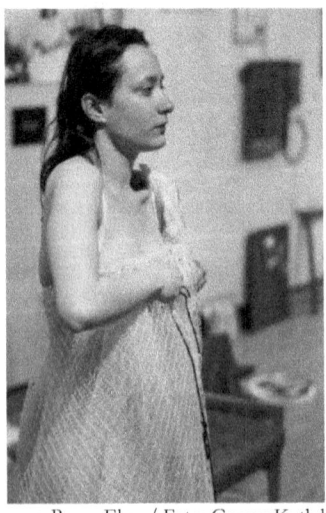 

Performansçı: Burcu Eker / Foto: Gamze Kutluk

Daha sonra aynı performansçı çıplak bedenine bir elbise gibi giydiği balık ağını terzi gibi –yine altın bir iplik geçirilmiş bir iğne ile– üstüne yamıyordu. Ağ bedeninde yamanmaktaydı. Yazarın metninde var olan "ağa takılmış kalp"ın ağı, sahnede yamanmaktaydı.

Sevim Burak'ın metninde geçen "Ağa Takılan Kalp" gösteride bedene, ağ ise kostüme dünüşür / Foto: Gamze Kutluk

Performansta iğne çok farklı yerlerde gezinmekteydi. Video-film çekimleri için hazırladığımız kostümlerden birinde (bu bir yandan da annemin gelinliğinin bir parçasıydı) gelinliğin işli yeleğinin sol tarafına tam kalbin üstüne gelecek şekilde, ameliyatlarda kullanılan makaslar, iğneler bir broşu andırır bir biçimde yine altın bir ip parçasıyla tutuşturuldu Bu ameliyat malzemeleri gelinin yakasını süsleyen bir broşa dönüşmüştü.[33] (Burak, *Afrika Dansı* 19) Video filmde bu süreç aktarıyordu.

Performans: Yasemin Nur, Güneş Terkol / Foto: Gamze Kutluk

Görüntü perdeleri ve mekan seperatörleri olarak kullanılan hareketli panoların üstüne iliştirilmiş Kat-i detayları / Foto: Emre Koyuncuoğlu

Sanatçı Yasemin Nur ve Güneş Terkol video projeksiyonun yansıdığı perdenin üzerine her gösterinin belli bir bölümünde, iğne iplikle teyel atar gibi yazı yazıyor ve her gösteride de kaldıkları yerden devam ettikleri bir süreç performansı gerçekleştiriyorlardı (Oyun farklı günlerde Mart-Nisan 2014'de 16 kez sahnelendi). Aynı perdeye bazen de punch kullanarak, kesilen kağıtları, kat-i desenlerini, gelenek-

---

[33] Burak şöyle ifade eder: "BEN HÜRÜM/BENİ KAĞIDA İĞNELEYEMEZSİNİZ" (*Afrika Dansı* 18, vurgu orjinalinde).

sel çiçek motiflerini iğneliyor, gösteri anında, gösteri sırasında performansçıların kullandığı ya da ses kayıtlarından duydukları metinden kelimeleri perdeye işliyorlardı. Yerleştirmenin, seyircinin önünde de devam etmesini, üretim sürecinin seyircinin önünde bile devam ettiği ve hiç bitmeyeceği imasını da beraberinde getiriyordu.

Su Güneş Mıhladız'ın bir "kalp" olarak nefesiyle bir ritim oluşturarak gerçekleştirdiği bir başka "süreç performansından" ("duration performance") sonra onu maymun maskesiyle röntgen filmlerine bakarken görüyordunuz. Röntgen filmlerini bir enstrüman olarak kullanılarak fonda işitilen tomografi makinasının ritmine eşlik etmek için farklı sesler çıkaran ve bu seslerle koral bir yapı oluşturan performansçıların (Erol Babaoğlu, Hasan Usma, Ferhat Büküş'ün) arasında maymun maskesi taşırken görüyorduk. Maymun maskeli, seslerini duyamadığımız koristler arasında Su Güneş Mıhladız vardı. Mıhladız, daha önce nefesini duyabildiğimiz bir kalpken, burada da maymun maskesiyle sessizliğini dinlediğimiz koristti. Ardından da sargı bezleriyle kendine bir manken ayağını nasıl eklediğine tanık oluyorduk. Mıhladız, üç ayaklı, bir dansçıya dönüşüyordu. Aynı zamanda sargı bezleriyle bedenine eklemlediği üçüncü ayağı "sargılı"ydı.[34] Onun fazlalığı gibi görünen ayağı, onun yarası gibi duruyordu. Üç ayağıyla dans ederken farklılığıyla uyumlu gözüküyordu. Diğer ayaklarından farklı "inorganik" hali ile bütünde bu fazlalığıyla bir "eksikliğe" işaret ediyordu. Çünkü ek üçüncü bacak "bir eskicide bulunmuş çok yıpranmış bir manken bacağıydı." Bu haliyle tanımı olmayan kendine ait bir yaratıktı. Ancak bir "yaratık" olma bilincinden uzaktı, o kendisiydi. O nedenle, umarsızca dans ediyordu. Bu hem kendine özgün bir zenginlik ama aynı zamanda ona ait bir mücadele biçimi, güç ve güçsüzlüğün birbirine sarılma hali, engeliyle güçlenme haliydi. Bir anlamda da engeli; başka hiç kimsede olmadığı için yeteneğiydi. Mıhladız, süreç içinde farklı imgeler içinden kendini tanımlıyordu.

Üç bacaklı dansçı / Performans: Su Güneş Mıhladız / Foto: Murat Dürüm, Gamze Kutluk

---

[34] Sümeyra Buran'ın Justin Robson'un *Doğal Tarih* (*Natural History*) romanını incelerken siborg melezliğindeki tamamlanamamış varlıklar için kullandığı "engelli siborg" (Buran, "Technoworld of Technowoman" 306) tanımlamasında kastettiği gibi sol eli bedenden kopmuş plastik manken ayaklı, yarı insan olan uzuvları koparılarak eklemlenmiş, ucube.

Afrika Dansı'ndaki otobiyografik yapı sahneleme ve yerleştirme sürecinde de yol gösterici oldu. Mekanındaki yerleştirmeleri yapan ve sergilenecek nesneleri bir araya getiren sanatçı Yasemin Nur'un, yanı sıra benim ve diğer arkadaşlarımızın kişisel eşyaları, Sevim Burak'ın ailesinden ödünç aldığımız ona ait olan eşyalarla birlikte sergi alanında aynı zamanda gösterinin sahnesinde iç içe yerleştirildi. Ayrıca, Nur'un diğer eşyalarla ilişkileneceğini düşünerek eskicilerden topladığı eşyalar ve Burak'ın Afrika'ya yaptığı yolculukta topladığı orjinal Afrika maskeleri, kabile kıyafetleri vb. de otobiyografik eşyalarımızla iç içe sergilendi. Ayrıca ailesinden rica ettiğimiz aslında çok özel olan yazarın oyunu yazdığı dönemde sağlık durumunu gösteren Burak'ın hastane raporları ve yine bize ve çocuklarımıza ait olan röntgen ve tomografilerle birlikte sergimizde ve sahnemizde (burada oyun malzemesi olarak) yerini aldı. Bu şekilde kurgu ile gerçekliğin birleştiği organik bir hafıza alanı gerçekleştirdik. Aynı zamanda tüm bu nesneler bir araya gelerek yaşayan bir sanat alanı, seyircilerin kendi yaratım süreçlerine her an ekleyebilecekleri veri, motif, ses, belge oldular. Oyunda sadece oyuncular değil, nesneler de kavramsal ya da maddi olarak (doku, form) birbirine atlayarak performatif bir mekân ve zaman oluşturuyorlardı.

Hareketli perdelere oyun boyunca belli aralıklarla yansıttığımız filmleri de birbirlerine ve sahnedeki karakterlere, malzemeye, oyuna, seslendirmelere atlayacak şekilde çektik, kurguladık ve atlayabilmeleri için yer ve zaman düzenlemeleri yaptık. Böylelikle hem kendi içlerinde hem de mekandaki yerleştirme ve performanslarla bağlanıyorlardı. Örneğin; projeksiyonda izlediğimiz görüntüdeki performansçının görüntüsü kaybolduğunda aynı performansçının gösteri mekanında sesini duymaya devam ediyordunuz. Ya da, yine görüntüdeki oyuncunun kullandığı hastane ranzası, sergi alanında aynı anda farklı oyuncu tarafından inorganik bir biçimde bağlanabilecek bir öneriyle farklı bir şekilde kullanılıyordu.

Seyircinin oyun boyunca gerilmiş bir tül perdenin arkasından seyrettiği ve orada kendine bir oyun alanı kurmuş olan oyuncu Ayla Algan, bir yandan mekandaki performanslarla ilişkilenecek eylemlerle gerçekleşen performansları izliyor, aynı zamanda seyirciyi izliyor, bir yandan da kendine notlar alıp, perdeye bu notları asıyordu. Aynı perdeye görüntü düşürdüğümüzde, Ayla Algan'ın perde arkasından kendisi ve Jale Arıkan'ın perdedeki görüntüsü farklı zaman ve mekânda da iç içe geçseler de, mekâna verdiğimiz ses kaydında birbirleriyle konuşuyorlardı. İç içe geçen bu farklı zaman mekân algısı ve birbirine konuşan metin paralel akan çoklu zaman ve mekân algısı yaratmamızı sağlıyordu.

Burak, metinlerinde sözcüklerin yazılışında kasıtlı deformasyonlarla yaparak metnin okunuşuna bozuyor ve metne farklı telaffuz önerisi getirerek başka katmanlar yamıyordu. Böylelikle, Cixous'un tanımladığı dişil metni (Göç-Bilgin 69) oluşturuyordu. Video filmde oynayan oyuncu Jale Arıkan, Almanya'da büyüdüğü için kendine has bir Türkçe telaffuz etme biçimi, aksanı vardı. Filmin çekimlerinde ondan aksanını düzeltmeden, kendisi olarak oynamasını istedik. Bu bizim için çok güzel bir rastlantıydı. Burak da öyküsünde Türkçe kelimelerin bir kısmını Fransızca imla ile, bir kısmını da Fransız aksanıyla yazıyordu. Jale Arıkan'ın performansıyla dile yansıyan melez olma halinin, arada olma halinin altını çizmiş olduk.

"Punta Atmak" / Mask Tiyatrosu[35]

Kadın deneyiminin siyasal bir nitelikte kurgu ve olgu olduğunu söyler, Haraway. (Haraway, *Siborg Manifestosu* 2) Tam da "Punta Atmak" oyunu, bu söylemin sahneye taşınma denemesidir. Bu deneysel gösterinin fikri; üç kadın ve anne olan sanatçının (Sibel Horada, Yasemin Nur, Emre Koyuncuoğlu) bir arada üretme isteğiyle ortaya çıktı. Oyundan bir fotoğraf karesine bakıyorum: Valinin karısı Natella, (B. Brech'in "Kafkas Tebeşir Daire"si metninde yer alan bir karakter) daha sonra kozası olarak da kullanacağı tel bir eteğinin/formun içine/altına yerleşip kendi kabusuna sarılarak bir dönüşüme, kendini doğurmaya yatmaktadır. O en cıvık, açık yarasının yumuşak dokusunun üzerine tel-metal dokuyu bastırarak teniyle kaynaştırarak, yaralarına kabuk bağlattırırken aslında bununla ayağa kalkabilme becerisi kazanmaktadır.

Diğer bir fotoğraf, önceki fotoğrafın biraz sonrası: Hayatta kalabilmek için çıktığı kaçış yolunda, "kaçak" olduğu bir ara alanda, kendine sığınabilmek için bu tel formla, "kendini kafesler." Bunun için daha önce koza/etek olarak kullandığı tel, şimdi içinde saklanabileceği zaman içinde kafese dönüşen boş bir alandır. O boşluğun içinde saklanırken, kaybetse de hiç durmadan zihninde ağlayan o bebeğe ninni söylemek zorunda kaldığında, ilk olarak "dil"inin değiştiğini fark etmektedir. Türkçe oynayan oyuncu (Elif Sözer) ninniyi burada Almanca söyler. Sözer, Almanya'da doğmuş bir oyuncudur. "Punta Atmak"ı uyarladığımız oyunun orjinal dili de Almanca'dır. Maskı taşıyan oyuncu ile oyunda kurguladığı gerçeklik arasındaki ilişki, gösteri sürecinde sürekli sorgulanır [...]

Valinin karısı tel kafesten olan eteğinin altına saklanmış bebeğiyle / Performans: Elif Sözer, Ladin Avşar/Foto: Hakan Aydoğan

---

[35] Yönetmen: Emre Koyuncuoğlu, Mask, Kostüm ve Yerleştirme: Yasemin Nur, Sibel Horada, Müzik: Çiğdem Borucu, Işık: Arek Nişanyan Oyuncular: Cemre Buğra Ün, Doğa Nalbantoğlu, Elif Sözer, Emre Yıldızlar, Gamze Şanlı, Ladin Avşar, Sencan Oytun Tokuç, Sedef Gökçe, Su Güneş Mıhladız, Tules Tuğba Birincioğlu, Yönetmen Yardımcısı: Tules Tuğba Birincioğlu

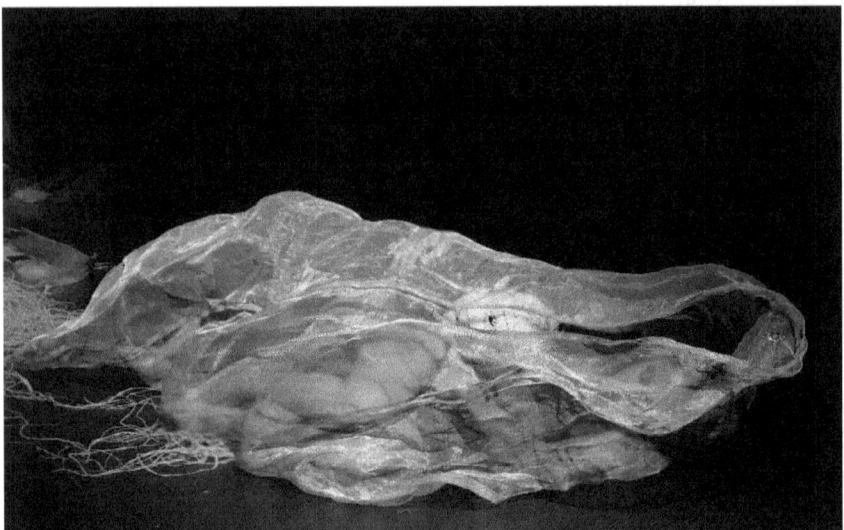

Tel kafesten rahminde kaybettiği bebeğine sarılı uyuyan bir anne /Performans: Elif Sözer, Ladin Avşar/Foto: Hakan Aydoğan

Bertolt Brecht'in "Kafkas Tebeşir Dairesi"nden yola çıkarak doğaçlamalar üzerinden serbest bir adaptasyon olarak çalıştığımız "Punta Atmak"da en temel çatışma –metaforik anlamda da olsa– "anne" tanımı üzerinedir. Ya da daha somut bir bakışla "geleceği kim oluşturuyor/kurguluyor"dur. Çocuk, bir gelecek fikridir. Çocuğun kendine ait bir alana/ana rahmine/bir boşluğa ihtiyacı vardır. Bir boşluk yaratmak zor ve acı vericidir. Varolmak için bir yaratıcı bir boşluk olmalıdır.

Boşlukta var ettiği heykelleriyle sanat tarihimizde yer etmiş Kuzgun Acar'dan emanet aldığımız performatif bir sözcüktür," punta atmak." Oyunun ismi ve isimleşmiş eylemi, oyunumuzu oluşturan temel bağlantı fikrinin ve yapısının da esin kaynağıydı.

Kuzgun Acar'ın İstanbul Manifaturacılar Çarşısı (IMÇ) için yapmış olduğu Kuşlar (Soyut Kompozisyon) rölyefinin restorasyon sürecinde geçici bir dönem Sakıp Sabancı Müzesi'nin bahçesinde sergilendi. Bu dönemde Sakıp Sabancı Müzesi'nin boğaza bakan terasında Acar'a ve sanatına atfen "Punta Atmak" performansını gerçekleştirdik. Sonrasında da bu performanstan yola çıkarak, üzerinde yeniden düşünerek, gösteriye bazı ek sahneler ve bazı müzikal geçişler ekleyerek, "Punta Atmak"ı ilk gösteriminden bir yıl sonra Şişli bomontiada ALT'ta da oyun olarak sahneledik.

Kuzgun Acar boşluğun formunu bulmuş bir sanatçıdır. Ürettiği boşlukları heykel olarak tanımlamış, boşluğa heykeller yerleştirmiş. Bu heykelleri yaparken kullandığı malzemeler ise sıradan günlük kullanımı olan her yerde bulabileceğin malzemelerdir, kümes teli örneğin. Bu malzemeleri birbirine kaynatarak, eriterek, iliştirip, bükerek soyutlama oluştururken, bir yandan da hareketin kendisini, yani aksiyonu tanımlayan formlar üretmiş oluyor. Acar, farklı malzemeleri birbirine kaynatarak hem yeni bedenler üretiyor, hem de o bedenlerin arasındaki boşluktaki ilişkinin yoğunluğunu, niteliğini varlığını tanımladığı bir aksiyon alanı/bir geçiş alanı oluşturuyordu. 1975'de Tiyatro sanatçısı Mehmet Ulusoy, Paris'teki Özgürlük Tiyatrosu'nda Brecht'in "Kafkas Tebeşir Dairesi" oyunu sahnelerken Kuzgun Acar'la birlikte çalışmış, oyundaki maskeleri ve dekoru Acar tasarlamıştı. Mask üretmek için Acar'ın kullandığı malzeme; tencere, tava, kaşık ve çatallar gibi gündelik hayatta kullandığımız nesnelerdi. Maskeyi oluştururken, kullandığı malzemelerin formu ve kullanım şekli değişse de nesnelerin önceki hallerinde saklı özleri/"-ruhu," dönüşmüş forma da aktarılmış oluyor. Bu gündelik yaşamdan tanıdık malzemelerden, uzamda bir boşluk yaratarak, bir aksiyon alanı üretmesi ve maskenin üretiminde de dönüştürülmüş malzemeyle maskeye ruh vermesi; Yasemin Nur, Sibel Horada ve beni çok etkileyen ve bize bir performans üzerinde üzerinde çalışma isteği uyandıran önerilerdi.

Biz "Punta Atmak" gösterisinde aslında Mehmet Ulusoy –Bertolt Brecht– Kuzgun Acar sanatsal ilişkisinin ürettiği sahne işinin kendisini, üzerinde çalışmak istediğimiz bir "malzeme" olarak gördük, yani onların "işi" ni malzeme olarak ele alıp, bu malzemeyle bir deneysel mask tiyatrosu gösterisi gerçekleştirdik.

"Punta Atmak" için bir araya gelen yaratıcı ekip, birlikte üreten, ortak idealleri, gelecek vizyonları olan ve birbirine yarenlik eden kadınlardan oluşuyordu. Biz bir anlamda birlikte üreterek, yaratıcı bir alanda "kızkardeşlik" dayanışması sağlamak istiyorduk. Birlikte üretim biçimlerinden etkilendiğimiz 70'li yılların sol hareketinin (komünist olarak da kendilerini tanımlıyorlardı) içinde yer alan daha çok "yoldaş erkekler" olan sanatçılara ikinci ya da üçüncü kuşak feministler olarak varolan kültürel alanlarına dolanıp ürettiklerimizle kendimizi bu alana örerek, melez, hibrit paylaşılabilir kapsayıcı bir kültürel alan oluşturma fikri de, bu proje bağlamında bize çok çekici geliyordu.[36]

Gösteride organik (saman gibi) ve inorganik (tel, kova gibi) malzemeler farklı nesne-bedenlere, oyuncu bedenlerine eklemlenen uzuvlara, beden masklara, soyut kavramların bedenleşmesi, canlı bedenle ilişkilenmesi şeklinde sahnede yerlerini alıyorlardı. Bedeninin sınırları/görünürlülüğü ve işlevi her çağda ideolojik bir mücadele alanı olagelmiştir. Susan Bordo ise, insan bedeninin her şeyden önce metinsel bir inşa olduğunu öne sürer, beden kültürün üzerine inşa edildiği kaygan bir zemin güçlü bir sembolik (ve dolayısıyla ideolojik) yapı, merkezin iktidarın toplumsal hiyerarşilerin ve insan topluluklarının metafizik inançlarını sürekli olarak yeniden yazıldığı bir yazboz tahtasıdır (Göç-Bilgin 70).

"Punta Atmak" ta, oyuncuların sahnede üzerinde taşıdıkları, kullandıkları, oyun kurdukları malzemeler, bir yap-boz mantığında birbirine ilişiyor, birbirinden ayrışıyor, birbirine akıyor, birbirini büküyor ya da birbirine çekiliyordu. (Mıknatıs pullar, levhalar/tabakalar kullanıyorduk) Boy boy elekler çember formlarıyla oyuncuların elinde içeriden dışarıya ya da dışarıdan içeriye bakılan pencerelere (seyirciye göre yerleşimleri değiştikçe, nereden nereye bakıldığı fikri de değişiyordu), arkasında saklanılan siperlere, gizli kontrolün sağlandığı gözetleme delikleri-

---

[36] Rosi Braidotti, eleştirel posthümanizmde olumlayıcı bir insan sonrası öznelliği savunur.

ne kadar, bir şeyin aracılığıyla bakma biçimlerinin çeşitli önerileri olarak karşımıza çıkıyordu.

İçeriyi izleyenler / Foto: Hakan Aydoğan

Bertolt Brecht "Kafkas Tebeşir Dairesi" ini 12. yy.'da Çin'de oynanan bir masaldan yola çıkarak yazmıştır. İki kadının da annesi olduklarını söyledikleri" bir çocuğun gerçek annesinin çocuğu doğuran mı yoksa çocuğa bakıp, kollayıp, yetiştiren mi olduğu tartışması masalın konusudur. Politik tiyatronun efsanevi ismi Brecht, bu masalı oyun içinde, oyun kurgusuyla, epik yapıda "sermaye ve emek ilişkisi" tartışmak için, politik bir altyapıyla yeniden ele almıştır. "Punta Atmak" gösterisinde; Brecht "Kafkas Tebeşir Dairesi"ni karşıtlıklar üzerinden okumaktansa, siyasal bir kurgu ve olgu olan "anneliğe" ve oyunun hikayesine kendi deneylerimizi de ekleyerek, (Sibel Horada, Yasemin Nur ve ben) politik bir tavır olarak "kız kardeşlik" gözünden ve diyalog ağırlıklı bir metnin, yazıldığı şekli ile epik bir yapıda sahneye konması yerine, çok çeşitli "iletişim"[37] (Peters 227-228) önerisinin altını çizerek postdramatik ve performatif bir şekilde sahneye uyarlamanın uygun olacağını düşündük.

Kısaca; aslında Brecht'in oyununda yer alan politik "ikilik,"[38] bizim yorumumuzda, birbirlerinin içine "göçtü." "Punta Atmak"da, annelikleri sorgulanan bu iki

---

[37] "Aristoteles'in düşündüğü gibi konuşmak/diyalog oluşturmak, belki de insan türünün ayrıştırıcı özelliği olabilir, ancak "iletişim" ayrıştırıcı değildir. Birbirimizle ve hayatımızın bir tanımı olarak iletişimin öne çıkması, insanlık dışı olarak tanımlayabileceğimiz ve çaresiz kaldığımız sel baskınlarını kabul etmek için, bir bendin gözümüzün önünde yerle bir olması gerekmektedir. İletişim; hayvanlarla, bilgisayarlarla, dünya dışı varlıklarla ve meleklerle paylaştığımız bir şeydir" (Peters 227-228).

[38] Posthümanizmin en önemli argümanlarından birinin hümanizm karşıtlığı olduğu görülmektedir. Ancak bu karşıtlık hümanist değerleri yok saymak veya bu değerlere bütünüyle karşı çıkmak biçiminde değil, Aydınlanma düşüncesine hümanizmle birlikte gelen temel haklar eşitlik özgürlük adalet gibi değerlerin kapsamıyla ilişkilidir. Posthümanizm bu değerlerin kapsamını hümanizmin ideal insan kümesinin dışında kalan insanlarla birlikte insan olmayan tüm varlıkları da içine alacak şekilde genişletmiştir (Korkmaz 286).

kadının ilişkisi ve birbirlerine olan ihtiyaçlarının onları nasıl kaynaştırdığı, nasıl dönüştürdüğü öncelikli değer verdiğimiz anlatıydı. Süreçte, "gerçek anne kim" sorusu, "çocuğun annesinin kim olduğunun öneminin kalmadığı" bir noktaya evriliyordu. "Anne kim?" sorusu anlamsızlaşırken, kadınların "çocuklayken" (gerçek ve kurgusal olarak) yaşadıkları "sevgiye ve şefkate doğru" dönüşüm anlamlanıyor, çocuk kişiden bağımsızlaşıyordu. Yargıç "çocuğun annesini bulmak için" çizdiği ve çocuğun önünde anneleri karşı karşıya getirdiği tebeşir dairesinde, çocuğu dışarı çekmek için hazırlanan çemberde "annelerin" deneyimledikleri buluşma ironikleşiyor, savaştan kaçış yolunda, geleceklerini aydınlatacak bir kararlılığa, —bir aradalığa—ve dayanışmaya evriliyordu.

Adalet kavramını temsil eden, Brecht'in oyununda otorite figürü olan yargıç "Punta Atmak"da karikatürize edilmişti. Yağlı güreş karşılaşmasının hakemini andıran hareket imgeleriyle, üzerindeki kasap önlüğüyle ve başının üzerindeki denge çubuğuyla aslında kendi dengesini sağlamaya çalışan, ilgisi kendine dönük biriydi. Mıknatıs levhadan yapılmış önlüğünde duran pulların yerlerini sürekli değiştirerek kendi kendine oyun oynayan ve bu bağlamda bedenleşmiş bir maskeydi. Bize göre; adalet, bütüncül sosyal-adalet algısında "posthümanistik" bir ahlak anlayışında var olabilirdi. Kadınlar/anneler bebeği—kendi kimliklerini anne olarak tanımlayabilmek ve bebeğe sahip olmak için—çekişmek yerine, yine birbirlerinin içine eriyerek "çocuğa" (geleceğe) yaşanır/güvenli bir alan sağlayacaklardı. Oyunun sonunu da bu şekilde değiştirmiş olduk.[39] Çocuğun bir sahibi değil, olumlanmış bir yaşam alanı vardı.

Oyuncularla yaptığım doğaçlamalardan yola çıkarak, Bertolt Brecht'in 1954'de ikinci versiyonunu yazdığı, "Kafkas Tebeşir Dairesi"'nin ("The Caucasian Chalk Circle," ["Der Kaukasische Kreidekreis"]) hikayesinin kurgusuna—epik yapısının kolaylığından da yararlanarak— güncel referansları olan sahneler yerleştirdim. Örneğin; Brecht'in oyununda hikayenin akışı şöyledir: "[…] Valiye suikast düzenlenir ve bir iç savaş başlar. Yönetimi ele geçiren askerler kaçırıldığını düşündükleri valinin varisi olan (prens) bebeğin peşine düşerler. Arama niyetiyle, girdikleri yerleri yakıp yıkıp talan ettikleri için, yerel halk göç etmeye başlar […]" (102-109). Bu göç etme-kaçma süreci başladıktan sonra, oyunun bildiğimiz hikâye akışını kesip, doğaçlamalarda oluşturduğumuz göç etme sahneleri yerleştirdim. Bu sahneler, yan yana ve iç içeydiler, (epik yapıda olduğu gibi sıra sıra tablolar değildi) birbirinin içine açılıyor, iç içe performe ediliyorlardı. Sanki kaçanların göçüne, kalıp saklananların yaşadıklarına tanık olmak için, Brecht'in oyunun hikâyesinin akışını bir an durdurup bu süreçte yaşananlara, büyüteçle bakıp, sonra kaldığımız yerden, bu sefer çıplak gözle hikayenin devamının aktarımına yeniden katılıyorduk. Büyüteç tuttuğumuz yerde, savaş sırasında göç bile edemeyenler vardı, onlar ne yapıyorlardı? Tanık olduğumuz birçok güncel politik olayları, ironik ve

---

[39] Brecht'in "Kafkas Tebeşir Dairesi'nde yargıç, tebeşirle çizilmiş bir dairenin içine bebeği koyar ve iki anneden bebeğin iki kolunu tutmalarını ister. Bebeği daireden kim kendine çekip alırsa, o anne olarak kabul edilecektir. Bakıcı Gruşa bebeğe kıyamadığı için çekemez ve bebeği doğuran Kontes çocuğu kucaklar. Yargıç ise bebeği bakıcı Gruşa'ya teslim eder. Çünkü Gruşa bebeği doğurmamış olsa da, onu koruyan, bakan ve geleceğini düşünendir, anne Gruşa'dır. Burada Brecht emekçinin yanında tavır alır.

kurgusal bir dille sahneye taşıyorduk.

Maske tiyatrosunda; her maskenin bir ruhu vardır. Oyuncu maskeyi taktığında maskenin ruhunu bedeninde taşır, o ruhu taşımak için sahnededir. Yani maske oyuncunun yüz ifadesini örterek farklı bir gerçekliğin, kimliğin, duygunun ya da kavramın yeniden üretimine aracı olur. "Punta Atmak"da "maske tiyatrosu" ve maske kullanımında öğrenilen bu kalıplar deneysel önerilerle sorunsallaştırıldı. "Maske" fikri bazen tüm sahneyi kaplar, bazen de, oyuncuya eklemlenmiş bir uzuvda ya da kostümünde görünür oldu. Nesneler kimlik kazanırken, oyuncular mekan oldu. Bir ruhu bir çok bedene dağılmış olarak da görebilirdiniz. Diyonisos törenlerinde/ritüellerinde tanık olduğumuz mask kullanımında olduğu gibi, soyut kavramların bedenleşmesini de.

Arka planda yer alan Ölüm'den kaçan Sanatçı / Performans: Sencan Oytun Tokuç, Doğa Nalbantoğlu / Foto: Hakan Alemdar

"Punta Atmak"da bu katmanlı algıyı sağlayan bir başka şey, oyuncuların birlikte kurdukları beden diliydi ve sahnedeki malzemeyi kullanarak çıkarılan seslerdi. Oyuncu tabi ki maskeyi taşıyan bedendi, ama oyuncuların bir arada oldukları koreografik düzenlemelerde iletişim halinde oldukları diğer nesne ve aktörlerle, yüzlerinde, bedenlerinde taşıdıkları maskeden özgürleşerek, başka imgeyi, hafızayı içi içe üst üste sahneye taşıyabiliyorlardı. Örneğin; bir araya gelerek, askerlerin baskısı altında "ezilen köylüler" oluyorlardı. Picasso'nun Guernica tablosundaki figürlerin yerleşimleri ve beden formları, seyirciye anımsatılırken, ritmik bir şekilde biyo-mekanik oyunculuk egzersizlerini ve bu hareketlerin tekrarı ile yine bir başka başkaldırıya, bu sefer tiyatro tarihindeki bir başkaldırıya (naturalist oyunculuk tekniğiyle temsiliyeti savunan Stanislavski oyunculuk tekniğine başkaldıran Meyerhold'un stilize biyo-mekanik oyunculuğu) gönderme yaparak, sahnede var olan maskelerin bilgisini/önerisini aşabiliyordu. Ya da askerlerden korumak için bebeği kaçıran Gruşa'yı, evleri basılır ya da dedikodu çıkar diye evine almak istemeyen Gruşa'nın abisi ve karısı Gruşa'yı "ortada sıçan" yapana kadar onunla "aç kapıyı bezirgân başı" oyununu oynayarak, Gruşa'yı bir kapana soktuklarını ima ediyorlardı. Ya da taş ve topraktan yapılmış bir ölüm maskesiyle sahneye belli aralıklarla giren oyuncu yanında taşıdığı küreğini yere sürterek çıkardığı rahatsız edici sesle, ölüm sessizliğini hep bozuyor ve böylelikle Sanatçı'nın bir kez daha Ölüm'den (kendisinden) kaçışa imkân sağlıyordu […] Sahnede tek bir kelimeyle tanımı yapılamayacak tuhaflar ve "ucube"ler dolaşıyordu[40] (Koçsoy 88).

"Punta Atmak" performansı için 35 adet maske hazırlandı. Her maske oyunculara özel yapıldı ve oyuncuların sahne önerileriyle, süreçte provalarda tamamlandı. Prova alanı aynı zamanda bir tasarım atölyesiydi. Malzememizi alana yaydık. Prova sürecindeki doğaçlamalarda, oyuncunun denemek için kullanmaya başladığı malzeme, önerilerle geliştirildi. Her şey birlikte, paralel üretildi, yönetmen, oyuncu, tasarımcı aynı süreçte ve aynı mekânda birbirlerinden esinlenerek çalıştılar. Bu üretimin sonucunu oyunun tüm dinamiklerinin birbiri içine geçmiş ayrıştırılamaz halinde görebilirsiniz.

Maskları çalışılan karakterlerin bir kısmı Kafkas Tebeşir Dairesi'nden, bir kısmı ise bizim oyuncu ekibiyle doğaçlamalarda beraber yarattığımız kavramların kişileşmiş halleri veya tamamen kurgusal kimliklerdi. Örnek: "Bizans freskilerinde cennet borularını öttüren tek kanadı yoluk düşmüş melek." Belirgin birkaç karakterin maskeleriyle, nesnelerle oyunculuk önerileri doğrultusunda nasıl bütünleştiklerini aktarmak için birkaç örnek vermek istiyorum:[41]

---

[40] Gül Koçsoy'a göre; "tıpkı posthümanist bakış açısında olduğu gibi edebiyatta da tuhaf türün (weird genre) bakış açısı da insanın evrendeki yerinin sıradan oluşunu, geçiciliğini, kendinden daha güçlü varlıklar karşısındaki acizliğini ve dünyanın tek hakimi olmadığını sergiler" (Koçsoy 89). Koçsoy'un atıfta bulunduğu Nyikos ise, "Tuhaf türde karakterler kozmik anlamda dengesiz bir dünyada, kontrol etme veya tam anlamıyla idrak etme kabiliyetlerinin ötesinde muazzam güçlerin tehdidi altında yaşarlar" der (Nyikos 31). Böylece, Koçsoy "Bu tür, yabancılaştırma, fantazi ve bilimkurgu türleriyle de kesişir. Amacı posthümanizmin amacıyla benzerlik gösterir" (Koçsoy 89) derken debiyattaki tuhaf türün karakterlerine posthümanist bir bakış açısından da bakabileceğini aktarır.

[41] Karen Barad, "elle tutulamayan, kişilerin veya şeylerin mülkiyetinde olmayan faillik dolanıklığı yeniden

Natella, valinin karısı, bebeğin biyolojik annesidir. Etrafındaki kişilere, Brecht'in oyunu yazdığı dil olan Almanca emirler yağdırır. Varis çorabının içinden fırlamış küçük hunilerden üretilmiş sivri topukları sanki onun bedenine kaynamış ya da onun bir parçası gibi durmaktadır. Bir elinde yüzünü gizlemek için maskeli balo maskesi tutar. Diğer eli-kolu ise ince uzun sivri bir huniye dönüşmüştür. Bir çocuğu kavrayamaz ve bilindik şekli ile sevemez. Ancak yine de bu beden-maske karakterin o huni kolu ve eliyle çocuğunun imgesini sevmeye dokunmaya okşamaya çalıştığını görürüz.

Gruşa, Valinin evinde çalışan hizmetçilerden biridir. Darbe esnasında valiye suikast düzenlenince ortada bırakılan bebeği Gruşa himayesine almıştır. Elek, temizlik ve mutfak gereçleri ile bereketi temsil eden nar meyvesinin kabuklarından yapılmış olan maskı vardır, bebeği yanına almaya karar verdikten sonra, üstüne çoklu memeleri olan bir önlük giyer. Gruşa'nın cebinde sakladığı bir maskesi daha vardır: Aşk maskesi. Onu taktığında başka bir beden olur. Sonra aşk maskesi elinden alındığında bedeni başkalaşır. Asker sevgilisi de benzer bir maskı cebinde taşır.

Düşmüş Melek/Performans: Su Güneş Mıhladız/Foto: Murat Dürüm

Aşıklar, Gruşa'nın ve Asker'in masklarından/yüzlerinden biridir. Yüz şeklinde kesilmiş mıknatıs plakalarıdır. Üstlerinde çok sayıda metal pul bulunur. Aşıklar,

---

düşünme olanaklarına dair bir meseledir" (*Meeting the Universe Half Way* 33) der. Burada "dolanıklık" insan ve insan olmayan aktörler arasında karşılıklı etkileşimi ve bu etkileşimlerden ortama çıkan anlamları işaret etmektedir. Barad'a göre nesnelerin hepsinin birer fail olmasının ötesinde failliğin kendisinin de karşılıklı "içten etkime"lerin (intra-active) sonucu oluşmasıdır. Fiilin farklı durumlarda beklenmedik şekillerde ortaya çıkması söz konusu olduğundan sonuçlarla ilgili çıkarımlarda bulunmak da olanaksızdır. "Varlıklar, yapar, nesneler hepsi istikrarsız ve belirsiz, küçük büyük birleşimlerden oluşur" (Coole 455). Bunlara kimyevi, hormonal, ve elektronik etkileşimler de dahildir.

birbirlerinin yüzündeki maskları birbirine sürdükçe, minik yıldızlar, daireler ve çiçeklerden olan pullar bir masktan diğerine çekilir ve geçerler, yüzdeki formlar dönüşür, çekim gücüyle birbirine atlar, çeşitlenir, şekil değiştirir. İki aşık yan yana olduklarında masklarındaki çekim nedeniyle sürekli performatif bir olma durumu yaşanmakta, sürekli değişen birbiriyle alışveriş halinde olan mask oluşumu gerçekleşmektedir. Bu masklar yalnızca bir arada olduklarında kullanılır, diğer zamanlarda iki oyuncunun cebindedir. Saklıdır. Savaş sonrası Gruşa'nın sevgili olan Asker geri dönüp Gruşa'nın kucağında bir bebek gördüğünde Gruşa'nın maskesini alıp kendi yüzündeki maskenin üstüne yerleştirir. Kendi yüzündeki maskeleri "çift"liyerek, belki de tüm aşk maskelerini kendinde toplayarak "narsistik" aşk maskesini taşıyan bir Askere'e dönüşen aşık, Gruşa'dan da "Aşk"ı çalmıştır[42] (Bozok 140).

Gruşa / Performans: Sedef Gökçe / Foto: Murat Dürüm

---

[42] Nihan Bozok, Haraway'i "siborg" düşüncesinin içinde tek başına bir biyolojik bir beden fikrinden kurtulma, parçalanıp başka şeyleri de bedenine dahil etme, insan arasılıktan ibaret olmayan ama birçok şeyleri de bedenine dahil etme, insan arasılıktan ibaret olmayan ama birçok şeyle iletişim kurmasına olanak sağlayan bir beden olduğuna değinir (Bozok 140).

Posthümanist Eleştirinin Vahasında, Kapsayıcı Bir Tiyatronun Gölgesinde

Aşıklar / Performans: Doğa Nalbantoğlu, Sedef Gökçe / Foto: Hakan Aydoğan

Foto: Murat Dürüm

"**Damızlık kadın**" bir süt annedir, bakıcıdır, gölgedir, bir "ucube"dir.[43] Annelik ruhudur aynı zamanda, bu ruhun bedenleşmiş, maskeleşmiş halidir. Oyunda, Gruşa'yı, Gruşa bebeği yanına aldığı andan beri Gruşa'nın onu görmemesine rağmen takip eder. O bir ara varoluştur. Görünür ama görünmez gibidir. Hayal gibidir. Çok acı çekmiş bir hali vardır. Tek göğsünde bulunan ince uzun bir huniden/memeden süt, bu huniye asılı duran küçük bir kovaya damlar. Bu kova hiye/memeye bağlı dolaşır. Çünkü o sütün bir damlası bile değerlidir. Çünkü çok az kalmıştır. Diğer memesi ise, yarım bir top şeklinde dikenli bir kaktüsü andırır. O memede çiviler çıkmıştır. Aşırı sağılmaktan kat kat yara olmuş bir memeyi anımsatır. Yüzündeki birbirine yapışmış üç benzer maske de kat kat aşağıya doğru kayarak açılmıştır. O günümüz süt endüstrisinin "damızlık hayvanıdır." Bebeği kollamak için vardır ama artık kendi bile zor yürümektedir.

---

[43] F. Gül Koçsoy'un "H.P. Lovecraft'ın "Dunwich Dehşeti" Adlı Öyküsünde Posthümanist Ögeler" çalışmasında tuhaf tür için şunları aktarır. "Kökeni Edgar Allen Poe'ya kadar giden ve 19. yy'ın sonu ile 20. yy'ın başında yaygınlaşan tuhaf tür öykülerinin işlevi dünyevi olmayan konular, mitolojik yaratıklar, tiplemeler ve başka korku öğelerini kullanarak insan sonrası veya insan ötesi dünyayı ya da evreni kurgulamaktır" (Koçsoy 89).

Damızlık / Performans: Su Güneş Mıhladız / Foto: Hakan Aydoğan

Sanatçı: Kağıt bir çiçekten tek gözlü bir yüz maskesi ve resim paletinden bir kalkanı vardır. Farklı tonlamalarda, "neden" sorusunu boşluğa atarak, dolaşır. Tonlama farkı, nedenselleştirdiği şeyin anlamını değiştirir. Kibirlidir. Ölüm Maskeli oyuncu hep peşindedir ve sanatçı da farkındadır. Bu iki maske sahnede hep bir arada varolurlar.

Ölüm: Toprak ve taşlardan yapılmış bir maskedir, elinde toprak kazmaya yarayan bir kürek vardır. Küreğini yere sürterek iç gıcıklayıcı bir ses çıkarır. Sanatçı maskesini sürekli takip eder. Sanatçı, Ölüm'ün varlığının bilince sürekli kaçış halindedir.

Ülke: Bu maskesinin dört tarafa bakan dört yüzü vardır. Bu maskeyi taşıyan oyuncunun her an, her yöne dikkati dağılabilir, ani bakış açısı değişimleri ve yönlenmeleri biraz şüpheci ve endişeli bir varlık olmasını sağlar. Kafası fır döndü gibidir. Hiçbir şeyi beğenmez, hiç kimseye güvenemez. Kat kat ve parça parça kesilmiş beyaz eteklerinin altından kırmızı iç çamaşırı görünür Sanki kafası ile bedeni ayrışmıştır. Okul müdiresi gibi hareket eder, başı hep diktir. Elinde çanta olarak boş bir kuş kafesi tutar.

Hücreler: Üç oyuncunun bir arada duruşlarıyla sahnede oluşan masklardan bir tablodur, Birbiri üstünde istiflenmiş dar mekânda yaşayan kalabalıklar gibi görünürler ya da hapishanedeki yaşama gönderme olarak arada belirirler. Kaynak maskelerinin camları çıkarılarak yapılmıştır, o dar delikten bakar, yemek yer, konuşurlar. O delikten oyuncuların yüzlerinin hep tek bir organı gözükür.

Sonuç olarak; bu makalede; üç oyunumdan yola çıkarak üretim ve paylaşım biçimlerini, estetik tercihleri bir eleştiri-okuma biçimi olarak "posthumanist" felsefe, nesne yönelimli ontoloji ve "gerçeklerin tiyatrosu" kavramları üzerinden ve Haraway'in "Siborg Manifestosu"'nu referans noktam olarak tutarak, kendi deneyimimi de katarak okudum. Çalışmam boyunca oyun kurma ve paylaşma süreçlerimizden örnekler vererek modernist ve postmodernist kuramın ve eleştirinin göz ardı edeceği birçok verinin ve önerinin bu kuramlar doğrultusunda görünür olabileceğini savundum. Böylelikle günümüzde üretilen daha nice gösterinin bugünün seyircisiyle ilişkisini kapsamlı bir şekilde tanımlayabilmek ve üzerinde kapsayıcı çalışabilmek için ötekileştirilmemiş, indirgenmemiş, sınıflandırılmamış ve böylelikle değişen dönüşeni göz ardı etmeyen "olma halinde" okumalarla "yapım aşamasındaki" sanatsal işleri görebilmenin kapsayan bir iletişimi gerçekleştirdiğini savundum. Nesnelerin arasında kurulan ağın, tüm nesnelerle paylaşımı güçlendirdiğini ve eşitlediğini oyunlarımdan örnekler vererek aktardım. Bunu yaparken de feminist bir söylemle, dişil yazının ve deneyimin "oyun kurma" önerisinin; farklı bilinç seviyeleri ve katmanlarını kapsadığı kadar; bilinç dışına, bilinç ötesine, görünene olduğu kadar görünmeyene de yakın olması, çizgisellikten, perspektif algısından kurtulmuş söze değil sese dayalı, katmanlı ve eklenlenebilen ara formlara alan tanıyan melezlenebilir özellikleri olmasının iletişimi ve paylaşımı kolaylaştırdığını savundum.

Makalemde, oyunları posthümanist dramaturjik ilişkilenmeler ve sosyalist-feminist bir perspektifte ele aldım. Otobiyografik anlatının anonimleşmiş hikâye anlatımına kaynadığı, nesnelerin birbirleriyle ilişki halinde sosyal bir ağ kurduğu bir "sahne metninin," "başka bir yer"den, bilinçaltından zaman ötesinden seyircisine/katılımcısına seslenen ve seyircisiyle/katılımcısıyla "yapım aşamasında" o anda oluşan sanatsal alanın sosyo-politik bir öneri olduğunu savundum.

Nesne yönelimli ontolojinin kuramını "Silent Migration" / "Sahne için Sanatsal Bildiri"den örnekler vererek bir sahneleme uygulamasında nasıl çalıştığını gösterdim. Aynı zamanda "gerçekliğin tüm simülasyonlarıyla bir arada—birbirinin içine çökmesi ile—oluşturulan ve ironik bir yaklaşım içeren "gerçeklik tiyatrosu" yapısını, bir bildiri formatında sahneye uygulanan "Silent Migration"un dramaturjik alt yapısını aktarırken neden tercih ettiğimi örneklerle açıkladım.

Çoksesli, çokdisiplinli feminist bir sahne dili olan *Afrika Dansı* / "Oyun, Performans, Sergi, Film Yerleştirmesi"nde, Burak'ın metnindeki anlatıcının sahnede birçok beden, nesne, görüntü, sese dönüşerek nasıl var olduğu ve makina-nesne-yaratık arası melez yapıları Haraway'in "siborg metaforu"na atıflar yaparak oyunun okumasını gerçekleştirdim. Oyunun kurgusunun, sanatsal önerisinin de bir melez disiplin olmasının katılımcı/seyirci/oyun kuran arasındaki melezlenmeye de sebep olabileceğini aktardım.

Politik bir tiyatro metni olan Brecht'in "Kafkas Tebeşir Dairesi"ndeki "anne-çocuk" "sermaye-emek" gibi ikilikleri; annelik kavramının kapsayıcılığını genişleterek, emeğin paylaşımı dayanışma önerisine dolayarak ve bu noktadan adalet kavramına bakarak "Punta Atmak" gösterisinde modernist bir metni posthümanist bir sahneleme pratiğine nasıl dönüştürdüğümüzü ve bu yeni metinde feminist politik bir öneriyi nasıl oluşturduğumuzu örneklerle aktardım. Bunu yaparken "ucube" "ve "tuhaf" estetiğin bize / oyun kuruculara/sanatçılara nasıl kapsayıcı ve deneysel bir alan açtığını örneklerle gösterdim. Deneysel maske çalışmalarımızı ruh/maske/beden/nesne ilişkilenmesini de, Barad'ın "içten-etkileşim" kavramı çerçevesinde tartışıp argümantasyonumu buradan geliştirdim.

Sahne çalışmalarımı "ironik" bir okuma ile kendi oyunlarına yeniden kendi—ama bir başka- gözüyle tanımlayan—mütevazi olmayan ve böylelikle tanımlanmamış yerinin ironisini metne taşıyarak bir argüman oluşturan– bir yazar olarak, feminist bir eylemsellik içinde "ötekileştirilmiş" emeğimin-emeğimizin görünürlüğünü kendi kişisel deneyimimi ve emeğimi paylaşarak—paralel olarak birlikte ürettiğim arkadaşlarımın emeği de—toplumsal bir değer olarak görünür olması adına bu makaleyle "emeğimizi" bir argüman olarak ortaya koyarak onu savunmuş oldum.

Kaynakça

Akmen, Üstün. https://tiyatronline.com/irg-bitig-kocaeli-sehir-tiyatrosu-6876, "Emre Koyuncuoğlu'ndan Sonsuz Bir Şimdi Oyunu: Irk Bitig", Erişim 27.10.2008, tiyatroonline.
Aristoteles. *Politika*. Çev. Furkan Akderin. Say Yayınları, 2017.
Arslan, Ülfet Doğan. "Posthümanizm Bağlamında Doğu-Batı Halk Hikayelerindeki İnsan-Hayvan İlişkileri: Karşılaştırmalı Bir İnceleme." *Edebiyatta Posthümanizm*, ed. Sümeyra Buran, Transnational Press London, 2020, ss. 221-240.
Barad, Karen. *Meeting the Universe Halfway: Quantum Physics and the Entanglement of Matter and Meaning*, Duke UP, 2007.
---."Madde Hisseder, Konuşur, Acı Çeker, Arzular; Özler ve Anımsar: Karen Barad ile Röportaj." Çev. Nalan Kurunç ve Öznur Karakaş.
---."Posthumanist Performativity Towards an Understanding of How Matter Comes to Matter." *Signs*, cilt 28, Bahar 2003, ss. 801-831.
Bennett, Tony ve Patrick Joyce. Ed. *Material Powers: Cultural Studies, History and the Material Turn*. Routledge, 2010.
Braidotti, Rosi. "Posthuman, All too Human: Towards a New Process Ontology." *Theory Culture and Society, SAGE*, cilt 23, no7/8, ss. 197-208, 2006.
---.*İnsan Sonrası*. Çev. Öznur Karakaş. Kolektif, 2018.
Brecht, Bertolt. *Bütün Oyunları*-8. Çev. Yılmaz Onay, Ahmet Cemal, Ayşe Selen, Taluy Denizhan Petuhova, Bölüm 2, *Kafkas Tebeşir Dairesi*, çev. Yılmaz Onay, ss. 85-227, Agora Kitaplığı, 2014.
Bryant, Levi R. *The Democracy of Objects*. Open Humanities Press, 2011.
Burak, Sevim. *Afrika Dansı*. Yapı Kredi Yayınları, 2006.
---."Sevim Burak Yazarlığını Anlatıyor." *Kitap-lık*, Sayı. 71, Nisan 2004, ss. 99-101.
Buran, Sümeyra. "Technoworld of Technowoman." *Canadian International Journal Social Science and Education*, cilt 3, Mayıs 2015, ss. 295-316.
---."Edebiyat ve Posthümanizm." Bölüm 1. *Edebiyatta Posthümanizm*. ed. Sümeyra Buran, Transnational Press London, 2020, ss. 19-36.
Ferrando, Francesca. *Philosophical Posthumanism*. Bloomsbury Publishing, 2019.
Göç-Bilgin, Murat. "Pat Cadigan Öykülerinde İnsansonrası Beden ve Hafıza." Bölüm 4. *Edebiyatta Posthümanizm*. ed. Sümeyra Buran, Transnational Press London, 2020
Harman, Graham. *Object-Oriented Ontology: A New Theory of Everything*. Pelican Books, 2017.
Haraway, J. Donna. *Başka Yer, Donna Haraway'den Seçme Yazılar*. Metis Seçkileri. Haz. ve Çev. Güçsal Pusar. Metis Yayınları, 2006; 2007.
---.*The Companion Species Manifesto: Dogs, People, and Significant Otherness*. Prickly Paradigm Press,

2003.

---. *Siborg Manifestosu Geç Yirminci Yüzyılda Bilim, Teknoloji ve Sosyal-Feminizm*. Çev. Osman Akınhay. Feminist Kitaplık 5. agorakitaplığı, Eylül 2006

Hayles, N. Katherine. *How We Became Posthuman: Virtual Bodies in Cybernetics. Literature and Informatics*. University of Chicago Press, 1999.

Karakaş. https://terrabayt.com/dusunce/madde-hisseder-konusur-aci-ceker-arzular-ozler-ve-animsar-karen-barad-ile-roportaj-1/. Erişim 10 Aralık 2020.

Koçsoy, F. Gül. "H.P. Lovecraft'ın 'Dunwich Dehşeti' Adlı Öyküsünde Posthümanist Ögeler." Bölüm 5. *Edebiyatta Posthümanizm*. ed. Sümeyra Buran, Transnational Press London, 2020, ss. 87-104.

Korkmaz, Nurseli Gamze. "Orhan Pamuk'un Müzesi Romanında Nesneler Arası İlişkiler: Posthümanizm ve Nesne Yönelimli Ontoloji Çerçevesinde Bir Çözümleme." Bölüm 15. *Edebiyatta Posthümanizm*. ed. Sümeyra Buran, Transnational Press London, 2020, ss. 285-310.

Koyuncuoğlu, Emre. Sanatatak, "Punta Atmak, B.Brecht'in 'Kafkas Tebeşir Dairesi' isimli oyununun farklı bir yorumu," "İki Kadının Gözünden Anlattık Hikayeyi," *Sanatatak*, Aralık 13, 2017, http://www.sanatatak.com/view/emre-koyuncuoglu-punta-atmak-roportaji

Koyuncuoğlu, Tennur. *Ev İşi ve Hizmetlerinin Ekonomik Değeri*. Cinius Yayınları, 2020.

---. *Sistematik Şiddete Karşı Bir Adalet Savunusu Aile Şiddetinden, Bireyin Vicdanına, Toplumsal Sorumluluğa*, Kosmosa, İstanbul Barolar Birliği, 2019.

---. *Adaletin Ardında*, Cinius Yayınları, 2019.

---. "Bir Demokrasi Düşü: Feminizm." *Uçan Süpürge Kadın Dergisi*, sayı 25, 2009, s. 70

---. "Başka Bir Aile Mümkün." *Türkiye Barolar Birliği Dergisi*, sayı 111, Mart-Nisan 2014, ss. 431-450.

Martin, Carol. "Theater of the Real." *Studies on the International Performance*, Series ed. Janelle Reinelt, Brian Singleton. Palgrave MacMillan, 2012.

Nyikos, Daniel. "Against the Complacency of an Orthodox Sun-Dweller, The Lovecraft Circle and the Weird Class." *The Unique Legacy of Weird Tales: The Evolution of Modern Fantasy and Horror*, ed. Justin Everett ve Jeffrey H. Shanks, Rowman and Littlefield, 2015, ss. 29-50

Öztürk, Şeyda. "İnsan Sonrası." *Cogito*, cilt 95-96, Kış 2019, ss. 5-7.

Peters, John D. *Speaking into the Air: A History of the Idea of Communication*. U of Chicago P, 1999, ss. 227-228.

Reinelt, Janelle. "Towards a Poetics of Theatre and Public Events in Documentary Theatre", ed. Carol Martin, *special issue, TDR*, cilt 50, no 3, (T191), ss. 69-87 2006.

Travis Brisini ve Jake. "Simmons Posthuman Relations in Performance Studies." *Text and Performance Quarterly*, cilt 36, no 4, 2016, ss. 191-199.

Turner Victor, *The Anthropology of Performance*, PAJ, 1986.

BÖLÜM 13

YAZINDA VE SİNEMADA POSTHÜMANİZM

Simay Turan

Giriş: Çağdaş kuramlar ve posthüman anlam

Posthümanizmi Fransız yazını ve sanatı üzerinden okumadan önce, posthümanizmin epistemolojik olarak ne olmadığının kısa bir panoramasını sunmak yararlı olacaktır. Dolayısıyla René Descartes rasyonalizmi ve Ferdinand de Saussure yapısalcılığı, üzerinden geçilmesi gereken düşünce sistemleridir. Bunun nedeni ise Fransız yazınının ve sanatının, tarihi boyunca kavramları zıtlıklar üzerinden tanımlama yöntemini benimsemiş olan Batı düşüncesinden ayrı düşünülememesidir; nitekim sanat, içinde bulunduğu koşullara göre şekillenir. Sözünü ettiğimiz alışılagelmiş Batılı ve rasyonalist düşünceye göre kavramlara belli bağlamlarda anlam yükleyen ögeler, kavramların karşıtlarından başkası değildir. Kökleri Antik Yunan'a dayanan bu episteme, yani felsefi bilgi, "bir ile çoğun, sonlu ile sonsuzun, varlık ile yokluğun aynı gerçekliğin farklı yanları olduğunu" savunup temellendirmeye çalışmıştır (Özçınar 94). Dikotomi (fr. dichotomie, ing. dichotomy) yani zıtlık adı verilen ve kökeni Herakleitos'un "Aynı ırmaklara girenlerin üzerinden farklı sular akar" (akt. Tuğcu 2000) söylemine kadar götürülebilecek bu karşıtlık düşüncesinin en ünlü ve çarpıcı yansımasını Descartes rasyonalizminde buluruz. Descartes'a göre insanın bütününü oluşturan iki öğe vardır: ruh ve beden (Descartes 74). Ruh ile beden sıkı bir şekilde birleşik bir varlık gibi görünseler de birbirlerinden tamamen ayrıdırlar (Tarhan 14). Beden insanın yer kaplayan, ruh ise düşünen bölümüdür. Dolayısıyla insanın, içinde bulundurduğu bu iki karşıtlıkla var olmaya devam ettiği çıkarımı yapılabilir. Epistemolojik temellerinin önemli bir bölümünü Descartes rasyonalizminden alan, 20. yüzyılın ikinci yarısından itibaren postmodern düşünce yöntemleri ve sorgulamalar baş gösterinceye kadar Batı bilimleri ve sanatlarına adeta hükmeden yapısalcılık düşüncesinde ise kavramsal zıtlıklar belirginleşerek çoğalmaya devam eder. Jacques Derrida, Michél Foucault, Jean Baudrillard, Gilles Deleuze gibi pek çok postyapısalcı düşünür bu ekolü eleştiri yağmuruna tutsalar da posthümanizmin de içinde bulunduğu pek çok yapısökümcü düşünce akımı varlığını yapısalcılığa borçludur: Posthümanizm yapısökümcülüğe yakındır, çünkü insan, hayvan, makine, doğa, kültür, cansız [...] gibi kavramların uzlaşımsal ve geleneksel olarak içimize işlemiş anlamlarını ve birbirlerine olan konumlarını yeniden yapılandırarak, onları yeniden inşa etme gayretindedir. Posthümanizmin epistemolojik temellerinde yapısökümcü bir eğilimin yer aldığını, ünlü posthümanist düşünür Rosi Braidotti de geleneksel batı hümanizmine karşı çıkan hareketlerin "dünyaca meşhur 'postyapısalcı nesil' olarak anılacak kuşağın isyankâr çığlığı olarak ortaya çıkmış" (Braidotti 33) savıyla belirtmiştir. Yapısalcılığın birbirleriyle karşı karşıya getirdiği kavramları aslında bir olarak, yani "potansiyel ve bütüncül bir varlığın simgesi" (5) olarak gören

Francesca Ferrando bu savını "posthümanizm hem monist bir çoğulculuk hem de çoğulcu bir monizmdir" diyerek açıklamıştır. Buradaki mo-nizm aslında "temiz biz başlangıcın olma[dığı], her şeyin başka bir şeyden geldiği" (5) anlamına gelmektedir. Dolayısıyla gerek yapısöküm, gerek monizm, gerekse çoğulculuk ayrı kavramlar olsalar da, posthümanizm potasında bir araya gelerek sözünü ettiğimiz insan, hayvan, makine, doğa, kültür, cansız kavramlarını yeniden yapılandırırken onları ayrı oluşlarına göre değil, bir arada oluşlarına ve aslında birbirlerine oldukça bağlı oluşlarına göre konumlandırmaya uğraşırlar.

1960'lı yıllarda popülerliğinin doruğuna ulaşmış yapısalcılık düşüncesi, epistemolojik olarak karşıt ikilikleri tüm açıklığıyla ortaya koyar. Yapısalcı dilbilimin ve göstergebilimin, doğal olarak da yapısalcı düşüncenin öncüsü Ferdinand de Saussure, *Genel Dilbilim Dersleri* (*Course in General Linguistics* [*Cours de linguistique générale*] 1954) adlı öğrencileri tarafından derlenen notlarında dili "kendi kendine yeterli ve bağımsız bir sistem" (18) olarak tanımlarken, dilin bu özgün tanımından yola çıkarak yapısalcılığın kurallarını anlatır. Dilin göstergelerden oluştuğunu, göstergelerin ise gösteren[1] (signifiant; signifier), ve gösterilen[2] (signifié; signified) adı verilen iki parçadan meydana geldiğini belirtir. Saussure, gösteren ve gösterileni bir yaprağın ön ve arka yüzleri olarak tanımlasa da yapısalcılığın en basit temellendirilmesinin bile bir karşıtlık üzerine kurulu olduğu görülür. Görüldüğü gibi, yapısalcılığa kadar yüzyıllardır süregelen kavramsal karşıtlık düşüncesinin kadın-erkek, insan-insan olmayan, doğal-yapay, organik-inorganik gibi içinde bulunduğumuz çağı etkisini altına alacak, "Avrupalı erkek-İnsan" (Braidotti 23) kavramını hiç olmadığı kadar öne çıkaracak pek çok ikili karşıtlığa zemin hazırlaması sürpriz değildir. Ancak hiçbir akım ya da kuramın sınırlarının keskin çizgilerle çizilemeyeceği gerçeği bir yana, 1968 olaylarında Paris sokaklarında üzerinde "Yapılar caddelerde yürümez"[3] yazan ünlü grafitinin işaret ettiği durum görmezden gelinmemelidir: Öğrenci, işçi, kadın gibi azınlık olarak benimsenmiş grupların çığlıklarını, yapısalcılığın alışılagelen yöntemi olarak kavramları birbirlerine göre ve birbirlerine karşı konumlandırarak bastırmak artık mümkün olmayacaktır. Dolayısıyla ayrıştırıcı söylemler bir kenara bırakılmalı, ikili karşıtlıklar evreninden beslenen yapısalcılığın sonu gelmeli; her yönüyle kapsayıcı ve bütünleştirici bir söylem ortaya konmalıdır. Dolayısıyla kadını, çocuğu, beyaz olmayan ırklara mensup insanları, hatta doğayı, kültürü ve teknolojiyi birleştirici, kapsayıcı, bütünleştirici bir söyleme her zamankinden daha fazla ihtiyaç duyulmaktadır. Bu söylem ilerleyen yıllarda posthümanizm adını alacak, dallanıp budaklanacaktır.

Posthümanizmin doğuşu sözünü ettiğimiz dönemlerde kavramsal karşıtlıkların yıkılmaya başlamasına, Avrupalı "erkekinsan" egemenliğinin "diğer insanlar," doğa, insan olmayan her türden canlı ve makineler karşısında kayıtsız şartsız üstünlüğünün fark edilmesine dayanır. Hümanizmin alışılmış bakış açısı çerçevesinde egemen insan karşısındaki madde son derece etkisiz iken posthümanizm

---
[1] Gösteren (fr. signifiant), göstergenin sessel ifadesidir (fr. image acoustique).
[2] Gösterilen (fr. signifié) göstergenin anlamsal ifadesidir (fr. image conceptuelle).
[3] Bu slogan Fransızcası "Les structures ne défilent pas dans la rue!" olan Paris sokaklarının en ünlü grafitti'lerinden birinde kullanılmıştır. Ünlü düşünür Slajov Zizek'in grafiti olarak duvarlara yazılan bu söyleme verdiği yanıt için bkz: Zizek, 2003. http://www.lacan.com/hsacer.htm

kaynaklı "madde-gerçekçi" (vital materialism) (Braidotti 175) olarak da adlandırılan yeni materyalizm kuramları sayesinde madde, "zeki ve kendi kendini örgütle[yen]" (intelligent and self-organizing) (Braidotti 72) durumuna geçmiştir. Bu görüş ışığında, organik ya da inorganik her maddenin kendine özgü bir canlılığa sahip olduğu söylenebilir. Dolayısıyla posthümanizm kavramı, üstlendiği bu kucaklayıcı ve kapsayıcı rol sayesinde canlı-cansız zıtlığını geride bırakmış olur. Descartes'ın sözünü ettiğimiz ruh ve beden ayrımı ilkesinin bir sonucu olan doğa ve insan, ya da makine ve insan yalıtılmışlığını ortadan kaldırır, bunun yerine daha çok Spinoza'cı bütünleştirici ve kapsayıcı bir yaklaşımı savunur. Spinoza'nın "monizm" adı verilen bu bütünleştirici kavramını Rosi Braidotti şöyle tanımlar: "Madde tektir, kendini ifade etme arzusuyla harekete geçmektedir ve ontolojik olarak özgürdür" (68). Yine Braidotti'ye göre "burada eleştirinin açık hedefi Descartes'ın meşhur zihin-beden ayrımıdır" (68). Bu bağlamda Spinoza'nın bu kavramı öne sürmesindeki "esas fikir diyalektik karşıtlıkları aşmaktır" (68). Posthümanizm çerçevesinde ise monizm, doğa ve kültür kavramlarını, doğa-kültür kavramı altında bütünleştirir. Makine ve insan zıtlığı makine-insan kavra-mına dönüşür. Posthüman düşünce, monizmi doğa ve kültürden de öteye götürerek insanın insan olmayan diğer varlıklarla ilişkisi bağlamına da oturtur. Bruno Latour'un *Biz Hiç Modern Olmadık* (*We Have Never Been Modern,* [We Have Never Been Modern, [*Nous n'avons jamais été modernes*] 2008) adlı eserinde de üzerinde durduğu gibi "Hümanizm epistemolojiye bırakılmış nesneyle karşıtlık yoluyla oluştuğu sürece, ne insanı ne de insan-olmayanı anlarız" (162). Latour'un *"Biz Hiç Modern Olmadık"* başlığını seçerek ise Descartes rasyonalizmini hedef alır. Aynı şekilde melezlik (hybridité; hybridity) adı verilen kavram, posthümanist yaklaşımda insanın hümanizm düşüncesi yoluyla kendine yakıştırdığı "isabetsiz bir üstünlük hissini" (89) eleştiriye tabi tutarak diğer canlı ve cansız türleriyle "dolaşıklığ[a]" (Braidotti 171) dayalı varoluşumuzu vurgular ve insanı, bir arada yaşamı mümkün kılacak dayanışma düşüncelerine davet eder. Dolayısıyla posthü-man anlayışa göre insanın kendisini ve evreni yaratan homojen bir varlığı değil, kendisinin dışında çoklu ilişkiler tarafından (doğayla ya da makinelerle ilişkiler gibi) sürekli yeniden yaratılan heterojen bir varlığı temsil ettiği söylenebilir. Bu anlayış elbette insanın sonu değildir, fakat bilinen ve alışılmış anlamdaki insanın ötesidir, birebir dönüşümüdür. Değişim habercisi ve bir yeniden yaratım sürecidir. Beraberinde ise, çalışmanın ilerleyen bölümlerinde konu edilecek birleştirici ve bütünleştirici bir estetik anlayışı getirmesi ise kaçınılmazdır.

Yine yapısalcılığın etkisini yitirmeye başladığı yıllarda Çağdaş Fransız feminist kuramcı ve yazarlardan Hélène Cixous, *Dalışlar* (*Sorties;* [*Sorties*] 1986) adlı denemesinde ikili karşıtlıkların Batı düşüncesindeki hiyerarşik düzeni getirdiğini savunur. Doğa ve kültür, akıl ve duygular, hatta biçim ve madde gibi karşıtlıkların "birinin hep diğerine göre daha ayrıcalıklı ya da öncelikli" (akt. Sarup 161) olduğunu ileri sürer, ancak her iki terimin de birbirine kenetlenmiş olduğunu anlatır. Örneğin "doğa olmadan kültürün bir anlamı yoktur; buna karşılık kültür hiç durmadan aralıksız doğayı değilleme mücadelesi vermektedir" (akt. Sarup 162). Aynı doğrultuda Jacques Derrida, yapısöküm kuramını öne sürerken aslında temelde ikili karşıtlıkların yapısını bozmayı, onları yerlerinden etmeyi önerir (65). Ona göre "felsefeden geriye kalan sıkıntı verici son büyük ağırlık, anlam ile sözcük arasındaki karşıtlık"tır (65). Derrida'ya göre dil gösteren ve gösterilen arasındaki karşıtlık kadar basitçe tanımlanamaz, aksine bir göstergenin "gösteremedikleri" ön plana çıkmalıdır. Buna göre, başından beri ikili karşıtlıkları dayatılandan farklı algılatmaya çalışan posthümanist anlayışın belirli bir "estetiği" olmalıdır; bu estetik ise bir eserin biçimsel özellikleri ile içerik ve izleklerini bir arada değerlendiren eleştirel bir tutumu benimsemelidir. Diğer bir deyişle ne söylediğimiz nasıl söylediğimizle "dolaşık[lık]" (entangled/entanglement) (Braidotti 171) içinde olmalıdır. Sosyoloji kuramcısı Théodor Adorno da biçim ve içerik kavramlarının oluşturduğu zıtlığın nedenini "mümkün her nesneyi kaskatı bir araştırma konusu halinde öznenin karşısına diken genel pozitivist eğilime" (15) bağlar. Böylece yazınsal düzlemde yapısalcı anlayışın ısrarla biçimi öne çıkardığını öne sürmüş olur. *Estetik Kuramı* (*Aesthetic Theory*, [*Ästhetische Theorie*]1974) yapıtında da biçim ve içeriğin birbirinden ayrı düşünülemeyeceğini sıkça vurgular. Ona göre çağının sorunsalını yansıtan izleklerle donatılmış bir eser, izleğini yansıtan ekspresyonist, çağdaş ve yenilikçi biçimlere sahip olduğu anda "öfkeyi körükler" (315), yani dikkati üzerine çekmiş olur. Adorno, savını Picasso'nun *Guernica* (1937) tablosundan hareketle destekler. Olayla aynı yıl resmedilen yapıt, 1937 yılında İspanya İç Savaşı sırasında Almanya uçağının Guernica şehrini bombalamasını anlatır. Adorno, Picasso'nun bu tabloyu kendine özgü kübist biçemiyle değil de gerçekçi ve olağan bir biçemle resmettiğini hayal ederek bunun aynı etkiyi yaratamayacağını, "görenlerin karşısında omuz silkeceği" (315) ve tablonun yalnızca kültür endüstrisine kapılıp gitmeye mahkûm bir yapıt olarak kalacağını belirtir. Guernica bu bağlamda izleği ve biçemi birbirine dolaşık, birbirleriyle istenen anlamı üreten bir eserdir. Adorno'nun bu savının posthüman bağlama oturtulması ise İspanya İç Savaşı'nın o dönemde yarattığı yankı ve bugün posthümanizmin vermeye çalıştığı mesajlar yan yana düşünüldüğünde son derece mümkün görünmektedir. Çeşitli disiplinlerden bilim insanlarının "Antroposen" adını verdiği tamamen insan merkezli ve insan ihtiyaçlarının güdümünde, üstelik insanmerkezciliğin merkezinde de "Avrupalı erkekinsanın" oturduğu çağda, posthümanizm düşüncesinin, çağın gerçekliğinden doğmuş bir gereklilik olduğunu ve bir yankı uyandırdığını söylemek yanlış olmaz. Bu durumda bu çalışmada; ontolojik ve sosyolojik pek çok güncel soruna dikkat çeken posthümanist söylemin yazındaki ve sanattaki karşılığının, tıpkı Picasso'nun *Guernica* tablosuyla yapmaya çalıştığı gibi hem eserin izleğinde hem biçeminde karşılık bulacağı dolaşık bir anlatıma başvurularak elde edileceği öne sürülmektedir.

Posthümanist düşünür Francesca Ferrando, posthümanizmin "antihümanizm," "kültürel posthümanizm," "felsefi posthümanizm," "posthüman durum" ve benzeri en az yedi karşılığı olan bir kavram olduğunu, dolayısıyla posthümanizmin çok anlamlı ve kapsayıcı bir "şemsiye kavram" (Ferrando 26) olduğunun altını çizer. Gerçekten de posthümanizm kavramını araştırırken Donna Haraway'in insan ve insan olmayanların oluşturduğu "siborg"uyla (Haraway 12), Rosi Braidotti'nin "Vitruvius'un Erkekinsanı"nın (Braidotti 23) merkezde oluşunu reddedişiyle ve "doğa-kültür" senteziyle (Braidotti 161), Francis Fukuyama'nın "X Faktör"ü ("X Factor") (Fukuyama 171) ile ilerleyen bölümlerde açıklığa kavuşturulacak birçok farklı kavramla karşılaşılmaktadır. Dolayısıyla çalışmada posthüman ruhu yansıttığını düşündüğümüz çeşitli posthüman izleklere sahip birden çok yapıtı örnek olarak kullanılmasının sebebi, posthümanizm gibi şemsiye bir kavramın, beslendiği bağlam ne olursa olsun yazın ve sanatta posthüman anlam üreteceğinin vurgulamak istenmesindendir. Bu durumda posthüman anlam ile, posthüman izleklere sahip yapıtların yine bu izlekleri yansıtan biçim ve biçemlerle dolaşık bir haldeyken ürettiği anlam kastedilmektedir. Başka bir deyişle posthüman anlam, bir yapıttaki biçim-içerik ayrımından değil, aksine biçim-içerik bütünlüğünden, hatta dolaşıklığından üretilmiş olmalıdır. Örneğin eğer bir yapıt Pascal Quignard'ın *Müzik Dersi* (*The Music Lesson*, [*La Leçon de Musique*] 1987)'nde olduğu gibi insan-hayvan ilişkisi izleği etrafında oluşturulmuşsa posthüman anlam, yapıtın biçimsel özelliklerinde de siborgluk, melezlik ya da parçalılık özellikleriyle bir ortaklık içinde üretilir. Laurent Genefort'un *Lum'en* (İng. *Lum'en*, [*Lum'en*] 2015) ya da Michel Houellebecq'in *Bir Ada Olasılığı* (*The Possibility of an Island*, [*La Possibilité d'une île*] 2005) yapıtlarında olduğu gibi odağının merkezine yalnızca insanın değil "insan olmayanların" da alındığı yapıtlarda anlatı biçimi olarak çok seslilik ya da çok odaklılık posthüman anlamı pekiştirir. Distopik izleklerinin yer aldığı Jean-Luc Godard'ın *Alphaville* filmi gibi yapıtlarda ise kara film (film noir) gibi distopyayı çağrıştıran karanlık ve tekinsiz biçemler, posthümanizmin spekülatif temalarıyla birleşerek birlikte posthüman anlamı üretir. Bu nedenle posthüman anlamı üretmek için bir yapıtın biçem, dil, anlatı ögeleri gibi biçimsel özellikleri, yapıtın ne anlattığıyla karşılıklı bir etkileşim halindedir. Çalışmanın amacı da dolayısıyla, posthüman anlamın, yapıtın posthüman bağlamı ne olursa olsun biçim ve içerik dolaşıklığıyla pekiştirildiğinin altını çizmektir. Bu bağlamda çalışmanın bundan sonraki bölümlerinde posthümanizmin çeşitli izleklerini sıra dışı biçemleri eşliğinde incelenecek, her birinde üretilen posthüman anlam irdelenecektir.

Kim "gerçek," kim "klon"? Michel Houellebecq'in *Bir Ada Olasılığı* (*La Possibilité d'une île*, 2005) yapıtında çoklu anlatıcı

Çağdaş kuramcılardan Jean-François Lyotard, *Postmodern Durum* (*Postmodern Condition*, [*La Condition Postmoderne*] 2014) adlı eserinde büyük ve bütünsel anlatım tekniklerine tepki gösterirken "bir toplumda nelerin olup bittiğini bir bütün olarak hiç kimsenin tek başına anlayamayacağı ve anlatamayacağı düşüncesindedir" (akt. Sarup 209). Buna göre Lyotard'ın gerçekliği, boşlukları her bireyin kendi öznel gerçekliğiyle doldurduğu bir mozaik olarak gördüğü çıkarımı yapılabilir. Yine aynı şekilde Lyotard'ın savunduğu bu postmodern gerçeklik düşüncesinden hareketle, her bireyin ayrı birer gerçekliğinin olduğu sonucuna da varılabilir. Dolayısıyla konu edilen bu sübjektif gerçekliklerin dışavurumlarının da kişiye özgü olması beklenecektir. Bu çerçevede Michel Houellebecq'in *Bir Ada Olasılığı* (*The Possibility of an Island*, [*La Possibilité d'une île*] 2005) romanı, birden çok anlatıcı kullanılarak toplumu ve toplumsal gerçekliğin dışavurumu konusunu en açık şekilde örnekleyen yapıtlardandır. Romanda posthümanizm bağlamında ilginç olan ise, Houellebecq'in birden çok anlatıcı kullanımını posthüman izleklerin en çarpıcılarından biri olan "klonlama"yı kullanarak yapmasıdır. Onlarca yıldır gerek etik gerek biyolojik bağlamlarda tartışmalı bir kavram olan klonlama, temelde bir canlının DNA'sını kopyalayarak aynı canlıdan üretme esasına dayanan bir çeşit genetik mühendisliği uygulamasıdır. Trijsje Franssen için "evrimsel geleceğimizi kontrol edebilme" (78) yolunda atılmış önemli bir adımdır. İnsan için klonlama kavramı düşünüldüğünde ise kopyalama eyleminin yalnız DNA'nın çoğaltılmasıyla bitmediği görülür. Klonlama işleminin sonunda ortaya fiziksel bir kopya çıksa da içinde yaşadığı döneme ve ortama göre klonun düşünce ve yaşayışının şekilleneceği de bir gerçektir. Romanda da görüldüğü üzere klonlar aracılığıyla ortaya aynı insandan türeyen farklı varlıklar çıkacak, diğer anlatıcılar ilk anlatıcının klonları dahi olsalar onların da söz hakları olacağından çoksesli bir ortam yaratılacaktır.

Roman, klonlama teknolojisi sayesinde sonsuza dek yenilenen Daniel adındaki insanın günümüzdeki versiyonu olan Daniel 1 ile 2000 yıl sonraki halleri olan Daniel 24 ve Daniel 25'in etrafında şekillenir. Bu üç karakter aynı zamanda romanın üç ayrı iç anlatıcısıdır. Daniel 1, komedyenlik kariyeri, emekli oluşu, sevgilisi Marie ile ilişkisi ve sonrasında yaşadıklarını toplumsal süreçle birlikte ve mesleğinin gerektirdiği gözlem gücünü kullanarak ironik, eleştirel hatta acımasız bir dille anlatır. Anlatımı oldukça doğrusaldır, anlatımında geleceğe yönelik öngörü neredeyse hiç yoktur, bunun yerine bolca gözlem ve toplumsal eleştiri vardır. Daniel 1'in anlatıcı olduğu bölümleri okurken kimi zaman kendimizi bir stand up gösterisinin metnini okuyor gibi hissederiz. Daniel 1'in yaşamında akışı değiştiren olay ise Raelien dinine mensup ve tek amacı insanın ölümsüzlüğünü sağlamak olan bir bilim insanıyla karşılaşması ve DNA'sının örneklenerek sonsuza dek çoğaltılma, yani ölümsüzlük şansı elde etmesi olur. Gerek Daniel 1, gerekse içinde yaşadığı toplum yaşlanmaktan ve dünyanın gidişatı ile ilgili hayal kırıklığı yaşamaktan o kadar bıkmıştır ki, intihar oranları çok artmıştır. Yaşlandığını hisseden çoğu insan, bir gün klonlanmak üzere DNA'sını bırakacaktır. Bu klonlar da yaşlanma özelliğine sahiptirler, hatta kendilerinden önce gelen insanların intihara meyilli davranışlarını taklit ederler: Her klon ellili yaşlara geldiğinde kendinden sonra gelecek olan klonlara yer açmak için gönüllü olarak hayatına son verir. Daniel'in 2000 yıl içinde yirmibeş kez klonlanmasının sebebi de budur. Ancak her biri kendi fiziksel kopyası olacak ve on sekiz yaşındaki haliyle dünyaya gelecek şekilde klon-lanabilecek olması, onu yaşamakta olduğu hayat tarzının üzerinde sorgulamalar yapmaya sevk eder. Okuyucu en başta anlatıya Daniel 1'in hâkim olduğunu düşü-nür, ne de olsa Daniel 24 ve 25 onun klonları, diğer adlarıyla "neo insan"lardır (Houellebecq 58). Başta ölümsüzlük gibi bir transhüman amaçla başlayan süreç, 2000 yıl boyunca doğal olarak meydana gelen sosyokültürel evrimle ve gelişen teknolojiyle harmanlanır ve romanda neo insan olarak adlandırılan bu varlıklar bir nevi "post insanlar" haline gelirler: Daniel 1'in birebir kopyası olmaları amacıyla üretilen klonlar zamanla kendi kendilerini üretebilmeye, yaşamlarının sonu geldiğinde bunu anlayabilmeye, iletişimlerini yalnızca teknolojik araç gereçler aracılığıyla sağlamaya başlarlar. Onlara hümanoid ya da makine diyemeyiz, ancak içinde bulundukları bağlamın onları "insanötesi," yani posthüman varlıklar haline getirdiğini söyleyebiliriz. Klon kavramının kaçınılmaz olarak posthüman bir varlık ürettiğini vurgulayan Rosi Braidotti, kopya koyun Dolly'den hareketle klonun kendi türünün hiçbir üyesinin çocuğu olmadığını, "yeni bir cinsiyetin ilk üyesi" (85) olduğunu, "ataerkil akrabalık sisteminin cinsiyet ikiliklerinin de ötesinde" olduğunu belirtir (85). Bu durumda transhüman bir proje kaynaklı ortaya çıkan ve zaten kuramsal çerçevede posthüman bir varlığı işaret eden klon, romanda da posthüman bir yapıya bürünür ve anlatısal düzlemde klonlandığı kaynağından ayrı bir sesi, bir kimliği vardır. Dolayısıyla klonların seslerini duyurabilecekleri en etkili yöntem, onların da birer roman anlatıcısı olmalarıdır. Romandaki klonlar, yani "neo insanlar," vakitlerini atalarının anılarını okuyarak ve onların yaşadıkları duyguları artık yaşayamamaktan ve ruhsal durumlarındaki tekdüzelik ve makineleşmeden yakınarak geçirdikleri için, romanda Houellebecq'in takındığı eleştirel biçeme en az Daniel 1'inki kadar katkıda bulunurlar. Daniel 24, kendi bilincini anlatırken aradan geçen binlerce yılda neo insanların da zamanla duygularını kaybettiği bilgisini okuyucuyla paylaşır ve geçirdikleri evrimsel sürece okuyucuyu da ortak eder. Anlatıcı "En son Daniel 9'un ağladığını" (Houellebecq 48) ve "Daniel 13'ün duygularını kaybettiği için kendini nostaljik hisseden son neo insan olduğunu" (Houellebecq 49) söyler. Daniel 1'in anlatılarını hep Daniel 24 ya da 25'inkiler takip eder, hepsi de önceki bölüme yanıt niteliğindedir. Bu sayede bir insan olarak Daniel 1'in ve iki klon olarak Daniel 24 ve 25'in sesi aynı romanın içinde eşzamanlı olarak duyulur. Aynı zamanda, anlatının alışılmış artzamanlılık özelliği, diğer bir deyişle çizgiselliğinin karşısında konumlanır. Bu karşı duruş da posthüman bir duruştur, çünkü posthümanizm kavramındaki -post ön eki zamansallığı ifade etmez. Bir aşkınlığın ifadesidir, insanı aşkın, insanın ötesine gidenlerin betimlemesidir. Bu yapıttaki insan ötesi ve insanı aşkın varlıklar ise, Daniel 1'in klonları olan 24 ve 25'ten başkaları değildir. Sonunda klonların bir söz hakları olmuş, kendilerini ifade etme olanağı bulmuşlardır.

Bir Ada Olasılığı'ndaki içerik ve izleklerin klonlama, teknoloji, toplumsal eleştiri, bilinç sorgulaması vb. olduğu romanda "çoklu anlatıcı" biçemi, Lyotard'ın toplumsal olayları tek bir kişinin tam olarak anlayamayacağı ya da anlatamayacağı düşüncesiyle örtüşmektedir. Aynı olayların birbirlerinin "üst modeli" olan—her biri birbirinden hemen sonra gelen klonlara sıra numarası verildiği için bu ifade kullanılmıştır—farklı karakterler tarafından tekrar tekrar anlatılması ve yorumlanması[4] romanın çok sesli ve mozaiğe benzeyen yapısının bir göstergesidir. Bu yapı içerisinde anlatıcı değişince odak da dağılmış, tek bir roman içi anlatıcıya odaklanılmamıştır. Son olarak ise tüm anlatıcıların farklı bilinç düzeyleri olsa da genetik olarak birbirlerinin aynısı olmalarının, romanda paradoksal bir anlam üretimine neden olduğunu söylemek mümkündür. Böylece elde edilen metin sadece farklı anlatıcıların bir arada bulunduğu değil, bunlar temelde genetik olarak dolaşık yapıda olan üç kişinin anlatısal düzlemde de "iç içe geçip sarmal haline geldiği" (Topçu 246) bir metin ortaya çıkarmıştır.

Çalışmanın ilk bölümünde posthüman estetik ne söylediğimizin nasıl söylediğimizle olan dolaşıklığı şeklinde tanımlanmıştı, çünkü posthüman felsefenin ikilikleri muğlaklaştırma eğilimi anlatı düzlemine bu şekilde uyarlanmıştı. Bu bağlamda Michel Houellebecq'in ortaya koyduğu bu yapıt, roman karakterlerini çoğaltmak-

---

[4] Daniel 24 ve Daniel 25'in anlatıcı olduğu bölümlerin başlarında Fransızcada "yorum" anlamına gelen "commentaire" sözcüğü yazılıdır.

la kalmayıp onlara söz hakkı vererek anlatılarını da çoğaltmıştır. İşlenen posthüman izlekler, çokseslilik çatısı altında birleşince zıtlıklardan uzak ve bütüncül bir anlam üretmiştir.

Kızılküre'de yaşam: Laurent Genefort'un *Lum'en* adlı yapıtında çoklu bakış açıları

Bir önceki bölümde klonlama sorunsalını anlatı düzleminde çokseslilik olarak yansıtarak güçlü bir posthüman anlam üreten Houellebecq'in yapıtına değinilmişti. Şimdi ise incelenecek yapıtın yine aynı doğrultuda bir posthüman anlam üreteceği belirlenecek, bu defa çoksesliliğin ifadesinin anlatıcı değişimiyle değil, "çok odaklılık" olarak adlandırılan yöntemle sağlandığına tanık olunacaktır.

Yapısöküm kuramıyla Batı düşüncesi tarihinde önemli bir yere sahip olan Jacques Derrida, "tarihteki pek çok filozofun doğa-kültür karşıtlığını öyle ya da böyle kullandığını yazar" (Sarup 65). Madan Sarup, Derrida'nın doğa ve kültür ikiliği bağlamında düşüncelerini şöyle özetler:

> Doğanın masumiyet aşamasında yaşayan arkaik insanın, onca tehlikeyle iç içe yaşıyor olmasının ya da türlü yetersizliklerle boğuşmak zorunda kalmasının topluluk gereksinimi ya da istemini doğurduğu sıklıkla dile getirilmiş bir gerçektir. İnsanoğlunun doğadan topluma doğru evrilişinde, adına toplum denen sonradan ortaya çıkmış bu ikinci varoluş aşaması, baştaki mutlu doğa aşamasına yapılan bir ekleme olarak resmedilir. Bir başka deyişle, doğanın eksiklerini gideren ekleme yapıcıdır kültür. Çok geçmeden kültür bu süreçte doğanın yerini almaya başlamıştır. (65)

Yukarıdaki alıntıdan anlaşılacağı gibi Derrida için kültür, doğanın bir gerekliliği olarak ortaya çıktığı halde doğayı bastırmaya, üzerinde hakimiyet kurmaya, hatta onun yerini almaya uğraşır. Braidotti'ye göre de "verili olanla (doğa) inşa edilmiş (kültür) arasındaki ayrım" (12), sosyal bilimlerde insanmerkezci yaklaşımı destekleyerek toplumsal analize odaklanmayı kolaylaştırır. Braidotti, "her şeyin başında O var" (23) diyerek önce Pythagoras tarafından "her şeyin öncüsü" ilan edilen, daha sonra da Rönesans idealinde evrensel model olarak Leonardo da Vinci'nin Vitruvius Adamı çizimiyle yenilenen "erkek-insan" (Braidotti 23) idealini eleştirel düşüncesinin odağına oturtur. "Klasik Antik Çağ ve İtalyan Rönesansı'na ait ideallerin on sekizinci ve on dokuzuncu yüzyıla tercüme edilmesiyle" (23) özellikle Aydınlanma ve Sanayi Devrimi sonrası çığ gibi büyüyen insanmerkezcilik fikrini yapıbozuma uğratmaya Donna Haraway (2008) de aynı doğrultuda katkıda bulunur: Başlığı dilimize *Türler Tanıştığında* (*When Species Meet* 2008) olarak çevrilebilecek yapıtında, üstelik "Biz Hiç İnsan Olmadık" başlığının altında Leonardo da Vinci'nin Vitruvius Adamı eskizindeki ortada duran insanı kaldırır, onun yerine bir köpek çizer ve bu yeni şemayı *Leonardo da Vinci'nin Köpeği* (*Leonardo da Vinci's Dog*) olarak adlandırır (8). Bu noktada Braidotti'nin ve Haraway'in eleştiri oklarının hedefi açıktır: Yüzyıllardır yıkılamaz ve sorgulanamaz olarak süregelmiş insanmerkezcilik, diğer türlerin varlığı, aslında yok sayılamazlığı huzurunda merkezini genişletmelidir. Tam olarak bu bağlamda inceleyeceğimiz yapıtta, bilimkurgu izlekleri yeni keşfedilen bir gezegenin doğası üzerine özel bir anlatım biçimi ile oturtulmuştur. Fransa bilimkurgusu için önemli ödüllerden *Büyük Hayal Gücü Ödülünün* (Grand Prize of The Imaginary, [le Grand Prix de l'Imaginaire] 2016 yılındaki sahibi Laurent Genefort'un *Lum'en* (*Lum'en*, [*Lum'en*] 2015) adlı bu yapıtı, Kızılküre adlı gezegende günümüzden yaklaşık yüz bin yıl sonra geçmektedir.

Roman, bir bilimkurgu yapıtında akla gelebilecek fütürist pek çok izleği —ileri teknoloji, yapay zekâ, gen kontrolü, kolonileşme, biyoetik— bünyesinde barındırmakla kalmayıp, bir gezegende farklı canlıların yaşam dinamiğinin vahşi yanlarını da ortaya koyar. Romanda hem evrenin en güçlü canlı türü Lum'en, hem koloniler halinde Kızılküre'ye getirilen ve üremeleri beklenen insanlar, hem de Kızılküre'nin türlerinin devamlılığı için insanlarla savaşmak zorunda kalacak yerel halkı Pila türü ve tüm bu canlıların Kızılküre'de oluşturduğu yaşam izlencesi konu edilir. Farklı canlı gruplarının söz konusu yaşam izlenceleri dışarıdan üçüncü bir kişi tarafından anlatılmaktadır. Anlatıbilimci Gérard Genette bu türdeki anlatıcıyı tanrısal anlatıcı olarak da tanımlamaktadır (206). Okuyucu başta bu anlatıcı türünün bir romanda karşılaşılacak en geleneksel anlatıcı türü olduğunu düşünebilir. Ancak posthüman izleklere sahip *Lum'en* romanında oldukça geleneksel gözüken bu anlatıcının belki doğası değil, ama işlevi değişmektedir. Doğası alışılmıştır: dış gözlemcidir, kimliği belli değildir, roman evrenindeki herkesin bilincine erişebilmektedir ve her bilgiye sahiptir. Bizim için önemli olan ise işlevinin posthüman olmasıdır, çünkü roman boyunca devingen ve "çoklu bakış açıları" (Çağlakpınar 20) benimsemesi bakımından alışılmış tanrısal anlatıcıdan farklıdır: Onlarca bölüme ayrılmış olan eserin her bölümünde Kızılküre'de yaşayan başka bir gruba odaklanılmaktadır. Anlatıda odak, bölümler geçtikçe değişmekte, spot ışıkları hep başka bir canlı grubuna çevrilmektedir. Dolayısıyla her bir anlatıcı odağı, varlıklarıyla odağın tek bir canlı türünde olmadıklarını göstermeleri bakımından posthüman bir anlam üretiminde bulunur. Haraway belki bu romanı okuyunca her bölümün başına bir Vitruvius Adamı çizecek, bir merkeze insan, bir merkeze Pila, bir merkeze de Lum'en canlısını—betimlendikleri kadarıyla—koymak isteyecektir: Anlatıcının odak noktalarından biri, gezegenin derinliklerinde varlığını sürdüren ve solucana benzer canlıların ördüğü bir çeşit ağ aracılığıyla yeryüzünde olup bitenleri gözlemlemeye çalışan Lum'en isimli ölümsüz ve zamandan kopuk varlıktır. Lum'en'in zaman kavramı diğer canlılar gibi değildir; kendisi, bundan bir "sonsuzluk önce" (Genefort 101) bir solucan deliğini kendi amaçları doğrultusunda kullanması sonucu cezalandırılarak Kızılküre'nin dibine yerleştirilmiştir. İnsanlar gezegene ayak basana kadar uyku halinde kalan Lum'en, ilk koloninin gelişiyle hareketlenir ve dışarı çıkmak ister. Tüm gücüne rağmen odağın Lum'en'de olduğu bölümler iki yüz seksen üç sayfalık romanda on beş sayfayı dahi geçmektedir. Başka bir deyişle yapıtın iç işleyişine göre roman evreninin en güçlü canlısı Lum'en, romanın odağına alınmamıştır. Anlatısal bakımdan ilginç olan kısım ise, Lum'en'in Kızılküre'ye geliş hikayesinin, duygu durumunun, bilinç akışının ve amaçlarının yer aldığı bölümlerin kronolojik giden bölümlerin arasına serpiştirilmiş olmasıdır. Yapıttaki zamansallığı bozarak adeta dikkatleri üzerine çekmek istercesine akışa müdahale eden Lum'en, hiçbir canlının bundan yüzyıllar sonra bile üstesinden gelemediği zaman kavramından kopukluğuna rağmen başarılı olamamış, spot ışığını üzerinde tutamamıştır. Kızılküre'yi Pila denilen canlı türüyle paylaşanlara gelince, onlar büyük şirketlerin gönderdiği koloniler halinde gezegene yerleşen insanlardır. İnsanları odağa alan bölümlerde anlatı Vimal, Japhet, Anésidore, Esach gibi çok sık rastlanmayan birçok özel isimle bezenmiştir. Ayrıca bölümler ilerledikçe bir isim neredeyse bir daha ortaya çıkmamaktadır. Dolayısıyla ana karakter ve yan karakter ayrımı yapmak bile mümkün olmamaktadır. Posthüman felsefede insanın "mutlak merkezin dışında" (Braidotti 24) değerlendirildiği göz önüne alındığında Lum'en karakterini odakta olduğu durumlarda bile roman evreninin merkezinin dışına iten anlatı biçemi, posthüman bir anlam üretir. Diğer bir deyişle Laurent Genefort, yıllara yayılmış gezegen tarihi formatıyla aslında Batı bakış odaklı insanlık tarihini masaya yatırıp, bunu tamamen yabancı bir varlığın gözlemciliğinde yapmıştır. Kitaptaki tüm bölümler birleşerek gezegenin doğasının ve hikayesinin tamamını oluşturmuştur. Odak insan değil, Kızılküre'nin doğa-kültürüdür. Kısacası romanda insanı aşkın bir bakış açısı hakimdir. Böylece hali hazırda posthümanist söylemin kucakladığı fütürist temalar barındıran Genefort'un bu romanı, anlatının çoklu odaklar kullanılarak zenginleştirilmesi yoluyla posthüman bir anlam üretmiş, aklımıza gelebilecek tüm ikili karşıtlıkları, ötekileştirmeleri ve merkezcilikleri sarsıntıya uğratan posthüman söylemle örtüşmüş olur.

Biraz insan, biraz hayvan: Pascal Quignard'ın *Müzik Dersi* (*La Leçon de Musique, 1987)* yapıtında kopuk/parçalı yazı

Şu ana kadarki başlıkların altında yazınsal düzlemde biçim-içerik dolaşıklığında bir posthüman anlam üretildiğinden, bu anlamın alışılmışın dışında olduğundan, çünkü birbirleriyle kopuk, hatta zıt kabul edilmiş kavramları bir bütünsellik içinde ele aldığından ve tüm yapıtlarda ortak olarak bundan beslendiğinden söz edilmişti. Bu bölümde de benzer bir kurgu yapılmıştır. Önceki bölümlerde anlatısal düzlemde "çoğul" imgeleri çağrıştıran anlatı ögeleriyle karşılaşıldığının altını çizmek gerekir: kurgularda çok sesliliğin, çok odaklılığın, birden çok anlatıcının, bulunması gibi. Bu bölümdeki yaklaşım da oldukça "çoğul", hatta doğası itibariyle dağınık bir yöntem çevresinde olacaktır. Ancak posthümanizmin epistemolojik temelleri çerçevesinde aşılamaya uğraştığı "bütüne," "tekile," "birliğe" varma yoluna gidecektir.

Bu çerçevede yazınsal düzlemde kopuk yazı estetiğini posthüman bağlama oturtmak son derece mümkündür. İlk bakışta "parçalanmış" gibi gözüken ve kopuk yazılardan oluşan bir metin, doğrusal bir anlatımdansa anlam üretimi bağlamında daha bütünsel olabilir. Walter Benjamin'in benzetme (allegory) kavramını "sanat yapıtlarını anlamak için bir yardımcı" (Sarup 209) anlamında kullanan Lyotard (2014), benzetmenin okuyucunun, birbirinden kopuk metin parçalarını birleştirerek yapabileceğini ileri sürer. Buna benzetme demesinin sebebi, parçalardan kurulan "bölük pörçük"lük sayesinde anlam yaratma olayını okuyucunun, yani benzetenin gerçekleştirmesidir. Böylece benzetilen, yapıtın tamamına karşılık gelir. Yapısalcı olarak anılmasına rağmen son yazılarında yapısökümcü bir çizgiye kayan Roland Barthes (1973) da kopuk yazı hakkında "[i]şte söylemin oldukça ince ve dayanılmaz hali: anlatı yapısökümlenir ve yine de hikâye okunabilir kalır" (44) diyerek anlatının bütünlüğünün ve kendi içindeki kusursuz işleyişinin yapısalcıların iddia ettiği gibi olmazsa olmaz bir özellik olmadığını savunur. Bu bağlamda yüzlerce parçadan oluşan ve ancak Benjamin'in "benzetme" yoluyla anlam üretimi sağlayabilen, insan-hayvan ikiliğinin yapısını sökercesine iki canlı grubunu da anlatısına derinlemesine dahil eden *Müzik Dersi (The Music Lesson [La Leçon de Musique] 1987)* adlı yapıt konu edilecektir.

Yapıt yüzlerce kopuk yazı parçasından oluşan, roman ve deneme arasında kalan bir türdedir. Yapıtın belirli kahramanları yoktur, Quignard anlatısına kurbağa, keçi, arı, çocuk, yetişkin gibi pek çok insan ve insan olmayan varlığı katar. Bu noktada okuyucuyu zorlu bir okuma deneyimi beklemektedir. Ona düşen, bütünün parçalarını ayrıştırmak değil, bir araya geldiklerinde ürettiği anlamı bulmaktır. Bu birleştirmeyi de kopuk yazı parçaları aracılığıyla yapmaktan başka çaresi yoktur: Parçalar sırayla okunduğunda ve başlıkla birlikte irdelendiğinde insanın bir müzisyen olana kadar verdiği mücadelenin konu edildiği anlaşılır. Yüzlerce kopuk parçanın her biri[5] ayrık birer düşünce ya da örnek içerir. Quignard, bunu yaparken Aristoteles'in *Hayvanların Tarihi (History of Animals [Historia Animalium]* M.Ö. 350) adlı eserine sıkça gönderme yapar. İnsana atfedilen pek çok özelliği hayvanlarla ilişkilendirmekten çekinmez. Bir parçada ergenlik çağındaki bir erkek çocuğunun temiz ses çıkarmaya çalışma sürecinin zorluklarından bahsederken bir sonraki parçada kurbağaların yumurtadan çıkıp yetişkin olana kadarki yaşamsal döngüsünü anlatır. Birinde insanın, diğerinde de ise hayvanın konu edildiği iki ayrı sürecin birbirine paralel olduğunu anlamak ise okuyucuya kalır. Bu metaforik ve bağlantısız gibi gözüken anlatım, okuyucunun istemsizce insan ve hayvan kategorilerini karşılaştırmaya çalışmasına neden olur. Ancak fark edileceği üzere insan ve hayvan kategorilerinin arasındaki sınırlar muğlaklaşmıştır. Quignard'ın amacı, tıpkı Braidotti ve Haraway gibi posthümanist düşünürlerin üzerinde durdukları gibi insanların hayvanlardan çok da farklı olmadığını, hatta aralarında karmaşık ve dolaşık bağlar olduğunu vurgulamaktır. Çünkü Haraway'in de dediği gibi, "[h]içbir şey, insan-hayvan ayrımını inandırıcı bir şekilde ortaya koyamıyor. Artık çok sayıda insan da böyle bir ayrımı gerekli görmüyor [. . .]" *(Başka Yer* 49). Başka bir parçada ise, Fransızcası "muer" olan "sesi değişmek" anlamına gelen ve yalnızca insanlar için kullanılan fiili Aristoteles'in *Hayvanların Tarihi* yapıtındaki çözümlemeden yola çıkarak açıklar: Aristoteles, "Ergenliğe giren çocukların sesi artık ince değildir, ama hala kalınlaşamamıştır. Buna "keçi gibi belemek"[6] diyoruz" (83) der ve "tragedya" kelimesinin de keçi gibi belemek anlamı olduğunu söyler (83). Burada, Quignard'ın kurduğu insan-hayvan dolaşıklığının dilsel boyutu göze çarpar: "Sesi değişmek" etimolojik olarak "keçi sesi"ne, "keçi sesi" ise içinde barındırdığı hüzün fikrinden dolayı semantik olarak "tragedya" kavramına bağlanır. Böylesi bir iç içelik ve karmaşıklık, Quignard'ın insan-hayvan ikiliğini muğlaklaştırmaya yönelik bir anlatı çabasıdır. Anlatısal olarak bakıldığında

---

[5] Fransızcası "fragment" olan kopuk yazıbirimler Türkçeye "parça" olarak çevrilmiştir.
[6] Yunancası *"o kalousi tragizein"* olan deyişte *tragizein*, keçi gibi belemek, yani sesi değişmek anlamına gelmektedir.

Quignard, oluşturduğu bütününün içindeki hiçbir parçanın başında veya sonunda sözdizimsel bir bağlantı sözcüğüne başvurmamıştır. Parçaları belli bir düşünce sırasına göre yerleştirmiş, ancak aralarında bağlantı kurmayı okuyucuya bırakmıştır.

Bir müzisyenin metaforik yolculuğunun anlatıldığı yapıtta neden hayvanların konu edildiği sorusunun cevabını ise Donna Haraway'in siborg kavramında arayabiliriz. Haraway, siborg kavramını "sibernetik organizma" olan bir insan-teknoloji melezi bağlamında incelemekten öteye giderek kavramı insan ve insan olmayanlar çevresinde de ele alır. Ona göre "[. . .] siborg dünyası, insanların hayvanlar ve makinelerle akraba olmaktan korkmadıkları, yine sürekli parçalı kimlikler taşımaktan ve çelişkili konumlarda durmaktan çekinmedikleri canlı toplumsal ve bedensel gerçekliklerle ilgili olabilir" (Haraway 14). Quignard izlek düzeyinde insan-hayvan dolaşıklığı yaratırken argümanlarını hem toplumsal hem fizyolojik gerçeklikler üzerine kurmuştur. Yapıtın biçimsel düzeyinde ise kopuk yazı biçemi üzerinden kurduğu "kopukluk" ya da "ayrışıklık" metaforunu adeta insan-hayvan ayrımının ironik bir ifadesi olarak kullanmıştır: İnsanlık kendini hayvandan uzaklaştırmaya, kendini onunla zıtlaştırmaya çalıştıkça Quignard insanı hayvana yakınlaştırmaya, onları dolaşık ve iç içe kılmaya uğraşır gibidir. Üstelik bunu "müzik" gibi yalnızca insanla bağdaştırılan sanatsal bir izlek üzerinden yapmaya çalışır. Burada, Haraway'in "yoldaş türler"[7] ("companion species") adlı bir diğer kavramını da düşünebiliriz. Siborg kavramının kardeşi olan "yoldaş tür" ile Haraway insanın tanımını yaparken, tıpkı Quignard'ın yaptığı gibi "olmadığı bir şey olarak hayvanları ve bitkileri öne sürme alışkanlığına" (Bozok 139) karşı çıkmıştır. Quignard da aynı kanıdadır; ona göre insanın hayvanla kendisi arasına net bir çizgi çekmesi, onu kendinden tamamen koparması imkansızdır.

Sonuç olarak yapıt, insan ve hayvan izleklerini ve ikiye ayırmaya oldukça alışılmış bu kavramların yaşam döngüsü ve fizyoloji bakımından birbirinden çok da farklı olmadığını, kopuk yazı biçimine başvurarak aktarmayı başarmış, posthüman söylemdeki dolaşıklık düşüncesiyle örülmüştür.

Siyah beyaz bir bilimkurgu: Jean-Luc Godard'ın *Alphaville* (1965) filminde biçem

Çalışmada gelinen noktaya kadar incelenmiş tüm yazınsal eserler biçimin ürettiği posthüman anlam ile anlamın desteklendiği posthüman biçimin dolaşıklığı üzerinden okunmaya çalışılmıştır. Bu bölümdeki incelemenin sinematografik bir yapıt üzerinden yapılacak olması da mevcut yaklaşımı değiştirmeyecektir. Bunun nedeni ise yazınsal yapıtta olduğu gibi sanatsal yapıtın da genel bir anlam üretme dizgesini ifade etmesidir (Ötgün 165). Mukarovsky de müzik, resim, film gibi sanatsal ürünlerin de tıpkı bir metin gibi okunması gerektiğini belirtir (akt. Ötgün 165). Bu bağlamda Jean-Luc Godard'ın *Alphaville* (1965) adlı filmi, Fransız avangard film kategorisinde apayrı bir noktadadır. Film, Godard'ın bilimkurgu

---

[7] Donna Haraway, "Siborglardan Yoldaş Türlere: Teknobilimde Akrabalığı Yeniden Şekillendirmek" ("From Cyborgs to Companion Species: Reconfiguring Kinship in Technoscience" 2010) başlıklı makalesinde insan olmayan varlıkları "yoldaş türler" kavramı üzerinden okumaya odaklanmıştır.

izleklerle donattığı tek eseridir. Filmde ajan Lemmy Caution, kaçırılarak Alphaville'de alıkonulan bilim insanı Profesör Braun'u aramak için Alphaville'e gider. Bu çok tehlikeli bir görevdir, çünkü geçmişte aynı amaçla giden hiçbir ajan Alphaville'den sağ çıkmayı başaramamıştır. Profesör Braun Alphaville'e getirildiğinde dönemin egemen gücü tarafından insanların düşüncelerini ve eylemlerini yönlendiren Alpha 60 adındaki yapay zekâ bilgisayarını icat etmesi istenmiştir. Ancak Alpha 60 tahminlerin çok ötesinde bir güce sahip olur ve şehri despotizm denebilecek kadar baskıcı bir biçimde yönetmeye başlar. Alpha 60, şehir sakinlerinin duyguları olmasını ya da birbirlerini sevmelerini engelleyen ve dil yoluyla oluşturulan sıkı bir düzen dayatır, düzene uymayanlar ise infaz edilir. Özellikle olumlu duyguları ifade edenler başta olmak üzere yasaklı kelimeler bir sözlükte toplanmış, dolayısıyla baskı rejimi dayatılmaya dilden başlamıştır. Yapay zekâ Alpha 60'ın baskısına dayanamayan pek çok insan, bu sözcükleri kullanmamaktan olsa gerek, onları neredeyse unutmuşlardır. Başka bir şehirden gelen Ajan Lemmy Caution ise, bu düzeni yıkmaya, Alpha 60'ı ortadan kaldırmaya ve yerel halkı, özellikle âşık olduğu kadın Natacha von Braun'u acımasız düzenden kurtarıp serbest bırakmaya kararlıdır. Görüldüğü gibi film oldukça karanlık, ideal olmayan ve tekinsiz bir çizgide ilerlediğinden, bu noktada "distopya" kavramını ve onun posthümanizmle olan bağlantısını incelemek oldukça gereklidir. Distopya yaygın olarak "genellikle son derece totaliter bir devletin/yönetimin ya da ideolojinin pençesinde, çoklukla tektipleş(tiril)miş, insanlıktan çıkmış, sürekli bir biçimde görünür-görünmez tekniklerle ve araçlarla hemen her hareketi izlenen ve kontrol altında tutulan, dış dünyaya korku, endişe ve derin bir güvensizlikle bakan, bilgi akışının ve özgür düşüncenin tümüyle kısıtlanmış olduğu, deyim yerindeyse çivisi çıkmış bir yeni dünyayı anlatmaya" çalışır (Yakın 174). Betimlemeye uğraştığı dünya son derece rahatsızlık verici ve felaketlerle doludur (174). Yazın ve sinema alanlarında ise özellikle Aydınlanma sonrası dönemdeki distopik yapıtlar, ani sanayileşme ve teknolojinin büyük bir hızla ilerlemesi sonucu korku dolu ve tekinsiz bir ortamda geçerler, spekülatif kurguları vardır. *Alphaville* (1965) filmindeki yapay zekâ Alpha 60, filmdeki kaotik ve distopik ortamı sağlayan en önemli etmendir.

Buraya kadar sözü geçen posthüman kuramlar birleştirici, bütünleştirici, eleştirel, insanın insan olmayanlarla bağlarını güçlendiren ve çoğunlukla iyimser eğilimlerdi. Ancak bu noktada altı çizilmesi gereken, posthümanizm gibi çok bağlamlı bir şemsiye kavramın içerisinde kötümser ve spekülatif bakış açılarının da var olduğudur. Örneğin Francis Fukuyama ileri teknolojiyle bağlantılı yapay zekâ, genetik mühendisliği, robotlar ve klonlama gibi çeşitli uygulamaların insan onuru üzerindeki etik sonuçlarına değinir. Ona göre *1984* gibi totaliter rejimleri eleştiren yapıtların ileri teknoloji hakkındaki tahminleri "son derece doğru" (Fukuyama 9) çıkmıştır ve bu oldukça kaygı uyandırıcıdır. David Roden ise yine aynı kaygılarla "spekülatif posthümanizm" adında bir kavram öne sürer ve bu başlık altında "geleceğin nasıl olması gerektiğini değil, ne olabileceğini" (Roden 9) tartışır. Posthüman düşüncenin insan-makine ikiliği bağlamında çekimser ve hatta kötümser bakış açılarının da bulunması, yazına ve sanata distopya gibi spekülatif izlekler olarak yansıması oldukça doğaldır. *Alphaville*'de posthüman bağlamda ilginç olan ise, sözünü ettiğimiz bu karamsar posthümanizmlerin filmin biçeminde nasıl karşılık bulduğu ve distopik izleklerle birlikte nasıl bir anlam ürettiğidir.

Alphaville, bir "kara film" (film noir) örneğidir. Kara film, ilk olarak 2. Dünya Savaşı sonrası ortaya çıkmıştır. Siyah ve gri tonlarının savaş sonrası buhranının oldukça yoğun yaşandığı yıllarda popüler olması ise aslında o dönemdeki sanatçı ve sanatseverlerin psikolojileri hakkında büyük bir ipucu verir. Siyah renk, yüzyıllardır toplumsal imgelemde tuhaf, tekinsiz, korku, bilinmezlik gibi negatif kavramlarla ilişkilendirilmiştir. "Kara" sözcüğü—noir Türkçede siyah anlamına geldiğine göre—bu durumda film içindeki "kapalı, karanlık, tekinsiz ve puslu havayı" (Tombul 7) temsil etmektedir. Bu bilgiler ışığında kara filmin genellikle baş karakterin psikolojisine ve içinde bulunduğu topluma odaklanan bir tür olarak kendini göstermeye başlaması da sürpriz değildir. Sanatsal açıdan bakıldığında ise kara film tanımlanması oldukça zor bir kavramdır, zira bir teknik mi yoksa bir biçem mi olduğu uzun süre tartışılmıştır. Tartışmalara Profesör John Orr noktayı koymuştur: Ona göre kara film bir teknik olmaktan çok bir biçem olarak tanımlanır ve herhangi bir film türü de bu biçemde öyküler üretebilir (Özdemir 22). Bir biçem olarak kara film, içerisinde kostüm, makyaj, aydınlatma vb. pek çok alt biçem barındırır. 1960'lı yıllarda bir bilimkurgu olarak tasarlanmış *Alphaville* ise tüm bu alt biçemleri de bünyesinde barındıran bir "kara film" biçeminde çekilir. Ajan Lemmy Caution ve iletişim kurduğu birçok karakter, 1940'ların dedektif filmlerindeki giyim tarzını andıran uzun palto ve kasketler giyerler. İktidarın emriyle yalnızca hayat kadınlığı yapmak zorunda kalan, Profesör Von Braun'un kızı Natacha başta olmak üzere kadın karakterlerde abartılı saç stilleri ve makyajlar görülür. Filmde oldukça loş ışıklandırılan şehir mekanları betonlardan ve camlardan oluşur. Bunlar son derece ruhsuz, karanlık ve tuhaftırlar. Zaten "renksiz" olarak nitelendirilebilecek bu mekanlar kara filmin aydınlatma teknikleri sayesinde daha da cansızlaşmıştır. Loş ve az ışık kullanımı nedeniyle filme adeta karanlığın vurgusu hakimdir.

Filmde büyük ölçüde yalnızca sesiyle var olan —mekanik bedenini yalnızca yeri tespit edildiği zaman gördüğümüz—ve topluma sürekli korku salan Alpha 60 karakteri aslında filmde, yapay zekâ ve makineleşmedeki ivmelenme sebebiyle toplumsal imgelemde önemli bir yer tutan makineler tarafından ele geçirilme, insanlığı kaybetme, duygulanımları kaybederek makineleşme gibi korkuların sanatsal bir yansıması olarak yer alır. Uzun yıllardır süregelen bu spekülasyon, Fukuyama ve Rodin gibi posthümanist düşünürleri de etkilemiş, kuramsal çalışmalarında "post-insan üzerine felsefi ve kurgusal metinler" (Rodin 2) oluştuğunu belirtmişlerdir. Aynı şekilde Fukuyama'nın, *Posthüman Geleceğimiz* (*Our Posthuman Future* 2002) eserinde her insanın sahip olduğu insanı insan yapan "x faktörü" ("X Factor") (Fukuyama 186) adlı biz özden söz eder. Ona göre "X faktörü ahlak, mantık, dil, sosyal beceriler, duygulanımlar ya da bilinç gibi özelliklere sahip olmaya indirgenemez. [...] Tüm bu nitelikler insanda bir araya gelerek X Faktörü oluşturur" (171). Ancak yine Fukuyama (biyo)teknolojik gelişmeler sonucu insanın "daha az kompleks bir yapıya bürünüp özünü kaybetmesinden" (171) endişe ettiğini açıklar. *Alphaville*'de bu korkunun karşılığı Alpha 60 karakterinin sıra dışı yönetim şeklinde ve duyguların, hatta duyguları ifade eden sözcüklerin yasaklanmasında gizlidir. Dolayısıyla Godard burada, posthüman anlamı; distopik bir dikta rejimini ve en önemlisi insanın makine boyunduruğuna girerek insanlığını kaybetmesi izleğini kara film biçemiyle harmanlayarak üretir. Böylece spekülatif posthüman korkular toplumsal imgelemdeki korku ve endişe ögeleriyle birleşerek tedirgin edici bir anlam üretimi yapar. Ayrıca Godard'ın bu tekniği, 1960'larda "kara bilimkurgu" ("science fiction noir" ya da "tech noir"[8]) adında o dönem için oldukça yaygın bir tür oluşmasına katkıda bulunur. Böylece izlek ve biçem, yeni bir tür, dolayısıyla yeni bir anlam üretmiş olur.

Sonuç: Karşıtlıkların yıkımı ve bütünün yeniden doğuşu

Çalışmada posthümanizm akımının Fransız kültürü etkisindeki yazınsal ve sinematik evrenlerde yarattığı yansımalardan örneklemler sunulmuştur. Michel Houellebecq'in *Bir Ada Olasılığı* romanında klon karakterlerin çoksesililik biçemiyle birleşiminden ve sonucunda biçemin, yazınsal düzlemde "söz hakkı" kavramını somutlaştırdığından söz edilmiş; posthüman düşüncenin her varlığı gözeten bir doğası olduğu, dolayısıyla üretilen anlamın bu düşünceyle tutarlılık içinde olduğu vurgulanmaya çalışılmıştır. Laurent Genefort'un *Lum'en* romanında insan ve insan olmayan pek çok varlığa ve onların yaşam izlencelerine çok odaklılık biçemiyle yaklaşıldığı gözlemlenmiş; bu biçemin ise okuyucuda uyandırdığı "her varlığın eşit derecede gözetilme" ideasını pekiştirdiği, dolayısıyla posthüman bir anlam ürettiği görülmüştür. Pascal Quignard'ın *Müzik Dersi* adlı yapıtında insan ve hayvan ilişkisinin dolaşıklığına ve bu dolaşıklığın kopuk yazı biçemiyle sentezlenmesine tanık olunmuş, bunun sonucunda ise—oldukça ironik olsa da—güçlü bir insan-hayvan bütünselliği ve dolaşıklığı üretildiği gözlemlenmiştir. Son olarak yazınsal düzlemle sınırlı kalınmamış, sinemanın da metinsel ve biçemsel olarak posthüman anlamı benzer bir şekilde üretebileceği varsayımından hareketle Jean-Luc Godard'ın kült filmlerinden olan *Alphaville*'i ele alınmıştır. Filmde bilimkurgu izlekleriyle kara film biçeminin sentezi olan "kara bilimkurgu" kavramının başlı başına bir anlam ürettiği vurgulanmıştır.

Örneklerden hareketle yapılan saptamaya göre posthümanizm ister sibernetik organizmalardan, ister ırkların ve cinsiyetlerin ötekileşmesinden, ister insan ve hayvanın karmaşık ilişkisinden beslensin; kısacası bağlam ne olursa olsun, ikiliklerin muğlaklığı üzerine kurulu bir karaktere sahiptir. Posthüman felsefede zıtlıklar uzlaşarak zıtlık ötesi bir anlam üretmelidir. Bu anlam metinsel boyutta arandığında, söz konusu anlamı üretmenin tek yolu basmakalıp biçemlerden ve sınıflandırmalardan uzaklaşılmasıdır: Çağımız dünya görüşlerinin yapıtlara yansıyan izleklerini yeni ve deneysel biçimlerde yazıya dökülürlerse oluşturacakları anlam, biçim-içerik, düz yazı-şiir, hatta parça-bütün gibi tüm geleneksel karşıtlıkları yıldıracak, bezdirecek, en sonunda ise tüketecektir. Adorno'nun biçim-içerik ikiliğini sorgulayan estetik anlayışını bu noktada hatırlatmak faydalı olacaktır: Picasso *Guernica* gibi 20.yüzyılın belki de en politik tablosunu yaparken insanı, hayvanı,

---

[8] Adlandırma Paul Meehan tarafından 2008 yılında *Tech-Noir: The Fusion of Science Fiction and Film Noir* adlı yapıtta görülmüştür.

makineyi, yaşayanları ve ölüleri birbirleriyle iç içe geçmiş ve kaotik bir düzende, keskin ve parçalı çizgiler kullanarak resmetmek yerine perspektif ve Altın Oran kurallarına uygun, sıradan bir bombalama sahnesinin realist bir reprodüksiyonunu yapsaydı aynı anlamı üretebilir miydi? Yine bu bağlamda, çalışmada incelenen posthüman izleklere sahip yapıtlar için de aynı soruları sormak son derece olanaklıdır: Houellebecq tek anlatıcıyla üç klonu anlatmaya çalışsaydı, Genefort koskoca Kızılküre'de yaşayanlar arasından yalnızca tek bir canlı grubuna odaklansaydı, Quignard bir insanın müzisyenlik macerasını başka hiçbir canlı türünü işin içine katmadan tekdüze ve çizgisel bir biçemde anlatsaydı, Godard *Alphaville*'i siyah beyaz değil capcanlı renkler kullanarak çekseydi neler olurdu? Bu soruların yanıtı tartışmaya açık olurdu, ancak bu yapıtlar her bakımdan bu derece posthüman olmazdı.

Fransız yazını ve sanatında posthüman estetik arayışı böylece, posthümanizmin genel anlamda Braidotti, Haraway ve daha nice düşünürün "karşıtlıkların yıkımı" ortak paydasında buluştukları çatı bir kavram altında sonuçlanmıştır. Sonuç olarak gerek yazınsal, gerekse sinematografik metinlerde okuma eyleminin, posthüman bağlamda salt biçimselci ve kavramsal karşıtlığı şart koşan modellerle mümkün olmayacağı görülmüştür. "Gerek alımlama, gerek yapısöküm kuramları[nın], okuma eylemini kuralları yıkılan, yeniden tartışılan, gözden geçirilen, hatta tarihsel dönüşümlere uğrayan "akışkan bir pratik haline getir[diğinin]" (Fusillo 90) altı çizilmeye çalışılmıştır.

Çalışma posthüman düşüncenin Fransız yazını ve sanatındaki estetik gibi sınırlı bir bölgeyi kapsamıştır. Ancak sonuçta posthümanizmin her türlü kavramsal karşıtlığa yönelik yaklaşımı yazınsal ve sinematik düzlemde somut olarak görülmüştür. Posthüman her tartışmada "cinsiyetlerarası," "ırklararası," "canlılararası" hatta "varlıklararası" kavramlarının yerinin olduğunun ve yerine bütünselliği ve dengeyi koymaya çalışan her anlayışın aslında posthümanizmin tanımı olabileceğinin altını çizmek, posthümanizmin kendince tanımını yapmaya çalışan her çabanın büyük bir mozaiğin yalnızca ufak birer parçası olduğunu söylemek gereklidir.

Kaynakça

Adorno, Theodor Wiesengrund. *Edebiyat Yazıları*. Metis Yayınları, 2004.
Adorno, Theodor Wiesengrund. *Théorie Esthétique*. Klincksieck Esthétique, 1974.
Barthes, Roland. *Le plaisir du texte*. Editions du Seuil, 1973.
Braidotti, Rosi. *İnsan Sonrası*. Çev. Öznur Karakaş. Kolektif Kitap, 2014.
Çağlakpınar, Bülent. "Patrick Modiano'nun Bir Gençlik Adlı Romanında Anlatının Yapısı." *RumeliDE Journal of Language and Literature Studies*, cilt 4, Nisan Özel Sayısı 1, 2016. ss. 18-26.
De Saussure, Ferdinand. *Genel Dilbilim Dersleri*. Çev. Berke Vardar. Multilingual Yabancı Dil Yayınları, 2001.
Descartes, René. *Metafizik düşünceler*. Çev. M. Karasan. Maarif, 1942.
Ferrando, Francesca. "Posthumanism, Transhumanism, Antihumanism, Metahumanism, and New Materialisms. Differences and Relations." *An International Journal in Philosophy, Religion, Politics and the Arts*. cilt 8, no 2, Sonbahar 2013, ss. 26-32.
Fukuyama, Francis. *Our Posthuman Future, Consequences of the Biotechnology Revolution*. Picador. 2002.

Fusillo, Massimo. *Edebiyatta Estetik*. Çev. Fisun Demir. Dost, 2012.
Genefort, Laurent. *Lum'en*. Çev. Arzu Nilay Kocasu. Numen, 2015.
Genette, Gérard. *Figures III*. Editions du Seuil, 1972.
Haraway, Donna. *Siborg Manifestosu*. Agora Kitaplığı, 2006.
Haraway, Donna. "Siborglardan Yoldaş Türlere: Teknobilimde Akrabalığı Yeniden Şekillendirmek." Çev. ve der. G. Pusar. *Başka Yer: Donna Haraway'den Seçme Yazılar*. Metis Yayınları. 2010, ss. 225-256.
Haraway, Donna. "We've never been human," *When Species Meet*. 2008. ss. 7-157.
Hayles, Nancy Katherine. *How We Became Posthuman*. The University of Chicago Press, 1999.
Houellebecq, Michel. *La Possibilité d'une île*. Arthème Fayard, 2005.
Latour, Bruno. *Biz Hiç Modern Olmadık*. Çev. İnci Uysal. Norgunk. 2008.
Lyotard, Jean-François. *Postmodern Durum*. Çev. İsmet Birkan. Dost, 2014.
Meehan, Paul. *Tech-Noir: The Fusion of Science Fiction and Film Noir*. Mc Farland, 2008, ss. 264.
Ötgün, Cebrail. "Sanat Yapıtına Yaklaşım Biçimleri." *Gazi Üniversitesi Güzel Sanatlar Fakültesi Sanat ve Tasarım Dergisi*, no. 2, 2009, ss. 159-178.
Özçınar, Şahin. "Düşüncenin Tarihsel Sürecinde Hegel'in Varlık, Yokluk ve Oluş Diyalektiği." Kaygı Uludağ Üniversitesi Fen-Edebiyat Fakültesi Felsefe Dergisi, sayı 22. 2014, ss. 91-111.
Özdemir, Selda Tan. *Yeni Kara Filmler*. Nirengi Kitap, 2010.
Quignard, Pascal. *La Leçon de Musique*. Folio, 1987.
Roden, David. *Posthuman Life: Philosophy at the Edge of the Human*. Routledge, 2015.
Sarup, Madan. *Post-yapısalcılık ve Postmodernizm Eleştirel Bir Giriş*. Pharmakon, 2014.
Tarhan, Esra. *Descartes ve Spinoza Felsefesinde Ruh-Beden İlişkisi* (Yüksek Lisans Tezi, Mersin Üniversitesi Sosyal Bilimler Enstitüsü. 2019).
Tombul, Alper. *Film Noir'ın Türk Sinemasındaki Yapısal Değişimi: Üç Tekerlekli Bisiklet ve Ü. Maymun Karşılaştırması* (Yüksek Lisans Tezi, Kadir Has Üniversitesi Lisansüstü Eğitim Enstitüsü Sinema Televizyon Programı. 2019). URL: https://hdl.handle.net/20.500.12469/2787
Topçu, Hayrunisa. *Anlatıcı Sorunsalı Işığında Türk Romanına Dair Bir Değerlendirme* (Doktora Tezi, Hacettepe Üniversitesi Sosyal Bilimler Enstitüsü Türk Dili ve Edebiyatı Anabilim Dalı. 2015).
Tuğcu, Tuncar. *Batı Felsefesi Tarihi*. Alesta Yayınları, 2000.

BÖLÜM 14

RIDLEY SCOTT'UN *BIÇAK SIRTI* FİLMİNDE *İNSAN* ARAYIŞI

Mahinur Gözde Kasurka

Giriş

Ridley Scott'ın yönettiği *Bıçak Sırtı* (*Blade Runner* 1982) bilimkurgu türünde önemli eserler vermiş olan Philip K. Dick'in *Androidler Elektrikli Koyun Düşler mi?* (*Do Androids Dream of Electric Sheep?* 1968) romanından uyarlanmıştır. Film, 2019 Londra'sında distopik bir evrende geçer. Filmin yalnızca son sahnesi haricinde hiç güneş ışığı görünmez. Bu sebeple tüm film karanlık bir evrende geçen olaylar bütünü olarak değerlendirilebilir. Sürekli yağan yağmur, neon ışıklar, kitleler halinde gezen insanlar da bu karanlığa eklenince filmde sunulan distopik dünya tasviri güçlenmektedir. Filmin başlangıcında Tyrell şirketinin Nexus 6 kopyalarının üretimiyle birlikte robot devrimini gerçekleştirdiği bilgisi verilir. Bu kopyalar "kendilerini yaratan genetik mühendislerinden güç ve çeviklik anlamında üstün ve en az onlar kadar zeki" olarak üretilmiştir (*Blade Runner*[1] 02:10-02:50). Üretilen bu kopyaların dünya dışı gezegenlerin kolonileştirilmesi için köle olarak kullanılması filmdeki insan-kopya ilişkisini çözümlemek adına önemlidir. Bu duruma isyan eden Nexus 6 kopyaları illegal bir şekilde dünyaya giriş yaptıkları için polis memuru Rick Deckard bu kopyaların peşine düşer. Deckard'ın görevi, zamanı geldiğinde bu kopyaları "emekliye ayırmak" (retire) yani öldürmektir (*Blade Runner* 02:48- 02:50). Filmin terminolojisinde kopyaları öldürmenin emekliye ayırmak ile eş tutulması kopyaların varoluş amacının insan merkezli kapitalist sistemin ön gördüğü düzende çalışmak olduğunu ima eder. Böyle bir sistemde kopya olarak var olmak ancak insan faydasına çalışmakla özdeş olabilir. Aksi takdirde, insanların perspektifinden kopyaların var olmasına gerek yoktur.

Filmin sunduğu insan-kopya ilişkisinin ileri kapitalist sistemle yakından ilişkisi insan merkezli anlayışın çözümlenmesi için önemlidir. Merkezinde ayrıcalıklı bir grup insanı bulunduran ve bu çerçevenin dışında kalan her şeyi/ herkesi sömürülebilecek meta statüsüne indirgeyen sistem aslında kendi kendini yok etmektedir. Kapitalist kaygılarla öteki olarak konumlananların sömürülmesine dayalı sistem zamanla doğaya geri dönülmez tahribatlarda bulunmaktadır. Doğal yollarla üreyen hayvanların nesli tükenmiştir. Bu sebeple kapitalist sistem temelindeki ayrımcılık yalnızca insan-kopya arasında değildir. Ayrıca hayvan ve doğa gibi hümanist anlayışta dezavantajlı gruplar da sömürü düzeninin bir parçasıdır. Ayrımcı hümanist bakış açısında sistemin dışında kalan canlı ve cansız tüm varlıklar posthümanist perspektifte önemlidir. Bu sebeple bu çalışmada hem insan-kopya etkileşimi hem de doğa ve hayvan temsillerini posthümanist perspektiften incelemek amaçlanmaktadır. Film boyunca insanın ötekisi olarak sunulan kopyalar ve

---

[1] Aksi belirtilmedikçe film ile ilgili tüm alıntıların Türkçe çevirileri yazara aittir.

insanlar arasında gittikçe belirsizleşen sınırlar irdelenmektedir. Filmde temsil edilen insan kavramının artık herhangi bir merkezi konum teşkil etmediği, aksine diğer tüm canlı ve cansız varlıklarla birlikte sürekli bir oluş (becoming) içerisinde olduğu savunulmaktadır.

Posthümanizm bu anlamda çalışmaya uygun bir teorik çerçeve sunmaktadır, çünkü posthümanizm insana ait bir öz bulunmadığını savunan ve tüm yaşam formlarını akışkan kimlikler olarak değerlendiren, hiçbir formu merkeze almayan bir yaklaşımdır. *Bıçak Sırtı* filminde de insanın özünü sorgulayan eleştirel bir bakış açısı sunulmaktadır. Bu anlamda, çalışma insan merkezli Kartezyen ideolojiyi eleştirel bir şekilde tartışmaktadır. *Bıçak Sırtı*'nın sunduğu farklı yaşam formlarının birlikteliği ünlü posthümanist düşünür Rosi Braidotti'nin de ifade ettiği gibi "etik ilişkiyi ortak projelerin ve faaliyetlerin olumlu zemininde" temellendirmektedir (*İnsan Sonrası* 224). İnsan ve kopya ayrımından hareketle filmde yansıtılan ileri kapitalizmin sonucu kopyalar Braidotti'nin tabiriyle "dijital proletarya"yı temsil etmektedir (*İnsan Sonrası* 111). Bu sebeple, bu çalışmada kopyaların temsil ettiği dijital proletaryanın insan faydası gözetilerek köleleştirilmesinde cinsiyet temelli ayrımcılığın görünür olduğu savunulmaktadır. Daha açık ifade etmek gerekirse, kadın olarak temsil edilen kopya seks işçisi olarak çalıştırılmaktayken, erkek olarak temsil edilen kopya grubun en zekisi olarak lider konumundadır. Bu durumdan hareketle çeşitli yaşam formlarını köleleştiren ileri kapitalist bir ajandaya sahip Tyrell şirketinin çok katmanlı bir ayrımcılık sergilediğini göstermek amaçlanmaktadır. Çok katmanlı ayrımcılık ile filmin hem insan-kopya hem de erkek-kadın düalizminden hareketle işleyen düzeni kastedilmektedir. Filmin kurduğu dünya düzeninde kopyalar insanlardan daha aşağıda konumlanmıştır. Ancak kopyalar da kendi içinde kadın-erkek arasında bir başka hiyerarşi içinde kategorize edilmiştir. Dolayısıyla filmin insan merkezli bakış açısı yalnızca insan-kopya düalizmi üzerinden sunulmamaktadır.

Posthümanizmin Hümanizm Eleştirisi

Filmde eleştirilen insan merkezli bakış açısı Braidotti'nin hümanizm eleştirisi ile örtüşmektedir. Braidotti posthümanizmi açıklamadan önce hümanizmin referans aldığı insanı tanımlamak için Pythagoras'a atıfta bulunarak "her şeyin ölçüsü olarak kabul edilen daha sonra İtalyan Rönesansı'nda evrensel model olarak yenilenen ve Leonarda da Vinci'nin *Vitruvius'un Erkekinsanı* olarak temsil edilen klasik "erkek-İnsan" ideali anlayışına gönderme yapar (*İnsan Sonrası* 25, büyük harf orijinalinde). İnsanı tanımlamak için genellikle insanı diğer varlıklardan ayıran René Descartes'dan günümüze dek gelen bu düalist yaklaşım akıl ve bedeni birbirinden ayrı iki unsur olarak ele alır ve bu sistemde akıl bedenden üstün olarak konumlandırılır. Modernitenin bir ürünü olan aydınlanma felsefesi, insanı her şeyin ölçüsü kabul ederek, diğer tüm varlıkların üzerinde ve her şeyin merkezinde konumlandırmıştır. Bu bakış açısına göre, diğer tüm varlıklar insana hizmet etmek için vardır. Ancak yirminci yüzyılda yaşanan 1. ve 2. Dünya Savaşları ile Soğuk Savaş sonrasında felsefe insanın evrendeki konumunu sorgular hale gelmiştir.

Böyle bir sorgulama, ilk başka anti-hümanizm[2] olarak ortaya çıkmaktadır. Hiyerarşik sistemleri sorunsallaştırmanın ilk adımı düalist değer yargılarını tersine çevirmektir. Bu düalist çerçeveyi tersine çevirmekten kasıt hümanizmin ötekileştirdiği öznelerin, yükselen anti hümanizmde kendisini üstün olarak konumlandırmasıdır. Posthümanist bakış açısında gördüğümüz şey ise düalist bir perspektifin çok ötesindedir, çünkü posthümanizm insan olan ve olmayanlar arasında var olduğuna inanılan ayrımları sorgulayarak, hiyerarşik düşünmenin ötesine gitmektedir. Posthümanizm, tek merkezin baskın olduğu bir sistem yerine Bruno Latour'un da önerdiği gibi canlı ve cansız varlıkların düz bir ontolojide konumlandığını savunur (flat ontology) savunur (1993). Başak Ağın'ın *Posthümanizm: Kavram, Kuram, Bilim Kurgu* kitabında da belirttiği gibi "bu düz ontoloji, insan-hayvan-bitki-teknoloji-madde kümesinin tüm elemanlarının hep birlikte sürekli bir oluşta bulunduklarına, karşılıklı etkileşim halindeki tüm bu canlı cansız varlıkların dünyanın şekillenmesinde eşit derecede eyleyiciliğe sahip olduklarına işaret etmektedir" (32). Böylece posthümanist perspektifte herhangi bir özneyi merkeze konumlandırmaktan öte, tüm öznelere eşit mesafede duran bir anlayış hakimdir. Pelin Kümbet'e göre posthümanizm "hümanizma anlayışının tüm normatif çerçevelerini yıkar ve özellikle insanı diğer biyolojik organizmalardan ve maddi varlıklardan üstün gösteren düşüncenin ötesine geçer" ("Metalaşmış Yaşamlar" 295). Bu sayede insan artık tahtından inmiş ve diğer tüm varlıklarla aynı düzlemde konumlanmıştır.

Yirmi birinci yüzyılda insana ve onun ötekileştirdiği her şeye karşı yeni bir yaklaşıma ihtiyaç duyduğumuzu Braidotti şöyle belirtir: "Hümanizmin insan sayılana dair kısıtlı fikri, insan sonrası dönüm noktasına nasıl vardığımızı anlamak için mühim unsurlardan biridir" (*İnsan Sonrası* 28). İnsan kavramının karşılığı olarak Leonardo da Vinci'nin Vitruvius Erkekinsanı "insan yetilerinin biyolojik, söylemsel ve ahlaki düzeyde ereksel olarak düzenlenmiş, akılcı bir ilerleme fikrine uzanmasını tamama erdiren bir doktrin olarak hümanizmin amblemidir" (Braidotti, *İnsan Sonrası* 25). Bu perspektifin sabitlediği insan kavramının dışında kalanlar "gözden çıkarılabilir bedenlere sahip, insandan aşağı konuma indirgenen, cinsiyetlendirilmiş, ırk üzerinden belirlenmiş ve doğal addedilmiş ötekilerdir" (Braidotti, *İnsan Sonrası* 28). Posthümanizm insan merkezci bakış açısının dışında kalan tüm ötekilerle birlikte hiyerarşiden uzak bir düzlemde var olmayı hedefler çünkü Sümeyra Buran'ın da ifade ettiği gibi posthümanizm "insana ve doğaya dair genel geçer ve asla değişmez diye adlandırdığımız temel kategorileri sorgulayarak dönüşümün gerekliliğini vurgulamaktadır" ("Edebiyat ve Posthümanizm" 20). Bu noktada, *Bıçak Sırtı* filmi posthümanist düzlemde insan ve kopyaların sürekli bir oluş (becoming) içerisinde oldukları bir alternatif olarak okunabilir.

---

[2] Anti-hümanizm ile kastedilen Hümanist felsefenin savunduğu insan merkezli anlayışın tersine çevrilmesidir. Ancak düalist bir bakış açısı olan Hümanist bakış açısını tersine çevirmek aynı düalist perspektifin farklı bir formda devam etmesidir. Braidotti anti-hümanist bakış açısının 20. yüzyılın ikinci yarısında yükselişe geçmesinin sebebini bu dönemde yükselen "feminizm, sömürgeleşme ve ırkçılık karşıtlığı, nükleere karşı mücadele" olarak açıklamaktadır (*İnsan Sonrası* 29).

Bıçak Sırtı Filminde İnsan-Kopya Düalizminin Yıkılışı

Bıçak Sırtı filminde kopyaların var oluş amacı dünya dışı kolonilerde insanların verdiği görevleri yerine getirmektir. Bu görev süresi dört yıl ile sınırlıdır. Bu sürenin sonunda görevini tamamlayan kopyalar emekli olacak (retire), yani ölecektir. Kendilerine biçilen ömrü yetersiz bulan Leon, Pris ve Zhora, Roy Batty liderliğinde bu süreyi uzatmak için kendilerine tanımlanan görev dışında hareket ederek dünyaya dönerler. Görevi bu kopyaları bulup öldürmek olan Rick Deckard ise bir polis memurudur. Kendisine bildirilen emirleri yerine getiren Deckard, isyan eden kopyaları tek tek bulup öldürür. İzleyici Deckard'ın filmin başında kopyalara karşı geliştirdiği olumsuz tavrın zaman içerisinde değiştiğine tanık olur. Filmin sonunda Deckard, bir başka kopya olan Rachel'ı da öldürme talimatı alır. Ancak Deckard Rachel'a âşık olduğundan onu öldürmek yerine onunla kaçmayı tercih eder. Film, Rachel ve Deckard'ın birlikte belirsizliğe doğru kaçtıkları sahne ile sona erer. *Bıçak Sırtı* filmi ikili karşıtlıkların altını oyan bir perspektif sunmaktadır. Bu noktada filmin sonundaki belirsizlik negatif bir çağrışım yapmaktan öte Braidotti'nin olumlayıcı (affirmative) bakış açısına gönderme yapar. Braidotti, olumlayıcı (affirmative) posthümanist anlayışını "insan öznenin alternatif biçimlerde kavramsallaştırılması için farklı yolların geliştirilmesi" olarak tanımlar. İnsanın diğer tüm canlı ve cansız formlarla yatay bir ontolojide (flat ontology) ilişki kurması düalizmin yıkıldığı bir perspektifi mümkün kılar.

İsyan eden kopyaların peşine düşen polis memuru Deckard'ın adının Kartezyen düşüncenin kurucusu René Descartes'a benzerliği aşikardır. Descartes düalizmi savunan ve aklı ya da düşünme eylemini var olmanın ölçüsü olarak alan bir 17. yüzyıl düşünürüdür. Descartes'ın temellerini kurduğu Kartezyen düşünce, akıl ve beden ikileminin önünü açmıştır. Kartezyen bakış açısına göre akıl, bedenden üstündür, çünkü var olabilmek için akıl öncelikli koşuldur. Bertrand Russell *Batı Felsefesi Tarihi* (2012) kitabında Descartes'ın aklı ya da düşünmeyi bedenin üstünde konumlandırmasını şu şekilde açıklar: "Ne kadar kurnaz olursa olsun, hiçbir cin, ben var olmasaydım beni kandıramazdı. Vücudum olmayabilir, bu bir yanılsama olabilir. Ama düşünce farklıdır" (132-133). Descartes'ın düşünmeyi var olmak için öncelemesi gibi filmdeki Deckard da insanı kopyanın üstüne konumlandırmıştır. Düşünmeyi varlığın ölçüsü kabul eden Kartezyen yaklaşımda kendisini "her şeyin ölçüsü" olarak ilan eden "insan" bu hiyerarşik düzlemde diğer bütün yaşam formlarına kıyasla üstün olan tarafı simgelemektedir. Ancak filmdeki kopya temsilleri bu hiyerarşik düzlemi alt üst etmekte ve insan-kopya sınırlarını muğlak hale getirmektedir.

Posthümanizm, hümanizmde sunulan bu hiyerarşik ve düalist düşünme sisteminin ötesine geçmektedir. Bu nedenle insan olmanın özünün sorgulandığı *Bıçak Sırtı* filminde Descartes'a atıfta bulunan Deckard karakteri bilinçli bir çabanın ürünüdür. Deckard'ın, diğer bir deyişle kopyaları emekliye ayırmakla görevli olan polisin, düalist bir değer yargısıyla hareket etmesi onun hümanizm ekseninde konumlandığını gösterir. Karakterin bakış açısını anlamak adına kopyaları nasıl değerlendirdiğine bakmak yararlı olacaktır. Deckard'a göre "Kopyalar da diğer tüm makineler gibi ya yararlıdırlar ya da zararlı" ve yararlı olan kopyalar

Deckard'ın çalışma alanı değildir (*Blade Runner* 17:30-17:35). Kopyaların "ya yararlı ya da zararlı" olarak ikili bir sistemde değerlendirilmesi Kartezyen bir algının ürünüdür, Deckard bir karakter olarak filmin sonuna dek bu ikili hiyerarşik düşünme sistemini destekleyen bir tavır içinde hareket eder. Bu sebeple, ömürlerini uzatmak isteyen kopyaların bu isteğini sorgulamadan onları öldürmek için peşlerine düşer. Ancak Braidotti, posthümanizmi "ya [...] ya da [...]" biçimindeki düalist düşünmenin ötesinde, "hem [...] hem [...]" yaklaşımı olarak tanımlamıştır, böylece hiyerarşik olmayan, merkeze insanı almayan bir düşünme sistemi önermiştir (*Posthuman Knowledge* 340). Bu yaklaşım, filmdeki insan-kopya ayrımına farklı bir yaklaşım geliştirmenin önünü açar. Posthümanist teorik kuramı filmle birlikte düşündüğümüzde özneleri ya insan ya da kopya diye tanımlamaktansa, birbirinin için geçen akışkan kimlikler oldukları görülebilir. Bu durum Kartezyen düalizmin içinde bulunduğumuz yüzyıl gerçekliğini incelemede yetersiz kaldığını açıkça göstermektedir. Önemli bir posthümanist düşünür olan Francesca Ferrando da "sembolik dikotomilerdeki biz/onlar, dost/düşman, medeni/barbar vb." nosyonların posthümanizmde yıkıldığına dikkat çeker (*Philosophical Posthumanism* 54).

Yıkılan dikotomiler ortaya hümanist idealin kurduğu kategorilerin ötesinde akışkan kimlikler çıkarır. Filmde genetik mühendisi olarak çalıştığını belirten J. F. Sebastian'ın kopya Roy ve Pris ile konuşmaları bu bulanıklaşan ayrımı örneklendirmektedir. Pris, Sebastian'ın kendilerini Tyrell şirketinin kurucusu ile tanıştırmaları için ikna etmeye çalıştığı sırada "düşünüyorum Sebastian, o halde varım" demesi, altı boşalan Kartezyen ideolojiyi yansıtır (*Blade Runner* 01:17-01:18). Hümanist bir düzlemde kopya düşünme yetisinden yoksun olduğu düşünüldüğü için insandan aşağıda konumlandırılır. Ancak Pris'in Sebastian'a cevabı Kartezyen perspektifin sunduğu ayrıcalıklı insan imgesini yıkmaktadır. Nitekim artık düşünmek yalnızca insan tekelinden çıkmıştır. Ayrıca Roy ile Sebastian arasında geçen konuşmada kopyalara tuhaf varlıklar gibi bakıp kendisine ilginç bir şeyler göstermesini isteyen Sebastian'a Roy'un "biz bilgisayar değiliz Sebastian, biz canlıyız" cevabı hem insanların kopyalara bakış açısını hem de kopyaların kendi yeterliliklerini nasıl tanımladıklarını göstermektedir (*Blade Runner* 01:15-01:17). Bilim insanı olan Sebastian'ın kopyaların insan dışı konumundan hareketle "ilginç" bir şeyler yaparak insanları şaşırtabilecek varlıklar olarak görürken kopyaların bu ayrımı kabullenmemesi ve karşı bir duruş sergilemesi filmi posthümanist perspektife yaklaştırır.

Film insan ve kopya arasında bulanık hale gelen sınırları temsil ederken böyle bir ayrım yapmanın ne kadar imkânsız olduğunu çeşitli şekillerde örneklendirir. Kopyaları insanlardan ayırmak için başvurulan Voight-Kampff testi bu anlamda Deckard'ın başvurduğu önemli bir yöntemdir. Voight-Kampff testi, belirli sorulara verilen cevaplar esnasında test edilen kişinin verdiği fiziksel tepkileri ölçen, bu tepkiler sonucunda insan ya da kopya olduğu sonucuna ulaşan bir testtir. İnsan olanla olmayanı birbirinden ayırmak için insan olmayan bir ölçme cihazı kullanılması başlı başına ironik bir durumdur. Aslında bu durum bile tek başına insanın kendisine ait bir öze sahip olmadığını gösterir. Eğer böyle bir öz varsa onu ayırt etmek için kullanılan makinenin bunu algılaması gerekir. Bu sebeple filmde insan-kopya ayrımını bir makine aracılığıyla yapmak özcü anlayışı içerden çökertmektedir. İnsanın, kopyayı insana olan benzerliğinden dolayı anlamanın mümkün olmaması iki farklı şeyi gösterir: İlk olarak insan ve kopya arasındaki var olduğu iddia edilen sınırlar belirsiz hale gelmiştir. İkinci olarak insan özünü -şayet böyle bir öz varsa- insanın kendisi algılayamazken bir makinenin algılayabilmesidir.

Voight-Kampff testinde yöneltilen sorular empati duygusunu ölçmeye yöneliktir. Kopyanın insandan ayrılan yönlerinin empati duygusu geliştirememesi olduğu düşünülmektedir. Ayrıca sorulara verilen yanıtlarda vücudun verdiği belirli tepkiler de makine sayesinde ölçümlenmektedir. Göz bebeğinde büyüme, nefes almada değişiklik gibi reaksiyonları da dikkate alarak test öznesinin insan ya da kopya olduğu sonucuna ulaşmaktadır. Sorulan sorulara verilen duygusal tepkiler sonucunda Deckard, test öznesi hakkında nihai bir karara varır. Deckard'ı görevlendiren polisle arasında geçen konuşmadan anlaşıldığı üzere kopyalar artık duygusal tepkiler verebildikleri için insanlardan ayırt edilmeleri güçleşmiştir (*Blade Runner* 15:20-15:30). Bu durum, Voight-Kampff testinin güvenirliğini sıkıntıya düşürmektedir. Kopyaların duygusal tepkiler geliştirebiliyor olmaları insanı uzun zamandır oturduğu tahtından edecek bir gelişmedir.

Filmde insanları insan yapan şeyin ölçüsünün belirli sorulara bilinçsiz olarak verdikleri fiziksel reaksiyonlar olarak alglanması; film boyunca herhangi bir duygusal reaksiyon vermeyen insanlara karşın, hayatta kalmak için çırpınan ve arkadaşlarının ölümü üzerine ağlayan kopyaların durumu düşünüldüğünde kendi kendini yapısökümüne uğratan bir durumla karşılaşılır. Braidotti, posthümanizmin hümanizmi nasıl yapı sökümüne uğrattığını açıklamak için "hümanizmin insan sayılana dair kısıtlı fikri, insan sonrası dönüm noktasına nasıl vardığımızı anlamak için mühim unsurlardan biridir" diye belirtmiştir (Braidotti, *İnsan Sonrası* 28). İnsan olmayı belirli kurallara bağlayan, kriterleri Avrupa merkezli bir anlayış üzerinden oluşturan hümanizm, yirmi birinci yüzyıldaki "insan" kavramını karşılamakta yetersizdir. Bu noktada ayrımcı hümanist anlayıştan uzak, çokluğu kucaklayan posthümanizm işin içine girer. Filmde Roy, sevgilisi Pris'in ölü bedenini bulduğunda üzerine kapanıp ağlar. Roy'un bu tavrı film boyunca donuk bir tavırda ölüm peşinde koşan Deckard'a göre duygu yoğunluğu daha fazla olan bir harekettir. Ancak duygusal davranışı, empati kurmayı insan olmanın göstergesi olarak almak da kendi içinde ayrı bir sorunsaldır. Voight-Kampff testinin çalışma prensibi özcü bir bakışın ürünüdür. Francis Fukuyama *İnsan Ötesi Geleceğimiz* (*Our Posthuman Future* 2002) kitabında insan olmanın "özü" ile ilgili belirli tespitlerde bulunmuştur. Fukuyama'ya göre her insan kendisini "özünde diğer insanlardan ayıran" X faktörüne sahiptir (144). Bu X faktörü dil, akıl, ahlak gibi insanın özünü belirleyen her şeyin toplamıdır, bunlardan sadece birisine indirgemek mümkün değildir. Bu bakış açısı, görüldüğü üzere insanı merkezde konumlandıran, öteki tüm türlerin yaşam hakkı üzerinde karar vermeyi kendisine hak bilen insan üstünlüğünü benimseyen hümanizmden beslenir. Bu sebepten olsa gerek, Fukuyama yeni çağın getirdiği gelişmeleri umuttan uzak bir distopya olarak okur. Ancak Braidotti, Fukuyama'dan bu anlamda tamamen ayrılır. Braidotti *İnsan Sonrası* (2013) kitabında "her şeyin ölçüsü kabul edilen [...] bedensel mükemmeliyet ideali" olan insan merkezli bakış açısının altını oyar (25). Bu posthümanist ya da insan-sonrası duruş yirmi birinci yüzyılda bulanıklaşan sınırları, akışkan kimlikleri okumak için verimli bir zemin oluşturmaktadır. Hümanizmin etkisi altında kendisini evrenin merkezinde konumlandıran insan, diğer bütün varlıkları "öteki" olarak kendisinden aşağıda konumlandırmıştır. Bu ideale göre bir grup ayrıcalıklı insan dışındaki tüm canlı ve cansız varlıklar bu ayrıcalıklı gruba hizmet etme gayesi ile vardır. Bu durum, Kartezyen düşünmenin doğal bir sonucu olarak uzun yıllar boyunca insanın bütün pratiklerine yerleşmiştir. Ridley Scott'ın *Bıçak Sırtı* filminde de kopyanın insan amaçlarına hizmet etmediği anda insan tarafından yok edilmesi bu kısıtlayıcı insan merkezli idealin ürünüdür.

Voight-Kampff gibi bir test ile insan ve kopya ayrımına varmak düalist bir düşünme sistemi sunan modernitenin ürünüdür. Aydınlanma ideolojisinin sonucu olarak benimsenen ilerlemeci anlayışın bir ürünü olarak değerlendirilebilecek bu ölçme yöntemi hümanist değerlerle örtüşmektedir, çünkü "hümanizmin insanı ne bir ideal ne de nesnel istatistiki bir ortalama veya bir ortak noktadır. Daha ziyade, bütün ötekilerin kendisi üzerinden değerlendirilmesini, düzenlenmesini ve belirli bir toplumsal mevkiye yerleştirilmesini sağlayan sistematik bir tanınabilirlik standardını ifade eder" (Braidotti, *İnsan Sonrası* 40). Yapılan testte de bütün kopyalar "insan" üzerinden değerlendirilir, ortak referans noktası insan tepkileridir. Deckard'ın Rachel'a sorular yönelttiği sahne bu anlamda önemlidir çünkü normalde 20 civarında soru kopyayı anlamak için yeterliyken, Rachel'ın insan/kopya olduğunu anlamak adına Deckard'ın yaklaşık 100 soru sorması gerekir. Sonunda Rachel'ın kendisi de kopya olduğunun farkında olmadığı anlaşılır. Deckard bu durum karşısında şaşkınlığını "kendisinin ne olduğunu nasıl bilmez?" diyerek belirtir (*Blade Runner* 21:55-21:58). Rachel, diğer kopyalara oranla kendisine sorulan sorulara insana olabildiğince yakın cevaplar verdiği için Deckard'ın normalden çok daha fazla soru sorması gerekir. Ayrıca, test sırasında Rachel'ın Deckard'a yönelttiği sorular da önemlidir. Rachel Deckard'a "daha önce yanlışlıkla bir insanı emekliye ayırdın mı?" diye sorduğunda Deckard testlerde böyle bir karışıklığını olmadığını belirtir (*Blade Runner* 17:50- 17:55). Ancak Rachel için standart testlerin yetersiz kalması testin güvenirliğini de sorgulanır hale getirir.

İnsan tarafından geliştirilen makinenin insan-kopya ayrımına varması durumu testin varacağı "objektif" sonucun ne derece objektif olabileceğinin sorgulanmasına neden olur. Güç-diskur ilişkisi bağlamında düşünüldüğünde, muktedir olanın söylem üretme gücü aşikardır. Bu durum epistemolojinin yanlı bir perspektifin ürünü olabileceğini ima etmektedir. Donna Haraway'in "konumlu bilgiler" ("situated knowledges") kavramı da epistemolojik düzeyde bilgi üretiminin baskın olan güç odağının hakimiyetinde olduğunun altını çizer. Her bilgi konumludur ve objektif bilginin "yukarıdan bir yerden, hiçbir yerden" konuşması mümkün değildir ("Situated Knowledges" 589). Bu durum dikkate alındığında *Bıçak Sırtı* filminde insan merkezli bir bakış açısının ürünü olmayan, insanı öncelemeyen bir Voight-Kampff testi geliştirmek mümkün müdür? İnsan kendisini kıstas olarak almadığı bir ölçeği nasıl geliştirebilir? İnsan tarafından kurgulanan bu gerçekliğe göre kopyalar nasıl "objektif" bir değerlendirmeye tabi tutulabilir? Bu sorular filmin izleyiciye sordurduğu, cevap araması için teşvik ettiği sorulardır. Voight-Kampff testinin insanı kriter olarak almadan insan dışı varlıkları ölçecek bir uygulama geliştirmesi oldukça güç görünmektedir. Sonuçta Thomas Nagel'ın da belirttiği gibi bir insanın yarasa olmadan yarasa gibi düşünmesi oldukça zordur ("What is it like to be a bat?" 227). Ancak burada dikkat edilmesi gereken husus posthümanizmin konumlulluğu yok saymadan farklılıkları kucaklayan bir pratik sunmasıdır. İnsanın kabul etmesi gereken şey insan olan ve olmayan diğer tüm varlıklarla yatay düzlemde bir içten etkime (intraaction) içinde olduğudur. Bu süreç sonunda insan tek başına eyleyicilik (agency) sergileyen değil, aksine diğer tüm varlıklar gibi hem eyleyen hem de diğer varlıkların eyleyiciliğinden etkilenendir. Bu anlayış merkeze herhangi bir varlığı almadığı için canlı cansız varlıklar Karen Barad'ın önerdiği gibi "dolanık" ("entanglement") bir ilişkisellik sergilemektedir (*Meeting the Universe* 2007).

Posthümanist bağlamda düşünüldüğünde filmde insan ve kopyanın içten etkimesin dayalı bir dolanıklığın ortaya çıktığı görülmektedir. Dolayısıyla film insan ve kopya ayrımından öte insan ve kopya dolanıklığına (entanglement) dayalı bir perspektifin önünü açmaktadır. Barad canlı ve cansız varlıkların düz bir ontolojide karşılıklı bir etkileşimde bulunduğunun altını çizer (*Meeting the Universe* 33). Maddenin pasif algılanmasına karşı çıkıp "madde hisseder, konuşur, acı çeker, arzular, hasret çeker ve hatırlar" (akt. Rick Dolphijn ve Isris van der Tuin, *Yeni Materyalizm* 65). Barad'ın bakış açısı ile düşünüldüğünde filmde sergilenen insan ve kopya dolanıklığı posthümanist bir karşılaşma olarak algılanabilir. Kopyaların insanlarla içten etkimesi sonucunda insan ve kopya bu süreçten karşılıklı olarak etkilenmektedir. Kopyalar kendilerine yapılan bu zulme karşı duruş sergileyip isyan hareketi başlatırken, kopyaları yok etmekle görevli Deckard da zamanla tarafını değiştirip bir kopya ile kaçar. Kopyaların dünya dışı kolonilerden kaçması onların da en az insanlar kadar eyleyici (agency) kapasitelerinin olduğunu gösterir. Kopyaların ayaklanması Braidotti'ye göre "ayaklanan ötekiler" olarak değerlendirilebilir ve bu karşı duruş "hümanist merkezin veya başat özne konumunun krizine işaret eder" (Braidotti, *İnsan Sonrası* 53). Kopyaların bu isyanı posthümanist bağlamda kendilerine yer açma çabasıdır.

Posthümanist düzlemde insan ve kopyanın ikilikten uzak bir sistemde var olmasına giden yolda dijital kapitalizmin yıkılması gerekir. *Bıçak Sırtı* son derece baskıcı ve tüketim odaklı bir kapitalist sistem sayesinde kopyalar üzerinde kurulan hakimiyeti betimler. Tyrell şirketi kopyaları dünya dışındaki kolonilerde kullanmak amaçlı üretmektedir. Dijital kapitalizmin farklı türler üzerinde kurduğu bu hakimiyet filmde kopyaların kendi özgürlüğünün peşine düşme hikayesinin arka planını oluşturmaktadır. Kopyaların kendi yaşamlarını kendi kontrolleri altına alma arzusu kapitalizmin baskıcı ve otoriter sistemiyle ters düşmektedir. Braidotti'ye göre: "İleri kapitalizm ve onun biyogenetik teknolojileri, sapkın bir insan sonrası biçimine yol açıyor [...] Zaten bütün canlı türler, küresel ekonominin eğirme tezgahına düşmüş durumda. Yaşayan maddenin genetik kodu, yani 'bizzat yaşam' (akt. Rose 2007) esas sermaye" (akt. Braidotti, *İnsan Sonrası* 18). Braidotti'nin atıfta bulunduğu Nicholas Rose'un da belirttiği gibi ileri kapitalizm yaşamın kendisini tüketilebilen bir meta haline getirmiştir (*The Politics of Life Itself* 2007). Var olan tüm canlı formlarının kapitalizmin çarkında kendisine yer bulması sonucunda kopyaların yaşamları da sermaye olarak değerlendirilmektedir. Filmde kopyaların bu gidişata karşı ayaklanması posthümanizmin kapitalizme karşı çıkan, onu dönüştüren eğilimine bir gönderme olarak alınabilir. Posthümanist bakış açısı kapitalizmin açtığı yaraları yok sayıp ütopik bir gelecek kurgulamaz, bunları kabul eder. Ancak canlı ve cansız varlıkların olumlayıcı bir tavırla hiyerarşik olmayan şekilde konumlanmasını bir çözüm yolu olarak sunar. Filmde öncelikle kopyalar arasında kurulan bağ, sonrasında Deckard ve Roy arasındaki etkileşim bu olumlayıcı duruma örnek olarak verilebilir. Deckard öldürmek için Roy'un peşine düşünce Roy tarafından yaralanır. Deckard tam ölmek üzereyken Roy tarafından kurtarılır. Deckard'ı kurtarmadan hemen önce Roy "korku içinde yaşamak kötü bir şey değil mi? Köle olmak da öyle bir şey" diyerek kopyaların film boyunca verdikleri özgürlük mücadelesinin sebebini özetler (*Blade Runner* 01:44-01:45).

Dijital kapitalist sistemin köle statüsünde çalıştırdığı, yaşamları ve ölümleri üzerine karar verme yetkisini elinde bulundurduğu sistem içinde dahi kopyalar sistemin dışına çıkabilmek için bir dayanışma sergilerler. Filmin evreninde yükselen kapitalist güç olarak Tyrell şirketi kopyalara belirli bir çalışma süresi belirlemiştir. Burada çalışma süresi yaşam süreci ile eşdeğerdir. Bu süre içinde kopyaların varoluş amacının kapitalist sisteme hizmet etmek olması insanın halen kendisini her şeyin ölçüsü olarak alması ile ilişkilidir. Bu sistem içerisinde hangi kopyanın ne kadar yaşayacağına ve ne zaman öleceğine de kapitalist düzen karar vermektedir. Dolayısıyla, ayrıcalıklı bir grup insanın yönettiği Tyrell şirketi kopyaların yaşam pratiklerini ve sürelerini kendi kontrolü altında bulundurmaktadır. Bu dört kopyanın ileri kapitalist sistemin dayattığı yaşam süresinden rahatsızlık duyması birbirlerine destek olup ortak bir başkaldırı sergilemelerini sağlamaktadır. Bu kopyaların birlikte bir kaçış yolu aramaları Braidotti'nin önerdiği olumlayıcı posthümanist çerçeveyle aynı doğrultudadır. Braidotti'nin posthümanist duruşu "sosyal, türler arası ve uluslararası adalet vurgusu" yapmaktadır (*Posthuman Knowledge* 9). Filmin sunduğu çeşitlilik her ne kadar ileri kapitalist sistemde sömürülen sınıfları temsil etse de insan olan ve olmayan aktörlerin aynı düzlemde konumlanmalarına giden bir yolun ilk adımları olarak alınabilir. Ancak bu eşitliğe giden yolda çok katmanlı işleyen ayrımcı politikalar vardır. İnsan-kopya ayrımını bir adım daha derinleştiren şey kopyaların da kendi içlerinde cinsiyet temelli bir ayrımcılığa maruz kalmasıdır.

Dünya dışı gezegenlerde köle olarak çalıştırılmakta olan bu dört kişilik grubun lideri erkek bir kopya tarafından temsil edilen Roy'dur. Roy film boyunca çalıştığı yerlerde insanların dayanamayacağı kadar korkunç şeylere şahit olduğunu belirtir. Kendisinin tam olarak neler gördüğünü açık bir şekilde belirtmez, ancak buradan hareketle kopyaların insanlara ağır gelecek işlerde kullandıkları ortaya çıkmaktadır. Pris ise zevk modeli olarak tasarlanmış olup seks işçisi olarak çalışmaktadır. Erkek kopyaların genellikle asker, kadın kopyaların ise zevk modeli olarak kullanılması durumu (Roy ve Pris örneğinde olduğu gibi) cinsiyet ayrımcılığı temelli bakış açısının burada da hâkim olduğunun göstergesidir. Braidotti cinsiyet temelli ayrımcılık ile ilgili posthümanizmdeki duruşunu *İnsan Sonrası*'nde şöyle belirtir:

> Hümanizm karşıtlığı fark ve başkalığın kurucu rol üstlendiği cinsiyetlenmiş ötekinin(kadın), ırk üzerinden ötekinin (yerli) ve doğal addedilmiş ötekinin (hayvanlar, çevre veya yeryüzü) sınırlarını çizen diyalektik düşünce biçimini reddeder. Bu siyasi fark iktisadı, tüm bu insan kategorilerinin değersizleştirilen, böylece gözden çıkarılabilir ötekiler olarak görmezden gelinmesine neden olmuştur: '-dan farklı olmak', '-dan az olmak' anlamına gelir olmuştur. Hâkim özne normu, sıfır fark düzeyi idealini ödüllendiren hiyerarşik bir ölçeğin zirvesine yerleştirilmiştir. Bu, klasik hümanizmin eski "insanerkeğidir." (42)

Diyalektik düşünce biçiminin terk edilmesi, fark temelli oluşturulan kategorilerin akışkan hale gelmesine olanak sağlar. *Bıçak Sırtı* filminde kopyalar da bu durumu örneklendirmektedir. Kadın temsilinin seks işçisi olarak yansıtılması, ancak erkek temsilinin zeki lider konumunda olması sorunsallaştırılması gereken bir bölümdür. Filmin insan-kopya ayrımını bulanıklaştıran bakış açısına rağmen erkek egemen diskuru aşmakta güçlük çektiği belirgindir. Bu cinsiyet ayrımcılığına dayalı perspektif kadın temsilinin zevk vermek üzere tasarlanmış bir modelken erkeğin sisteme karşı isyana yön veren grup lideri olmasına zemin oluşturmaktadır. Bu anlamda posthümanizm, canlı/cansız tüm aktörleri yatay bir ontolojide konumlandırırken erkek egemen sistemi de eleştirir. Braidotti'nin Avrupa merkezli hümanist duruşa yönelttiği en büyük eleştirilerden biri de bu bakış açısının hem cinsiyet hem de ırk temelli ayrımcılık uygulamasından kaynaklıdır. Braidotti'nin posthümanist duruşu bu ayrımcılığa tepki olarak "dışlamayı, ötekileştirmeyi ve sembolik düzeyde dışlanmayı reddeder" (*Posthuman Knowledge* 9). Filmde kadın kopyanın yaşam ve ölümü baskın düzen tarafından nasıl kontrol edilmeye çalışıyorsa doğa ve hayvan da aynı şekilde tahtında oturan bir grup ayrıcalıklı, zengin insanın sömürüsü altında temsil edilmektedir.

Hümanist Diskurun Ötekileri: Doğa ve Hayvan

Bıçak Sırtı insan-doğa ilişkisi belirgin bir şekilde zarar gördüğü bir dünya düzenini betimler. Filmin sonu haricinde tüm film boyunca yansıtılan gece, parlak neon ışıklar, aralıksız yağan yağmur filmin melankolik havasını güçlendirmektedir. Ayrıca, doğal yaşamın bittiğini sıklıkla tekrar eden dünya dışı gezegenlerde sürülecek daha iyi bir yaşam reklamlarından ve yapay olarak üretilen hayvanların bulunduğu pazarlardan da anlayabiliriz. Bu noktada yapay hayvan ticareti ile doğanın tahribatı birbiriyle içten etkimeli (intra-active) bir ilişki içerisindedir. Doğanın kapitalist amaçlarla insan merkezli bir bakış açısıyla tahrip edilmesi doğada kendilerine yaşam alanı bulan hayvanların da yok olması demektir. Dolayısıyla filmde dijital kapitalizm tarafından hümanist bakış açısının dışında kalan tüm öğelerin ötekileştirildiği, sömürüldüğü ya da hayatlarının baskın güç tarafından kontrol altına alındığı görülmektedir. Ancak bu duruma Karen

Barad'ın içten etkime (intra-action) kavramı ile yeniden bakınca insan da bu süreçten olumsuz etkilenen diğer canlı/cansız varlıklar kadar etkilenmektedir. Yani filmde de temsil edildiği şekliyle insan doğada yarattığı tahribattan muaf değildir.

Doğanın geri dönülemeyen tahribatı sonucunda yeni sistemde doğal olarak üretilen hayvan kalmamıştır, yeni üretilen yapay hayvanlar da insanların amacına hizmet etmek için insan merkezli bir bakış açısıyla kullanılmaktadır. Filmin başında Deckard Tyrell'ın piramit benzeri devasa bir kulede bulunan ofisinde yapay bir baykuşun gelenleri karşıladığını görür (*Blade* Runner 17:10-17:15). Filmde birçok kez görülen yapay hayvan pazarlarından da anlaşıldığı üzere birçok canlı türü yok olmuştur. Dijital kapitalizmle doğa ve hayvanların sömürülmesi bağlantısını kuran Rosi Braidotti'ye göre:

> İleri kapitalizmin bütün kategorilerinde, her tür hayvan, küresel bir insan merkezcilik sonrası sömürü piyasasına dahil, mübadele edilebilir, elden çıkarılabilir bedenlere dönüşmüştür. Daha önce de söylediğim gibi, hayvan ticareti, uyuşturucu ve silahtan sonra,—kadın ticaretinden önce—dünyanın üçüncü büyük yasa dışı ticaretidir. (89)

Buradan hareketle, elden çıkarılabilir bedenlere dönüşen hayvanlar, filmin evreninde aynı kopyalar gibi köksüz bir var oluş örneği sergilemektedirler. Bir anne bedeninden doğmayan, yapay olarak elde edilen bu hayvanlar "her düzeyde mutasyonlara neden olan hızla değişen bir tekno-kültürde, Ödipal olmayan bir hayvanlık üretmektedir" (Braidotti, *İnsan Sonrası* 90). Filmde bu Ödipal olmayan varlık yalnızca yapay hayvanlar değildir, kökensiz olma durumu kopyalar için de geçerlidir. Geçmişte yaşantıları varmış gibi yapay anı yerleştirilmiş olan kopyalar da aynı yapay yolla üretilen hayvanlar gibi Ödipal bir bağa sahip değildirler. Bu durum Roy'un kendi yaratıcısıyla yüzleştiği sahnede belirginleşir. Yaratıcısına yaşam süresini uzatmanın mümkün olup olmadığını soran Roy, aldığı olumsuz cevap sonrasında Tyrell'a "baba" diye hitap etmesinin ardından onun gözlerini oyar (*Blade Runner* 01:20-01:25). Bu sahnede Roy'un yaratıcısına karşı gelmesi yasaya girmeye direnişi olarak okunabilir. Sonuçta filmde kurulan yasa kopyaların ömürlerinin insan yaratıcılar tarafından belirlendiği bir düzendir. Roy da diğer kopyalar gibi bu düzene karşı duruş sergiler.

Roy gibi diğer kopyaların da köksüz olma durumunu açıklamak için Donna Haraway'e atıfta bulunmak gereklidir. *Siborg Manifestosu* (*A Cyborg Manifesto* 1985) kitabında Haraway siborgu "makine ve organizma karışımı sibernetik bir organizma" olarak tanımlar. Yirminci yüzyılın sonunda hepimizin "makine ve organizma karışımı birer siborg" olduğumuzu iddia eder (65-6). Siborg kavramı *Bıçak Sırtı* filmindeki kopyaları posthümanist düzlemde yorumlamak açısından önemlidir, çünkü Haraway çağdaş bilimkurgunun makine ve hayvan sınırlarında gezen siborglarla dolu olduğunu belirtir. Haraway, hümanist bakış açısıyla kategorize edilmesi mümkün olmayan bu varlıkları olumlayıcı bir tavır geliştirir. Bu durumu Fukuyama'nın teknolojik gelişmelerin doğuracağı distopik bir çerçeveden değerlendirmekten öte, Haraway insan- insan dışı varlıklar arasında bulanıklaşan sınırları kaos olarak nitelendirmez, aksine çeşitliliği kucaklayan bir düşünce olduğu fikrini destekler. *Bıçak Sırtı* filmi de Haraway'i destekleyen bir tavır sergiler, çünkü film boyunca kopyaların amacı kendilerine bir yaşam alanı yaratmaktır. Böyle bir çaba içerisinde bulunan siborglar film boyunca teknolojinin çok gelişmiş olduğu ancak çok karanlık bir evrende temsil edilirler.

İnsan-Teknoloji Dolanıklığı

Filmde sunulan yüksek teknoloji ve düşük yaşam kalitesi siberpunk olarak tanımlamak yerinde olacaktır. Bu düşük yaşam kalitesi aslında insan-teknoloji doğa dolanıklığının (entanglement) bir sonucudur. Siberpunk örneklerde "gelecekteki teknolojik gelişmelerin karanlık tarafları geniş çeşitlilikteki insansonrası formlarla birlikte" temsil edilir (Featherstone ve Burrows 3). Teknolojik gelişmelerin karanlık taraflarından kastedilen şey aslında insan merkezli bakış açısı ile geliştirilen ve yalnızca insana hizmet amacı ile var olduğu düşünülen teknolojinin distopik bir dünyada tasvir edilmesidir. Ancak posthümanizm canlı ve cansız tüm varlıkları yatay bir düzlemdeki ilişkiler bütünü olarak değerlendirdiği için teknolojiyi düşman ya da dost ikileminin ötesinde değerlendirir. Başak Ağın'ın *Posthümanizm: Kavram, Kuram, Bilim Kurgu* kitabında da ifade ettiği gibi "posthümanizme göre son bulması gereken şey, tam da bu türden ötekileştirici bir 'insan' anlayışıdır; 'posthuman' kavramı, dışla(n)mayı reddeden, çoğulcu ve kapsayıcı bir terim olarak, bu eleştirilen 'insan' anlayışının yerini almaktadır" (31). Buradan hareketle, filmde sunulan karanlık evrenin aslında yalnızca belirli bir zümredeki insana hizmet eden sistemin yarattığı karanlık olduğunu anlamak güç değildir. Bu karanlık hizmet ettiğini iddia ettiği insanı da içine almıştır. Örneğin, Deckard da diğer insanlar gibi distopya içerisinde hapsolmuş bir yaşam sürmektedir. Deckard'ın hapsolduğu distopya filmin bir siberpunk örneği olduğundan "geniş bir insan sonrası formu çeşitliliği sunan teknoloji odaklı gelecek vizyonlarının karanlık tarafları"na odaklanmaktadır (Featherstone ve Burrows 3). Ancak bu karanlık dünya tasviri Deckard Rachel'a ilgi duymaya başladıktan sonra değişir. Deckard'ın evdeki yalnızlığı dinmiş, onunla yaşamaya başlamıştır. Rachel, Deckard'ın kendisini ve kendi değerlerini sorgulaması adına da önemlidir, çünkü Rachel kendisinin kopya olduğunu öğrendikten sonra Deckard'a geldiğinde Vought-Kampff testini kendisine uygulayıp uygulamadığını sorar. Deckard bu soruyu yanıtsız bırakır. Bu sorunun yanıtsız kaması insan-kopya ayrımının karakterler için de muğlak bir hal aldığının göstergesidir.

Filmde sunulan karanlık ve distopik evren umuda doğru bir yönelim gösterir. Film Deckard'ın Rachel'ı da alıp yeni bir hayata doğru yönelmesiyle umut ışığıyla son bulur denilebilir. Film boyunca hâkim olan negatif distopya algısı filmin sonunda bu sayede törpülenir. Bunun sonucunda film aslında kara bir distopya olmaktan öte içinde umut ışığını barındıran, insan ve kopyanın karşılıklı etkileşimine dayalı bir sonla izleyiciye veda eder. Posthümanist bir noktadan, çeşitliliği kucaklayan bir algıyla okuması yapıldığında, film boyunca hâkim olan daha iyi bir hayata dair umuttan uzak atmosfer, insan ve insan dışının içten etkimesi ile ayrımları keskinleştirmek yerine beraber var olmayı olanaklı kılan bir alternatife doğru evrilir. Böylece filmin tümünde egemen olan karamsarlık durumu filmin sonunda değişim gösterir. Haraway'in 2016 yılında yayınladığı *Sıkıntıyla Yaşamak: Yeryüzüleşme Çağında Soydaşlık Kurmak* (*Staying with the Trouble: Making Kin in the Chthulucene* 2016) kitabında öne sürdüğü gibi farklı türler arasında geliştirilecek 'soydaşlık' (kin) bağı ölmekte olan bir dünyada insan olan ve olmayan tüm yaşam formları için birlikte var olmanın kapısını aralamaktadır. Bu noktada, Ridley Scott'ın yönettiği *Bıçak Sırtı* Rachel ve Deckard'ın kurduğu bağ üzerinden Haraway'in önerisini tasvir etmektedir. Film boyunca düşman olarak algıladığı kopyaları öldürmek peşinde olan Deckard'ın filmin sonunda bir kopyayla bağ kurması posthümanist bir perspektiften bakıldığında olumlayıcı bir tavrın göstergesi olarak yorumlanabilir. Her ne kadar siberpunk bir evrende dijital kapitalizmin köleleştirdiği dijital proletaryanın çektiği sömürülmesine şahit olsa da izleyici için filmin sonuna doğru canlanan umut ışığı Haraway'i anımsatır. *Sıkıntıyla Yaşamak: Yeryüzüleşme Çağında Soydaşlık Kurmak* (*Staying with the Trouble: Making Kin in the Chthulucene* 2016) kitabında Haraway "beklenmedik iş birlikleri ve kombinasyonlarda birbirimize ihtiyacımız var" diyerek insan ve insan dışı dolanıklığının önemi vurgular (*Staying with the Trouble* 4). Ayrıca bu dolanıklığın bir oluş sürecinin kapısını aralayacağını belirterek her şey bitmeden umutsuz olmanın yersiz olduğunu belirtir (55). Buradan hareketle, Ridley Scott'ın yönettiği *Bıçak Sırtı* filmi de her şey henüz bitmeden umutsuz olmanın yersizliğini insan-kopya birlikteliği ile gösterir.

Sonuç

Bıçak Sırtı izleyiciye insan olmanın anlamını sorgulatan kült bir filmdir. Filmin kapitalist sistemde herkesi ve her şeyi tüketilebilir nesne durumuna indirgemesi, meta konumundakilerin sisteme karşı sistemin içinden bir başkaldırı sergilemesi ile son bulur. Sisteme eyleyici kapasiteden yoksun olduğu düşünülen kopyaların sergilediği karşı duruş izleyiciye Despina Kakoudaki'nin de ifade ettiği gibi kopyaların "filmin sözde gerçek insanlarından ayıran hiçbir özel özellik, onların davranışlarıyla duygularının sahte olduğunu düşündürecek hiçbir yeterli gerekçe" olmadığını düşündürtür (*Robot Anatomisi* 232). Film boyunca kısıtlayıcı insan merkezli bir anlayışın farklı türler üzerinde yarattığı tahribat açıkça görülmektedir. İnsan merkezli bakış açısının doğal bir sonucu olarak insanın merkez konumu gereği birçok canlı/cansız varlık sömürüye açık hale gelmiştir. Film bu sömürü düzeninde kendisini merkezde konumlandıran insanın aslında diğer oluşlardan ayrılmasının mümkün olmadığının altını çizen bir posthümanist bakış açısı sunmaktadır. Filmin başında insan olmayanları insanların dünyasından ayırmak üzere görevlendirilen Deckard, filmin sonunda insan-kopya düalizminin ötesinde bir yaşama doğru yol alır. İzleyici de tıpkı Deckard gibi, insan merkezli anlayışın ötekisi olan bütün yaşam formlarının da en az insan kadar değerli olduğunun ayrımına varır.

Hümanist eksende merkezde konumlanan insanın hayvanlara ve doğaya, yani bütün "öteki"lere hükmetme gücünü kendinde bulmasına posthümanizm insanı merkezden alarak diğer tüm yaşam formlarıyla birlikte konumlandırarak çözüm bulur. Bu durum hümanizm eleştirisi olarak okunabilir, ancak posthümanizm hümanizmin eleştirisi olmaktan öteye gider. Posthümanizm, insanın bir öze sahip olduğu algısını yanlışlar, insanı diğer yaşam formlarıyla birlikte akışkan bir oluş durumunda kabul eder. Bu paradigma değişikliği insan merkezli eğilimlerin bu yüzyılda artık yerini çeşitliliği kucaklayan ve insanı merkezsizleştiren bir eğilime bırakmıştır. Filmde bunun yansımaları insan-kopya dolanıklığında (entanglement) açıkça görülebilir.

Kaynakça

Ağın, Başak. *Posthümanizm: Kavram, Kuram, Bilim Kurgu*. Siyasal Yayınevi, 2020.
Bıçak Sırtı, Blade Runner. Yön. Ridley Scott, 1982.
Barad, Karen. *Meeting the Universe Halfway: Quantum Physics and the Entanglement of Matter and Meaning*. Duke University Press, 2007.
Braidotti, Rosi. *İnsan Sonrası*. Çev. Öznur Karakaş. Kolektif Kitap, 2014.
---. *Posthuman Knowledge*. Polity Press, 2019.
Buran, Sümeyra. Ed. *Edebiyatta Posthümanizm*. Transnational Press London, 2020.
Dick, Philip K. *Do Androids Dream of Electric Sheep?* S.F. Masterworks, 1999.
Dolphjin, Rick ve van der Tuin, Iris. *Yeni Materyalizm: Görüşmeler ve Kartografiler*. Yort Kitap, M 2019.
Featherstone, Mike ve Burrows, Roger. "Cultures of Technological Embodiment: An Introduction." *Cyberspace, Cyberbodies, Cyberpunk: Cultures of Technological Embodiment*, ed. Mike Featherstone ve Roger Burrows, Sage, 1995, ss. 1-20.
Ferrando, Francesca. *Philosophical Posthumanism*. Bloomsbury Publishing, 2019.
Fukuyama, Francis. *Our Posthuman Future*. Farrar, Straus and Giroux, 2002.
Haraway, Donna. *A Cyborg Manifesto*. Routledge, 1985.
---. "Situated Knowledges: The Science Question in Feminism and the Privilege of Partial Perspective." *Feminist Studies*. cilt 14, no 3, 1998. ss. 575-599.
---. *Staying with the Trouble*. Duke University Press, 2016.
Kakoudaki, Despina. *Robot Anatomisi*. Çev. Deniz Aras. Kolektif Kitap, 2014.
Kümbet, Pelin. "Metalaşmış Yaşamlar: Kazuo Ishiguro'nun *Beni Asla Bırakma* Romanının İnsansonrası (Posthuman) Distopik Dünyasında İnsan Klonlanması." *Ütopyada Edebiyat Edebiyatta Ütopya*. Umuttepe Yayınları, 2019.
Landsberg, Alison. "Prosthetic Memory: *Total Recall* and *Blade Runner*." *Cyberspace, Cyberbodies, Cyberpunk: Cultures of Technological Embodiment*, ed. Mike Featherstone ve Roger Burrows, Sage Publication, 1995. ss. 175-190.
Latour, Bruno. *We Have Never Been Modern*. Harvard UP, 1993.
Nagel, Thomas. "What Is It Like To Be A Bat?" *First Philosophy: God, Mind and Freedom: Fundamental Problems and Readings in Philosophy*, ed. Andrew Bailey. 2004, ss. 224-234.
Rose, Nicholas. *The Politics of Life Itself: Biomedicine, Power and Subjectivity in the Twentieth-first Century*. Princeton University Press, 2007.
Russell, Bertrand. *Batı Felsefesi Tarihi* 3. Çev. Ahmet Fethi Yıldırım. Alfa Felsefe, 2012.

BÖLÜM 15

POSTHÜMANİST SANAT SÖYLEMİ

Ayşe Azamet

Giriş

İnsanlık tarihi, bireyin bilgi ve ihtiyaçları doğrultusunda hayatta kalma eğiliminin bugünün bilimine temel olan sürecine işaret etmektedir. Tarihöncesi insan bu çaba içinde sürekli gelişim göstermiştir. Mevcut buluntulardaki görsel kültür ögeleri toplumları anlama gayretimizi mümkün kılar. Neolitik devrimle teknik bilginin araç bilgisine dönüşümü, Claude Lévi-Strauss'un da ifade ettiği "uygarlığa ilişkin beceriler" ile mümkün olduğu görülmektedir (102). Sanat gelişim ve değişim dinamikleri beraberinde mağara duvarında bir av sahnesinde metafor iken sonraları dinin ve burjuvanın kuvvet temsili olarak mimaride betimlenmiştir. Sanat, sanayi devrimi ardından artık iktidar sembolü olmanın ötesinde kendi varlığına kavuşmuştur. Böylece sanatçı bilimsel ve teknolojik gelişmeleri, sanat manifestosunda ifade yöntemine dönüştüren bir aktördür. 19. yüzyılda Charles Darwin'in evrim teorisi ardından Alman biyolog Ernst Heackel'in bitki ve hayvan betimleri[1] ile doğanın resimlere yansıyan matematiği mimari ve tasarım alanında büyük bir etki uyandırmıştır. 20. yüzyılda DNA yapısının çözümlenmesi ise genetik mühendislik alanında biyoteknolojik gelişmelerin önemli bir başlangıcıdır. Bu gelişme canlı yaşam sürecini kapsayan ve biyoteknolojik yöntemlerin tasarım olarak uygulandığı biyosanatın öncül yansıması olmuştur. 24 Haziran-1 Temmuz 1936 tarihleri arasında New York Modern Sanat Müzesi'nde Edward Steichen tarafından ilk canlı sanat sergisi gerçekleştirilmiştir. Sergi, sanatçının bitki melezleme yöntemi ile meydana getirdiği *"Hezaren Çiçeği"* (*Delphiniums* 1936) adlı eserlerden oluşmaktadır. 21. yüzyılda ise genişleyen biyotekno evren, sanatçının enstrümanlarını oluştururken eserini tasvir etme yolları içinde yeni söylemlerine altıncı bir duyu kazandırmış olan sanatçı, eserini atfettiği mananın ötesine taşımıştır. Eser, sanatçının başlattığı ve dışında kalan diğer parametrelerin sonucuna dönüşmüştür. Etkileşimli ve çok katmanlı sanat pratiklerinin öngörülemezliği post-insanın tekno-üretim süreçleri ile birebir ilişkilidir. Bilimsel gelişmelerin ve küreselleşmenin etkilerinin yansıması olan dijital devrim, sanatta geleneksel yöntemleri ve kavramları aşan bir organik yapı sağlamıştır. Sanatçı ve tasarımcı, bilimdeki gelişmelerin gelecekte kültürel ve toplumsal etkilerini bilimsel, endüstriyel bakış açılarından farklı biçimlerde keşfetmeleri konusunda önemli bir rol oynamaktadır. İnsan yaşam süresini uzatma ve hastalıklara dair çözüm arayışları bilimsel çabayı oluştururken, tasarımcının betimlediği sahne ise ölüme metaforik bir gönderme içermektedir. Sentetik biyolojinin mümkün kıldığı melezleme ile canlı doğanın insan tasarımına dönüştüğü ve ölü doğa betimlerine bir alternatif tema değil ötesinde

---

[1] Alman bilim adamı Ernst Heackel, 20. yüzyılda suluboya tekniği ile hayvan ve bitki görüntülerinden tasarladığı 1000'den fazla eserinde doğanın mükemmel matematiğini renk ve simetriyle yansıtmıştır.

olduğu anlaşılmaktadır. Sergileri oluşturan eserler, transhümanist ve posthümanist anlayışta konumlanırken bu eserler biyosanat ögeleri olarak ortaya çıkmıştır. Sanatın felsefi, toplumsal, politik tartışmaları genişlerken bilimsel gelişmeleri yöntem teknik açıdan kullanan biyosanatçı, eserinde toplumun çevrimiçi olabilmesi ve bilimsel araştırma alanının bir nevi sergilenmesi, antroposen çağda toplumların bu gelişmelere entegre edilmesi açısından önemlidir. Biyoteknoloji ve genetik alanındaki gelişmeler toplumların önyargılarını da paralelinde getirmiştir. İnsanın varoluş sürecinde ideali yapılandırma girişiminde olan bilim, posthümanist anlayışta bir otonom sağlamıştır. Bilimsel gelişmeler sanatın etik ve estetik değerlerine erişme imkânı sunarken nihayetinde topluma bilimin var olan dinamiklerini tanılama alternatifi de olmaktadır. Biyosanat pratiklerinde biyolojik "form" kavramı, canlı ve cansız varlıkların statik olmayan, kinetik etkileşimine dayalı bir sistemdir. Bu etkileşimde biyosanat, "yaşam" kavramını asimetrik bir deneyimin sonucu olarak ele almaktadır. Dolayısıyla biyosanat, bilimsel uygulamaların eleştirel ve çağdaş yönünü destekleyen bir felsefi söyleme adım atmıştır (Terranova ve Tromble 1). Biyosanat pratiklerinde evreni devinimdeki doğanın canlı ve cansız verileri oluşturmaktadır. Bu sanat alanında uygulama yöntemi sanatın geleneksel sınırlarını aşan bir boyut kazanmış; biyoteknoloji, genetik ve dijital uygulamaların desteklediği bir platforma ulaşmıştır. Böylece posthüman dünyada sanat, geçmişteki önsözüyle bugün ve gelecekte projektör olmaya devam edecektir.

Tarihsel bir sahne olan Birinci Dünya Savaşı sonrası sürrealistlerin dönemin krizlerinde rol alarak eserlerine yansıttığı gibi biyosanatçılar da salt canlı biliminin gelişmelerinden öte yaşam, doğa ve toplum ilintisini sanata aktarmaktadır. Doğa bilimlerindeki keşifler ve biyoteknolojik gelişmeler beraberinde gelen iklim sorunları ve kaynak sıkıntıları, biyosfer (canlı yüzey) üzerindeki insan etkilerinin kaçınılmaz bir sonucudur. Distopik bilimkurgu betimlerinde yarının kaygı veren senaryosunda biyosanat, estetik bir uygulama olması ve gömülü metaforların anlaşılması yönünden önemli bir konumdadır. Görsel kültürün genişlemeye devam eden posthüman çağında sanatın ele aldığı her soru toplum, bilim ve teknoloji bağlantısında incelenmektedir. Rosi Braidotti'nin de ifade ettiği gibi "[b]u çağdaş disiplinlerarası saha, insanın konumuna dair mühim etik ve kavramsal sorular ortaya atmaktadır" (55). Bu nedenle Robert E. Mitchell'ın belirttiği gibi "etik ve sosyal ölçekte dikkat uyandıran projeleriyle biyosanat," akademik yazında sıkça çalışılmıştır (3). Bu dikkatten hareketle biyosanatçı, 20. yüzyılın sonlarından başlayarak posthüman uyaranların tercümanı olmuştur. Sanatın tekno-bilimsel kültür tabanında gelişen görsel kültür ögeleri dönüşümün bir sonucu iken biyosanatçı eseri ile avangard konumunu muhafaza etmiştir. Bu makale, "biyoteknoloji ve genetik gelişmelerin posthüman senaryolara sanat aracılığı ile nasıl yansıdığı" üzerine odaklanmaktadır.

Posthüman dünyada doğal ve imal edilmiş olanın birleştirilmesi ile tür farklılıklarının geçirgen parametrelerinin—yeni melezlikler—sorgulanması, "insan bedeninin siborglaştırılması ve robotların insanlaştırılması" belki de geçmiş öngörüsü ile düşününce çok da yeni sayılmaz (Becker 40). Türler arası melez yaratıkları sanatın Yunan mitolojisini temel alarak tasvirlediği ve modern avangard sanat dönemlerine kadarki süreçte "kimera" (aslan, keçi ve yılanın bileşiği) sanat ögelerinin resim-heykel olarak konumlandırıldıkları mekânlarda gözlemlemek mümkündür. Günümüzde ise "kimeralar iki veya daha fazla genomdan meydana getirilen bir organizma"nın biyolojik açıdan var edilmesidir (Kac 242). Donna Haraway'in "hepimizin bir kimera; makine ile organizmanın teorik bir zeminde ifade edilen ve fabrikasyon misali uydurulmuş birer melez olduğumuz" (*Siborg Manifestosu* 4) vurgusu; çağdaş sanatçı ve yönetmen olan Matthew Barney'in uyguladığı "mitolojik, kimerik imgeleri" nden oluşan canlı video ve "enstalasyon" (yerleştirme) sanatını akla getirmektedir (Myers, "Bio Art and the Gnawing Invisible" 8). Melez bir organizmanın posthüman dünyaya her gün yeni-yeniden uyanışıyla sanata yansıyan tasvirinde Eduardo Kac ise sanatta genetik bilimin kullanımına ve genetik teknoloji süreçlerine şahit olmamızı sağlamıştır. Kac, manifestosunda sanatı madde veya kavramın içine hapsolandan öte, bilim laboratuvarında devam eden yaşamın manipüle edilmesi şeklinde betimlemiştir. Bu çalışma Eduardo Kac'ın posthümanist açıdan küresel sermaye faydasında sürdürülen transgenik (trangenik) canlıları -fayda ötesinde- sanatta açığa çıkarmayı ve bu organizmaların sanattaki metaforik olanaklarını tartışmayı amaçlamaktadır.

Gen-Etik mi?

Genetik bilimin kurucusu olan Gregor Mendel 1860'larda genlerin kalıtımla aktarıldığını açığa çıkarmıştır. Her canlının özelliklerini düzenleyen genler, nesilden nesile aktarılan küçük bilgi paketleridir. Genetik biliminde elde edilen bu veriler ışığında 20. yüzyılda koyun "Dolly'nin klonlanması çığır açan bir gelişme" dir (Hoagland 15-16). Organizmanın yaratıldığı hücrelerle aynı gen yapısına sahip olması tespiti sonrasında canlılığın çoğaltılması açısından ulaşılan nokta büyük bir öneme sahiptir. "İnsan Genom Projesi" ("Human Genom Project", 1989-2003) insan gen yapısının tümüyle nitelik ve işlevsel yönünü tanılamak amacı taşır. Rosi Braidotti bu projeyi "bütün insan türlerini kendi genetik yapımızın kapsamlı bir biçimde kavranması" olarak tanımlamıştır (55). Ancak araştırmada elde edilen veriler birçok sorunu beraberinde getirmektedir. Özellikle genetik ayrımcılığa yol açacağı kaygısı muhalif görüşler arasında yer almaktadır. Klonlama ve biyoteknoloji alanının odağında, genetik programın korkutan unsurları; kusur, hastalık ve yaşam süresidir. Genetik bilimini böylesi karmaşık bir araştırmaya iten etken ilkel insanın hayatta var olma mücadelesi içinde çözüm üretme çabasından farklı görünmemektedir. Yaşam döngüsü içinde organizmanın bedensel olarak tüm dramatik "doğal" süreci ölümle sona erdiğinde, türler açısından gelişmenin devamlılığı üzerine yapılandırılan genetik araştırmalar "filogenetik"[2]tir. Carol Becker'in bu ilgiyle bağlantılı olarak ifade ettiği "fiziksel bedenin ölümsüzleştirilmesi, insan vücudunun siborg, makinenin ise insanlaştırılması" yeni bir sanal beden yaratma girişimidir (40). Günün birinde "benliklerimizi ya da çekirdeği, tekil ve kolektif kimliklerimizin sonsuza dek saklanabilecek bir sibernetik kabuğa dönüşümü" bilimkurgu film sahnelerinden öte gerçekliğin kendisi olsa gerek

---

[2] Filogeni bir türün tek bir ata soydan zamanla değişikliğe uğramasıdır. Filogenetik ise bir türün ya da yüksek taksonomik grupların soy gelişimi ve evrim geçmişini ifade eder (Karol vd. 227).

(Becker 39). Günümüz teknolojisi insanı bir zamanlar kendini fizyolojik yollarla düzenleyen vücut sisteminden yapay sistemlerle kontrol edebilen bir bedene dönüştürmektedir. Sümeyra Buran'a göre 21. yüzyılda "insan biyolojisinden farklı ya da sınırlarının ötesindeki her tür yaşam biçimine işaret eden posthümanizm biyogenetik bilimindeki gelişmelerden hareketle insan olmanın anlamını sorgular" ("Biyogenetik Posthüman Bilimkurgu" 165). Posthüman çağda vücudun dijital manipülasyonu, plastik cerrahi, nöroprotezler gibi tıbbi teknolojik gelişmeler bedenin genişleyen çözüm imkânlarını ortaya çıkarmaktadır. Bilim böylesi hızda artan yöntemlerin sonuçları ile başa çıkarken Eduardo Kac sanat uygulamalarında "derinin altına veya bakteriler gibi vücudun içine yerleştirilerek çalışan biyo-teknolojiler" in öneminden bahsetmektedir (236). Böylece sanatın görünmeyeni somutlaştıran yönünden öte vizyonuna dijital implant ve genetik mühendislik eşlik etmiştir. Öte yandan sanatın etik tartışmaları odağında yer alan bu uygulama yöntemleri tıbbi, politik, ekonomik ve sosyal yaşamda öngörülemez sınırda sonuçlanmaktadır. Tam da bu noktada *"Biyosfer"* (*Biosphere* 1993) eserinde Alexis Rockman'ın betimlediği sahnede gezinmek yerinde olacaktır. Çünkü sanatsal pratiklerde anlatım, bilimin neden-sonuç ilişkisindeki bulgularından farklıdır. Sanatçı eserinde sonuca "Pandora Kutusu"[3]nun açıldığı anı betimleyerek izleyiciyi şahit ederken etik soruları da açığa çıkarmayı amaçlamıştır. Eserde kurgu, H.G. Wells' in *Dr. Moreau Adası*' ndaki (*The Island of Dr. Moreau* 1896) sahneleri çağrıştırmaktadır. Rockman, genetiği değiştirilmiş canavarlar ve kafeslerde sonunu bekleyen hayvanlardan oluşan karamsar ve itici bir atmosferde sahneyi gözlerden silinmez bir ana dönüştürmektedir. Wells gibi Rockman'da bilimsel çalışmalarda gerçekleştirilen deneylerin sonuçlarını görünür kılmak için kimera tasvirlerini eserlerinde öğe olarak kullanmıştır. Diğer taraftan etik tartışmalarla ilintili olan tekno-bilim kültüründe empati kavramının indirgenmiş yönüne Liselot van der Heijden yorumlarını aktardığı video enstalasyonu (yerleştirme sanatı) *"Aporia"*[4] (*Aporia* 2003) yerinde bir örnek olacaktır. Sanatçı izleyiciyi sergi salonuna yerleştirilen projeksiyonda son nefesini vermek üzere olan, gözleri zar zor açık bir zebranın titreyen bedeni ile karşılaştırarak ölümün rahatsız eden anından öte ölüm döngüsünün sonsuz tekrarında içinden çıkılmaz bir ana seyirciyi kilitlemiştir. Etik tartışmaların yansıdığı sanat düzleminde diyaloglar devam ederken ayrımların bulanık sınırında Rosi Braidotti'nin ifade ettiği gibi posthüman "ilişkilerde mesele, insan/hayvan karşılıklı ilişkisini her birinin kimliğini inşa eden şey olarak görmek" 21. yüzyılın biyoteknolojik uyaranlarına karşı bağışıklık kazanma noktasında önemlidir (99). Posthüman dünyanın bilim kültüründen beslenen biyosanat[5] anlayışında transgeniksanat[6] çalışmaları ile

---

[3] Antik Yunan efsanelerinde geçen içinde kötülükler olan sihirli kutu.
[4] Aporia: Eski Yunancada olumsuzluk bildiren *a-* önekiyle "çıkış", "yol", "köprü", "geçit" anlamına gelen *poros*'tan türetilmiş bu sözcük, ilkçağ yunan felsefesinde bir sorunun çözümünde karşılaşılan içinden çıkılamaz mantıksal güçlük anlamında kullanılmıştır (Güçlü vd. 81).
[5] Biyoteknoloji ve genetik mühendislik olanakları doğrultusunda değiştirilen yaşam formlarının bir tasarım öğesi olarak sanat ve tasarım alanında uygulanmasıdır (Gessert 2).
[6] Transgen, genetik mühendislik metotlarıyla bir organizma genine klonlanmış gen aktarımı iken kendine ait olmayan genlerin nakledilmiş gen (transgen) herhangi bir bitki ya da hayvan ise transgeniktir (Karol vd. 662). Transgenik sanat ise canlı bileşenlerin genetik olarak yapılandırıldığı biyoteknoloji sanatının bir alt kümesidir (Gessert 2).

Eduardo Kac'ın sanatından ilerleyen anlatımlarda detaylı olarak bahsedilecektir.

Transgenik Sanat Eserleri ile Eduardo Kac

Eduardo Kac, genetik gelişmeleri ontolojik bir kriz olarak algılamanın toplumların posthüman çağa adapte olmasını zorlaştırdığı yönünde düşünen bir sanatçıdır. Kac, laboratuvarında biyoteknolojik ve genetik yöntemleri uygulayarak posthüman çağda sanatın yenilenen yüzünü görünür hale getirmiştir. Sanatçı, öznel dünyasını aktaran; sanat, bir zamanlar dekor ögesi olarak görülen iken Steve Baker'ın ifade ettiği gibi "sanatçının bir filozof, sanatın da doğada felsefe olduğu" gerçeğini Eduardo Kac eserlerinde yansıtmıştır (27). Sanatçı, eserlerinde "etkileşimli toplum diyaloğu" nu teşvik ederek bilimsel projeleri ile görsel kültürün tekno-bilimsel tabanda gelişen sanat yönünü ortaya koyar (Becker 41). Arlindo Machado'nun ifade ettiği gibi sanatçı "bilimsel laboratuvarında devam eden yaşam manipülasyonunun yerleşik kör rasyonel" anlayış sınırlarından uzaklaşarak transgenik bitki ve hayvanları, genetiği değiştirilmiş hücreleri, sentetik genleri yeni bir ekolojik sistem deneyimi ile betimlemiştir (89). Eduardo Kac, 1998'de "transgenik sanatı genetik ve hücre biyolojisini sanatta tasvir olanakları"nı güçlendirmek için teknik araçları yoğun bir şekilde çalışmıştır (Britton ve Collins 7). Genetik mühendislik tekniklerinin benzersiz canlılar yapılandırmada yöntem olarak kullanılması, sentetik genin organizmaya transfer edilmesi ile mümkün olmuştur. Tasarım ögesi olarak düşünülen transgenik organizmanın "metaforik olanakları"nın araştırılması sanatta önemli bir değişimin göstergesidir (Baron 47). Sanatçı canlı organizmanın manipüle edilebilir genlerinden yararlanarak genetik bir programcı haline gelmiştir. İngiliz sanat tarihçi Edward Lucie-Smith, Kac'ın "sanat uygulamalarını bilimsel teknolojilerin sanata uyarlanan yönü açısından Rönesans döneminde sanat ve bilim etkileşimi" benzerliği ile açıklamaktadır (Britton ve Collins 12). Rosi Braidotti'nin de ifade ettiği gibi "insanın evrende bütün bir yaşamı etkileme gücüne sahip jeolojik bir kuvvet hâline geldiği bu tarihi anda" sanatçının da bu etkileşimden meydana getirdiği eserleri ile posthüman çağın öngörüsünde hareket etmesi mutlaktır (16).

Eduardo Kac'ın, *"Yaratılış"* (*Genesis* 1999) adlı eserinde 1953'te DNA'nın keşfedilmesi, "Rosetta Taşı"nın 1799'da Napolyon'un askerleri tarafından bulunması eserinin metafor olarak önemine dair içerik sunmaktadır. Üç dilde yazılan taş, (yunanca, demotik ve hiyeroglif) geçmişi anlama noktasında önemli bir araç iken sanatçıya göre, *"Yaratılış"* (*Genesis* 1998-99) projesi üçlü sisteminin (doğal dil, DNA dili, ikili mantık) ise posthüman çağı anlamanın önemli bir anahtarıdır. Sanatçı *"Yaratılış"* ile biyolojik süreçlerin artık "yazılabilir ve programlanabilir" dijital bilgisayarlardan yararlanılarak veri depolama ve işleme kapasitesine sahip olma fikrini "karbon temelli yaşam ve dijital veriler arasındaki sınırlar, hücre zarı gibi kırılgan hale geliyor" sözleriyle ifade etmiştir (Britton ve Collins 8-9). Eduardo Kac genetik mühendisliği ile uyguladığı yeni sanat alanı "Transgenik Sanat"ı, Ars Electronica 1999'da ilk defa *"Yaratılış"* projesiyle tanılama imkânını da sunmaktadır (Stocker 82). Proje biyoloji, inanç sistemleri, bilgi teknolojisi, etkileşim, etik ve internet arasındaki karmaşık ilişkiyi araştıran transgenik bir sanat eseridir. Eserin ana unsurunu icat ettiği ve doğada bulunmayan sentetik bir gen olan "sanatçının geni" oluşturmaktadır. Bu gen, İncil'den "İnsanın; denizin balıklarına, havanın kanatlarına ve yeryüzünde hareket eden her canlıya hükmetmesine izin ver" cümlesinin mors koduna çevrilip, özel olarak geliştirilen bir dönüşüm prensibine göre mors kodunun DNA baz çiftlerine aktarılmasıdır (Kac 249). Eduardo Kac bu cümlenin "insanlığın doğaya üstünlüğünün şüpheli (ilahi olarak onaylanmış) nosyonuna ilişkindir ve mors kodu bilgi çağının, küresel iletişimin doğuşunu" temsil eden bir öneme sahip olduğunu ifade etmektedir (251). Kac için cümleyi değiştirme yeteneği semboliktir; cümlenin anlamı ise miras alınan biçimde değil de değiştirmeye çalışıldığında ortaya çıkmıştır. Edward Lucie-Smith sanatçıyı etkin olarak "bilimi tutarlı bir ahlaki güç açısından insan varlığının merkezine" getirmiştir şeklinde ifade etmektedir (22). Nancy Katherine Hayles'e göre 21. yüzyılın "zengin ironi oyunu sonucunda ortaya çıkan DNA dizisini sanatçının" geni olarak nitelendirmiştir ve sanatçı genini oluşturan harf dizileri yapay olsa da İncil'deki doğal dili hücre diline çevirmek için, DNA dizisi olan AGCT'leri ve Mors kodunu bir algoritma olarak kullanmıştır (83). Mors kodunun noktaları ve kısa çizgileri, alfabetik bilgiyi dünyanın her yerine veya entegre bir devre içindeki mikroskobik mesafelere kolayca ulaşabilecek bir biçimde dijital bilgisayar tarafından sayısal dile (1 ve 0'a) çevrilerek gerçekleştirilmiştir. İncil'deki cümle Mors Kodu'nun nokta ve çizgilerine çevrildikten sonra genetik baz olan noktaların yerine Sitosin (C); kısa çizgiler Thymine (T); kelime boşlukları Adenin (A); harf boşlukları Guanine (G) ile değiştirilmiştir. Bu benzersiz AGCT dizisi, "doğada var olmayan bir geni" oluşturmuştur (Tomasula 86). Bakteri içeren bir petri kabı, esnek bir mikro video kamera, bir UV ışık kutusundan ve bir mikroskop aydınlatıcıdan oluşan galeri ekranı yerel ve uzaktaki (Web) katılımcıların eserin evrimini izlemesini sağlamıştır. Video projektöre ve iki ağa bağlı bilgisayar, UV aktif etmek için Web sunucusu olarak çalışır. Web üzerinden katılımcılar UV ışığını açarak bu sürece müdahale eder. Transgenik bakteriler, floresan protein UV ışığında görünür ışık yayarak yanıt verir. UV ışığının bakteriler üzerindeki enerji etkisi, "Yaratılış DNA dizisini bozacak ve mutasyon oranını hızlandıracak" şekildedir (Kac 251). Sol (DNA dili) ve sağ (doğal dil) duvarda yer alan büyük ölçekli metinlerde ortaya çıkan cümle, arka duvarda ise mors çevirisi yer almaktadır. Çevrimiçi yaşamın küçük bir etki ile büyük değişimlere yol açtığı gerçeğini yansıtan bu eser, etkileşimli sanat uygulaması olarak önemli bir noktadadır. Sergi salonunda eserin yer aldığı konumdan internet ağı kadar mesafede olan katılımcı, tıklama-tıklamama kararı ile organizmaya müdahalesini etik olarak sorgular. Katılımcı tıklamazsa, "İncil cümlesinin tahakküm anlamını koruyarak bozulmadan kalmasına izin verirken tıklarsa cümleyi ve anlamını değiştirir" (Kac 252). Bu ikilemle beraber eser, genetik mühendislik olanaklarının indirgenmiş hali olarak biyoteknoloji çağında uzman olmayanın paradoksal durumunu da açığa çıkarmaktadır. Sanatçı "mikro kozmos içindeki evrimi gözlemleyen ve müdahil olan izleyici" gibi günlük hayatta bahçesini gezen bireyin de kaçınılmaz bir şekilde değişimin, belki de tahribatın parçası olduğunu vurgulamaktadır. Bakterilerin vücutlarını değiştirmesindeki mesajı anlayarak "*Yaratılış*"la "aynı zamanda bilimin, kelimenin, bedenin, sanatın ve dünyanın baştan sona bağlı" olduğu da anlaşılmış olur (Tomasula 89). Bakterilerin mutasyonlarından ortaya çıkan cümle sadece "egemenlik değil aynı zamanda nedenselliğin çoklu ve kitlesel paralelliği"ne olan bağlantısıdır (Hayles 85-86). "Yaratılış" eseri posthüman egemenliğin insan olmayan üzerine müdahalesi gibi görünse de aslında eserin maddesel oluşundan ziyade insan algılamalara yönelik bir anahtar olduğuna odaklanılmıştır. Öte yandan Kac'ın ifade ettiği gibi yaşamı simbiyotik bir ilgide paylaştığımız "bakterilerin ustası mı yoksa köleleri mi" yahut evrimsel süreçte "bakterilerin çoğalmasını hastalıklara karşı çözüm olduğu" için artışını sağlayan mıyız? Bu ironik durumda Kac, *"Yaratılış"*ı etik bağlamda tereddütleri artıran, sanatın ahlaki açıdan ulaştığı bir yargıdan ziyade "hayal gücünün koreografisi" olarak delil göstermektedir (254). Eserin böylesi karmaşık bağlar açısından sorgulatan yönünde çoklu dil bir metafor olarak anlamlıdır. *"Yaratılış"*ın bu dili yeryüzünün ilk karmaşasını ve "Batı'nın insanlık, doğa, ilerleme anlayışının merkezi" olan mitini yeniden canlandırmıştır (Tomasula 85). Posthüman çağda organizmayı etkileyen ve organizmadan etkilenen bireyin simbiyotik ilgide açıklanan görüşleri paralelinde Rosi Braidotti'nin de ifade ettiği üzere "biyogenetik müdahalenin, doğa-kültür ilişkisini üretken olabildiği gibi yıkıcı da olabilen karmaşık bir süreklilik içerisinde ne ölçüde yeniden yapılandırdığına odaklanma"nın yerinde olacağı belirgindir (166-167). Zira bilimsel gelişmelere yönelik toplumlarda yaklaşımların nasıl olacağına dair Jürgen Habermas görüşünde "bilim ve teknolojinin toplumsal açıdan kabul görmesinde sosyolojik açıdan bakıldığında azalma olmayacaktır, yeter ki insan doğasının teknolojikleştirilmesi tıbben daha sağlıklı ve uzun bir ömür sağlamaya devam etsin" (41). O zaman yaşam ömrü açısından taleplerimizi yönlendiren bu dürtü eşliğinde posthüman çağın seyir defterine ve sanat uygulamalarında transgenik çalışmaları ile Eduardo Kac anlatımlarına tercüman olacak bir çıkışa erişmek üzereyiz.

Eduardo Kac'ın diğer transgenik eseri *"Sekizinci Gün"* (*The Eighth Day* 2001) genetik mühendislik olanaklarından yararlanılarak meydana getirilmiş transgenik canlıların yaşamını ve yaşam alanını izleyiciye sunan bir evren metaforudur. 2001'de Arizona Eyalet Üniversitesi Sanat Araştırmaları Enstitüsü'nde geliştirilen *Sekizinci Gün*, laboratuvarda meydana getirilen "floresan (GFP)[7] canlıların yeni ekolojisini araştıran bir transgenik eser"dir (Kac 286). Floresan canlılar ortamdan izole edilmiş bir şeffaf pleksiglas[8] kubbenin sınırlarında sentetik biyolüminesans[9] çekirdeğin parçasıdır. Kac'a göre bu eser "transgenik canlılarının ve biyobotun (biobot) aynı yaşam alanı"nda beraberliğini sembolize etmektedir (286). Bu mekânda biyobot gövdesi, amip kolonisinin yaşamı için biyoreaktördür. Amiplerin bireysel davranışları çevresel uyaranlar sebebiyle kesilir ve çok hücreli bir organizma

---

[7] Yeşil floresan protein, mavi ila ultraviyole aralığında ışığa maruz kaldığında parlak yeşil floresan sergileyen 238 amino asitten oluşan bir proteindir.
[8] Renkli, renksiz, saydam ya da saydam olmayan materyallerin oluşturulmasında kullanılan plastik cam hammadde.
[9] Bakteri algılama yeterliliği denilen bir çeşit bakterizm, iletişim aracılığıyla gen ifadesini düzenlediğini ve grup davranışını koordine ettiğini göstermiştir. Bu işlem yardımı ile bakteriler, popülasyonun büyüklüğü ile ilgili bilgi yerine geçen iç uyarıcı kimyasal sinyaller gönderebilir ve alabilir (Klug vd. 2009). Canlı organizmanın gerçekleştirdiği kimyasal sinyal olarak enerjinin ışık enerjisine dönüşmesi ve yayılması olgusudur.

işlevine dönüşür. Böylece iç algılama birimi ve bilgisayarla tümleşik web ağı artık biyobotun sinir sistemi olmuştur. İç algılama sistemi, amiplerin hareketlerini gözlemlerken biyobotun ayaklarına komut verir. Eser, ziyaretçiye bulunduğu mekânda ve webde katılım imkânı sunarken biyobot katılımcının avatarı işlevini de yerine getirmektedir. Böylece biyobot davranışı amiplerin "mikroskobik ağı ve makroskopik insan ağı"nda gerçekleşen bir hareket bileşimine dönüşür. İnsanlar ve mikroorganizmalar biyobotun gövdesinde deneyim ve davranış etkileşiminde bulunur. Galeri izleyicisi kubbenin içinden ve dışından transgenik canlıları görebilirken web katılımcısı "çevre ve izleyicinin bedenini algılayarak biyobotun bakış açısıyla" bir deneyimde bulunur (Kac 292; Baker 30). Çoklu mekân ve etkileşimli sanat pratiği sunan bu eser, Donna Harraway'in *Sıkıntıyla Yaşamak: Yeryüzüleşme*[10] *Çağında Soydaşlık Kurmak* (*Staying with the Trouble: Making Kin in the Chthulucene* 2016) eserinde "karmaşık dünyalama (worldling) sorunu" ifadesinde olduğu gibi seyirciyi değişken parametreli bir evren ile karşılaştırır (29). Haraway, dünyanın mevcut durumunun sorumluluğunda olan bizler için "çoklu türlerin" korkutan bazen de sevindiren hikâyelerine yönelik yorumlardaki farklılığı olağan; "ekolojiler, ekonomiler, türler, yaşamlarda farklılığı" da önemli görmektedir (*Staying with the Trouble* 29). Bu mühim açıklamalar *Sekizinci Gün*'ün kurgusal ve karmaşık ilişkileri bütünleyen yönü ile "yoldaş türler"in ("companion species") birlikteliğine de işaret eder (Haraway, *Staying with the Trouble* 124). Çünkü bu ilişki canlıların "transgenik ekolojisinin evrimi değil, insan sorumluluğu"nun hatırlatmasıdır (Nadarajan 50). Sergide gezinen yerel izleyici—salt kendi gözleminden ibaret düşünürken—web arayüzde uzaktan izleyicinin ve çevrenin kameraya yansıyan görüntüsünün yansıması ile deneyimine ikna olur. Çevrimiçi seyirci ise bakış açısına giren yerel izleyiciler —web alanında var olarak— eserde yer alan organizmaların ekolojisine katılmıştır. *Sekizinci Gün*, yerel ve çevrimiçi izleyici ile transgenik canlıların deneysel ilişkisini ve ötekiliğini eşzamanlayan bir sahne betimlemiştir. Böylesi parametreler odağında eser, performans alanı ve anı dışında da tartışmalara konu olmuştur. Eseri konu olan Dan Collins ve Sheilah Britton'un "*Sekizinci Gün, Eduardo Kac'ın Transgenik Sanatı*" (*The Eighth Day, The Transgenic Art of Eduardo Kac* 2003) adlı kitabında, eser hakkında bir dizi kritik soru ve yanıtı araştırmak için teorisyen, eleştirmen, tarihçi ve bilim insanlarının görüşlerini bir araya getirmiştir (7). Eser incelemesinin bu görüşler paralelinde gerçekleştirilmesi *Sekizinci Gün*'ün; bilimsel, teknolojik, teolojik ve ahlaki konulardaki bağlantısı açısından önemlidir. Zira sanat toplumlarda "dün" somut doğa betimlemelerinden ibaret iken "bugün" posthüman vizyonu ile varlığını dönüştürmüştür. Arlindo Machado'ya göre eser teolojik açıdan dünyanın "tanrısal bir duruştan sonra yaratılışın sekizinci gününü hayal etmemizi" sağlar (93). Edward Lucie Smith "yaratılışın tamamlandığı sekizinci gün" ifadesinde esere atıfta bulunurken insanlığın posthüman yaşam üreten, bağımsızlığını ortaya koyan yönünü vurgulamaktadır (24). Sanatçı, eserinin tasarım süreçlerinde yararlandığı bilimsel yöntemlerle sanatın diğer bilim dalları arasında kolektifliğini ortaya koyarken "bilim adamı ve sanatçı arasındaki etkileşim" ile de "iki ayrı

---

[10] Haraway'in bu kitabının başlığı için Sümeyra Buran'dan referans alınmıştır. Bkz. (Buran, "Edebiyat ve Posthümanizm").

akademik kültürün" beraberliğine vurgu yapmaktadır (Rawls vd. 103). Lucie-Smith, Eduardo Kac'ın eserinin izleyicinin duyularına yönelik kurguladığı ortam ile "çağdaş bilimin gerçekten neler yapabileceğini bize göstererek hayal gücümüzü heyecanlandıran" türden ögeler içerdiğini ifade etmiştir (23). Eser, mekânın karanlık arka planında merkeze alınan, içi mavi ışıkla parlayan, dört ayak üzerinde duran yarımküre şeklinde ve karaya çarpan su sesi eşliğinde betimlenmiştir. Uzaydan görünen dünya imajını mavi atmosfer ve ses tamamlarken genel görüntü izleyiciye bir metafor olarak işlemektedir. Mekânın zeminine yansıtılan dalgalar, izleyicinin dâhil olduğu "an"a odaklanmasını zorunlu hale getirir. Böylesi dış uyaranların rezonansı ile izleyici eseri görebilmek için su üzerinde yürümeye davet edilir. Eser, biyoçeşitlilik ve yaşam biçimlerinin bilimkurgu betimlerindeki benzerliğiyle yapay bir ekolojiden öte izleyici deneyiminin bütünüdür. Yahudi Hristiyan kutsal kitaplarında anlatıldığı gibi "dünyanın yaratılışına bir gün ekleyerek" kurgulanan *Sekizinci Gün*'de mekân-eser-izleyici birlikteliğini içermektedir (Kac 286). *Sekizinci Gün*'de araştırılan bu görüşler eşliğinde Donna Haraway'in *Sıkıntıyla Yaşamak: Yeryüzüleşme Çağında Soydaşlık* eserinde bahsettiği gibi bilimkurgunun "bir dikkat modu, bir tarih teorisi ve bir dünyalama (worlding) pratiği" (230) tanımlamasını hatırlamak yerinde olacaktır. Çünkü transgenik eserde yer alan her öge dünyanın yapay ekolojisini içerirken aynı zamanda bilimkurgunun pratiğe yansıması olmuştur. Eser, içerdiği canlıları kapsayan yarımkürede ve dışında yer alan çoğul ögelerin birlikteliğini üçlü zaman (GBG) içinde "geçmiş, şimdi ve gelecek olan"ı yansıtmıştır (Haraway, *Staying with the Trouble* 101). Tümleşik zaman algısında eser, sanatta estetik duruşun ötesinde çağın gelişendeğişen, etken-edilgen, insan-insan olmayan aktörleri ile olgusal bir genişlemeyi betimlemektedir. Sanatın böylesi tasavvur bütününe ulaşmasında tekno-bilimin sanatçının posthümanist üslubunun aracı olması önemlidir. Öte yandan toplumun genetik ve biyoteknolojinin kaygı veren anlayışına rehber olan sanatçı sorumluluğunu devam ettirmiştir. Çünkü sanatçı teknik olanakları tasarımının parçası olarak sunan ve tartışma alanlarını zenginleştiren yönü ile çağı ve ötesini de sanatta varlık alanına entegre edebilmiştir.

Sonuç

Sanat ekolojisin bilim kültüründe değişen multidinamik yetisi teknoloji ön koşuluyla yapılandırılmaktadır. Sanatın tekno tabanda gelişen ara yüzü yeni gibi görünse de insan doğası ilk var oluş anından itibaren araçsal dürtülere yönelmiştir. Bu bölümde sanatın dününe kısaca değinirken bugünün posthüman zaman sınırlarının muğlaklığında "etik oluş"u sanatın dilinden ifadelendirmek nasıl mümkün olurdu sorusu üzerine ilerledik. Belki de posthüman çağda "görünür olmayan ufku" ararken "ufku görünür kılmanın" bedenin sınırlarına eklemlenen tekno-tamamlayanları kabul etme zamanı geldi. Çünkü inkâr edemediğimiz gerçek aslında insanın hayatta kalma ve türünü devam ettirme koduna dairdir. İnsan böylesi dürtüsel fayda önceliğinde olan; yaşam ömrü, doğurganlık, üreme, hastalık ve tedavi yöntemleri, gıda üretim teknolojileri, medikal teknolojiler, protezler, tıbbi yöntem ve araştırma süreçleri gibi sonu gelmeyen çabasına bakınca doğanın ve insan olmayan lehine düşünen muhalif görüşleri hangi düzeyde samimi görebilir. Üstelik en masum anında bile dışına müdahil olma potansiyelindeki insanı makul yahut sorumlu sayan kıstası bulmak hayli zor olsa gerek. Antropesen çağın kuvvet merkezi olan bilimin çığır açan adımı "İnsan Genom Projesi" genetik ve biyoteknojik gelişme açısından etik sınırları zorlayacak sorular ortaya çıkarmıştır. Yaşam, insanın dünyaya gelme-me, ayrıcalıklı olma-ma halidir. Genomik altyapısından dolayı bireyin doğma, yaşama hakkına karar verecek olan mekanizma, bireysel özgürlükleri ihlal konusuna nasıl bir açıklık getirecektir. Öjenik, biyoetik soruları artırırken, gen öncelik ve ayrıcalığı belki de gen hırsızlığı gibi muhtelif ihlaller bilim kurgu roman ve filmlerde anlatılanların gerçekliği ile karşılaşan posthümanın yaptıkları ile yüzleşmesi midir? Ya da doğada vahşi türlerin akıbetine yönelik bir anı görmezden gelemezken empati kırıntılarımızı da mı yitirmeye yakınızdır. Doğa, insan ve insan olmayan etkileşiminde posthüman fayda yönünde ilerleyen bilimsel kabullerimizi bir kenara koyalım. Bilimin evreni genişlerken geride bıraktığımız dünya tahribatının ardında kalan ve edilgen olan sadece insan olmayan mıdır? Biyoteknoloji şirketlerinde insan deneklerle yapılan araştırmalarda kontrol ve yetki üzerine alınan kararlarda bilim otoriteleri mevcut durumun "bilim tarafından yönlendirileceği; teolojinin, felsefenin veya siyasetin karara müdahale etmesine izin verilmeyeceği" aktarılmıştır (Fukuyama 185). Francis Fukuyama'nın ifade ettiği sözlerinde "bilimsel araştırmanın bir amaç olarak kendi meşruiyetini taşıdığı ve otomatik olarak insanlığın daha geniş çıkarlarına hizmet eden bir davranış" olarak görüldüğü geçmişten bir örneği hatırlatmaktadır (185). Bilimsel araştırma motivasyonuna yönelik böylesi bakış açısının izahı nazi kamplarında, hapishanelerde yaşananlar ve savaş esirlerinin yaşadıklarıdır. Meşruluğunu kendinden sayan bilim ilgisinde çalışan bilim adamlarının ahlaki açıdan çıkar algısı, kamu yararına karşılık gelmemektedir. Böylesi teknoktarik anlayışta bilimin meşru oluş kararı mümkün olamaz. "Biyoteknolojinin ilerleme ve gelişme hızı"na müdahale tamamen politik bir mesele olarak görüldüğünde etik durum nasıl olacaktır (Fukuyama 186). Bilimin sınırlarına dair otoritenin politikalarla belirleneceği ılımlı görüşü beraberinde hiyerarşik temelde sonuçlar ortaya çıkaracaktır. Posthüman çağda yaşam, biyoteknolojik araştırmalarda kamu yararını, ideali, ahlaki olanı gözeten bir bilincin varlığına ve insani değer, idealler üzerine yapılandırılan ütopyanın gerçek olduğu yarınlara ulaşma sanatıdır.

Bu evrede sanat, teknoloji ve bilim limanını güvenle deneyimlerken izleyici ise sahnede empati anını yaşamaktadır. Sanatçı çağın dini, felsefi, sosyolojik, biyopolitik, biyoetik gibi meseleleri sanatın varlık alanında konu edinen, istifade eden, eleştiren, teknoloji ve bilimin değişken parametreleri ile tasarımını bütünleyendir. Melez canlıların ekolojisine dâhil olan, biyobotun algı ve reaksiyonunun parçası olan insan, etken olarak dışarda kalabilir, bu yanılgıya inanabilir mi ya da böylesi kriz anını empati ile aşabilir mi? Posthüman çağın bu derece muğlak konuşmalarına, sanatçı metaforları ile açıklama aramaktadır. Eduardo Kac'ın "kod" kavramı indirgeyici anlatımdan çevresel parametreleri de bir araya getirdiği betimlerinde genetiğin kötüye kullanımı, biyoteknolojik devrimin örtük anlamlarını deşifre etmiş ve posthüman çağın içinde bulunduğumuz sürecinde farklı düşünme yollarını sunmaya çalışmıştır.

Kaynakça

Baker, Steve. "Philosophy in the wild." *The Eighth Day: The Transgenic Art of Eduardo Kac*, ed. Sheilah Britton ve Dan Collins. The Institute for Studies in the Arts Herberger College of Fine Arts Arizona State University, 2003, ss. 27-38.

Baron, Denis. "Technology of the Flesh: Body and Reality, Genetic Hybridisation." *The Mutant Flesh: Fabrication of a Posthuman*. Dis Voir. 2009, ss. 39-48.

Becker, Carol. "Gfp Bunny and the Plight of the Posthuman." *The Eighth Day: The Transgenic Art of Eduardo Kac*, ed. Sheilah Britton ve Dan Collins. The Institute for Studies in the Arts Herberger College of Fine Arts Arizona State University. 2003, ss. 39-43.

Braidotti, Rosi. *İnsan Sonrası*. Çev. Öznur Karakaş, Kolektif. 2014.

Britton, Sheilah. ve Collins, Dan. "The Eighth Day: An Introduction." *The Eighth Day: The Transgenic Art of Eduardo Kac*, ed. Sheilah Britton ve Dan Collins. The Institute for Studies in the Arts Herberger College of Fine Arts Arizona State University, 2003, ss. 6-15.

---. "Color Plates." *The Eighth Day: The Transgenic Art of Eduardo Kac*, ed. Sheilah Britton ve Dan Collins. The Institute for Studies in the Arts Herberger College of Fine Arts Arizona State University. 2003, ss. 52-78.

Buran, Sümeyra. "Edebiyat ve Posthümanizm." *Edebiyatta Posthümanizm*, ed. Sümeyra Buran.Transnational Press London. 2020, ss. 19-36.

---. "Biyogenetik Posthüman Bilimkurgu: Yarının Gen-Tasarımlı Çocukları ve Gen-Kapitalist Sınıfları." *Edebiyatta Posthümanizm*, ed. Sümeyra Buran.Transnational Press London. 2020, ss. 163-184.

Fukuyama, Francis. *Our Posthuman Future: Consequences of the Biotechnology Revolution*. Farrar, Straus and Giroux, 2002.

Gessert, George. "Divine Plants and Magical Animals." *Green Light toward an Art of Evolution*. London: The MIT Press. 2010, ss. 1-10.

Güçlü, Abdülbaki ve diğerleri. *Felsefe Sözlüğü*. Bilim ve Sanat Yayınları, 2003.

Habermas, Jürgen. *İnsan Doğasının Geleceği*. Çev. Kaan H. Ökten, Everest, 2003.

Haraway, Donna J. *Siborg Manifestosu: Geç Yirminci Yüzyılda Bilim, Teknoloji ve Sosyalist-Feminizm*. Çev. Osman Akınhay, Agora Kitaplığı, 1991.

---. *Staying with the Trouble Making Kin in the Chthulucene*. Duke University Press, 2016.

Hayles, N. Katherine. "Who is in Control Here? Meditating on Eduardo Kac's Transgenic Art." *The Eighth Day: The Transgenic Art of Eduardo Kac*, ed. Sheilah Britton ve Dan Collins. The Institute for Studies in the Arts Herberger College of Fine Arts Arizona State University. 2003, ss. 79-86.

Hoagland, Mahlon B. "Bilgi." *Hayatın Kökleri*, Tübitak. 2003, ss. 15-33.

Kac, Eduardo. "Transgenic art." *Telepresence & Bio Art: Networking Humans, Rabbits, & Robots*. The University of Michigan Press. 2008, ss. 236-248.

---. "Genesis." *Telepresence & Bio Art: Networking Humans, Rabbits, & Robots*. The University of Michigan Press. 2008, ss. 249-263.

---. "The Eighth Day." *Telepresence & Bio Art: Networking Humans, Rabbits, & Robots*. The University of Michigan Press. 2008, ss. 286-294.

Karol, Sevinç ve diğerleri. *Biyoloji Terimleri Sözlüğü*. Atatürk Kültür, Dil, Tarih Yüksek Kurumu Türk Dil Kurumu Yayınları. 1998, ss. 227, 662.

Klug, William S. ve diğerleri. "Prokaryotlarda Gen İfadesinin Düzenlenmesi." *Genetik Kavramlar*. Palme Yayıncılık. 2009, ss. 392-410.

Levi-Strauss, Claude. "Irk ve Tarih: Kültürlerin Çeşitliliği." *Irk, Tarih ve Kültür*. Çev. Haldun Bayrı, Reha Erdem, Arzu Oyacıoğlu, Işık Ergüden, Metis Yayınları. 2016, ss. 102.

Lucie-Smith, Edward. "Eduardo Kac and Transgenic Art." *The Eighth Day: The Transgenic Art of Eduardo Kac*. ed. Sheilah Britton ve Dan Collins. The Institute for Studies in the Arts Herberger College of Fine Arts Arizona State University. 2003, ss. 20-26.

Machado, Arlindo. "Towards a Transgenic Art." *The Eighth Day: The Transgenic Art of Eduardo Kac*. ed. Sheilah Britton ve Dan Collins. The Institute for Studies in the Arts Herberger

College of Fine Arts Arizona State University. 2003, ss. 87-95.
Mitchell, Robert E. *Bioart and the Vitality of Media*. University of Washington Press. 2010.
Myers, William. "Foreword." *Bio Art Altered Realities*. Thames & Hudson, 2015.
Nadarajan, Gunalan. "Specters of the Animal: The Transgenic Work of Eduardo Kac." *The Eighth Day: The Transgenic Art of Eduardo Kac*, ed. Sheilah Britton ve Dan Collins. The Institute for Studies in the Arts Herberger College of Fine Arts Arizona State University. 2003, ss. 44-50.
Rawls, Alan. ve ark. "Science in a Postmodern World." *The Eighth Day: The Transgenic Art of Eduardo Kac*, ed. Sheilah Britton ve Dan Collins. The Institute for Studies in the Arts Herberger College of Fine Arts Arizona State University. 2003, ss. 103-107.
Stocker, Gerfried. "Uprising." *Eduardo Kac: Telepresence, Biotelematics, Transgenic Art*, ed. Peter Tomaz Dobrila ve Aleksandra Kostic. KIBLA. 2000, ss. 81-84.
Terranova, Charissa N. ve Tromble, Meredith. "Introduction." *The Routledge Companion to Biology in Art and Architecture*, ed. Charissa N. Terranova ve Meredith Tromble. Routledge. 2017, ss. 1-12.
Tomasula, Steve. "Genesis." *Eduardo Kac: Telepresence, Biotelematics, Transgenic Art*, ed. Peter Tomaz Dobrila ve Aleksandra Kostic. KIBLA. 2000, ss. 85-100.

BÖLÜM 16

MÜZİK VE POSTHÜMAN

Elif Aykanat Özcan ve Yunus Yapalı

Giriş

İnsan varoluşundan beri mutlak bir anlam arayışı içindedir. Bu yüzden, kimi zaman doğayla kurduğu ilişkileri, kimi zaman da doğa olaylarını, kendince bir yaklaşımla tanımlama çabasında olmuştur. İnsan, kimi zaman doğayı çözümlemeye çalışırken ondan korkmuş, kimi zaman beslenmiş, kimi zaman onu kutlamış, kimi zaman da onu alt etme arzusu baskın gelmiştir. İnsanın becerilerinin artması, alet yapabilmesi, kullanabilmesi ve sanayi ve teknolojideki atılımlılarla birlikte düşünce biçimi değişmiş, insan bir zamanlar parçası olduğu doğayı ve kendinden başka tüm yaşam formlarını arka plana koyarak, kendini önceleyen bir yapıya bürünmeye başlamıştır.

Eğitimden sanata, teknolojiden günlük yaşama her alanda hayatımızı etkileyen tüm değişimler, insanın varlığının değişiminin ön adımları olarak nitelendirilebilir. İnsancıl ve insanı merkezde konumlandıran yaklaşımların hem değişen dünya koşullarında hem de tükettiği tüm doğal yaşam alanlarında varlığının devamlılığı tartışmalıdır. 15. yüzyıldan günümüze ulaşan hümanizm, sözü edilen pek çok faktörle birlikte sorgulanmaya başlanmış, "insansonrası" ve "insansonrasılık," veya "posthüman" ve "posthümanizm," ya da "insanötesi" ve "insanötecilik," ve "insanüstü" ve "insanüstücülük" gibi kavramlar "insan" ve "yaşam" üzerinde düşünme gereksinimi doğurmuştur. Teknolojik değişimler, yeni bir yaşam biçimi yaratmak için bir fırsat olarak görülmeye başlanmıştır. Günümüzde hala alışılagelmiş biçimde insan zihni ile şekillenmeye ve yönetilmeye devam eden yaygın anlayış, insan dışında kalan yaşamları doğrudan ve olumsuz etkilemesi nedeniyle, sınırlı bir alan yaratmaktadır. Rosi Braidotti (197-208) ve Donna Haraway ("A Cyborg Manifesto" 117-158) gibi bilim insanları, posthüman anlayışın daha eşit, herhangi bir konuda ayrım yapmayan, toplumu şekillendiren alt ve üst kimlik düşüncelerinden sıyrılmış, sınırların iç içe buluştuğu yeni bir yaşam fırsatı olarak görmektedir.

İnsan içinde bulunduğu evrende tüm türlerle ilişki içerisindedir ve kurmuş olduğu ilişkiler aracılığıyla yaşadığı çevreyi hem etkiler hem de ondan etkilenir. 21. yüzyılda "insan" kavramını yeniden tanımlayan posthümanist görüşler, kavramın yeterince açık olmadığını ve insanı tanımlamakta yeterli olmadığını iddia eder. Kimi görüşler teknolojinin insan türünün sonunu getireceğini ve düşünme biçiminin ortadan kalkacağını öne sürerken, kimi görüşler de alışılagelmiş insan düşüncesinin ve biyolojik bir bedenle yaşayan insanın sonunu temsil ettiğini ifade eder.

Günümüze yaklaşan tarihlerde, sanat alanlarında gözlemlenen değişimlerin kaygının ötesinde, insan-makine-nesne birlikteliğini kucaklayan ve eşit adaleti merkeze alan bir anlayış geliştirdiğini söylemek mümkündür. Ayrıca, bu ayrıcalıkları hayvanlar, bitkiler, hücreler, bakteriler ve bir bütün olarak dünya gibi insan olmayan öznelere genişletir. Haraway "Siborg Manifesto" ("A Cyborg Manifesto" 2006), siborg metaforu aracılığıyla, hayatta kalma ve eşit adalet hakkında çok daha geniş bir tartışma içinde cinsiyet ve cinsel farklılık konularını vurgulayarak şu anda şekillenmekte olan yeni teknolojik toplumlar hakkındaki tartışmalara muhalif bir bilinç sunar. Katı ayrımların ve kesin sınırların yer almadığı anlayışta bu nedenle, iktidar ilişkileri ve etik ve politik direniş sorunu, baskın bilişim çağında her zamankinden daha fazla ortaya çıkar. Konuya ilişkin Rosi Braidotti şöyle ifade eder:

> [s]iborglar, bir hibrit veya makine/insan, ya da karşılıklı bağımlı türler olarak, bağlantı kurucu varlıklar, kategorik ayrımları bilinçli bir şekilde bulanıklaştıran (insan/makine, doğa/kültür, erkek/kadın, ödipal/non-ödipal) ilişkilerarasılılık, kavrayış ve küresel iletişim figürleridir. Bu, Haraway'in, jenerik post-natüralist insanlığın uygun temsilini arayışında göreceliliğe düşmeden özgüllüğü düşünebilmesine olanak sağlar. Bu işlem için önemli olan, yaklaşımda semiyotik metodun reddedilmesidir. Benim okumamda, siborg veya karşılıklı bağımlı türler gibi figürasyonların işlevi, teorikten ziyade politiktir. İnsan varlığının bütünselliği hakkında nasıl yeniden düşünmemiz gerektiğini belirtmektedir. Bugünün dünyasını çözümlemek için yeni okuryazarlık biçimlerine ihtiyacımız vardır. Figürasyonlar aynı zamanda söylemsel bir etiği de gerektirir, kişi yakınlığı/benzer tarafı olmayan şeyi doğru dürüst bilemez, hatta anlamaya başlayamaz. Haraway için eleştirel zeka bir sempati biçimidir. Kişi suç ortağı olmadığı şeyi asla eleştirmemelidir: fallologosentrik kuramın ödipal olay örgüsünden kaçınmak için eleştiri, tepkisel olmayan bir tarzda, yaratıcı bir hareket içinde birleştirilmelidir. Göçebe düşüncede, radikal biçimde içkin bir yoğun beden, yaygın olarak "bireysel" benlik olarak bilinen tekil konfigürasyon içerisinde, uzayda kuvvetlenen ve zamanda sağlamlaşan güçlerin veya akışların, yoğunlukların ve tutkuların bir toplamıdır. Bu yoğun ve dinamik varlık, ne içsel rasyonalist yasaların sıralanmasıyla örtüşür, ne de yalnızca genetik veri ve enformasyonun açılımıdır. Bu daha çok, yıkıcı olmayan dönüşüm akışlarını sürdürmek ve bunlara maruz kalmak için yeterince kararlı olan güçlerin bir kısmıdır.[1] (200-201)

Donna Haraway'in siborg manifestosunda ifade ettiği gibi "siborg bizim ontolojimizdir" ("Siborg Manifesto" 4). Bu bağlantısallığa örnek olarak, Neil Harbisson'un (Donahue 2021) "eyeborg"u ile renklendirdiği dünya ve "siborg sanatı" kavramın, Stelarc'ın kendi kaslarının ürettiği enerjiyle hareket edebilen ve sağ koluna yerleştirilmiş "Üçüncü El" ("Third Hand" 1980) çalışması görülebilir.

---

[1] Aksi belirtilmedikçe yazıdaki tüm çeviriler yazara aittir.

Posthüman düşüncenin sanat yapıtları üzerindeki etkisi yalnızca görsel medya ve plastik sanatlarda üretilen çalışmalarda değil, işitsel sanatlarda da öne çıkmaktadır. Robert Pepperell "Posthüman Manifestosu" ("The Posthuman Manifesto" 2005) makalesinin onikinci maddesinde ortak üretim gereksinimine dikkat çeker:

> Tüm uyarıcı tasarım, nesnedeki göreli düzen ve düzensizlik bölümlerini dengelemeye dayanır. Bu aynı zamanda müzik ve edebiyat kompozisyonu için de geçerlidir. Bununla birlikte, bu tür yargılar, düzen ve düzensizlik değerlerinin büyük ölçüde toplumsal anlaşma tarafından öngörüldüğü gerçeğinden bağımsız olarak yapılamaz. (13)

Posthümanizm, gelişmiş medikal teknikler ve nöro-, biyo-, nano- ve insanı geliştirmek için diğer teknolojiler aracılığıyla dönüştürülmüş bir insan varoluş biçimi olarak da düşünülebilir. Kendi içinde posthümanist bir geleceğe yönelik herhangi bir özel tutumu ne doğrudan ima eden, ne bütünüyle reddeden, sözün özü, yaklaşım açısından tarafsız bir terimdir. Bu bağlamlardan yola çıkılan bu bölümde, insan-makine-nesne yoldaşlığıyla yapılan çalışmalar, örnekleri ile posthüman bakış açısıyla incelenmeye ve tartışılmaya çalışılacaktır.

İnsan ve Doğa

Müzik insanın en eski yol arkadaşlarından biri olarak düşünülebilir. Şarkı söylemek, bir olayı kutlamak, acıyı paylaşmak ya da dile getirmek gibi sayısız alanda müzik kendine yer bulur. Doğrudan insan merkezli olmayan, insanın yıkıcılığını sorgulayan, tüm diğer sanat alanlarıyla beraber müziğin ortaya konuluş biçimini de eleştiren anlayışlar ve çoklu alanlarda gerçekleşen müzikal üretimler 1920'lerde dikkat çekmeye başlamıştır. Geleneksel uygulamalardan uzaklaşan ve alışılagelmiş düzenin dışında olmayı hedefleyen ve çok sayıda kişinin katılımıyla gerçekleştirilen "düdük senfonileri" veya "şefi olmayan orkestralar" gibi çalışmalar ile bu değişim arayışına örnek olarak gösterilebilir. Dadaizm'in "yıkıcılık" odağı ile yola çıktığı pek çok performans, müziği farklı alanlarla bütünleşik ve alışılagelmiş olanı terk etmeyi hedefleyen bakış açısıyla yeniden yorumlama çabası, farklı ve çoklu alanların kullanımının önünü açmıştır.

Fluxus[2] ve Dada[3] anlayışının çoklu ortamlar, gelip geçici üretimler, satın alınamayan ve kopyalanamayan çalışmalar, kolektif üretim ve insan eliyle üretilmiş makinelerin sürece dâhil edilmesine ilişkin önemli ilk örneklerden biri John Cage'in "4.33" (1952) çalışması olarak düşünülebilir. Sözü edilen eser, yalnızca üretildiği dönemde değil, günümüzde de hala çığır açıcı etkisini sürdüren bir yere sahip olan yenilikçi varlığıyla, performans nesne, anlam, yaratıcılık, müzik ve üretim uyumunu ortaya koymaktadır. Ortam sesleri, izleyicilerin nefes alarak, konuşarak, öksürerek, katılım, paylaşım ve birlikte üretime dayalı çoklu sanat

---

[2] Fluxus, Latince'de akış ve akma anlamına gelmektedir ve edebiyat, müzik ve plastik sanatların birbiriyle harmanlamış olan yeni bir karışımı olarak tanımlanabilir.

[3] I. Dünya Savaşı yıllarında öne çıkan bir akımdır. Savaşın yarattığı yıkıma, barbarlığa karşı duran akımın ana karakteri, var olan sanatsal düzenlerin reddedilmesi ve yeni oluşumlara imkân tanınması olarak açıklanabilir.

üretimi, "gelip geçiciliği, an'a özgü, tesadüf ve şansla bağlantılı estetik deneyim" oldukça dikkat çekicidir (Hermes 4-33). Sözü edilen ve 4.33'de yer alan unsurlar, Fluxus'la ilişkilidir ve tıpkı siborg metaforunda olduğu gibi, kesin ve katı sınırları doğrudan ve kökten reddeder.

John Cage, 4.33 üzerinde çalışırken mutlak sessizliği korumak için bilimsel olarak tasarlanmış bir oda olan "yankısız oda" ile karşılaşmasından da etkilenmiştir. Burada, katı ve kesin olmayan sınırların, bilim ve sanat işbirliği adına bütünleşmesi görülmektedir. "Sessizlik" ("Silence" 1952) çalışmasında, Harvard'da böyle bir odaya girdiğinde yaşadığı deneyimden, "biri yüksek diğeri alçak olmak üzere iki ses duyduğundan" söz eder. Yüksek tiz sesin sinir sisteminin, düşük sesin ise dolaşımdaki kanının sesi olduğunu öğrendiği bilgisini verir. Bu keşif, John Cage için müzikal dikkatinin çoğunu "kasıtlı, kompozisyonel seslerin aksine ortam ve tesadüfi seslere odaklayacak bir aydınlanma" yaratır (Cage 249-262; Hermes).

John Cage "4.33" çalışmasının, "ideal müzik ve doğa birleşimi için bir metafor" olabileceğini düşünür. Taşınabilir kayıt cihazları teknolojisi, müzisyenler tarafından çevresel seslerin bir araya getirilmesine, kategorilerine göre ayrıştırılmasına, yönetilmesine ve değiştirilmesine izin vermiştir. Bu yenilenmeye çalışan ve çağı yakalamak isteyen sanatçılar için büyük bir fırsattır. Bu atılımın ardından pek çok müzisyen, alanlarını teknolojik süreçlere yönlendirmeye ve araştırmalar yapmaya başlamıştır. Sözgelimi, besteci Steve Reich, insan sesinin ve trenlerin ritimlerini araştırmıştır. Who grubunun "Kuadrofeni" ("Quadrophenia" 1973) eserinde gitar kadar okyanus sesi de eserin merkezindedir. Brian Eno, değişen mekanlara, ortamlara ve durumlara eşlik etmek ve uyum içinde var olabilmesi amacıyla tasarlanmış "ambiyans müzik" türünü üreterek bu doğrultuda pek çok albüm kaydetmiştir. Bugün hip hop yapımcıları müzikal dokularında Eno'ya benzer şekilde sokak gürültülerini yaygın olarak kullanmaktadır. Benzer şekilde DJ'ler nostalji ve özgünlüğü iletmek için LP[4] yüzey gürültüsünü çalışmalarına katmaktadır (Hermes 2000).

John Cage, insan olmayan ve insan dışı varlıklara, insan-doğa ve insan-çevre ikili süreçlerine yer verdiği çalışmasında sınırların aşımına bir örnek getirmiştir. Gürültüyü, sesleri, hatta kanın nabzını dahi müzik olarak algılayabileceğimizi düşünmeyi, yaşadığımız evrende var olan sesleri analiz ederek onlarla neler yapabileceğimizi, tüm bu sesleri "rahatsız edici unsur" olmaktan çıkarıp (Cage 249-262) üretimin bir parçası haline getirmeyi müziğin sesli ve sessiz sürelerin birlikteliğinden oluştuğunun fark edilmesini sağlamıştır. Bir anlamda John Cage'in, müzisyenlere standart müzik üretiminin tonalitelerinin ötesine geçmeleri ve sesin sonsuz olasılıkları ile ilgilenme ve yaratma olanağının gücünü sağladığı söylenebilir.

Doğa ve insan etkileşimi elbette yalnızca ortaya çıkan, işitilen ve görülebilen ilişkilerden ibaret değildir. Farklı yaşam türlerinin—sözgelimi arılar ve mantarlar

---

[4] LP ("uzun çalma" veya "uzun çalma" dan gelen) bir analog ses depolama ortamıdır. 331⁄3 rpm hız; 12 veya 10 inç (30 veya 25 cm) çap; "mikro oluk" oluk özelliğinin kullanılması karakterize edilen bir fonograf kayıt formatıdır ve bir vinil (vinil klorür asetatın bir kopolimeri) bileşim diskidir.

gibi—hayvanların ve bitkilerin de birbirleriyle nasıl iletişim kurdukları ya da nasıl ses çıkardıkları merak konusudur. Ratnesh Mishra, Jesslyn Shields ile gerçekleştirdiği bir röportajda "bir bitki konserinde sentezleyici müzik olarak duyduğumuz sesin özellikle su az olduğunda, bitkinin gövdesinden hava kabarcıklarının emildiği kavitasyon işlemi sırasında bitkinin içindeki hareketten geldiğini" söylemektedir (akt. Shields 2020). Araştırmacı, bir süre kendi seslerine maruz kaldıktan sonra bitkilerin sesin kendilerinden geldiğinin farkına vardıklarını ve kasıtlı olarak değiştirmeye başladıklarını öne sürmektedir (Shields 2020).

Bitkilerin sesi gerçekte nasıl kullandığını ve ses ile etkileşime girdiğini inceleyen araştırmalarında Monica Gagliano ve diğerleri, elde ettikleri sonuçlara dayanarak "bitkilerin kendi biliş versiyonları vardır" sonucunu ileri sürmüştür. Buna göre, bitkilerde hem manyetik alanlar hem de akustik dalgalar oluşturan mekanizmalar, farklı dalga boyutlarında, farklı aralıklardaki Hertz[5] düzeylerinde titreşim oluşturulabildiği görülmektedir ("Acoustic and magnetic communication in plants: is it possible?" 1346-47). Başka bir araştırmada, taze mısır bitkilerinin köklerinin yaklaşık 220 Hz'lik "klik sesleri" çıkardığını ve aynı frekansta yayılan tıklama seslerine yanıt verdiği sonucuna erişilmiştir (Gagliano vd., "Towards understanding plant bioacoustics" 323-325). Tüm bu araştırmalar, bitkilerin kendi biliş türlerine sahip olduklarını ve karşılaştıkları durumlara reaksiyon verdiklerini ortaya çıkarmaktadır.

Araştırma sonuçları ile desteklendiği üzere, bitkilerin çevreleriyle iletişim kurduğu bir gerçektir. Yalnızca sınırlı türler değil, pek çok farklı formun birbirleriyle iletişim kuruyor olduklarını söylemek mümkündür. Hatta belli durumlarda, belli iletişim biçimleri olduğu da söylenebilir. Sözgelimi "Tütün, mısır, domates ve lima fasulyesi gibi bitkiler diğer türlerle de iletişim kurabilir. Başka bir organizma ile temasın ne zaman savunma ve karşı saldırı ile karşılanması gerektiğini veya bunun ne zaman ortak yaşam için bir fırsat oluşturduğunu anlayabilirler" (Baldwin ve Schultz 277-279). Bu durumda, bugüne değin farklı müzik türlerinin bitkiler üzerindeki etkilerinin aslında tesadüfi olmadığını söylemek mümkün olabilir.

"Bitkilerin müziği" olarak adlandırılabilen yapı, bir diğer deyişle bitki bilinci ile ortaya çıktığı düşünülen müzik konusu, büyüleyici yeni bir keşif ve araştırma alanı sağlar. Bir yandan, bir bitki tarafından üretilen sesler, bitkinin çevresindeki durumu hakkında doğrudan bir geri bildirim sunarken, öte yandan, müzisyenlerin ve müzikseverlerin dinleme yeteneklerini derinleştirmelerine de olanak tanır (Vitale 2021).

İnsan, Hayvan ve Müzik İlişkisi

Steven Feld'e göre müzikal iletişimin önemli özelliği, tercüme edilemez ve sözel iletişime indirgenemez olması değil, dinleyicinin katılımıyla, tamamen somut olarak deneyimlenen müziğin somut ve zihinsel boyutlarını birleştiren bir zevk

---

[5] Hz simgesiyle gösterilen ve bir saniyede bir titreşim yapan devirli bir olayın frekansına eşit olan frekans birimidir.

biçimi olması, genelliği ve olası mesajların ve yorumların çeşitliliğinin özel bir tür "duygusal" aktivite ortaya çıkarmasıdır. İnsanlar ve hayvanlar arasında adı konulamayan ve sözel bir dille sürdürülemeyen duygusal aktivite de bu iletişimle oldukça benzeşir.

Hayvanların müziğinin incelendiği Zoo Müzikoloji alanı, "hayvanlar tarafından üretilen ve kaydedilen seslerin veya iletişimin müzikal yönlerinin incelenmesi" kavramını ifade eder (Doolittle ve Gingras). Zoo Müzikoloji terimi ilk kez, *François-Bernard Mâche*' nin 1983 yılında yazdığı *Müzik, mit ve doğa veya Arion Yunusları* (*Music, myth, and nature, or, The Dolphins of Arion*) isimli kitabında kullanılmıştır. Hayvan sesleri, kayıt teknikleri, tüketici eğilimleri ve doğa hakkındaki konvansiyonel yaklaşımların biraradalığı yoluyla hayvan seslerinden oluşturulan müzik çalışmaları, günümüzde de dikkat çekmeye devam etmektedir.

Bu dikkat çekici çalışmalardan ilki balinaların çıkardığı seslerden yola çıkılarak yapılan "Balina Müziği"dir. Balina Müziği'nde yer alan ve dinleyicilerine aktarılan duygusallık, doğayla iletişim kurma deneyimiyle bağlantılıdır. Sosyal ve ekolojik belirsizlik çağında yeni seslerle karşı karşıya kalan çevreciler, aldıkları "tonalitelerin rezonansını değiştirmeyi" öğrenerek yeni anlam kaynakları ve kendini anlama kaynakları bulmaya çalışırlar (Shank, "The Political Force Of Musical Beauty" 8). Balina müziğinin çağrışımsal deneyimleri, müzikal olarak aktardığı deneyimsel yapıyı, hissettirdiği gücü ve "dokunaklı" yakınlığı anlamak için, daha fazla sunum alanına gereksinim olduğu (Helmreich 156), toplumsal yapıya sürekli aktarılması gerekliliği önemli bir noktadır. Çünkü bu, yalnızca müzikten ya da yalnızca çevre duyarlılığından öte bir bağlamdır.

"Balina Müziği," yeni ve geliştirilmiş bir ekolojik bilincin gerekliliğini ortaya koymaktadır. Popüler kültürde, balina müziği hakkında pek çok şey, "Batılı olmayan enstrümantasyonu, perde modülasyonu ve tekrarlanan devamlılıkları, kolay dinleme ve ortam türlerinde" duyulmuş ve müzik olarak algılanmıştır (Keightley 309-321). Steven Halpern'in *Leviathan Blue* (1975) filminde yer alan piyano döngüleri ve eşlikler ile kambur balinaların sesleri, geleneksel kompozisyon şemalarına göre standartlaştırılmıştır (Ritts 1102).

Balina müziğinde, "ıslak," "yankı" ve "genişlik" kavramsal üçlüsü, Paul Winter'ın "Ortak Zemin" ("Common Ground" 1976) çalışmasında genellikle anlambilimsel bir örüntü oluşturur ve "yankılanan işitilebilirliğe çağırır" (Ritts 1102). Ritts bu durumu "çevreciliğin müzikal çağırma sisteminde işe koyulan akustik yansımaların, doğanın kendisinin sınırsızlığını ve aşkın birliğini çağrıştırabilmesi" (1103) olarak açıklar. Bir balina müziği albümü olan, "Kambur Balinanın Şarkıları" ("Songs of the Humpback Whale 1971) ile sözü edilen yeni tür, popüler kültür alanında genel olarak tanınırlığı olan bir statüye kavuşur. "Kambur Balinanın Şarkıları"ndan ilham aldığını iddia eden çeşitli sanatçılar arasında pek çok ünlü isim bulunmaktadır. Vox Balaenae (1971) ile balinaları uğultu, mikrotonal flüt pasajları ile taklit eden George Crumb ve gitarist David Gilmour'un gecikmeli damlayan dokunuşlarını içeren "Ekolar" ("Echoes" 1972) adlı parçasına yer veren Pink Floyd bu çalışmalara örnek olarak verilebilir (Ritts 1103).

"Kambur Balinanın Şarkıları"na gelen tepkiler, 1970'lerin çevreciliğinde yaşanan gelişmelerin grafiğini çıkarmak için bir çıkış noktası sunar (Ritts 1101). Balina müziği tatmin edici bir müziktir ve daha geniş anlamda çevrecilikte olduğu gibi, tatmin edici nitelikleri, dinleyen kişinin doğayı duyusal olarak alımlama yeteneğine bağlıdır. Payne ve McVay, balina müziğini alımlayabilmenin, kişinin kulaklarını "kesintisiz ses nehirlerini pürüzsüz hale getirmek" için eğitmek anlamına geldiğini öne sürer ("Songs of humpback whales" 575). Whitehead ve Rendell "dünya müziğinin zamansız bir klasiği" ("The cultural lives of whales and dolphins" 76) derken, Mel Gregory "balinalar kulaklarımı doğanın tüm senfonisine açtı ve dünyamı sonsuza dek genişletti, artık nesli tükenme noktasına gelen kambur balina, varlığını en yüksek iletişim biçimi olan müziği mükemmelleştirmeye adadı" (Wyler "Greenpeace"den akt. Ritts 1102) aktarımını yapar.

Paul Spong, Jim Nollman ve John Ford, balina müziği tarihindeki farklı yolları temsil eden diğer önemli isimler olarak karşımıza çıkmaktadır. Spong'un çalışmasında, müziğin "insanlar, hayvanlar ve materyaller arasındaki ilişkileri yeniden yapılandırdığı" balina müziğinin çağrışım gücü için deneyim modellemesinin çok önemli olduğunu görülmektedir (Gallagher vd. 620). Nollman ise, bir "türler arası müzik" kariyeri şekillendirerek sanatsal katılım geliştirmiştir (Ritts 1104). Ford, katil balina "lehçeleri" üzerine nesnel bir çalışma yürüterek, balina seslerinin öznel yapıları üzerine çalışmıştır. Spong, Nollman ve Ford, çevreci balina müziği dinleme deneyimini farklı şekillerde ifade etmişlerdir. Yapılan çalışmalar, çevreciliğin ideolojik alanı boyunca ilişkiler kurmuş ve müzikal algının çevresel kurumlar tarafından talep edilmesinin yeni yollarını ortaya çıkarmıştır (Ritts 1105).

Sesleri ve müziğe ilişkin olası üretimleri üzerine çalışılan pek çok hayvan türü olduğunu söylemek mümkündür. Üstelik bu çalışmalar yalnızca hayvan türlerinin müziğe olan katkısı üzerine değildir. Kimi çalışmalar da, müziğin hayvanların üzerindeki olası etkilerine odaklanır. Sözgelimi Snowdon, müziğin hayvanlar üzerindeki etkisini incelemenin "daha iyi bir yolunun," belirli bir türe uyarlanmış melodiler oluşturmak olduğunu keşfetmiştir. Bu çalışması kedigiller ailesi üzerinedir. Besteci David Teie tarafından yaratılan bazı şarkılar, seslendirmeleri insan konuşması veya müziğinden daha fazla kayan niteliklere ve perde değişikliklerine sahip olan kedigiller içindir. "Miyav" karışımının temposu, yavru kedi emzirmesinin mırıltısını ve emme sesini içerir. Şarkılar, "Kitty dities, kedi baladları, kedi havaları ve çeşitli melodiler" olarak adlandırılır ve yalnızca sadece kedi seslerinden oluşmaz. Snowdon ele alınan çalışmaları "temaları, tekrarları ve varyasyonları olan gerçek müzikler" adlandırmaktadır (akt. Langley 2021). Snowdon ve Megan Savage, yaptıkları son deneylerde, kırk yedi evcil kedinin evini ziyaret ederek, her evde iki klasik müzik klibi ve iki "kedi şarkısı" olmak üzere dört ses örneği çalmıştır. Araştırmanın sonuçlarına göre, kediler bu özel kedi bestelerine diğer şarkıları duydukları zamana göre daha hızlı yaklaşarak veya sürtünerek daha olumlu tepki vermişlerdir. Snowdon, bu bağlamda kedi müziğinin, stresli barınak kedilerini veya evde yalnız bırakılan evcil kedi yavrularını sakinleştirmeye fayda sağlayabileceğini ifade etmektedir (akt. Dingfelder 2015).

Yapılan çalışmaların, hayvanların müzik alanında gerçekleştirebilecekleri olasılıkları da incelemek üzerine genişlediği görülmektedir. Columbia Üniversitesi'nde nörobilimci ve besteci Dave Soldier ile fil koruma topluluğunun önde gelen isimlerinden Richard Lair tarafından Kuzey Tayland'da bir koruma merkezinde kurulan ve on altı filden oluşan "Tay Fil Orkestrası," çelik davullar ve mızıka gibi özel olarak geliştirilmiş enstrümanları çalmıştır. Amerikalı besteci Alan Hovhaness tarafından kaydedilen balina sesleri *And God Created Great Whales,* Amerikalı mühendis Jim Fassett' in 1960 yılında hazırladığı *Symphony of the Birds* isimli yavaşlatılmış ve yeniden düzenlenmiş kuş şarkılarından oluşan albümü, ABD'li müzik grubu Caninus'un 2004 yılında çıkardığı *Now the Animals Have a Voice* isimli ilk albümlerinde vokalist köpekleri Budgie ve Basil' in yer alması, Blake Harrison ve Mark Sloan tarafından kurulan ve grup liderliğini "Waldo" isimli bir papağanın yaptığı müzik grupları örnekleri gösteriyor ki posthümanist anlayış; hayvanlar için veya hayvanlarla yapılan performanslarla "insanı evrenin merkezi kabul eden anlayış biçiminin" (Buran 21) yaşamın her alanında merkezde yer alan "egemen ve üstün insan merkeziyetçiliğini"(Buran 34) diğer öznelerle paylaştığını göstermektedir.

İnsan ve Makine

Müziğin kaynağının ne olabileceği sorusu, çoğu zaman ruhtan veya müziği üreten kişinin kalbinden geldiğini söyleyen cevaplarla yanıtlanmaktadır. Müzik, insan duygularının en net aktarım yollarından biridir. Bir Beethoven senfonisini veya bir Chopin sonatını dinlediğimizde, diyebiliriz ki, bestecinin yüzyıllar boyunca sihirli bir şekilde taşınan iç armonilerinin ve uyumsuzluklarının otantik ifadesini duymak mümkündür. Kaynağı insan ve duygular olunca tüm bunları hissetmenin olası olduğu söylenebilir. Aynı duygusal etkiyi bir makinanın ya da yapay zekânın üretebileceği fikri ise, hala tartışılagelen ve aykırı görülen fikirler olarak görülmektedir.

Yapay Zekâ teknolojisi, insanın veya kullanıcının müzikal yaratıcılığını geliştirdiğinden insan yaratıcılığı için bir geliştirme aracı olarak yorumlanabilir. Ferrando'nun aşağıda paylaşılan görüşü, bu düşünceyi destekler niteliktedir:

> [g]enellikle İnsan+ (Human+) olarak tanımlanan gelişmiş insan, Transhümanizmin birincil hedefidir. Yapay Zekâ teknolojilerini insanlar için bir yaratıcılık geliştirme aracı olarak düşünmek, Transhümanizmi güçlendirir. Transhüman ideoloji, dünyanın enerji kaynaklarını ve küresel sermayeyi sömürmek için kendi tanımladığı bir hakkın yanı sıra sonsuz bir iyileştirme saplantısını teşvik eder, bu nedenle ekosistemleri kirletir ve yok eder. Bu kibir ve insan merkezli tutum, Transhümanizm'in ortaya çıktığı Aydınlanma Projesi'ne kadar uzanabilir. (2)

Yapay Zekâ sanatı olarak anılan üretken yapay zekâ teknolojileri tarafından yaratılan sanat ve müzik, son yıllarda yaygın biçimde medyada da yer almaktadır. Tate Britain ve Barbican gibi büyük müze ve galeriler, "sanat dünyasında yükselen yeni bir yıldız: makine" izlenimi yaratarak ziyaretçilerin merakını arttırarak katılımı çoğaltmaktadır (Offert). Yenidogan, "Transhümanizm ve Posthümanizm'in insan ve teknoloji kavramlarına ilişkin farklı yaklaşımların, Yapay Zekâ ile ilgili ortak tartışmalı sorulara farklı yanıtlara yol açtığını, çünkü bunlar zıt etik varsayımlar üzerine kurulu olduğunu ve gelecekteki belirgin sonuçları desteklediğini" ifade eder ("How to Talk About AI Art and Music: An Onto-ethico-epistemological Debate Between Transhumanism and Posthumanism" 1). Transhümanizmin bakış açısı, "yapay zekâ, sanat ve müziği, yaratıcılığı artıran bir araç olarak çerçevelediğini" tartışırken, Posthümanizmin bakış açısı, "insan olmayanlarla birlikte yaratmayı bir fırsat olarak" değerlendirir (Yenidogan 1-2).

Bunun dikkat çeken bir örneğini David Cope'un çalışmalarında görmek mümkündür. Geleceği temsil eden bir program tasarımı yapan olan Cope, sistemli düşünce ile müzik üretiminin öncüsü olarak nitelendirilebilir. Cope'un bu girişimi, sipariş üzerine yazmak durumunda olduğu bir operayı üretmek üzere piyanosunun başına oturması, fakat aylarca bir nota dahi yazamaması üzerine gelişmiştir (Adams 2010). Yaşam kaygılarıyla boğuşur ve günden güne kendini daha da çıkmazda hisseder. Böyle bir kaygı durumu içindeyken bir gün bilgisayarının başına oturur ve bulduğu şey hem hayatını hem de belki de müzik tarihinin akışını değiştirir. Müziğin çoğu zaman alıntılardan esinlendiğini düşünen Cope, pek çok önemli bestecinin kendilerinden önce gelen müziği özümsediklerini, beyinlerinin de melodileri ayırt edici ve izlenebilir şekillerde yeniden birleştirdiği görüşüne sahiptir (Musscutt & Cope 10-15). Müzik dinleyen herkes bir müzik veritabanına sahiptir. Bestecileri diğerlerinden ayıran ise, bu veritabanını yeni biçimlerde manipüle etme yeteneğine sahip olmalarıdır. Bu görüşünü test etme çalışmalarına başlayan Cope, yapay müzikal zekâ ile yaptığı ilk deneylerde, kolayca tanımlanabilen eserlerden yararlanır. Zaman içinde, programlama ve yeniden programlama, büyük miktarda kodlanmış referans girerek, bir müzikal hafızayı nasıl şekillendirmeye başlayabileceğini görmeye başlar. Cope, öngörülebilirliğe biraz rastgelelik ekleyebilecek küçük bir çözümsel araç geliştirir (Musscutt ve Cope 16-17). Bir süre Johann Sebastian Bach tarzında koralleri parçalara ayırıp tekrar bir araya getirmeye çalışır. Bach'ın müziğini sadece matematiksel olarak değil, aynı zamanda farklı bileşenleri müziğin hikâye anlatma gücü için kendi hissine göre ağırlık kazandırarak bir "anlatı gerilimi ve sürpriz duygusuyla" analiz etmeye başlar. Emmy (Experiments in Musical Intelligence) projesi, yapay zekâ sanat ilişkisine dair yapılan tartışmalarda en dikkat çekici örneklerden biri olarak ortaya çıkar (Adams 2010). Emmy, Johann Sebastian Bach stilindeki bestelerin tamamını taklit edebilen ve beste yapabilen bir yapay zekâ programıdır. Program 5.000 orijinal Bach korosu üretir ve 1993'te *Bach by Design* adlı bir albüm çıkarır. Bu albümü *Virtual Mozart* ve *Virtual Rachmaninov* eserleri takip eder (Musscutt ve Cope 11).

Bir insan tarafından yapılan beste ile bir yapay zekânın bestesi arasında mutlaka bir fark olacağı inancı, birçok müzik otoritesi ve dinleyicinin ortaya çıkan çalışmalara tepki göstermesine neden olmuştur. Başka bir deyişle, "insan tarafından üretilen bilgi, yine insan tarafından anlaşılmak ve için kullanılmak üzere yaratılmıştır ve insan olmayanlar, insanlar tarafından üretilen bilgiyi doğrudan kullanmazlar" (Adams 3). Fakat bunun günümüze yaklaşan tarihlerde kaçınılmaz bir değişime tanıklık ettiğini söylemek mümkündür. CGI teknolojilerinin atağa geçtiği şu günlerde, makinelerin yükselişi oldukça dikkat çekicidir. Buna karşın kimileri Cope'u kalbi olmayan bir besteci olarak tanımlamaktadır. Çünkü O, konvansiyonel biçimde değil, "makineler" ile üretmektedir. Bu görüşü savunanlar, yapay zekâ ile üretilen bir bestenin, asla bir insan tarafından yapılan beste kadar başarılı ve duygu dolu olamayacağını da öne sürmektedir. Buna karşın, Emmy'nin besteleri, dinleyenler tarafından "yapay zekâ tarafından üretildiğini bilmeden gerçek birer Bach eseri gibi değerlendirmişlerdir" (Harari 338).

Cope daha sonra adını ilk geliştirdiği program olan Emmy'den ve kendi babasından alan yeni bir program geliştirir. "Emily Howell" adını alan bu program, 16. yüzyılın İtalyan saray müzisyeni Palestrina ile başlayan ve 21. yüzyılda David Cope ile biten 36 bestecinin eserlerini yakından anlamayı içeren kapsamlı bir hafızaya sahiptir. Cope, Emily'ye müzikal bir soru sorar ve Emily sonraki adımda ne olacağına kendi anlayışıyla yanıt verir. Emily Howell'in altı bölümden oluşan, iki piyanoyla çalınan ilk albümü *Karanlıktan Işık* (*From Darkness, Light* 2010) 2010 yılında piyasaya çıkar ve Emmy'nin aldığı olumsuz eleştirilerin benzerleri ile karşılaşır (Adams 5). Cope'un bir sonraki yapay zekâ programı Annie ise dış dünyanın seslerini de algılayabilen bir program olarak, özgün besteler üretir ve tıpkı bir insan gibi bir sonraki bestesi tahmin edilemezdir (Adams 6). Annie, geleneksel Japon Şiiri olarak bilinen, Haiku tarzı kısa şiirler de yazmaktadır. Cope bu şiirleri organik şairlerin şiirlerinin de yer aldığı *Gelir Ateşten Gece: İnsan ve Makineden 2000 Haiku* (*Comes The Fiery Night 2000 Haiku By Man And Machine* 2011) isimli bir şiir kitabı yayımlamıştır (Harari 339).

Modern üretim sürecinde geleceğin üretim araçlarının yaratıcıların hayal gücünü harekete geçirmesi ve uyarlarken yeni etkileşim olanakları sunması gerektiği düşüncesinden yola çıkan Sony "Bilgisayar Bilimi Laboratuvarları" ("Computer Science Laboratories" CSL), Tokyo ve Paris'te bulunan ve "Müzik ve Yapay Zekâ" ekibinin araştırma laboratuvarıdır. Yaratıcılığı artıran ve müzik oluşturma sürecine faydalı olan, Yapay Zekâ tabanlı yeni nesil müzik üretim araçları geliştirir. Araştırma ekibi, araştırmanın sanatçılara sunulan yeni fırsatlarla tutarlı olmasını sağlamak için Jean Michel Jarre, Niro ve Uèle Lamore, gibi sanatçılarla çalışmaktadır. Araştırmacılar, müzik stillerini öğrenen ve stil aktarımı, optimizasyon ve etkileşim tekniklerinin benzersiz kombinasyonlarından yararlanan bir sistem olan "Akış Makineleri"ni (Flow Machines) geliştirmişlerdir (Sony CSL Paris). SONY CSL'de çalışmalarını sürdüren araştırma ekibi, yapay zekâ tarafından bestelenen ilk şarkılarından olan "Babanın Arabası" ("Daddy's Car" 2014); Beatles tarzında ile Benoit Carré ve François Pachet tarafından, "akış makinaları" sistemi ile bestelenmiştir. Bu sistem ile üretilen bir diğer şarkı olan "Bay Gölge" ("Mister Shadow" 2016) ise, Irving Berlin, Duke Ellington, George Gershwin ve Cole Porter gibi Amerikalı şarkı yazarlarının tarzında bestelenmiştir. Fransız besteci Benoît Carré şarkının düzenlemesini ve yapımcılığını üstlenmiş, sözlerini yazmıştır. Bu iki beste, bir müzik araştırma projesinde geliştirilmiş ve Avrupa Araştırma Konseyi'nden fon almıştı (Sony CSL Paris).

Bir başka yapay zekâ tabanlı üretim platformu olan AIVA müzik çalışmalarında acemi veya deneyimli bir profesyonel olan bestecilere, yapıtlarını geliştirirken yardımcı olan bir program sunmaktadır. AIVA yapay zekâ tarafından oluşturulan müziği, geliştirdiği algoritmalar ile desteklemektedir. Jazz, Pop, Klasik, Rock ve Tango gibi temel müzik türlerinden tercih edilebilecek bir seçki oluşturulabileceği gibi, beste sürecini yönlendirebilmek için, var olan başka bir eserle benzer duygusal etkiye sahip orijinal bir kayıt oluşturmayı seçeneğini de sunmaktadır. AIVA'nın kurucusu Pierre Barreu (2018), TED konuşmasında "geliştirdikleri program üzerine teknolojinin insan yaratıcılığını destekleyen ilk üretim olmadığını ifade eder ve benzer bir tarihsel kökene atıfta bulunarak fotoğrafın bir sanat formu olarak icadından" bahseder. Makinenin "sanatçı olup olmadığı sorusunun sorulduğu dönemi" hatırlatır ve zamanında "fotoğrafçıyı ressamla karşılaştıran kapsamlı tartışmanın" altını çizer. Barreu'nun söylemi, teknolojinin insan yaratıcılığına sunduğu katkı bağlamında sorgulama olanağı sunar.

Yapay Zekâ Müzik teknolojilerini insan yaratıcılığı için bir geliştirme aracı olarak tanımlamak, Yapay Zekâ teknolojisinin insanın veya kullanıcının müzikal yaratıcılığını geliştirdiği, değerini ve/veya kalitesini artırdığı şeklinde yorumlamak mümkündür. "Birlikte yaratma teması, insan merkezli olmayan bakış açılarıyla Yapay Zekâ Müziği hakkında felsefi bir düzeyde nasıl düşünüleceğini tartışırken" ortaya çıkan bir görüştür (Yenidogan 6). Birlikte yaratma, tüm varoluş ağlarındaki karşılıklı bağımlılığın ve insan olmayanların edimlerinin önemine değinerek insan merkezli düşünceyi insandan fazlasını kapsayıcı bir yaşam biçimine aktarabilir. Yenidogan "Yapay Zekâ Müziği'nden bir ortak yaratım olarak bahsetmek, ancak insan merkezli görüşten ayrılmamızı ve etkileşimlerinde tüm varlıkları eşit derecede aktif olarak kabul etmemizi gerektiren insan dışı edimi tanımakla mümkündür" (6) der. Yapay Zekâ Müziği'nin birçok birlikte yaratma türünden biri olarak düşünülmesi, posthümanist "ontolojik temellere ve etik" sonuçlara dayandırılabilir (Yenidogan 7).

Posthüman duygusal yetiler ile deneyimlenebilecek daha fazla durum ve duygu vardır. Bostrom, "zaman içinde bilişsel işleyişimizin birçok yönündeki çeşitli artış veya azalmalara ilişkin farklı değerlendirme alışkanlıkları geliştirdiğini" ("Why I want to be a posthuman" 117) ifade eder. Kimi zaman bazı insanların belli konularda "daha yetenekli" ya da "beceri sahibi" ve "daha zeki" olarak tanımlandığını görmek mümkündür. Yetenekli olarak ifade edilen kişilerin, yetenekli olmadığı öne sürülenlere göre daha az çaba sarf ederek pek çok aşamayı hızla kat edebilecekleri düşünülür (Bostrom, "Why I want to be a posthuman" 117). Bu nedenle, başlangıçtan itibaren insanların göreceli bir ayrımla yapay bir sınıflandırma yaptıkları söylenebilir. Bu bağlamda kişilerin sahip oldukları beceri ve erişim imkânları ile sınıflandırılıyor olmasının, 16.yüzyıldan bu yana süregelen hümanist anlayışın hangi noktasında kendine yer bulduğu oldukça tartışmalıdır. Öte yandan, yalnızca yetenek ya da beceri ile ifade edilemeyecek, çeşitli bedensel engel ya da yetersizliğe sahip olan insanları, bu anlayışın nasıl gördüğü de sorulması gereken önemli sorulardan biridir.

Doğuştan gelen ya da sonradan çeşitli nedenlerle yitirilen fiziksel yetiler, teknolojik atılımlar ile bugün olduğu kadar gelişmeden önce de yitirilen işlevi karşılamak üzere, bir biçimde desteklenmeye çalışılmıştır. Sözgelimi, yürüme yetisini yitirmiş bireyler tahta bacaklar ile desteklenirken, ampüte edilmiş uzuvlar yerine işlevsel olmasa da estetik olarak yardımcı olabilecek aparatlar ile tamamlanmaya çalışılmıştır. Günümüzde ise, gerçeğinden neredeyse ayırt edilemeyecek bedensel protezler, farklı segmentlerde kullanılmaya başlanmıştır. Söz konusu performans gerektiren eylemler olduğunda ise, işitme görme ve hareket etmeyi kolaylaştıran ya da olası kılan teknolojik üretimler kullanılmaya başlanmıştır. Engelliliğin, posthüman durumun üretken olanaklarını yakaladığını söylemek mümkündür. Engellilik, posthüman teorisine politikleştirilmiş ve kritik bir yaklaşım getirir ve bireyi kendisi, ilişkileri ve politik yaklaşımları hakkında yeniden düşünmeye sevk eder. Posthüman açıdan engellilik çalışmaları, düşüncenin bugününü ve geleceğini yakalayarak ileri taşıma olanağı sunar. Ferrando'nun insan sürecinin ileri taşınması açısından aşağıda sunulan ifadesi, destekleyici bir görüş önerisi olarak düşünülebilir:

> [p]osthümanist bir perspektiften, post-hümanist, post-antroposentrik ve post-dualist bir bakış açısıyla varoluşu kucaklayarak "biz" artık post-insan olabiliriz. Daha da açıklığa kavuşturmak gerekirse, insanın yapısökümü hiçbir şekilde gerçek insanların yok edilmesini savunmaz, aksine insan türünün çoğul bir varlık olarak, başkalıkla, iç ve dış ilişkilerde tanınmasını savunur. Rosi Braidotti'nin dediği gibi: "Hepimiz bu işte birlikteyiz ama bir ve aynı değiliz." (2)

Bu kapsayıcı üretimlerin ilk örneklerinden biri belki de gelmiş geçmiş en heyecan verici bestecilerden biri olan Beethoven'ın zaman içinde çeşitli dış etkenler nedeniyle yitirdiği duyma yetisini yerine koymasa da duymasına destek sağlayan araç olarak ifade edebilecek olan yardımcı materyaller olabilir. 26 yaşından itibaren, Beethoven dalgalı ve ilerleyen bir işitme kaybı yaşamaya başlar. Önceleri sol kulağında başlayan kayıp, daha yüksek perdeli tonları ve sözcükleri işitememesi, kulak çınlaması ve ani ses yükselmeleriyle yaşadığı acılarla sürmeye devam eder. Ancak, işitme kaybına rağmen, Beethoven müziğe olan sevgisini asla kaybetmez ve zaman zaman yeni geliştirilmekte olan bazı akustik işitme cihazlarını kullanarak beste yapmaya devam eder. Johan Nepomuk Maelzel ve piyano yapımcısı Conrad Graf'ın ürettiği kulak trompetlerini ve rezonans plakası, Beethoven'ın işitmesini iyileştirmek amacıyla kullanılan materyallerdir (Perciaccante vd. 1305-1308). Bu da Beethoven'ı siborg bir besteci olarak posthüman müzik eylemini gerçekleştirmesine olanak sağlamıştır.

İnsanların, kimi zaman tedavi, kimi zaman da performans iyileştirmeyi sağlayabilmek için binlerce yıldır yaşadıkları dönemde gelişen teknolojik imkânları kullandıklarını söylemek mümkündür. Teknolojideki hızlı atılımlar, doğuştan gelen ya da farklı nedenlerle sonradan gelişen anomalilerin yaratacağı sorunları geri planda bırakabilmek için pek çok insanın başvurduğu bir alan yaratmaktadır. Tam renk körlüğü; akromatopsi adlı nadir görülen bir hastalıkla dünyaya gelen Neil Harbisson, hastalığı nedeniyle dünyayı gri ve tonlarında gören sanatçı da bu insanlardan biridir. Harbisson, 21 yaşından beri renkleri "görmek yerine onları duyabilmektedir" (Donahue 2021). 2003 yılında bilgisayar uzmanı Adam

Montandon, Peter Kese ve Matias Lizana ile yaptığı iş birliği sonucunda renkleri duymasını sağlayan bir "elektronik göz" ("The eyeborg") kullanmaya başlamıştır. Renk frekansını saptayan bir renk sensörü, bu frekansları kafasının arkasına yerleştirilmiş bir çipe göndererek karşılaştığı rengi duyabilmektedir. Renkleri duyarak algılamaya başlamasıyla beraber, günlük yaşamında giyim tarzından yemeklere kadar pek çok gündelik olguyu, müzik terimleri ve müzikal üretimlerle tanımlamaya başlamıştır. Söz gelimi mutlu bir günde "do majör" renginde giyinmeyi tercih ederken, hüzünlü zamanlarda "minör" renklerde giyinmeye başlar. Bir restoranda sipariş ettiği yemeği sergileme şekline bağlı olarak duyan Harbisson, sipariş ettiği yemekle yeni besteler oluşturur (Harbisson 2012). Lady Gaga'dan Rachmaninov' a geniş bir skalada tabaklar hayal eder ve bunları pek çok farklı yiyecek ile de ilişkilendirir. Bu ilişkilendirmeler ile müzik ve insanların seslerini resmetmeye başlar. Sözgelimi Mozart'ın "Sihirli Flüt" ("The Magic Flute" 1791) eserinde yer alan "Gece Kraliçesi" ("Queen of the Night" 1791) farklı ve çeşitli frekansların yer aldığı eseri, sarı ağırlıklı tonların yer aldığı biçimde ve oldukça renkli şekilde resmeder. Benzer şekilde güncel müzik sanatçılarından Justin Bieber'ın "Bebek" ("Baby" 2010) isimli popüler şarkıyı da pembe ve sarı ağırlıkta renklerle tanımlar. Başlarda sekiz renk duyan sanatçı, "360 farklı frekansı duyabilmeye tanımlayabilmeye yaklaştığını" ifade etmektedir (Harbisson 2012[6]).

Dünyanın ilk robotik kola sahip davulcusu olan Jason Barnes[7], gitar, bas gitar ve en sonunda perküsyona merak salan genç bir müzisyendir. Metal, Reggae ve Blues gibi çeşitli müzik türlerini deneyimler ve pek çok müzik grubuyla çalar. 22 yaşındayken, elektrik çarpması sonucu sağ elinin kesilmesine yol açan talihsiz bir iş kazası geçirir. Ertesi yıl Jason iyileşmeye ve bir müzisyen olarak hayatını geri kazanmaya odaklanır ve özellikle davul çalabilmek için kendi protezini geliştirir. Birkaç aylık deneme yanılma sürecinden sonra, Atlanta Müzik ve Medya Enstitüsü'nün Davul ve Perküsyon programında eğitim almaya başlar. Burada kaldığı süre içerisinde daha gelişmiş bir protez tasarlar ve hocası Eric Sanders aracılığıyla Georgia Tech'de müzik teknolojisi profesörü olan Gil Weinberg ile tanışır. Weinberg ve Barnes, yeni bir robotik davul protezi geliştirmeye çalışır ve işlevlerini yerine getiren bir prototip geliştirir. İlk versiyon Barnes'a sadece duygu ve tekniğin bir kısmını geri vermekle kalmaz, aynı zamanda hız konusunda dünya rekorları da kırar. Bu prototipin başarısının ardından piyano çalmak için bireysel parmak kontrolüne izin veren ultrason tabanlı protez gibi başka projeler de geliştirirler. Yapay Zekâ, Derin Öğrenme, Protez ve Müzik Teorisi arasındaki bağlantıyı keşfetmek üzere çalışmalarını sürdüren Barnes, ayrıca filmlerde ve reklamlarda rol alan bir aktör ve başarılı bir müzik yapımcısı olarak üretimlerini gerçekleştirmeye devam etmektedir (Barnes, "Musician Plays the Piano" 00.35:00.17; Barnes, "Meet the World"'s First Bionic Drummer" 01.06: 07.05;

---

[6] Sanatçıya ait bir görsel tabloyu görmek için, https://ideas.ted.com/the-sound-of-color-neil-harbissons-talk-visualized/ linki incelenebilir.
[7] Guam'da dünyaya gelmiştir ve çocukluğu, dünyanın farklı ülkelerinde geçmiştir. Guam'dan Seattle'a ve Seattle'dan Honduras'a, ardından 2000 yılında ABD'ye geri dönen Jason ve ailesi, şu anda ikamet ettiği Atlanta, Georgia'ya yerleşmiştir. Genç yaştan itibaren müzikle ilgilenen Barnes'ın babası Michael Barnes da 1970'ler boyunca Avustralya'da tanınmış bir müzisyendir ve müzikle ilgilenmesi için kendisine ilham veren kişidir.

Ackerman 2021; Liu 2021; Williams 2021[8]).

İşitmeyi koruyan teknoloji veya cerrahi yaklaşım olan ve temelde konuşmaları algılamayı sağlamak üzere geliştirilen Koklear İmplant teknolojisi, daha iyi müzik algısı sağlamayı da kolaylaştırmayı hedefleyen amacıyla son yıllarda dikkat çekmektedir (Gfeller vd., "The effects of musical and linguistic components" 68-101; Gfeller vd., "Adult cochlear implant recipients' perspectives" 1-19). Müzik aletleri genellikle Kİ (Koklear İmplant) teknolojisi tarafından iletilen perdelerden daha yüksek veya daha düşük sesler çalar. Kİ teknolojisi, sözlü ve müzikal sesleri işler ve basitleştirir. Kİ kullanıcıları, müzikte yer alan tartım ve ritim gibi zamansal öğeler konusunda normal işiten kişiler kadar hassastır. Buna rağmen Kİ kullanıcıları, melodileri tanımada veya armonileri anlamada normal işiten kişilere göre daha az doğru olma eğilimindedir. Perdelerdeki küçük değişiklikleri duymak özellikle zordur. Aynı şekilde müzik aletlerini ton kalitesine göre tanımada, normal işiten kişilere göre genellikle daha az doğrudur. Bu nedenle, kapsamlı eğitim ve zaman içinde çok sayıda odaklanmış uygulama ile adım algısını geliştirir. Tını tanıma, eğitimle gelişebilir ve bazı tınılar, Kİ aracılığıyla diğerlerinden daha iyi performans sağlanmasına olanak tanıyabilir. İşitme kaybından önce tanıdık olan şarkılarla implantasyondan sonra müzik yolculuğuna başlama önerilmektedir. Şarkıları defalarca dinlemek, yavaş yavaş aşınalığı artırabilir. Gelen sinyal değişmez, ancak beyin gelen sesi daha etkili kullanmayı "öğrenir." Bu da "nöroplastisite" (Neuroplasticity) olarak adlandırılır (Looi vd. 307–334; Lim ve Roy 2014; Gfeller vd., "The effects of musical and linguistic components" 68-101; Gfeller vd., "Adult cochlear implant recipients' perspectives" 1-19). Cozolino, nöroplastisiteyi geliştirmek için duygusal ve bilişsel becerilerin işe koşulmasının, kendi eylemlerini kontrol etme ve yönetme becerisiyle, olumlu bir benlik algısı geliştirilmesinin sağlandığını ifade etmektedir (2-33).

Sözü edilen nöroplastisite temelli öğrenmeye örnek gösterilebilecek sanatçılardan biri olan Elizabeth Elliott yirmi bir yaşında işitme duyusunu kaybetmeye başlamış, yirmi beş yaşında ise tamamen yitirmiştir. On yaşında keman ve piyano derslerine başlayan Elliott, Londra'daki Guildhall Müzik ve Drama Okulu'nda keman ve piyano eğitimi almaya devam eden profesyonel bir müzisyendir. Mezun olduğunda hafif düzeyde olan işitme kaybı, zorluk yaratmaya başlar. Kariyerine serbest kemancı ve keman öğretmeni olarak devam eder ve Londra'da tam zamanlı müzisyen olarak çalışır. Yirmi beş yaşına geldiğinde ne senfoni orkestrasını ne de radyo ve televizyonu düzgün duyamayan Elliott, konser sırasında artık hiç duyamadığını fark eder ve kariyerinin sonuna geldiğini düşünür. 2007'de Galler Üniversite Hastanesinde bir Koklear İmplant operasyonu geçirir. Oldukça aşamalı ve yavaş ilerleyen duyma sürecinin ardından, yeniden piyano çalmaya başlar. Elliott'a Koklear operasyonunun gerçekleştiği hastanede piyano çalmaya gittiği bir günde Varşova'da düzenlenen "The Beats of Cochlea" Uluslararası Müzik Festivali'nde yarışması ve Chopin'in eserlerinden birini çalması önerilir (MedEl

---

[8] Sanatçının performansı sırasında çekilmiş bir fotoğrafını görmek için, https://spectrum.ieee.org/cyborg-drumming-arm-seeks-kickstarter-help-to-escape-the-lab linki incelenebilir.

2019[9]).

Her yıl, "The Beats of Cochlea" Uluslararası Müzik Festivali'nde dünyanın her yerinden yetenekli müzisyenleri Polonya'nın Varşova kentinde müzik yapmak için bir araya gelmeye devam etmektedir. Birçok farklı enstrüman ve müzik stilinde çalan müzisyenleri, birleştiren en önemli ortak nokta, müzik yapmak için hepsinin bir koklear implant veya başka bir işitme implantı kullanıyor olması olarak dikkat çekmektedir. Elliott, dünyanın farklı yerlerinden gelen ve aynı müzik tutkusunu paylaşan diğer müzik katılımcıları ile bir araya gelir. Son yıllarda ise Cowbridge Müzik Festivali'nin düzenlenmesine yardımcı olan sanatçı, koklear implantının kendi yaşamında yarattığı değişimleri benzer durumda olan insanlarla paylaşmaya devam etmektedir (Med-El).

Siebers'ın belirttiği gibi, "engellilerin her zaman siborg olması basit bir durum değildir" (737-754). Bundan da öte, "engellilik her zaman eksiklik olarak değil, siborgun sınırlı figürasyonunun çok ötesinde bir post-insanlık" (Reeve 91-111) olarak kabul edilmeyi bekler. Sonuç olarak, eleştirel engellilik çalışmaları bilim insanları, gen terapileri, doğum öncesi müdahaleler ve normalleştirici cerrahi biçimleri gibi biyo-tekno-insan geliştirmeyi düşündüğümüzde ortaya çıkan daha geniş etik tartışmalarla ilgilenmeyi sürdürmektedir.

Fiziksel sağlık sorunları gibi insanların yaşadığı önemli başka sorunlar da psikolojik ve ruhsal sağlık sorunları olarak karşımıza çıkar. Psikolojik sorunlar görünürde çoğu zaman bir yansıma bırakmadığı için, genellikle geç tespit edilmekte ve daha büyük sorunlara neden olmaktadır. Kişinin başta kendisi olmak üzere başkalarına fiziksel ya da psikolojik zarar vermesi, hatta kimi zaman kendi yaşamına son vermesi ile sonuçlandığı görülmektedir. Bu gibi sorunların önüne geçmek üzere yapay zekâ ile psikolojik sorunların önceden belirlenebilmesi amacıyla, Kurt Cobain'in intihar ederek ölümünün trajedisine ve yaşayan müzisyenlerin depreşyonda nasıl yardım alabileceğine dikkat çekmek üzere geliştirilen bir yazılım, psikolojik sorunların önceden tespit edilip edilmeyeceğine yönelik bir girişim olarak son zamanlarda dikkat çekmektedir (Grow 2021). Sean O'Connor "Ya sevdiğimiz tüm bu müzisyenlerin ruh sağlığı desteği olsaydı? Müzik endüstrisinde depresyon bir şekilde normalleştirildi ve romantikleştirildi [...] Müzikleri gerçek bir acı olarak görülüyor" derken, yapay zekâ ile efsaneleşmiş müzisyenle stilinde besteler yapmanın ötesinde, bireylerin ruh haline ve psikolojik dayanıklılığına ilişkin yapılandırılan projenin önemini bir kere daha belirtmektedir (Grow 2021).

27'ler Kulübünün Kayıp Kaydı (*Lost Tapes of the 27 Club*) isimli albüm, makineler tarafından yazılan ve çoğunlukla makineler tarafından icra edilen şarkıların yer aldığı ve 27 yaşında hayatını kaybeden Kurt Cobain, Jimi Hendrix, Jim Morrison, The Doors ve Amy Winehouse gibi müzisyenlerden esintiler taşıyan bir başka yapay zekâ albümü olarak hazırlanmıştır. Her parça, her sanatçının 30 kadar şarkısını analiz eden ve parçaların vokal melodilerini, akor değişikliklerini, kalıplaşmış temalarını ve sololarını, davul kalıplarını ve şarkı sözlerini ayrıntılı olarak

---

[9] Sanatçının performansı sırasında çekilmiş bir fotoğrafını görmek için, https://blog.medel.com/a-pianist-and-her-med-el-cochlear-implant-elizabeths-story/ linki incelenebilir.

inceleyen ve yeni bestelerinin neye benzeyeceğini tahmin etmek için Yapay Zekâ programlarının sonucudur. Proje, müzik endüstrisinin zihinsel hastalıklarla mücadele eden üyelerine yardımcı olan Toronto'lu bir kuruluş olan "Over the Bridge"'in eseridir. Sean O'Connor ve ekibi, bu projeyi gerçekleştirmek için Google'ın eserleri analiz ederek belirli sanatçıların tarzında beste yapmayı öğrenen yapay zekâ programı Magenta'yı kullanmıştır (Grow 2021).

"Magenta", gerçekleştirilen proje için sanatçıların şarkılarını MIDI dosyaları olarak analiz etmiştir. Bilgisayar incelenen her sanatçının "nota seçimlerini, ritmik özelliklerini ve MIDI dosyasındaki uyum tercihlerini inceledikten sonra, en iyi anları seçmek için inceleyebileceği yeni müzikler" yaratmıştır. O'Connor ve ekibi, yapay sinir ağı adı verilen genel bir yapay zekâ programı kullanarak şarkı sözleri için benzer bir süreç kullanmıştır. Program "sanatçının eserini tamamlamak için şarkı sözlerini ve tonunu tahmin" edebilmektedir. "Magenta" isimli program, Cobain'in şarkı yazısını tahmin etmek için yapay zekâ yazılımını kullanarak "yeni" bir Nirvana şarkısı yaratmıştır. Kalıplaşmış melodi tekrarlarının yanı sıra, şarkı sözlerinin de "Cobain-vari nitelikler taşıdığı" görülmektedir (Grow 2021).

Bu ortaklaşa üretimler, konvansiyonel çalışmalar ve alışkanlıklar için bir son değil, yeni olanaklara ve olasılıklara açılan bir yol olarak düşünülmelidir. Bu sayede geleneksel bağlar ile kurulan köprüler, yeni açılımlar ile gelecek üretimler çağın ve sınırsız olabilmenin ihtimallerini geliştirmeye devam edebilir.

Sonuç

Entelektüel, sosyal-duygusal, motor, dil ve genel okuryazarlık dâhil olmak üzere, bireylerin gelişimlerini destekleyen müzik ve posthüman ilişkisini önceleyen çalışmaların, beyin ve beden koordinasyonunun etkili bir biçimde işe koşulduğu bir denkleme işaret ettiğini söylemek mümkündür. İnsan bedenini eylem alanlarında, posthüman olanaklarla tam motor potansiyelinde kullanmak, eşsiz bir imkân sunar. Sözgelimi, öğrenmenin nasıl meydana geldiğini araştırırken, bireylerin müziği nasıl öğrendiklerini incelemek ve katılımcıların birlikte hareket etmelerini sağlamak gibi tüm beden hareketlerini içeren eylemlere ve doğal etkileşimlere katılması sağlanabilir. Bilişsel becerileri güçlendirmeyi, farklı kültürlerle birliktelik sağlamayı, dil engelinin olmadığı ortak bir yapıda buluşmayı, farklı kültür ve yapıları duygudaşlık kurarak anlamayı sağlayan müzik ve posthüman anlayış; insanın daha yaratıcı, öz farkındalık sahibi ve işbirlikçi küresel vatandaş olunmasına fırsat sunan bir temel bileşen olarak düşünülmelidir.

Yapay zekâ, siborglar ve doğanın katılımıyla gerçekleşen karmaşık çok kaynaklı altyapı, bir insan sanatçının dahil olduğu yeni bir topluluk oluşturmaktadır. Bu toplulukta ortaya çıkan yaratıcı etkileşimleri açıklamak için birlikte yaratma terimini kullanmak, doğanın nesnelleştirilmediği ve varoluşun tüm varlıklar arasında bir uzlaşma olduğu bir geleceğe yol açabilecek posthüman anlayışı destekler niteliktedir.

Önceki yüzyıllardan farklı olarak, bugünün sanat üretimleri çoğunlukla homojenlik içermez. Bu değişim, çok sayıda ve farklı sanatsal dile yol açmıştır. Performans sanatı, posthümanizmin en yaygın olarak kendini gösterme eğiliminde olduğu tür olarak düşünülebilir. Sanatçının kendi formunu bir ifade aracı olarak kullanması ile çoğu kişiden daha güçlü bir iletişim yöntemi sunmaktadır. Müzik de hem kendi içinde, hem performans sanatında üretilen çalışmalarda kendine sınırları olmayan, türler ötesi bir yer bulmuştur.

Bilim, teknoloji ve sanat arasında yer alan posthümanizm, hem teoride hem de sanatsal uygulama bağlamında disiplinlerarasıdır. İnsan doğasının durağan olmaktan uzak olduğunu hem bir ifade aracı hem de bir anlama yolu olarak sürekli geliştiğini kabul eder. Öte yandan, artan bilimsel ve teknolojik yeteneklerle, tür olarak insanın evrendeki merkeziliğinin kaybolduğunu söylemek mümkündür. Keşiflerden ortaya çıkanlar ise, geçmiş ve gelecekle ilgili bu anlatılar da sanat aracılığıyla ortaya çıkmaya ve sanat tarafından yansıtılmaya devam edilmektedir.

CGI teknolojisinin kullanımının geldiği nokta, yıllar önce yaşamını yitiren bir oyuncunun, yeniden perde önünde yer almasıyla kalmayıp, sesinin de birebir yeniden üretimini olanaklı kılmaktadır. Öyleyse, farklı türlerin birlikteliği ile geçmişten bugüne yeni sanatsal üretimler de mümkündür. Bu yeni olasılıkların keşfi, kökleri Fluxus'a dayanan o akıcılığı, sınırları reddeden kesin yargıları uzaklaştıran ve posthüman üretim olanaklarını kucaklayan bir anlayışla okunmalıdır.

Kaynakça

Ackerman, Evan. "Drummer with Cyborg Arm Wants to Take It on Tour." *IEEE Spectrum*, 24 Haziran 2021, spectrum.ieee.org/cyborg-drumming-arm-seeks-kickstarter-help-to-escape-the-lab.

Adams, Tim. "David Cope: 'You Pushed the Button and out Came Hundreds and Thousand of Sonatas'." *The Guardian*, News and Media, 10 Temmuz 2010, 1-6. www.theguardian.com/technology/2010/jul/11/david-cope-computer-composer.

Barnes, Jason. "Musician Plays the Piano with a Prosthetic Hand." *YouTube*, 9 Mart 2018, www.youtube.com/watch?v=b4q_jbnOPa4.

---."Meet the World's First Bionic Drummer." *YouTube*, YouTube, 20 Aralık 2018, www.youtube.com/watch?v=GKW7cg45EwY.

Barreau, Pierre. "How Ai Could Compose a Personalized Soundtrack to Your Life." *TED*, 2018, www.ted.com/talks/pierre_barreau_how_ai_could_compose_a_personalized_soundtrack_to_your_life.

Birnbacher, Dieter. "Posthumanity, Transhumanism and Human Nature". Gordijn B., Chadwick R. Ed. *Medical Enhancement and Posthumanity. The International Library of Ethics, Law, and Technology*, cilt 2, Springer, Dordrecht, 2008, ss. 95-106. https://doi.org/10.1007/978-1-4020-8852-0_7

Bostrom, Nick. Why I want to be a posthuman when I grow up." *Medical enhancement and posthumanity*. Springer, Dordrecht, 2008, ss. 107-136.

Braidotti, Rosi. "Posthuman, All Too Human". *Theory, Culture & Society*, sayı 23, 2006, ss. 197- 208.

Bronfenbrenner, Urie. *The ecology of human development: Experiments by nature and design*. Harvard University Press, 1979.

Bosler, Cayte. "Save the Whales (Again)." *Pioneer Works | 159 Pioneer Street, Red Hook, Brooklyn*, 10 Mayıs 2020, https://pioneerworks.org/broadcast/whale-migration.

Buran, Sümeyra. "Edebiyat ve Posthümanizm." *Edebiyatta Posthümanizm*, ed. Sümeyra Buran, Transnational Press London, 2020, ss. 19-36.

Cozolino, Louis. *The Social Neuroscience of Education: Optimizing Attachment and Learning in the*

Classroom (The Norton Series on the Social Neuroscience of Education). WW Norton & Company, 2013.

Dingfelder, Sadie. "This Cellist Has Composed Music for Cats. Do They Care?" *The Washington Post*, WP Company, 15 Ekim 2015, https://www.washingtonpost.com/lifestyle/ magazine/this-cellist-has-composed-music-for-cats-do-they-care/2015/10/14/aca770e8-61ff-11e5-8e9e-dce8a2a2a679_story.html.

Donahue, Michelle Z. "How a Color-Blind Artist Became the World's First Cyborg." *Science*, National Geographic, 3 Mayıs 2021, www.nationalgeographic.com/science/article/worlds-first-cyborg-human-evolution-science.

Doolittle, Emily ve Gingras, Bruno. "Zoomusicology. Current Biology." 2015, cilt 25, no 19, R819. doi:10.1016/j.cub.2015.06.039

Feld, Steven. *Music grooves: Essays and dialogues*. University of Chicago Press, 1994.

Ferrando, Francesca. "Leveling the Posthuman Playing Field." *Theology and Science*, cilt 18, no 1, 2020, ss. 1-6.

Gagliano, Monica ve diğerleri. "Acoustic and magnetic communication in plants: is it possible?." *Plant signaling & behavior*, cilt 7, no 10, 2012, ss. 1346-1348.

---. "Towards understanding plant bioacoustics." *Trends in plant science*, cilt 17, no 6, 2012, ss. 323-325.

Gallagher, Michael ve diğerleri. "Listening geographies: Landscape, affect and geotechnologies." *Progress in Human Geography*, cilt 41, no 5, 2017, ss. 618-637.

Gfeller, Kate ve diğerleri (Driscoll, V., Schwalje, A). "The effects of musical and linguistic components in recognition of real-world musical excerpts by cochlear implant recipients and normal-hearing adults." *Journal of Music Therapy*, cilt 49, no 1, 2012, ss. 68-101.

---. "Adult cochlear implant recipients' perspectives on experiences with music in everyday life: a multifaceted and dynamic phenomenon." *Frontiers in neuroscience*, cilt 13, 2019, ss. 1-20.

Grow, Kory. "In Computero: Hear How AI Software Wrote a 'New' Nirvana Song." *Rolling Stone*, 5 Nisan 2021, https://www.rollingstone.com/music/music-features/nirvana-kurt-cobain-ai-song-1146444/.

Hall, Geoffrey. "Watson: The thinking man's behaviourist." *British Journal of Psychology*, cilt 100, 2009, ss. 185-187.

Haraway, Donna. "A cyborg manifesto: Science, technology, and socialist-feminism in the late 20th century." *The international handbook of virtual learning environments*. Springer, Dordrecht, 2006, ss. 117-158.

Harari, Yuval Noah. *Homo Deus: Yarının Kısa Bir Tarihi*. Çev. Poyzan Nur Taneli. *Kolektif Kitap* 3, 2016.

Harbisson, Neil. "I Listen to Color." 20 Temmuz 2012. https://www.youtube.com/watch?v= yg RN oieAnzI.

Helmreich, Stefan. "Underwater music: tuning composition to the sounds of science." 2011.

Hermes, Will. "The Story of '4'33'." NPR, NPR, 8 May 2000, www.npr.org/2000/05/08/1073885/4-33.

Kaufman, James C. "Counting the muses: development of the Kaufman domains of creativity scale (K-DOCS)." *Psychology of Aesthetics, Creativity, and the Arts*, cilt 6, no 4, 2012, ss. 298-305.

Keightley, Keir. "Music for Middlebrows: defining the easy listening era, 1946-1966." *American Music*, 2008, ss. 309-335.

Langley, Liz. "Listen: Why Scientists Have Created Music Just for Cats." *Animals, National Geographic*, 4 Mayıs 2021, https://www.nationalgeographic.com/animals/article/150313-animals-music-cats-tamarins-psychology-science.

Limb, Charles J. ve Alexis T. Roy. "Technological, biological, and acoustical constraints to music perception in cochlear implant users." *Hearing research*, cilt 308, 2014, ss. 13-26.

Lippard, Lucy R. "Dadas on art: Tzara, Arp, Duchamp and others." Courier Corporation, 2007.

Liu, KR. "The Beat Goes on: Using Ai to Build a Drumming Prosthetic." *Google*, Google, 20 Mayıs 2021, blog.google/outreach-initiatives/accessibility/ai-drumming-prosthesis/.

Looi, Valerie ve diğerleri. "Music appreciation and training for cochlear implant recipients: a review." *Seminars in hearing*, cilt 33, no 04, Thieme Medical Publishers, 2012, ss. 307-334.

Med-El. "A Pianist with a Cochlear Implant: Elizabeth's Story." *The MED-EL Blog*, The MED -EL Blog, 3 Sept. 2019, blog.medel.com/a-pianist-and-her-med-el-cochlear-implant-elizabeths-story/.

Miller, Arthur I. *The artist in the machine: The world of AI-powered creativity*. MIT Press, 2019.

Muscutt, Keith ve David Cope. "Composing with Algorithms: An Interview with David Cope." *Computer Music Journal*, cilt 31, no 3, The MIT Press, 2007, ss. 10–22, http://www.jstor.org/stable/40072590.

Offert, Fabian. "The Past, Present, and Future of AI Art," *The Gradient*, 2019, ss. 1-25.

Payne, Roger S. ve Scott McVay. "Songs of humpback whales." *Science*, 173.3997, 1971, ss. 585-597.

Pepperell, Robert. "The posthuman manifesto." *Kritikos* 2, 2005, ss. 1-15.

Perciaccante, Antonio, ve diğerleri. "Beethoven: his hearing loss and his hearing aids." *Otology & neurotology*, cilt 41, no 9, 2020, ss. 1305-1308.

Reeve, Donna. "Cyborgs, cripples and iCrip: Reflections on the contribution of Haraway to disability studies." *Disability and social theory*. Palgrave Macmillan, 2012, ss. 91-111.

Ritts, Max. "Environmentalists abide: listening to whale music–1965–1985." *Environment and Planning D: Society and Space*, cilt 35, no 6, 2017, ss. 1096-1114.

Roden, David. *Posthuman life: Philosophy at the edge of the human*. Routledge, 2014.

Siebers, Tobin. "Disability in theory: From social constructionism to the new realism of the body." *American literary history*, cilt 13, no 4, 2001, ss. 737-754.

Shank, Barry. *The political force of musical beauty*. Duke University Press, 2014.

Shields, Jesslyn. "Do Plants Make Music?" *HowStuffWorks Science*, HowStuffWorks, 17 Aralık 2020, https://science.howstuffworks.com/life/botany/do-plants-make-music.htm.

SonyCSLParis. *Daddy's Car: A Song Composed with Artificial Intelligence - in the Style of the Beatles*, YouTube, 19 Eylül 2016, www.youtube.com/watch?v=LSHZ_b05W7o.

---. *Mr Shadow: A Song Composed with Artificial Intelligence*, YouTube, 19 Eylül 2016, www.youtube.com/watch?v=lcGYEXJqun8.

The Guardian. "Banksy Auction Stunt Leaves Art World in Shreds." *The Guardian*, Guardian News, and Media, 6 Ekim 2018, www.theguardian.com/artanddesign/2018/oct/06/banksy-sothebys-auction-prank-leaves-art-world-in-shreds-girl-with-balloon.

Tompkins, Peter ve Christopher Bird. *The secret life of plants*. No. QK50. T65I 1973. Penguin books, 1974.

Turner, Fred. *From Counterculture to Cyberculture*. University of Chicago Press, 2006.

Vitale, Simone. "Music of the Plants and Inter-Species Communication." *The Sound of Golden Light*, 19 Agustos 2021, http://soundofgoldenlight.com/music-of-the-plants/

Walters, Helen. "The Sound of Color: Neil Harbisson's Talk Visualized." Ideas.ted.com, 11 Temmuz 2013, ideas.ted.com/the-sound-of-color-neil-harbissons-talk-visualized/.

Weagel, Deborah ve John Cage. "Silence In John Cage And Samuel Beckett: 4'33" and" Waiting for Godot." *Samuel Beckett Today/Aujourd'hui*, 2002, ss. 249-262.

Whitehead, Hal ve Luke Rendell. *The cultural lives of whales and dolphins*. University of Chicago Press, 2021.

Williams, Stuart. "Prosthesis Powered by Google's Tensorflow AI Allows Amputee Drummer to Play Again." *MusicRadar*, 21 Mayıs 2021, www.musicradar.com/news/prosthesis-powered-by-googles-tensorflow-ai-allows-amputee-drummer-to-play-again.

Yenidogan, Buket. "How to Talk About AI Art and Music: An Onto-ethico-epistemological Debate Between Transhumanism and Posthumanism." *Proceedings of the 2nd Joint Conference on AI Music Creativity*, 2021.

BÖLÜM 17

POSTHÜMANİST EKOELEŞTİRİ VE COVİD-19:

İNSANMERKEZCİLİK SONRASI DOĞAYA BAKIŞ

Erden El

Giriş

2019 senesinin sonu ve 2020 senesinin başı dünya tarihine Covid-19 salgınının ortaya çıktığı zaman olarak geçmeye adaydır. Covid-19 salgınının patlak vermesinden önce insanlığın çok ilerlemiş olduğu ve bu tip ölümcül salgınların bir daha olmayacağı düşünülüyordu. Salgın hastalıklar geçmişte kalmış ve tıp biliminin ilerlemesiyle tarihe karışmış fenomenler olarak değerlendiren anlayışlar da mevcuttu. Eskiden cüzzam hastalarının nasıl tecrit edildiğini eleştiren, bugün BCG aşısı sayesinde artık sorun olmaktan çıkan verem hastalığından, İspanyol gribi ve veba salgınlarından bahseden söylemler oldukça yaygındır. Fakat unutulmamalıdır ki bilimsel gelişmelere rağmen Covid-19 salgını insanlık tarihinin şu ana kadarki en büyük pandemilerinden biridir. Bu gerçek, insanlığı doğa ve onun insan dışı varlıklarla olan ilişkisini sorgulamaya teşvik eder. İnsan dışı bir varlık olan Corona virüsünün insan vücudunda ölüme kadar varabilecek tahribatlara yol açması insan bedeninin kırılgan bir yapıya sahip olduğunu ve diğer varlıklarla arasında hiyerarşik olmayan bir bağlantı olduğunu göstermektedir. Bu araştırmanın savı, doğa ile insan ve insan dışı varlıkların aralarındaki ilişkilerin yeniden düzenlenmesi/gözden geçirilmesi gerektiğidir. Edebi eserlerde doğanın nasıl yer bulduğunu araştıran ekoeleştiri ve ona posthümanist bir yorum getiren posthümanist ekoeleştiri bu görevi ayrı ayrı veya birlikte üstlenmektedir. Elbette 1978'den beri kavram olarak ekoeleştiri bilim dünyasında yer almaktadır ve son dönemde yapılan posthümanist ekoeleştiri tanımı ile birlikte bu iki kuramsal çerçeve göz önünde bulundurularak bu bölümde, posthümanist ekoeleştirinin Covid-19 ile bağlantısı kurulmaya çalışılacaktır. Bunu yaparken de insan ve insan dışı varlıklar arasındaki karşılıklı ilişkiyi irdelemek amaçlanır.

Eğer Covid-19 Pandemisinin muhtemel çıkış nedenlerinden birinin de Çin Halk Cumhuriyeti'nin Wuhan kentinde bulunan balık pazarında hayvanların katledilmesi ve doğal ortamda bir araya gelmesi mümkün olmayan hayvanların atık ve kanlarının bir araya gelip virüsün güçlenip insanlara geçecek duruma gelmiş olduğu tezi olduğu düşünülürse,[1] hayvan hakları ihlallerinin ve türcülüğün insan sağlığını da bozucu etkiye sahip olduğu sonucuna varılabilir. Pandeminin başlan-

---

[1] Covid-19 Pandemisinin 1) doğal yollarla 2) yukarıda bahsedilen olasılıkla 3) laboratuvar kaçağı ile gerçekleştiği tezleri.

gıcında o dönemin Amerikan Başkanı Donald Trump[2] Çin Halk Cumhuriyeti'ne karşı suçlayıcı bir nefret söylemi geliştirmiştir. Oysa ki bu pandemiden bir ulusu sorumlu tutmak ırkçı bir tutumdur. Irkçılık ve türcülük antidemokratik tutumlar olup posthümanizm ile bağdaşmaz. Bu pandemiden çıkarılması gereken ders insan ve doğa karşıtlığının terk edilip insanmerkezci anlayışlardan sıyrılmanın ve insan dışı varlıkları da kapsayıcı bir tutum geliştirmenin gerektiğidir. Covid-19 Pandemisi kolektif bir sorundur ve kolektif sorunlar kolektif çözümler gerektirir. Covid sonrası dönemde insanlığın ihtiyacı olan kolektif çözüm ise insan dışı varlıkları hesaba katan politikalar geliştirmek olmalıdır.

İnsan ve insan dışı varlıkların etkileşimini kabul edip insan dışı varlıkları hesaba katan yeni politikaların geliştirilmesine örnek olarak toksik yükün, hayvan sağlığının, karbon ayak izinin hesaba katılarak çevre ve sağlık politikalarının geliştirilmesi gösterilebilir. Herhangi bir yerleşim yerinde açılacak bir fabrikanın yakınındaki insanlara zarar verip vermeyeceğini araştırırken aynı zamanda kuşların göç yolunda olup olmadığı, başka bir canlı türüne, toprağa veya yeraltı sularına zarar verip vermeyeceği de araştırılmalıdır. Ağaçların ekosisteme olan faydasını ve oksijen üreterek iklim değişikliğini azaltıcı etkisini gözeterek kağıt kullanımını asgari düzeye indirmek ve kullanmak kaçınılmaz olduğunda da geri dönüştürülmüş kağıdın kullanılmasını desteklemek hem diğer canlılar hem insan hem de ekosistem için faydalı olabilir. Okullarda ve işyerlerinde geri dönüşümün yaygınlaştırılması ve geri dönüştürülmüş ürünlerin teşvik edilmesi gibi doğa dostu anlayışlar halk sağlığı ve doğal denge için faydalı olabilir. Çağımızın en büyük sorunlarından biri olan iklim değişikliğine sebep olacak uygulamalardan kaçınmak Covid sonrası dönemde izlenecek politikaların temel prensibi olursa insan ve insan dışı varlıkların sağlığı için olumlu bir adım olabilecektir.

Covid-19 pandemisinin posthümanist ekolün savı olan insanın benmerkezci üstünlük algısının yanlışlığını kanıtlar nitelikte olduğu ifade edilebilir; yani insanlığın hiyerarşik üstünlük varsayımını yeniden gözden geçirmeye sevk etmiştir denilebilir. Ekoeleştiri de aynı şekilde insanmerkezciliği reddeder. Bu noktada posthümanizm ve ekoeleştirinin birleştiği ifade edilebilir. Covid-19 pandemisi sürecinde sorgulanan ön kabullerin başında ekoeleştirinin kuruluşundan beri eleştirdiği insanın doğanın hâkimi olduğu yanılgısı gelir. Ekoeleştiri kuramına göre, insan doğanın sahibi değildir ve onu istediği gibi kullanmaya (sömürmeye) hakkı yoktur, aksine insan ekosistemin diğer tüm üye-

---

[2] Donald Trump'ın kendisinin çevreye son derece zarar veren politikaları olmasına karşın bir başka ülkeyi bu denli eleştirmesi ironiktir. Trump bilindiği üzere Amerika Birleşik Devletleri'ni Paris İklim Anlaşması'ndan çekmiştir. Bunu yaparken de Beyaz Saray'ın internet sitesi olan www.whitehouse.gov adresinden 1 Haziran 2017 tarihinde şu açıklamayı yayınlamıştır: "Paris İklim Anlaşması, Washington'un diğer ülkelerin menfaati için [...] (Amerika'nın kaybetmesi pahasına) girdiği bir anlaşmanın en son örneğidir" ("Statement by President Trump on the Paris Climate Accord"). Trump'ın burada Amerika'nın (sözde) menfaatlerini (ki uzun vadede tüm dünya kaybedeceğinden bir menfaatten bahsetmek yersiz olur) her şeyin üzerinde gördüğü açıktır. Covid-19 krizinde de Çin'e karşı bakış açısı aynı derecede subjektif ve güvenilmezdir. Tüm suçu Çin'in üstüne atmak, Covid'in çevre kirliliği nedeniyle ortaya çıkmış olma ihtimalinin sıklıkla dillendirildiği günümüzde, sorumluluğu reddetmekten başka bir şeydeğildir. Amerika bizzat çevreyi kirletmek konusunda en başta gelen ülkelerden biridir.

leri gibi bir üyesidir (Leopold 192). Aldo Leopold *Bir Kum Yöresi Almanağı* (*A Sand County Almanac* 1949) kitabında adeta bugüne ışık tutan ve günümüzde herkese rehber olması gereken şu ifadelere yer vermektedir:

> Araziyi kötüye kullanıyoruz çünkü onu bize ait bir eşya olarak görüyoruz. Ne zaman toprağı ait olduğumuz bir topluluk olarak görmeye başlayabilirsek ancak o zaman toprağı sevgiyle ve saygıyla kullanmaya başlayabiliriz. Toprağın makine kullanan insana karşı hayatta kalabilmesi için başka bir yol yoktur. (viii)[3]

Leopold yukarıdaki paragrafta insan ile doğa arasındaki ilişkinin orantısızlığını eleştirmektedir. Leopold'a göre insan makine kullanmaktadır (vii), belki orjinalinde "mechanized" (mekanize edilmiş) (vii) olarak ifade ettiği tanıma pestisitler, GDO ve toprağa verilen hormonlar da eklenebilir çünkü bütün bu uygulamalar insan eliyle ve makine aracılığıyla yapılır. Yani doğa insana karşı adeta çaresiz bırakılmaktadır. Leopold'un kullandığı "mechanized" kelimesi militarist bir yan anlam da içermektedir ve mekanize kelimesi insanın doğaya savaş açmış olduğunu ima eder. Dünyanın oluşumundan bu yana süregelen ve milyarlarca yıldır devam eden doğal düzen bozulmuştur. Normalde insan ömrüne kıyasla çok yavaş ilerleyen birtakım süreçler insan eliyle hızlandırılmıştır. İnsanın tabiata verdiği bu akıl almaz zarar ve bunun beraberinde getirdiği felaketler, Paul Crutzen tarafından "Antroposen Çağı" ("The Anthropocene") olarak adlandırılmıştır ve içinde bulunduğumuz tehlikeyi "insan faaliyetleri, birçok yönden doğal süreçleri geride bırakarak, her alanda çevre üzerinde giderek artan etkiler yaratmaktadır" sözleriyle ifade etmiştir (13). Crutzen'ın bu tanımı içinde bulunduğumuz jeolojik çağın insan eliyle şekillendirildiğini ifade eder. Crutzen, on ila on iki bin yıl süren buzul sonrası döneme işaret eden Holosen sonrası dönemin "Antroposen" olarak adlandırılması gerektiğini belirtmiştir (13). Crutzen'a göre, sağlık ve tıp alanındaki gelişmeler insan ömrünü artırmış ve nüfusun artmasına neden olmuştur (14). İnsanların dünyada yarattığı değişimlerin bir sonucu olarak "sera gazları, özellikle CO_2 ve CH_4," dramatik bir şekilde yükselmeye başlamıştır (14). Crutzen'ın bu dönemi Antroposen Çağı olarak adlandırmasının nedeni, yeni dönemin insan kaynaklı iklim değişikliği ile şekillenmesidir. Crutzen'ın belirttiği üzere, "geçtiğimiz üç yüzyıl boyunca insan nüfusu on kat artarak altı milyara çıktı" ve nüfustaki muazzam artış gıda ihtiyacını artırarak "sığır nüfusunun 1400 milyona çıkmasına" yol açtı ve nüfus artışıyla doğru orantılı olarak, "şehirleşme geçen yüzyılda on kat arttı" (14). Kentleşmenin bir sonucu olarak insanlar apartmanlarda yaşamaya başladı ve metrekare başına düşen insan yoğunluğu aşırı şekilde arttı. İnsan yoğunluğunun artması, insan atığının artmasına ve atıkların doğa tarafından tahammül edilemeyecek kadar çoğalmasına neden oldu. Bu faktörler, doğada benzeri görülmemiş bir değişikliğe ve insan kaynaklı iklim değişikliğine yol açtı. Crutzen'ın makalesinde ifade ettiği gibi, insanlığın tabiatı istismarı hesap edilemeyecek kadar büyük felaketlere yol açmaktadır. Şüphesiz ki Covid-19 pandemisinin çıkış nedeni ile ilgili sayısız araştırmalar yapılmakta ve daha da yapılacağı olasıdır. Bu sorunun çözümünü bilim dünyası aramaktadır. Covid salgını

---

[3] Metin içindeki alıntı çeviriler aksi belirtilmedikçe yazara aittir.

tabiata yapılan saldırıların bir sonucu mudur? Bu soruya odaklanılmalı ve Covid sonrası dönemde doğa dostu politikalar geliştirilmelidir. Üstelik bu politikalar sadece insan odaklı olmamalı, aksine tüm varlıkları hesaba katmalıdır. Doğaya insan eliyle verilen tahribatın durdurulması ve geri döndürülebilir olan hasarların telafisi Covid sonrası dönemde geliştirilmesi gereken politikalara ve anlayışa yön verebilir.

İnsanın doğayı bencilce kullanmasının ne kadar tehlikeli olduğu Covid-19 Pandemisinde bir kez daha görülmüştür. Doğada meydana gelebilecek her türlü bozulma direkt ya da dolaylı yolla insanı da etkilemektedir. Bu yüzden insan dışı varlıkların önemi, yeni oluşmakta olan posthümanist ekoeleştiri kuramında odak noktası olmuştur. Francesca Ferrando'nun ifadesiyle, "posthümanizm, insan-merkezci hümanizmi eleştirir ve hayvanlardan yapay zekâya, uzaylılardan diğer varsayımsal varlık biçimlerine insan dışı yaşamı tartışmaya açar" (10). Ferrando'nun "insanın ontolojik açıdan öncelikli olması fikrinin posthümanist reddi" (10) olarak adlandırdığı prensip, posthümanist düşüncenin temelini oluşturmaktadır. İnsan üstünlüğüne dayalı ontolojik varsayımlarının reddi ile insan dışı varlıklara da eşit önem atfeden yeni anlayışın gelişimi içinde bulunduğumuz kaosun çözümü olarak düşünülebilir. İronik bir biçimde insanı önceleyen davranışların, Covid örneğinde görüldüğü gibi, diğer tüm varlıklarla birlikte insana da zarar verdiğinin kavranması, Covid sonrası dönemde uygulanacak çevre ve sağlık politikalarının çevre dostu ve insan dışı varlıklara saygılı biçimde gerçekleşmesinde etkin olabilecektir. Jane Bennett'in belirttiği gibi "insan, virüs, [ve] hayvan [...] bedenleri arasındaki etkileşimlerin giderek daha da yoğun hale geldiği" (108) bir çağdayız. Covid-19 pandemisi insan, virus ve hayvan bedenleri arasındaki etkileşim ağına bir örnektir.

Covid-19 Pandemisi ve Posthümanizm

Covid-19 pandemisi insan dışı varlıkların insanlarla olan etkileşimini bir kez daha göstermişken çevresel sorunları ve sağlık sorunlarını insanmerkezci bakış açısından sıyrılmış yani posthümanist bir bakış açısıyla ele almak uygun olacaktır. Posthümanizm anlayışı insanmerkezci dar bakış açısını aşmaktadır. Posthümanizm kavramını ilk olarak Ihab Hassan 1977 yılında yayınladığı "Bir İcracı Olarak Prometheus: Posthümanist Bir Kültüre Doğru" ("Prometheus as Performer: Towards a Posthumanist Culture") isimli makalesinde şu şekilde ortaya koymuştur:

Posthümanizm çeşitli şekillerde şüpheli bir yeni kavrama, [bulunmuş olan] en son slogana

> veya [...] aynı zamanda kültürümüzde bir potansiyele işaret edebilir [...] O halde nasıl anlayacağız posthümanizmi? [...] İnsan formu, insan arzusu ve tüm dışsal temsiller kökten değişiyor olabilir ve bu nedenle revize edilmelidir. Bizim ihtiyacımız olan şey beş yüz yıllık hümanizmin hümanizm olarak sona erebileceğini ve kendisini çaresizce post hümanizm diye adlandırmamız gereken bir şeye

dönüştürdüğünü anlamaktır. (843)

Bilim tarihinde kuramlar kendisinden önceki kuramın açmazlarından doğmuştur. Hassan'ın ortaya koyduğu gibi, posthümanizm de hümanizmin artık işlevsizleşmesinden doğmuştur. Modernizmin artık belli sorulara cevap veremiyor olması postmodernizmi beraberinde getirmiştir. Aynı durum posthümanizm için de geçerlidir. Hümanizmden ayrılıp posthümanizme adım atmak, "hümanizm […] ve insanmerkezciliğin ötesinde düşünmek […] apaçık bir zorunluluk" (Callus vd. 112) olarak karşımıza çıkmıştır. Callus ve diğer yazarların ifade ettiği gibi bu yeni anlayış sadece bir gereklilik değil aynı zamanda bir zorunluluktur. Belki ortaya çıktığı çağda işlevsel olan hümanizm görüşü, artık geçerliliğini yitirmiştir. Bu nedenle de hümanizmin ötesinde anlamına da gelen posthümanizm içinde yaşadığımız çağın sorunlarına cevap vermesi beklenen bir ekol olarak ortaya çıkmıştır.

Posthümanizmin karşı çıktığı insanmerkezci bakış açısının sorunlarından biri de bu bakış açısının insanı insan dışı varlıklardan üstün görmekle kalmayıp insanlar arasında da hiyerarşi oluşturulmasıdır. Bu bakış açısının bir yansıması olarak bazı imtiyazlı toplumlar ortaya çıkmaktadır. Bu noktada gelişmiş ülkelerin gelişmemiş ülkelere göre daha fazla hakka sahip olduğu zannı yaygındır. Bu düşünceyi temel alarak gelişmiş ülkeler olarak sınıflandırılan ülkelerin gelişmemiş ülkeler olarak sınıflandırılan ülkelere endüstriyel ve toksik atıklarını transfer ettikleri bilinmektedir. Gelişmiş ülkeler olarak adlandırılan ülkelerin (ki bu araştırma bu tanıma katılmamaktadır) gelişmemiş olarak adlandırılan ülkelere toksik atıklarını bırakarak kirlenmeden kurtulmayı amaçlamaları bir sonuç vermez. Toksisitenin yerel bir problem olmadığı ve doğanın dengesinin bozulmasının sadece kirliliğin olduğu noktada değil her yerde hissedilir. Posthümanist bir anlayışla insan dışı varlıkların insan ile etkileşiminin hesaba katılması ve insanlar arası hiyerarşik yapının terk edilmesi suretiyle tüm canlılar için daha sağlıklı bir yaşam alanı oluşturulması beklenebilir. Toksik transferin (kirli atıkların başka alanlara taşınması) işe yaramayacağını Charlene Spretnak şu sözlerle dile getirir:

> Şu anda tüm gezegen, iklim dengesizliği ve ekolojik bozulma nedeniyle tehlikededir. Bu, son derece gelişmiş toplumların toksik maddeleri bir yere "atabileceği" ve şaşırtıcı derecede doğal olmayan düzeylerde karbondioksit ve diğer sera gazlarını kötü bir etki olmaksızın atmosferimize yayabileceği şeklindeki modern varsayımın sonucudur. (1-2)

Spretnak bu varsayımı ironik bir dille ele alır. Bu derece ağır bir toksik yükün sadece atıldığı alana zarar vermesi ve geri kalan hiçbir yerde en ufak bir hasar vermemesi olanaksızdır. Bu bakış açısı ise, araştırmanın başından beri ifade edilen insanmerkezci bakış açısının bir tezahürüdür. Spretnak'ın ortaya çıkardığı bu gerçek ise posthümanist bir mantıkla insan dışı varlıkların dünya üzerindeki yaşama etkilerini ortaya koyar niteliktedir.

Posthümanizm ve ekoeleştirinin ortak noktalarından biri insan dışı varlıklara atfettiği önemdir. Cheryll Glotfelty'nin tanımına göre "ekoeleştiri edebiyat ile fiziki çevre arasındaki bağlantının incelenmesidir" (xviii). Bu amaç doğrultusunda ekoeleştiri doğanın ve insan dışı varlıkların edebi eserlerde nasıl temsil edildiğini irdeler. Bunu yapmaktaki amacı insanı egemen konumda gören anlayışın ne derece yanlı ve yanlış olduğunu gözler önüne sermektir. Şüphesiz ki doğa, edebiyatta en önemli temalardan biri olmuştur ve bu gelenek yazı öncesi sözlü edebiyata kadar dayanır. Ancak doğanın tema olmaktan çıkarılıp edebiyatın doğanın sesi olabileceğinin fark edilmesi ekoeleştiri ile olmuştur. Lawrence Buell ekoeleştiriyi iki akım halinde inceler (17). Buell'a göre birinci akım doğa ve insanı birbirinden ayrı görmektedir (23). Bu bağlamda, birinci akım ekoeleştiri insan-merkezci düşünceyi aşabilmiş değildir. İkinci akım ekoeleştirmenler doğaya olduğu kadar doğaya verilen zararlara da önem verirler ve şehir yaşamını ve bozulmuş doğal alanları da konu ederler (22). İkinci akım ekoeleştiri birincisine göre daha disiplinler arası bir yapıya sahiptir ve çağın sorunlarına daha fazla yanıt olabilecek niteliktedir. Her edebi eleştiri akımı gibi ekoeleştiri de çeşitli aşamalardan geçmiştir ve hala evrilmektedir. Bu evrimin kendini en fazla hissettirdiği nokta ise çokdisiplinli alanların ortak çalışma yürütmesidir. Bu disiplinler arası yaklaşımda posthümanizm ve ekoeleştiri birbiriyle ilişki içindedir.

Posthümanizm ekoeleştirisini tanımlamak için posthümanizm ve ekoeleştiri kavramlarının nasıl buluştuğunu açıklamak gerekmektedir. Ekoeleştirinin en çok kabul gören tanımı Glotfelty'nin tanımı olup terim olarak ortaya çıkışı William Rueckert'e dayanmaktadır. Ekoeleştiri tanımını ortaya koyan Rueckert, "Edebiyat ve Ekoloji: Bir Ekoeleştiri Denemesi" ("Literature and Ecology: An Experiment in Ecocriticism" 1996) makalesinde ekoeleştiriyi "ekolojinin ve ekolojik kavramların edebiyat incelemesinde uygulanması" (107) olarak tanımlar. Bu anlayış disiplinlerarası bir yaklaşımı mümkün kılar. Böylece çevre ve doğanın sadece fen bilimlerinin çalışma konusu olmadığı, aynı zamanda edebiyatın da çevre ile iç içe olduğu anlaşılmaktadır. Ekoeleştiriyi iki farklı dalga olarak incelediği *Çevreci Eleştiri* (*Environmental Criticism* 2005) eserinde Buell birinci dalga ekoeleştirinin çevreyi sadece "doğal çevre" olarak gördüğünden ve bu akımda insan ve doğa arasındaki mesafenin mevcut dönemdekine göre daha fazla olduğundan bahseder (21). Birinci dalga ekoeleştiri doğa ve insan arasındaki ilişkinin bozulduğunu ve eskiden olduğu gibi yeniden inşa edilmesi gerektiğini savunur. Birinci dalga ekoeleştirinin olumsuz yönü doğayı insan gözünden algılamasıdır. O halde birinci dalga ekoeleştiri bu akımın öncülüğünü yapmış çok kıymetli bir ekoldür, ancak insan-merkezci tutumu aşabilmiş değildir. Zaman içerisinde ekoeleştiri daha politik, ulus ötesi ve disiplinler arası bir yöne evrilmiştir. İkinci dalga olarak adlandırılan bu dönemde çevre felaketleri üzerinde daha fazla durulmuştur.

Yukarıda bahsi geçen birinci dalga ekoeleştirinin insanmerkezci düşünceyi aşamamış olması bu araştırmada eleştirilen bir husus olarak değil daha çok bu istikamette atılan bir adım olarak görülmektedir. Birinci dalga ekoeleştiri tam manasıyla insanmerkezci bakış açısını aşamamıştır fakat bu yöndeki çalışmalara öncülük etmiştir. Birinci dalga ekoeleştirinin en önemli özelliği doğa yazınını konu almasıdır. Her ne kadar ilk akım ekoeleştirmenler bu eserlerde geçen insan ile doğanın uyumuna hasret ve özlemle bakıp çok fazla çözüm odaklı olamasalar da yine de yeni ortaya çıkan ekoeleştiri akımının tanıtılmasında büyük katkıları olmuştur. Doğa yazınına ait eserlere göz atıldığında onların da insan ile doğa arasında bir uyum, ahenk ve dostluk olması gerektiğini vurguladıkları görülür.

Amerikan edebiyatında doğaya büyük ilginin öncülüğünü yapan edebi akım, ıssız ve insan müdahalesiyle kirletilmemiş vahşi yaşamın güzelliğini öven ve "doğa yazını" ("nature writing") olarak ifade edilen akım olmuştur. Bu çalışmalarda doğa iyileştirici bir güç, meditasyon ve kendini tanıma aracı olarak tasvir edilmiş ve doğayla yeniden birleşme gerekli bir eylem olarak sunulmuş ve doğayla bütünlüğün yitirilmesi modern yaşamdaki mutsuzluğun kaynağı olarak görülmüştür. Dolayısıyla, Amerikan edebiyatındaki doğa yazılarının ekoeleştirinin evrimi için önemli bir temel oluşturduğunu belirtmek yerinde olacaktır. Ekolojik eleştirinin demokratik temeli, insanın ayrıcalıklı bir konum anlayışının terk edildiği doğa yazılarına yansımıştır. Ralph Waldo Emerson, Amerikan doğa yazınında öncü bir figür olup "Aşkıncılık" (Transcendentalism) hareketin başlatıcısı olarak tanınmaktadır. Doğu dinlerinden etkilenen Emerson, kendi içinde aşkın bir uyanış aradı ve bunun doğa ile bireysel bir temasla başarılabileceğine inanıyordu. Emerson, bu temasın meditasyon için bir platform işlevi göreceğine ve ruhsal bir şifanın mümkün olabileceğine inanıyordu. Emerson, insanmerkezcilik olmasa da egoizmi aşan dev adımlar attı. Onun aşağıdaki sözleri doğa ile insanın uyumunu ne derece kutsal saydığını gösterir:

> Toprağa bastığımda—başım parlak havayla yıkandı ve sonsuz boşluğa yükseldi—tüm bencilliğim yok oluyor. Şeffaf bir göz küresi oldum; ben hiçbir şeyim; hepsini görüyorum; Evrensel Varlığın akımları benim içimde dolaşır; Ben Tanrı'nın bir parçasıyım [...] Sınırsız ve ölümsüz güzelliğin aşığıyım. Vahşi doğada, sokaklarda veya köylerde olduğundan daha değerli ve içten bir şey buluyorum. (Emerson 8)

Doğa ile buluşmanın insanı insanmerkezci bir bencillikten alıkoyduğu fikri Emerson tarafından ortaya konmuştur. Emerson'un yöntemi ile insanlığın doğayı gözlemlemesi ve doğanın sadece bir parçası olduğu gerçeğini kabul etmesi gerekir. Bunun için de benmerkezci düşünceden sıyrılmak ve doğaya tevazu ile bakmak gerekmektedir. Doğaya verilen zararlardan insan ve insanın dışındaki varlıkların etkilendiği gerçeğini kabul edip bu yönde adımlar atılmalı ve sağlık ve doğa politikaları bu yönde geliştirilmelidir.

Doğa (Nature 1849*)* isimli eserinde Emerson, insan ve doğa arasındaki birliği şu şekilde tanımlar: "Tarlaların ve ormanların sunduğu en büyük haz, insan ile sebze arasındaki gizli bir ilişkiyi göstermesidir. Ben yalnız değilim ve kabul görüyorum. Bana başlarını salladılar ve ben de onlara" (8-9). İnsan dışı bir varlık olan sebzenin ya da yeşilliklerin her ne kadar sembolik de olsa insan ile etkileşime geçtiğinden bahsedilmesi, ufak adımlarla da olsa Posthümanizme doğru bir evrilmenin ilk adımları olarak görülebilir. Belki de her ne kadar sembolik bir anlatımla, belki de bilinçsizce yapılan bu benzetme, doğanın zaten özünde insan ötesi olduğu gerçeğinin içsel bir yansımasıdır.

Henry David Thoreau'nun 1854'te yayınladığı *Walden* eseri okuyuculara Walden göletinin yanındaki iki yıllık orman deneyimini anlattığı, Amerikan doğa yazarlığı alanında bir başka öncü çalışmasıdır. Genel olarak, Amerikalı doğa yazarları vahşi doğadaki kişisel deneyimlerini yazarlar ve deneyimlerini anlatırken çok edebi ve lirik bir dil kullanırlar. Doğa yazarlarının bu lirik dili yazılarını eşsiz kılar ve eserlerini saf gözlem yazısından ayırır. Benlik ve doğa arasında geliştirdikleri bağ yazılarında belirgindir. Thoreau ormanda geçirdiği süre boyunca hiçbir teknolojik alet kullanmamıştır ve sadece kendi çabasıyla kendine bir yerleşim yeri kurmuştur. Thoreau sebze yetiştirmiş, kendi yiyeceğini üretmiş, kulübesini ısıtmak için odun toplamış ve zamanının çoğunu okuyarak ve meditasyon yaparak geçirmiştir. Doğada geçirdiği dönem bir şifa, modern hayatın zorluklarından bir kaçış ve bir arınma aracıydı. Bu nedenle, Amerikan edebiyatının doğa yazıları, doğanın önemini göstermede ve vurgulamada çok önemli olmuştur. İnsanı doğanın sahibi ya da efendisi olarak değil, onun bir üyesi olarak görme fikri doğa yazıları sayesinde gelişiyordu. Thoreau Walden göleti kenarında geçirdiği zamanda basit yaşamın önemini kavramış ve insanlığın lüks olarak gördüğü şeylerin pozitif gelişmenin önünde engel olduğunu düşünmeye başlamıştır (14). Bu ifadesiyle Thoreau insanmerkezci bir bakış açısının yanlışlığını gözler önüne sermektedir.

Ülkemizin öncü ekoeleştirmenlerinden Ufuk Özdağ'ın *Toprak Etiği: Amerikan Doğa Yazınında Leopold'cu Düşünce* (2005) eserinde belirttiği gibi doğa yazarları doğanın sesi olmuşlardır (17). Doğanın sahibi olmak yerine doğanın bir parçası olma fikri, Thoreau tarafından bir konferans olarak başlayan ve ölümünden sonra yayınlanan "Yürüyüş" ("Walking" 1878) eserinde savunulmuştur. Thoreau, doğa ile insan arasındaki birlikten şu şekilde bahseder: "Doğa için bir söz söylemek istiyorum [...] insanın doğanın bir parçası veya kısmı olarak görülmesi adına" ("Walking" 1). Alıntıda görüldüğü gibi, Thoreau insanları doğanın bir parçası ve sakinleri olarak görür. Thoreau'nun doğa algısında, bir ezen ve ezilen ikilemine yer yoktur. Bu insan ve insan dışı varlıklar arasındaki demokratik anlayış günümüzde geliştirilmesi gereken yeni anlayışa temel oluşturabilir.

İkinci dalga ekoeleştiri anlayışında doğal çevre ile doğal olmayan çevre olarak adlandırabileceğimiz çevrenin iç içe geçtiği görülmektedir (Buell 22). İkinci dalga ekoeleştirinin doğal ve yapay çevreleri iç içe görmeye başlaması posthümanist ekoeleştiriye atılan ilk adım olarak görülebilir. Posthümanizmin insan dışı varlıklara atfettiği önem bilinmektedir. Posthümanizm ve ekoeleştiri ekollerinin ortak noktası ise insan dışı varlıkları önemsemesidir ve her iki ekol de insanmerkezciliği reddeder. Bu noktada posthümanizm, ekoeleştiri ve ikisinin birleşimi olan posthümanist ekoeleştiri günümüzde en çok ihtiyaç duyulan doğayı ve insan dışındaki varlıkları anlamamıza olanak sağlamaktadır.

Çağdaş ekoeleştiri, günümüzde artık insanın huzur bulduğu doğanın güzelliğiyle ilgilenmiyor, aksine insanmerkezciliğin doğaya nasıl zarar verdiğini, doğal kaynakları suistimal ettiğini ve doğayı ham madde olarak gördüğünü göstermeyi amaçlayan bir edebiyat eleştirisi olarak karşımıza çıkıyor. Bu nedenle, ekoeleştiri yeni bir bakış açısı kazanmıştır ve öncelikle edebi metinlerin çevre sorunlarını nasıl sergilediğini göstermeyi ve incelenen edebi metinlerde görülen insan yanlış uygulamalarını sergilemeyi amaçlamaktadır. Sadece hatalı uygulamaları sergilemek yeterli olmayacağından çözüm önerileri sunulmalıdır. Unutulmamalıdır ki "çözümün parçası değilsek, sorunun bir parçasıyız" (Glotfelty 21).

Çevreci hareketin başlatıcısı olarak kabul edilen Rachel Carson henüz ekoeleştirinin bir ekol olarak ortaya çıkmadığı dönemde doğa, insan ve insan dışı varlıkların bütüncül bağıntısını ortaya koymuştur. Carson, *Sessiz Bahar* (*Silent Spring* 1962) tarih) eserinde, "insanların çevreye yönelik tüm saldırılarının en endişe verici olanı, havanın, toprağın, nehirlerin ve denizin tehlikeli ve hatta öldürücü maddelerle kirlenmesi" olduğunu ifade eder (6). Carson, doğaya karşı tutumu bir "saldırı"olarak yorumlamaktadır (6). Bu düşmanca tutum da beraberinde pek çok doğal felaketi beraberinde getirmektedir. Charles Darwin, *Türlerin Kökeni*'nde (*The Origin of Species* 1859) "doğal Seleksiyon [...] sürekli harekete hazır bir güçtür ve insanın zayıf çabalarından ölçülemez derecede üstündür" diyerek doğrudan insanmerkezciliği eleştirmektedir (61). Ancak üstünlük duygusuna takıntılı olan insan, her şeyin kendi kontrolü altında olduğunu düşünmüştür. İnsan hava kirliliği, toksik atıklar, ormanların yok olması, salgın hastalıklar ve bunlara bağlı ölümler karşısında aslında olduğunu sandığı derecede yetkin değildir. Bu noktada doğa ile insan arasında türsel eşitliğe dayanan ve hiyerarşik olmayan yeni bir anlayışın geliştirilmesi mevcut sorunlara çözüm olabilir.

Lawrence Buell, doğal ortamların çarpıcı bir şekilde değiştiğini, inşa edilmiş ortamların el değmemiş doğa manzaralarının yerini aldığını ifade etmektedir. Doğal ortamların yerini çoğunlukla inşa edilmiş çevreler aldığından, ikisini ayırmak imkânsızdır (22). Buell'in de belirttiği gibi, birinci dalga ve ikinci dalga ekoeleştirinin kapsamında bir farklılık bulunur. İkinci dalga ekoeleştirmenler, modern yaşamda doğa ve kültür iç içe olduğu için doğal ve inşa edilmiş çevreleri birbirinden ayırmanın imkânsızlığına işaret eder. Yani çevre mutlaka doğal dünya anlamına gelmez. Terry Gifford'a göre, "ekoeleştiri, yalnızca bir metnin yazarının ifade ettiği doğaya karşı tutumla değil, aynı zamanda hem insan hem de insan olmayan varlıklar arasındaki karşılıklı ilişki kalıplarıyla ve de insan dışı dünyanın çeşitli yönleriyle de ilgilenir" (5). Böylece insan dışı dünya önem kazanmış ve insan dünyasıyla bağlantısı geniş çapta incelenmiştir. İnsanın "eylemselliği"nin[4] insan dışı varlıkların eylemselliğiyle iyice iç içe geçtiği bir dönemde yaşamaktayız (Bennett 31). Bennett'in bahsettiği gibi, insan ve insan dışı dünyanın birbirine bağlı yapısı, bilim ve beşerî bilimlerin en önemli konularından biridir. İnsan dışı varlıkların insan dünyasına etkilerinin ne denli önemli olduğu, bir virüsün ne kadar ölümcül olabileceği ve de insanın her şeyi yapabilecek güce ve teknolojiye sahip olduğu yanılgısının ne kadar yanlış olduğu günümüzde iyice anlaşılmıştır. Bu noktada bilim dünyasına düşen Covid-19 sonrası dönemde insan dışı nesneleri de hesaba katan yeni posthümanist doğa politikaları geliştirmektir.

İçinde bulunduğumuz dönem "Maddeselci Dönüşüm" ("Material Turn") akımına sahne olmuştur. Bilim dünyası maddenin önemini idrak etmiş ve maddenin

---

[4] Oppermann'ın editörlüğünde yazılmış *Ekoeleştiri, Çevre ve Edebiyat* (2012) eserinde yapılan çeviride "eyleyicilik" olarak ifade edilen kelime Bennett'in "agency" kavramını en iyi karşılayan Türkçe çeviridir. Eylemsellik kelimesi alan uzmanı olmayan okuyucuların bağlama kolayca hâkim olması için tercih edilmiştir.

kendi başına ve insan müdahalesi olmaksızın eylemsellik sahibi olduğu görüşünü benimsemiştir. Bu gerçeğin anlaşılması insanlığın maddeyi sadece kendi kullanımına sunulmuş bir eşya olarak görme yanılgısından kurtarabilir. Donald Worster'a göre "Bugün, eko-sistemlerin nasıl işlediğinden değil, etik sistemlerimizin nasıl işlediğinden dolayı küresel bir krizle karşı karşıyayız" (21). Worster'ın belirttiği gibi, yaşadığımız küresel kriz(ler) doğanın değil biz insanların yaklaşımlarından ileri gelir. Ekosistemin kendine özgü bir işleyişi olup bu işleyiş insan müdahaleleriyle bozulmaktadır. İklim krizi, kuraklık, ormanların yok olması ve sulak alanların azalması gibi krizler insanın doğaya orantısız müdahalelerinden kaynaklanan sorunlardır. Bu noktada, insan ile doğa arasındaki ilişkiyi şekillendirecek yeni etik anlayışlar geliştirmek son derece önemlidir. Doğa ile ilgili herhangi bir eylem gerçekleştirmeden önce ona karşı olan sorumluluklarımızı, görevlerimizi iyi bilmeli, ayrıca doğanın insana ev sahipliği yapmakla kalmayıp aynı zamanda insan dışı varlıkların da yaşam alanı olduğu gerçeğini göz önünde bulundurmalıyız.

Ekoeleştiri edebi metnin bilim dünyasına ve çevre bilincine katkı sunmasına olanak sağlaması açısından gerekli bir inceleme biçimi, yani bir ekoldür. Glen A. Love ayrıca ekoeleştirinin sınırları aşması gerektiğini belirtir. Love'a göre ekoeleştiri bütünsel ve disiplinlerarası bir şekilde yapılmalıdır.

> Batı Amerikan edebiyatı ekolojik bakış açısıyla benzersiz değildir ve New England'da, Kanada' da, Avrupa'da, Güney ve Orta Amerika' da, Afrika'da, Avustralya' da, her yerde doğa odaklı yazarlarla olan benzerliklerimizi fark etmemiz gerekir. Ekolojik sorunlar hem bölgesel hem de küreseldir. Politik sınırları aşarlar. Gerekli olan ise daha fazla disiplinler arası çalışma ve ortak konularda daha fazla bölgeler arası çalışmadır. (237)

Love'ın bakış açısına uygun olarak, ekoeleştiri çok boyutlu ve disiplinlerarası bir hal almıştır. Ünlü fizikçi Bruno Latour, düşünür Stacy Alaimo, sosyolog ve tarihçi Andrew Pickering, siyaset kuramcısı Jane Bennett ve feminist kuramcı Karen Barad'ın çalışmaları, ekoeleştirel analiz için teorik çerçeve olarak yaygın olarak kullanılmaktadır.

Bruno Latour ekoeleştirinin üçüncü dalgasına ait yeni materyalizm olarak ifade edilen akımın en fazla atıfta bulunduğu ve fikirlerinden istifade ettiği bir bilim insanıdır. Latour, *Doğa Politikaları* (*Politics of Nature* 2004) kitabında doğaya ait yeni politikalarının oluşturulmasının gerekliliği konusunda yeni teoriler geliştirmektedir. Bilim ve akıl, insanlığı kurtarmak için tek çözüm olarak tanıtılır, ancak doğanın insan niyetini göz ardı eden kendi mekanizması vardır. Covid-19 pandemisi buna bir örnek teşkil eder. Bazen insanlık çeşitli durumlar karşısında aciz kalabilmektedir. Ancak insanmerkezcilik bunu kabullenmek istememektedir. Bunu inkâr etmek yersizdir ancak bu durumu kabul edip ona göre yeni politikalar üretilebilirse insanlık bundan olumlu etkilenir. Latour'a göre, doğal dünya "insanlar değil, insan olmayanlardan oluşan bir dünyadır" (13). O halde insan olmayan tüm varlıkları, örneğin virüsleri, hesaba katarak adım atılmalıdır.

Latour insanların doğayı anlamadaki eksikliğini eleştirir ve doğa ve insanı birbirinden uzak iki farklı noktada görür (14). Bir tarafta insan, diğer tarafta gerçek nesnelerin âlemi vardır, yani, kayalar, deniz, ağaçlar ve mikroorganizmalar (14). Latour'a göre gerçek dünya (nesnelerin âlemi) "var olan şeyi tanımlama özelliğine sahip ama konuşma yeteneğinden yoksun" olduğundan, gerçek fiziksel dünya âleminde, yeryüzünde yaşamı şekillendiren varlıklar mutlak sessizlik içindedir ve bilgisi sınırlı olan ya da hiç bilgi sahibi olmayan insanlar, dünya üzerinde varsayımlar yapar (14). Bu nedenle, fiziksel dünya algısında bir değişiklik gereklidir ve bilim insanları yeni bir anlayış geliştirmelidir. Doğanın işleyişini anlamak için insanmerkezci olmayan bir bakış açısı geliştirmeye gerek vardır. Bu anlayışı içselleştirmediği durumda insanlık doğayı anlama çabasında önyargılarıyla hareket edebilmektedir.

Karen Barad'ın *Evrenle Yarı Yolda Buluşma* (*Meeting The Universe Halfway* 2007) eseri insan ve insan olmayan tüm varlıkların bütüncül bir biçimde varlıklarını sürdürdüğünü ortaya koyan önemli bir eserdir. Barad'a göre dünya, tüm bireylerin bağımsız olarak hareket ettiği bir ortamdan ziyade bütüncül bir varlıktır. Niel Bohr'un "fizik felsefesi" üzerine fikirlerini ortaya koyan Barad, doğal dünyanın ve sosyal dünyanın bölünemez değil bütünsel olarak kabul edilmesi gerektiğini savunur (67). Stacy Alaimo'nun *Bedensel Doğalar* (*Bodily Natures* 2010) isimli eserinde belirttiği gibi, "biyolojik bedeni parantez içine almak ve böylece onun maddi dünya ile evrimsel, tarihsel ve devam eden bağlantılarını koparmak" etik bir anlayış sorunudur (3). Gerçekçi olmayan bu varsayıma dayanan eylemler insanı ve insan bedenini madde dünyasından ve insan dışı varlıklarla olan iletişiminden ayrı bir yerde tutar. Oysa ki Alaimo'nun da belirttiği gibi beden kendi dışındaki tüm madde ve insan dışı varlıklarla süregelen bir bağa sahiptir. Bu nedenle hastalıklar bireysel olaylar olarak değerlendirilemez, aksine olayların arka planı ve diğer olaylarla olan bağlantılarının analiz edilmesi gerekir. Alaimo'nun ortaya koyduğu bu gerçek günümüzde yaşanan pandemiyi de açıklamaktadır. Evrende bulunan tüm canlıların ister insan olsun ister insan dışı olsun birer beden olduklarını ve bütün bedenlerin birbiri ile iletişim ve hatta alışveriş halinde olduğu gerçeğini kabullenmeden, kısacası insanmerkezci düşünceyi terk etmeden bu gibi felaketleri durdurmak mümkün olmayacaktır.

Posthümanist anlayış insanlığın sahip olduğunu sandığı dünyadaki sözde ayrıcalıklı konumunu sarsar. İnsan doğal veya maddesel dünyaya sahip değildir. İnsan bedeninin bir hayvanın bedeninden pek fazla farkı yoktur. Ayrıca insan vücudu toksinlerden izole bir şekilde yaşayamaz. Bu nedenle pandemi sonrası dönemde insan dışı varlıkları daha fazla hesaba katarak çevreci politikalar geliştirilmesi çevresel sorunları önlemede başarılı olabilir.

Sonuç

İnsanlığın eylemlerinin doğa üzerinde ciddi ve yer yer geri dönülmez etkiler meydana getirdiği görüşü günümüzde önem kazanmıştır. Covid-19 pandemisinin iklim değişikliği ile ilgili olup olmadığı merak konusudur. Dünya Sağlık Örgütü'ne (DSÖ/WHO) göre her ne kadar direkt bir bağlantı bulunmuş değilse de, "iklim değişikliği, sağlığın çevresel belirleyicilerini olumsuz etkilediği ve sağlık sistemlerine ek stres getirdiği için COVID-19'a [insanlık tarafından verilen] yanıtı dolaylı olarak etkileyebilir" ("Corona virus disease (covid-19): Climate change")[5]. Bununla birlikte, iklim değişikliğinin yaşam alanlarını kısıtlaması ve yaşanabilir alanların normalden daha fazla insan ve insan dışı varlıklar tarafından paylaşılması da iklim değişikliği ve Corona virüsü arasında bir bağlantı olarak görülebilir. Harvard T.H. Chan Halk Sağlığı Fakültesi'nin bir araştırmasına göre "hayvanlar normalde temas etmeyecekleri diğer hayvanlarla temasa geçiyorlar ve bu da patojenlerin yeni konakçılara girmesi için bir fırsat yaratıyor" ("Coronavirus and climate change")[6]. Dünya Sağlık Örgütü su kıtlığını da Corona virüsün yayılmasında etkili bir etken olarak tanımlar. DSO'ya göre "Dünya nüfusunun yaklaşık %80'i hâlihazırda bir miktar su kıtlığı yaşıyor. İklim değişikliği, tüketim, gıda üretimi, kişisel hijyen ve bulaşıcı hastalıklar da dahil olmak üzere tıbbi bakım için gerekli su varlığını daha da tehdit ediyor" ("Coronavirus disease (covid-19): Climate change"). Günümüzde yaşanan sorunların temelinde "çevresel tahribatın ve doğa felaketlerinin artması, [...] insan ve insan olmayan varlıklar arasındaki geleneksel sınırların teknolojik, biyolojik ve çevresel düzeyde aşınması" (Buran 19) görülebilir. Çevresel faktörlerin insan bedeni üzerinde gerek yaşamsal gerekse ölümcül etkiye sahip olmasının nedeni insan bedeninin geçirgenliğidir. Kümbet'in ifade ettiği gibi, "yararlı ya da zararlı ayırt etmeden bedenlerimiz sürekli çevremizdeki eyleyicilerle [...] iç içedir" (61). Bu nedenle çevresel faktörleri ve insan dışı yaşamı göz ardı etmeden Covid-19 pandemisi sonrası dönemde doğa insan ve insan dışı varlıklar arasındaki ilişki inşa edilmelidir. Covid-19 pandemisiyle birlikte kritik eşiğin aşıldığının ve insan öncelikli davranışların gezegenimizi geri dönülemeyecek sonuçlara sürüklediğinin görülmesi için beşerî bilimler fen bilimleriyle işbirliği içinde çalışırsa çevresel sorunlardan kaynaklanan sağlık problemlerinin görünürlüğü artabilir. Fen bilimleri ve tıp makalelerinin herkesçe okunup anlaşılması beklenmemektedir. Ekoeleştiri merceğinden yazılmış beşerî bilimler makaleleri ve kitapların daha fazla okura ulaşması muhtemeldir. Bu nedenle ekoeleştirel yazıların çevresel sorunlar, salgın hastalıklar, ormanların yok olması ve hava kirliliği gibi konulara karşı duyarlılığın artmasına neden olması beklenir. Ekoeleştiri ve posthümanizm ve onların iç içe geçtiği posthümanist ekoeleştiri ekolü günümüzde, özellikle Covid-19 pandemisinden sonra, daha da önem kazanmıştır. İnsanın diğer insan dışı varlıklara karşı bir üstünlüğünün olmadığı ve felaketlere karşı savunmasız olduğu görülmüştür. Bu topyekûn anlayış değişikliğine ihtiyacımız olan dönemde posthümanist ekoeleştiri ekolünün bilim dünyasına pek çok katkı sağlaması beklenir. Çünkü özü itibariyle posthümanist ekoeleştiri hümanizmin yanılsaması olan insanın en önemli canlı türü olduğu fikrinden uzaklaşıp, demokratik bir biçimde doğayı ve insan dışı varlıkları ele alan bir ekoldür. Oppermann'ın ifade ettiği gibi, "birbiriyle örtüşen hikâyeleri ve kuramlarıyla, poshümanizm ve ekoeleştirinin ortak bir noktası vardır: maddesellik, eyleyicilik ve doğanın kavranış biçimiyle ilgili değişiklikler getirirler" ("From Posthumanism to Postmodern Ecocriticism" 24). Eylemsellik (eyleyicilik) kavramını sadece

---

[5] www.who.int/news-room/q-a-detail/coronavirus-disease-covid-19-climate-change
[6] www.hsph.harvard.edu/c-change/subtopics/coronavirus-and-climate-change

insana ait olmadığının anlaşıldığı bu dönemde posthümanist ekoeleştiri daha da önem kazanmıştır. Bu ekol sayesinde beşerî bilimlerin de Covid-19 sonrası dönemde yeni paradigmalar geliştirme eylemine aktif katılımı beklenmektedir. Sorunun kaynağı, doğa insan ilişkisinin insanmerkezci bir bakış açısıyla ele alınmasıdır. Çünkü insan da diğer insan dışı varlıklarla aynı hassasiyete sahiptir ve herhangi bir varlık için tehlikeli olabilecek bir toksik atık, doğal felaket ya da hastalık yapıcı etken (örn. domuz gribi, Corona virüsü) insan için de ölümcül olur. Covid-19 sonrası dönemde yapılması gereken doğa ile insanın eşit şekilde ele alındığı ve insan ile insan dışı ayrımı yapılmaksızın tüm varlıkların sağlığının topyekûn hesaba katıldığı yepyeni bir anlayış geliştirmektir. Bu anlayışın prensipleri belirlenirken, tıp ve doğa bilimleri kadar beşerî bilimlere de yer verilmelidir.

Kaynakça

Alaimo, Stacy. *Bodily Natures: Science, Environment, and the Material Self.* Indiana University Press, 2010.
Barad, Karen Michelle. *Meeting the Universe Halfway: Quantum Physics and the Entanglement of Matter and Meaning.* Duke University Press, 2007.
Bennett, Jane. *Vibrant Matter: A Political Ecology of Things.* Duke UniversityPress, 2010.
Buell, Lawrence. *The Future of Environmental Criticism: Environmental Crisis and Literary Imagination.* Blackwell, 2005.
Buran, Sümeyra. "Edebiyat ve Posthümanizm: *Edebiyatta Posthümanizm*, ed. Sümeyra Buran, Transnational Press London, 2020, ss. 19-36.
Callus, Ivan ve diğerleri. "Introduction: Dis/Locating Posthumanism in European Literary and Critical Traditions" *European Journal of English Studies.* cilt 18, no 2, 2014, ss. 103-120. DOI: 10.1080/13825577.2014.916999
Carson, Rachel. *Silent Spring.* Mariner Books, 2002.
"Corona Virus and Climate Change." *C-CHANGE | Harvard T.H. Chan School of Public Health*, 6 Temmuz 2020, www.hsph.harvard.edu/c-change/subtopics/coronavirus-and-climate-change [Erişim tarihi 15 Mart 2022].
"CoronaVirus Disease (Covid-19): Climate Change." *World Health Organization*, World Health Organization, www.who.int/news-room/q-a-detail/coronavirus-disease-covid-19-climate-change [Erişim tarihi 15 Mart 2022].
Crutzen, Paul. "The 'Anthropocene'." *Earth System Science in the Anthropocene.* Ed. Eckart Ehlers ve Thomas Krafft. Springer, 2006, ss.13-18.
Darwin, Charles. *The Origin of Species.* John Murray, 1859.
Emerson, Ralph Waldo. *Nature.* James Munro & Company,1849.
Ferrando, Francesca. "Towards a Posthumanist Methodology. A Statement". *Frame: Journal of Literary Studies*, cilt 25, no 1, 2012, ss. 9-18.
Gifford, Terry. *Pastoral.* Routledge, 1999.
Glotfelty, Cheryll, ve Harold Fromm. *The Ecocriticism Reader: Landmarks in Literary Ecology.* University of Georgia Press, 1996.
Hassan, Ihab. "Prometheus as Performer: Towards a Posthumanist Culture?" *The Georgia Review*, cilt 31, no 4, 1977, ss. 830-850.
Kümbet, Pelin. "Octavia Butler'ın *Yavru Kuş* [*Fledgling*] Romanında Posthüman Vampir-İnsan Eyleyiciliği". *Edebiyatta Posthümanizm*, ed. Sümeyra Buran, Transnational Press London, 2020, ss. 51-67.
Latour, Bruno. *Politics of Nature.* Çev. Catherine Porter. Harvard University Press, 2004.
Leopold, Aldo. *A Sand County Almanac: With Other Essays on Conservation from Round River.* Oxford University Press, 1966.
Love, Glen A. "Revaluing Nature." *The Ecocriticism Reader: Landmarks in Literary Ecology*, ed.

Cheryll Glotfelty and Harold Fromm, University of Georgia Press, 1996. ss. 225-240.
Opperman, Serpil. ed. *Ekoeleştiri, Çevre ve Edebiyat*. Phoenix Yayınları, 2012.
---. "From Posthumanism to Posthuman Ecocriticim." *Relations. Beyond Anthropocentrism*. Haziran 2016. ss. 23-37. doi: 10.7358/rela-2016-001-oppe
Özdağ, Ufuk. *Edebiyat ve Toprak Etiği: Amerikan Doğa Yazınında Leopold'cu Düşünce*. Ürün Yayınevi, 2005.
Rueckert, William. "Literature and Ecology: An Experiment in Ecocriticism." *The Ecocriticism Reader: Landmarks in Literary Ecology*, ed. Cheryll Glotfelty ve Harold Fromm. University of Georgia Press, 1996, ss.105-123.
Spretnak, Charlene. *Relational Reality: New Discoveries of Interrelatedness That Are Transforming the Modern World*. Green Horizon Books, 2011
"Statement by President Trump on the Paris Climate Accord | the White House." *The White House*, n.d.,n.d., https://www.whitehouse.gov/briefings-statements/statement-president-trump-paris-climate-accord/ [Erişim tarihi 07 Kasım 2020].
Thoreau, Henry David. *Walden*. James R. Osgood & Company, 1878.
Walking, n.d., https://faculty.washington.edu/timbillo/Readings%20and%20documents/Wilderness/Thoreau%20Walking.pdf [Erişim tarihi 7 Kasım 2020].
Worster, Donald. *The Wealth of Nature: Environmental History and the Ecological Imagination*. Oxford University Press, 1994.

BÖLÜM 18

POSTHÜMANİZM ÇAĞINDA BİYO-POLİTİKA VE GELİŞTİRME TEKNOLOJİLERİ

Yunus Tuncel

Geliştirme teknolojileri çağımızda sürekli olarak yenilenerek ortaya çıkmaktadır. Geniş anlamda geliştirme, insanın yaratıcı ve üretken eylemleri, biyo-mekanik bir kol taktırmaktan otomatik sistemlere kadar geliştiren her şeyi ifade edebilir. Dar anlamda, gelişmiş teknolojilerin yardımıyla bireysel özelliklerin ve yeteneklerin geliştirilmesi anlamına gelmektedir. Ayrıca, teknolojik geliştirmeyi nasıl anlarsak anlayalım, dikkate alınması gereken yeni "ethos" ve geliştirme teknolojilerinin ürettiği etki (affect) türleridir; posthümanizm insani ve hümanizmin insan merkeziyetçiliği sorgulayan, farklı disiplinlerden etkilenmiş ve teknolojiyle de yakından ilgilenen yeni bir vizyon geliştirmiştir. Son yılların geliştirme teknolojilerini ve bunların etkilerini anlamak için hem bu vizyonu, daha önemlisi bu vizyounun felsefi dayanaklarını araştırmak gerekmektedir. Bunu anlamak için de sorunun köküne gitmeli, insan ilişkilerinin mikro ve makro düzeylerinde çalışan güç yapılarını ve biçimlerini Geştalt (Gestalt) ve teknolojinin bu ilişkilerde nasıl yürüdüğünü incelemeliyiz. Bu yazıda bu araştırmayı yapabilmek için öncelikle Friedrich Nietzsche'nin güç üzerine geliştirdiği fikirlerini inceleyeceğim. Sonra, Martin Heidegger'in teknoloji eleştirisini kısaca özetleyip, Michel Foucault'nun Nietzsche/Heidegger ekseninde dönen kurum eleştirisi bağlamında ortaya koyduğu biyo-güç tezlerine değineceğim. Yazımın en son kısmında da çağımızın bazı geliştirme teknolojileri uygulamalarına geliştirdiğim felsefi çerçeveyi kullanarak tartışacağım.

Nietzsche'de Aktif ve Reaktif Güç Üzerine

Nietzsche, *Ahlakın Soykütüğü: Bir Kavga Yazısı* (*Zur Genealogie der Moral: Eine Streitschrift*) ilk makalesinde "aktif" ve "reaktif"[1] terimlerini düşünce dünyasına

---

[1] Nietzsche bu eserinde (Birinci Makale Bölüm 10) değer yaratma alanında iki modalitenin olduğunu ileri sürer: biri, tektanrılı dinlerde ve modern çağda ağırlıkta olan yaşam güçlerini ve farklılığı inkar eden ve baskı altında tutan "iyilik ve kötülük ahlakıdır." Bu reaktif, tepkisel bir ahlak biçimidir. Diğer taraftan aktif olan, "iyilik ve kötülük ahlakı" yaşamın teyit edilmesini, her şeyin tekil olarak farklı doğasını ve çoğulcu bir düzenin kabulünü kucaklar. Tepkime ise bir başkasına karşı eylemdir ya da bir başkasına karşı düşmanlık ile ilgili olarak, aktörü eyleme geçiren bir eylemdir. Böyle bir reaktivite, zayıflık ve güçsüzlükten kaynaklanır, hınçla ("ressentiment") da yakından ilintilidir ve bu bağlamda Nietzsche'nin değer yaratma üzerine geliştirdiği fikirler onun güç felsefesiyle de örtüşmektedir. Gözünü her zaman dışa doğru çeviren, bir başkasını suçlayan, her zaman hatayı diğerinde, dışarıda bulan bu eğilimler, reaktivite belirtileridir. Düşüncede böyle bir reaktivitenin altında yatan reaktif bir düşünme biçimi vardır. Bazı metinlerde Deleuze, Nietzsche sonrası felsefesinin görevinin düşünceyi reaktif unsurlarından kurtarmak olduğunu söyler (*Nietzsche ve Felsefe* 2. Bölüm). Bununla birlikte, aktif olan, çoğunlukla güçten ve benliğin zenginliğinden kaynaklanır. Bu, benliğin güç bolluğunu beslediği ve kendini kendinden yaratabildiği yerdir. Posthümanizm akımı Nietzsche sonrası düşünceyi içselleştirdiği ölçüde eski tepkisel ahlakı ve etkilerine karşı da bir felsefi ve kültürel mücadeledir.

tanıtmıştır. Çağımızın insanı, Nietzsche'nin "iyilik ve kötülük ahlakı" olarak adlandırdığı reaktif bir ahlaki dünya düzenini miras almıştır. Diğer taraftan aktif olan ise, "iyilik ve kötülük ahlakı" yaşamın teyit edilmesini, her şeyin tekil olarak farklı doğasını ve çoğulcu bir düzenin kabulünü kucaklar.

Diğer yandan tepkime, reaktif olan, bir başkasına karşı eylemdir, ya da bir başkasına karşı düşmanlık ile ilgili olarak, eyleyeni (agent) harakete geçiren bir eylemdir. Böyle bir reaktivite, zayıflık ve güçsüzlükten kaynaklanır. Gözünü her zaman dışa doğru çeviren, bir başkasını suçlayan, her zaman hatayı diğerinde, dışarıda bulan bu eğilimler, reaktivite belirtileridir. Düşüncede böyle bir reaktivitenin altında yatan reaktif bir düşünme biçimi vardır. Bazı metinlerde, Gilles Deleuze, Nietzsche sonrası felsefesinin görevinin düşünceyi reaktif unsurlarından kurtarmak olduğunu söyler (*Nietzsche ve Felsefe* 2. Bölüm); Bunula birlikte, eylem, çoğunlukla güçten ve benliğin zenginliğinden kaynaklanır. Bu, benliğin güç bolluğunu beslediği ve kendini kendinden yaratabildiği yerdir.

Nietzsche'nin hınç ("ressentiment")[2] ve tepkiselliğe şüpheyle yaklaştığı başka bir neden, onların yaratıcı ve değer yaratmış/yaratıyor olmalarındandır. Hiyerarşi ters çevrilmiştir ve şimdi zayıflar güçlendirilmistir. Bu, soylu değerlemelere karşı "manevi intikam" tarafından motive edilen değerlerin terse dönmesidir. Nietzsche, birincisini köle ahlakı, diğerini ise efendi ahlakı olarak adlandırır. Dahası, köle ahlakının değerleme tarzının "iyi ve kötülük" olduğunu gösterir; bu da köle ahlakı için sadece değerlerinin iyi olduğu anlamına gelir ve var olan tek doğruluğa sahiptir. Efendi ahlakı ise "iyi ve kötü" ile belirlenir. İki yöntem arasında bir benzerlik yoktur, çünkü efendi ahlakı, değerleri kendi başlarına, kendi değerlerinde ve dış faktörlerden bağımsız olarak seçer. Bir hiyerarşiye yerleştirilebilecek iyi ve kötü değerler vardır. İyilik ve kötülük ahlakı için değer yaratma odağı, reaktif ruhun sahip olduğu tek doğruculuktur. Sonuçta, Nietzsche'nin eleştirdiği, tarihsel olarak tek tanrılı (monoteistik) dinlerle örtüşen "iyi ve kötü" köle ahlakın tek doğrusudur; diğeri, "efendi ahlakı" ise çoğulcu bir ahlaktır. Posthümanizm çoğulculuğu ve farklı olanı, içsel ve dışsal boyutlarında, kabul etmeyi öngören bir akımdır ve bu bağlamda Nietzsche'nin "efendi ahlakı" kapsamında geliştirdiği düşünceyle örtüşmektedir. Farklı yazılarında Nietzsche bunu perspektivizm olarak gelistirmistir. Bu konuyu Sorgner ve Ferrando gibi düşünürler posthümanizm felsefesi bağlamında işlemişlerdir (Tuncel 19-20; Ferrando 148-158). Özellikle Ferrando Nietzsche'nin çoğulculuğunu insan merkezcilik ve doğruluk eleştirileri açısından geniş kapsamlı bir şekilde posthümanizm düşünce alanına taşımıştır.

Nietzsche'nin değerler ve güç biçimleri üzerine sorduğu sorular (değer yaratma, güç felsefesi, vs.) ve geliştirdiği fikirler bu çağımız için oldukça geçerlidir; tek doğruculuk, her ne kadar tek tanrılı dinlerle ortaya çıkıp felsefi akımlarla bütünleşse bile, modern çağda farklı sosyo-kültürel alanlara ve binlerce yılın getirdiği katmanlarla, insan varlığının psiko-somatik (ruh-beden) bünyesine yayılmıştır.

---

[2] "Ressentiment"in türkçede tam karsılığı yoktur. Çoğu çevirilerde "hınç" diye geçer, fakat Nietzsche de onu Fransızca'dan almıştır; ayrıca bu duyguyu teşhis edip ona ad veren ilk düşünür de Nietzcshe'dir.

Tekdoğrucu dini akımlardan milliyetçilik, ırkcilik, cinsiyet düşmanlığı gibi sosyal sorunların altında, metafiziksel boyutlarda tekdoğruculuk ve ona tekabül eden tepkiselci duygular yatmaktadır. Sorunların derinlerine gidilmediği için bu sorunlar sürekli ortaya çıkmakta, insanlarda çoğu zaman çözüme götürmeyen kızgın tepkileri depreştirmektedir. Farklı araştırma alanlarını bir araya getiren posthümanizm bu sorunlara hem metafiziksel boyutlarda hem de sosyal bağlamlarda teknoloji, insan-doğa ilişkileri, gelistirme teknolojileri, cinsellik, cinsiyet ilişkileri gibi pek çok alanda yaratıcı ve düşünsel açılımlar getirmektedir.

Heidegger'de Teknoloji Eleştirisi

Teknoloji çağımızın bir dönüm noktasıdır; bu önceki çağların teknolojiye sahip olmadığı anlamına gelmez, fakat, Heidegger'in teknoloji üzerine (*Teknolojiye Yönelik Soru* (*The Question Concerning Technology* [*Die Frage nach der Technik*] 1977)) verdiği konuşmasında söylediği gibi içinde yaşadığımız çağda insanlık tarihinde ilk kez teknolojik bir dünya var oluşundan (Da-sein: there-being) (*Dasein*'dan) bahsedilebilir. Heidegger'e göre teknoloji sadece bir takım araç gereç değil, aynı zamanda dünyada olmanın bir yoludur. Teknolojik *Dasein*'imiz, araçsal olan, tüm varlıkları manipüle edilecek ve kullanılacak bir yedek ordu olarak gören ve insanları otantik olmayan ve reaktif bir varlığa yönlendiren bir metafizik tarafından şekillendirilmiştir. Bununla birlikte otantik olmak için teknolojik varoluşa meydan okumak, teknolojinin nasıl bir açığa vurma şekli olduğunu anlamak ve tekniğin (beceri, yetenek vs. anlamında olan) antik Yunan kültüründe doğruluk etimolojisinin öne sürdüğü açığa vurmakla yakından bağlantılı olduğunu göz önünde tutmak gerekir. Şimdi sanat, özellikle ileri teknolojileri kullanan sanatlar, hümanizm sonrası (posthumanist) çağımızda bu yüzleşmenin ve bu anlayışın gerçekleştiği bir alandır. Nietzsche'yle Heidegger'i teknoloji üzerine yan yana koyarsak, ana görev, teknolojinin reaktif yorum ve uygulamalarını aktif olanlara dönüştürmek veya reaktif olanların yerlerine aktif olanları koymaktır. Bu bağlamda Ferrando posthümanizm felsefesinde teknolojinin yerini tartışırken, Heidegger ve Bernard Stiegler'in eleştirilerinden yararlanmıştır; Stiegler modern teknolojinin ana özelliğini hesapçı rasyonalitenin doğayı ele geçirme, sahiplenme eğilimi olarak görür (10). Stiegler'in söylemi Heidegger'in teknoloji eleştirisinden etkilenmiştir; Ferrando bu eleştiriyi "iyi ve kötülük" ötesi şeklinde değerlendirerek Nietzsche ve Heidegger'in eleştirilerini de biraraya getirmiştir: "Heidegger'in teknoloji vizyonu iyi ve fenalığın ötesindedir" (Ferrando 42).

Heidegger'in teknoloji eleştirisinin temel noktalarını açığa vurmak gerekirse, şu konulara değinmek gerekmektedir: Birincisi, Heidegger Batı metafiziğinde yetenek (*techne*, teknoloji kelimesinin köküdür) ve yaratıcılığın (*poesy*) ayrı düştüğünü dile getirir. Bu ayrı düşmenin bir getirisi 'tekne'yle alakalı olan teknoloji gibi oluşumların etiksel bağlamlarından kopabilme veya varlıktan yabancılaşma durumuna girebilmeleridir. Sonuçta, Heidegger kopukluğu ve yabancılaşmayı modernitenin esas sorunları olarak görür ki bu sorunlar farklı alanlarda da kendilerini gösterirler. İnsanın doğadan uzaklaşması örnek olarak gösterilebilir. Nitekim bu posthümanizmin modernitede olan rasyonel insan/pasif-doğa ikiciliğinin eleştirisiyle de örtüşmektedir. Burada, Heidegger doğayı moderniteye has "natura" (Latinceden: doğmuş olan, pasif) olarak değil, Antik Yunan, özellikle Sokrates öncesi düşünürlerde görülen "physis" (Antik Yunancadan: doğan, gelişen, büyüyen ve aktif) kavramıyla anlatmaya çalışır. Burada altı çizilmesi gereken konu Heidegger'deki "integralist" yaklaşımıdır; bu yaklaşıma göre, doğa, çevre ve insan bir bütündür, varlıkları ancak birbirleriyle olan sembiyotik bütünlüklerinde anlayabiliriz.

İkincisi, Heidegger'in Batı metafiziği eleştirisinde gündeme getirdiği şeycilikle ve enstrümentalcılıkla alakalıdır. Antik Yunan metafiziğinden beri ve özellikle Aristoteles'in geliştirdiği mantıkla beraber batıda varlığa şeyler bütünlüğü olarak bakma eğilimi başlar. Onlar kategorize edilip, sınıflandırılıp, kullanılabilecek "şey"lerdir. Bu modernite de nesnelcilikle örtüşünce, modern bilimsel rasyonelite ortaya çıkar ve doğa ve diğer varlıklar insanın hegemonyası altında kullanılabilecek şeyler olurlar. Heidegger, çağımızın gelişmiş teknolojik dünya görüşünü bu enstrümental rasyonelitenin bir devamı olarak görür. Ve bu onun 'Gestell'idir. Sonuçta, bu teknolojik dünya görüşü için sadece doğa ve diğer varlıklar değil insan da her zaman kullanılabilecek halihazırda bekletilen bir ordunun üyeleridir. Nietzsche'nin kitle kültür eleştirisini Heidegger teknolojiye uyarlamış ve teknolojik çağın en büyük sorunlarından birini ortaya çıkarmıştır (Marx'in kapitalizm eleştirisi de bu eleştirilerle örtüşür).

Üçüncüsü, varlık ve doğruluk Heidegger'in (1977) teknoloji konuşmasında (başka eserlerinde de) değindiği başka bir konudur. Heidegger'e göre doğruluk Antik Sokrates öncesi düşünürlerde de olduğu gibi varlığın açığa çıkmasıdır ve çıkarılmasıdır. Tam tersine, batıda Sokrates sonrası felsefi gelişmelerin belirlediği doğruluk, mantıksal doğruluktur.[3] Bu doğruluğa çok kısıtlayıcı olarak bakan bir görüştür. Her ne kadar Heidegger birçok eserinde doğruluğu şiir ("poesy") yönüne çekse bile, bence doğruluk pek çok alanda (sadece lisanda değil) kendini tezahür eder. İnsan hayatı varlığın üstünü örtme ("letheia") ve varlığı açığa vurma ("aletheia")[4] faaliyet ve söylemleri arasında gidip gelir ve bu gidip gelmeler pek çok alanlarda olabilir. İşte teknoloji de bu alanlardan biridir. Teknolojide ve teknolojiyi yoğun bir şekilde kullanan akım ve alanlarda bu iki kutup arasında gidip gelmeler olur. Hatta bunları kutup olarak göstermek eksik olabilir; çünkü bazı durumlar her ikisini de içerebilir, aynı zamanda söylemlerimiz ve faaliyetlerimiz varlığı hem örtebilir hem de açığa vurabilir.

Heidegger'in gündeme getirdiği, diğer eserlerinde de değindiği dördüncü konu otantik yaşamdır. Otantik dünyada var olma biçimi bütün varlıkla bir olmalıdır, onun çağrısına kulak verme ve ona dönmedir. Heidegger, Plato'nun kurduğu

---

[3] Sokrat ve Sokrat sonrası felsefi akımlar doğruluğu lisan ve soyut düşünce yönünde yorumlamışlardır. Aristo'nun geliştirdiği mantık bunun bir ifadesidir. Artık doğru olan sadece mantıksal olandır. Sokrat öncesi düşüncede bunun izleri olsa bile, orada lisanın şiirsel özü hala ayaktadır ve Empedokles ve Parmenides gibi pekçok filozof düşüncelerini şiir yoluyla ifade etmiştir.

[4] *Aletheia* antik Yunanca'da doğruluk için kullanılan kelimedir; kökü, *lethein* örtmek anlamına gelir. *Letheia* örtme, *a* onu olumsuz yapar, *aletheia* açığa çıkarmak (hakikatin açığa çıkması demektir), anlamına gelir. Bazı bağlamlarda gizli olanı açığa vurmak olarak da kullanılır. Bu konuda daha fazla okumak için, okurlar Heidegger'in Sokrat öncesi düşünürler üzerine yazdığı eserlerine bakabilirler. Bu konuda Heidegger mistiklerden de etkilenmiş olabilir (Meister Eckhardt gibi), fakat Heidegger'in lisanı ontolojiktir.

varlıkla hiçlik arasındaki ikilem yerine, varlıkla ("Being") günlük yaşam ("das Man") arasında bir tezat kurmuştur. Günlük yaşamdaki söylemler, varlık ve varlıklar hakkında ileri sürdüğümüz saçmalıklar, varlıkların özüyle hiçbir alakası olmayan ideolojiler bizi varlıktan uzak tutar ve otantik olmayan bir yaşam sürmemize neden olur. Teknolojiyi sorgulayarak, ama aynı zamanda onun üzerinden de varlıkla bütün olunabilir; böylece teknolojik otantik bir yaşam biçimi de mümkündür. Aşağıda örneklediğim eğitim ve sanat modelleri bu görüşü destekler.

Heidegger'in teknoloji konusunda yaptığı saptamaları özetlersek, teknoloji içinde yaşadığımız, yukarıda sıralanan sorunları sıfırdan yaratmış değildir, fakat bu sorunları büyütmüştür; bunların altında yatan bir metafizik vardır. Bu bize gelişmiş ve geliştirme teknolojilerinin, teknolojiyle yüzleşme seviyesine göre, insanı hem pozitif yaratıcı yönde, hem de negatif yıkıcı yönde, çok uç noktalara götürebileceğini de ortaya koyar. Bu konuda aydınlatıcı bir örnek son yıllarda posthumanist düşünürlerin transhümanistlerle yaptığı diyalogdur. Pekçok posthumanist düşünür transhümanizmin teknoloji ve teknolojik varoluşun özellikle aydınlanma çağından etkilenen felsefi boyutlarını sorgulamadığını ileri sürer ve bu bağlamda transhümanistleri eleştirirler. Sorgner transhümanizmde yaygın olan teknolojik ütopyacılığın tehlikeli olduğunu iddia eder (*Übermensch* 20). Babich'e göre transhümanizmin bedenden arınmış siborg fantazisi "çileci idealizm"in[5] bir uzantısıdır (akt. Tuncel 122-126). Babich'in bu makalesinin çıktığı antolojideki makalemde ben de transhümanizmin acı ve zevk konusunda yetersiz kaldığını, acı ve acı çekme üzerine söylemlerinin felsefi temellerinin Nietzsche ve başka düşünürler tarafından eleştirildiğine değinmiştim (akt. Tuncel 224-226).

Foucault'da Disiplin ve Biyo-Güç

Michel Foucault'nun kurumları ve kurumsal pratikleri eleştirmesi, teknolojide çalışan güç biçimleri hakkında çok şey ortaya koyar. Ne de olsa Panoptikon,[6] ister Foucault'nun günlerinde ister bugünkü zamanlarda olsun, teknolojinin bir fonksiyonudur. Gelişmiş teknolojiler olmadan Panoptikonu düşünmek zordur. Foucault bunu biliyordu, çünkü Panoptikon, Foucault'nun *Disiplin ve Ceza* (*Discipline and Punish* 1975) kitabında ortaya koyduğu gibi, belirli kontrol teknolojileriyle ortaya çıkmış ve yeni teknolojiler geliştikçe ona göre yeni kontrol biçimleri geliştirmiştir. Ancak, şimdi internetin, sosyal medyanın ve geliştirme teknolojilerindeki ilerlemelerin artmasıyla, teknolojide daha farklı bir yerde olduğumuz görülmektedir. Foucault'nun güç uygulamaları, doğruluk rejimleri ve bilgi söylemleri (discourse) ile ilgili ortaya koyduğu tezler, her zamanki gibi geçerlidir.

---

[5] Nietzsche'nin orijinal metninde, *Ahlakın Soykütüğü Üstüne* kitabının Üçüncü Çalışmasında "asketische Ideale" diye geçer. Nietzsche bu tabirle Batının değer sisteminde insan bedeninin ve arzusunun baskı altında olduğunu ve bu baskının dinden bilim ve sanata kadar kültürün her alanına yayılmış olduğunu dile getirir.

[6] Foucault'ya göre Panoptikon Batı toplumlarında sanayi devrimiyle ortaya çıkan ve toplumun bütünlüğüne yayılmış disiplin, kontrol ve ceza sistemidir. Bu panoptik sistem içinde işleyen kurumlar kendi söylem, doğruluk söylemleri ve güç rejim ilişkilerini yaratmıştır. Foucault'nun 1970'lerde çıkan *Suç ve Ceza* kitabı Panoptikonun hem ortaya çıkış şartlarını hem de işleyiş koşullarını anlatır.

Foucault'nun iktidar sorunuyla ilgili araştırması 1970'lerin başında başlar. College de France'da verilen bir derste söylediği gibi, 1970-71'den beri gücün nasıl işlediği üzerinde çalışmıştır (24)[7] Çalışmalarında, iktidarın işleyişinde mevcut olan iki belirteç bulunur: hak kuralları ve gücün doğruluk etkileri (her güç ilişkisi doğrularla çalışır). Bu şekilde Foucault, güç mekanizmalarının kalbinde kurulmuş bir güç, bilgi ve doğruluk üçlülüğü görür. Ve sorularını şu şekilde formüle eder: "Gücün doğruluk söylemlerini üretmek için uyguladığı hak kuralları nelerdir? Veya, bu kadar güçlü etkileri olan doğruluk söylemlerini üretebilecek güç nedir? (Foucault, "Society Must Be Defended" 24).

Foucault, güç meselesinin tarihsel bir analizini yaptığı için, kökünde Roma hukukunu Orta Çağ'ın sahiplenmesine kadar izleyen hukuki bir model olarak görür: güç meselesi hukuki mekanizmalarla desteklenmiş bir "kraliyet gücüdür" ("Society Must Be Defended" 24-25). Foucault'ya göre, Orta Çağ'ın ortalarında, Roma İmparatorluğu'nun çöküşünden üç dört yüzyıl sonra, Kutsal Roma İmparatorluğu'nun yönetimi altında Roma'nın yasaları yeniden gündeme gelmiş ve kraliyetler için gerekli olan mutlak gücün yaratılmasında kullanılmıştır. Kraliyet gücünün uygulanmasında, öne çıkan iki konu vardır: bir yandan hükümdar, egemenliğin bedeni olarak temel iktidar hakkına sahiptir; öte yandan, hükümdarın hükmü belirli kurallara uymak zorundadır ve belirli sınırlar dahilinde uygulanabilir (burada yürürlükte olan tüm hukuki sistemlerin rolü önem kazanmaktadır).

Foucault, güç analizi ve güç konusundaki temel fikirlerini açıklamak için beş önemli "metodolojik önlem" ortaya sunar:

1) Gücü anlamak için, sadece gücün merkezine değil, aynı zamanda aşırılıklara ("extremity"), dış sınırlarına da bakmak gerekir. Bu nedenle, Foucault gücü yalnızca iktidarın organı olan egemenlikte değil, aynı zamanda yerel ve bölgesel kurumlarda, gücün işlevlerini mikro seviyesinde araştırır ("Society Must Be Defended" 27-28). Sonuçta, insanlar her zaman güç ilişkilerindedir; bunlar en temel aile ilişkilerinde veya toplumun farklı kesimlerinde olabilir. Geleneksel olarak güç denildiği zaman makro seviyedeki güçler anlaşılırdı; bunun temel noktası büyük bir olasılıkla insanlık tarihinde yerleşik toplumlarda, özelllikle yerleşik toplumlara geçişlerde aranabilir. Belirli bir dönemde doğayla bütünleşmiş tinler, yöneticileri, kralları destekleyen tanrılar olmuşlardır ve bundan sonra asıl güçlü olanlar bu krallar, tanrılar ve onların temsilcileri din adamlarıydı. Dinlerin "politik" olması da bu kültürel dönüşümle açıklanabilir.

2) Foucault'nun amacı, gücü niyet dahilinde değil, niyetlerin "gerçek ve etkili uygulamalara koyulduğu" noktalarda analiz etmektir ("Society Must Be Defended" 28). Asıl önemli olan "güçlü"lerin güçleri hakkında bildikleri ve söyledikleri şeyler değildir; aksine, Foucault'nun analiz etmeyi amaçladığı şey, "güçlü"'lerin içinde bulundukları güç ilişkilerindeki tüm bedenler üzerindeki etkileri ve bu güç ilişkilerinde özne olarak oluşturulan tüm çevresel bedenlerdir. Bu etkiler çoğunlukla

---

[7] Türkçesi verilmelidir ve kısaltması da yine Türkçesinden oluşturulmalıdır TSG (Toplumu Savunmak Gerekir) şeklinde olabilir Yani Toplumu Savunmak Gerekir ("Society Must Be Defended" 1972) eseri bundan sonra TSG şeklinde kullanılacaktır.

arka planda, bilinç altında yatarlar. Her ne kadar Foucault bu psikoanalitik terimi kullanmasa da yapmaya çalıştığı şey güç ilişkilerinin bilinçaltını ortaya koymaktır.

3) Sosyal inançlarımızın öne sürdüğünün aksine güç bir insanın sahip olduğu bir *şey* olarak anlaşılamaz: Örneğin, "güçlü olanlar" veya bazı politik teorilerin önerdiği, en güçlü varlık devlet gibi söylemlerde olduğu gibi. Güç dolaşır, güç fonksiyonları güç ağları üzerinden uygulanır. Bireyler gücün hedefleri değildir, fakat onun temas-geçiş noktalarıdır, yani güç bireylerden geçer ("Society Must Be Defended" 29). Klasik güç teorilerinin en büyük sorunu gücü bir "şey" olarak görmeleridir; halbuki güç bir "şey" değildir. Dahası, "şey" diye bir şey yoktur. 19. yüzyıla kadar güç sanki birilerinin sahip olabileceği bir "şey"miş gibi görülmüş ve bu şekilde anlaşılmıştır. Bu tabuyu ilk kıran Foucault'yu da özellikle bu alanda etkileyen Nietzsche olmuştur.

4) Merkezden başlayarak güç konusunda çıkarımlar yapmamak önemlidir (üçüncü madde bunu önermiş olabilir); bunun yerine, çok temel güç mekanizmalarıyla (en düşük seviyelerde olanlarla) başlayıp onlarin tarihlerini, yörüngelerini, tekniklerini ve taktiklerini ("Society Must Be Defended" 30-33) analiz ettikçe yükselen bir güç analizi yapmak gerekir. Mikro seviyelerde güç mekanizmaları nasıl çalışır? Bu mikro seviyeler aile veya iş yeri olabilir. Geleneksel olarak pek çok insan (ve politik teori) güç denildiği zaman devleti, hükümeti, toplumun idarecilerini, büyük şirket sahiplerini veya kapitalistleri anlar ve "güçlü" kelimesi hala günümüzde böyle kullanılmaktadır. Birincisi, kurumlar insanlardan oluşur (örneğin, devlet, hükümet, şirket, vs.); ikincisi, her insan mikro seviyesindeki güç ilişkilerine ve güç "Geştalt"larına tabiidir. Her güç ilişkisi için, mikro veya makro olsun, Nietzsche ve Deleuze'un gündeme getirdiği o güç ilişkisindeki ana güç formunun aktif mi reaktif mi olduğu sorusu sorulabilir. Kısacası, toplumda reaktif güç biçimleri hakimse ve ilerde makro boyutlarda güç ilişkisine girecek bir çocuk bu reaktif güç biçimleri içinde doğup büyüdüyse ve bu güç ilişkileriyle hayatını devam ettirdiyse, o makro pozisyonunda daha fazla etkiler saçarak reaktif güç ilişkilerini sürdürecektir.

5) Foucault "ideolojileri" önemli fakat güç uygulamaları için ikincil olarak görür. Onun için birincil olan "bilgi aygıtları" ("apparatus of knowledge") "bilgiyi oluşturan ve biriktiren araçlar, gözlemsel yöntemler, kayıt teknikleri, araştırmacı araştırma prosedürleri, doğrulama mekanizmaları"dır ("Society Must Be Defended" 33). Eğer "ideolojiler" üstyapı ise (bu devlet aygıtıyla çalışır), "bilgi aygıtları" yerel güç ilişkileri ağlarına dayanır.

Foucault tüm bu beş noktayı toparlayarak ("Society Must Be Defended" 33), gücün üstyapıyı, yargı organını, egemenliğini ve ideolojileri inceleyerek anlaşılamayacağını vurgular; güç analizimizi, bilgi kurumlarıyla belirli konularda belirli kurumlarda olduğu gibi, "materyal operasyonlara, boyun eğme biçimlerine," ("material operations, forms of subjugation" ("Society Must Be Defended" 34), gücün en yerel düzeydeki işleyişine kaydırmamız gerektiğine işaret eder. Bu noktaların çoğu Foucault'nun daha sonraki çalışmalarında yeniden ortaya çıkacaktır; bunların nasıl genişletildiğini ve değiştirildiğini göreceğiz.

1970'li ve 1980'li yıllarda yaptığı çalışmalarında Foucault, geleneksel siyasi ve sosyal otorite kavramları tarafından tanınmayan veya anlaşılmayan bir kontrol sistemini araştırır. Bu sistemlerden "biyogüç" ("biopower") olarak söz eder. Biyo-güç, gücün insan bedeniyle endekslenmesine paralel devletin "yaşama ve ölme" konusularında ayrıcalığı olduğuyla da ilişkilidir (*Discipline ve Punish* 130-131, 200-205). Vatandaşların yaşamlarına dair bu eşsiz görüş, Batı toplumlarındaki gücü anlamanın bir yoludur.[8] Foucault'nun daha sonraki çalışmalarının çoğu, bireylerin kendileri hakkında sahip oldukları varsayımları ve inançları neyin normal veya anormal, neyin doğru veya yanlış olduğu konusunu daha iyi anlamalarını sağlamak için biyo-güç yapılarını ortaya koymaktır. Foucault, böyle bir analizin bireyler için kendilerine ve başkalarına bakışlarında, özneler-arası (inter-subjective) ilişkilerde ve yaratıcı olmalarında yardımcı olacağına inanıyordu. Foucault bir keresinde şöyle yazmıştır: "Anlamak zorundayız ki arzularımızla, arzularımız yoluyla, yeni ilişki biçimleri, yeni aşk biçimleri, yeni yaratım biçimleri ortaya cikar. Cinsiyet bir fatalizm değildir; yaratıcı yaşam için bir olasılıktır" (*History of Sexuality* 1) Daha sonraki çalışmaları cinsiyete odaklanmış olsa da Foucault'nun bu yöntemleri hayatın hemen hemen tüm alanlarına uygulanabilir.

İster üst yapılarda ister toplum içindeki mikro düzeydeki etkileşimlerde olsun, aktif ve reaktif güçler her zaman oyunlarını oynarlar. Bugün, dünyanın pek çok yerinde de kurumsal etkisini gösteren Batı medeniyetinin yakın geçmişindeki tarihi çalışmalarında Foucault, reaktif güçlerin disiplinci biyo-gücünün hangi yollarla ve nasıl işlediğini, her ne kadar kurumsal kesintilerde olsa da yeterince göstermiştir.

Post-Normatif Düzende Teknolojik Geliştirme

Günümüzde gelişmiş teknolojilerle mümkün kılınan birçok geliştirme şekilleri vardır. Geliştirme, Nietzsche'nin eserlerinden merkezi bir kavram kullanmak gerekirse, geliştirme bir türlü "güç istencidir" (will to power). Her kuvvet, her varlık kendini hayata geçirmek ister; bu çaba, bu genişleme ve büyüme arzusu güç isteminin bir halidir. Ancak, yukarıda da sunduğum gibi, farklı güç "Geştaltları" ve dolayısıyla farklı "geliştirme" biçimleri vardır. O zaman temel soru, hangi "işleyiş tarzına" ("modus operandiye") göre günümüzün geliştirme teknolojilerinin nasıl güç uyguladığı ve karşılaştığımız paradigmaların nasıl olduğudur. Çağımızda yaygın olan üç eğilimi sunacağım ve bunları güç analizi açısından inceleyeceğim. Bunları örnek eğilimler olarak görüyorum ve hiçbir şekilde geliştirme teknolojisini bu üç alandaki geliştirmeye indirgemiyorum. Birincisi, trans-hümanistler tarafından önerilen ahlaki güçlendirme; ikincisi Sorgner'ın eğitim geliştirme modeli ve üçüncüsü ise sanatçıların ve performans sanatçılarının çalışmalarında gördüğümüz gelişmelerdir.

---

[8] Hobbes ve Rousseau gibi modern düşünürlerde egemenlik vatandaşların yaşam ve ölüm kararlarını elinde tutan prensiptir. Bu egemenlik prensibi postmodern ve posthumanist düşünceyle uyuşmaz. İçinde yaşadığımız dönemin etiksel düzeyde girdiği krizler bu anlaşmazlığın bir göstergesidir; örneğin, ötenazi veya hayat sonu ölüm hakkı gibi konularda.

Transhümanizm ve Ahlaki Güçlendirme

Perrson ve Savulescu gibi transhümanistler, genetik ve nörokimyasal olanlar da dahil olmak üzere ileri teknolojilerin, ileri teknolojinin yükselişi ile ortaya çıkan risklerle mücadele etmek için ahlaki duyarlılık geliştirmek için kullanılmasını öneriyorlar. Örneğin, insanlar özgecilik ve empati gibi ahlaki duygularını geliştirmek için genetik olarak müdahale edilmelidir. Argümanlarının temelinde yatan insanların teknolojik gelişmelere ahlaki açıdan ayak uyduramamış olmalarıdır; burada insanlığın gelişiminde bir çatlak görmektedirler. Eğer insanlık etiksel olarak gelişemezse, insanlığı büyük felaketler beklemektedir (Persson ve Savulescu 5, 11). Nitekim ortaya çıkan çevre, sosyal ve politik alanlardaki krizler de bunu göstermektedir.

Nietzsche ve Transhümanizm'de (*Nietzsche and Transhumanism* 2017)[9] Rebecca Bamford'un "Nietzsche on Ethical Transhumanism" makalesinde iddia ettiği gibi, bu tehlikeli bir yoldur, çünkü bu ahlaki duygular güven vermeyen bir zemine oturmaktadır. Kendi transhümanist dillerini kullanmak gerekirse, fedakâr ve özgeci (altruistic) bir kişinin yüksek bir karaktere sahip olduğu garanti edilmez, eğer gerçekten ulaşılması gereken amaç bu ise. Öte yandan, transhümanistler, bu tür müdahalelerin yapılacağı güç yapılarını dikkate almazlar. Onu "normal" yapmak için genetik olarak değiştirilmesi gereken "anormal" kişinin kim olduğuna veya bu kişide olan anormaliteye kim karar verecektir? Doğruluk (Nietzsche'nin eleştirisinde olduğu gibi özellikle kendini tek doğruculuk olarak gösterir) ve normalleştirme istencinin (Foucault'nun teşhir ettiği gibi) sorunsallığını sorgulamamışlardır. Aynı teknolojik müdahaleler, toplumun "ahlaki açıdan kınanılır" olarak gördüğü sanatçılar, dışlanmışlar ve sapkınlar için de kullanılabilir. Nihai olarak, her insanın içinde bir sapkınlık[10] vardır, ama farklı sosyal, kültürel ve bireysel sebeplerden dolayı insanlar kendilerine has sapkınlıkları ya göremezler, ya da bunu toplumsal baskılardan dolayı açığa vuramazlar. Yukarıda tartışılan müdahaleci transhümanist pozisyon posthümanistlerin çeşitlilik ve tekillik konusundaki radikal konumundan açıkça uzaklaşmaktadır. Kaldı ki genetik değişikliklere odaklanmak çevresel faktörleri hesaba katmamaktadır. Genleri ve kişiliği çok düzgün olabilecek bir insanı, çocukluğundan itibaren şiddet ve taciz dolu bir ortama koyarsanız da yine şiddete eğilimli bir insan yaratabilirsiniz. Ben genetik değişikliklere karşı değilim fakat yukardaki transhümanistlerin önerdiğini felsefi olarak uygulamada da çok önyargılı ve yetersiz buluyorum. Buna benzer reaktif gücün kendini tezahür ettiği pekçok geliştirme teknolojisi uygulaması da günümüzde var ve ilerde genetik teknolojiler arttıkça daha da fazla olabilir. Bu uygulamalar kendilerini ideolojik bağlamlarda gösterebilirler, ırkçı toplumlarda üstün ırk üretme veya ataerkil toplumlarda sadece erkek çocuk isteme gibi. Diğer karışık bir alan "interseksüel" doğan bebeklere anne ve babanın cinsiyetleri konusunda karar verip o yönde teknolojik müdahale yoluyla bebegin cinsiyetini değiştirmeleridir.

---

[9] Bundan sonra NT.
[10] Sapkınlık konusunda önereceğim ve posthümanizmde tartışan düşünürler Bataille, Klossowski, Blanchot ve Foucault'dur.

Transhümanistlerin önerdiği etiksel genetik yollarla biyo-geliştirme teknolojilerinin başka bir sorunu, bu genetik müdahalenin kimin ve hangi etiksel perspektiften yapılacağının düşünülmemesidir. Persson ve Savulescu'nun önerdiği gibi insanlarda "altruizm"i geliştiren genetik müdahalelerin yapılması; etiksel açıdan bu bir sorundur. Bir taraftan Hume ve Schopenhauer gibi bazı filozoflar, altruizmi iyi bir karakter özelliği olarak sayarken, Nietzsche gibi filozoflar altruizmin gerçek yüzünü gizli güç oyunu olarak çıkarmıştır (Persson ve Savulescu 129). Hangi felsefi modelden yola çıkarak bu tür genetik geliştirmelerin yapılacağı bu alanda sorulması gereken pek çok sorulardan birisidir.

Postmodern ve posthümanist çağ için yeni bir ethosun gerekli olduğuna katılıyorum, fakat transhümanistler gibi bu ethosun genetik yollarla çözülebileceğine katılmıyorum. Sonuçta, genetik olarak çok sağlıklı olan insanlar da etiksel açıdan çok sorunlu olabilirler. Transhümanistlerin, karakter zenginliği için, sadece fiziksel olana bakıp insanı insan yapan, ruh, tin, düşünce, lisan gibi diğer alanların hepsinin bütünlüğünde bakmamaları modern çağın önyargılarından birisidir. Özellikle modern bilim içinde yaygın olan ve ekol olarak materyalist olan akımlarda bunu görebiliriz (burada klasik materyalizmi kastediyorum).

Sorgner Eğitimsel Geliştirme Üzerine

Sorgner eğitim ve genetik geliştirme arasında bir benzetme yapar. Burada Sorgner eğitimi daha geniş anlamda bireyin oluşumu olarak anlatmaktadır, Almancadaki "Bildung" gibi ("Beyond Humanism" ve "Zarathustra 2.0 and Beyond") Habermas'a karşı genetik gelişimde geri dönüşümlü ve tersinmezlik kriterleri üzerinde tartışır ve şunu söyler: "[…] ama bana göre vurgulanması gereken şey genetik gelişimin ve onlar için sağlanan eğitimin çocukların kim olduklarına ve ne olmak istediklerine göre olup olmadıklarıdır" ("Zarathustra 2.0 and Beyond" 146). Sorgner burada, Nietzsche'nin "kim olduğun" temasını tekrardan gündeme getirmektedir. Sonuçta, zaten güç durumunda olan ebeveynler, gelecek nesillerinin yaşamı hakkında bir karar vermektedir; daha sonra bu kararlar ister eğitim seçimleri, ister genetik geliştirme yoluyla olsun, çocukların hayatlarını etkiler. Asıl soru, bu seçimlerin çocukların varlıklarına göre yapılıp yapılmadığı, "kim olmak" istedikleri ve yukarıdaki ana argümanımla bağlantılı olarak, aktif veya reaktif güç dengelerinde, hangi gücün uygunlanıp uygulanmadığı ile ilgilidir. Sorgner, bu yazısında argümanı genetik modifikasyon yönünde genişletir ve bu modifikasyonların yapıldığı bağlamı vurgular (Sorgner "Zarathustra 2.0 and Beyond"). Sorgner'e göre genetik bir yapıyı seçmek beraber çocuk yapacak genetik yapısını bildiğiniz bir eş seçmekten çok farklı değildir (NT 150).

Burada asıl konu genetik modifikasyonun insanı hem bireysel anlamda hem de kolektif ve en geniş bağlamda nasıl geliştireceğidir. Yukarda değindiğim gibi 19. Yüzyılın geliştirdiği ırkçı ve milliyetçi ideolojiler bağlamında gelişen öjenik ("eugenics")[11] akımı reaktifdir, fakat bu idelojilerden uzak, insanların kendi teksel

---

[11] Eugeniks, eu-gene, Yunancada iyi gen demektir ve kendi başına negatif bir anlamı yoktur. Tabii ki her oluşumu içinde bulunduğu ideolojik ortamlarda veya, Foucault'nun ileri sürdüğü gibi bilgi/doğruluk/güç ilişkilerinde anlamamız gerekiyor. Eugeniksin ortaya çıkardığı felsefi sorun da öyle bir şey.

eğilimlerini ve üstün insana doğru gelişmelerini göze alan genetik değişiklikler Sorgner'in öne sürdüğü gibi geniş anlamda insanın pozitif yönde oluşma ve eğitilme çabalarına paralel süreçlerdir.

Bireysel/Egemen Öz Dönüşümün Bir Parçası Olarak Güçlendirme:

Son zamanlarımızın sanatçıları çalışmalarında ileri teknolojiler kullanırlar. Yaratıcı sürecin doğası, sanatın hegemonik güç biçimlerine olan uzaklığı ve insandaki tekillere hitap ettiği için sanatçılar genellikle aktif etkiler üretmek için kendi alanlarını yaratırlar. Kendi zamanımızdan ve posthümanizm çalışan sanatçılardan biri olan Jaime del Val'dir. Del Val'in metaformanları, gelişmiş dijital teknolojiler aracılığıyla, bireysel izleyicilerin entegrasyonu ile görüntüleri ve sesleri yeniden yaratarak bütünleyici sanat eserleri (*Gesamtkunstwerk*) sunmaktadırlar. Del Val'in eserlerinde pasif bir seyirci önünde hegemonik bir gösteri yoktur, daha ziyade kolektif bir çabayla yaratılmış aktif bir gösteri vardır. Eserleri tüm sanatsal topluluğun kendilerine öz tekil etkilerini bir araya getirmelerini sağlar. Genetik geliştirme olmasa da Del Val'in çalışmaları, aktif etkiler üreterek, ileri teknolojileri vücudunun parçaları veya uzantıları olarak kullandığından teknolojik geliştirmeyi örneklendirmektedir. Bu etkilerle ilgili olarak, 2011 yılında Del Val ve Sorgner ile yaptığım röportajdan alıntı yapmak istiyorum ve işte Del Val o sırada şöyle der:

> Çağdaş *duygulanım kapitalizmi* (*cappitalism of affects*, italics in original) bağlamında pankoreografinin (panchoreographic) yeni kontrol teknolojileri aracılığı duygulanımsal üretim düzeyinde işlenmesi bana göre gereklidir. Temsil ve dil alanı *içinde* (*inside*, italics in original) katı bir şekilde işlemeyen, ancak hareket açısından yaklaşabileceğimiz bu mekanizmalara karşı çıkmak için yeni direniş stratejileri gereklidir. Metahümanizm tarafından önerilen amorf (amorphose) varlıklar temsil ve dilin sadece onları varsaydığımız ölçüde kaçınılmaz olduğunu belirten önemli değişimlerdir: öyledirler ancak bu varlıkların oluşumu çok koşullu bir paradigmadır, her zaman bu paradigmanın dışına çıkarız, bu yaşanılası yaşam için şart değildir. Yaşamı kalıplara ve biçimlere tabi kılmak, bizzat belirli denetim teknolojisidir, ancak yaşamın zorunlu bir koşulu değildir, dışsallıktan çok içkinliğe, kimlik ve biçimden çok amorf varlıklara dayanan başka tür ilişkiler ekolojileri ifade edebiliriz. böylece maddeleşme süreci olan "gücün morfojenine" ("morphogenesis of power") meydan okur. (5)

Günümüzde pek çok sanat akımı ve eserleri katılımcıları yaratıcı sürece aktif olarak katılmalarını bekledikleri ve onları teksel olarak gördükleri için yaydıkları güç etkileri de "aktif" etkilerdir. Burada bütün sanat için genelleme yapmak eksik olur, fakat sanatın yapıldığı ortamlardaki bağlamlara ve eğilimlere bakılması gerekir. Yukarıda verdiğim Jaime Del Val örneği gibi birçok sanatçı, performans sanatçısı, eserleri ve aktif etkilerinden söz etmek mümkündür.

Posthümanizm Felsefesi ve Teknolojik Geliştirme

Posthümanizm dar anlamda bir felsefe ekolü değil, daha geniş kapsamlı post-modern düşünceyle birçok açıdan örtüşen bir kültürel akımdır. Bu akımın içinde farklı ayrışımlar olduğu gibi, transhümanizm akımıyla da, özellikle teknolojiyle örtüşen ve insan sonrası yeniden düşünen alanlarda, bağlantıları vardır. Bütün bu hümanizm sonrası akımları bir araya getiren moderniteyle ortaya çıkan hümanizm eleştirileridir. Hümanizmin değer verdiği insan merkeziyetçiliğini, aklın üstünlüğünü veya belirleyiciliğini, akıl/beden ikiciliğini, yaşam ötesi metafiziksel ve her türden paternalistik yapıların öncüllüğünü Marx'dan Foucault'ya kadar eleştiren düşünürler ve onların düşünceleri posthümanizm akımlarında bir araya gelmiştir. Akımın Katherine Hayles ve Donna Haraway gibi ilk temsilcileri de bu düşünceleri kendi araştırma ve ilgi alanlarında dile getirmişlerdir. Bu bağlamda Hayles'in posthümanizme önemli katkılarından biri bedenden farklı olarak geliştirdiği "bedensellik" ("embodiment") kavramıdır; bedenselliğin yer, zaman, fizyoloji ve kültür açılarından bir bağlamı vardır (*How We Became Posthuman* 196). Ayrıca enformasyon materyal şartlarından bağımsız bir şekilde düşünülemez. Düşünce ve materyal arasında bir devamlılık olduğu gibi bilinç üstü ve bilinç altı veya ötesi arasında da bir devamlılık vardır. Bu son konuda Hayle "bilinç ötesi kavrama" ("nonconscious cognition") fikrini geliştirmiştir (*Unthought* 9). Haraway de Hayles'in düşüncelerine paralel, düşünce ve kültürün her alanında kendini gösteren daha çok hümanizm kaynaklı ikiciliği eleştirmiş, doğa-insan ilişkisini ve ikicilik üzerine kurulmuş ırk ve cinsiyet ilişkilerinin yeniden gözden geçiren bir felsefe geliştirmiştir. Birçok düşünceleri feminizm de dahil olmak üzere sosyal bilimleri ve insani ve beşeri bilimleri etkilemiştir. Geliştirdiği kavramlardan biri "konumsal bilgi" ("situated knowledge") bilimin nesnelliğini sorgularken, her bilim alanının ve pratiğinin belirli güç dengeleri içinde gerçekleştiğini öne sürmüştür; bu eleştirilerinde Nietzsche ve Foucault'nun izlerini görmek de mümkündür (Haraway, "Situated Knowledges" 557-580)

Nietzsche'nin önem verdiği bireyselciliğin—bütünden kopuk olmayan yaratıcı bireyselcilik diyebiliriz—ve çoğulculuğun da posthümanizm düşüncesinde yeri vardır. Bu çoğulculuğun felsefi ifadesi Nietzsche'nin felsefi yaşamının sonlarına doğru kavramsallaştırdığı perspektivizminde orta çıkar. Nietzsche'nin ilk yazıları da hümanizm eleştirileriyle doludur: "Doğruluğun Pathos"unda bilen, bilgili insanı yerlere vurur. Bilgili insanın varlığının evrende bir dakikalık ömrü vardır ve insanlık da biterken doğruluğa küfrederek gidecektir ve Nietzsche'ye göre insan sadece bilen insan olsaydı, bu onun kaderi olacaktı. Bu eleştiri hem insan merkeziyetçiliğini hem de insanı sadece rasyonel bir yaratık olarak tanımlayan Batı felsefesinde ve kültüründe hâkim olan söz-merkezciliğinin (logocentricism) de eleştirisidir.

Dionysoscu yaklaşım insanı bütün varlıkla beraber görür. Posthümanizm de kosmopolitan ve çok-alanlı bir akım olarak insanı doğayla, doğasıyla bütün görür. Modern, tek-merkezci, tek-doğrucu insan kayıptır, doğadan, dünyadan kopuk yaşamaktadır. Posthümanizm bu kayıp insan için, özellikle son iki asrın düşünürlerinin fikirlerinden esinlenerek bu sorunlar için çıkış yolları göstermektedir.

İnsanlık bu krizden çıkmak, Nietzsche'nin önerdiği gibi, Dionysoscu[12] işlevleri tekrardan yaratmak, hayata geçirmek durumundadır.

Ayrıca posthümanizm çağımıza şekil vermiş teknoloji ve teknolojik var oluş biçimleriyle de bağlantılı olmuştur; burada transhümanizmle farkı teknolojiye bakış farklılıklarında yatar. Transhümanizm, modernitenin Aydınlık akımından ve Faydacılık (Utilitarianism)'den[13] en çok etkilenmiş ve teknolojiye insanlığın kurtarıcısıymış gibi çok sıkı sarılmıştır. Posthümanizm ise teknolojiyi kötülemeden ve hümanizm sonrası felsefi eleştirileri göz önünde tutarak onla eleştirel bir ilişkiye girmeyi yeğlemiştir. Bu yüzden Heidegger'in getirdiği ve benzeri eleştirilerin yeri önemlidir.

Foucault'nun kurum eleştirisini dikkate alan posthümanizm akımları yaratılan kurumların baskıcı, paternalistik güc/doğruluk/bilgi yapılarından uzak, insanların bireysel farklılıklarını gözönünde tutup onları yaşatan, onların tutkularını biraraya getirip daha üst noktalara götüren güç/doğruluk/bilgi yapılarını geliştirmek için uğraşır. Sonuçta Foucault'nun eleştirisi var olan yapıların sorunları üzerine odaklansa bile (negatif eleştiri şeklinde), insan toplumlarının kurumların asıl işlevlerini yeniden yaratma yönünde de pozitif vizyonu vardır. Bu vizyonu bazen bariz bir şekilde bazen de cümle aralarında görmek mümkündür. Batı'da yaygın olan "Scientia Sexualis" yerine diğer kültürlerde ve antik çağlarda yaygın olan "Ars Erotika"yi[14] önermesinde olduğu gibi örnekler verilebilir. Foucault'nun, Nietzsche ve sonrası düşünürler gibi, gündeme getirdiği en önemli sorunlardan biri insan bedenidir. Nietzsche'ye göre beden insanlık medeniyetinde baskı altında kalmıştır; Nietzsche bu kültürel olguya içgüdülerin içselleşmesi, "kötü vicdan" ve "asketik ideal" diye teşhis koyar. Nietzsche'nin bu teşhisini farklı düşünürler (Freud, Bataille, Klossowsk, Deleuze, vb.) farklı şekilde yorumlayıp kendi düşünce alanlarına uyarlarlar. Foucault'nun biyo güç eleştirisini de bu bağlamda anlamalıyız ve bedenin tekrardan yaşaması ve kültürel hayata kazandırılması da posthümanizmin gündemindedir. Bu bağlamda spor, dans, performans sanatları, cinsellik gibi bedensel alanların önemi artmıştır. Bu arada reaktif güçlerde olduğu gibi ve ona paralel, eskilerden gelen veya yeni haller almış bedeni baskı altında tutan yapılar da devam etmektedir (bu baskı yapıları Nietzsche'nin "asketik

---

[12] Nietzsche'nin Dionysoscu felsefesinin temel ögelerini eserlerinin çoğunda görmek mümkündür, ilk yayınladığı kitap, *Tragedyanın Doğuşu* (*Die Geburt der Tragödie aus dem Geiste der Musik* 1872) ve yazar olarak aktif olduğu son yılında yazdığı *Putların Alacakaranlığı* (*Götzen-Dämmerung oder Wie man mit dem Hammer philosophirt* 1889) da dahil olmak üzere.

[13] Utilitarianizm ilk defa Jeremy Bentham tarafından 1780'li yıllarda ileri sürülmüş daha sonra John Stuart Mill tarafından 1840'lı yıllarda geliştirilmiş bir felsefi akımdır. Ana tezi her türlü acıdan kurtulan zevk ve mutluluk üzerine kurulan bir ahlak sistemini felsefi bir çerçeveye oturtmaktadır. Bentham'ın bıraktığı pek çok açık kapıyı Mill Immanuel Kant'tan da etkilenerek kapatmıştır. Buna rağmen utilitarianizm Nietzsche de dahil olmak üzere birçok filozof tarafından yoğun bir eleştiriye tabii tutulmuştur. Transhümanizm felsefi ayaklarından birini utilitarianizm olarak görür ve utilitarianizmin sorunlarını görmez, özellikle acı/zevk ikicilik bağlamında.

[14] Foucault *Cinsellik Tarihi* (*History of Sexuality* 1980) eserinin birinci cildinde Batı kültürünün diğer kültürlerden farklı olarak cinselliği yeniden yaratmak ve yaşatmak yerine, onu anlamak, onun üzerine diskurlar kurup kurallar ve kanunlarla kontrol etmek üzerine yoğunlaştığını idda eder. Buna da cinsellik bilimi anlamına gelen "Scientia Sexualis" der; diğer alternatif, diğer kültürlerin yaşayıp yaşattıkları ise erotika sanatı anlamına gelen "Ars Erotika"dır. Burada Foucault bir genelleme yapma yerine, ana, kültürlerde hakim olan akımları göstermektedir.

idealizm" dediği sosyo-kültürel oluşumlardır); örneğin, Babich (Babich transhumanist değil, onun elestirisini sunar) transhümanizmin insan bedenini geride bırakıp siborg olma istem ve eğilimini "asketik ideal"in bir şekli ve uzantısı olarak görür. ("Nietzsche's Post-Human Imperative")

Son Söz

Geliştirme teknolojileri yukarda Sorgner'in eğitim ve insan oluşumu, hatta "üstün insan" (Nietzsche'deki "Übermensch") yaratma bağlamında ve sanatçıların yaratma çaba ve süreçlerinde anlaşıldığı ölçüde posthümanizm düşüncesiyle uyumludur.[15] Önemli olan bu eğilimlerin, özellikle Foucault'nun anladığı tarzda disiplin ve ceza güç formlarıyla çalışan kurumlarda görüldüğü gibi, baskıcı, tepkisel ve disiplinci yapılara girmemeleri ve böyle etkiler üretmemeleridir. Bu Nietzsche'nin üstün insan çağrısına yönelik bir eleştiriye de cevap vermiş olur. Üstün insanın baskıcı ve kontrolcu hiyerarşiler yaratacağı düşünülür; tarihten, aktif güç formlarına alışık olmayan reaktif güçlerin hâkim olduğu tarihten örnekler verilir. Halbuki, yaşam, genel yaşam ve insan yaşamı, hiyerarşisiz olamaz; önemli olan hiyerarşik güç yapılarının insani baskı altında, aşağıda tutan değil, tam aksine onları yücelten, yaşama ve yaşam güçlerine sarılan yapılar olmalarıdır. Sonuçta, hiçbir güç yapısı istememek baskıcı olan güç yapılarının hegemonyası altına girmeye açık olmak demektir.

Geliştirme gücün bir tezahürüdür; çağımızdaki teknolojik geliştirme, birkaç temel sorunun sorulmasını gerektirmektedir: güç nasıl uygulanılır? Teknoloji nedir? Teknolojik gücün etkileri nelerdir? Çeşitli yaşam biçimlerini etkileyen, genel olarak yaşamın ve daha somut olarak insan yaşamının farklılıklarını normalleştirmeye çalışan kurumsal uygulamalar nelerdir? Hangi güç formlarına gömülmüşlerdir ve bunlar nasıl aşılınabilirler? Posthümanizmin temel yönlerinden biri, insanlığı ve insanın doğada ve evrendeki rolünü yeniden düşünmek ve bugün sorunlarımızın temelinde yatan eski babaerkil (paternalistic) ve ikicili (dualistic) yapıları aşmaktır. Fakat güç sorunu, onun farklı formları ve kompleksiteleri incelenmezse ve Nietzsche ve Foucault gibi düşünürlerin güç konusunda öğretileri dikkate alınmazsa böyle bir girişim boşuna olur. Her geliştirme projesi için, onun ürettiği etkilerin aktif veya reaktif olup olmadığını anlamamız gerekmektedir. İşte bu şekilde geliştirme teknolojileri de dahil olmak üzere teknolojinin doğa, evren ve insan yaşamı üzerindeki etkilerini pozitif, yaşama bağlı ve onu güçlendiren bir yöne itme fırsatımız olur.

Kaynakça

Babich, Babette. "Nietzsche's Post-Human Imperative: On the "All-too-Human" Dream of Transhumanism." *Nietzsche and Transhumanism*, Bölüm 8, 2017.
Bamford, Rebecca. "Nietzsche on Ethical Transhumanism." *Nietzsche and Transhumanism*, Bölüm 12, 2017.
Del Val, Jaime. "A Metahumanist Manifesto." *The Agonist*, cilt 4, sayı 2, Sonbohar 2011.

---

[15] Bu kavram posthüman daha yakın; yani, Nietzsche'nin "ubermesch" kavramı daha cok posthümanizm öngördüğü posthümanla örtüşebilir.

Deleuze, Gillez. *Nietzsche et la philosophie*. Presses Universitaires de France, 1962.
Ferrando, Francesca. *Philosophical Posthumanism*, Bloomsbury, 2019.
Foucault, Michel. *Discipline & Punish*. Çev. Alan Sheridan, Vintage Books, 1979.
---. *History of Sexuality*, cilt 1, çev. Robert Hurley, Vintage Books, 1980.
---. *Society Must Be Defended*. Çev. David Macey, Picador, 1997.
Haraway, Donna. "Situated Knowledges: The Science Question in Feminism and the Privilege of Partial Perspectives." *Feminist Studies*, no 14, 1988, ss.575–599.
Hayles, K. Nancy. *How We Became Posthuman: Virtual Bodies in Cybernetics, Literature, and Informatics*, University of Chicago Press, 1999.
---. *Unthought: The Power of the Cognitive Nonconscious*. The University of Chicago Press, 2017.
Heidegger, Martin. "The Question Concerning Technology." Chapter VII, *Basic Writings*, çev. David F. Krell, Harper ve Row, 1977.
Nietzsche, Friedrich. *Kritische Studien Ausgabe* (KSA) 1, "Ueber das Pathos der Wahrheit," De Gruyter, 1988.
---. *Tragedyanin Dogusu*. Çev. İsmet Zeki Eyuboglu, Say, 1999.
---. *On the Genealogy of Morals*. Çev. Walter Kaufmann, Vintage Books, 1969.
Persson, Ingmar ve Saveluscu, Julian. "Getting Moral Enhancement Right: The Desirability of Moral Bioenhancement." *Bioethics* 27, no 3, 2013 ss.124-131.
Sorgner, S. Lorenz. "Beyond Humanism: Reflections on Trans- and Posthumanism." *Nietzsche and Transhumanism*, Bölüm 5, 2017.
---. "Zarathustra 2.0 and Beyond: Further Remarks on the Complex Relationship between Nietzsche and Transhumanism." *Nietzsche and Transhumanism*, Bölüm 9, 2017.
---. *Übermensch: Plädoyer für einen Nietzscheanischen Transhumanismus*, Schwabe Verlag, 2019.
Stiegler, Bernard. *Technica and Time, 1: The Fault of Epimetheus*. Çev. R. Beardsworth ve G. Collines, Standford University Press, 1998.
Tuncel, Yunus. ed. *Nietzsche and Transhumanism*. Cambridge Scholars Publishing, 2017.

BÖLÜM 19

PEK İNSANCA BİR TEŞEBBÜS: POSTHÜMANİZM VE ETİK

Emine Aydoğan

Giriş

Çağımızda "insan-dışı, insan-olmayan ve insan karşıtı, insanlık-dışı, ve insandan sonra gelene ilişkin söylemler ve temsiller" git gide artış göstermektedir (Braidotti, *İnsan Sonrası* 12). İnsan terimi etrafında yinelenen bu söylemlerden hareketle oluşturulan *posthuman* kavramı son dönemlerin en popüler kavramlarından biridir. Posthuman ya da insan sonrası kavramı, *post-* ya da *sonra* ekini işin içerisine dâhil eden "her kavramsallaştırma gibi, kavramın krizine, insanın bu tarihsel anda bir açmazda bulunduğuna" gönderme yapar (Öztürk 5). Bu kriz tek yönlü olarak ilerlemez. Francesca Ferrando Posthuman kavramı ile ilgili açıklamasında çağdaş akademik tartışmalarda insan kavramının bütünsel bir şekilde yeniden tanımlanması noktasında öne çıkan bir kavram olarak posthuman'ın bünyesinde farklı bakış açılarını barındırdığını ve bu yönüyle de insanlarda kafa karışıklığına neden olduğuna dikkat çeker ("Posthumanism, Transhumanism, Anti-humanism" 26). Bu bağlamda *Posthuman* kavramının kullanıldığı farklı kuramlardan biri de *Posthümanizm*'dir.

Posthümanizm felsefi ve kültürel bir hareket olarak bir zamanlar her şeyin ölçüsü olan insanın konumunu tartışmaya açtığı gibi genel olarak insan olmaklığı sorgulatır. Böyle bir kriz ortamında insanın içinde bulunduğu bu krizi aşmanın bir yolu olarak etiğe işaret edilir. İnsanların kendilerinden kaçamadığı sorunlar olarak etik ve ahlaki sorunlar posthümanizm tartışmasında da önemli problemlerinden birini teşkil eder. Çünkü türler arasında kurulmaya çalışılan ilişkisellik etikle de desteklenmelidir. Posthümanizm'in etikle olan ilişkisi postmodernizm'de olduğu gibi çift yönlüdür. Yani posthümanizm, postmodernizm gibi ahlaka hem ihtiyaç duymaktadır hem de ahlakı imkânsız kılmaktadır. Posthümanizm etiğe eleştirel yaklaşsa da onun bu eleştirel tutumu her şeye rağmen ahlaki bir tavır almayı gerektirir. Bu doğrultuda posthümanizmin etik hakkında söyleyecekleri temel problematiğimiz olarak öne çıkar. Bu çalışmada posthümanizmin etiğe yaklaşımı onun genel özelliklerinden hareketle tartışılmaya çalışılacaktır.

Posthümanizm ve Transhümanizm

Posthümanizm; hem nihai gerçekleri kavrama olasılığından şüphe eden, hem de aynı zamanda bu-dünyevi, içkin ve ikicil (dualist) olmayan bir dünya kavrayışını amaçlayan felsefi ve kültürel bir hareket olarak tanımlanabilir (Sorgner 43). "Bilimsel, felsefi ve edebi açılardan farklı boyutlarıyla" ele alınan bu terimin "yirminci yüzyıl sonu ve yirmi birinci yüzyıl başı gibi teknolojinin gittikçe artan bir hızda hayatın merkezine alındığı bir tarih sürecinde 'insan' olgusunu yeniden değerlendirmeye" açtığını söyleyebiliriz (*Ağın, Posthümanizm: Kavram, Kuram* 3, 17). Bu terimin 1977 yılında Ihab Hassan tarafından icat edildiği kabul edilmektedir. Hassan "Oyuncu Olarak Prometheus: Posthümanist Kültüre Doğru mu?" ("Prometheus as Performer: Toward a Posthumanist Culture?") adlı makalesinde terime dair şu cümleleri kullanır: "Öncelikle insan formunun radikal olarak değişebileceğini ve bu nedenle yeniden gözden geçirilmesi gerektiğini anlamalıyız. Hümanizm kendisini çaresizce posthümanizm olarak adlandırmamız gereken bir şeye dönüştürürken, beş yüzyıllık insanlık döneminin sona erdiğini anlamalıyız." (843) Hassan'ın, posthümanizm duyurusunun transhümanizmdeki post-human ile pek bir ilgisi yoktur (Ranisch-Sorgner 14). Çünkü Hassan makalesinde, beş yüzyıllık insanlık döneminin sona ermesinden bahsederken aynı zamanda insanın yeniden vizyonunun bazı ileri görüşlü hümanistler ve çoğu bilim insanı tarafından desteklendiğini ifade eder ve örnek olarak hem hümanist hem de bilim adamı dediği Claude Lévi-Strauss'un "Dünya insan ırkı olmadan başladı ve onsuz sona erecek" ve Michél Foucault'nun *Kelimeler ve Şeyler* (*The Order of Things: An Archaeology of the Human Sciences* 2017) eserinden "[d]üşüncemizin arkeolojisinin de rahatlıkla gösterdiği gibi, insan yakın tarihli bir buluştur. Ve belki de sonuna yaklaşıyor" cümlelerini verir (Hassan 845; Foucault 538-539). Ayrıca hem Foucault hem de Lévi-Strauss'un, insanın gerçek sonunu değil, Descartes tarafından olduğu kadar, Thomas More, Erasmus veya Montaigne tarafından şekillendirilmiş belirli bir insan imajının sonunu kastettiğine inanır. Çağdaş yapısalcı düşüncenin, 'özne'nin çözülmesini, dünyayı bir nesneye dönüştürerek kendisini dünyadan ayıran o sert Kartezyen egonun veya bilincin yok edilmesini bu denli çok vurgulaması bu yüzdendir. Yapısalcılar ve postyapısalcılar, Nietzsche'nin sezgisini izleyerek, benliğin birçok benliğin karışmaya ve ayrılmaya geldiği gerçek anlamda boş bir "yer" olduğunda ısrar ederler (Hassan 845).

Burada, posthuman kavramının kullanıldığı ve adı sıklıkla posthümanizmle birlikte anılan bir kavrama daha değinmek gerekir. Bu kavram transhümanizm kavramıdır. Posthümanizm ve transhümanizm kavram çifti insanların kafasında tam olarak netleşmeyen kavramlardır. Posthümanizm ve transhümanizm hareketleri benzer konular çevresindeki kuramlar olarak ortaya çıkar. "Sabit olmayan ve değişken bir durum olarak ortak bir insan algısını paylaşırlar, ancak genel olarak aynı kökleri ve perspektifleri paylaşmazlar" (Ferrando, "Posthumanism, Transhumanism, Anti-humanism" 26-7). İlk olarak transhümanizm "özellikle insan zekâsının, fiziksel, psikolojik yeteneklerini artırma ve yaşlılığı yok eden teknolojinin kullanılmasıyla insanın durumunu geliştirmeyi amaçlayan bilimsel ve kültürel hareket olarak" tanımlanır (Dağ 21). "Aydınlanma'nın tekno-ütopyacı ve modern formu" olarak görülen transhümanizm; akılcı, ilerlemeci ve iyimser bir bakış açısıyla ultra-hümanist olarak nitelendirilir (Dağ 23-24). Posthümanizm ise transhümanizmden farklı olarak post-düalist ve post-hümanist bir yaklaşımla karakterize olur. Bu iki hareket arasındaki kafa karışıklığının, her ikisinin de posthüman kavramını kullanmalarından kaynaklandığı söylenebilir. Posthümanizmde bu kavram radikal olarak geliştirilmiş bir insan için değil, insanın yerini alabilecek yeni bir anlatı için etiket görevi görürken transhümanizm teknolojik artışların ve gelişmiş insanlık sonrası vizyonların basit bir şekilde doğrulanması ile karakterize olmuştur (Ranisch-Sorgner 8-9). Transhümanizm, posthuman kavramını kullanmakla da kalmaz daha fazla zihinsel bir bulanıklığa yol açacak şekilde posthümanizm kavramını da transhümanist bir tarzda yorumlar (Ferrando, "Posthumanism, Transhumanism, Anti-humanism" 27).

Diğer taraftan özne, "modern rasyonalite, ilerleme ve özgür irade" transhümanist tartışmanın merkezinde yer almasına rağmen bu kavramların radikal bir eleştirisi ve insan kavramının yapısökümü posthümanizmin ve antihümanizmin paylaştığı önemli noktalardır. Burada antihümanizm ve posthümanizmin karıştırılmaması konusunda "post-" ve "anti-" ön ekleri bize yardımcı olacaktır (Ferrando, "Posthumanism, Transhumanism, Anti-humanism" 32). Posthümanizmdeki *Post-* ön eki Postmodernizmde olduğu gibi aynı anda hem devamlılığı hem uyuşmazlığı ifade eder: "Kimlik, özgürlük ve seküler ahlakın hümanist temalarının devam eden taraflılığı ile devamlılığı, diğer kavram ve yaşam formları arasında insanoğluna verilen ayrıcalıklı konumu reddetmesi ile de uyuşmazlığı temsil eder" (Davies 160).

Yine bu iki hareket, teknolojiye yaklaşım noktasında farklılaşırlar. İnsanın biyolojik sınırlılıklarını ortadan kaldırmayı ve onu daha üst bir konuma taşımayı hedefleyen transhümanizmin buradaki temel yardımcıları bilim ve teknolojidir. Öyle ki insan teknoloji ile homo-sapiens'ten homo-sibernetikus'a geçiş yapar (Dağ 29). Posthümanizm ise "kendi teorik girişimini bir özcülük ve tekno-indirgemecilik biçimine irca edecek olan teknolojiyi temel odağı haline getirmez. Teknoloji, ne (bir tür neoluddite tutumla) korkulacak ve isyan edilecek 'öteki'dir, ne de bazı transhümanistlerin (örneğin, teknolojiyi insanlığa post-biyolojik geleceklerde bir yer garanti edebilecek dışsal bir kaynak olarak ele almak yoluyla) ona atfettiği neredeyse ilahi özellikleri taşır" (Ferrando, "Posthumanism, Transhumanism, Anti-humanism" 28). O halde transhümanizm bir tekno-iyimser fikir dizisi sunarken, posthümanizm son derece belirsiz bir kavram olarak görülür. Transhümanizm, bir tür hiper-hümanizm, hümanizmin yoğunlaşması olarak görülürse posthümanizmi de hümanizmin bir sonu ya da hümanizmden ayrılma, bir kırılma olarak analiz edebiliriz. Bu bağlamda posthümanizmin, son yıllarda temel hümanist kavramları ve değerleri reddeden çeşitli pozisyonlar için bir şemsiye terim olarak hizmet ettiği söylenebilir. Posthümanist eleştirilerin ortak bir hedefi olarak tanımlanabilecek bir hümanizm olmasa da Batı kültüründe derin bir şekilde köklenmiş ve posthümanist düşünürler tarafından kendilerine meydan okunan doğa/kültür, erkek/kadın, özne/nesne, insan/hayvan, ya da beden/zihin gibi kalıcı kavramlar ve düaliteler vardır. Ancak bu kavramların her eleştirisi posthümanist olarak görülmemelidir. Feminizm, postkolonyal teori ve diğer postmodern teoriler zaten bu tarihsel inşaların çoğunu sorgularlar (Ranisch-Sorgner 8). İnsanın mevcut değerler sisteminin merkezinde konumlandırılmasını eleştiren posthümanizm, insanın biyolojik bir tür olmak dışında tanımlanabileceği net bir referans noktasına sahip olmaması nedeniyle 'hangi insan?' sorusunu gündeme taşır. "Postkolonyalizm ve feminizm(ler) gibi akımlara bir üst çatı olma özelliğini barındıran posthümanizm, bu 'hangi insan?' sorusunu ırk, etnik köken, biyolojik ve toplumsal cinsiyetler gibi unsurların yalnızca biri açısından değil, hepsi için sorar" (Ağın, *Posthümanizm: Kavram, Kuram* 28-9).

Posthümanizmin Etik Yönergesi

Friedrich Nietzsche, "Tanrı'nın ölümü"nü ve dolayısıyla buna bağlı olarak bir anlamda onun üzerine inşa edilmiş olan insanın ölümünü ilan ettiğinden beri insanlığın krizinden ya da içinde bulunduğu güç durumdan bahsedilir (Braidotti, *İnsan Sonrası* 17). Nietzsche'nin "Tanrı'nın ölümü" ilanı, aynı zamanda hümanizmin bunalımının da temelidir. Çünkü "Tanrı'nın ölümü"nün sonrasında insan varlığı için "değer ve anlam verebilecek" herhangi bir merkez fikrinden söz edilemez (Küçükalp 24). Bu dönemle birlikte insan varlığının anlam ve değeri kaybolmuştur. Nietzsche, hümanizmin metafizik doğasını ifşa ettiği gibi aklın yanılsamalarla dolu doğasını da deşifre ederek hem metafiziğe hem de hümanizme büyük bir darbe indirdiği için ilk radikal hümanist olmayan düşünür olarak kabul edilen Nietzsche'nin, bu ilanın sahibi olması bir tesadüf değildir (Vattimo 86). Foucault, çağdaş düşüncenin kendini adamış olduğu antropolojinin kökünden koparılması yönündeki ilk çabanın Nietzsche'nin "Tanrı'nın ölümü" ilanı ile gerçekleştiğini dile getirir. Ona göre Nietzsche, "insan ile Tanrı'nın birbirlerine ait oldukları, ikincisinin ölümünün birincisinin yok olmasıyla eş anlamlı olduğu ve üst insanın vaat edilmesinin her şeyden önce insanın ölümünün kaçınılmazlığını işaret ettiği noktayı" bulmuştur (Foucault 476). Dolayısıyla Nietzsche'nin "Tanrı'nın ölümü" ilanı ile bir anlamda insanın ölümünü de ilan etmiş olduğu ve bu bağlamda onun ilk posthümanist olduğu söylenebilir. Ancak Francesca Ferrando, "Tanrı'nın ölümü" ilanının posthümanist olarak değil antihümanist olarak değerlendirilmesi gerektiğini öne sürer. Ona göre antihümanizm, bazı post-yapısalcı teorisyenlerin, özellikle de Foucault'nun iddia ettiği gibi, "insanın ölümünün" sonuçlarını bütünüyle kabul eder. Oysa Ferrando'ya göre posthümanizm herhangi bir sembolik ölüme dayanmadığı gibi ölü/diri türünden hiçbir düalizme de yönelmeyecektir. Ne de olsa posthümanizm, hiyerarşik hümanist varsayımların kolayca göz ardı edilemeyeceği veya silinemeyeceği gerçeğinin farkındadır. Bu bakımdan, Ferrando için posthümanizm Foucault'nun insanın ölümü ile olduğundan ziyade Derrida'nın yapısökümcü yaklaşımıyla daha uyumludur (Ferrando, "Posthumanism, Transhumanism, Anti-humanism" 31-2). Her ne kadar Ferrando kabul etmese de gerek antihümanist gerekse de post-hümanist yaklaşım temelde Nietzscheci bu ilana dayanır.

Braidotti'den hareketle Avrupa felsefesinin ana teması olan insanlığın krizinden beri felsefe sahnesini meşgul eden iki temel başlığın öne çıktığını söyleyebiliriz: "İlk olarak, ontolojik belirsizlik durumunun tanınmasını takiben yaşanan şokun ardından eleştirel düşünceyi nasıl geliştirmeli; ikinci olarak, benzerlik ve etik sorumluluk üzerine kurulu bir topluluk hissini şüphe ve vehme kapılmadan nasıl yeniden inşa etmeli?" (*İnsan Sonrası* 17) İkinci başlık olarak etik sorumluluk düşüncesi, insanın içinde bulunduğu krizi aşmanın bir yolunu verir. Çünkü ancak, "insan olmayanı da kapsayan bir etikle, başka canlılarla birlikte dahil olduğumuz ortak yaşam ağındaki bağlantıların öne çıkarılmasıyla, bu bağlantılara uygun bir hukukun ve siyasetin oluşturulmasıyla aşılabilecek bir kriz" söz konusudur (Öztürk 5). İnsan olmayanı kapsayan bir etik olarak Posthümanist etik, hümanizmin mirasıyla baş edebilmek için bir ihtiyaç haline gelen etik sorumluluğu üstlenir (Braidotti, *İnsan Sonrası* 28).

Posthümanizm çoğu kez postmodernizmle ilişkilendirildiği için etik ile olan ilişkisi tartışmalıdır: "Posthümanizm; çoğu zaman etik olanın ölümünün kutlanması ve etiğin yerine estetiğin konulması ile bilinen postmodernizm ve post-modern ahlak ile ilişkili olduğu için bazı posthümanistler, kökeni insanların rasyonellik, öznellik, otonom faillikleri hakkında yanlış inançlara dayanan, evrenselci kategorik ve norm temelli bir sistem ile özdeşleştirdikleri ahlakı nihayetinde reddederler" (Robert 149; Bauman 10-11). Ayrıca posthümanist koşullar insanın her şeyin ölçüsü olmaktan çıktığı, tarihselleştirildiği, insanla insan-olmayan arasındaki sınırların bulanıklaştığı koşullardır ve bu bağlamda evrenselci bakışa meydan okunur. Evrenselci bakışa yönelik bu tarz her teşebbüsün ise ahlaki görecilikle sonuçlanacağı öngörülür (akt. Yücefer 99). O zaman her ne kadar insan sonrasından beklenen ahlaki ret ya da ahlaki bir görecilik olsa da aslında etik için bireysel bir öznenin çıkarlarından veya Kantçıların ahlaki evrenselliğinden farklı olarak yeni posthümanist bir yol mevcuttur ve posthümanizm her türlü ahlaki eleştiri gibi belli bir ahlaki yargıya sahiptir (Ranisch 149). Yani insan sonrası olmak insanlara karşı kayıtsızlık olmadığı gibi insanlıktan çıkmak anlamına da gelmez (Braidotti, *İnsan Sonrası* 223). Örneğin; Braidotti'nin de ifade ettiği üzere Deleuze'ün etiği "ahlak öznesine ilişkin geleneksel, evrenselci bakışa meydan okumaya ya da onu yerinden etmeye yönelik her girişimin ancak ahlaki ve bilişsel görecilikle sonuçlanacağı kanaatine karşı güçlü bir yanıt" sunar ve özneye ilişkin göçebe yaklaşımıyla posthümanist bir etik önerir (akt. Yücefer 99). Diğer taraftan Deleuze'ün etiği çift yönlü bir okumaya uygun olarak Yücefer'in ifade ettiği gibi Rosi Braidotti tarafından "alternatif yeni öznelliklerin düşünülmesine yardımcı olduğu için" benimsenirken öznelliği arka plana atan ve öznenin varlığını tehlikeye atmaktan çekinmeyen bir olay etiği savunucusuna dönüştüğünde Donna J. Haraway tarafından dehşetle karşılanır (akt. Yücefer 143). Öyleyse posthümanizmin odağında olay değil öznellikler vardır. Bu kuramda öznellik kavramı eleştirilse de Yücefer'in deyişiyle düşünceye yön vermeyi sürdürür ve sınırları genişletilerek "karmaşık, çok katmanlı, paradoksal yapısı içerisinde" kavranmaya devam eder (Yücefer 143).

Posthümanist etiğin işaretleri olarak görülebilecek bazı maddelerden bahsedilebilir:

1. Posthümanizm, ahlak ile olan ilişkisini Kantçı ahlak evrenselciliktan ya da evrenselin normatif gücünden hareketle şekillendirmez (Braidotti, *İnsan Sonrası* 223). Bu noktada Kantçı değerlerin yeniden değerlendirilmesini ya da evrenselin normatif gücünün alt edilmesini sağlayan bir yaklaşım olarak Nietzsche'nin "değerlerin yeniden değerlendirilmesi" girişimi önemlidir. Nietzsche'nin, "Batı metafiziği eleştirisiyle bütünleşen, yerleşik ahlaki değerlere ve Hristiyanlık kurumlarına yönelik eleştirel 'soykütüğü' projesinin pozitif cephesi olarak tasarladığı, var olan bütün değerlerin yıkılması ve yenilenmesi, yaşamı olumla-

yan yeni değerlerin yaratılması programını dillendirmek için kullandığı kavram" (Utku 80- 83) olarak değerlerin yeniden değerlendirilmesi Posthümanizmin eleştirel ahlakı için önemli bir başvuru noktasıdır. Çünkü Nietzsche bu kavram ile o ana kadar ortaya konmuş mevcut ahlak sistemlerinin sınırlarını aştığı gibi aynı zamanda 'değerlerin değer aşımına uğratılması'nı sağlar. Nietzscheci değerlerin yeniden değerlendirilmesi girişiminin hareket noktaları "ilk cüretkâr açıklamasını Feuerbach'ta bulan ve Nietzsche'nin radikal biçimde yeniden formülleştirdiği 'Tanrı'nın Ölümü' ve Nietzsche'nin kapıya dayandığını söylediği "nihilizm""dir (Utku 80-83). Yine Nietzsche düşüncesi, Aydınlanmanın eleştirel aklını radikalleştirmesi ve akıl için ve bizzat akıl tarafından tanınan ya da tanımlanan temelleri sorunsallaştırması (Utku 80-82) bağlamında da posthümanizm için önemli bir uğraktır.

Posthümanizm için buradaki hareket noktası görecilik *(relativism)* değil perspektivizm'dir. Ferrando bu ikisi arasındaki ayrımı Oxford sözlüğünden hareketle ortaya koyar:

> "Oxford Sözlüğü 'göreli'yi 'başka bir şeyle ilişkili veya orantılı olarak değerlendirilen' olarak tanımlar. İkinci bir tanım olarak da şu verilir: "yalnızca başka bir şeye kıyasla var olmak veya belirli bir özelliğe sahip olmak; mutlak olmamak/olmayan." Ama "göreli" kavramının varsaydığı bu "başka bir şey" nedir? Anlamsal olarak, 'göreli' başka bir karşılaştırma terimi gerektirir; karşıtı 'mutlak' kavramıdır. Başka bir deyişle 'göreli', bir düalizmin parçasıdır, böylece yapısal olarak göreciliğe doğru paradigmatik bir değişim, görelileştirmeye çalışan madalyonun ters yüzü olarak görülebilir. Örneğin, yirminci yüzyılın en radikal Batı felsefelerinden bazılarını karakterize eden göreci yönelim, tarihsel ve meta-tarihsel bir perspektiften, önceki dönemlerin mutlakçı ve evrenselci yaklaşımlarına doğrudan bir yanıt olarak görülebilir. Mutlak/göreli ikiliği karşıt kutuplar olarak başarılı bir şekilde ele alınabilir, ancak bir kutup diğeri olmadan açıklanamaz. Bunlar birbirlerini zorunlu bir ilişki içinde ayakta tutarlar." *(Philosophical Posthumanism* 148)

O halde posthümanizm ve posthümanist etik için öne çıkan kavram perspektivizmdir. Çünkü görecilik, posthümanizmin karşı çıktığı düalizmin bir parçası olarak görülür. Ayrıca Ferrando perspektivizm kavramının, posthümanizmin üç temel katmanı olarak gördüğü post-hümanizm, post-düalizm ve post-antroposantrizm ile de bağdaştığını ileri sürer ("Posthumanism, Transhumanism, Antihumanism" 152-3). Posthümanizm gerek antroposantrizmin gerekse hümanizmin ötekileştirici ve dışlayıcı anlayışına perspektivist bir yaklaşımla karşı durur. Başka bir deyişle posthümanizm antroposantrizmi ve hümanizmi tamamen yadsımak yerine bunları yeniden yorumlar. Posthümanizmin buradaki tarzı antihümanizmden farklı olarak sorun çözücü ve farklı alternatifler bulmaya yönelik olduğu için çıkış noktası da görecilik değil perspektivizmdir. Posthümanist düşünce için postmodern temellerden dolayı olumsallık kabul edilse de bu olumsallığı "her şey gider," "ne olsa gider" veya "her şeye izin verilir" gibi nihilist bir tavrı benimsemeden kabul eder. Braidotti'nin de belirttiği üzere posthümanist yaklaşım "bireyciliği reddederken görecilik ve nihilist yenilgiyi kabullenmeye karşı da eşit derecede" mesafesini korur (*İnsan Sonrası* 66). Bu minvalde Ferrando'ya göre "post-dışlayıcılık" olarak da tanımlanabilecek olan posthümanizm "sürekli olasılıklar açan ve durağan hiyerarşik görüşlere uymayan" bir 'post' olarak aynı olana benzetmelere değil, çeşitliliğin dinamiklerinde tezahür eden evrimsel süreçlerle uyumlu çeşitliliğin kabul edilmesine dayanır (*Philosophical Posthumanism* 186).

Nietzsche'nin perspektifçiliğinin yanı sıra posthümanizmin anlaşılmasında öne çıkan bir kavram daha vardır. Bu kavram Francesca Ferrando'nun ifade ettiği üzere *çokluk* kavramıdır. Ferrando bu kavramı Nietzsche'nin eserinden hareketle örneklendirir:

> Nietzsche *Ahlakın Soykütüğü*'nde şöyle der: "Bir şeyi gözlemlemek için ne kadar çok göz, farklı göz kullanabilirsek, bu şeye ilişkin kavramımız, nesnelliğimiz o kadar eksiksiz olur". Bu pasaj, insan sonrası epistemolojiler ve etik için özel bir önem taşımaktadır, çünkü her ikisi de mutlak evrenselciliğe yönelik perspektifçi eleştiriyi benimser ve çağdaş tartışma içinde genelleştirilmiş çok kültürlülükten yerleşik çokçuluk ve çeşitliliğe geçişi destekler. Posthümanist bir perspektiften çokçuluk neyi ima eder? Farklı perspektiflerin, bireylerin, grupların ve sistemlerin saygılı bir arada varoluşuna vurgu yapan çokçuluk, posthümanizmin ahlakının merkezinde yer alır. (*Philosophical Posthumanism* 152-3)

Çokçuluk düşüncesi perspektivizmle yakından ilişkili bir kavramdır ve perspektifçilik bu anlamda çokçuluğun, çeşitliliğin önünü açar. Perspektifçilik ve çokçuluk düşüncesi posthümanist etiğin kendini Kantçı normatif etikten ayırt ettiği önemli başlıklar olarak öne çıkar. Bu başlıklar posthümanizmin, hümanizme ve insan merkezciliğe karşı olarak türlerin ve benliğin ötesinde bir etiğin imkânını sağlar.

2. Posthümanizmin etikle bağlantısı onun post-hümanist karakteristiği üzerinden şekillenir. "Aydınlanma projesiyle ve özellikle onun bireyin kültürel önemi üzerine yoğunlaşmasıyla" özdeş hale gelen hümanizm muhtemel sonuna gelmiştir (Sim 405) yani, hümanizm bir krizdedir. Sim'in de ifade ettiği üzere Lévi-Strauss, Roland Barthes, Michel Foucault gibi Fransız teorisyenler bu bağlamda hümanist idealin parçalanmasına kendilerine özgü tarzlarda katkıda bulunurlar. Ayrıca kendisini bir anti-hümanist olarak ilan ederek yapısalcı Marksist filozof Louis Althusser "posthümanist bir bilinç gelişimine" katkıda bulunan isimlerin başında gelir. Sonrasında JeanFrançois Lyotard, Gilles Deleuze, Derrida gibi postyapısalcı ve postmodernist düşünürler, fark feministleri de yine bu anlamda hümanist düşünce geleneğine karşı çıkan ve bilinçli olarak ondan ayrılan isimler olarak verilebilir (Sim 405).[1] Yani hümanizm

---

[1] Stuart Sim alıntısıyla verilen bu tespit Posthümanizm üzerine yazan pek çok düşünür tarafından sıklıkla tekrarlanır: Adrian Franklin. "Posthumanism". *The Blackwell Encyclopedia of Sociology*. Ed. George Ritzer. Blackwell 2007; Rosi Braidotti. *İnsan Sonrası*. Çev. Öznur Karakaş. Kolektif Kitap, 2018; Robert Ranisch, Stefan Lorenz Sorgner. "Introducing Post- and Transhumanism." *Post- and Transhumanism: An Introduction*. Peter Lang Edition, 2014; Başak Ağın. *Posthümanizm: Kavram, Kuram, Bilim-kurgu*. Siyasal Kitabevi, 2020a.

karşıtlığı Posthümanist düşüncenin en önemli başlığıdır. Farklı hareket ve yönelimler, farklı rotalar ve farklı araçlarla aynı sömürgeleştirme sonrası amacın peşine düşmüşlerdir. Özellikle Hümanizm, rasyonalizm ve evrensellik buradaki eleştirilerin yöneldiği terimler olarak öne çıkarlar (Braidotti, *İnsan Sonrası* 39).

Hümanizm eleştirilerinde onun egemen kültürel model olarak Avrupa kültürüne doğru evrilmesi etkili olmuştur. Hümanizm, "kendi üzerine tefekkür eden aklın evrenselleştirici kudretlerine tekabül edecek şekilde belli bir Avrupa fikrini şekillendiren bir medeniyet modeline doğru" mutasyona uğramıştır (Braidotti, *İnsan Sonrası* 27). Avrupamerkezci bir öze sahip olan hümanizm, emperyalist eğilimleriyle de öne çıkar. Hümanizmin bu emperyalist eğilimini öne çıkaran isimlerden biri olarak Tony Davies hümanizme dair tüm düşünceleri emperyalist olarak nitelendirdiği gibi insanlık adına işlenmemiş bir günah ya da suçu düşünmemenin neredeyse imkânsız olduğunu ifade eder (149). Yani insanlık adına yapılan uygulamalar aslında hiç de insanca değildir. Bu bağlamda posthümanizm, perspektivizmine uygun olarak post-hümanist bir yaklaşımla "farklı insan perspektiflerini" öne çıkarır (Ferrando, *Philosophical Posthumanism* 152-3). Dolayısıyla sabit bir insan doğası tasarımıyla rasyonel oluş, beyaz oluş ve erkek oluş gibi insana dair genel ölçütler olarak dayatılan belli insan oluş kiplerine karşı çıkar (Çelik 146-147). İtalyan Rönesansında evrensel model olarak yenilenen Leonardo da Vinci'nin *Vitruvius*'un erkek insanı olarak temsil edilen klasik erkek-İnsan ideali Aydınlanma Hümanizminin (Braidotti, *İnsan Sonrası* 25) ve "ultra-hümanist" çabalarında trans-hümanizmin amblemidir. Hatta Max More transhümanistlerin ahlaki ve etik meseleleri ele alırken tipik olarak insan türüne üyeliğe değil her bir varlığın niteliğine dayanan evrensel bir standardı benimsediklerini; insanlar, hayvanlar, siborglar, makine zekâlar ya da uzaylılar fark etmeksizin, canlılara benzer bir statü verildiğini söylese de (More 13) aslında transhümanizm ve posthümanizm arasındaki ayrım özellikle bu noktada iyice belirginleşir. Çünkü transhümanizm evrensel bir standart belirleme noktasında başarısızdır ve posthümanist eleştiri özellikle burada yoğunlaşır. Bu durumda hümanizmin ve transhümanizmin öznesinin *Vitruvius insanı* olduğu yerde posthümanizmin öznesinin insan dışı aktörleri devreye sokması anlamında kolektif olduğu söylenebilir. Posthümanizm, eleştirel ve yapısökümcü bir bakış açısını korurken, şimdi ve gelecekler için alternatifleri sürdürmek ve beslemek adına kapsamlı ve üretken bir bakış açısı belirler (Ferrando, "Posthumanism, Transhumanism, Antihumanism" 32). Diğer taraftan posthümanizm, tüm türler arasında mutlak denklikler kurmaya ya da tüm teknolojileri ve organizmaları aynı yasa altında toplayan ve farklılaşma barındır-mayan bütüncül bir yaşamsal sistemi de desteklemez. Çünkü ona göre "Biz" bu işte beraberiz, ama bir ve aynı değiliz." "Biz" bir ve tek değilsek bile, bu insan sonrası yakınsamada beraberiz" (Braidotti, *İnsan Sonrası Bilgi* 72, 176, 208).

3. Posthümanizm ve posthümanist etik için önemli kaynaklarından biri de post-antroposantrizm'dir. Ancak post-antroposantrizmin posthümanizmi besleyen kaynaklardan biri olarak verilmesi posthümanizmin, post-antroposan-

trizmle özdeş olduğunu söylemek anlamına gelmez. Çünkü bu terim, posthümanizmi tam olarak karşılamaz (Ağın, "Posthümanizm Ne Değildi" 2). Posthümanizmin post-antroposantrik tavrının ilk adımları Charles Darwin, Karl Marx ve Sigmund Freud tarafından atılır. Her ne kadar Darwin'le biyolojide, Marx'la ekonomide ve Freud'la psikolojide öznenin Aydınlanmacı konumu sarsılsa da ve "insanın doğal dünyadan ayrı ve üstün görülmesi sorgulanmaya başlansa da" bu sorgulama insanın antropos olarak hiyerarşik konumunu altüst edemez (Ağın, *Posthümanizm: Kavram, Kuram* 109-110). Posthümanizm on dokuzuncu yüzyılda atılan bu adımı devam ettirir ve bunu "Darwin ya da Freud'un kategorilerle ayırarak hiyerarşik kıldığı bir biçimde yapmaz; cinsiyetçi, ırkçı, etnik ayrımcı vb. tüm hareketlerin birbiriyle ilişkili olduklarını, bunun da insanın Antropos olarak tanımlanagelmesiyle ilintili olduğunu" ifade ederek yapar (Ağın, "Posthümanizm Ne Değildi" 2). Posthümanizm, Braidotti'nin ifadesiyle "insanmerkezciliğin kibrine ve insanın aşkın bir kategori olarak 'istisna addedilmesine" itiraz eder ve yaşam mefhumunu bios'tan zoe'ye doğru genişletir (*İnsan Sonrası* 67, 85). Yani posthümanizm "insanı yıllardır oturduğunu zannettiği tek kişilik tahtından indirir ve onu, dümdüz bir ontolojideki sayısız aktörlerden biri olarak" yeni baştan pozisyonlandırır (Ağın, *Posthümanizm: Kavram, Kuram* 133). İnsan istisnacılığının ve insan merkezciliğin karşısında insan dışı aktörler devreye sokulur. İnsan sonrasındaki kriz "insanolmayanları da kapsayacak biçimde geliştirilmiş bir etikle ve bu tarz bir etiğe dayanan hikayelerle" önlenmeye çalışılır. (Çelik 157; Öztürk 5) Böylece posthümanizm, post-hümanist bir yaklaşımla "farklı insan perspektiflerinin" öne çıkmasını sağlarken diğer taraftan bu farklı perspektiflerin antroposantrik bir kalıpta kalmayacak bir şekilde insan dışındaki diğer türleri de kapsaması gerektiğini ifade eder. Yani insan dışı perspektifler de bu anlamda dikkate alınmalıdır. Francesca Ferrando insan dışı perspektiflerin dikkate alınmasını şu şekilde ifade eder:

> İnsan dışı perspektiflere erişmek, diğer türlerin varlığını, ihtiyaçlarını, alışkanlıklarını ve türümüzle ve diğer tüm türlerle ilişkili olarak birlikte evrimleşmelerini dikkate almak anlamına gelir. Sözlü ya da düşünsel olmayabilecek ancak hâlâ çok açık olan mesajlarını duymak manasındadır. Örneğin; ormansızlaştırma ve sanayileşme nedeniyle yerlerinden edilen insan olmayan hayvanların devasa sesi duyulmalı ve tamamen kabul edilmelidir. Zamanın bu noktasında, insan toplumları daha fazla ormanı kesmeyecektir. İnsanlar, yeni binalar inşa etmek yerine terk edilmiş yapıları restore etmeye ve insan eylemleriyle yoğun bir şekilde kirlenmiş olan çok sayıda siteyi rehabilite etmeye, dinamik denge yeniden kurulana kadar ekosistem yönetimi ve ekoloji mühendisliği uygulamaya odaklanmalı ve daha sonra çoklu türlerin birlikte yaşama ve birlikte var olmayı sürdürmesi için insan müdahalesini azaltmaya çalışmalıdır. (*Philosophical Posthumanism* 152-3).

Posthümanizm bir yandan post-antroposantrizmin bir yansıması olarak insan dışı tüm perspektifleri dikkate almaya çalışan, diğer yandan ise insanı daha geniş bir ekolojinin unsurlarından yalnızca biri olarak düşünerek insanın önceliğini lağveden bir kuram olarak görülebilir. Bunu gerçekleştirmenin yöntemi ise "türlerin konturlarını belirleyen ayrımlarda kasti bir bulandırmaya yol açmaktır –yani bir yandan kendimizle (örneğin teknolojik aygıtlar gibi) canlı olmayan nesneler arasındaki sınırların, öte yandan kendimizle insan olmayan organizmalar (memelilerden bağırsak bakterilerine kadar her şey) arasındaki sınırların bulandırılması"dır (Hester 343). Bu bulandırmada insan "cisimleşmiş karmaşıklığından dolayı artık hayvan olmayan ama tam bir makine de olmayan" bir teşekkül olarak görülebilir (Braidotti, *İnsan Sonrası* 94). Posthümanizmin bu post-antroposantrizminde ilham kaynağı olan yaklaşımlardan biri de ekoloji ve çevreciliktir (Braidotti, *İnsan Sonrası* 64). Çünkü insan, antroposantrizminde kendisini varlık cetvelinde üst sıraya yerleştirirken evrenin geri kalanını kendi tahakküm nesnesi olarak konumlandırır. Bu kapsamda insanın bu tahakkümüne karşı posthümanizm gibi ekolojik ve çevreci yaklaşımlar da başkaldırır. Antropos'un krizi ile birlikte artık "hayvanlar, böcekler, bitkiler ve çevre, aslında tüm bir evren ve kozmos" işin içine dahil edilir (Braidotti, *İnsan Sonrası* 84).

4. Posthümanist etik hümanizmin insan tasarımından doğan her türden ayrımcılıktan sakınan bir bağlantısal ontolojiyi temel alır ve Batılı düşünce geleneğinin dikotomilerini yapısöküme uğratmaya çalışır (Çelik 146). Düalist yaklaşıma dayanan düşüncenin kökleri Ağın'ın belirttiği gibi Antik Yunan filozofu Protagoras'ın insanı her şeyin ölçütü kıldığı ifadesine dayandırılır. "Man is the measure of all things" ya da "İnsan[oğlu][Erkek/Adam/ Ademoğlu] her şeyin ölçütüdür" cümlelerindeki "'Man', yani 'Ademoğlu' kelimesi insana atfedilen merkezi konumu ve erki sembolize eder." Bu ikili düalizmin özü olarak değerlendirilen ayrım ise Aristoteles tarafından kullanılan bios/zoë dikotomisidir. Bu ayrıma göre bios "erk, ayrıcalık ve siyasi temsiliyet hakkını elinde bulunduran, zihnen ve fiziken sağlıklı erkek öznenin kamusal alanı olarak" düşünülürken zoë ise "bu prestijli yaşam biçiminden geriye kalan herkesi ve her şeyi temsil etmekte, oikos'a yani eve özgü olduğu düşünülen, kamusal yerine özel alanda bulunması gerektiği iddia edilen tüm yaşam formlarının genel adı olarak" tasvir edilmektedir (Ağın, *Posthümanizm: Kavram, Kuram* 39-40).

Posthümanizmde kırılması önemli olan dikotomilerden biri olarak "doğayla insan arasındaki özne-nesne dikotomisi" etik için özellikle elzemdir. Çünkü posthümanizmin bu konudaki "özneyle nesnenin yer değiştireceği, hatta birden fazla öznenin var olabileceği ve özne ile nesne arasındaki sınırların belirsizleşeceği yönündeki" etik endişelerinin giderilmesi bu dikotominin kırılmasına bağlıdır (Ağın, *Posthümanizm: Kavram, Kuram* 110). Ayrıca posthümanist özne, modern özne olmadığı gibi postmodern ve postyapısalcı da değildir. Çünkü insan sonrası öznesi temelcilik karşıtı öncüllere bel bağlamaz ve dilbilimsel dönüm noktasında veya diğer yapıbozumcu biçimlerinde iş görmez. Braidotti insan sonrası göçebe öznenin materyalist ve vitalist olduğunu ve aynı zamanda cisimleşmiş ve iliştirilmiş" olup bir yerde konumlandığını vurgular (*İnsan Sonrası* 221). Bu noktada altı çizilmesi gereken, insan sonrası öznenin temelcilik karşıtı öncüllere bel bağlamadığı ve onun Butler tarafından önerilen, post-temelci olarak adlandırılan şeye yakınlığıdır. Post-temelcilik anti-temelcilikle karıştırılmamalıdır. Post-temelci düşünce, günümüzde temelleri yadsımayan ama onların zorunlu (ya da nihai, final) değil olumsal (contingent) olduğunu, bu nedenle onları yadsımak yerine ontolojik statüleri zayıflatarak istikrarsızlaştırmak gerektiğini vurgular. Nietzsche'nin yanı sıra Heidegger'den de oldukça etkilenen günümüz düşünürleri "zorunluluk" ve "varlık" kavramları yerine "olumsallık," "olay," "uğrak," "özgürlük" "fark" kavramlarını vurgulamaktadırlar (Kalaycı 4; Marchart 2). Post-temelcilik, Marchart'nın da belirttiği üzere bir zeminin gerekliliğini kabul ettiği için herhangi bir temelin yokluğunu kabul eden ve tam bir anlamsızlık, mutlak bir özgürlük ya da total otonomi ile sonuçlanan anti-temelci nihilizme, egzistansiyalizme ya da plüralizme dönüşmediği gibi bütün meta-anlatıların eşit olarak iz bırakmadan kaybolduğu bir tür postmodern plüralizme de dönüşmez (Marchart 14). Bu bağlamda da insan sonrası ahlaki özne çok boyutlu, merkezsiz ya da hiyerarşik bütünleşme olmayan bir öznedir. Bu çok boyutlu ve merkezsiz özneler için yeni bir etik yol "insan-olmayan yeryüzü ve insan-olmayan başkaları da dahil olmak üzere, bir yandan benlik-merkezli bireycilik engelini, öte yandan olumsuzluk bariyerlerini aşarak benlik ve başkaları arasında genişleyen bir karşılıklı bağlılık hissine" dayandırılır (Braidotti, *İnsan Sonrası* 224-5).

Burada post-temelci düşünce açısından önemli bir isim olan Heidegger aynı zamanda Posthümanizmin de önemli bir ismidir. Kendisi ontoloji lehine epistemolojiyle ilişiğini keserek özneye yüklenen misyonu reddeder. Çünkü "epistemolojide özneye özel bir önem atfedilmesi, metafizikte dünyanın indirgeyici bir tarzda nesneleştirilmesine tekabül eder" (West 260-262). Yani modern dönemde metafiziğin özne-nesne ilişkisinin kendisinin temel ontolojik koşullarını dikkate almadan yalnızca bir özneye sunulan nesnelere yönelen bir düşünce tarzı haline gelir. Modernite, bu düşünce tarzını "bir toplumsal-araçsal pratikler ve kurumlar sistemi içinde somutlaştırmasıyla" Platoncu metafiziğin asli olanaklarını olgunluğa eriştirip varlığın unutuluş sürecini nihayete erdirir (Rayner 258-259). Heidegger bu nesneleştirme ile teknolojinin hakimiyeti arasında bir ilişki kurar. Teknolojik çerçeveleme tamamlanmış metafizik olarak düşünülür. Çünkü teknoloji açıklığın unutuluşunun, varlığın hakikatinin unutuluşunun ve insanın özünün unutuluşunun bir ifadesidir (Heidegger'den akt. Rayner 259; Heidegger 71-72). Posthümanizm'de de Heidegger'de olduğu gibi modern epistemolojinin dünyanın indirgeyici bir tarzda nesneleştirilmesine tekabül eden merkezi bir özne tasavvurunu etkisiz kılmak adına bağlantısal bir ontolojiye yönelim söz konusudur. Ancak Yücefer'in altını çizdiği gibi öznellik kavramı eleştirilse de, sınırları yerinden edilse de düşünceye yön vermeye devam eder (Yücefer 143). Bu doğrultuda posthümanist etik yeni öznelliklerle devam eder.

5. Posthümanizmin etik projesi aynı zamanda bizim dışımızda başka canlıların da dahil edildiği ortak bir birlikteliği kapsayan ve bu birlikteliğe uygun bir politika düşüncesi oluşturmayı da gerektirir (Öztürk 5). Bir başka deyişle posthümanizmin etik talepleriyle paralel politik talepleri de söz konusudur. Posthümanizmin etik talepleri olarak öne çıkan "insan merkezli olmayan

dünya görüşlerinin tasavvuru, insanı merkezden uzaklaştırma ve hümanist bireyciliğin ve evrenselliğin ötesine geçme" teşebbüsleri politik alanda da karşılık bulur ve her türden insan istisnacılığına karşı politik bir tavır yürütülür. Derek Ryan bu etik ve politik taleplerin birlikteliğini "Yılanları ve Güveleri Takip Etmek: Modernist Etik ve Posthümanizm" ("Following Snakes and Moths: Modernist Ethics and Posthumanism") makalesinde şu şekilde verir:

> Post-hümanizm, etik ve politik talepleri, sadece insan olmayan 'ötekilerimiz' olarak anladığımız şeyleri değerlendirmeye genişletmekle kalmayıp, aynı zamanda ötekiyle bu karşılaşmanın tasarlandığı insan merkezli yollara meydan okumayı amaçlayan bir şekilde karşılar. Bu itibarla, post-hümanizm, alternatiflerin hayal edilmesine, insan olmayan diğerlerini olumlu bir şekilde Althusserci Marksizm'in "antihümanizminden" ayıran etik ve politik bir düşünceye getirmeye bağlanır. Ancak posthümanist etik, insanlık kaygısını basitçe atlatmaya çalışmaz. Daha harika, daha kusursuzlaştırılmış bir insanlık oluşturmak için teknolojik gelişmeyi kullanmaya çalışan transhümanizm gibi çağdaş felsefelerden farklı olarak, posthümanizm, Cary Wolfe'un da belirttiği gibi, bilinç, akıl ve düşünümün ontolojik olarak kapalı alanından anlamı söktüğümüzde insanı ve onun karakteristik iletişim, etkileşim, anlam, sosyal belirteçler ve duyuşsal yatırımları daha büyük bir özgürlükle tanımlamaya/tasvir etmeye çalışır (2010, xxv). ("Following Snakes and Moths" 298-99)

Posthümanizmin etik ve politik anlamdaki, en belirgin yönü Braidotti'nin de değindiği üzere "alternatiflerin hayal edilmesi" ve etik ilişkinin "ortak projelerin ve faaliyetlerin olumlu zemininde" temellendirilmesidir (*İnsan Sonrası* 224). Bu bağlam onu anti-temelci yaklaşımdan ayırt eder. Posthümanizm kendisini antihümanizmden ayırt ettiği gibi transhümanizmden de farklılaştırır. Ferrando onun bu anlamda transhümanizmden daha uygun bir hareket noktası sunabildiğini ileri sürer ("Posthumanism, Transhumanism, Anti-humanism" 28). Çünkü posthümanist refah bize sadece teknolojilerle değil dünyayla da iç içe olduğumuzu hatırlatır. İnsanların, organizmaların ve dünyanın refahının korunması ve bunun insanların ve teknolojinin ötesine taşınması için çaba sarf eder. Yani posthümanizm de "birçok posthümanist, teknolojinin kullanımıyla insan potansiyelinin trans-insana gelişmesine karşı olmasa da çoğu, diğer türlerle dostça ve sorumluluk sahibi olarak birlikte yaşayacağı insanın geleceğinin ahlaki ve kültürel şartlarını düşünmeyi tercih eder" (Davies 160). Belki de en önemlisi posthümanizm, homo-sibernetikus olarak insanın tekno-sarhoşluğunu ve tekno-ütopyacılığını "sürdürülebilir dönüşümler etiği" yardımıyla denetim altında tutar (Braidotti, *İnsan Sonrası* 111).

Posthümanizm etik ve politik yaklaşımında genel itibariyle "insanları insan olmayan dünyalara saygı duymaya ve onlara tepki vermeye ve kültür ile doğa arasındaki özcü ve hiyerarşik ayrımları reddetmeye teşvik eder, ancak bunu, insanlığa tamamen sırtını dönmek yerine insanı yeniden yönlendirerek" yapmaya çalışır ve tam da bu yönü yine onu anti-hümanizmden farklılaştırır. Diğer yandan "posthümanist bir etik, hem apolitik bir özelciliğe sırtını dönen hem de hümanist etik arayışlara geri dönmenin yetersiz olduğunu öne süren bir etik" olarak etiketteki post-hümanist tavrını da ortaya koymuş olur (Ryan 299).

Sonuç

Son yıllarda posthuman tartışmalarda öne çıkan kavramlardan biri olarak posthümanizm, temel hümanist kavramları ve değerleri reddeden çeşitli pozisyonlar için bir şemsiye terim olarak hizmet eder. Posthümanizm, genel itibariyle bir yerinden edilme projesiyle fazlasıyla meşguldür. Yerinden etmeye çalıştığı şey, bir anlamda modernist gerçeklerdir: Kartezyen özne, hümanizm, antroposantrizm, düalizmler. Buna göre insan merkezli olmayan dünya görüşlerinin tasavvuru, insanı merkezden uzaklaştırma, hümanist bireyciliğin ve evrenselliğin ötesine geçme girişimleri, insandışı perspektiflere erişim tam anlamıyla posthümanist olarak adlandırılabilir. Yani posthümanizm bir post-hümanizm, post-antroposantrizm ve post-düalizm olarak görülebilir. Epistemolojik bir perspektifçilik, ilişkisel bir ontoloji, sosyopolitik olarak çokçuluk ve çeşitliliğe vurgu yapan posthümanizm etik olarak da perspektifçiliği, çokçuluğu ve ilişkiselliği sürdürür. Posthümanizmin etik teşebbüsü sadece insan olmayan olarak anladığımız şeyleri değerlendirmeye eklemekle kalmayıp, aynı zamanda insan merkezli yollara da meydan okur. Bu meydan okuma, anti-hümanizmde olduğu gibi olumsuz bir zeminde değil olumlu bir zeminde yeni alternatiflerle yapılmaya çalışılır. Transhümanizmin aksine Braidotti'nin ifadesiyle "tekno-sarhoşluğa" düşmeden gerçekleştirilmeye çalışılır (*İnsan Sonrası* 111).

Sonuç olarak, posthuman tartışmalarda insan başlığı altında yapılan ırk, cinsiyet, sınıf, hayvan oluş ve ekolojik alanlarda ortaya çıkan insanlık adına yapılan ve insani olmayan her türden sömürüye ya da suça karşı posthümanizmin etik teşebbüsü pek insanca ya da insani bir girişimi ifade eder. Ryan'ın da dediği gibi posthümanizmin bu manada çağdaş tartışmalara katacağı çok şey vardır (Ryan 299).

Kaynakça

Ağın, Başak. *Posthümanizm: Kavram, Kuram, Bilim-kurgu*. Siyasal Kitabevi, 2020a.
---. "Posthümanizm Ne Değildi." 2020b, https://metapolitik.net/posthumanizm-ne-degildir/
Bauman, Zygmunt. *Postmodern Etik*. Çev. Alev Türker. Ayrıntı Yayınları, 2011.
Braidotti, Rosi. *İnsan Sonrası*. Çev. Öznur Karakaş. Kolektif Kitap, 2018.
---.*İnsan Sonrası Bilgi*. Çev. Seyran Sam-Eda Çaça, Kolektif Kitap, 2021.
Çelik, Ezgi Ece. "Antroposen ve Poshuman İnsan Çağı'nda İnsan Sonrası Olmak." *Cogito: İnsan Sonrası*, sayı 95-96, 2019, ss.145-160.
Dağ, Ahmet. *İnsansız Dünya ve Transhümanizm*. Ketebe Yayınevi, 2020.
Davies, Tony. *Hümanizm*. Çev. Emir Bozkırlı. Elips kitap, 2010.
Ferrando, Francesca. "Posthumanism, Transhumanism, Anti-humanism, Metahumanism and New Materialisms Differences and Relations." *Existenz*, cilt 8, no 2, 2013. ss.26-32, https://existenz.us/volumes/Vol.8-2Ferrando.pdf
---. *Philosophical Posthumanism*. Bloomsbury Publishing, 2019.
Foucault, Michel. *Kelimeler ve Şeyler: İnsan Bilimlerinin Bir Arkeolojisi*. Çev. Mehmet Ali Kılıçbay,

İmge Kitabevi, 2017.
Hassan, Ihab. "Prometheus as Performer: Toward a Posthumanist Culture?". *The Georgia Review*, cilt. 31, no 4, Kış 1977, 2015, ss.830-850.
Heidegger, Martin. *Tekniğe İlişkin Soruşturma*. Çev. Doğan Özlem. Paradigma Yayıncılık, 1998.
Hester, Helen. "Sapiens +İhtimam İnsan Sonrası Siyasette Akıl ve Sorumluluk." *Cogito: İnsan Sonrası*, sayı 95-96, 2019, ss.343-363.
Kalaycı, Nazile. "Felsefenin Bugünü ve Yarını." *Felsefede Bugün ve Yarın Konferansları I*. İzmir 2011.
Küçükalp, Kasım. *Nietzsche ve Postmodernizm*. Kibele Yayınları, 2017.
Marchart, Olivier. *Post-Foundational Political Thought; Political Difference in Nancy, Lefort, Badiou, and Laclau*. Edinburgh University Press, 2007.
More, Max. "The Philosophy of Transhumanism." *The Transhümanist Reader*. ed. Max More ve Natasha Vita-More. Wiley Blackwell, 2013.
Nietzsche, Friedrich. *Şen Bilim*. Çev. Levent Özşar. Asa Yayınları, 2003.
Öztürk, Şeyda. "İnsan Sonrası." *Cogito: İnsan Sonrası*, sayı 95-96, 2019, ss.5-7.
Ranisch, Robert. "Morality." *Post- and Tranhümanizm: Introduction*, ed. Robert Ranisch-Stefan Lorenz Sorgner, Peter Lang Edition, 2014, ss.149-172.
Ranisch, Robert and Sorgner, Stefan Lorenz. "Introducing Post- and Transhumanism." *Post- and Transhumanism: An Introduction*. Peter Lang Edition, 2014, ss.7-27.
Rayner, Timothy. "Biyo-İktidar ve Teknoloji: Foucault ve Heidegger'in Düşüne Tarzı." Çev. Gülten Silindir-Özgül Ekinci. *Heidegger Paris'te: Fransızların Heidegger Okuması*. Otonom Yayınları, 2014, ss.249-272.
Ryan, Derek. "Following Snakes and Moths: Modernist Ethics and Posthumanism." *Twentieth-Century Literature* 61, no 3, 2015, ss. 287-304, https://read.dukeupress.edu/twentieth-century-lit/article/61/3/287/22789/Following-Snakes-and-Moths-Modernist-Ethics-and
Sim, Stuart. *Routledge Postmodernizm Rehberi*. Çev. Ali Utku-Mukadder Erkan. Nobel Akademik Yayıncılık, 2020.
Sorgner, Stefan Lorenz. "Perfecting Human Beings: From Kant and Nietzsche to Trans- and Posthumanism." *Trans-Humanities*, cilt 9, no 1, 2016, ss.41-61.
Utku, Ali. "Değerlerin Yeniden Değerlendirilmesi." *Felsefe Ansiklopedisi*, cilt 4. Babil Yayıncılık, 2006.
Vattimo, Gianni. *Modernliğin Sonu*. Çev. Şahabettin Yalçın. İz Yayıncılık. 1991.
Yücefer, Hakan. "İnsanlar Ölür Olaylar Ölmez: Deleuze'ün Öznesiz Etiği." *Cogito: İnsan Sonrası*, sayı 95-96, 2019, ss.98-144.
West, David. *Kıta Avrupası Felsefesine Giriş: Rousseau, Kant ve Hegel'den Foucault ve Derrida'ya*. Çev. Ahmet Cevizci. Paradigma Yayıncılık, 2013.

BÖLÜM 20

POSTHÜMANİZM, TIP VE BİYOETİK İLİŞKİSİ

Sadık Toprak

Transhümanizm ve posthümanizm insanın şu andaki halinden farklılaşacağını, bir tür evrimleşmenin meydana geleceğini iddia etmektedir. Bu evrimleşmenin ise aşamalı olacağı, transhümanizmin sonunda, kaçınılmaz olarak, posthümanizme ulaşacağı bazı transhümanistlerce iddia edilmektedir (Ferrando 2013). Aşağıda örneklerle açıklandığı üzere, söz konusu değişimin anahtarı ise biyoteknolojidir. Biyoteknoloji; bilim ve teknolojinin, insan üzerindeki uygulamalarının birleşme noktası olarak kabul edilebilir (Ferrando 2013).

Biyoteknolojideki gelişmeler, son yıllarda hız kazanmıştır. Bu gelişmeler konusunda büyük bir talep olduğu açıktır. Bu nedenle irili ufaklı birçok ticari girişim, yeni teknolojiler ve var olan teknolojilerin günlük hayata uygulanması konusunda büyük bir yarış içindedir (Tyagi vd. 2018).

Günümüz, transhümanizm yönünde ciddi atılımların olduğu bir dönemdir. Öncelikle, kişiler son derece düşük fiyatlarla çeşitli giyilebilir teknolojilere ulaşabilmektedir. Bununla birlikte insana ait birçok biyolojik veri de kolaylıkla ölçülmektedir. Bu biyolojik verilere; nabız, tansiyon, O_2 seviyesi, günlük adım sayısı, uyku süresi, her bir uyku fazında geçirilen zaman vb. örnek gösterilebilir. Elde edilen bu veriler, hem kişinin önceki verileriyle hem de başka kişilerin verileriyle karşılaştırma amacıyla kullanılabilmektedir (Liang vd. 2018). Daha önemlisi ise bu veriler, hizmet sunucular tarafından toplanmakta ve depolanmaktadır.

Genel olarak bakıldığında, son dönemde tıpta kullanılan yeni teknolojiler dikkat çekicidir. Yeni teknolojiler arasında en çok dikkat çekenler; nanoteknolojiler, bilişim teknolojileri, genetik teknoloji, sentetik biyoloji, rejeneratif tıp, robotik uygulamalar, nöroteknoloji ve yapay zekâ olarak sıralanabilir (Hayran 2019).

Transhümanizm Konusundaki Gelişmeler

Transhümanizm ile ilgili teknik gelişmelerin tarihi eskiye dayanmaktadır. Son dönemde yoğun bir şekilde kullanımda olan ve bir "ortez" olarak sınıflandırılan kalp pili, insan – makine etkileşiminin yakın tarihli örneklerinden biri olarak kabul edilebilir. Kendi kendine ritmini düzenleyemeyen kalbi kontrol etmek amacıyla insanlara kalp pili (pacemaker) yerleştirilebilmektedir. Söz konusu kalp pillerinin birçok çeşidi bulunmaktadır. Ancak temel nokta, insanın yaşamak için vücuduna yerleştirilen bir makineden yardım almasıdır.

Bir başka tipik örnek ise görme kusurlarının gözlükler, lensler ya da göz ameliyatları yardımıyla düzeltilmesidir. Burada, fonksiyonun geri getirilmesi söz konusudur. Diğer bir deyişle; bu işlemler sonucu kişi "normal" hâline geri dönmekte, görmesi konusunda insanüstü bir yetenek kazanmamaktadır.

Gen Tedavileri, Epigenetik Uygulamalar

Canlıların, genetik yapısının değiştirilmesi suretiyle daha farklı hâle getirilmesi insanlar tarafından uzun süreden beri bilinmektedir. Örneğin, günümüzde bildiğimiz köpek doğada bulunmamaktadır. Çeşitli kurt ve benzeri türlerden hibritleme ve seçilim ile bambaşka bir tür yaratılmıştır (Özer ve Güngör 2019; Wang vd. 2013). Günümüzden yaklaşık 12.000 yıl önce başlayan genetik müdahaleler sonucu, bugün bildiğimiz köpek ortaya çıkmıştır.

Benzer şekilde, bugün yaygın olarak bilinen birçok sebze ve meyve binlerce yıl süren genetik müdahaleler sonucu ortaya çıkmıştır. Örneğin; muz, havuç, elma gibi birçok bitkinin yabani hâlleri ile günümüzde karşılaştığımız örnekler arasında çok büyük farklar bulunmaktadır. Köpek örneğinde olduğu gibi, doğada var olmayan bitkiler zaman içinde genetik müdahaleler ile üretilmiştir. Bu duruma brokoli örnek verilebilir: Brokoli, hibritleme metoduyla insanlar tarafından lahanadan üretilmiş ve halen çok yaygın tüketilen bir bitkidir (Maggioni vd. 2010).

Kastrasyon (orşiektomi) bir başka örnek olarak karşımıza çıkmaktadır. Bizans İmparatorluğu döneminde, hatta öncesinden beri, kastrasyon işleminin uygulandığı bilinmektedir. Amaç dinî olabildiği gibi, kişinin çocukluk sesinin korunması da olabilmektedir (Kuefler 1996). Kastrasyon işlemi de bir tarihî örnek olarak, insanın biyolojiye, yani çeşitli gen ekspresyonlarına müdahalesi olarak değerlendirilebilir.

Gen Düzenlemesi Konusundaki Son Gelişmeler

DNA haritalanması, bir başka güçlü örnek olarak ortaya çıkmaktadır. DNA'nın heliks/sarmal yapısı 1953 yılında keşfedilmiş, 2000'lerde kişisel haritalar ortaya çıkmıştır. İlk haritalandırmalar için çok fazla zaman ve maliyet harcanırken günümüzde birkaç yüz USD karşılığında bu analizler kolayca yapılabilmektedir (Heather ve Chain 2016). Bu gelişmeler, kişinin hangi hastalıklara eğiliminin olduğunun belirlenmesinde büyük faydalar sağlamaktadır.

Son dönemde, hem somatik hem de germline genom düzenlemeleri yapılabilir hale gelmiştir. Somatik genom düzenlemesi, belirli bir hücre türünü (örneğin; kalp hücresi, kemik iliği vs.) hedef alır. Buna karşılık germline genom düzenlemeleri; embriyolara, spermlere veya yumurtalara uygulanan müdahalelerdir. Böylece, yapılan her türlü müdahale, sonraki jenerasyonları da etkiler hale gelmektedir.

Genetik hastalıkların taranması için geliştirilen birçok genetik teknik bulunmaktadır. Örneğin, yapay döllenme ile çocuk sahibi olmak isteyen çiftlerde, "Preimplantasyon Genetik Tanılama (PGT)" ("Preimplantation Genetic Diagnosis (PGD)") yaygın olarak kullanılmaktadır. PGT yönteminde, belli bir hastalıktan etkilenmemiş/sağlıklı embriyolar seçilmeye çalışılmaktadır. Bunun için embriyonun genetik yapısı incelenmekte ve hastalıklı genlere sahip olanlar belirlenmektedir.

2015 yılında yepyeni bir yöntem keşfedilmiştir: "Kümelenmiş Düzenli Aralıklı Kısa Palindromik Yinelemeler" (Clustered Regularly Interspaced Short Palindromic Repeats (CRISPR)-Cas9 (CRISPR associated) Sistemi." CRISPRCas9 Genom Düzenleme (GE) Sistemi, çeşitli organizmalarda ve hücre türlerinde DNA'nın hassas, verimli, nispeten ucuz ve hızlı modifikasyonuna izin verir. Bu yöntemle; gen fonksiyonu ile gen terapisi çalışmaları, ilaç geliştirme ve tarımda genetiği değiştirilmiş ürün üretimi de dâhil olmak üzere birçok araştırma alanında uygulamaları olduğu bulunmuştur (Niemiec ve Howard 2020). Özetle; CRISPR-Cas9 Genom Düzenleme Sistemi, bir canlının genetik yapısında "istenen değişikliği" yapmayı sağlar. İstenen gen parçası bulunup yenisi ile değiştirilebilmektedir. Eğer deyim yerinde ise, genetik yapı üzerinde cut/copy/paste işlemini kolayca ve ucuz bir şekilde yapma olanağı vermektedir. Böylece, herhangi bir hastalığa neden olabilecek genler kolayca değiştirilebilecektir.

CRISPR-Cas9 Genom Düzenleme Sistemi gibi germline gen düzenlemesi sistemleri de çok ciddi sorunları beraberlerinde getirmektedir. Çünkü burada yapılan değişiklikler, doğmamış bir bebeğin/kişinin/insanın genetik yapısında yapılan değişikliklerdir. Bu durumda, kendisine genetik müdahale uygulanan kişinin bu işleme aydınlatılmış onam vermesi mümkün değildir. Ayrıca yapılan bu değişiklik, sonraki sonsuz sayıdaki yeni nesli etkileyecektir. Böylece "var olmayan kişilerin genetik yapısını değiştirmeye hakkımız olup olmadığı" konusu tartışmaya açılmaktadır.

Teknik yönden bakıldığında, CRISPR-Cas9 Genom Düzenleme Sistemi'nin hedef dışı mutasyonları tetikleyebileceğine dair veriler bildirilmiştir. Bu durum çeşitli kanserlerin gelişme riski dâhil olmak üzere birçok riski içinde barındırmaktadır (Selinay ve Ünzile 2020). Ancak asıl sorun, bu tedavilerin uzun dönemli etkilerini bilmememizden kaynaklanmaktadır. Canlıların genetik yapısı, milyonlarca yılda meydana gelen bir süreçtir. Bu karmaşık yapıya, nokta atışı şeklindeki müdahalelerin olası sonuçlarını kolayca tahmin edememekteyiz.

Bir diğer önemli nokta, ebeveynlerin kendi sosyal ve kültürel normları ile ilgili isteklerde bulunma olasılığıdır. Şöyle ki; ebeveynler belli bir göz/ten rengi, yüksek zekâ seviyesi ve atletik bir beden yapısı gibi çok farklı istek ve beklentilerle gelebilirler. Bu tarz olasılıkların ne kadar karşılanacağı konusu açık değildir (Zhang ve Lie 2018).

Kök hücre tedavileri, özellikle "transhüman"a gidişte önemli rol oynayacağa benzemektedir. Çünkü kök hücre ile zarar görmüş/yaşlanmış organ ve dokuların yenilenmesi olasılığı bulunmaktadır. Örneğin, enfeksiyon etkenleri ile savaştan kanserli hücrelerin temizlenmesine dek birçok işlevi olan immün sistemin, "yenilenmesi" mümkündür. En azından yaşlanmış ve fonksiyonu zayıflamış immün sistem hücreleri yenilenebilir. Yenilenme gücü çok az olduğu bilinen kalp kası ve sinir hücrelerinin tamirinde kök hücre tedavilerinin başarılı olabileceğini düşündüren bulgular vardır. Ayrıca vücut fonksiyonunda önemli görevleri olan kas ve eklemlerin de kök hücre tedavilerinden fayda görmesi olası gözükmektedir (Yeh ve Chan 2018).

Nöral Teknolojiler

Nöral protezler konusunda en başarılı örnek koklear implantlardır. Koklear implantlar; işitme engelli çocuklarda dil ile ilgili beceriler, iş bulma ve sosyal hayata uyum konularında ciddi ilerleme sağlamaktadır (Lee 2016). Yaşlanma ile beraber, özellikle yüksek frekanslarda ciddi bir işitme kaybı meydana gelmektedir. Ayrıca mesleki işitme kayıpları da oldukça sıktır ve 4000 Hz(hertz) gibi önemli noktada kayba neden olmaktadır (Toprak vd. 2020). Bütün bu durumlarda koklear implantlar, işitme güçlüğünü başarıyla onarmaktadır. Ancak koklear implantlar sadece işitme engelli çocuk ya da yetişkinler için değil, böyle bir engeli olmayan insanın işitme yetisini yükseltmek için de kullanılabilir. İnsan kulağının 20 ile 20.000 hertz arasındaki sesleri duyabildiği varsayılır. Doğal olarak; bu kadar iyi duymaya, işitme sisteminin en iyi olduğu dönemde ulaşılabilir. Örneğin, elli yaşında sağlıklı biri, bu duyma yetisinin yaklaşık yarısını kaybetmiş durumdadır.

Koklear implant işitme sorunu olmayan bir insana uygulandığında; insana o güne kadar hiç duymadığı sesleri duyurabilir, sesleri olağanüstü uzaklıktan algılamasını ya da belli sesleri filtreleyip, sadece istenen sesleri duymasını sağlayabilir (Dabdoub ve Nishimura 2017). Bir diğer çok olası gelişme ise, koklear implantların doğrudan internete bağlanması olabilir. Bu durumda olasılıklar sınırsız hale gelmektedir. İnternete bağlanıldığı anda, iletişim ve bilgiye erişim konusundaki tüm kısıtlamalar ortadan kalkmaktadır.

İnsan beyninden elde edilen sinyallerin, bilgisayar yardımı ile değerlendirilmesi konusunda son dönemde büyük gelişmeler olmuştur. Örneğin, "Neuralink" isimli bir firma, son derece küçük bir beyin implantı ile bluetooth üzerinden iletişim kurmayı başarmıştır. Bu sayede görme engelliler için biyonik bir göz yaratılabilir, felçli hastalar tekrar hareket etmeye başlayabilir, insan beyni doğrudan bilgisayarlar ve internet erişimine sahip olabilir (Gurtner 2021).

Rejeneratif Tıp

Bir organ veya dokuda meydana gelen ciddi yetmezlik/kayıplarda organ transplantasyonu/nakli ya da replasman tedavileri uygulanmaktadır. Örneğin, ağır siroz vakalarında karaciğer transplantasyonu yapılır ya da kalça ekleminin tahrip olması halinde metal/plastik yapay bir eklem yerleştirilir. Ancak bu tedavilerin, yakın dönemde immün sorunlar ile uzun dönemde, takılan yapay organların deforme oluşu gibi önemli komplikasyon riskleri vardır (Yu vd. 2021).

Zarar görmüş doku ve organların tamiri ve yenilenmesi için rejeneratif tıp başarılı çalışmalar yürütmektedir. Rejeneratif tıpta, kişinin kendi kök hücreleri kullanılarak yeni doku ve organ üretilebilmektedir. İkinci bir yöntem olarak dokunun çatısı yapay yollarla üretilen hücreler bu çatı içine çeşitli yöntemlerle yerleştirilmektedir (Yu vd. 2021). Rejeneratif tıp uygulamaları içinde FDA onayı almış olanlar bulunmaktadır: Nazolabial sulcus tamiri, akut ya da tekrarlayıcı travmaya bağlı eklem defektlerinin tamiri, kemik iliği restorasyonu, diyabetik ayak tedavisi, diş eti tedavileri, bazı kemik kırıkları gibi (Mao ve Mooney 2015).

Posthümanizm ve Tıbbi Gelişmeler

İnsanın duygu ve düşüncelerini belirleyen faktörlerin başında içinde yaşadığı çevre ve bedeni gelmektedir. Örneğin, insan yeterince güneş ışığı alamaz ise duygu durumu bozulmaktadır. Bu olgu, az güneş alan Kuzey Avrupa ülkelerindeki yüksek intihar oranları ile açığa çıkmaktadır (Terao vd. 2002).

İçinde yaşadığımız beden, tüm fikir ve aksiyonların belirleyicisidir. Söz gelişi; kadın ve erkek, ortak bir noktadan hayata başladıkları halde, cinsiyet farklılaşmasının hormonal ve yapısal düzeyde başladığı anne karnından itibaren, bu yolda bambaşka bir çizgide ilerlemektedirler. Kadın ve erkekte; karar alış mekanizması, risk alıcı davranış, strese yanıt gibi en temel konularda ciddi farklar bulunmaktadır. Bu farkların bir kısmı, kültürel farklılıklar olarak, kadın ve erkeğe biçilen roller olarak açıklanabilse de arada biyolojik bir fark olduğu açıktır. Bu biyolojik farka verilebilecek örnek, doğurganlık çağındaki kadınlarda her ay görülen "menstrual siklüs" ("mensturation cycle") olabilir. Menstrual siklüsün değişik dönemlerine göre, kadınların birçok davranışlarında/seçimlerinde farklılıklar olabilmektedir. Benzer şekilde, erkek bireylerin menstrual siklüsün dönemlerini algılayabildiğini gösteren çalışmalar da mevcuttur (Miller vd. 2007).

Vücudumuz, sadece cinsiyet üzerinden bizi etkilemez, yaşın ilerlemesi ile insanların dünyayı algılayışı ve davranışları değişmektedir. Söz gelimi; adolesan/ergenlik dönemine dek, impulsivite/dürtüsellik belirgin bir özellik iken sonrasında rasyonelleşme ön plana çıkmaktadır (Forrest vd. 2019). Yaşla beraber davranış kalıplarının değişmesinde, anatomik değişimlerden çok, hormonal değişimler rol oynamaktadır. Hatta insan bağırsağında yaşamakta olan bakterilerin tipine ve sayısına göre, ruh halimiz ve davranışlarımız değişebilmektedir (Pulikkan vd. 2019). Özetle, insanın bilinci sadece beyninde bulunan bir yazılımdan ibaret değildir.

Posthüman/post insan/insan ötesinin en önemli karakteristiği, bilincin "bilgisayara yüklenebilmesi" ("mind uploading") olacaktır. İnsanın "bir donanım değil bir yazılım olduğu" kimi posthümanistler tarafından ifade edilmiştir (Vicini ve Brazal 2015). İnsan bilincinin bir data olarak ortaya çıkması durumunda, çevre ve bedenin insan bilincine olan etkisi ortadan kalkacağı için, bilincin bambaşka bir yöne evrileceğine kuşku yoktur. Yukarıda sadece birkaç örneği verildiği gibi, insanın çevresi ve bedeni ile bilinci arasında karşılıklı ve çok derin bir ilişki vardır.

Bilincin bedenden ayrılmasının sonuçları hakkında herhangi bir bilgi bulunmamaktadır. Ancak şuna eminiz ki, insanın bilinci ile bedeni arasında çok yakın bir ilişki bulunmaktadır. Açıktır ki, insan bilincinin bir veri haline gelmesi durumunda, diğer bir deyişle izole ve steril bir hale gelmesinde, insan bilincinin çok önemli unsurları dışlanmış olacaktır. İnsan sadece bir yazılım haline geldiğinde, nasıl bir yapıya dönüşeceğimiz konusu tartışmalıdır. Bu noktada, adlandırmanın çok iyi yapıldığına vurgu yapmak gerekir; "posthüman/post insan," diğer bir deyişle "insan sonrası/ötesi."

Hızla Gelişip Kullanıma Giren Tıbbi Uygulama ve Tekniklerin Olası Olumsuz Sonuçları

Herhangi bir uygulama cerrahi ögeler taşıyor ise cerrahi ekibinin yeterince tecrübe sahibi olması gerekmektedir. Örneğin, cerrahide büyük bir gelişme olarak kabul edilen laparoskopik cerrahi, ilk uygulanmaya başlandığında, açık cerrahiye göre daha yüksek komplikasyon riskine sahipti. Oysa beklenen tam tersiydi, laparoskopik cerrahi daha az komplikasyona sahip olmalıydı. Ameliyat ekipleri tecrübe kazandıkça komplikasyon yüzdeleri hızla düştü (Naveiro-Fuentes vd. 2018). Bu nedenle, vücuda cerrahi müdahale gerektiren uygulamalar beklenenden daha yüksek komplikasyon riskine sahip olacaklardır. Bu noktada hatırlatmak gerekir ki söz konusu uygulamalar sıklıkla robotik cerrahi ile gerçekleştirilmesi planlanan girişimlerdir. Robotik cerrahide de benzer süreçler yaşanacaktır. Yani zaman içinde ortaya çıkan komplikasyonlar dikkate alınarak teknikler sürekli geliştirilecektir.

Bir diğer önemli nokta ise yeni teknik ya da teknolojik gelişmelerin uzun dönem sonuçları hakkında yetersiz bilgiye sahip olunmasıdır. Tıbbi uygulamaların 10, 20 ya da 90 yıl sonraki durumlarını görmek, beklenmeyen etkileri değerlendirmek açısından önemlidir. Tıp tarihi, başlangıçta harika görünüp ardından zaman geçtikçe hiç de başarılı olmadığı anlaşılan ilaç ve tıbbi uygulamalarla doludur (Hayran 2019). Bu noktada hatırlatmak gerekir ki hem insanlar hem de ticari kuruluşlar, yeni tıbbi uygulama ve ilaçların kullanıma sunulması konusunda son derece acelecidirler (Hayran 2019).

Transhümanizm/Posthümanizm ve Savaş Teknolojileri

Süper yeteneklerle donatılmış, yorulmayan, her emre itaat eden asker fikri yeni değildir. Örneğin, İkinci Dünya Savaşı esnasında, 1940 yılında, Almanya'nın Fransa'yı bir yıldırım harekâtı ile işgalinin altında amfetamin grubu ilaçlar yatmaktadır. Pervitin isimli amfetamini kullanan askerler, üç gün boyunca uyumadan savaşmışlardır. Pervitin, kişilerin morallerini yükseltmiş ve saha performanslarını da ciddi şekilde arttırmıştır (Racine). Bu noktada hatırlatmak gerekir ki, Pervitin tarzı amfetamin grubu ilaçlar, kullanıldıklarında ilk üç gün olumlu etkilerini gösterip, kişinin enerji düzeyini ve moralini yükseltirken, arkasından ciddi yorgunluk bulgularıyla karakterizedirler. Benzer özellikteki çeşitli kimyasal maddeler 1960'larda Amerikan ordusu tarafından kullanılmıştır. Amerikan ordusunun, 2003 yılında Irak'ı işgali sırasında "Modafinil" isimli psikostimülan maddeyi kullandığı bilinmektedir. Modafinil, bir psiko-uyarıcı görevi görür, uykudan yoksun bireylerde bile uyanıklığı ve genel bilişsel ve fiziksel performansı artırır (Al-Rodhan 2015).

İnsan askerlerin, çeşitli kimyasal maddeler yoluyla geliştirilmeye çalışılması ile ilgili araştırmalar hâlen devam etmektedir. Nootropic ilaçlar, sadece askerî amaçlar için değil, tüm insanlar için üretilmeye çalışılmaktadır. Bu maddeler, insan zihnini daha keskin hale getirip, yaratıcılığı, odaklanmayı ve dolayısı ile entelektüel üretimi arttırmayı amaçlamaktadır (Mirkes 2019).

Tüm bunların yanında insan-makine etkileşimi ve çeşitli implantlar da, denenen askeri teknolojiler arasındadır. İnsanın gittikçe rolünün azaldığı bir "posthüman savaş"ın belirtileri günümüz çatışmalarında görülmeye başlanmıştır (Gray 2003). Karar alma mekanizmaları dâhil olmak üzere, savaşın kendisinde, "posthüman izler" açıkça görülmektedir. Örneğin, pilotlu uçakların yerini drone tipi insansız hava araçları almış durumdadır.

Sporda Transhümanizm/Posthümanizm

Hiç kuşkuya yer yok ki; insan vücudu üzerindeki artifisyel/yapay uygulamalar, insanüstü güçleri bize verebilir. Örneğin, çok daha hızlı koşabilir, çok daha keskin görebilir ya da uzak mesafelerden duyabiliriz. Bu güçlere sahip bir insanla boy ölçüşmek kolay olmadığı gibi şartların karşılıklı olarak eşit olduğu da söylenemez. Ancak engelli kişilerin çeşitli eksiklikleri giderilmek suretiyle, özel yarışmalar düzenlenmektedir. Söz gelişi, 2016 yılında yapılan Cyborg Olimpiyatları'nda, biyonik insanlar mücadele edebilmiştir (Reardon 2016).

Çeşitli insanüstü yeteneklerle donatılmış insanlar ile "sıradan insan"ların spor karşılaşmaları eşitliğe aykırı olacaktır. Şu ana kadar bu iki insan grubu, en azından spor karşılaşmalarında, birbirleri ile mücadele etmemiştir. Ancak insanı geliştiren teknolojilerin yaygınlaşması ile bu tarz sorunlar gündeme gelecektir.

Posthümanizm ve Etik

Yukarıda çeşitli örnekleri verilen tüm bu gelişmeler etik ilkelerde de değişimlere neden olmaktadır. En azından eskisinden farklı yorumların ortaya çıkması kaçınılmaz olacaktır. Örneğin, otonomi/özgürlük ilkesi farklı bir şekilde yorumlanabilmektedir. Klasik anlamıyla otonomi ilkesi, herhangi bir baskı ve nüfuz olmadan kişinin özgürce karar alabilmesi ve içinde bulunduğu durum hakkında anlayacağı bir şekilde bilgilendirildikten sonra, yapılacak herhangi bir tıbbi uygulamaya ya da girişime izin vermesi (seçimini yapması) şeklinde tanımlanmaktadır (Demir 2017). Oysa yeni bir yaklaşım olarak, otonomi; teknolojiden etkilenmeden tüm seçimlerini yapabilmek yerine teknolojiden etkilenmenin kontrol edilebilmesi olarak tanımlanmaktadır (Wellner 2017).

Sonuçta hem transhümanizm hem de posthümanizm konusundaki sosyal, politik ve teknik gelişmeler "homo sapiens"in son nokta olmadığını düşündürmektedir. İnsan ömrünün uzamasını sağlayan bir dizi gelişme nedeniyle "homo sapiens longeviticus" isminin kullanılabileceğini iddia eden bilim insanları vardır (Lee 2016). Homo sapiens longeviticus, halen kullandığımız etik ilkelerden farklı bir dünyada yaşayacaktır. Yukarıda belirtildiği gibi, tamamen bağımsız bir otonomiye sahip olamaz. Çünkü sürekli olarak bir tür tıbbi gözlem altında olacaktır. Şu anda örneklerini gördüğümüz giyilebilir teknolojilerin çok ötesinde; sadece nabız, tansiyon gibi temel parametreleri değil, organ/yapay organ işlevleri de kontrol ve gözlem altında olacaktır. Diğer yandan nöral teknolojilerin gelişimi ile sürekli hâle gelen iletişim, teknoloji ile insan arasındaki bağı kesintisiz duruma getirecektir.

"İnsan ötesi etik yaklaşım"ın önündeki en büyük engel, gelecek teknolojiler hakkındaki belirsizliktir. Teknolojinin bize sunacaklarının sınırları ve uygulama biçimleri en temel belirleyici olacaktır. Çok benzer işlemler tamamen farklı senaryolar için gerçekleşebilir. Örneğin, toplum ortalamasının altında bir boya sahip olacak bir çocuğun boyunu uzatmak amacıyla gen tedavisi uygulanması ile bir atletin yarış performansının arttırılması amacıyla gen tedavisi uygulanması arasında teknik bir farklılık olmamasına rağmen etik boyutta ciddi farklar bulunmaktadır (Freeman 2019). Milyarlarca yılda oluşmuş gen havuzu/genetik yazılımı değiştirebilecek ve bu değişimin kalıcı olmasını sağlayacak teknolojiler (CRISP gibi) şu anda kullanıma girmeye başlamıştır. Ebeveynlerin çocukları için CRISP benzeri teknolojilerle yaptırdıkları genetik değişiklikler, DNA içinde yapıldığı için nesiller boyu devam edecektir. Böylece daha doğmamış kişiler, onamları alınmaksızın, genetik müdahaleye maruz kalmış olacaklardır. Örnekleri verilen bütün bu belirsizlikler tam bir stratejik çerçeve çizmeyi imkânsız hale getirmektedir.

Bütün bu karmaşa nedeniyle posthümanist dönem için dikkate alınacak ya da uygulanacak yeni etik ilkeler ortaya konmuştur: Özgürlük ve otonomi, adalet ve eşitlik, toplumsal bozulma, insan onuru ve iyi yaşam, haklar ve yükümlülükler, politika ve hukuk gibi (Allhoff vd. 2010). Adalet ve eşitlik, posthümanizm döneminin en problematik konuları arasında yer alacağa benzemektedir. Posthümanizme götüren ileri teknoloji tıbbi uygulamaları sadece toplumun çok küçük bir kesiminin karşılayabilmesi olasılığı karşımızdadır. Halk sağlığını ilgilendiren birçok konuda olduğu gibi sağlık alanında toplumsal başarı elde edilmek isteniyorsa sağlık hizmetinin kamu tarafından herkese ve eşit verilmesi gerekir. Örneğin, çiçek hastalarına yüksek ve pahalı bir sağlık bakımı vermek yerine çiçek aşısı uygulandığında çok daha büyük bir başarı elde edilmiş ve çiçek hastalığı yeryüzünden silinebilmiştir. Bu nedenle, söz konusu tıbbi ve teknolojik gelişimin tüm toplum tarafından paylaşılabileceği ve kullanılabileceği uygulamalara ihtiyaç duyulmaktadır. Özellikle yeni gelişen teknolojiler toplumun sadece belli bir kesimi tarafından ulaşılabilir olduğu için adalet ve eşitlik ilkesi çiğnenmektedir. Örneğin, kanser tedavilerinde kullanılan immünoterapinin yıllık maliyetleri, yüzbinlerce dolara ulaşmaktadır (Dranitsaris vd. 2018).

Yaşam süresinin uzaması, transhümanizmin en önemli sonuçlarından birisi olacaktır. Yaşlanan toplum aynı zamanda yepyeni sorunları da beraberinde getirmektedir. Buna, toplumda aktif çalışma hayatındaki insan sayısının azalması, sağlık hizmetlerine harcanan paranın artması, bakım hizmetlerindeki olası aksamalar gibi durumlar örnek verilebilir. Yaşam süresinin uzaması ile birlikte, beklenenden uzun yaşayan bireylerin sağlık sistemi üzerine nasıl bir yük bindireceklerini ve sosyal güvenlik yapıları üzerindeki etkilerini tahmin etmek zordur. Özellikle, pahalı olması ya da başka nedenlerle toplumun çoğunluğunun ulaşamadığı, yani adalet ve eşitlik ilkesinin zarar gördüğü işlemler sonucunda yarar elde eden bireylerin topluma maliyeti/etkisi açık değildir.

Özetle, posthümanizm etik yaklaşımda ciddi değişikliklere neden olacaktır. Yeni etik yaklaşımın halk sağlığı ve insana özgü değerleri harmanlayan, aynı zamanda bilim ve teknolojiye cevap verebilen dinamik bir yapıda olması gerekmektedir. Bu nedenle temel etik ilkeler olan yarar sağlama ilkesi, zarar vermeme ilkesi, özerkliğe saygı ilkesi ve adalet ilkesi farklı şekilde yorumlanabilecektir. Yeni ilkelerin insan-makine etkileşimini hesaba katması, ayrıca özerkliğin/otonominin yeniden tanımlanması gerekmektedir. Bu derece iletişim ve etkileşim içinde ve sürekli çevrimiçi haldeyken, sınırsız bir otonominin var olamayacağı kabul edilmelidir.

Transhümanizm ve posthümanizm, kendine yeni etik ilkeleri oluşturmaya başlamıştır (Fernandez-Garcia ve del Moral-Espin 2016). Bilginin ve dolayısı ile yazılımın "demokratize" edilmesi en temel ilke olarak kabul edilmektedir. Tıpta bilginin paylaşılması ile katı kurallar mevcuttur. Buna karşılık yeni tıbbi teknolojiler konusunda daha paylaşımcı/demokratik bir gelenek oluşabilir. Günümüzde herhangi bir alanda yeni bir teknoloji üretildiğinde, çok kısa bir sürede benzerlerinin hatta daha iyilerinin çıktığını bilmekteyiz. Yeni etik ilkeler arasında desantralizasyon/yerelleşme ve açıklık/şeffaflık ayrıca dikkat çekicidir. Bu iki yeni etik ilkenin tıpta da vücut bulduğunu ve çeşitli araştırmaların yürütüldüğünü görüyoruz (Hao vd. 2021).

Transhümanizm ve posthümanizmin mevcut dört adet etik ilkeye (yarar sağlama ilkesi, zarar vermeme ilkesi, özerkliğe saygı ilkesi ve adalet ilkesi) yeni anlamlar katacağı öngörülmektedir. Öncelikle, her bir ilke yeni "insan" ile bir kez daha şekillenecektir. İkincil olarak, tıbbi etikte var olmayan veya göz ardı edilen yeni kavramların (desantralizasyon, şeffaflık, bilginin demokratikleştirilmesi gibi) öne çıktığı bir döneme girmekteyiz. Her ne kadar transhümanizm ve posthümanizm bireye yönelik uygulamalar ve yaklaşımlar şeklinde ortaya çıksa da tıp başta olmak üzere bilimde ve bilimin uygulanmasında köklü değişimlere yol açacaktır.

Kaynaklar

Al-Rodhan, Nayef. "Transhumanism and War." *Durham: Global Policy*, 2015.

Allhoff, Fritz ve diğerleri. "Ethics of Human Enhancement: 25 Questions & Answers." *Studies in Ethics, Law, and Technology*, cilt 4, no 1, 2010.

Dabdoub, Alain ve Koji Nishimura. "Cochlear Implants Meet Regenerative Biology: State of the Science and Future Research Directions." *Otology & Neurotology*, cilt 38, no 8, 2017, ss. 232-36.

Demir, Remzi. "Avrupa Biyotip Sözleşmesi'nde Benimsenen Özerklik İlkesini Tıp, Hukuk ve Edebiyat İle Yorumlamak."*İZMİR BAROSU DERGİSİ*, cilt 82, no 2, 2017, ss. 107-25.

Dranitsaris, George ve diğerleri. "Cost-Effectiveness vs. Affordability in the Age of Immuno-Oncology Cancer Drugs." *Expert review of pharmacoeconomics & outcomes research*, cilt 18, no 4, 2018, ss. 351-57.

Fernández-García, Manuel ve Lucía del Moral-Espín. "The Hacker Ethic Vs Netarchical Capitalism: Free Software and Peer Production within Collaborative Economic Practices in Andalusia." *Teknokultura*, cilt 13, no 1, 2016, ss. 141-68.

Ferrando, Francesca. "Posthumanism, Transhumanism, Antihumanism, Metahumanism, and New Materialisms." *Existenz*, cilt 8, no 2, 2013, ss. 26-32.

Forrest, Walter ve diğerleri. "Development of Impulsivity and Risk-Seeking: Implications for the Dimensionality and Stability of Self-Control." *Criminology*, cilt 57, no 3, 2019, ss. 512-43.

Freeman, RE. "Stakeholder Management and Reputation. Values and Ethics for the 21st Century. Madrid: Bbva." 2019.

Gray, Chris Hables. "Posthuman Soldiers in Postmodern War." *Body & Society*, cilt 9, no 4,

2003, ss. 215-26.

Gurtner, Dimitri. "Neuralink and Beyond: Challenges of Creating an Enhanced Human." 2021. https://doc.rero.ch/record/330330/files/IWP21_01_diuf.pdf

Hao, Yu ve diğerleri. "Impact of Income Inequality and Fiscal Decentralization on Public Health: Evidence from China." *Economic Modelling*, Cilt 94, 2021, ss. 934-44.

Hayran, Osman. "Yeni Tıp Teknolojilerinin Kullanımı Ve Etik Sorunlar." *Journal of Biotechnology and Strategic Health Research*, cilt 3, no 2, 2019, ss. 54-60.

Heather, James M ve Chain, Benjamin. "The Sequence of Sequencers: The History of Sequencing DNA." *Genomics*, cilt 107, no 1, 2016, ss. 1-8.

Kuefler, Mathew S. "12 Castration and Eunuci-Iism in the Middle Ages." *Handbook of Medieval Sexuality*, cilt 1696, 1996, s. 279.

Lee, Joseph. "Cochlear Implantation, Enhancements, Transhumanism and Posthumanism: Some Human Questions." *Science and engineering ethics*, cilt 22, no 1, 2016, ss. 67-92.

Liang, Yi ve diğerleri. "Deep Learning-Based Inference of Private Information Using Embedded Sensors in Smart Devices." *IEEE Network*, cilt 32, no 4, 2018, ss. 8-14.

Maggioni, Lorenzo ve diğerleri. "Origin and Domestication of Cole Crops (Brassica Oleracea L.): Linguistic and Literary Considerations 1." *Economic botany*, cilt 64, no 2, 2010, ss. 109-23.

Mao, Angelo S ve David J Mooney. "Regenerative Medicine: Current Therapies and Future Directions." *Proceedings of the National Academy of Sciences*, cilt 112, no 47, 2015, ss. 14452-59.

Miller, Geoffrey ve diğerleri. "Ovulatory Cycle Effects on Tip Earnings by Lap Dancers: Economic Evidence for Human Estrus?." *Evolution and human behavior*, cilt 28, no 6, 2007, ss. 375-81.

Mirkes, Renée. "Transhumanist Medicine: Can We Direct Its Power to the Service of Human Dignity?" *The Linacre Quarterly*, cilt 86, no 1, 2019, ss. 115-26.

Naveiro-Fuentes, M ve diğerleri. "Effect of Surgeon's Experience on Complications from Laparoscopic Hysterectomy." *Journal of gynecology obstetrics and human reproduction*, cilt 47, no 2, 2018, ss. 63-67.

Niemiec, Emilia ve Heidi Carmen Howard. "Ethical Issues Related to Research on Genome Editing in Human Embryos. "*Computational and structural biotechnology journal*, cilt 18, 2020, ss. 887-96.

Özer, İsmail and İlkem Yazar Güngör. "Paleolitik Çağ'dan Günümüze Anadolu Zooarkeolojik Buluntuları." Ankara Üniversitesi Sosyal Bilimler Enstitüsü Antropoloji (Paleoantropoloji) Anabilim Dalı, 2019.

Pulikkan, Joby ve diğerleri. "Role of the Gut Microbiome in Autism Spectrum Disorders." *Reviews on Biomarker Studies in Psychiatric and Neurodegenerative Disorders*, 2019, ss. 253-69.

Racine, Nicholas. "Blood, Meth, and Tears: The Super Soldiers of World War II." *HISTORY MATTERS*, 2019.

Reardon, Sara. "Faster Higher Stronger: The Cybathlon Is a Cyborg Olympics That Will Help Disabled People to Navigate the Most Difficult Course of All: The Everyday World." *Nature*, cilt 536, no 7614, 2016, ss. 20-23.

Selinay, Köse ve Sur Ünzile. "Crispr-Cas9 Teknolojisi, Güvenliliği ve Etik Açıdan Değerlendirilmesi." 2020.

Terao, Takeshi ve diğerleri. "Effect of Latitude on Suicide Rates in Japan." *The Lancet*, cilt 360, no 9348, 2002, s. 1892.

Toprak, Sadik ve diğerleri. "Mesleki Gürültüye Bağlı İşitme Kaybının Medikolegal Değerlendirilmesi." *Karaelmas İş Sağlığı ve Güvenliği Dergisi*, cilt 4, no 1, 2020, ss. 13-23.

Tyagi, Prachi ve diğerleri "The Opportunities to Develop a Successful Entrepreneurship and Business Model in Biotechnology: An Overview." *Journal of Commercial Biotechnology*, cilt 24, no 3, 2018.

Vicini, Andrea ve Agnes M Brazal. "Longing for Transcendence: Cyborgs and Trans-and Posthumans." *Theological Studies*, cilt 76, no 1, 2015, ss. 148-65.

Wang, Guo-dong ve diğerleri. "The Genomics of Selection in Dogs and the Parallel Evolution between Dogs and Humans." *Nature communications*, cilt 4, no 1, 2013, ss. 1-9.

Wellner, Galit. "Ethics in Times of Posthumanism." *Foundations of Science*, cilt 22, no 2, 2017, ss. 329-32.

Yeh, Da-Chuan ve Tzu-Min Chan. "Therapeutics of Stem Cell Treatment in Anti-Aging and Rejuvenation." *Stem Cell Dicovery*, cilt 8, no 02, 2018, s. 13.

Yu, Yunru ve diğerleri. "Living Materials for Regenerative Medicine." *Engineered Regeneration*, cilt 2, 2021, ss. 96-104.

Zhang, Di ve Reidar K Lie. "Ethical Issues in Human Germline Gene Editing: A Perspective from China." *Monash bioethics review*, cilt 36, no 1-4, 2018, ss. 23-35.

BÖLÜM 21

İNSAN SONRASI SİBORG AŞKI ÇERÇEVESİNDE İNSAN-MAKİNE ETKİLEŞİMİ[1]

Melike Şahinol

Giriş

Bu makalede, sibernetik aşkın özgün bir biçimi olan insan-makine ilişkileri ve etkileşimleri sosyolojik açıdan ele alınarak, posthümanizm perspektifinden hem insan bedeninin cinsellik amaçlı sunulan makinelere adaptasyonuna hem de makinelerin insan bedenine adaptasyonuna odaklanılmaktadır. İlk olarak, transhüman (insanüstü) ve posthüman (insan sonrası)[2] kavramları arasındaki fark vurgulandıktan sonra, aşk bebekleri, seks robotları ve makineler gibi teknolojik araçlar ile aktarılan ve icra edilen bir aşk pratiği olarak teledildonik makineler analiz edilmiştir. Bu bağlamda ortaya çıkan sorular, söz konusu adaptasyonda insan ve makine arasında simbiyotik bir ilişki olup olmadığı ve insan sonrası sibernetik aşktan ne zaman söz edilip edilemeyeceği ile ilgilidir. Zira, aşk ve cinsellikle ilgili seçeneklerin zenginliği ve gelişkinliği, toplumun halen en temel kurumu çekirdek ailenin dayandığı varsayılan ve gittikçe ayaklarımızın altından kaydığı hissiyatında olduğumuz romantik aşkı ve bu aşkın (yeni) deneyimlenme biçimlerini tekrar sorgulatarak fütüristtik gelse de posthümanist insani eğilimlerini ve arzuların sınırlarını zorlayan biçimde çeşitlilik sergileyebileceğini açıkça gösteriyor. Dijital bir dönme dolapta sıkışmış imajıyla romantik aşk kapitalizmin kıskacındadır ve bu kıskaçtaki aşkı farklı biçimlerde ve içeriklerde üretiyoruz ve tüketiyoruz. Arayışla sonuçlanacak bir sonraki can sıkıntısına ve yabancılaşma dalgasına kadar aşk ilişkilerini yaşamaya devam ediyoruz. Bu arayışlar sırasında yeni aşk dünyaları yaratarak yapay kadın ve erkek cinsel organları inşa ediyoruz, yapay yollardan dölleniyoruz, henüz doğmamış bebeklerimizi tasarlıyoruz, sperm satın alıyoruz, taşıyıcı annelerin rahimlerine başvuruyoruz veya aşk makineleri satın alıyoruz. Aşkı insan sonrası makinelerle birlikte tüketiyoruz, ağ oluşturuyoruz, kök Salıyoruz. Bu makalede, bu arka plan gelişmeler ve gerçekliklerden hareketle, insan sonrası bir çağda aşkın sadece sosyal değil, sosyo-(biyo-)teknik bir ilişki ve yapı olduğu, özellikle de makinelerle aşk eylemlerinin ve makinelere olan aşkın da söz

---

[1] Bu makalenin ilk versiyonu Almanca olarak "Posthumane Cyborgliebe. Die Anpassung des menschlichen Körpers an maschinelle Angebote im sexuellen Bereich" başlığı ile Oliver Bendel'in editörlüğünde "Maschinenliebe. Liebespuppen und Sexroboter aus technischer, psychologischer und philosophischer Perspektive" adlı kitapta Wiesbaden Springer Gabler yayınevi tarafından 2020'de yayınlanmıştır. Bu makale ise Almanca versiyonuna dayanmakta olup konunun daha geniş kapsamlı şekilde ele alınmış kısmi tercümesidir. Gülşah Başkavak'a metnin Türkçe çevirisindeki düzeltmeleri için de teşekkür borçluyum.

[2] Tarihsel izlek içerisinde değerlendirildiğinde, insan merkezci olmayan bir yaklaşımı benimsediğimden *posthuman* terimine karşılık olarak "insan sonrası" terimini kullanacağım. Türkçede bu terime karşılık olarak "insanötesi" kullanımına da rastlanmaktadır. Ancak, bu terim İngilizcede *beyond human* terimine denk geldiğinden, "insanötesi" terimini özellikle kullanmıyorum.

konusu olabileceği savunulmaktadır.

İyileştirme/tedavi, bedendeki biyolojik süreçlerin farmakolojik, genetik veya (biyo-)teknolojik etkisi olsa da beden modifikasyonunun ötesine geçen ve insan sonrası bir çağda trend haline gelen optimizasyon isteği –diğer bir ifadeyle bedeni "en uygun hale getirme" çabası– günümüz toplumlarının temel bir bileşeni olarak görülmektedir. Optimizasyon toplumuna doğru dönüşüm süreci, nano, biyo, nöro ve iletişim teknolojilerindeki hızlandırılmış ve iç içe geçmiş gelişmeleriyle karakterize edilir. Bu gelişmeler aynı zamanda aşk "şey"leriyle de karşılaşır. Böylece etkileşimler ve ilişkilenmeler zamanın sınırlarının ötesine taşınabilir, aktarılabilir ve şaşırtıcı şekilde somut hale gelebilir. Aşk özneleri/nesneleri farklı şekillerde arzulanabilir veya hiç istenmeyebilir de. Farklı şekilde deneyimlendiğinde ise aşk bebekleri ve seks robotları tek tuşla internetten sipariş edilir, kurulum kılavuzuna göre nesne bir araya getirilir, sonra giydirilir, soyulur, sevilir, okşanır ve hatta onunla tartışılır, kullanım sonrası temizlenir, bakımı yapılır ve kaldırılır. Hatta bazen farklı nedenlerden dolayı bu aşk bebekleri elden çıkarılır. Makine ve siborg aşkın ortaya çıkış nedenleri, (olası) uygulama alanları kadar çok çeşitlidir ve insan-makine etkileşiminden doğan insan-makine aşkı ve ilişkisi, insanın ve makinenin "özel" bakımını ve birbiriyle uyumunu gerektirir.

Bu makalede, belirli türden insan-makine ilişkileri ve makine aşkı sosyolojik bir bakış açısıyla tartışılmaktadır. İnsan sonrası çağdaki ana teze göre aşkın, sadece salt sosyal bir ilişkiyi değil, özellikle makine aracılığıyla veya makinelere karşı geliştirilen aşk söz konusu olduğunda bu ilişkinin sosyo-biyo-teknik bir ilişkiyi temsil ettiği ileri sürülmektedir. Burada sosyolojinin müdahalesine ihtiyaç duyan birçok tartışma başlığı da ortaya çıkmaktadır. Bu bağlamda en önemlilerinden biri, eğer aşk sosyo-biyo-teknik bir ilişkiyi temsil ediyorsa, o halde siborg teorisini içeren bir analiz perspektifiyle ele alınmalıdır. Bu varsayımdan hareketle bu makale, böylesi bir analitik perspektifin nasıl olabileceğine dair özgün bir öneri sunma çabasındadır. Siborg aşkını, aşk sosyolojisi, teknoloji sosyolojisi ve post-hümanist hatta post-fenomenolojik yaklaşımlar ekseninde kesişen bir konu olarak incelemek özellikle önemli olacaktır.

Optimizasyon Kültürü, İnsan-Sonrası Toplum ve Sosyo-Biyo-Teknik Varlıklar

Artan bireyselleşme ve rekabetçi bir "Optimizasyon Kültürü"[3] (Spreen, *Upgradekultur* 7-14) içindeki çağdaş toplumlar, kırılgan "insan doğası"nı aşmak için yeni bilimsel ve teknolojik fırsatları kullanır. Bu nedenle, ütopik ilan ettiğimiz birçok teknolojik imkânın gerçekleşmesine ve hatta hakimiyetine şimdiden

---

[3] "Upgradekultur" kavramına Türkçede tam karşılık bulmanın ciddi sınırlılıkları var. Yükseltme veya optimizasyon kültürü, odak noktasının optimizasyon olduğu değerlerde bir değişiklik ile karakterize edilir. Değerlerdeki bu değişiklik, fizikselliği içeren bireysel ve rekabetçi bir "optimizasyon kültürü" ile karakterize edilir. Optimizasyon veya yükseltme kültürü, risk ve bireyselleştirme toplumundaki insanların yaşamlarını ve bedenlerini şekillendirmek için kullandıkları yorumları, yönelimleri ve değerleri sağlar. Bu bireylere "kendilerine liderlik etmelerini" sağlar ve bu nedenle de kendilerine güç vererek öz-yönetimde kontrol etmenin bir aracı haline gelir. Çeviri güçlüğü nedeniyle karşılığını "Optimizasyon Kültürü" olarak kullanıyorum (Bkz. *Spreen Upgradekultur*).

tanıklık etmekteyiz. Bununla birlikte, bu teknolojiler nedeniyle gündeme gelen pek çok alanı optimize etme zorunluluğu, nihayetinde iş, eğlence ve aşk hayatındaki çeşitli uygulamaların üstesinden gelinmesine de yol açar. Fütürist Fereidoun M. Esfandiary (FM-2030)[4] 1973'te ilk kez yeni bir evrimsel insanı "insanüstü" yani "geçiş insanı" olarak nitelendirdi. İlerleyen yıllarda FM-2030'un fikirleri, transhümanizm kavramının önde gelen temsilcisi Max Moore tarafından daha da geliştirildi ve bu sayede bedenin bilim ve teknik ile donatılmasını ve sınırlarının "İnsan Geliştirme Teknolojileri" (İGT) (*Human Enhancements Technologies-HET*) aracılığıyla aşılması belirleyici öneme sahip oldu. Çünkü organizmayı iyileştirme veya geliştirme konuları literatürde "Enhancement" olarak Nick Bostrom tarafından şu şekilde tanımlanır:

> "Geliştirme," bir organizmanın bazı alt sistemlerinin işleyişini referans durumunun ötesinde geliştiren müdahale veya organizmada daha önce eksik olan, tamamen yeni bir işleyiş veya alt sistem oluşturan bir müdahaledir. (7)

İGT, bu bağlamda sadece hastalık ve engellilik tedavisi için kullanılmakla kalmaz, aynı zamanda insana has özellikleri ve insanın kapasitesini geliştirmeye yönelik teknolojilerin tümünü kapsar. İGT kavramı, yeni gelişen teknolojiler (*emerging technologies*) ve benzeşen teknolojilerle (*converging technologies*) bağlantılıdır. Bazı durumlarda, "insan geliştirme" genetik mühendisliği ile de bağlantılıdır. Ancak İnsan Geliştirme nanoteknoloji, biyoteknoloji, bilişim ve bilişsel bilimin (NBIC) bileşimi olarak var olan uygulamalarda insan performansını artırmak için kullanılan bir terimdir. Kavramı biraz daha somutlaştırmak gerekirse, İGT'ye dair mevcut teknolojiler üç gruba ayrılır: Reprodüksiyon (üreme), fiziksel ve zihinsel. Reprodüksiyon teknolojileri arasında preimplantasyon genetik tanı ile embriyo seçimi, sitoplazma transferi,[5] *in vitro* (tüpte) oluşturulmuş gametler[6] bulunmaktadır. Fiziksel İGT arasında ise kozmetik uygulamalar (plastik cerrahi ve ortodonti), ilaç indükleme yoluyla geliştirme (doping ve performans arttırıcı ilaçlar), fonksiyonel geliştirme (protez ve güçlendirilmiş dış-iskelet/eksoskeleton), medikal açıdan geliştirme (kalp pili veya organ nakli gibi) ve kuvvet egzersizi bulunmaktadır (halter gibi ağırlıklar). Zihinsel İGT'lerin arasında nootropics,[7] nörostimülasyon ve zihinsel geliştirme için takviye edilen işlevler, bilgisayar, cep telefonları, ayrıca bilişsel geliştirme için internet bulunmakta ve uygulamadadır. Mevcut olan teknolojilerin dışında geliştirilen teknolojiler daha çok deney aşamasında olup her geçen gün de uygulamaya geçmektedir. Gelişen teknolojiler arasında insan genetik mühendisliği (gen tedavisi), nöroteknoloji (nöro implantları ve beyin-bilgisayar ara yüzleri), siber yazılımlar, nanotıp ile üç boyutlu biyo-baskı bulunmaktadır. Bunlardan ziyade spekülatif teknolojiler arasında örneğin zihin yükleme, exocortex ve

---

[4] Esfandiary 40'lı yaşlarının ortasında, ad ve soyadının ilk harflerinin yanına 2030 yılını ekleyerek ismini "FM-2030" olarak resmen değiştirmiştir. 2030 yılı Esfandiary'nin 100. yaş gününe rastlıyordu ve bu tarihe kadar kendisi yaşama ve kutlama ümidi taşıyordu.
[5] Sitoplazma transferinde üçüncü bir kişiden alınan yeni bir yumurta hücresi döllenmeden önce çekirdeği alınmış olan ve daha sonra diğer yumurta hücresinden alınan çekirdek yerleştirilir, döllenir ve döllendikten sonra embriyo anneye transfer edilir.
[6] Dişi veya erkek üreme hücreleri.
[7] Örneğin farklı vitaminler, ginko vb. beyini güçlendirici maddeler.

endojen yapay beslenme gibi teknolojiler de sıralanabilir. İGT transhümanistler tarafından desteklenen ve yaygınlaşılması istenilen hedeflerden biridir. "İnsan doğasını alt etmek" için belirli teknolojilerin kullanılması, yalnızca sosyal ve toplumsal kabul edilebilirliğe bağlı olduğu kanısı vardır. Ancak, aynı zamanda herhangi bir teknoloji geliştirmede olduğu gibi, imkânlar ve risklerle bağlantılı teknik fizibilitenin araştırılması gerekir.

Transhümanizm ve Posthümanizm Kesişimleri

Posthümanist[8] yaklaşımlarının tahayyülü o kadar geniştir ki, neredeyse insanı ve bedensel varoluşunu mutlaka teknoloji ile bir arada tarif eder: "Post-insanda, bedensel varoluş ile bilgisayar simülasyonu, sibernetik mekanizma ve biyolojik organizma, robot teleolojisi ve insan hedefleri arasında temel farklar veya mutlak sınırlar yoktur" (Hayles 3). Fiziksel dünyanın temel yapısının tatminkâr biçimde yeniden yorumlanması, bir bilgi-materyal birimi olarak post-insanın ortaya çıkışına eşlik eder ve onu güçlendirir (Hayles 11). Ontolojiyi epistemoloji, politika ve etik (Rekret 2016) ile bir araya getiren posthümanizm çalışmaları, "Neo-Materyalizm" (De Landa 1995) veya "Yeni Materyalizm" ile ilgili sayısız katkı üretmiştir (Barad ve Dolphijn 2012; Braidotti; Van der Tuin ve Dolphijn 2010). Tüm bu çalışmalar, insan olmayanları dahil etmeye ve çeşitli iç ve iç eylemleri analiz etmeye çalışır. Posthümanizm insan olmanın ne demek olduğunu yeniden gözden geçirirken, transhümanizm aktif olarak insan geliştirme olanaklarını teşvik eder ve böylece insan geliştirme teknolojilerinin araştırılmasını ve geliştirilmesini teşvik eder. Posthümanizm, insan merkezli dünya görüşünü öylesine yerle bir eder ki, bu perspektife yorum yapan bazı yazarlara göre "insanların yerini yapay zekalı varlıklar alır ve bu nedenle de insan bedeni için herhangi bir gelecekten söz edilemez" (Dermühl 63).[9] O halde "insan sonrası" nedir, "insan sonrası bedeni" nedir? Ira Livingston ve Jack Halberstam insan sonrası ve bedenini şu şekilde açıklamaktadırlar:

> İnsan sonrası bedenleri, güç ve zevk, sanallık ve gerçeklik, seks ve onun postmodern ilişkilerinin nedenleri ve sonuçlarıdır. Post-insan bedeni bir teknoloji, bir ekran, yansıtılan bir görüntüdür; [...] kontamine bir beden, ölümcül bir beden, bir tekno-beden; [...] tuhaf bir bedendir. İnsan bedeninin kendisi artık "insanlık ailesinin" bir parçası değil, insan-sonrası bir hayvanat bahçesinin parçasıdır. (3)

Buna göre, bedenler yerine "insan sonrası varlıklar"dan bahsetmek daha isabetli olabilir, çünkü burada varlık yerine insana özgü olan beden kavramını kullanmak uygun olmayabilir. Zira, halihazırda görünenin şöyle olduğu varsayılabilir: Toplumda bariz hale gelen insan sonrası varlıkları, hiç kuşkusuz sosyal normları ve

---

[8] "Posthumanism" kavramı Türkçede "posthümanizm" olarak bırakıldığı gibi "insan sonrası" veya "insan-sonrası" terimleri ile de Türkçe karşılık bulmaktadır. Bu makalede her üç formunu da eşanlamlı olarak kullanacağım.

[9] Dermühl hatta çok radikal bir tondan şöylesi bir açıklama yapar: "Post-insanlar biyolojik insanlardan o kadar uzaklaşmış ki artık insan olarak kabul edilemeyecek varlıklardır" (51).

normallik anlayışlarını değiştirecek ve özne/nesne, kadın/erkek, doğa/kültür gibi zaten "modası geçmiş" ikilikleri dışlayacaktır. En azından, bu ikilikler örneğin insanın androsantrik (erkek merkezli) bir şekilde anlaşılması ve insanlık ile beyazlığın ırkçı bir şekilde eşleştirilmesi feminist-posthümanist bir bakış açısıyla eleştirilecektir (Steinfeldt-Mehrtens 2019). Bu perspektifin temsilcileri için Donna Haraway, Karen Barad ve Rosi Braidotti "tarihin, maddenin ve canlı varlıkların oluş ve olumsallığına"[10] (Steinfeldt-Mehrtens ısrarla vurgu yaparlar. Biyolojik ve teknolojik olanın belli biçimlerde ilişkilenmesi ve/veya birbirlerine uyarlanması, posthümanist yaklaşımların doğasında vardır. Çünkü gelecekte sözde kendini yaratabilecek olan "şey," varlığını bir tür tekniğe borçlu olsa bile geçmişinde göz ardı edilemeyecek organik bir bileşen mevcuttur ve insan sonrası beden olmasa bile mutlaka et ve kandan oluştuğu gerçeğiği var olacaktır. Bu açıdan sosyologların içi rahat olabilir: Çünkü bir organizmanın ve sibernetik aygıtın iç içe geçmiş halinde bile toplumsal olan asla yitip gitmez. Bu aynı zamanda siborglar (sibernetik organizmalar) için de geçerlidir. Bedenin veya bedenin deneyimlediği formun, insan derisiyle sınırlı kalmadığı sibernetik organizmalar söz konusudur (Haraway "Die Biopolitik Postmoderner Körper"). İnsan sonrası siborgları, bir fizikselliğe ve onun İGT aracılığıyla geliştirilmesine odaklanmaz, bunun yerine sibernetik işlevselliğine odaklanır. Bu da durumlar üzerinde "iyileştirici" bir etkiye sahip olabilir ve böylece Optimizasyon Kültürü'ne katkıda bulunabilir. Örneğin, biyonik protezler söz konusu olduğunda teknolojik gelişme, insan sonrası biçiminde olan oldukça "basit" görünümlü bir siborg ile sonuçlanır (Şahinol, "Die Überwindung" 304-308; Spreen "Der Cyborg" 171-175). Böylece kişiye özel, fiziksel olarak bedene eklenenlerle yeniden modelleme için çeşitli olanaklar ortaya çıkar. Biraz daha somutlaştırmak gerekirse James Young'a[11] lazer işaretleyici, el feneri, USB çoğaltıcısı ve dron ile donatılmış bir biyonik kol protezi takılmıştır (Rodrigues). Bu dronu sanal gerçeklik gözlüğü ile yönlendirip uzaktan çekimleri izleyebilir. Tüm bu teknolojik donanımlar, fiziksel engelinin[12] bedeninin sınırlarının ötesine bakmasını ve çevreyi izleyebilmesini sağlar. Burada savunulduğu gibi feminist-post-hümanist bir yorumda, aşk bebekleri ve seks robotları (ve dolayısıyla siborg aşkları) gibi post-insan varlıkları ne antropomorfik[13] olarak geliştirilmeli ne de "insan benzeri bir etkiye" sahip olacak şekilde programlanmalıdır. Çünkü, feminist posthümanist bakış açısı da insanın doğada ayrıcalıklı yerini sorguladığın-

---

[10] Online metin. Bkz. www.gender-glossar.de 1 Temmuz 2021 Erişim Tarihi.
[11] James Young ve biyonik protezi hakkında detaylı bilgi için bkz.: https://karnaval.com/yasam/biyonik-kollu-adam-james-youngin-hikayesi-19-469299-haber
[12] Bununla birlikte Kafer Kafer, A. "The Cyborg and the Crip: Critical Encounters." *Feminist, Queer, Crip*, Indiana University Press, 2013, ss. 103-128., siborg figürüne gösterilen ilgiye rağmen, "Disability Studies" Davis, Lennard J. The Disability Studies Reader. Routledge, 2016 içinde dolaylı olarak Haraway'in politik ve feminist siborg ("Ein Manifest Für Cyborgs") kavramına atıfta bulunan yalnızca birkaç çalışma olduğu gerçeğini haklı olarak eleştirmektedir. Kafer'e göre siborg teorisi tesadüfen, sakatlık ve postmodern beden teorisi, çağdaş performans veya teknolojik ilerleme üzerine daha kapsamlı bir araştırmanın parçası olarak ortaya çıkıyor. Mevcut çalışmalar, siborg manifestosunun kendisinden veya siyasi bir figür olarak siborgdan çok, koklear implantlar (biyonik kulak) gibi belirli bir siborg teknolojisine veya "Biyonik Kadın" gibi belirli bir kültürel temsile odaklanmayı tercih ediyor. Kafer'e göre bu yönelimler eleştirel bir şekilde sorgulanmalıdır.
[13] Biçimsel görünüş olarak da insanın ve de duygu, davranış veya mizaç gibi insana özgü niteliklerin başka bir varlığa atfedilmesi.

dan, insan sonrası varlıklar bağlamında da insana özgü nitelikleri eleştirel yaklaşarak, bu varlıkları da yeniden tartışılmasını gündeme getirir. Peki öyleyse, bu tür varlıklar nasıl analiz edilebilir?

İnsan Sonrası Toplumlarda Sosyo-Biyo-Teknik Varlıklar ve Eylemleri

İnsan sonrası varlıklarının ortaya çıkışı ve gelişimi sosyo-(biyo-)teknik bir adaptasyon sürecinde tanımlanabilir ve böylesi onları daha somutlaştırarak anlaşılır kılar (Şahinol, *Das Techno-Zerebrale Subjekt* 159). Bu noktada Karen Barad'ın "faili gerçekçilik" (*"agential realism"*) konseptini gündeme getirmek isterim. Doğal olarak Barad özne ile nesne ayrımını sorgular ve aynı zamanda nesnelerin pasif olarak görülmesini eleştirir: Çünkü insan, tıpkı insan olmayanlar gibi, süreçsel olarak oluşan "mad söylemsel" fenomenlerdir. Böylece Barad, "içten-etkime" (*"intra-action"*) yi insanlara ve insan olmayanlara atfedilen eylem olarak tanımlar (827). Barad'in faaliliğin bir sahneleme (*enactment*) olarak öne çıktığı argümanına katılıyorum. Ancak, politik, örgütsel, teknolojik, yani insan ve insan dışı aktörlerle dolu eylem ağlarındaki güç yapılarının bir kartografisini çıkarıp anlamak istiyorsak, önce farklı eylem türlerinin kavramsal bir ayrımı yapılmalıdır. Failliği veya eylemleri ayırt etmek Barad'in belirttiği gibi faillerin rekabet edebileceği endişesinin makul olduğu anlamına gelmez, aksine ilişkiler ancak bu şekilde haritalanabilir. Bu haritalanma sayesinde sosyo-(biyo-)teknik unsurların bir araya gelişini ve nasıl etkileşimde olduklarını, böylece insan sonrası eylemin nasıl gerçekleştiğini daha iyi anlayabiliriz. Böylece, farklı eylem türleri arasında ayrım yaparak, bir faile (*agent*) ve/veya eyleyene (*actant*) öncelik verilmez, bunun yerine insan sonrası varlıkları oluşturan çeşitli aktörler arasında dağıtılan bir eylemin nasıl üretildiği ve geliştiği ile bireysel eylem sekanslarının hangi özelliklere sahip olduğu gösterilir. Böylelikle, hem posthümanist bir perspektifle ama aynı zamanda sosyolojik analizle insan sonrası eylem ağlarını ele almış oluruz.

Sosyo-(biyo-) teknik bir adaptasyon sürecinde en belirgin özelliği, biyolojik nesnelerin kayıt cihazlarına veya makinelere aktarıldığı veya entegre edildiği ilk aşama için ifade edilebilecek spesifik işleme ve yerelleştirme süreçlerinin vurgulandığı üç aşamadır (Şahinol, *Das Techno-Zerebrale Subjekt* 167-294). İlki, bir beden mevcutsa, beden bu iç içe geçişlerin bütünleyici bir parçasıdır ve bunun elbette beklenen sonuçları olacaktır. Beden-teknoloji etkileşimleri, bedenden ayırma ve bedenle birleştirme süreçleri ile tanımlanabilir. Bu aşamada, ayırma ve birleştirme aynı zamanda sosyo-(biyo-)teknik adaptasyon sürecinin temel bir bileşenini oluşturur. Nesne tekniği (*technology*, *Sachtechnik*) ve eylem tekniği (*technique*, *Handlungstechnik*) arasındaki ilişki—seks gibi bir beden tekniği veya bir organizasyon veya etkileşim tekniği gibi—önemli bir rol oynar.[14] Bu ilişki, "aktörlerin birbirine bağlı/karşılıklı etkileşimi"dir (Schulz-Schaeffer 4). İkinci aşamada, bu unsurlar arasındaki koordinasyon, biyolojik/fiziksel ve teknolojik/mekanik etkileşimlerinin olduğu bir

---

[14] Bkz. Şahinol, Melike. "Die Überwindung Der 'Natur Des Menschen' Durch Technik. Körper-Technik-Verhältnisse Am Beispiel Der Cyborgkonstitution in Den Neurowissenschaften." Designobjekt Mensch? *Transhumanismus in Theologie, Philosophie Und Naturwissenschaften*, ed. Benedikt Paul Goecke ve Frank Meier-Hamidi, Herder Verlag, 2018, ss. 461-489.

varlık olarak gözlemlenebilir. Bu etkileşimin ancak sibernetik bir karakteri varsa o zaman simbiyotik bir bağlantıdan söz edilebilir. Koordinasyon sürecinin en belirgin özelliği, karşılıklı adaptasyonun şeyleştirme (*reification, Verdinglichung*) ve biyofonksiyonelleşme anlarıdır (Şahinol, *Das Techno-Zerebrale Subjekt* 205-210). Bu karşılıklılık, her ikisinin dengelenmesi ve yakınlaştırılmasıyla karakterize edilir. İnsan-makine adaptasyonunun üçüncü aşaması için karakteristik, insan/ organik ve makine/teknoloji arasındaki bağlantının teknoloji yoluyla uyarılmış (tekno-endüklenmiş) kesin güçlen-dirilmesidir. İnsan-makine bağlantısının ikinci ve üçüncü aşamaları güçlü bir şekilde birbirileriyle ilişkilidir ve bir döngü içerisinde tekrarlanırlar. Post-insan varlığın ortaya çıkışı, sibernetik döngüsellik ilkesine dayanıyorsa, o zaman organik ve inorganik eylemlerin etkileşiminde tekrarlanıyor olmalıdır. Fakat eğer bir girdi-işlem-çıktı döngüsünde simbiyotik biçimde gerçekleştiriliyorsa, o zaman bir insan sonrası siborg ile karşı karşıyayız demektir (Şahinol, *Das Techno-Zerebrale Subjekt* 295-299).

Simbiyoz terimini kullanarak, sibernetiğe atıfta bulunuyorum. "Sibernetik" terimi biyolojiden ödünç alınmış olsa da temel anlamı karşılıklı bir "kazan-kazan" durumundan çok döngüselliğe işaret eder. Bu bağlamda terimin kullanımı isabetlidir; çünkü makine yalnızca insanın inorganik ürünü değil, aynı zamanda insan çevresini dönüştürebilen bir şeydir (Klaus 1962). "Sibernetik" terimi, "sibernetiğin öncüsü" Norbert Wiener'e kadar uzanır. Yukarıda belirttiğim gibi, döngüsellik[15] sibernetiğin adeta kalbidir: "Sibernetik düşüncenin temel ilkesi [...] döngüsellik fikridir" (Foerster ve Pörksen 107). Von Foerster, Norbert Wiener'e atıfta bulunarak, gemiyi bir limana ulaştırma sürecinde örneğin rüzgâr ve akıntılar rotada sürekli beklenmedik değişiklik yarattığından, sabit bir olay -rota- sırasını takip edemeyen bir geminin dümeni örneğini göstererek döngüselliği vurgular. Böylece limana giderken manevralar eylem açısından değişken olmak zorundadır ve değişmektedir. Örneğin, çevresel koşullardan kaynaklanan yön sapmaları, karşı önlemlerin alınmasını gerekli kılacaktır. Bir neden (örneğin kuvvetli doğu rüzgârı) böylece bir etki yaratır (karşı yönlendirme—gemiyi doğuya manevra etme) ve bu da yine bir neden haline gelir (yeni rota düzenlemesi) ve tüm bunları Von Foerster "döngüsel nedensellik" (*circular causality*) olarak adlandırır. Döngüsellik, "kişinin kendi davranışını değiştiren bir bilgi değerlendirme sürecidir" (Foerster ve Pörksen 107) ve bu süreçte "nedensellik [...] sabit yönünü kaybeder çünkü neden ve sonuç döngüsel süreçte rollerini değiş tokuş ederek birleşirler" (Vester 129). Georg Klaus, benzer şekilde "İnsan-Makine Simbiyozunun Sosyolojisi Üzerine" (*Zur Soziologie der Mensch-Maschine-Symbiose* 1962) adlı eserinde de aynı şekilde döngüselliği tartışır. Ancak döngüsellik, insanların makineye tabi olması için stilize edilir. Beden teknikleri, nesne tekniği ile ilişkilendirildiğinde, sadece mekanik olarak somutlaşmakla kalmaz, aynı zamanda organik ve inorganikten oluşan hibrit bir aktör haline gelir. Klaus, yürümenin yerini alan at arabaları ve araba örneklerine atıfta bulunarak, bu durumu "doğal ilkelerin mekanik düzenlemesi" (Klaus 887) olarak yorumlar. Ona göre insan, insan-makine sistemindeki

---

[15] Döngüsellik (*circularity*), bir şeyin lineer (doğrusal) değil, döngülerle hareket ediyor olmasıdır. Böyle bir döngüsellikte, neden-sonuç ilişkisi de birbirini izleyen döngüler halinde olacaktır.

ilerlemenin ancak bir parçası olarak kalır. Ne var ki bu bir nevi "terbiye" döngüsünde (Mauss 199-217) konu sadece insan sonrası kültürel kodlarıyla nasıl başa çıkılacağını öğrenmekle kalınmaz, aynı zamanda bunlar içselleştirilir ve böylece hem konu hem de eylem açısından önem kazanır. Belirli koşullar altında, öğrenen yazılım algoritmaları da dairesel girdi-işlem-çıktı döngüsünde entegre edilir. Buna göre, insan ve makine birbirleriyle etkileşim içindedir ve bu sayede her iki sistem bileşeni de birbirinden faydalanabilir. Zira, simbiyotik bir ilişki de doğası gereği bunu gerektirir. Zira, teknoloji geliştiricilerinin de amacının bu olduğu aşikâr görünüyor.

Makine veya siborg aşkı söz konusu olduğunda, yukarıda açıklamada çalıştığım üzere, insan(lar) ve makinelerin post-insan varlıklar olarak eyleme geçtiklerini iddia ediyorum. Ancak cinsel alanda ne türden makine seçeneklerinin olduğunu ve insanların bunları (kasten veya değil) bir post-insan varlığı oluşturmak için nasıl kullandıkları sorusuna değinmeden önce, aşağıda aşk konusunu sosyolojik bir perspektiften ele alacağım.

Veri Tabanına Dayalı Aşka Giden Yolda...

Filozof Wolfgang Lenzen, "aşk" olarak adlandırdığı "en derin şefkat duygusu" ile "bu duygunun olabileceği fiziksel süreç" olan "seks" olarak tanımlanabilecek "aşk" kelimesinin belirsizliğini vurgular ve bu iki tanımlamayı farklılaştırır (1). Lenzen, seks derken aynı zamanda "tam anlamıyla cinsel eylemler olmayan", sadece öpmeyi ve okşamayı içeren erotik faaliyetleri de kastetmektedir. Böylelikle, sevginin farklı yorumlanabileceğini vurgular ve sevginin farklı hallerini işaret eden çeşitli aşk olasılıklarına ışık tutar (Fromm 2003). Sosyoloji aşkla ilgilenirken[16] aşkın yalnızca bir duygu olmadığını, aynı zamanda "birçok bakımdan sosyal koşullara bağlı olan iki insan arasındaki sosyal bir ilişki olduğunu" vurgulamaktadır (Kuchler ve Beher 7). Sosyoloji, aşk ilişkisinin erotik-cinsel bir bileşenini kabul eder ve bu bileşende insanların partner olma hallerine atıfta bulunur. Bu nedenle sosyolojide aşk, sosyal bağlamdaki belirsizliği içinde analiz edilir ve aşk, sıralayacağım farklı bakış açılarından araştırılır: Sosyal-teorik perspektifinden (kapitalizmi eleştiren Karl Marx geleneğinde olduğu gibi), farklılaşma-teori geleneğinde (Emile Durkheim, Talcott Parsons ek olarak Niklas Luhmann geleneğinde olduğu gibi), etkileşimci teori perspektifinden (Georg Simmel ve Peter L. Berger geleneğinde) veya değişim teorisi perspektifinden (Peter M. Blau gibi). Bu yaklaşımların ortak paydası, her şeyden önce, daha önce olmayan ve kapitalizmle birlikte ortaya çıkan yeni türden bir romantik ve modern aşka atıfta bulunmalarıdır (Kuchler ve Beher *Soziologie Der Liebe: Romantische Beziehungen in Theoretischer Perspektive*).[17]

Eva Illouz kapitalizm eleştirisinin izinde, aşk konusunu kapsamlı bir biçimde ele alan nadir sosyologlardan biridir. Konuya dair gelecek için karamsar bir tablo

---

[16] Kanımca sosyoloji kapsamlı birikime ve yeterli teori ve kavramlaştırmalarına sahip olmasına rağmen aşk konusunda hala emekleme aşamasında ve bunu ilkel bir şekilde yapıyor.

[17] Bahsi geçen sosyolojik analizlerin hepsi Kuchler ve Beher *Soziologie Der Liebe: Romantische Beziehungen in Theoretischer Perspektive* adlı eserde yer almaktadır.

çizer. "Aşk Neden Biter?" (*Warum Liebe Endet: Eine Soziologie Negativer Beziehungen* 2018) adlı eserinde Illouz aşkın toplumsal koşullar tarafından nasıl inşa edildiğini etkileyici bir şekilde analiz ederek gözler önüne serer. Partnerlerin, mevcut ilişkilerin gittikçe artan kırılganlığı ve birbirinin yerine kolayca ikame edilişi ile başa çıkmada bireylerin kaçınma stratejileri geliştirdiklerini belirtir. Artık partnerlerin kendilerini tutkulara tam olarak teslim etmekten ve tutkuları deneyimlemekten alıkoyma ihtimallerinden bahseder. Bu anlamda, bir ilişki taahhüdünde bulunmak aynı zamanda şüpheler ve belirsizliklerle karşı karşıya kalmak anlamına gelir ve bu aşk sürecinin beklenen ve olağan bir parçasıdır (Illouz 538). Olası ilişkilerin bolluğu nedeniyle partner aramak ve seçmek çok daha karmaşık hale geldi. Ayrıca seçim süreci eski zamanlarla kıyaslandığında daha uzun sürüyor. Cazibe, başarı ve cinselliğin sergilendiği ve hızlıca tüketildiği hiper metinsel[18] ortamlarda ve görselliğe aktarılan, cinsel, fiziksel ve kültürel arz çeşitliliği yoluyla bir tür duyusal aşırı yüklenmeye yol açar (Illouz 544-546).

İşte tüm aşk hayatındaki değişimlerin gerçekleştiği dünyayı ise Illouz aşağıdaki gibi betimliyor:

> Bununla birlikte, modernliğin ağa bağlı dünyasında, anomi -sosyal ilişkilerin ve sosyal bütünlüğün bozulması- öncelikle yabancılaşma veya yalnızlık biçiminde ortaya çıkmaz. Aksine, yakın ve samimi bağların çözülmesi durumu, sosyal ağların, teknoloji ve etkileyici bir ekonomik danışmanlık ve yaşam destek mekanizmasının büyümesi ile yakından bağlantılı görünüyor: Her türden psikolog, talk-show sunucuları, porno ve seks oyuncak endüstrisi, kendi kendine yardım endüstrisi, alışveriş merkezleri ve tüketim tapınakları [...] Hepsi kalıcı sosyal bağları oluşturulma ve çözülmesi için sürekli bir süreç sağlıyor. (12-13)

Illouz tarafından tanımlanan "hiper-bağlantılılık dünyası" ("*hyper-connected world*"), aynı zamanda, giderek daha karmaşık hale gelen ve "biyo-geribildirim" ("*biofeedback*")[19] gibi diğer teknolojilerle birleşen sanal gerçeklikte seks, partnerin yerini alan anime karakterlerini de içerir ve tüm bunlar, makine sevgisine dair geniş bir yelpazenin sadece birkaç örneğini teşkil etmektedir. Bu aynı zamanda, yakınsak teknolojilerle karakterize edilen İGT aracılığıyla kesinlikle bir aşk ilişkile-

---

[18] Hiper metin (*hypertext*) internete özgü bir kavramdır. Web ortamında HTML formatında oluşturulmuş metinlerde, çapraz bağlantıların sağlanabildiği etkileşimli dokümanlardır

[19] Biyo-geribildirim (*biofeedback*) beden fonksiyonlarını kontrol edebilmeyi öğrenmeyi amaçlar. Örnek olarak kalp hızını, beyin fonksiyonlarını vb. elektronik sensörlere bağlanıp, ölçüm gerçekleştirilip, kişiye bedeni (biyo) hakkında bilgi, daha doğrusu geri bildirim sağlanır. Böylece, biyo-geribildirim insan bedeninin belirli fonksiyonlarını kontrol etmeye yardım eder. "Biyogeribildirim ile fizyolojik olmayan geri bildirim sistemleri oluşturularak, fizyolojik durumun kontrolünün hastaya öğretilmesi amaçlanır. Motor kontrolü ya da fizyolojik bir değişken üzerindeki kontrolü geliştirmek için kullanılan biyogeribildirim, kullanılan cihaza göre sınıflanabilir: Elektromiyografik-Biyogeribildirim, gerçek zamanlı Ultrason görüntüleme biyogeribildirim, kuvvet platformu sensörleri biyogeribildirim, elektrogonyometre biyogeribildirim, basınç biyogeribildirim, kamera temelli biyogeribildirim veya gelişen teknoloji ile kullanıma giren sanal gerçeklik. Ayrıca ölçümü yapılan değişkene göre de sınıflama yapılabilir: Fizyolojik (nöromusküler, kardiyovasküler, solunum sistemi) veya biyomekanik biyogeribildirim (hareket, postüral kontrol, kuvvet)." Akkaya, Nuray. "Fiziksel Tıp Ve Rehabilitasyonda Biyogeribildirim." *Türkiye Klinikleri Fiziksel Tıp ve Rehabilitasyon-Özel Konular*, cilt 8, no 1, 2015, ss. 75-83.

ri optimizasyonuna sahip olduğumuz anlamına gelir. Robert Anton Wilson'nın "Tam Şu Anda Oturduğunuz Yerde: Yeni İlluminati Öyküleri" (*Right Where You Are Sitting Now: Further Tales of the Illuminati*, 1982) adlı eserinde, İGT'in bunlarla nasıl ilişkili olduğuna görece erken bir zamanda dikkat çekmiştir:

> Sakat, kusurlu, umutsuzca çirkin veya nevrotik durumlar için mi ikame seksten bahsediyoruz? Bu, sadece bu tür teknolojinin ilk neslidir. Beyin dalgası ve diğer biyo-geribildirim çalışmaları kaçınılmaz olarak, insan olan partnerden gelen sinir sinyallerini taramak ve cinsel birleşmenin her saniyesinde tam olarak, tam tamına, incelikli bir şekilde istenen şeyi sağlamak üzere programlanmış sibernetik seks robotları mevzusuna götürür. (180)

Titreşim yaratan araçlar (*vibrator*) ve üç boyutlu porno gibi oldukça basit görünümlü ürünlerden ve böylece en son teknolojik gelişmelerle birlikte ortaya çıkan çeşitli teknik onanism *(mastrubation)* olasılıklarından başlayarak aşkın teknolojikleşmeye, multimedya seks, teledildonik[20] ve aşk bebeklerinin ötesinde seks robotlarına giden yolu açması çok da şaşırtıcı değildir. Öyle ki, bu tablo Wilson'ın "Teknolojik Mastürbasyon" ("Technological Masturbation") makalesinde vurguladığı gibi yapay zekâ ile donatılmış seks robotlarının aşk partneri olarak işlev görmelerine kadar uzanır (Wilson 1993).

Ticari amaçlı ve teknik olarak ilişkilerin kurulmasına aracılık edilen çöpçatanlık ve flört uygulamaları ile "geliştirilmiş" cinselliğe ve aşk hayatına dair çeşitli diğer veri ve makine tabanlı seçeneklerin ve dolayısıyla mevcut trans ve post-insan yönelimlerinin yaygınlığına baktığımızda sosyolojik araştırmalar için kaçınılmaz bir sahne görürüz. Bundan dolayı tüm bu uygulamaların ve makineler aracılığı ile ilişkilenme hallerinin, aşkı veya teknolojiyi unutturmasına izin verilmemelidir. Veri tabanına dayalı aşk ve uygulamalarının toplumsal sonuçlarını kavramak ve aydınlatmak için, aşkın karmaşık biçimlerinin insan/organik ve insan dışı/inorganik bileşenlerini içeren bir analize ihtiyaç vardır. Ne var ki yaklaşık on yıldır, felsefe, psikoloji, dini araştırmalar, ekonomi ve hukuk gibi çeşitli disiplinler, robot-insan ilişkilerinin sosyal ve etik sonuçlarıyla (Danaher ve McArthur 4-11), hatta tekno veya seks robotlar (Levy 7. ve 8. bölüm) veya İslami bir bakış açısıyla seks robotları (Amuda ve Tijani 21-25) ile ilgilenir. Seks robotlarının ve aşk bebeklerin etik açıdan değerlendirmeleri ahlaki tartışmaları da beraberinde getiriyor gibi görünüyor (Bendel, "Surgical, Therapeutic, Nursing and Sex Robots in Machine and Information Ethics" 26-302). Aşk bebekleri, şaşırtıcı biçimde gerçekçi tasarımlarıyla klasik şişme bebeklerden farklıdır. Ama bir o kadar da bu

---

[20] "Teledildonik," Dildonik ve Tele'den oluşan bir kavramdır. 1974'te Ted Nelson, sesleri dokunsal izlenimlere dönüştüren bir makineyi (örneğin, reflektörlü tam beden kıyafeti şeklinde) tanımlamak için "dildonik" ifadesini kullandı. Burada, dokunsal uyaranların gerçekçi bir dokunsal hissi iletmesi ve genel bir erojen etkisi yaratması amaçlanmıştır. Tele kelimesi, bu tür duyguların uzamsal sınırlar arasında aktarılmasını vurgular Waffender, Manfred. *Cyberspace: Ausflüge in Virtuelle Wirklichkeiten.* Rowohlt, 1991, Woolley, Benjamin. "Ausblicke". *Die Wirklichkeit Der Virtuellen Welten: Aus Dem Englischen Von Gabriele Herbst*, Birkhäuser Basel, 1994, ss. 251-270. https://doi.org/10.1007/978-3-0348-6179-3_13. Bazen de "siberdildonik" olarak da kullanılan bu terim, teknolojik bir nesne aracılığı ile gerçekleşen cinsellik/seks eylemi için kullanılmaktadır.

bebekler sahilciğini sorgulatır biçimde gerçekçi görünen insanımsı bir bedene ve yüze sahiptirler. Bebeklerin suni derilerinin içinde bulunan jel, dokunulduğunda insan bedenine dokunuyormuş hissiyatı yaratır. Seksin belirli aşamalarında bu suni deriler ısınır ve bebeklerin içinde bulunan sıvılar dışarıya boşaltılır. Metal iskeletler uzuvlarının oynatılmasına ve farklı pozisyonlar almasına izin verir. Aşk bebekleri evde kullanmak için satın alınabilir, saatlik ya da günlük kiralanabilir. Özel randevu evlerinde ya da genelevlerde kullanılabilirler. Falluslu modellerden ziyade kadın modelleri daha fazla vardır (Bendel "Sexroboter Aus Sicht Der Maschinenethik"). Bu bağlamda Bierhoff aşk bebeklerini, seks oyuncakları kategorisinde insan cinselliğinin pazarlanmasının bir sembolü olarak tanımlar (Bendel, "Surgical, Therapeutic, Nursing" 25). Aşk bebeklerinin bazı modelleri yapay zekâ ve iletişim becerileriyle donatılmıştır; örneğin, bu aşk bebekleri gözlerini ve göz kapaklarını hareket ettirebilirler. Bebeklerin bu türden işlevleri bir nevi seks robotları kategorisine geçişlerini gösterirler. Seks robotları, insanların belirli seks biçimlerini uygulayabilecek robotlardır. Genellikle donanım robotları (*hardware robots*), fiziken mevcut olan makineler anlamına gelir—böylece aşk makinesi kategorisine girer (fakat hardware vasıtasıyla aşk yapılabilen farklı teledildonik aşk makineleri de mevcuttur). Geniş perspektiften değerlen dirildiğinde, yazılım robotları, dolayısıyla botlar da bu kategoriye eklenebilir. Böylece seks robotları arasında örneğin sohbet robotları (*chatbot*) da girebilir. Seks robotlarını tanımlayan, duyusal-motor (*sensorymotor*) veya hazsal-motor (*sensualmotor*) makinelerle donatılmış olmalarıdır (Christaller vd. 2013). Sensörler veya diğer arayüzler sayesinde bir şeyi algılarlar, girdiyi işlerler ve bu temelde çıktı üretirler. Örneğin, kullanıcının bir sorusuna cevap verirler veya onu gözleriyle (gözlerinin arkasında kameralar olabilir) yakalarlar, onu takip ederler ve başlarını kullanıcının olduğu yönüne çevirirler. Tüm bu fonksiyonları onları robot yapar. Tabiri caizse, nadiren de olsa hayali makine aşkı, bir nesne algısının ötesine geçerek bir makineye aşkı (veya bağlılık) anlamında gerçek bir aşka dönüşebilir. En iyi bilinen örnek seks robotu, RealDoll veya Realbotix'ten Harmony'dir (Coursey, Kino v.d "Living with Harmony: A Personal Companion System by Realbotix™" 77). Seks robotlarına ek olarak, evde kullanım amaçlı bir dizi ürün bulunmaktadır.[21] Bunlar, yukarıda belirtilen benzeşen teknolojilerle geliştirilmiş, özellikle de yapay zekâ ile donatılmış, cinsel kabiliyete sahip robotlardır. Bu bağlamda seks robotları, yardımcı/rehabilitasyon (*assistive*) robotlar kategorisine (Döring "Sollten Pflegeroboter Auch Sexuelle Assistenzfunktionen Bieten?") girmekte ve "cinsel tatmin" için de kullanılmaktadır (Bendel "Roboter Im Gesundheitsbereich"). Nicola Döring ("Psikolojik ve Terapötik Bir Bakış Açısıyla Seks Bebekleri ve Seks Robotlar/Sexpuppen Und Sexroboter Aus Psychologischer Und Therapeutischer Perspektive"), psikolojik ve tedavi edici (terapötik) bakış açılarından aşk bebeklerini ve seks robotlarını inceler. Döring, aşk bebek sahiplerinin ve terapistlerin ifadelerine dayanarak, insan-robot

---

[21] Kronik veya akut hastalık durumunda bireylerin kullandığı bakım robotları, örneğin engellilere ve yaşlılara dönük üretilen, rahatlama sağlama ve tedavileri destekleme amaçlı olduğundan, sağlık sektörü içinde değerlendirilmektedir. Bu tür yardım robotları ağırlıklı olarak Kaliforniya ve Japonya'da geliştirilmektedir. Bunun arka planı, toplumların giderek yaşlanması ve gelecek vaat eden robotik teknolojilerin giderek gelişmeleridir.

ilişkisinin dört temel boyutu olduğunu psikolojik teorilere ve seks teorilere dayanarak analiz eder: Nesne seçimi, cinsel davranış, ilişki tasarımı (belki de dolayısıyla aşkı) ve son olarak kimlik ile cinsel yönelimi ifşa etme (*coming out*) gibi eylem ve durumlar. Döring insanlar ve robotlar arasındaki ilişkileri insan insana olan ilişkilerle karşılaştırır (2020). Bu ilişkiler de "doğaları" gereği elbette çok farklıdır ve buna göre ilişkilenmede çok farklı etkiler yaratabilirler. Yukarıda bahsi geçen yazarların araştırmaları, sosyal kaygı, demografik olarak kadınların bu nesneleri daha az talep etmeleri, cinsiyet eksikliği, kadın düşmanlığı, tecavüz, pedofili, engellilik ve cinsel keşif arzusu gibi farklı yönleri ele almaktadır. Özellikle Döring bahsi geçen eserinde, seks robotlarının pek çok veçhesine zengin bir bakış açısı sunmaktadır (2020). Öte yandan Wennerscheid, cinselliği ve arzuyu araştırmak amacıyla, insan ve makine arasındaki ilişkiyi sanat, sinema, edebiyat ve bilimden örnekler kullanan "seks makinesi" tartışmasını kültürel çalışmalar bağlamında oldukça olumlu değerlendirirerek, seks robotlarının fuhuşu ve çocuk pornografisini azaltabileceği ve aynı zamanda cinsiyet sınırlarını kaldırabileceği yönünde ümit verici bir tablo sergilemektedir. Paralel şekilde, Devlin de bu konuda geleceği oldukça olumlu olarak değerlendirir: "Tam bir izolasyonun karanlık bir görüşü değil, birlikte olmaktan başka bir şey istemeyen bağlantılı insanlardan oluşan bir ağdır" (228). Bunun anlamı, teknoloji dolayımıyla gerçekleşen aşk halinin, çeşitli aşk olasılıklarını oyuna getirebileceği anlamına gelir.

Aşağıda, teknoloji aracıyla gerçekleştirilen ve iletilen aşk pratiğini teledildonik makinelerle grupladığım belirli bir makine aşkı halini tartışacağım. Bu, çiftlerin uzun mesafeli ilişkilerde seks yapmalarını sağlayan etkileşimli bir seks oyuncağı olduğu için özellikle feminist-post-hümanist bir yaklaşım çerçevesinde ele almanın da son derece uygun düşeceği kanısındayım. Yukarıdaki teorik arka plana dayanarak, konuyu vaka çalışması bağlamında inceleyeceğim. Analiz için bir üretici tarafından satılan teledildonik seks oyuncak setini dikkate aldım. Çalışma için temel analiz kaynakları, üreticinin internet sitesi, ürünlerin satın alınması ve ürünün kullanım kılavuzundaki açıklamalardır.

Uzak Mesafeli İlişki ve Uzaktan Aşk

Küresel işgücü piyasasına ve küresel kapitalizme eklemlenme ve de bunlara katılma baskısı, aşkın sürebilmesi hatta ihtimali için zorlu bir test haline geldi. Uzak mesafeli ilişkilerin yeniden ama teknolojinin de etkisiyle farklı biçimlerde yaşanmasına neden oldu. Uzaktan aşkın ne olduğunu ve yaşanma biçimlerini Beck ve Beck-Gernsheim aşağıdaki gibi ifade ediyorlar:

> Coğrafi olarak uzak mesafeli bir aşkı yaşamak şu anlama gelir: Cinselliğin uzun süreler boyunca yalnızca konuşulabileceği, yoğun bir yakınlık ve duygusallık olasılıklarına inanmaktır. Medya, telefon ve internet aracılığı ile iletilen aşk, aşkın şehvetinin birçok şekli olmaksızın yapılmak zorundadır. Ellerin, tenin, dudakların dokunuşu olmadan, gözlerin gerçek bir buluşması olmadan, diğer kişinin getirdiği orgazmın coşkusu olmadan sürmek zorundadır. Geriye

kalan şey sesin ve dilin, anlatmanın ve dinlemenin, görme ve izlemenin şehvetidir. (68)

Uzaktan aşkın bu tanımı, partnerlerin dolaylı yollardan karşılaşmalarını ifade eder. Doğrudan fiziksel karşılaşma ve dokunma yalnızca yakın aşkta deneyimlenebileceğinden, uzak mesafeli aşk, deyim yerindeyse, "cinsellik olmadan aşk"tır (Beck ve Beck-Gernsheim 69). Teknik olarak e-posta, WhatsApp, Skype vb. yollarla aracılık edilen aşkın tüm duyuları karşılayacak duygusallığı içeremeyeceği, dolayısıyla "doyasıya sevmenin" veya kişinin kendine tatmin sağlayacak kadar aşk yaşaması gerçekleşemeyeceği de varsayımlar arasındadır (Beck ve Beck-Gernsheim 69). Öte yandan kanımca, teknoloji aracılığıyla ortaya çıkan aşkta cinselliğin kesinlikle var olabileceğini ve teknolojik araçlarla "doğal cinsellik / fiziksel karşılaşma" (yani et ve kemikten oluşan partner olmaksızın) deneyiminin ötesine geçmenin mümkün olabileceğini iddia ediyorum. "Doğal fiziksel karşılaşma" deneyimini yakalamak için kişi ya uzakta yaşayan bir partnerle makine aracılığıyla yapabilir ya da bu teknolojileri inorganik partnerlerle uygulama olarak gerçekleştirebilir. Örneğin, seks robotları uzak mesafeli ilişkilerde "zaman arasında köprü kurmak" için de kullanılabilir. Seks veya teledildo endüstrisi hem partneri olmayan bireylere hem de uzak mesafeden ilişkilerini sürdüren çiftlere seks robotu veya etkileşimli, uzaktan kumandalı seks oyuncak seti seçeneklerini bir çözüm olarak sunuyor. O halde, insan bedenini makine ile cinsellik deneyimlerindeki adaptasyonlarını analiz etmek ve özellikle teledildonik olasılıklara odaklanmak yerinde olacaktır. Bu bağlamda, öncelikle teledildonik endüstrisinin tensel hissi ve "gerçekçi" duyusal algıyı aktararak uzaktaki sevgililerin cinsel yaşamını devam etmesini ve hatta geliştirmeyi vaat ettiği görülmektedir. Bu gelişmeyi sağlamak için tasarlanan ürün çifti,[22] kadınlar için bir bluetooth tavşan görünümlü titreşim yaratan araç (*rabbit vibrator*[23]) ve erkekler için bir teledildonik onanizm teknolojisinden (*masturbator*[24]) oluşur.[25]

TaVı fallus formunda, titreşimli, dönen, şafta takılı klitoris stimülatörlü renkli bir seks oyuncağıdır. Biçimsel olarak tavşan kulaklarına benzediği için bu adı taşır. Ancak klitoris stimülatörü, bir kuyruk yüzgeci gibi de takılabilirTaVi hem klitorisi hem de klitoüretrovajinal[26] (KÜV) (clitourethrovagina-CUV) alanını uyarması nedeniyle, eş zamanlı vajinal ve klitoral uyarma elde etmeyi mümkün kılar. KÜV bölgesi klitoris, üretra ve vajinal tüm üst duvar arasındaki anatomik ilişki ve dinamik etkileşimler, değişken, çok yönlü bir morfo-fonksiyonel erojen bölgedir (Jannini vd. 531). Bu, kadının penetrasyon sırasında doğru bir şekilde uyarıldığında orgazmik tepkilere neden olabilecek ve kadının orgazmını sağlayabilecektir. TaVi toplam uzunluğu yaklaşık yirmi cm civarındadır ve ancak on iki cm'lik kısmı

---

[22] Bildiğim kadarıyla iki onanizma aleti de birbirine bağlanabilir. Bu ürünlerin hedef kitlesi heteroseksüel ilişkiler yaşayan bireylermiş gibi görünmektedir. Zira, eşcinsel ilişkiler için açıkça reklamı yapılan herhangi bir ürün çiftine rastlamadım. Ayrıca üç cihazın birbirine bağlanıp bağlanamayacağı bilgisinden haberdar değilim.
[23] "Rabbit vibrator" terimi Türkcede "tavşan vibratörü" olarak da kullanılmaktadır. Makale boyunca bu terim yerine "TaVi" kısaltması kullanılacaktır.
[24] Teledildonik mastrübator yerine "TeMa" kısaltması kullanılacaktır.
[25] Her iki seks oyuncağı da bir USB şarj kablosu ve bir kullanım kılavuzu ile birlikte satılır.
[26] Klitoris, idrar yolu (üretra) ve G noktasının birleştiği nokta.

bedene girebilir. TaVi kumanda kolu yaklaşık sekiz cm uzunluğundadır. Bu inorganik nesnenin beden içine girebilen kısmında, yavaştan hızlıya üç seviyede ayarlanabilen ve KÜV alanını uyarmayı hedefleyen dönerbaşı vardır. Diğer bir deyişle inorganik glans'tır. Klitoral uyarıcı (yani TaVi'nin kısa kolu), titreşimli veya dalgalıdan havai fişek benzeri veya aşırı titreşimli (adeta depreme benzer şekilde) yani zayıftan güçlüye farklı titreşim ayarlarına sahiptir.

TeMa, erkek organını penetre edebilen titreşimli ve emiş fonksiyonuna sahip bir makinedir. Bu makine içi boş bir silindir şeklindedir ve yaklaşık yirmi dört cm uzunluğundadır. Dış yarıçapı yaklaşık sekiz cm olup, iç yarıçapının boyutu belirtilmemiştir. Çünkü iç kanal değişik modeller vs. ile değiştirilebilir. Diğer bir deyişle, değiştirilebilir bir inorganik vajinadır. Bu iç kanalın yüzeyi kadın cinsel organ kaslarını ve kasılmalarını simüle eden çevre dostu bir silikondan yapılmıştır ve şişkinliklerle (ve dolayısıyla doğal kadın cinsel organına benzer biçimde yumrulu bir sürtünme yüzeyi) erkeğin orgazmını yoğunlaştırmak ve hatta arttırmak için tasarlanmıştır. Ayrıca tıpkı klitoris simülatöründe olduğu gibi farklı titreşim ayarlarına sahiptir. İç kanaldan harekete giren silikon kasılmaları aynı zamanda hafif, nazik ve yoğun arasında ayarlanabilir. Seks oyuncağı seti Bluetooth teknolojisi dolayımıyla akıllı telefonla eşleştirilebilir. Bununla birlikte, bu bağlantının sağlanamayacağı durumlara karşı, satıcı firma herhangi bir bilgisayar üzerinden bağlantıya izin veren bir Bluetooth dongle cihazını da set ile birlikte müşteriye ücretsiz sunar. Her iki seks oyuncağı üç şekilde kullanılabilir: Birincisi, yerel olarak ve birbirinden bağımsız olarak kontrol edilebilirler. İkincisi, ikinci bir şahıs tarafından uzaktan kontrol edilebilir. Son olarak, her iki cihazı da birbiriyle senkronize ederek cihaz veya cihazın işleyişini kontrol etmek mümkündür.

Aşağıda, partnerin başlatmasıyla ile iki cihazın eşzamanlı olarak kontrol edildiği üçüncü teledildonik siborg aşkını sosyolojik açıdan analiz edeceğim. Teknik veya olgusal olarak teknolojiyle aracılık edilen bu türden bir yakınlığın ve dolayısıyla uzak mesafeli aşkın, birçok organik ve inorganik aktörü bir aradalığını içeren bir ön koşullu özel bir sosyo-(biyo-)teknik adaptasyon ve koordinasyon gerektirdiğini vurgulayacağım. İlk aşama, temel olarak cihazların doğru ayarlanması ve kesintisiz bir internet bağlantısının sağlanmasıdır. Çiftlerin önce her bir oyuncağı internet bağlantısı olan bir cihaza bağlamaları gerekir. Bundan sonra, çiftler cihazlarını üreticinin yazılımı üzerinden eşleştirebilirler. Aynı zamanda cihazlar bu teknolojik ön hazırlığın yanı sıra, fiziksel bakımdan da hazırlanmalıdır. Örneğin, cihaz temizlenmelidir ve bu her kullanımdan sonra tekrarlanmalıdır. Ayrıca, cihazın çalışıp çalışmadığı da aç/kapa (on/off) tuşuyla kontrol edilmelidir. Yani tüm bu süreçten de anlaşılacağı gibi teknolojinin de özel bir teknik bakıma ihtiyacı vardır (Şahinol ve Başkavak 125-135). Böylece, her iki cihaz da kullanıma teknik olarak hazır biçimde temiz ve işlevsel olarak ilgili yazılım uygulamalarına bağlantısı sağlandığında, işte o zaman organik ve inorganik aktörlerin bağlantısı insan sonrası varlığın bir türüne dönüşebilir. Bir sonraki aşama biyolojik olarak erkek ve kadın, cinsel organlarını uyarmak üzere duygusal, bedensel ve zihinsel olarak kendilerini "hazırlamalı," makinelere fiziken erişebilir hale gelmelidir. Ardından cihaz/beden, ilgili bedene/cihaza entegre etmelidir. Bu türden sosyo-bedensel eşleşme ve cinsel ilişkiye hazırlıkta medya ve teknoloji aracıyla gerçekleşir: Çiftlere, üretici firma tarafından görüntülü sohbet yoluyla sanal ortamda birbirlerini heyecanlandırmaları ve ardından seks oyuncaklarını kullanmaları tavsiye edilir. Burada, tıpkı Beck ve Beck-Gernsheim'ın bahsettikleri gibi, fiziksel uyarılan şehvete ek olarak sanal ortam aracılığıyla aktarılır (68-70). Ancak aradaki fark, karşılıklı cinsel hazırlık veya uyarmanın sadece görsel değil, aynı zamanda ve hemen ardından tekno-dokunsal olacak olmasıdır. Hem erkeğin fallusun onanism makinasına hem de yapay fallus vajinaya yerleştirilmesi sonucunda, bedenin makineye ve makinenin de bedene entegrasyonu gerçekleşir. Bu aşama hem cinsel organların hem de makinelerin yazılım aracılığıyla birbirine bağlandığı aşamadır. Böylece tüm bu etkileşimde sadece insan aktörler değil, aynı zamanda insan olmayan aktörler de mevcuttur ve insan sonrası varlık bağlantıları ortaya çıkar.

İkinci aşamada, süreçsel-senkronizasyon adaptasyon, biyolojik/fiziksel ve teknik/mekanik unsurların tek bir hibrit varlıkta koordinasyonu gerçekleşir. Bu aşamada eylem (*interaction*) ve "içten-etkime" (*"intra-action"*) sürekli yapılandırılır ve müzakere edilir. Böylece durumsal yorumlamanın ortak bir yolunu ve insan sonrası aktörlerin birlikte bağımlılığını vurgulayarak insan sonrası siborg aşkı kartografisi belirginleşir. Her şeyden önce, her bir partner ve cihaz arasında medya aracılığıyla bir etkileşim oluşturulmalıdır. Bu nedenle, katılımcılar bu teknik sürece "yardımcı" olmalıdırlar. TaVi, kadının manuel olarak gerçekleştireceği doğal bir cinsel eylemde meydana geldiği gibi uygun yöndeki eylemi ile kontrol edilirken, erkek tarafından TeMa da yine manuel şekilde doğal bir cinsel eylemde meydana geldiği gibi uygun yöndeki hareketiyle eylem gerçekleşmeye başlar. Erkek uygun hareketiyle fallusunu makinede uygun bicimde hareket ettirebilir. Burada "doğal" cinsel eylem, detayları aşağıda görüleceği gibi, çeşitli aktörler, malzeme ve eylem teknikleri arasında dağıtılmıştır. Bununla birlikte kullanım kılavuzunda, bu eylemler esnasındaki tetikleyici unsurun ne olduğu net bir şekilde belirtilmemiştir. Bu bilgi, biyolojik, yazılım ve donanım etkileşimlerinin ve içten-etkime ayrıntılı bir sosyo-biyo-teknik etkileşim analizi açısından önem teşkil eder. Makineler, yani nesnel teknikler, seks pratiğinin eylem tekniğini objektif olarak bedene aktarma işlevine sahiptir. Bir nevi Klaus'un bir teknoloji kullanarak yani arabayla yol alma pratiğinde örneğinde belirttiği gibi seks pratiği mekanik, hatta nesnel düzenlemeye girer. Bu, donanım ve yazılımın iletişimiyle, dolayısıyla nesneler arası "iç içe etkime" (*"interobjective intra-action"*) ile mümkün olur. Cinsel uyarılma eylemi teknolojiye devredilir ve aynı zamanda bu stimülasyonu teknolojiye devredecek olan partnerin de cinsel uyarısıdır. Beden veya beden parçaları ve de cinsel organlar partnerle etkileşime girer ve teknik aktarımlara beden tepki verir. Kadının servikal mukusu, cinsel organ kaslarının kasılmaları, erkek üreme organlarının şişmesi veya gevşemesi gibi beden ve cinsel organlar ile organik maddeler, yani organik olanın öz-iradesi, "bedensel inatçılık" (Körpereigensinn) (Gugutzer 19-20) de bu sürece dahil edilmiş olur. Dolayısıyla cinsel eylem, insan ve insan olmayan aktörlerle bir etkileşim ağında gerçekleştirilir. Partnerler eylem sırasındaki hareketleriyle ve seks oyuncakları aracılığıyla, ilgili hareketi geri bildirim olarak diğer tarafa gönderir (geminin manevrası örneğinde olduğu gibi). Böylelikle partnerin oyuncağa dokunuşu yeni bir şekilde deneyimlenir.

Herhangi bir müdahale ve teknik aksaklık yaşanmıyorsa (mesela dildonun şarjı bitmediyse veya internet bağlantısı kopmadıysa), bu etkileşim açıkça sibernetik bir karaktere sahiptir. Bu, tüm aktörlerin arasındaki cinsel eylemin eşzamanlılığının simbiyotik bir bağlantıya işaret ettiği anlamına gelir. Bu mekanik eylemler bütünü, bir partnerle etkileşim yoluyla gerçekleştirilirken aynı zamanda cinsel eylemi sosyo-biyo-teknik olarak aracılık edilen bir şekilde simüle eder. Bu eylemler bütünü sadece onanizm olarak açıklanamaz. Temelde "doğal" cinsellik deneyimini somutlaştırır. Bununla birlikte, her iki cihazın biyofonksiyonelliği, cinselliği aktarmaya yöneliktir. Örneğin, erkek TeMa'yı daha hızlı bir şekilde kullanırsa, kadının TaVi'sinin hızı da artacaktır. Benzer şekilde, kadın TaVi'yi daha yavaş kullanırsa, TeMa da daha hafif kas kasılmalarını simüle edecektir. Bir cihazın reaksiyonu—örneğin, TaVi'nin artan titreşimi gibi—organik olarak üretilmiş ve teknik olarak donanım/yazılımla aracılık edilen, ereksiyonu ve cinsel aktiviteyi karşı tarafa aktaracak şekilde hem erkek hem kadın için geri bildirimini sağlar. Bu, karşılıklı arabuluculuk ortamında, çeşitli nesnel tekniklerin ve eylem tekniklerinin (yazılım, cihazlar, ayarlar ve partnerler dahil) birbiriyle dengelendiği ve birbirine uyarlandığı anlamına gelir. İkinciye dayanan ve tekrarlanarak işleyen üçüncü aşama için, insan/organik ve makine/teknik arasındaki bağlantının teknoloji yoluyla uyarılmış (*technology induced*) şekilde kesin olarak güçlendirilmesi önemlidir. Karşılıklı ve teknik açıdan partnerlerin ve de cinsel organların uyarılması kelimenin tam anlamıyla partnerleri orgazma ulaştıracaktır. Teknolojik aygıtlar insanın fiziksel ve bedensel parçalarından daha fazlasını dönüştürdüğünde, insan sonrası siborg aşkın ne olduğu, insan ve makine arasındaki karmaşık iç içe geçmelerin dinamiklerine ne olduğu hakkında daha fazla soru ortaya çıkabilir. Her ikisinin de eşit derecede önemli olduğu ve gelişmek için birbirine ihtiyaç duyduğu varsayımıyla, teknolojinin ve insanın bir arada varoluşunun insan sonrası kabulü, bize çeşitli teknolojik araçlarla, hatta robotlarla gerçekleştirilen bir cinselliğin/aşk ilişkisinin gelecekte nasıl görüneceğine ve mümkün olabileceğine dair bir fikir verir. Bu meydana gelen insan-makine aşkı durumunda, insan sonrası bir siborg eyleminden söz edilebilir. Çünkü bu, sibernetik döngüsellik ilkesine dayanmaktadır. Zira, insan ve makinenin karşılıklı adaptasyon sağlama kapasitesinin erotikleştirici etkilerini ve sebep-sonuç ilişkilerini belirsizleştirmektedir. İşte tam da bu onu bir siborg aşkı yapar. Böylelikle, "öznesel beden" (*"living/lived body"*) bu bağlantıların bütünleyici bir bileşenidir ve ayrılmaz bir parçasıdır. Çünkü gerçeklere dayalı teknik deneyim aynı zamanda öznesel bedene ve dolayısıyla makine benzeri biçim olarak da öznelliğe kazınır. Sonuç olarak cinsel deneyim, sosyo-teknik vasıtayla olsa da dokunsal (*tactile*) uyarım yoluyla mümkündür.

Bu örnekte insan sonrası varlığın siborg aşk bağlantılarından çözülüp bireysel aktörlerine -özüne- dönüşü, biyolojik ve teknik unsurların birbirine uyum kapasitelerinin geri alınabilir olması (*reversible*) gerçeğiyle mümkün olmaktadır. Çünkü bedenin parçalarının (kadın ve erkek cinsel organları gibi), makinenin parçalarına entegrasyonu çözüldüğünde ve de biyolojik olanla teknik arasındaki bağlantı unsurlarının birbirlerinden ayrılmasıyla, "post-insan varlık" cinsel pratikten çözülür ve serbest kalır.

Tartışma

Bu makalede, siborg aşk söz konusu olduğunda, özellikle teledildonik pratikler bağlamında, insan(lar) ve makinelerin "insan sonrası varlık" olarak eyleme geçtiğini iddia ediyorum. Makine benzeri unsurların aşk ilişkilerine dahil edilmesi, nesnel tekniğin ve eylem tekniğin de baskın hale gelmesini sağlamıştır. Yakın bir gelecekte, daha ileri teknolojilerle, öğrenme yeteneğine sahip yazılım algoritmaları da dairesel sibernetik eylem döngüsüne entegre edileceği öngörülüyor. Teledildonik uygulamalarının ortaya çıkışı, hem toplumsal talep/baskı, bireylerin duygusal/cinsellik alanlarındaki ihtiyaçları ve mükemmeliyetçiliği perçinleyen ilişki pratiklerinin hem de gittikçe artan Optimizasyon (*Upgrade*) Kültür toplumlarına doğru bir gidişatın sonuçları olarak değerlendirilebilir. Makine aşkı ve/veya bir seks robotu düşüncesi bireylerde bir yabancılaşma hissi de yaratabilir. Zira Kern'e göre aşk, güveni simgeler ve bu da yalnızca "aşk gerçekliğinin ifade edilmesi" çerçevesinde mümkündür (211). Organik bir partner yerine bir makinenin olduğu/makinelere olan aşkta ortaya çıkabilecek soru, kime veya neye gerçekten güvenildiği, hatta kime, neye ruhun ve bedenin ne şekilde teslim edildiği ile ilgilidir. Teledildonik bir şekilde gerçekleştirilen makine aşkı durumunda, bu güven video yani görüntü ile aktarılabilir, böylece çiftlerin ilişkisi somut olarak ortak bir geçmiş ve aşinalık üzerine inşa edilmiş olur. Sonunda bir partner veya karşıdaki partner seks anlarını kayıt altına alma gibi durumları kolaylaştırır. Dolayısıyla, insan sonrası siborg aşkında taraflar, şüpheler ve belirsizliklerle yüz yüzedirler. Kişi sosyo-biyo-teknik bir düzenleme içinde olduğundan, duruma farklı bir şekilde teslim olur. Tüm bu yapıda, eylemin verilerini kaydeden ve analiz ede(bile)n kameralar ve sensörler ile donatıldığı için bir yapay zekâ ürünü olan seks robotu bir gözetim robotu haline dönüşebilir. Bu durum rahatsız edici de olsa ihtimaller dahilindedir. Dolayısıyla, makine aşkı durumunda imkanları ve riskleri değerlendirebilmek sosyoloji disiplini öncelikli olarak disiplinlerarası bir yaklaşım gerektirir.

Teknoloji aracılığıyla ve teknoloji ile icra edilen aşkın ve uygulamalarının sosyal sonuçları vardır. Bununla birlikte, bu sonuçları değerlendirebilmek için, insan-seks robot ilişkilerinde olarak doğrudan veya dolaylı olarak ilgili aktörleri de dahil olmak üzere insan-makine adaptasyonunu sosyolojik açıdan analiz etmek gerekir. Çünkü tüm belirsizliği içinde aşk, çeşitli aktörler tarafından sürekli yıkılır ve yeniden inşa edilir. Bu döngüsellik devam edecektir. Özellikle teknolojinin hayatımızın tüm alanlarına ve bedenimize yoğun şekilde daha da artarak nüfuz edeceği bir gelecek göz önüne alındığında, zaten teknoloji halihazırda bizimle, ruhumuzla, bedenimizle, sinir hücrelerimizle, cildimizle iç içe geçmiş, hatta organ nakli olarak hayatımıza hizmet etmektedir. Cinsellik alanında teknoloji, üreme ve seks yapma faaliyetlerimize çoktan dahil olmuştur. Teledildonik aracılı siborg aşkı, bu sosyo-biyo-teknik ilişkinin yalnızca masum bir biçimidir. Örneğin, her 5 dakikada bir vajinal ısısını ölçen, değerlendiren ve böylece kadının doğurganlık günlerini gösteren intravajinal biyosensörler teknolojilerin gündelik yaşamdaki yaygınlığı düşünülünce, bir sonraki aşama olarak, arzu duyularımızı biyosensörik olarak analiz etmemizi ve hatta kontrol etmemizi mümkün kılacak kadar ileri gideceği aşikâr görünüyor. Yine dikkat çekici bir teknolojik gelişme olarak, ektogenezi (rahim dışında doğum) mümkün kılmak için geliştirilen "yapay uterus" gibi yapay cinsel organlar, geçmişte ütopik ilan edilen fikirlerin şimdiden bilim ve teknoloji açısından geliştirilme sürecinde olduğunu göstermektedir.

Makale, mikro sosyolojik bir perspektiften siborg aşkının analizinin nasıl olabileceğine dair bir öneri sunuyor. Bu bağlamda, siborg aşkını aşk sosyolojisi, teknoloji sosyolojisi/STS ve feminist-posthümanist alanların kesişiminde bir mevzu olarak anlamak, hatta onu post-fenomenolojik yaklaşımlarla ilişkilendirmek özellikle uygun görünmektedir. Çünkü teknoloji, nesnel ve öznel beden deneyimlerimizin ayrılmaz bir parçası(dır) ve bu nedenle de zevk algımızın da yaratıcı ve tamamlayıcı bir parçası sayılabilir. Aynı zamanda aşk eylemindeki eylemlerin farklı aktörler arasında nasıl dağıldığını göstermeye çalışmıştır. Bu bize insan sonrası siborglar arasındaki cinsel ilişkileri daha iyi anlamamızı sağlıyor: Seks robotları ve diğer insan olmayan varlıklarla ilişkiye girdiğimizde bunun önemli olabileceğine dair bir katkıda bulunur—ayrıca kadın/erkek ve organik/inorganik ikilem anlayışımızı değiştirme potansiyeline sahip olur (Malinowska 5). Gelecekte, üreme organlarımıza yerleştirilen ve sinir hücrelerimize bağlanan implantlar ve çipler gibi çeşitli diğer bilimsel-teknolojik yeniliklerin ortaya çıkması şaşırtıcı olmayacaktır. Teknolojinin duygusal ve aşk hayatımıza bu denli sirayet etmesiyle, aşk daha da kırılgan olmaya devam edecek ve insan sonrası dünyamızda, bu kırılganlığın kaynağı ve bu kırılganlıkla baş etme şeklimiz sosyo-biyo-teknolojik olarak çeşitli aktörler arasında dağı(tı)lıyor ve hibritleşiyor olacaktır. O halde, üreme eylemlerimiz ve aşk için ne ölçüde organik muadillerine bağımlı olacağımız açık bir soru olmaya devam ediyor. Çünkü seks endüstrisinin zengin ve fantezi dolu icatları, teknolojik olanaklarla birleştiğinde, her zamankinden daha alışılmadık çözümler sunduğu görünmektedir. Örneğin mesleki nedenlerle coğrafi olarak birbirinden uzakta yaşayan veya başka psiko-sosyal meseleleri olan insanlar için çözümler sunuyor. Ancak bu noktada sosyal (ve duygusal) sorunlarımıza/çıkmazlarımıza neden sık sık teknolojik çözümler aradığımızı da kendimize sormamız gerektiği gerçeği de var olmaktadır. Çünkü hem romantik hem de romantik olmayan birliktelikler dijital bir kapitalizm dönme dolabına sıkışmış görünüyor. Aşkı tekrar tekrar farklı içeriklerde tüketiyoruz, bir sonraki sıkıntı, bıkkınlık ve yabancılaşma dalgasına kadar birbirimizi seviyoruz. Ve sonra yeniden bir arayış başlıyor.

Kaynakça

Akkaya, Nuray. "Fiziksel Tıp ve Rehabilitasyonda Biyogeribildirim." *Türkiye Klinikleri Fiziksel Tıp ve Rehabilitasyon-Özel Konular*, cilt 8, no 1, 2015, ss. 75-83.

Amuda, Yusuff Jelili ve Ismaila B Tijani. "Ethical and Legal Implications of Sex Robot: An Islamic Perspective." *OIDA International Journal of Sustainable Development*, cilt 3, no 06, 2012, ss. 19-28.

Barad, Karen. "Posthumanist Performativity: Toward an Understanding of How Matter

Comes to Matter." *Signs: Journal of women in culture and society*, cilt 28, no 3, 2003, ss. 801-831.
Barad, Karen ve Rick Dolphijn. "Interview with Karen Barad." *New materialism: Interviews & cartographies*, 2012, ss. 48-70.
Beck, Ulrich ve Elisabeth Beck-Gernsheim. *Fernliebe: Lebensformen Im Globalen Zeitalter*. Suhrkamp Verlag, 2011.
Bendel, Oliver. "Roboter Im Gesundheitsbereich." *Pflegeroboter*, Springer, 2018, ss. 195-212.
---. "Sexroboter Aus Sicht Der Maschinenethik." *Handbuch Maschinenethik*, Springer, 2019, ss. 335-353.
---. "Surgical, Therapeutic, Nursing and Sex Robots in Machine and Information Ethics." *Machine Medical Ethics*, Springer, 2015, ss. 17-32.
Bierhoff, Burkhard. "Konsumkapitalistische Inszenierungen Der Liebe." *Liebe Im Konsumkapitalismus*, Springer, 2017, ss. 19-26.
Bostrom, Nick. "Dignity and Enhancement." *Working Paper: Commissioned for the President's Council on Bioethics*, Oxford University, 2007.
Braidotti, Rosi. *Nomadic Subjects: Embodiment and Sexual Difference in Contemporary Feminist Theory*. Columbia University Press, 1994.
---. "A Theoretical Framework for the Critical Posthumanities." *Theory, Culture & Society*, cilt 36, no 6, 2019, ss. 31-61.
Christaller, Thomas ve diğerleri. "Robotik: Perspektiven Für Menschliches Handeln in Der Zukünftigen Gesellschaft." Springer-Verlag, cilt 14, 2013.
Coursey, Kino ve diğerleri. "Living with Harmony: A Personal Companion System by Realbotix™." *Ai Love You: Developments in Human-Robot Intimate Relationships*, ed. Yuefang Zhou ve Martin H. Fischer, Springer International Publishing, 2019, ss. 77-95. https://doi.org/10.1007/978-3-030-19734-6_4.
Danaher, John ve Neil McArthur. *Robot Sex: Social and Ethical Implications*. MIT Press, 2017.
Davis, Lennard J. *The Disability Studies Reader*. Routledge, 2016.
De Landa, Manuel. "The Geology of Morals. A Neo-Materialist Interpretation." *Virtual Futures*, 1995. http://www.t0.or.at/delanda/geology.htm.
Dermühl, Katharina. *The Body Beyond Nature? Exploration, Invasive Technologien, Gesellschaftliche Implikationen*, ed. Gerhard de Haan, vol. 1, Institut Futur, Freie Universität Berlin, 2015. Schriftenreihe Sozialwissenschaftliche Forschung https://www.ewi-psy.fu-berlin. de/einrichtungen/weitere/institut-futur/_media_design/IF-Schriftenreihe/1501_iF-Schriftenreihe_Dermuehl_Body_Beyond_Nature_online.pdf.
Devlin, Kate. Turned On. Intimität Und Künstliche Intelligenz. Wie Verändern Sexroboter Und -Puppen Menschliche Beziehungen? Mensch Und Technik: Risiken, Chancen Und Ein Ausblick Auf Die Zukunft Der Ki Wissenschaftliche Buchgesellschaft, 2020.
Döring, Nicola. "Sexpuppen Und Sexroboter Aus Psychologischer Und Therapeutischer Perspektive." *Maschinenliebe: Liebespuppen Und Sexroboter Aus Technischer, Psychologischer Und Philosophischer Perspektive*, ed. Oliver Bendel, Springer Fachmedien Wiesbaden, 2020, ss. 283-301. https://doi.org/10.1007/978-3-658-29864-7_16.
---. "Sollten Pflegeroboter Auch Sexuelle Assistenzfunktionen Bieten?" *Pflegeroboter*, ed. Oliver Bendel, Springer Gabler, 2018, ss. 249-267.
Foerster, Heinz ve Bernhard Pörksen. *Wahrheit Ist Die Erfindung Eines Lügners: Gespräche Für Skeptiker*. 8. Aufl. edition, Carl-Auer-Systeme-Verl., 2008.
Fromm, Erich. *Die Kunst Des Liebens*. Suhrkamp, 2003.
Gugutzer, Robert, ed. *Body Turn: Perspektiven Der Soziologie Des Körpers Und Des Sports*. 2006.
Haraway, Donna. "Die Biopolitik Postmoderner Körper: Konstitutionen Des Selbst Im Diskurs Des Immunsystems." *Die Neuerfindung Der Natur*, ed. Donna Haraway, Campus-Verl., 1995, ss. 160-199.
---. "Ein Manifest Für Cyborgs: Feminismus Im Streit Mit Den Technowissenschaften." *Die Neuerfindung Der Natur*, ed. Donna Haraway, Campus-Verl., 1995, ss. 33–72.
Hayles, N Katherine. *How We Became Posthuman: Virtual Bodies in Cybernetics, Literature, and*

Informatics. University of Chicago Press, 2008.
Illouz, Eva. *Warum Liebe Endet: Eine Soziologie Negativer Beziehungen*. Suhrkamp Verlag, 2018.
Jannini, Emmanuele A ve diğerleri. "Beyond the G-Spot: Clitourethrovaginal Complex Anatomy in Female Orgasm." *Nature Reviews Urology*, cilt 11, no 9, 2014, p. 531.
Kafer, A. "The Cyborg and the Crip: Critical Encounters." *Feminist, Queer, Crip*, Indiana University Press, 2013, ss. 103-128.
Klaus, Georg. "Zur Soziologie Der "Mensch-Maschine-Symbiose": Eine Kybernetische Betrachtung." *Deutsche Zeitschrift für Philosophie*, cilt 10, no 7, 1962, ss. 885–902.
Kuchler, Barbara ve Stefan Beher. "Einleitung: Soziologische Theorien Der Liebe." *Soziologie Der Liebe: Romantische Beziehungen in Theoretischer Perspektive*, ed. Barbara Kuchler ve Stefan Beher, Suhrkamp Verlag, 2014, ss. 7-55.
---. *Soziologie Der Liebe: Romantische Beziehungen in Theoretischer Perspektive*. Suhrkamp Verlag, 2014.
Lenzen, Wolfgang. "Liebe, Sex Und Moralität." 1999, s. 12, https://www.philosophie.uni-osnabrueck.de/fileadmin/Allgemeine_Uploads/Publikationen/Lenzen/Liebe_Sex_Moralitaet.pdf.
Levy, David. *Love and Sex with Robots: The Evolution of Human-Robot Relationships*. HarperCollins, 2009.
Livingston, Ira ve Judith Halberstam. *Posthuman Bodies*. Indiana University Press Bloomington, 1995.
Malinowska, Ania. "Sexbots and Posthuman Love." *The International Encyclopedia of Gender, Media, and Communication,* 2020, ss.1-6.
Mauss, Marcel. *Gabentausch, Todesvorstellung, Körpertechniken*. VS Verlag für Sozialwissenschaften, 2010 [1950, 1973].
Rekret, Paul. "A Critique of New Materialism: Ethics and Ontology." *Subjectivity*, cilt 9, no 3, 2016, ss. 225-245, doi:10.1057/s41286-016-0001-y.
Rodrigues, Julie M. "London Man Receives Bionic Arm with a Usb Port and Built-in Flashlight." inhabitat https://inhabitat.com/london-man-receives-bionic-arm-with-a-usb-port-and-built-in-flashlight/. Accessed 02 April 2019.
Şahinol, Melike ve Gülşah Başkavak. "Sosyo-Biyo-Teknik Bakım Kompleksi: Tip 1 Diyabette Dijital Sağlık Takibi". *Sosyoloji Araştırmaları Dergisi]* cilt 24, no 1, 2021, ss. 110-145, doi: https://doi.org/10.18490/sosars.911385.
Şahinol, Melike. Das Techno-Zerebrale Subjekt: Zur Symbiose Von Mensch Und Maschine in Den Neurowissenschaften. transcript, 2016. *Technik - Körper - Gesellschaft*, cilt Band 7.
---. "Die Überwindung Der 'Natur Des Menschen' Durch Technik. Körper-Technik-Verhältnisse Am Beispiel Der Cyborgkonstitution in Den Neurowissenschaften." *Designobjekt Mensch? Transhumanismus in Theologie, Philosophie Und Naturwissenschaften*, ed. Benedikt Paul Goecke and Frank Meier-Hamidi, Herder Verlag, 2018, ss. 461-489.
Schulz-Schaeffer, Ingo. "Technik Als Gegenstand Der Soziologie" *TUTS - Working Paper*, cilt 3, 2008, http://nbn-resolving.de/urn:nbn:de:0168-ssoar-1231.
Spreen, Dierk. "Der Cyborg: Diskurse Zwischen Körper Und Technik." *Die Figur Des Dritten*, ed. Eva Esslinger, 1. Aufl. Baskı, Suhrkamp, 2010, ss. 166–179. http://nbn-resolving.de/ urn:nbn:de:0168-ssoar-256987.
---. *Upgradekultur: Der Körper in Der Enhancement-Gesellschaft*. transkript, 2015. X-Texte Zu Kultur Und Gesellschaft.
Steinfeldt-Mehrtens, Eddi. "Posthumanistischer Feminismus." *Gender Glossar / Gender Glossary (5 Absätze)*. http://gender-glossar.de. Erişim tarihi 12 Aralık 2019.
Van der Tuin, Iris ve Rick Dolphijn. "The Transversality of New Materialism." *Women: a cultural review*, cilt 21, no 2, 2010, ss. 153-171.
Vester, Frederic. *Die Kunst Vernetzt Zu Denken: Ideen Und Werkzeuge Für Einen Neuen Umgang Mit Komplexität; Ein Bericht an Den Club of Rome*. 1. Aufl. edition, Deutsche Verlags-Anstalt, 1999.
Waffender, Manfred. *Cyberspace: Ausflüge in Virtuelle Wirklichkeiten*. Rowohlt, 1991.

Wennerscheid, Sophie. *Sex Machina: Zur Zukunft Des Begehrens.* Matthes & Seitz Berlin, 2019.
Wilson, Robert Anton. *Right Where You Are Sitting Now: Further Tales of the Illuminati.* RONIN Publishing, 1982.
---. "Technological Masturbation." *TOTAL*, cilt 2, 1993.
Woolley, Benjamin. "Ausblicke." *Die Wirklichkeit Der Virtuellen Welten: Aus Dem Englischen Von Gabriele Herbst*, Birkhäuser Basel, 1994, ss. 251-270. https://doi.org/10.1007/978-3-0348-6179-3_13.

BÖLÜM 22

POSTHÜMANİZM VE CİNSİYET SORUNSALI

Muhsin Yanar

Giriş

"Kelime olarak Arapça *ans, ins,* kökünden gelen insan, *insanlık, tüm insanlar* anlamlarına gelir. Kaynaklara göre kelime, Aramice/Süryanice *ināş veya anāşā* sözcükleriyle eş kökene ve aynı anlama (*insanlık, tüm insanlar, insana ait*) sahiptir. İnsan (*human*) kelimesinin Batı'lı (Avrupa(lı) merkezli) kullanımı ise *insana ait, insanlar (kadınlar dahil), insanoğlu* gibi anlamları içeren Yunanca *anthropos* kelimesini referans gösterir. Bununla beraber, eski Fransızca'daki (12. yy), *humain, umain* ve sonrasında *humaine, humaigne* (15. yy ortası) olarak dönüşmüş kelime bizlere bugünkü kullanıma dair etimolojik bilgiler verir. *İnsan olan(lar), insan/lar, insanoğlu* olarak çevrilmiş "*human being/s*" kelimesinin kullanımı ise neredeyse 17. yy sonlarına denk gelir. Kelimenin *insanoğlu* olarak Türkçe çevirisi araştırmacılar, bilim insanları ve nihayetinde günümüz kitlelerince problemlidir.[1] Modern, postmodern ve posthümanist görüşler, tanımlayıcı, belirleyici, yer tayin edici, zamanla ayrıştırıcı, ayrımcı, istisnacı vb. anlamlar içeren bu kelimeyi yeniden anlamlandırıp tanımlamaya çalışmışlardır. Konuya dair daha önce kaleme alınmış eserlere tekrar dönen bu görüşler, insana dair onto-epistemolojik bilgi ve argümanlar üretmişlerdir. Bu argümanlara geçmeden daha önce yazılmış bazı görüşleri ele almanın gerekli olduğu kanısındayım.

Denis Diderot, bedenin zihinden ayrı olmadığını, zihin yapılarının daha sonra bozulup tekrar inşa edilebileceğini, insanlığın çok çeşitli insanötesi/sonrası türlere evrilebileceğini belirtir (Diderot 1769). İnsanı biyolojik olarak ele alan Diderot, insanın biyolojik olarak evrildiğini ve yenilendiğini imler. Julien Offray de La Mettrie *İnsan Bir Makina* (*L'homme Machine* 1980; 2009) eserinde insanı bir makine olarak görür. Ona göre "beden beklenmedik bir tehlike anında geri çekilir, göz kapakları darbe almamak için kapanır, retinayı korumak için göz bebeği parlak ışıkta kasılır, karanlıktaki nesneleri görmek için genişler" (23). Bu mekanik beden hareketleri bir makinenin çalışmasını anıştırır. Diğer bir deyişle, insan, bu ince ayrıntıyla, makine gibi çalışan canlı bir makinedir. Diderot ve La Mettrie'den ilhamla, tekno-insan/lar veya insanötesi insan/lar yaratma sürecine ve bu süreç içindeki girişimlere tanık oluruz. Aynı şekilde edebiyatta da bu sürecin ilk sayılabilecek yansımalarına rastlamaktayız. Örneğin, Mary Shelley'nin *Frankenstein ya da Modern Prometheus*[2] (*Frankenstein or Modern Prometheus* 1831; 1999) eserinde Doktor Victor

---

[1] Konuyla ilgili meşhur Türk halk ozanı Neşet Ertaş'ın "Kadınlar insandır; biz erkekler insanoğlu" sözü, konu ile ilgili tartışmayı (televizyon, radyo, sosyal medya gibi kitle iletişim araçları üzerinden) popüler bir boyuta taşımıştır.

[2] Bkz. Shelly, Mary Wollstonecraft. *Frankenstein or the modern Prometheus*. Wordsworth, 1994. Bu eserde

Frankenstein'ın (ana karakter) dönemin galvanizm[3] gibi bilimsel çalışmalarından ilham alarak cansız bedenlerin ve/ya kadavra parçalarının bilimsel deneylerle birleştirilerek yeniden canlandırılabildiğine tanık oluruz. Benzer şekilde ana karakterin bu parçalardan oluşturduğu dev yaratık/ucube/canavar, tekno-insan veya insanötesi (posthüman) insan yaratmaya çalışan kişilere ilham teşkil eder.

Bunun yanı sıra Aydınlanma dönemi savunucuları, rasyonel olarak tasarlanmış gelişmiş bir geleceğe ilişkin aklı yüceltirler. Buna göre yüceltilen akıl vesilesiyle evrenin doğa kanunları keşfedilecek ve doğa (insan doğası dahil) kontrol altına alınacaktır. Ancak bu keşfetme ve kontrol altına alma teşebbüslerinin bazı olumsuz neticeler doğurması muhtemeldir; doğanın bozulması, yağmalanıp yıkılması, doğal insan haklarının sınırlarının belirlenmesi ve insan doğasına ait kesin hükümler verilmesi, ayrımlar, tanımlamalar ve kurgular yapılması gibi. Artmış özgüvene sahip "aydınlanmış" insan, rasyonel akla taparken gelecek için tehdit oluşturacak bu tanımlamalar ve kurgulardan sakınmamış görünür. Aydınlanma döneminde insan bedenini değiştirmeye yönelik teknoloji henüz mevcut değildi, ancak hem dönem içinde hem de sonraki dönemlerde kadını ve kadın bedenini kontrol etmeye yönelik diskurlar 20. ve 21. yüzyılda feminist yazarlar, kuramcılar tarafından eleştirilecek ve insanötesi çalışmalarla yeni bağlamlarına kavuşacaktır.

İtalya (Avrupa) Rönesansı Protagoras'ın "her şeyin ölçüsü" olarak açık ve kesin bir şekilde ifade ettiği "insanı" kendisine örnek alıp (sözde)evrensel bir model haline getirmiş ve bu Avrupa modelini ezberletmiştir (Braidotti, *The Posthuman* 15). Bu (sözde)evrensel insan modeli kişisel ve kolektif mükemmellik sıfatlarını bünyesinde barındırır. Söz konusu mükemmellik (sözde)evrensel (ancak esas olarak Avrupa merkezli) modelin rasyonel aklının yüceltilmesidir ve bu aklın, evrensel kabul edilip kendi merkezinin dışındaki uluslarda ve topraklarda da sanat, edebiyat, felsefe, politika ve kültür gibi araçlarla bu şekilde algılanması dayatılır. Bu algı ise dil aracılığıyla pekiştirilir. Dil üzerinden evrensel hümanizm mantığı yaratılıp, ki bu mantık ikili karşıtlığı içerir ve negatiftir, 'ötekine' yukarıda bahsi geçen araçlarla ezberletilir. Avrupalı olmayan "öteki" ise aşağılanmış, zayıf görülmüş, cinselleştirilmiş ve kategorize edilmiştir. Diğer bir deyişle, "öteki" söz konusu dil araçlarıyla "daha az insan" (*less-than-human*) hatta "insan olmayan" (*non-human*) olarak resmedilmiştir. Ancak, savaş sonrası dönemde, post-yapısalcılar, feministler, post-kolonyal ve ırkçılık karşıtı kritikler, hümanizmin radikal, politik ve sosyal teorilerini yeniden ele alınmasını gerek görmüşlerdir. Bu teoriler

---

bilim tutkunu Doktor Victor Frankenstein kadavra parçalarından yeni insan yaratma peşindedir. Erasmus Darwin, Humphry Davy ve Luigi Galvani gibi 18. yüzyıl bilim insanlarından ilham alan Dr. Frankenstein ölü dokuları canlandırmayı arzular. Doktorun temel motivasyonu, doğanın sırlarına nüfuz ederek ölümlü insan bedeni aşmak ve ölümsüz insanlar yaratmaktır. 18. yüzyıl Avrupa Aydınlanma döneminin bilime olan açlığı ve tutkusunun göstergesi olan eserde anlatılan Doktor Frankenstein'ın insan yaratma çabası, günümüzde devam eden ve gelecekte de edecek olan insan projelerinin ilk örneği olarak görmek mümkündür.

[3] Kavram olarak galvanizm ismini Luigi Galvani'den alır. Galvani kurbağalar üzerinde deney yaparken yanlışlıkla pirinç çubukla çelik neştere değer ve bu kurbağa bacağındaki kasları hareket ettirir. Galvani bu hareketi hayvandaki mevcut iç elektriğe bağlar. Diğer bir deyişle, ölü dokularda hala elektrik mevcuttur. Doktor Victor Frankenstein ölü mahzeninden topladığı beden parçalarını birleştirerek ortaya koyduğu yaratığını elektrik aracılığıyla canlandırmaya kalkışır.

üzerinden pekiştirilen kadın-erkek, siyah-beyaz-sarı, Avrupalı-Avrupalı olmayan gibi ikilikler yeniden yorumlanmıştır. Avrupa merkezli (sözde)evrensel insan modeli yerle bir edilerek post-insan yaratma algısının temelleri atılmış diyebiliriz. Beyaz, Avrupalı, üstün ve erkek (kadın olmayan) olan insan algısına, kadın, eşcinsel, lezbiyen, transeksüel, travesti vb. öteki, siyah, sarı, Avrupalı olmayan ve bu gibi çoklu/çeşitli insan algısı dahil edilmiştir (Braidotti, *The Posthuman* 2013).

Rosi Braidotti'ye göre "feminizm bir hümanizm değildir" (21) ve dolayısıyla hümanizmin aksine söylem olarak içinde cinsiyet, ırk ve sınıf ayrımı barındırmaz. Aynı şekilde, Posthümanizm[4] de kavram olarak içinde hümanizm barındırmasına rağmen, içerdiği söylemlerden oluşan bir dönem değildir. Aksine, belli cins, ırk ve sınıfa ait insanmerkezli hümanizm söylerimlerinin sona erdiği bir dönemdir. "Posthümanizmin normatif çerçevesinin ve insanı diğer canlı ve cansız varlıklardan daha üstün konumlandıran görünüşte fikirlerin ötesinde, posthümanizm, hümanizmin benzersizliğini ve evrensel olarak kabul edilmiş normlarını sorgulamak için yeni bir teorik bakış açısını bir araya getirir" (Kümbet 329). Başka bir deyişle, geleneksel hümanizmin İnsanı merkeze koyan algısı artık sona ermiştir. Burada büyük harfle başlayan İnsan erkektir; bu erkek imgesi ataerkildir, ayrımcıdır (beyazı siyahtan, beyazı sarıdan, beyaz Avrupalıyı (Western) beyaz olmayan ve de Avrupalı da olmayandan (non-Western), erkeği kadından, erkeği diğer cinsiyetlerden ayırır). Bu ayrıştırdıklarını dışlar, böler, dışarıda bırakır, kutuplaştırır; onlara karşı ön yargılıdır ve düşmanlık besler. Kısacası, hümanizmin ölçüsü beyaz adamın ölçüsüdür; Avrupalı beyaz adam modelidir (Braidotti 2013). Ancak beyaz adamın hikayesi, yukarıda bahsedilen 20. ve 21. yüzyıla ait disiplinler arası söylemlerle sona ermiştir. Michél Foucault gibi bir antihumanist, Judith Butler ve Simone de Beauvoir gibi feministler ve Donna Haraway gibi postfeministler bu bitişe katkıda bulunmuşlardır. Buna ilaveten, koloni sonrası çalışmalar, ekokritikler, hayvan çalışmaları, yeşil ve mavi çalışmaları, bilim ve teknolojinin kültürel çalışmaları, malûllük (engelli) çalışmaları, medya çalışmaları gibi daha çoğaltacağımız çalışmalar da bu sona erişe katkıda bulunmalarının yanı sıra "insan nedir, insan olmanın muhtevası nedir?" sorularıyla bu konudaki tartışmaları daha ileri bir noktaya taşımışlardır. Bu çalışmalar çerçevesinde, insan tanımının yeniden yapılmakta ve insanötesi söylemin oluşturulmakta olduğunu söyleyebiliriz. İnsanötesi söylem çeşitliliği (dil, din, ırk, cinsiyet, renk) içerir. Bu teorik çerçeve göz önünde bulundurularak, bu bölümde Posthümanizm diskurunun kapsamı, cinsiyet sorunsalı ve teknolojilerle ilişkisi incelenecektir. Geleneksel, baskıcı ve erkek egemen algıyla hareket eden hümanizmden demokratik, ırkçı, ayrımcı, ayrıştırıcı olmayan bilakis evrensel Posthümanizmin cinsiyet çalışmalarında nasıl ve ne şekilde öne çıktığı tartışılacaktır. Buna göre, Rosi Braidotti, Donna Haraway, Judith Halberstam & Ira Livingstone ve N. Katherine Hayles'in tartışmaları bu makalenin teorik çerçevesini oluşturacaktır. Bu çerçevede sorulacak sorular şöyledir; Posthümanizm diskuru cinsiyet sorunsalına nasıl bakmakta ve ne gibi çözümler sunmaktadır? Cinsiyet algısını *-öteleştirme (post-laştırma)* bu

---

[4] Bu bölümde Posthümanizm kelimesi, metnin içeriğine göre "Posthümanizm" "post-insan," "insanötesi," "insanötesi söylem(ler)" vb. çevirilerle kullanılmıştır. Kelime, insan olmanın muhtevasını yeni söylemlerle yeniden ele almaktadır.

sorunsala ne gibi katkılar sağlayacaktır? Diğer bir deyişle, cinsiyet sorunsalını öteleştirmek (bir sonraki adıma taşımak) eşitlik algısına (haklar ve görünürlük konusunda) nasıl ve ne şekilde katkı sağlayacaktır? Son olarak, bu bölümde, Aydınlanma döneminde bir türlü *aydınlığa* kavuşturulamayan, 20. yüzyılda kendini belli araçlar üzerinden bir şekilde ifade eden cinsiyet sorunsalının 21. yüzyıldaki Posthümanizm üzerinde kendini, hakları, görünürlüğü nasıl ve ne şekilde ifade ettiği incelenecektir. Bu sorulara verilecek cevaplar doğrultusunda bu çalışmanın amacı Posthümanizmin hala devam etmekte olan cinsiyet sorunsalını nasıl algıladığı, nasıl analiz ettiği ve yeniden yazdığını ortaya koyarak bu sorunsal için sunduğu bakış açısını ortaya koymak olacaktır.

Posthümanizm Diskuru

Kelime olarak posthüman "post," (-) tire imi ve "human" dan (insan) oluşur. "Post" öneki eklendiği kelimeye "sonra," "sonrası," "sonraki," "-den sonra" ve "öte," "ötesi" anlamları katar. "Sonra," "sonrası," "sonraki," "-den sonra" gibi anlamlar insanın bitişini ima eder, dolayısıyla asıl vurgulan insan-ötesidir. Ancak bu anlamlar keskin bir ayrım içermez, aksine devamlılık ima eder ve eklendiği kelimenin bağlamını aşar; yeni bir bağlam vurgular. Jean-François Lyotard'ın "postmodern" kavramındaki "post" için vurguladığı "kopuş" gibi buradaki "post" ön eki de hümanizmden radikal bir kopuş değildir (Herbrechter 48). Aynı şekilde teknokültürle de tamamen özdeş değildir (48). Burada vurgulanan Post-humanizm, hümanizmin kavram olarak tarihi süreçte ne şekilde anlamını yitirdiği ve günümüzde nasıl bir (yeni) anlam kazandığıdır. Diğer bir deyişle, Hümanizmin 21. yüzyılda muhteva bakımından değiştiğini vurgular. Öte yandan (-) tire imi eski kavramdan yeni bir kavrama geçişi gösterir. Dolayısıyla, yeni kavram askıdadır, kesinlik barındırmaz; hala üzerinde düşünülen, yazılan, tartışılan, konuşulan, üretilen ve "oluş sürecinde" (Braidotti *The Posthuman*) yeni bir alandır. Diğer bir şekilde okuyacak olursak, (-) tire imi kendisinden sonra gelen kavramın da askıda olduğunu vurgular diyebiliriz. "Askıda" kelimesi ile kavramın "çıkmazda," "krizde," "beklemede" ve "muallakta" olduğu vurgulanır. Yani geleneksel hüma-nizm krizde, çıkmazda ve beklemededir. Son olarak, "insan" (*human*) kelimesi insanötesi söyleminde en çok tartışılan kelimedir. Bu kelime kimleri kapsar, kimleri dışarda tutar? Her cinsiyetten, renkten, dilden, dinden, ırktan, kültürden insanı kapsar mı? Yoksa sadece "beyaz adamın" hikayesini mi anlatır? Hümaniz-mi "beyaz adamın" hikayesi olarak okuduğumuzda Posthümanizm bu hikâyenin krizde, beklemede, askıda ve muallakta olduğunu açıkça belirtir. Peki, bu hikayeyi dışarda tuttuğumuzda ve yeni *insan oluşumlarına* odaklandığımızda sormamız gereken sorular şöyledir: İnsan nedir ve kimdir? İnsan olmak ne anlama gelir? İnsan bir tasarı, bir kurgu veya bir oluşum mudur? Şayet öyleyse, bunu hangi yapılar tasarlar, kurgular ve oluşturur? İnsan doğası nedir, insan doğası var mıdır? İçinde bulunduğu zaman ve mekâna göre ortaya çıkan veya oluşan (esnek bir yapıya sa-hip) insan doğası konusunda mutlak tanım/lar yapmak geleneksel, mevcut ve yeni hangi yapıların işine gelir?

Ihab Hassan, "insan oluşumunun, arzu ve tüm dış göstergeleri dahil, tamamen değiştiğini, dolayısıyla bu oluşumun yeniden gözden geçirilmesi gerektiğini söyler; beş yüz yıllık hümanizm belki de sona yaklaşıyordur; belki de insanötesi dediğimiz şey budur" ("Prometheus as Performer" 1977). Hassan'ın insanın "öteleştirilmesi" (*posthumanization*) anlayışı, onun teknolojikleşmesi ve siborglaşmasıdır (*cyborgization*); dahası, yaygınlaşan teknokültüre (yapay zekalar gibi) iyice nüfuz etmesidir; bu şekilde insan imgesi ve kavramı dönüşüme uğrar ("Prometheus as Performer" 1977). Öte yandan, konservatif görüşler belirten Francis Fukuyama insanı "öteleştirme" konusunda etkin olan biyoteknolojik gelişmelerin de tehlikeli olabileceğini belirtir; biyoteknoloji ilk olarak liberal demokrasi için bir gözdağıdır çünkü genetik mühendisliği aracılığıyla yaratılan/oluşturulan farklılıklar, genetik olarak zengin ve fakirlerden oluşan yeni sınıf toplumu gibi, tehdit altındadır (*İnsan ötesi Geleceğimiz* 7-8). Bu bağlamda, insan olma ve insan doğası biyoteknoloji aracılığıyla değiştirilip dönüştürülürken sınıf farklılıkları yenilenmiş bir formda devam etmektedir. Geleneksel hümanizmin reddettiğimiz söylemlerinden biri olan bu ikililer, biyoteknolojik gelişmelerle son bulmamaktadır. Her şeyin ölçüsü olan *İnsan* bu gelişmelerle ayrımcı ölçüsünü de devam ettiriyor görünmektedir. Bu noktada, biyoteknoloji ve diğer ileri teknolojik gelişmeler eşitlik, ayrımcı olmayan, Avrupa dışındaki çeşitliliği de kapsayan, her türlü rengin ve cinsiyetin dahil oldu-ğu bir söylem tasarısında başarısız görünmektedir.

Posthümanizm, Katherine Hayles'in ifadesine göre insanlığın sonu anlamına gelmez, aksine kendini ön plana çıkaran, sermaye, güç ve fırsata sahip ve iradesini kişisel yöntem ve seçimle kullanan otonom insan kavramının sonu anlamına gelir (*How We Became Posthuman* 286). İnsana (erkeğe) ait bu otonomluğun reddi onun hem fiziksel hem de zihinsel istikrarının reddidir. Varlık olarak insanın köklü yapı ve algısına müdahale ile yeni bir insan yapısı ve algısı ortaya çıkar. Posthümanizm bu bağlamda çoklu/çeşitli yapıların ve algıların mevcut olduğunu vurgulayan bir diskurdur. Francesca Ferrando'ya göre Posthümanizm etik olduğu kadar ontoepistemolojik bir yaklaşımdır; hiyerarşik miras kadar zıt ikilikleri ortadan kaldıran arabulucu bir felsefedir ("Posthumanism, transhumanism"). Çünkü çoklu/çeşitli olana (olanla yaşamak) tehdit tekli kültür *(monoculture)* düşüncesi biçiminden gelir; bu düşünce biçimi çeşitliliği, hem insan zihninden hem de insan dünyasından (fiziksel çevresinden) yok eder. Çeşitliliklerin kaybolması demek alternatiflerin yok olmasıdır. "Beyaz adamın" hikayesinde de aynı yok oluşu okuruz. Alternatifler mevcuttur, ancak dışarıda tutulup, ötekileştirilirler (Braidotti *The Posthuman* 2013). Kadınlar, LGBTQ+, siyah, sarı, Avrupalı olmayanlar ve şark alternatiflerdir ve ötekilerdir. Ancak, çeşitlilik bağlamı dahil etmeyi, içine almayı, benimsemeyi, "Ben/Biz" (*Me/We*) olmayı gerektirir. Posthümanizm bu anlamda "Ben" in (*I/Me*) hiyerarşi mirasını, zıtlar ilkesini yıkma "Biz" (*Me/We*) olma projesidir. Bu proje, insanın biyolojik ve evrimsel gelişim ve değişimini vurgulamaz; aksine "beyaz adamın" insanmerkezci[5] dünya görüşüne veya söylemine karşı

---

[5] İnsanmerkezcilik (anthropocentrism): Her şeyin insana hizmet için var olduğunu belirten bir kavramdır. İnsan dünyayı ve içinde var olan bütün canlıları kullanılacak bir kaynak olarak görür. Bu görüş ayrımcılık içerir çünkü insan kendinden aşağı olduğunu düşündüğü varlıkları kendisine hizmet etmesi için var olduğuna veya yaratıldığına inanır. Dolayısıyla, insan dışındaki varlıklar ötekileştirilir. Bu görüşten yola

yeni bir projedir.

Francesca Ferrando *İnsan-Sonrası: Felsefi İnsan Sonrası ve Versiyonları* (*The Posthuman: Philosophical Posthumanism and Its Others* 2013) doktora tezinde isim olan insan *(human)* kelimesinin fiil olarak, insanlaş(tır)mak *(humanize)* olarak kullanılması gerektiğini vurgular (56). Bu savında, feminist teorisyen Donna Haraway'in toplumsal cinsiyet *(gender)* tanımından yola çıkar. Haraway'e göre de cinsiyet kelimesi isim değil fiildir. Çünkü bu kelime öznelerin diğer özneler ve yapılara ilişkin bir üretimidir ("A Cyborg Manifesto" 57). Dolayısıyla, cinsiyet oluş *(becoming)* ima eder. Ferrando daha sonra bu savını Simone De Beauvoir'ın *İkinci Cinsiyet* (*Le Deuxième Sexe* 1949) kitabında savunduğu tez ile destekler (*The Posthuman: Philosophical Posthumanism* 2013). Bu teze göre "kadın doğulmaz, kadın olunur" (*İkinci Cinsiyet* 301). Bununla vurgulanmak istenen şudur; kadın olmak, toplumsal ve tarihi bir kurgudur, tasarıdır. Doğuştan gelmez, sonradan toplum tarafından (öteki olarak) oluşturulur. Kısacası, kadın olmak bir süreç/işlemdir *(process)*, esas nitelik veya öz değildir; "(biyolojik) cinsiyet farklılıkları bedenle sınırlıdır; erkek ve dişi zihinler temelde aynıdır. Bu bakış açısına sahip kişiler için bütün cinsiyet farklılıkları cins farkından ibarettir; diğer bir deyişle, erkek ve kız çocukların sosyalleşme biçimlerinden kaynaklanır" (Fukuyama, *İnsan ötesi Geleceğimiz* 45). Ferrando da insanlaş(tır)mak ile toplumsal ve tarihi olarak işlem, kurgu ve tasarı halindeki insanı imler. Bu ise "beyaz adamın" işlemi, kurgusu ve tasarımıdır. Posthümanizm diskuru bu işlem, kurgu ve tasarıyı askıya alır görünür. Öteki olarak tasarlanan kadın konusunda Judith Butler *Cinsiyet Belası* (*Gender Trouble* 1990) adlı eserinde cinsiyetin edimsel *(performative)* olduğunu vurgular. Ancak edimsel cinsiyet ile uygulanan *(perform)* cinsiyet arasında da fark olduğunu belirtir. Uygulanan cinsiyet ile kastettiği şey sergilediğimiz rollerdir. Edimsel cinsiyet ise erkek veya kadın olduğumuz izlemini pekiştiren davranış, yürüme, konuşma, giyinme ve tavır sergileme biçimleridir. Dolayısıyla, kadın veya erkek olmak bir yaratılış gerçekliği değildir; en baştan sahip olduğumuz cinsiyet *(sex)* değildir; sürekli üretilen ve yeniden üretilen bir görüngüdür. Kısacası, Butler geleneksel hümanizmin "öteki" olarak tanımladığı kadın kavramını/algısını yıkar ve bu algıyı yeniden yazar. Bu yeni algı ise, insanın tecrübe, sosyalleşme, algı ve normatif değerlerin reddedilmesiyle oluşmasını içerir.

Rosi Braidotti *İnsan Sonrası* (*The Posthuman* 2013) eserinde "O/erkek insan(ın)" (23) Protagoras tarafından "her şeyin ölçüsü" (23) olarak formüle edilen, daha sonra İtalyan Rönesansında evrensel model olarak yeniden formüle edilen "erkek-İnsan" olduğunu ifade eder. Her şeyin ölçüsü olarak "erkek-insan" formülü bu ölçüyü ne ve kim için tasarlar? Kimleri dahil edip kimleri dışarıda tutar? Bedensel mükemmellik sembolü olarak Leonardo da Vinci'nin *Vitruvius'un Erkekinsanı*,[6] (*L'uomo vitruviano* 1490) insanların neredeyse sınırsız bireysel ve

---

çıkarak Avrupalı beyaz adam kendisi dışındakileri (Avrupalı olmayan (Non-Western), siyah, sarı, kadın vb.) aşağı görüp ötekileştirir. Posthümanizm ise bu insanmerkezci görüşe karşı çıkarak çoklu çeşitliliği savunur.
[6] Vitruvius Erkekinsanı, (L'uomo vitruviano, 1490): Bu imge/eskiz, Leonardo da Vinci'nin günlüklerinden birinde aldığı notların yanında bulunmuş bir imgedir. Marcus Vitruvius Pollio'nun (MÖ.80-15) "De Architectura" adlı eserinde ifade ettiği oran-orantılardan esinlenerek çizilmiş bir imge olduğu söylenir. Bu

kolektif mükemmelliklerinin peşine düşme kapasitelerine sahip oldukları görüşünü muhafaza eder. Vinci'nin *Vitruvius'un Erkekinsanı* insan yetilerinin hem biyolojik, söylemsel ve ahlaki düzeyde genişleme hem de rasyonel bir ilerleme olduğu fikrinde birleşen ve özgün, kendi kendini düzenleyen ve rasyonel aklın tabiatına özgü ahlaki güçleri içeren hümanizmin sembolüdür. Öz-düşünümsel aklın evrenselleştirici gücüyle hümanizm, algı olarak belli bir Avrupa modeline doğru evrilmiştir. Burada vurgulanan şey, Avrupa'nın eleştirel ve öz-düşünümsel aklın köken bulduğu yer olmasıdır. Başka bir deyişle, Ben (*I/Me*) demek Sen/Siz'i (*You*) dışarıda tutmak ve Sen/Siz'e (*You*) sınır koymak demektir. Sen/Siz (*You*) demek Biz (*Me/We*) demek değildir. Ben (*I/Me*) kavramı önce kendini tanımlar, daha sonra ise ötekini tarif ederek kimlik ve ötekiliği tanımlar. Bu ise, evrensel hümanizmin kültürel mantığı olarak kendini gösterir. Dolayısıyla, evrensel hümanizm "farklılık/ayrım" mefhumunu içerir. Burada mefhum negatif yönde kullanılmaktadır. Farklılık/ayrım öteki mefhumu ile özdeştir ve değersizleştirme, cinselleştirme, insan tasavvuru ve bedenlerin yerlileştirilmesini imler. Evrensel hümanizmin söz konusu kültürel mantığı tüm insanları evrenselleştirmez, aksine yerelleştirir. Braidotti'nin dediği gibi "hepimiz insanız, ancak bazılarımız diğerlerinden daha ölümlü" dür (Braidotti, *The Posthuman* 15). Buna göre kadın erkekten daha ölümlüdür. Bu farklılık/ayrımlar da ikili karşıtlığın bir parçasını oluştururlar. Yapısalcılar bu ve buna benzer ikili karşıtlığı destekler. Onlara göre "erkek-egemen bir toplumda, erkek kurucu ilke, kadın da bu ilkenin dışlanmış karşıtıdır ve böyle bir karşıtlık yerli yerinde kaldığı müddetçe bütün sistem etkili bir biçimde işleyebilir" (Karadeniz "Feminist Edebiyat Eleştirisi"). Yapısalcı anlayışa göre, kadın erkeğin karşıtı, erkek olmayandır, eksik erkektir ve erkek karşısında olumsuz bir değere sahiptir (Karadeniz "Feminist Edebiyat Eleştirisi"). Postyapısalcılık bu ikili karşıtlıkları çözmeye çalışır. Sadece, tarihte aşağılanan, kusurlu ve ikincil bir varlık muamele göre insanlar konusunda değil, aynı zamanda kadın-erkek arasındaki karşıtlığı da çözmeye çalışır. Dolayısıyla, postyapısalcı görüş feminist görüşe katkıda bulunur. Bu katkı çerçevesinde, "kadın hareketinin mesajı […] sadece kadınların erkeklerle eşit güç ve statüye sahip olmaları değil; […] bütün güç ve otoritelerin sorgulanmasıdır. Mesele kadınların daha çok katılımıyla dünyanın daha iyi olacak olması değil; mesele, insan tarihi "dişileştirilmezse" dünyanın pek uzun süre devam etmeyecek olmasıdır" (Karadeniz "Feminist Edebiyat Eleştirisi"). Bu mesaja göre, kadınların erkeklerle güç ve statü bakımından eşit olmaları erkek egemen güç ve otoritelerin sorgulamasıyla gerçekleşecektir. Erkek egemen düzene kadınları dahil etmek sorunun çözümü değildir; düzenin kadın-erkek tarafından ortak olarak yeniden düzenlenmesi ile bu sorun çözüme kavuşacaktır. Dolayısıyla, tarih kadın-erkek müdahalesi veya iş birliğiyle sadece erkekleşmişliğinden kurtulacaktır.

---

sebeple buna Vitruvius Erkekinsanı denir. Kısaca belirtmek gerekirse, imge, iç içe geçmiş bir daire ve karenin ortasına çizilmiş açık ve kapalı uzuvları üst üste geçmiş çıplak bir erkeği resmeder. Leonardo da Vinci'nin bu çalışması, Aydınlanma döneminin ve hümanizmin sembolüdür ve Avrupalı erkeğin ve kültürünün sınırlarını veya standartlarını belirler; Vitruvius Erkekinsanı Rosi Braidotti'nin de belirttiğine göre batılı, beyaz, erkek ve Avrupalıdır (the Western). Bunlar dışında kalanlar (kadın, sarı, siyah, eşcinsel gibi) ötekileştirmiş ve görmezden gelmiştir.

Hümanizmin ikili karşıtlık söylemine karşılık postyapısalcı eleştiri erkeğin farkını veya önemini kadının eksikliği ve ötekiliği üzerinden ortaya koymak yerine, kadın ve erkeği yan yana koyarak eşitler. Simone de Beauvoir *Vitruvius Erkekinsanı*'na karşılık, "yeni özgürlükçü feminizm olarak kadın, dişi (*Vitruvius Kadını*) her şeyin ölçüsüdür" der (Braidotti, *The Posthuman* 32). Ancak onun bu görüşü Braidotti'ye göre eksiktir; evrensellik ve çeşitlilik barındırmaz. Çünkü, "feminist filozof, kendini izah ederken bütün kadınların durumunu göz önünde bulundurmak durumundadır" (*The Posthuman* 32). Ona göre, her şeyin ölçüsü olan kadın, dişi "tek ve çok arasında bir dayanışma bağı" (*The Posthuman* 32) oluşturmalıdır. Çünkü bu dayanışma bağı, daha sonra 1960'larda siyasi kız kardeş ilkesine evrilerek kadınlar için ortak bir zemin hazırlayacaktır (*The Posthuman* 32). Bütün kadınların durumunu gözeten ve hepsine ortak zemin hazırlayıp kız-kardeşlik ilkesinde birleştiren yeni özgürlükçü feminizm insanerkeğin ölümünü ilan etmişlerdir. Bu kız-kardeşler, "hümanizm, rasyonalizm ve (kısıtlı) evrensellik eleştirisi üzerinden Avrupa kimliğinin klasik tanımını reddetmişlerdir" (*The Posthuman* 36). Kısıtlı evrensellikle vurguladıkları ise "Avrupanın evrensellik iddialarının etnisite merkezi tabanlı" (*The Posthuman* 36) olmasıdır. Buna karşılık savundukları görüş ise "Avrupalı öznelliğin yapısal bileşenleri olarak çeşitliliği ve çoklu aidiyetleri yeniden merkezi konuma yerleştirecek şekilde içeridekileri ötekilere açma(ktır)" (*The Posthuman* 36). Bu hümanizm karşıtı görüş, insanötesi söylemin de kısmi bir kaynağıdır. Çünkü "hümanizm karşıtlığı, fark ve başkalığın kurucu rol üstlendiği cinsiyetlenmiş ötekinin (kadın), ırk üzerinden ötekinin (yerli) ve doğal addedilmiş ötekinin (hayvanlar, çevre ve yeryüzü) sınırlarını çizen diyalektik düşünce biçimini reddeder" (Braidotti, *The Posthuman* 38). İnsanötesi söylem, kadın erkek eşitliğine ilaveten çoklu türlerin ve cinsiyetlerin eşitliği üzerinden söylemlerde bulunur. İnsan kavramının "ötesine" odaklanmak evrenselliği tasarlanan ve dayatılan *Avrupalı insan* modelinin sorgulanması, yeniden tasarlanması ve insanötesi evrensel tasarının yeniden evrenselleştirilmesidir. Bu yeni evrensel insan algısı ile amaçlanan ise eski ve gelenekseli (algıyı) eskitmek ve insanötesi modeli (Avrupa-merkezli olmayan) ortaya çıkarmaktır. Çünkü söz konusu insanötesi model çeşitliliği ve zenginliği (dil, din, ırk, cinsiyet) içermektedir. Dolayısıyla bu model geniş kapsamlıdır (*all-inclusive*). Geniş kapsamlılık ile vurgulanan şey ise farklı/çoklu ırkları ve cinsiyetleri ve onların dillerini, dinlerini ve kültürlerini içinde barındırması ve bunlar arasında ayrımcılık görmemesidir. Bu bağlamda, Posthümanizmi hem *insanötesi model* olarak hem de insanötesi model yaratmak için benimsenecek yeni bir düşünce yapısı olarak da algılayabiliriz. Bu yeni düşünce yapısı Avrupa-merkezli emperyalist hümanizmin çöküşüdür.

Felsefi bir görüş olarak anti-hümanizm hümanizmanın bu düşüşünü hızlandırmıştır. Bu felsefi görüş, insan algısını/kavramını yapıbozuma uğratmış ve "onun (*Erkek*)-*insan*) ölümüne" yol açmıştır. Michél Foucault *Kelimeler ve Şeyler: İnsan Bilimlerinin Bir Arkeolojisi* (*The Order of Things: The Archeology of the Human Sciences* 1994) eserinde "insan güncel tarihin icadıdır. Ve belki de sonu yaklaşandır" der (422). Foucault'nun (Erkek)-insanın ölümü ile vurguladığı şey şudur; insan bir kurgudur, benliği ve kimliği kurgudur; bu benlik ve kimlik tasarlanmış ve oluşturulmuştur. Güncel tarihin icadı olan insanın sonu, insanötesi çalışmalarla yeni bir tasarı ve kurgu aşamasındadır. Bu aşama, biyo-, nano-, bilgi teknolojilerinin günümüzü içine alan ve yüksek olasılıkla geleceği de kuşatacak olan aşamadır. Öte yandan, söz konusu aşamanın beslenip ortaya çıkmasında, savaş sonrası dönem boyunca, feminizm, dekolonizasyon, ırkçı karşıtlığı, nükleer karşıtlık ve barışçıl hareketler de radikal, politik ve sosyal teoriler etkili olmuştur. Örneğin, faşizm ve komünizm doğrudan ve dolaylı olarak hümanizmin ilkelerine karşı gelmiş ve ona şiddetle tepki göstermiştir. Faşizm, rasyonel aklın yüceltilmesi gibi Aydınlanma ülküsünü benimseyip düsturlarını (tehlikeli sonuçlarına rağmen) ona göre tanımlamıştır. Faşizm Avrupa'da Marksizm, psikanaliz ve Frankfurt Okulu gibi düşünce okullarını yasaklama getirmiş ve başka tahribatlar gibi yıkıcı neticelere sebebiyet vermiştir.

Radikal antihümanizm düşünürlerini insanı yeni bir bakış açıyla anlamakla meşgul postyapısalcı düşünürler olarak adlandırabiliriz. *Kelimeler ve Şeyler: İnsan Bilimlerinin Bir Arkeolojisi (The Order of Things: The Archeology of the Human Sciences 1994)* (*The Order of Things: The Archeology of the Human Sciences* 1994) eserinde ise Foucault, "insanın ölümünü" (499) ilan eder. Bununla, Foucault, "İnsanı/Erkeği" merkezsizleştirmiş, onun birleştirici ve yöneten/ baskın mefhumuna karşı gelmiştir. Feminist bakış açısıyla değerlendirdiğimizde, Luce Irigaray ideal *İnsan/Erkek* mefhumunun taraflı olduğunu belirtir; kadınları bu mefhumun dışında tutar; erkek, beyaz, Avrupalı ve kifayetdir. Kolonyal karşıtı görüşe göre ise Vitruvian ikonu güzellik mefhumunu ihtiva eder; beyazdır, siyah ve sarı[7] olmayandır (Braidotti, *The Posthuman* 24). Feministler, ırkçı ve kolonyal karşıtlıklar dayatılan Avrupa merkezci varsayıma meydan okumuşlardır. Bu varsayımlar Avrupa merkezciliğin ihlalleridir ve sarı ve siyahların da insan olduğu Avrupa merkezci mefhumun geçersizliğini vurgular. Söz konusu karşıtlar geleneksel Avrupa merkezci kimlik tanımını da reddeder. Bu husustaki bütün tartışma insanötesi anlayışını doğurmuştur; çeşitlilik ve çokluk "ötekilerin" dâhil edilmesidir. "Ötekiler" konusunda bir görüş, onlara karşı önyargılı davranılmasıdır. Kadınlara, yerlilere ve diğer ötekilere karşı önyargılı tutumla hümanizm karşıtları mücadele etmektedir. Feminist ve koloni sonrası ortaya çıkan kuramlar, bu yeni yolların çeşitli ve kapsayıcı olduğunu belirtirler. Dahası, geleneksel erkeklik mefhumu, ırkçılığı, beyaz egemenliği, rasyonel akıl ve diğer egemen değerler ve etik gibi kavramları yeniden yorumlar.

Posthümanizm, hümanizm ve hümanizm karşıtlığı arasındaki mücadelenin bittiği ve insan mefhumunu dikkate alan alternatif bakış ve çerçeve üretmek demektir. Braidotti, posthümanizmin İnsan/Erkeğin "ölümü"—rasyonalite ve bilim rasyonelliği gibi Aydınlanma ideallerinin çöküşü—ile başladığını vurgular. Femi-nist,

---

[7] 17. yüzyıldan itibaren tartışılan ırk kavramı 18. Yüzyılda gerçekleşen sömürgeci yayılma politikalarını geçerli kılmak için karşılaşılan halkları ötekileştirmek, aşağılamak, ayrımcılığa maruz bırakmak ve kontrol altına almak için ortaya atılmış bir kavramdır. Bu karşılaşmada yeni insan halkların deri renkleri onların sınıflandırılmasında sözde bilimsel kıstas olmuştur. Buna daha sonra kafa ölçüleri de sınıflandırma sınıflandırma için ayrıca bir kıstas olmuştur. Buna göre, sarı ırk Asyalıları göstermektedir. Friedrich Blumenbach (1758-1840), insanları temel olarak derilerinin rengine göre, aynı zamanda kafataslarının şekillerini de değerlendirerek beş ırka ayırmıştır: Kafkasyalı ya da Beyaz, Moğol ya da Sarı, Etiyopyalı ya da Siyah, Amerikalı ya da Kızıl, Malayalı ya da Kahverengi. Daha sonra bu ırkların, kafa, saç, burun vb. biçimlerine göre yüzü aşkın alt ayrım yapılmıştır (Ünlütürk, Özge 97).

ırkçı ve kolonyal karşıtı hareketler "ötekilerin" sesini yansıtırlar. Bu hareketler Vitruvian İnsan/Erkeği mefhumu krizini anlatıp insanötesi durumu içeren yeni bir bakış açısı sağlarlar. Ontolojik ve epistemolojik olarak posthümanizm, saldırgan ve mücadeleci düalizm ve hiyerarşi geleneğine karşı çıkar. Kadın, Avrupalı olmayan, siyah, eşcinsel, lezbiyen ve hayvanlar gibi *öteki mefhumuna* odaklanır. Diğer bir deyişle, geleneksel ayrımcılığa uğramış ve taraflı yapı söylemini yeniden yorumlar; insanı—öteleştirmek Batılı, beyaz, erkek, heteroseksüel ve yapabilen gibi geleneksel mefhumları temizler. *Felsefi İnsan Sonrası (Philosophical Posthumanism* 2019*)* eserinde Ferrando, İnsanöteciliğinin Batı söylemindeki merkezi kimlik mefhumunu yeniden yorumladığını vurgular. Bu merkezciliği kaydırıp yerine değişken, göçebe ve süreksiz merkezler koyar. Aynı zamanda çoğulcu ve kapsamlı bakış açılarına önayak olur (Ferrando, *Philosophical Posthumanism* 56).

Öte yandan, beden (*body*) mefhumunun da yeniden yorumlandığına tanık oluruz. Bedenin ortaya çıkışı ve dolayısıyla şeyleşip sıfatlaştırılmasına ilişkin Posthümanizm yeni söylemler geliştirmiştir. Beden konusundaki söylemler (post)-feministler için yeni söylemlerdir; insanötesi bedenler büyük anlatıların köleleri değillerdir. Buna göre bu söylemler hem bir olasılık hem de bir sorun teşkil eder; insan sonrası bir kültürde bedenlerini varlıklarının zemini olmaktan çok moda aksesuarları olarak gören insan sonrası varlıklar, (büyük anlatı olarak) teknolojinin sınırsız güç ve ölümsüzlük cazibesine kapılmadan bilgi teknolojilerinin olasılıklarına sarılmalılar. Ancak bu şekilde, insan olma halinin sınırlılığını tanır ve devamlı hayatta kalma konusunda bağlı olduğumuz insan yaşamının karmaşık materyal dünya ile iç içe olduğunu anlar (Åsberg ve Braidotti, "Feminist posthumanities" 6-7). Hayles'e göre insan sonrası kavramı teknoloji ve insan bedenselliği arasındaki ilişkiyi yeniden kuramsallaştırmaya yeltenmektir (*How We Became Posthuman*). Ancak teknoloji ve insan bedenselliği konusundaki popüler yanlış kanı ise şöyledir; teknolojik ilerlemeler insanı bedeninin zayıflıkları/zaaflarından ve ölümlü olmasından (transhümanist bir yaklaşım) kurtaracaktır (Åsberg ve Braidotti, "Feminist posthumanities" 7-8); bu ise bir nevi "ölümsüz, yapay bir bedene ya da bedenden ayrılmış bir zihin olarak çevrimiçi varoluş seviyesine yükseltme(ye)" (Vint, *Edebiyatta Posthümanizm* 10) yönelik transhümanist bir arzudur. Ancak Sherryl Vint'in ifadesine göre "transhümanizm çalışmaları Batı liberal (ikiliklere dayalı) hümanist değerleri eleştirmekten ziyade pekiştirir" (*Edebiyatta Posthümanizm*, "Sunuş/Preface" 10-11).

Öte yandan, Mary Wollstonecraft'tan Simone de Beauvoir'a kadar kadınların ve diğer ötekileştirilen azınlıkların özgürleşmesi tartışılagelmiştir. Bu tartışma, aynı beşer kategorisine ait eşitlik nosyonuna dayanmıştır; eşitsizliklerin olağanlaştırılmasına karşı çıkılmıştır. Felsefi postyapısalcı kuşak anti-hümanizmi geliştirirken, radikal feminist dalga, ırkçı karşıtı eleştirel teori, çevreci aktivistler, engelli hakları savunucuları ve LGBT teorisyenleri Avrupa hümanizmini, modern Batı modelini ve modern batılılaşma projesini sorgulamışlardır. "Beyaz adamın" hikayesindeki ötekileştirilen kadınlar, LGBT, siyah ve sarılar, tasarlanan kadınlık, erkeklik, toplumsal cinsiyet, beden performansı (doğurma, üreme) gibi konularda belirleyici olmak isteyen ve bunlar üzerinde hakimiyet/hegemonya kurmaya çalışan "beyaz adam" hümanizmini reddederek çeşitliliği savunan Posthümanizmi kabul etmişlerdir. Örneğin, Donna Haraway, "Siborg Manifestosu" ("A Cyborg Manifesto") adlı eserinde, politikleştirilmiş bilim ve teknoloji çalışmalarını feminist beden politikaları ile birleştirerek yeni bir gündem yaratmıştır (1985). Radikal türler arası figürler (siborglar, hibrid türler/cinsler gibi) sunarak kategorik ayrımı (insan-insan olmayan, doğa-kültür, erkek-kadın, Avrupalı -Avrupalı olmayan) belirsizleştirmiş, bulanıklaştırmıştır (Braidotti, "Four Thesis on Posthuman Feminism" 28). Öte yandan, Braidotti insanötesi "Feminizm Üzerine Dört Tez" ("Four Thesis on Posthuman Feminism" 2017) makalesinde "teknoloji aracılı dünya ne organik-inorganik, kadın-erkek ne de özellikle beyazdır" der (35) ve şöyle devam eder: "İleri kapitalizm cinsiyetötesi (*postgender*) dönemdir; yüksek derecede çift cinsiyetliliği (*androgyny*) barındırır ve cinsiyetler (*sex*) arasındaki kategorik ayrımı bulanıklaştırır" ("Four Thesis on Posthuman Feminism" 28). Bu şu anlama gelir; teknolojik araçlar artık cinsiyetleştirilmez, aksine aralarında birbirine bağlılık ve melezlik söz konusudur ("Four Thesis on Posthuman Feminism" 28). Bu bir anlamda transeksüelliği onamak demektir. Bu durum bazı queer teorisyenlerin savundukları görüşleri destekliyor görünür; bu görüş insan bedenin teni (et ve kemiği) aştığı yönündedir. Diğer bir deyişle insan bedeni içinde rahat hissedilen bir yapıya dönüştürülebilir. Ancak Braidotti'ye göre, insan bedeninin et ve kemiği aşması demek insanötesi öznelerin cins ve ırk farklılıklarını/ayrımcılıklarını aşması demek değildir. Ona göre aslında ayrımcılık devam etmektedir ("Four Thesis on Posthuman Feminism" 36). Cinsellik toplumsal cinsiyetler olmadan yeniden düşünülmelidir. Çünkü, kadının üreme güçleri Radikal feminizmin onayladığı bir şey değildir. Feminizmin bu türüne göre "evlilik ve aile ortadan kaldırılmalı ve üreme rahim dışı yollardan geliştirilmelidir. Çünkü heteroseksüel cinsellik, doğurganlık, annelik ve çocuk bakımı da politik alanın içine çekilir. Dolayısıyla özel olan bu alanlar da politiktir" (İlter, "Toplumsal Cinsiyet Gerilimleri" 40-41). Ancak bu üreme güçlerini sıfırlayıp bunu feministlerin güçler savaşına dönüştürmesi de işe yaramayabilir, çünkü kadının doğurganlığını kadın doğurganlığı üzerinden genelleştirip projeye dönüştürmek de feminist söylemleri zedeleyebilir. Çünkü yaşam gücü olarak cinsellik insan arzu ve duygulanım sistemi için zaruri olmayan ontolojik bir yapı sağlar (Braidotti, "Four Thesis on Posthuman Feminism" 36). İnsansonrası feministler göre toplumsal cinsiyetin oluş veya gelişim/dönüşüm süreci, kontrol/denetim altındaki toplumsal cinsiyeti belirsiz, sezilemez ve görülemez hale getirir (Braidotti, "Four Thesis on Posthuman Feminism" 37). Kısacası, politik, dini, sosyal ve kültürel kontrol altındaki beden geleneksel bağlamından çıkarılarak tanımı belirsiz bir bağlama dönüştürülür. Kadın olmak bu anlamda, sosyal olarak oluşturulmuş toplumsal cinsiyetli biçimlerin tahliyesidir (Braidotti, "Four Thesis on Posthuman Feminism" 37). Posthumanist feministler standartlaştırılmış toplumsal cinsiyet biçimlerinin parçalanması gerektiğini vurgularlar. Parçalanması gereken standart toplumsal cinsiyetler, süregelen cinsiyet biçimleridir. Çoklu ve çeşitli cinsiyetleri benimseyen insanöteci cinsiyetlerdir.

İnsanötesi bedenleri belirleyen unsur zamanla teknoloji olmuştur; yıpranmış bedenler teknoloji ile yeniden yapılandırılabilir, pek çok operasyon ve biyoteknolojik müdahale ile daha uzun ömürlü ve daha verimli insan bedeni yaratılır. Bu teknolojik yaklaşımın sonucu olarak, bedenler dışarıdan müdahale ve kontrolüne maruz veya hatta laboratuvarlarda tasarlanan bir nesneye dönüşür. Bu müdahalelerle kalıplaşmış, geleneksel, zıtlıklar ilkesinin temsili bedenler özgürleştirilir görünmekte (doğurganlıktan kurtulma, cinsiyet değiştirme operasyonları vb.) ancak Fox'un Judith Wajcman'ı referans gösterdiği üzere "teknoloji toplumsal cinsiyet kimliklerinin sınırlarını maalesef ortadan kaldırmaz" (Fox, "Gender, hierarchy, and science" 2006); teknoloji, bedenlerin teknik homojenliğini üretir, bu da toplumsal cinsiyet klişelerini devam ettirir. Bu şu anlama gelir; teknoloji gücünü, kontrolünü ve denetimini beden üzerinde sürdürür. Kadınlar bedenleri üzerindeki otonomdan uzaklaşırlar. Hatta bu durum ataerkil stereotipi pekiştirir; teknoloji aracılığıyla edinilen yeni bedenler (yapay bedenler) yine ataerkil bir güce hizmet etmektedir. Teknokapitalist dönemde "[p]lastik cerrahi ve organ nakilleri ile istendiğinde değiştirilebilen ve yeniden yapılandırılabilen bedenin vaat ettiği sonsuz varoluş ihtimalleri […] uluslararası şirketlerin iştahını kabart(maktadır)" (Göç-Bilgin, "Pat Cadigan Öykülerinde İnsansonrası" 72). Tabii bazı kadınlar/feministler için biyoteknolojik müdahale, özgürleştirici (doğurganlıktan kurtulma) bir araç olarak görülebilir ancak bu özgürleştirici araç aslında sadece buna ekonomik gücü yeten kadınlar ve feministlerin işine yarayacaktır. Geri kalanı bu ayrıcalıktan faydalanamayacaktır. Bu ise yeni teknosınıfları oluşturacaktır. Maddi güce sahip kişiler için beden arzu edilen değişim ve dönüşümler konusunda üzerinde oynanacak bir özgürlük alanını oluştururken bu güce sahip olmayanlar için beden bir tutsaklık alanıdır. Öte yandan, doğurganlıktan kurtulmayı tüm kadınlara ve feministlere atfetmek veya onlarla özdeşleştirmek de doğru bir yaklaşım olmayabilir çünkü herkesin (kadın/feminist) bu konudaki özgür iradesini de metalaştırmış oluruz; çeşitliliği öldürmüş oluruz. Bu ise arzu edilen insanötesi projesi değildir. Ayrıca, doğurganlık üzerinden özgürlük söylemi de bizi yanıltabilir; kadın üzerindeki özgürlük kısıtlayıcı unsur sadece doğurganlık olmayabilir; ekonomik ve politik söylemler, planlar ve projeler de kontrol ve denetim araçları olarak özgürlük kısıtlayıcı olabilir. Yani, 21. yüzyılın, bedeni kusurlarından ve zayıflıklarından kurtarma sözü bizi yanıltıyor olabilir. Bu söz kadın bedenini tamamen arzulanan metaya dönüştürebilir. Ancak oluş sürecindeki insan manzaralarına dair Murat Göç-Bilgin şunları söyler:

> [İ]nsan bedeni ve özne algısı bir belirsizlik ve akıcılık durumuna hapsolmuş, insandışılaşmış arzulayan makinelere ve bedensiz organlara dönüşmüş, makineleri yaratan ve makinelerin yarattığı cinsiyetsiz ve bedensiz insansılar haline gelmiştir […] estetik cerrahi, genetik klonlama, makineleşme/robotlaşma/siborglaşma, bedenin ve zihnin teknoloji vasıtasıyla çoğaltılması ve yeniden üretilmesi yoluyla yeni varlık alanı bulmuştur. […] bugün ancak bireyin makineleşmesi, insan-dışılaşması ve "canavarlaşması" sonucu […] insan bedeni ve makineler/hayvanlar/siborglar arasındaki çizginin giderek bulanıklaş(mış), organizma ve teknolojiyi birbirinden ayırt etmenin imkansızlaşmıştı[r]". (72)

Göç-Bilgin'in ifadesine göre, insanın teknoloji ve makinelerle kurulan yakın ilişkileri kendine has farklılık, ikilik ve hiyerarşileri akışkan hale getirip buharlaştırır. Buharlaşan hiyerarşilerle insan bir siborgdur (Haraway "A Ciborg Manifestosu"). Siborglaşan beden makine-organizma hibritliği üzerinden çoklu yeni deneyimlere açık hale gelir. Haraway'in siborgu "posthüman özneyi, organik-inorganik, insan-hayvan, erkek-dişi ikilikleri aşan, çok biçimli, parçalanmış, çoklu olarak temsil eden sosyal bir metafordur" (Haraway, *A Cyborg Manifesto* 341). Tekno-kapital dönemdeki ileri teknolojilerle, insanın ne olduğu/olmadığı tanımları sıvılaşmış görünmektedir. Bu ise insanlığın sonu anlamına gelmez (Hayles, *How We Became Posthuman* 286). Daha ziyade insan olmak nedir sorusuna cevap olarak verilen içeriklerin değiştiği anlamına gelir. Aynı şekilde, bu soruyu çoklu cinsiyetler üzerinden sorduğumuzda da çoklu/çeşitli içeriklerle karşılaşırız. Sümeyra Buran, "Biyogenetik Posthüman Bilimkurgu: Yarının Gen-Tasarımlı Çocukları ve Gen-Kapitalist Sınıfları" makalesinde bu içerikleri şöyle açıklar:

> [...] insan genom geleceğinin hızlı değiştiğini gösteren genomik tıp, [...] biyobilimdeki yeni gelişmelerin ötesine geçen yapay üreme, suni tohumlama, klinik tabanlı yapay rahimler, genomu düzenlenmiş embriyolar, insan partenogenez yumurtalama, ektogenez, sentetik kromozomlar, reprogenetik, hayvan-insan melez rahimler, makine üremesi, türler arası üreme ve insan üreme klonlaması gibi yeni üreme teknolojileri [...] posthüman yüzlere tanıklık edeceğimizi şimdiden göstermektedir. (164-5)

Buran'ın ifadesine göre biyogenetik alanındaki gelişmeler kadın olmanın anlamını da sorgular niteliktedir. Posthümanizm diskuru kadını geleneksel olarak tanımlı ve kurgulu *beden hapishanesinden* (yazara ait italik) kurtararak kendi bedenine yönelik çeşitli/çoklu içerikler, olanaklar, projeler sunmaktadır; "bedenleri(ni) ve kendi(lerini) somut olarak başka türlü hayal etme(lerine) izin veren ve olağan gerçeklik algıları(ndan) uzaklaşma kabiliyet[i]" sunan bir diskurdur (Buran, "Biyogenetik Posthüman Bilimkurgu" 166). Üreme her ne kadar kültürel olarak inşa edilmiş bir faaliyet veya doğal bir süreç olarak görülse de (Buran 167) yukarıda bahsedilen biyoteknolojik yeni üreme biçileri veya özgürlükleri onları (sözde) doğal süreçten kurtarmıştır. Göç-Bilgin "bendenlerin cinsiyet kimliklerinden sıyrılması(nı), [...] kuirleşme deneyimi" ("Pat Cadigan Öykülerinde İnsansonrası" 75) olarak ifade eder, ve ifadesini şöyle açıklar: "[...] kuirleşme sadece "cinsiyetsizleştirilmiş" bedenlerin ya da eşcinsel karakterlerin boy göstermesi anlamına gelmez, bunun da ötesinde kuirleşme indirgemeci ikili cinsiyet sisteminin ve bu sistemin ürettiği devingen ve devrimci bir politik duruşun sahiplenilmesi anlamına gelmektedir" (Göç-Bilgin 75). Bu ifadesinde Göç-Bilgin, tekno-kapital ve tekno-endüstriyel düzende nanoteknoloji, biyoteknoloji, enformasyon teknolojiler vesilesiyle cinsiyetsizleştirilen bedenlerin yukarıda bahsedilen ikili ayrımlarından, "bütüncül ve tutarlı bir kimlik fikrinden" (Göç-Bilgin 75) kurtulduklarını gösterir; bedenler devingen, akışkandır; yenilenir ve teknolojilerle yeniden yaratılır. Halberstam ve Livingstone'a göre posthüman beden "güç ve zevk, sanallık ve gerçeklik, seks ve onun neticeleri" (*Posthuman Bodies* 3) gibi ilişkiler arasında kalmıştır; bu bedenler "kuir bedenler, teknobedenler, bozulmuş bedenlerdir; insan öznesinin tutarlı bir anlatısını krizdeki beden lehine bozan bedenlerdir"

(*Posthuman Bodies* 3-4).

Buna karşılık teknolojiler aracılığıyla yenilenen ve yeniden yaratılan bedenler yine bu teknolojiler vesilesiyle arzu nesneleri haline gelebilir. Judy Wajman teknoloji konusunda ılımlı yaklaşmamız gerektiğini vurgular, çünkü teknoloji ve erkeklik arasında sıkı bir ilişki olduğuna değinerek şunları söyler:

> [...] geleneksel teknoloji anlayışı, ağırlıklı olarak kadınların aleyhine yöneliktir. Teknolojiyi endüstriyel makineler ve arabalar açısından düşünmeye meyilliyiz, örneğin günlük hayatın birçok yönünü etkileyen diğer teknolojileri görmezden geliyoruz. Başka bir deyişle, teknolojinin tanımının kendisi erkek bir önyargıya sahiptir. Erkeklerin egemen olduğu teknolojilere yapılan bu vurgu, sırayla, bahçecilik, yemek pişirme ve çocuk bakımı gibi kadın teknolojilerinin önemini azaltmak için bir araya gelerek, kadınların teknolojik olarak cahil ve yetersiz olduğu klişesini yeniden üretiyor. Dolayısıyla, teknoloji ve erkeklik arasındaki bu ilişkinin devalı gücü, biyolojik cinsiyet farklılığına içkin değildir. Daha çok toplumsal cinsiyetin tarihsel ve kültürel inşasının bir sonucudur. (*Feminism Confronts Technology* 137)

Wajcman bu ifadesinde erkekler tarafından kullanılan teknolojilerin kadınlar üzerinde güç kullandığını belirtir. Fiziksel güç ve teknolojik beceri olarak eksik ve yetersiz görülen kadın, bu güç paydaşlığından uzaklaştırılır. Dolayısıyla, erkeğin ürettiği teknoloji de cinsiyetçidir, kadını dışarıda bırakır. Ataerkil bir geçmişe/mirasa sahip teknoloji kadın ve kadın bedeni için de tehdit oluşturur. Akışkan, teknolojilerle yenilenen veya yeniden yaratılan, dolayısıyla kuirleşen ve cinsiyetsizleştirilen bedenler arzu nesneleri olma tehlikesi ile karşı karşıyadır. Beden bir nevi değişim ve müdehalelere açık bir alandır. Örneğin, Natasha Vita-More'a göre erkeksi, kadınsı veya nötr gibi kategorilerin belirsiz olduğu geleneksel kadın-erkek ikili karşıtlığı aşan insan bedeni birkaç üreme organına sahiptir ve cerrahi müdahale, hormon tedavileri ile birden fazla cinsiyete sahip olabiliriz ve bu şekilde arzu ettiğimiz zaman istediğimiz cinsiyete geçiş yapabiliriz (More Ekim 2011). Vita-More'un bu projesinde Primo İnsanötesi (Primo Posthuman 1996) tasarlanmaktadır ki bunu da geleceğin beden prototipi olarak görmek ister (More Ekim 2011). Tek bir cinsiyetle sınırlandırılmak istenmeyen beden metalaşmaktadır; sadece insanların, teknolojik güce sahip, ulaşabileceği metalara dönüşmektedir. İnsanların, çok çeşitli bedenlere sahip olsalar da metalaşmaları durumunda eşitlikten söz etmek yanıltıcı olabilir, çünkü teknolojik güce sahip sayılı insan tarafından kullanılan meta göstergelerini temsil ederler. Postyapısalcıların, yapıbozumcuların, ırkçı, cinsiyetçi ve koloni karşıtı olanların söylemlerindeki insanötesi modeli bu model değildir. Aksine içinde eşitliği barındıran ve metalaşıp hissiz varlıklara dönüşmeyen insanötesi bir modeldir. Primo İnsanötesi projesi, daha özgür cinsiyetler veya bedenler yaratma peşindedir. Cerrahi, genetik mühendisliği, nanoteknoloji gibi teknolojilerle bedensel formu değiştirme olanağı insan biyolojisine ve sınırlı bedenine meydan okur. Ancak insanın kadının ve diğer cinsiyetlerin fiziksel yapısını veya biyolojisini değiştirme ve dönüştürmeye yönelik projeler eşitsizlik, ayrımcılık, pasifleştirme, ötekileştirme, kabul etmeme ve görünmezlik sorunsalları da çözüme kavuşturacak mıdır? Bahsi geçen teknolojilerle (sözde)iyileştirilen, ölümsüzleştirilen, verimli hale getirilen insan (kadın) bedeni geleneksel ayrımcı, ırkçı, ötekileştirici gibi söylemlerden tekno-kapital düzende tamamen kurtulacak mı? Gelişen teknolojilerle zihin yapıları ve düşünce biçimleri de aynı şekilde gelişecek mi? Gelişen teknolojiler bir yandan cinsiyetlerin beden yapılarını ve biyolojilerini değiştirip dönüştürerek süregelen cinsiyet-beden konularındaki tartışmaları şimdilik dindirecek görünmektedir. Diğer bir deyişle beden politikaları tartışmaları yerini çeşitli bedenler üzerinden teknokapitalist projelere bırakabilir.

Sonuç

Posthümanizm süregelen renk, ırk, cinsiyet vb. gibi ayrımları sıvılaştırarak buharlaştırır. Bu konulardaki çoklu çeşitliliği benimseyerek "insandan-daha-fazla-insan" durumuna odaklanır. Bunun yanı sıra biyo-, nano, ve bilgi teknolojileri ve yapay zekâ çalışmaları vesilesiyle bu çeşitliliği çoğaltıp ve pekiştirir. Bu teknolojiler aracılığıyla insan bedeni *etten-kemikten hapishanesinden* kurtulabilir, çünkü bu teknolojiler çoklu/çeşitli bedenlerin yaratılmasına olanak sağlar. Toplum tarafından kurgulanan insan bedeni artık geleneksel bağlamından uzaklaşıp bizzat insanın kendisinin oluşturduğu çeşitli bağlamlara ve olanaklarına kavuşmuştur. Aynı şekilde, söz konusu beden süregelen geleneksel ikili zıtlıklar kurgusundan kurtulup çoklu/çeşitli zıtlıklar içeren tekno-kapitalist ve tekno-endüstriyel alana girmiş görünmektedir.

Bu yeni alanda insanötesi aslında organik insan değildir; "bu daha ziyade bilimsel ve teknolojik insanlığımızın doğurmakta olduğu bir post-insanlıktır;" bu post-insanlık da gezegene hakim olma sevdası uğruna türünü ve türünün çeşitliliğini yok edip gidebilir" (Lecourt 11). Lecourt'un karamsar görüşünün aksine yok etmekten çok çeşitliliği zenginleştirmeye yönelik adımlar atan "insandan-daha-fazla-insan" da görebiliriz. Diğer taraftan biyoteknolojinin getirdiği yenilikler insan beden tasarımı ve projesi konularında yenidir ve bu yeniliğin başka yeni ayrımcılık ve kutuplaşma da getirmesi muhtemeldir. Örneğin, yeniliği satın alabilenler ve satın alamayanlardan oluşmuş yeni bir dünya düzeninden bahsedebiliriz; istediği bedene kavuşabilenler ve kavuşamayanlardan oluşan toplumlar ve gruplar ortaya çıkabilir. Zengin-fakir zıtlar ikilisi neo-zenginler ve neo-fakirler olarak devam edebilir. Süregelen zengin-fakir arasındaki büyük farklar benzer veya aynı şekilde bu neo-toplumlarda devam edebilir. Zıtlar ilkesinden kurtulmaya çalışırken kendimizi bu yeni zıtlıklar ilkesi sarmalında (*loop*) bulabiliriz. Aynı şekilde, mevcut süregelen sınıfçı zıtlıklara yenilerini de eklenebilir. Neo-bedenlerin süregelen eşitsizlik, adaletsizlik, dil, din, ırk, renk, cinsiyet ayrımcılıkları ve ötekileştirilme gibi sorunlarının bio-, nano-, ve info- teknolojilerle şimdilik çözülmeyeceğini muhtemeldir, çünkü neo-bedenler meta-bedenlere dönüşebilir. Diğer bir deyişle, neo-bedenler tekno-kapitalist düzende tekno-insanlara dönüştüklerinde metalaşıp büyük/zengin tekno-figürlerin (kontrol edilen) metaları haline dönüşebilirler. Beyaz adamın elinde tuttuğu ölçü tekno-kapitalist sistem teknokapitalistlerin elinde yerini daha da sağlamlaştırabilir ve her şeyin ölçüsünü kendisi veya kendileri belirleyebilirler. Bütün bu olumsuz ve zararlı olabilecek öngörülere rağmen, posthümanlık insan olma meselesini kısıtlı ve sınırlı beden ve zihin bağlamından kurtararak yeni çoklu beden ve zihin bağlamına sokmaktadır. Ayrıştırılan, aşağı görülen ve ötekileştirilen varlıklar üzerinde hak sahibi olduğunu iddia eden Vitruvius Erkekinsan algısı İnsanötesi çalışmalar sayesinde çökmüştür. Diğer bir deyişle, Vitruvius Erkekinsan da "ölmüştür."

Kanakça

Åsberg, Cecilia ve Braidotti, Rosi. "Feminist Posthumanities: An introduction." *A Feminist Companion to the Posthumanities.* Springer, 2018, ss. 1-22.
Beauvoir, de Simone. *The Second Sex.* 1949; 1974.
Braidotti, Rosi. *The posthuman.* John Wiley ve Sons, 2013.
---. "Four Theses on Posthuman Feminism." *Anthropocene Feminism*, ed. Richard Grusin, University of Minnesota Press, 2017.
Buran, Sümeyra. "Biyogenetik Posthüman Bilimkurgu: Yarının Gen-Tasarımlı Çocukları ve Gen-Kapitalist Sınıfları." *Edebiyatta Posthümanizm*, ed. Sümeyra Buran, Transnational Press London, ss. 163-184.
Butler, Judith. *Gender Trouble.* Routledge, 1999.
Ferrando, Francesca. "Posthumanism, Transhumanism, Antihumanism, Metahumanism, and New Materialisms." *Existenz*, cilt 8, sayı 2, 2013, ss. 26-32.
---. *Philosophical posthumanism.* Bloomsbury Publishing, 2019.
---. *The posthuman: Philosophical Posthumanism and Its Others. Philosophical Posthumanism,* Bloomsbury Academic, 2013.
Foucault, Michel. *Kelimeler ve Şeyler: İnsan Bilimlerinin Bir Arkeolojisi.* Çev. M. Ali Kılıçbay, İmge Yayınları, 1994.
Fox, Mary Frank. "Gender, Hierarchy, and Science." *Handbook of the Sociology of Gender*, ed. Janet Saltzman Chafetz, Springer, 2006, ss. 441-457.
Fukuyama, Francis ve Fromm, Çiğdem, Aksoy. *İnsan Ötesi Geleceğimiz: Biyoteknoloji Devriminin Sonuçları.* ODTÜ Geliştirme Vakfı, 2003.
Göç-Bilgin, Murat. "Pat Cadigan Öykülerinde İnsansonrası Beden ve Hafıza." *Edebiyatta Posthümanizm*, ed. Sümeyra Buran, Transnational Press London, 2020, ss. 69-85.
Halberstam, Judith ve Livingstone, Ira, (eds.). *Posthuman Bodies.* Indiana University Press. 1995.
Haraway, Donna. "A Cyborg Manifesto." *Cultural Theory:* An Anthology. 2010, ss. 454-471.
---. "A Cyborg Manifesto: Science, Technology, and Socialist Feminism in the Late 20th Century." *The international handbook of virtual learning environments*, Springer, 2006, ss. 117-158.
Harper, Douglas. "Etymology of human." *Online Etymology Dictionary.* https://www.etymonline.com/word/human. Erişim 15 Kasım, 2021.
Hassan, Ihab. "Prometheus as Performer: Toward a Posthumanist Culture?." *The Georgia Review*, cilt 31, no 4, 1977, ss. 830-850.
Hayles, Katherine. *How We Became Posthuman: Virtual Bodies in Cybernetics.* 1999.
Herbrechter, Stefan. *Posthumanism: A Critical Analysis.* A&C Black, 2013.
Holmes, Kevin. "Talking to the Future Humans - Natasha Vita-More." *Vice*, 11 Ekim 2011, www.vice.com/en/article/mvpeyq/talking-to-the-future-humans-natasha-vita-more-interview-sex.
Huxley, Julian. "Transhumanism. Ethics in Progress." cilt 6, sayı 1, 2015, ss.12-16.
İlter, Nedret. "Toplumsal Cinsiyet Gerilimleri Üzerinden Feminizmi Tartışmak" Doktora tezi, Mardin Artuklu Üniversitesi, 2014.
Karadeniz, Havvaana. "Feminist Edebiyat Eleştirisi ve Hatice Bilen Buğra'nın "Mal Sahibi" Adlı Hikâyesinin İncelenmesi." *Ahi Evran Üniversitesi Sosyal Bilimler Enstitüsü Dergisi*, cilt 5, sayı 2, 2019, ss. 284-298.

Kümbet, Pelin. "Posthuman/Transhuman Bilimkurgusal Dünyaya Doğru: Richard Morgan'ın *Değiştirilmiş Karbon* ve Kazuo Ishiguro'nun *Beni Asla Bırakma Romanı*". *Bilimkurguyu Anlamak: Alt Türlere Eleştirel Yaklaşımlar*, ed. Cem Kılıçarslan ve diğerleri, Nobel, 2021, ss. 253-281.

La Mettrie, Julien Offray. *Man-Machine*. [online] Earlymoderntexts.com. Available at:<https:// www.earlymoderntexts.com/assets/pdfs/lamettrie1748.pdf> [Erişim 19 Aralık 2020]. 2009.

Lecourt, Dominique. *İnsan Post İnsan*. Çev. Hande Turan Abadan. Epos, 2003.

More, Max ve Vita-More, Natasha. (Eds.). *The Transhumanist Reader: Classical and Contemporary Essays on the Science, Technology, and Philosophy of the Human Future*. John Wiley & Sons, 2013.

Rahte, Emek, Çaylı. "Bedenimizin Sınırları, Dünyamızın Sınırları Değildir. Bianet Bağımsız Iletisim Agi." 2010, Mayıs 10, https://m.bianet.org/bianet/kultur/121867-bedenimizin-sinirlari-dunyamizin-sinirlari degildir

Shelley, Mary. Wollstonecraft. *Frankenstein*. Wordsworth Classics, 1831; 1999.

Wajcman, Judy. *Feminism Confronts Technology*. Polity. 1991.

Vint, Sherryl. "Sunuş/Preface." Çev. Sümeyra Buran. *Edebiyatta Posthümanizm,* ed. Sümeyra Buran, Transnational Press London, 2020, ss.9-10.

BÖLÜM 23

İNSAN SONRASI ERKEK(LİK): SAÇ EKİMİ ÖRNEĞİ[1]

Melike Şahinol ve Burak Taşdizen

Giriş: İnsan Sonrası Beden ve Erkeklik

Farklı kullanım, anlam ve tarihsel yörüngelere sahip olan eleştirel posthümanizm ve transhümanizm gibi insan sonrası yaklaşımları, araştırmamız kapsamında farklılaşan yanlarıyla tartışmak yerinde olacaktır. Eleştirel posthümanizmin kökleri hümanist ekolün evrensel insan algısını eleştiren anti-hümanizme ve türler arası hiyerarşiyi reddederek ekolojik adaleti hedefleyen anti-antroposentrizme dayanır (Braidotti, "Posthuman Feminist Theory" 673-674; Braidotti, "A Theoretical Framework for the Critical Posthumanities 31-32). Posthümanizm insanı insan olmayanların veya yeteri kadar insan görülmeyenlerin dünyasından ayırmasıyla insana imtiyazlı bir konum bahşeden ikici (dualist) yaklaşımı sarsması ve insanı tüm insan olmayanlarla bir arada, bağlantısal bir denklemde ele almasıyla karakterize edilir; posthümanizm ikicilik (dualism) sonrasını temsil eder (Ferrando, "Transhumanism/Posthumanism" 439).

Transhümanizm ise, eleştirel posthümanizmin aksine, hümanist yaklaşımlara geliştirilen bir eleştiri veyahut bir kopuştan ziyade, hümanist programın bir uzantısı niteliğindedir; posthümanizm ve transhümanizm birbirinin zıddıdır (Wolfe xv). Zira transhümanistler, insanı diğer tüm yaşayan ve yaşamayanlarla bağlantısal bir ontolojide ele almak bir yana, bilimsel ve teknolojik ilerlemenin insana onu geliştirmek amacıyla hizmet ettiği, hümanist projenin emellerinin daha da şiddetlendiği insan merkezci bir yaklaşımı savunurlar (Wolfe xv). Ancak kimi transhümanistler bu tanıma mesafeli durarak transhümanizmi insanın neler yapabileceğinin tartışıldığı bir alan olarak ele alır (Pilsch 6). Posthümanizm, hümanizmin kavramsallaştırdığı Batılı, beyaz, erkek insan anlayışını sorunsallaştırır ve imtiyazlı, Batılı, varsıl transhümanist özneyi reddeder (Braidotti "Posthuman Feminist Theory"). Dolayısıyla hem hümanizmin hem transhümanizmin belirli bir tür insanı merkezine almasıyla oluşan cinsiyetçi/ırkçı/türcü temayüllerini sorgular. Posthümanizm insandan öte bir yaklaşımı ve bağlantısal bir ontolojiyi benimser (Çelik 145-146). Bu anlamda insan sonrası özne, Donna Haraway'in doğa-kültür, insan-hayvan, canlı-cansız gibi envai çeşit ikiliği reddeden siborg formülü ile paralellikler gösterir (Braidotti "Posthuman Feminist Theory;" Haraway "A Cyborg Manifesto"). Dolayısıyla, posthümanist düşünceye göre insan ve insan olmayan-

---

[1] Bu makale, "Hair:y_less Masculinities: Bir Kartografi. İran İslam Cumhuriyeti ve Türkiye Cumhuriyeti Üzerine Karşılaştırmalı Bir Araştırma" projesi kapsamında üretilmiştir. Proje, Max Weber Vakfı'nın "Knowledge Unbound" projesi kapsamında, Alman Federal Eğitim ve Araştırma Bakanlığı (BMBF) tarafından (#01UG1903) desteklenmektedir. Proje hakkında ayrıntılı bilgi için bkz. https://hairyless.hypotheses.org/

lar[2] birbirlerinden izole edilmiş kategoriler değildir. Aksine, doğakültürlerde (naturecultures) (Haraway "The Companion Species Manifesto") birbirlerinden ayrı düşünülemeyecek bir biçimde iç içe geçmişlerdir ve bu durum insan ve insan olmayanları, insan olmayanların da failliğini tanıyarak tartışmayı şart koşar. "Maddenin doğadan küçük parçalar, boş bir yüzey veya pasif bir biçimde anlamlandırılmayı bekleyen, bilimsel, feminist, veya Marksist kuramlar için hasımsız bir zemin" (Barad, yazarların çevirisi 150-151) olduğu ön kabullerini sorguladığımızda ve maddenin yeryüzünün üretken akışlarına maruz, dönüşen, yaşayan (Ingold 12) varlığını kabul ettiğimizde, bedeni de sabit, boş bir kanvas olarak değil, bir arada olduğu failler tarafından şekil aldığı kadar onlara şekil veren, onlara karşı direnen bir madde olarak görmeye başlayabiliriz.

İnsan sonrası yaklaşımlar insanmerkezciliğini (anthropocentricism) yerinden oynatarak insanı insan olmayanlarla bir arada düşünmenin önemine vurgu yapan bağlantısal bir ontoloji önerir. Bu bağlantısal ontolojide öne çıkan insan sonrası beden ne tek başınadır ne de uysaldır; kıllar, bağırsak florası, öz takip cihazları, algoritmalar gibi envai çeşit canlı ve cansız faillerle sonu gelmeyen, yer yer uyumlu bir danstadır. Bu, çözülen ikili kategorilerin, belirsizliğin, akışkanlığın, arada kalmışlığın dansıdır; hem kısıtlayıcı (potestas) hem de üretken güçlendirici (potentia) formülasyonlar içerisinde hareket eder (Braidotti, "Posthuman Feminist Theory" 33). Bu makale kapsamında başlıca araştırma sorumuz, insan sonrası erkek bedeninin saç ekimi teknolojisi ile nasıl yeniden inşa edildiğini güçlendirici olasılıkları ve kısıtlayıcı yanlarıyla tartışmaya açmak ve eleştirel insan sonrası alanyazınına katkı sağlamaktır.

İnsan sonrası ve erkeklik kesişimindeki alanyazının kökeni savaş ve makineler kıskacındaki 1. Dünya Savaşı askerine ve o dönemdeki hâkim askeri muhayyile veya uzay keşfindeki astronota ve onu çevreleyen modernist hedeflere dek uzanıyor (Gray 188; İleri; Mellström 114). Dolayısıyla, bedenin sınırlarını aşmaya dair eril arzunun (*male desire of transcendence*, Mellström 113) askeriye veya uzaybilimle olan yakın ilişkisi, insan sonrası erkeğin/erkekliğin özgürleştirici olduğu kadar normatif temayüllere içkin olduğunu (Mellström 114) ve bu erkeğin/erkekliğin hem kısıtlayıcı hem de üretken güç formülasyonları içerisinde hareket ettiğini (Braidotti, "Posthuman Feminist Theory" 33) düşünmeyi gerektiriyor. Ulf Mellström bu iki uçlu durumu çift başlı (*janus face*) olarak tarif ediyor (114). Ancak ilgili alanyazın salt kötücül bir noktaya odaklanmıyor. Bilakis, bu çift başlılığı tanıyan siborg formülasyonu, makineler ve hayvanlar ile yoldaşlık/akrabalık kurmanın mümkün olduğu alternatif bir politik ufuk çiziyor (Haraway *Primate Visions*). Böylesi alternatif geleceklere Burak Taşdizen ve Charles John McKinnon Bell'in ekofeminist lensten yazdığı ve bakım veren, özdüşünümsel bir erkekliğin izini türler arası hamilelik üzerinden süren kurgusal tasarım işi örnek verilebilir (Taşdizen ve Bell *Ecomasculinist Pregnancy*). Ancak yazarların bilgisi dahilinde Batı dışındaki coğrafyalarda insan sonrası erkeklikleri irdeleyen çalışmalar henüz mevcut değildir. Bu noktada, Türkiye ve İran'da saç

---

[2] Burada insan olmayanlar ile kedi, köpek gibi yoldaş türlerden öz takip cihazlarına uzanan geniş bir skalayı tarif ediyoruz.

ve kılı merkeze alarak çeşitli teknolojiler dolayımıyla yeniden inşa edilen erkek bedeninin insan sonrası bir lensten analizinin ilgili alanyazına katkı sağlayacağını düşünüyoruz. "Hiçbir şeyin kendi kendini yapmadığı, kendi başına gelişmediği ve kendi kendine yeterli olmadığı" (Haraway, *The Companion Species Manifesto* 152-153) doğakültürlerde saç ve kılı neye işaret ettiği (Alimen 2017; Aykut 2000; Herrick vd. 1301-1313) veya işaret etmekten özenle imtina ettiği üzerinden değil, bilakis, saç, kıl ve insan bedeninin iç içe geçmiş bir aradalığı üzerinden okumayı hedefliyoruz. Ancak bir aradalık kelimesi üzerinde durmakta yarar var. Burada belirttiğimiz bir aradalık insan olmayanların dilsiz kılındığı ve kolaylıkla kalıplara dökülüp şekil verildiği bir insan tarihinden ziyade insanın saç ve kılı zapt etme ısrarlarına, saç ve kılın öz iradesiyle (*Eigensinn*) (Şahinol ve Taşdizen 59-60) mütemadiyen karşılık verdiği, boyun eğmediği ve uzlaşının olmadığı bir mikro-tarih—aynı zamanda sosyo-biyo-teknik etkileşimdir. Anlatımızı mikro kılan, insan bedenine bakarken taktığımız lensin ötesinde, araştırmanın saç ve kılın tarihinin son yüzyıla, saç ekimi işlemi gibi insan geliştirme teknolojileri özelinde odaklanıyor oluşudur. Ancak daha makro boyutta, araştırmamızın coğrafi ayağını oluşturan Türkiye ve İran'da gelişmekte ve uygulanmakta olan sağlık turizmi politikaları ve insan geliştirme teknolojileri insan sonrası erkeği/erkekliği tartışmamız için bir zemin oluşturuyor.

İnsan sonrası erkeği/erkekliği anlamak için öz bakım gibi beden ve teknoloji bir aradalığını sosyo-biyo-teknik bakım kompleksi olarak ele almanın (Şahinol ve Başkavak 110-145) ve bunun yanı sıra sağlık politikaları gibi sosyo-teknik elementlere bakmanın bütüncül bir bakış yakalamaktaki önemini vurgulamak isteriz. Böylesi bir bakış, insan sonrası bedeni "sosyo-biyo-teknik bir süreç"[3] olarak ele alır; hem mikro hem makro ölçekte bedenin nasıl şekillendiğini düşünmemizi sağlayacak analitik bir çerçeve sunar (Şahinol 159-302). Makro ölçeği oluşturan sağlık politikaları gibi siyasi bileşenler, Sheila Jasanoff ve Sang Hyun Kim'in sosyo-teknik muhayyiler (*socio-technical imaginaries*) olarak tanımladıkları "ülkelere özgü bilimsel ve/ya teknolojik projelerin tasarımı ve hayata geçirilmesinde kendini gösteren toplumsal yaşam ve düzene dair kolektif bir muhayyilenin ürünü"dür (120). Bu kavram yardımıyla sağlık politikalarının ve en nihayetinde bedenin ülke-spesifik vizyonlar tarafından nasıl şekillendiğini tartışabiliriz. Dolayısıyla, sağlık yönetimini daha etraflıca düşünebilmek adına Jasanoff ve Kim'in sosyo-teknik muhayyiler kavramını Şahinol'un sosyobiyoteknik süreç kavramına dayanarak "biyo"yu içerecek şekilde genişletmek, serbest tıp bölgelerini ise ilgili toplumun veya "inanç topluluklarının" (Aydın 77) tüm toplumsal değerlerini, tekno-bilimsel olanaklarını ve uygulamalarını içeren sosyobiyo-teknik kurumlar olarak tanımlamak yerinde olacaktır.

Özetle bu makalede Türkiye ve İran'daki biyomedikalizasyon süreçleri ve saç ve

---

[3] Şahinol, "sosyo-biyo-teknik süreç" kavramıyla canlı veya cansız her tür bileşenleri içeren hibrit yaşamları kuramsallaştırıyor. Latour'un "aracı" (*intermediaries*) kavramını temel alarak sosyo-biyo ve biyo-teknik araçların önemine işaret edip bu kavramı geliştiriyor. Bu makalede bahsi geçen sosyo-biyo ve/ya biyo-teknik araç ve konstellasyonlar Şahinol'un kavramına dayanmaktadır. Ayrıntılı tartışma için bkz. Şahinol, Melike. *Das Techno-Zerebrale Subjekt: Zur Symbiose Von Mensch Und Maschine in Den Neurowissenschaften*. Transcript, 2016.

kıl teknolojileri dolayımıyla şekillenen insan sonrası erkeğin/erkekliğin, iki ülkedeki sağlıklı toplum arzuları ve ilgili sosyo-teknik muhayyileler açısından değerlendirilmesi gerektiğini savunuyoruz. Türkiye ve İran coğrafyalarındaki milyonlarca erkeğin ve sonsuz kıl folikülünün her birinin tekil tarihlerini kapsayan bir araştırmanın gerçekleştirilemez olması ve maddenin etken, kendini oluşturan, dönüşen ve dönüştüren potansiyeli ve yeni materyalist çerçeveye göre imkânsız olan temsili düşüncesinden yola çıkarak bu makalede bedeni bir coğrafya olarak ele alırken (Holton 555-556) "tasnif yerine kartografi"yi (Tuin ve Dolphijn 111) tercih ediyoruz.

Metodoloji

Bu makale, insan, saç ve kılın bir aradalığına saç ekimi teknolojisi dolayımıyla odaklanır; Türkiye ve İran'daki sağlık turizmi ikliminde beliren ve ülke-spesifik politikalarla şekillenen insan sonrası erkeği/erkekliği anlamayı hedefler. Temellendirilmiş Kuram (Grounded Theory) yöntemini benimsediğimiz projenin saha araştırması kapsamında hem Türkiye ve İran'daki sağlık turizmi ve saç/kıl işlemleri üzerine yazılmış haber, rapor ve benzeri belgeleri derleyip analiz ettik hem de medikal ekip lideri doktorlar, saç ekimi uygulayan hemşireler, lazer epilasyon uygulayan güzellik uzmanları gibi medikal (olmayan) personelle toplamda etnografik mülakatlar dahil olmak üzere 24 adet yarı yapılandırılmış (çevrimiçi) görüşme ve kliniklerde katılımcı gözlem gerçekleştirdik. Görüşmelerin 9 tanesini kliniklerde yüz yüze, geri kalanını COVID-19 pandemisinin gerektirdiği fiziksel mesafelenmeden dolayı Skype veya telefon üzerinden gerçekleştirdik. Görüşmelerin ses kayıtlarının dökümlerini aldık ve tematik kodlamasını yaptık. Anonimliği sağlamak adına, görüşmeci adlarını ATpat18 ve benzeri şekilde kodladık. Görüşmeci kodlamasını oluştururken görüşmecinin ad ve soyadından rastgele seçtiğimiz iki harfi takiben görüşmecinin ait olduğu aktör grubunun kısaltmasını ve her bir görüşmeci için oluşturduğumuz saha karşılaşma numarasını ekledik.

Türkiye ve İran'daki Sağlık Turizmi Politikaları

Mercek altındaki hastanın cinsiyeti veya bulunduğu coğrafya çeşitlilik gösterse de istatistiki veriler ve etnografik gözlemler estetik cerrahiye dair artan talebi gözler önüne seriyor. Hürriyet gazetesinin bir haberine göre Türkiye'de estetik cerrahi yaptıran hastaların %80'i kurumsal bir yaşam stiline sahip kadınlardır (Yenal 2004). Bir başka istatistiğe göre de yalnızca 2007'de estetik cerrahi geçiren 400.000 Amerikalı anne vardır (Abate 717). Estetik cerrahiye olan ilginin küresel boyutuna rağmen, ilgili alanyazın bedenle ilgili kaygıların daha ziyade Batılı toplumlardaki müşterilere ait olduğu ön kabulüyle (Edmonds 467) Batı odaklı kısmi bir resim çiziyor. Brezilya'nın *plástica* endüstrisi (Edmonds 466) ve rinopilasti sonrası burun bandajlarıyla gündelik yaşama katılan İranlı kadınlar ve erkekler (Gazagnadou 106) estetik cerrahiye olan küresel ilginin ve akademik lensimizi Batı dışındaki coğrafyalara çevirmenin gerekliliğinin altını çiziyor. Alanyazındaki bu kısmi perspektiften ilham alarak bu makalede odağımızı estetik cerrahinin gitgide yaygınlaştığı Türkiye ve İran'daki saç ekimi işlemleriyle şekillenen insan sonrası erkeğe/erkekliğe çeviriyoruz. Zira, Türkiye ve İran'a baktığımızda, estetik cerrahinin yaygın kabulüne rağmen, konuya ilgili ülkeler üzerinden odaklanan araştırmaların az olduğunu görüyoruz.

Türkiye ve İran'da bu işlemlerin yaygınlaşmasında sağlık sektörüne ve dolayısıyla estetik cerrahiye ayrılan yıllık bütçelerin yanı sıra şehir ve bölge planlama programlarının da rolü olduğu yadsınamaz. Ülkelerin şehir ve bölge planlama programları, ekonomik, çevresel, bölgesel ulaşım, turizm gibi çeşitli alanlardaki altyapıları geliştirmeyi ve tüm vatandaşlar için eşit yaşam koşulları ve eşit fırsatlar yaratmayı hedefler. İstanbul özelinde olduğu gibi şehrin "bölgesel gelişimini hızlandırmak ve kalkınmada sürdürebilirliği sağlamak" amaçlanır (İstanbul Kalkınma Ajansı). Bu planlar, yapısal politika, bölgesel ekonomik durum, işgücü piyasası, iç güvenlik alanları gibi yalnızca siyaset ve ekonominin geniş alanlarını değil, eğitim, sağlık, ulaşım ve kültüre dair bireysel hizmet edimlerini de kapsar. Türkiye ve İran'da var olan sağlık politikalarının bu ülkelerin nevi şahsına münhasır sosyo-teknik muhayyilesi tarafından şekillendiği ve "serbest tıp bölgeleri" (*medical free zones*) gibi bazı mekansal örgütlenmelere işaret ettiği söylenebilir.

Serbest tıp bölgeleri bir tür serbest ticaret bölgeleridir: Ulusal gümrük alanları dışında bağımsız yönetilir ve çoğunlukla vergiden muaftırlar. Serbest tıp bölgelerinin kurulması Türkiye'de sağlık turizm politikaları kapsamında 2000'lerin başlangıcından itibaren planlanmaktadır. Dubai'deki "Dubai Healthcare City Free Zone" örnek teşkil etmekle birlikte, Türkiye'de inşa edilecek olası bir serbest tıp bölgesinin farklılaşan koşullardan dolayı Dubai'nin bir kopyası olmak yerine, Türkiye'dekinin kendi vizyonu, amacı, hedef kitlesi, altyapısı ve sağlık işgücüyle yerli ve özgün bir model olması hedeflenmektedir (*Health Development Care Magazine*). 2013-2019 yılları arasında İran'da Sağlık Bakanı olarak hizmet eden Sayyid Hassan Ghazizadeh Hashemi ise serbest ticaret bölgelerinde sağlık turizminin geliştirilmesi ve tanıtılması gerekliliğinin altını çizer ve özel sektörün sağlık turizmine yaptığı yatırımları desteklediğini dile getirir: "Serbest bölgelerin yönetimindeki kişileri, bölgelerdeki sağlık hizmetlerini iyileştirmeye ve sağlık turizmini geliştirmeye yardımcı olmak için bakanlıkla işbirliği yapmaya teşvik ediyoruz" (*Financial Tribune*). Bu çağrıdaki hedeflerden biri elbette İran'ın ekonomisini güçlendirmek ve sağlık turizmini teşvik etmektir. Öte yandan, yabancı turistlerin ilgisini çekmesine rağmen, bu bölgelerin İran'dan bağımsız bölgeler olmayacağı vurgulanmaktadır. Bu durum, şüphesiz İran nüfusuna dair bütünleştirici bir muhayyile işaret eder.

Bölge planlama/kalkınma programları ve bunları besleyen ülke-spesifik vizyonlar, hizmet ettikleri toplumların yanı sıra bireysel ölçekte "güçlenme stratejileri" sunar; kişisel gelişim ve toplumsal bütünleşmeye dair bağlantı noktaları oluşturma işlevine sahiptir. Bu yerel bağlantı noktaları üzerinden toplumu mekansal açıdan örgütleyerek altyapılara mekansal erişimi mümkün kılar ve böylece toplumsal katılımın önünü açar. Diğer bir ifadeyle, altyapıların toplumu şekillendirici bir etkisi vardır ve sağlık gibi bireysel hizmet ediminin kitlesel olduğu bir alanda bu göz ardı edilmemelidir. Her ülkenin sağlıklı bir nüfus düşlediği hipotezinden yola çıkarak, sağlık sektörüne bakmanın kişisel güçlenme stratejilerini anlamak açısından önem taşıdığı söylenebilir. Burada, nevi şahsına münhasır sağlık politikalarına sahip belirli kültürel, sosyo-teknik bölgelerde bir tür insan sonrası erkek öznenin şekillendiğini vurgulamak istiyoruz. Sağlıklı toplum vizyonunun bedenlere şekil verme arzusu ile iç içe geçmiş olması ve bu arzunun devletlerin sosyoteknik muhayyilesi çerçevesinde gerçekleşmesi, birbirine bağımlı ve birbirini mümkün kılan iki koşula işaret ediyor: Toplumsal ölçekte sosyo-teknik muhayyil ve bireysel ölçekte bedenin biyolojisi. Örneğin, saç ekimi gibi sosyo-biyo-teknik tahayyüllerin birey özelinde somutlaşması sürecinde, öne çıkan etkenler yalnızca tekno-medikal erişimle veya ekonomik durumla kısıtlı değildir. Bireyin tekil bedensel farklılıkları da bu işlemlere katılım sağlaması hususunda önem arz ediyor.

Sosyo-biyo-teknik konstelasyonlar belirli bir şekilde tercih edilebilir veya dezavantajlı duruma getirilebilir. Bir şekilde konumlandırılmışlardır. Pek çok faaliyet ve değişkenlik göz önüne alındığında, konumlandırılmış dolanıklıklardan (*situated entanglements*) bahsetmek yerinde olacaktır. Sosyo-biyo-teknik konstelasyonların dolanıklığı çeşitli teknolojilerin, poliklinik statüsündeki güzellik merkezleri gibi çeşitli kurumların, yeni veya stratejik olarak yeniden konumlanmış aktörlerin ve tüm bunları makro ölçekte çevreleyen vizyon ve düzenlemelerin iç içe geçmişliğinden kaynaklanır. Sağlık sektörüyle doğrudan ilişkili güzellik sektörüne baktığımızda, estetik cerrahinin dünya çapında gelişimine paralel olarak Ortadoğu'da Suudi Arabistan'dan sonra sırasıyla İran ve Türkiye'nin bölgedeki güzellik sektöründeki en geniş pazar payına sahip iki ülke olarak öne çıktığını görmekteyiz (Szalai 2020). Hem Türkiye hem İran, son yıllarda estetik cerrahiye olan ilgiye kayıtsız kalmayarak sağlık turizminin, özellikle erkekler için saç ekiminin uygulandığı, küresel çaptaki merkezlerden ikisi haline gelmiştir (Bizaer; İHA; Kobal). Estetik cerrahinin ve bu alanda yapılmış sosyolojik araştırmaların çoğunlukla nesnesi olan kadınları çevreleyen tartışmalar kadın bedeninin tek tipleştirilmesiyle gelen belirli bir tür kadınlık inşasına (Franco 479; Jones 183-184) veya sağlık nedeniyle olmayan/isteğe bağlı bu işlemlerin kadınları güçlendirmesine odaklanmaktadır (Heggenstaller vd. 60) Ancak erkeklere yönelik özellikle saç ekimi gibi işlemlere baktığımızda, motivasyonların bireylerden toplumlara çeşitlendiğini ve farklı siyasi çerçeveler tarafından şekillendiğini görüyoruz. Örneğin, İran Kültür Bakanlığı tarafından 2010'da yayımlanan bir saç kataloğu (AP Archive; Singh; Theodoulou) erkekler için "kabul edilebilir" saç stillerini kamuya sunarak batıya öykünen (dekadant, *gharbzadegi*) saç stillerini ve bu hizmeti mümkün kılan berberleri/güzellik salonlarını bertaraf etmeyi amaçlıyor. İran'da devlet eliyle gerçekleşen doğrudan yönlendirmelerin aksine, Türkiye'de süreç daha dolaylı şekilde ilerliyor. Örneğin, erkek berberlerinin vitrinlerini erkek modellerin ve göze çarpan saç stillerinin vurgulandığı fotoğrafların süslediğini görebiliyoruz veya farklı saç, sakal ve bıyık modelleri bir grup aidiyet simgesi haline geliyor. Dolayısıyla, erkeklerin saç ve yüz kılı bireysel olduğu kadar siyasi ve kamusal alan gibi harici aktörlerin dolaylı ya da dolaysız yönlendirmeleri üzerinden şekil alıyor ve saç ve kıl üzerinden yeni erkekliklerin müzakere edilmesinin önünü açıyor olabilir. Ancak bireysel düzeyde, erkek bedenindeki saç ve yüz kılının yeniden şekillenmesinin bireye kamusal alanda kendini ifade etme alanları açarak hegemonik erkekliklere direnmenin kapısını araladığı da söylenebilir. Bu sayede saç ve kıl, özne-beden, kamusal-öteki arasında bir sosyo-biyo aracı oluyor. Saç ve kılın nasıl sosyo-biyo aracına dönüştüğünü anlamak için saç ekimi işlemlerinin de içerisinde olduğu saç/kıl bakımı uygulamalarına yerinde bakmak önem arz ediyor.

Estetik cerrahinin gelişimine bakıldığında, dünya çapında bu işlemlerde artış yaşandığı gözlemlenmektedir. Küresel ölçekte yaygınlaşan bu işlemlerin erkekler özelinde tekrar eden sonuçlar doğurduğu ve en nihayetinde ilgili toplumlarda homojenleşmeye yol açtığı varsayılabilir. Bunlar, güzellik sektörünün ilgili coğrafyalara nüfuz etmesi ile tetiklenmiştir. İran ve Türkiye'deki genç nüfus, güzellik trendlerinin kendi coğrafyalarında gerçekleşmesi yönünde yerel bir talep yaratıp süreci yönlendirseler de (Szalai 2020), saç ekimi veya genel olarak güzellik sektörlerinin sunduğu işlemlere Türkiye ve İran'daki yerel halkın ne ölçüde katılım gösterdiğine ve yararlandığına dair herhangi bir istatistiki veriye henüz rastlanmamıştır. Ülke/şehir/bölge kalkınma anlatılarıyla iç içe geçmiş Türkiye ve İran sosyo-teknik muhayyileleri çerçevesinde şekil alan serbest tıp bölgeleri gibi sosyo-biyo-teknik kurumlar ve genel olarak sağlık turizmi, bedenlerin medikalizasyonu ve modifikasyonu üzerinden kişisel güçlenme ve psikolojik iyi oluş sağlayabiliyor.

Kişisel Güçlenme ve Psikolojik İyi Oluş: İnsan Sonrası Erkek Bedeninin Özgürleştirici Olasılıkları

Kelleşme deneyimini takiben saç ekimi yaptırmış erkeklerle yaptığımız görüşmelerde onları saç ekimi yaptırmaya teşvik eden motivasyonlardan bir kısmı kişinin kendini daha iyi hissetme ve kişisel güçlenme arzusudur. Kişisel güçlenmeye giden saç ektirme kararında kişinin ayna ve fotoğraf gibi teknolojiler dolayımıyla yüzleştiği güncel görüntüsü ve beraberinde gelen memnuniyetsizlik, mutsuzluk, üzüntü hisleri bu süreçte belirleyici oluyor (TZdoc03, TApat17). Ek olarak, kişinin kelleşen halinden ziyade kel olmayan önceki halini kendisini tanımlayan ideal bir referans olarak alması anlatılarda sıkça tekrar ediyor (TApat17, AIpat13, Atpat18):

> Gerçekten aynalara son zamanlara doğru küsmüştüm. Fotoğraf çektirmezdim [çünkü] saçlarım kel gözüküyordu. Hiçbir fotoğrafı beğenmiyordum. Eşim güzel çıktın diyordu ama ben bir türlü beğenmiyordum. O zamanlar doğru dürüst fotoğrafımız bile yoktu […] Bir de 20-25 sene alışık olduğunuz bir görünümünüz var, bu görünümü kaybediyorsunuz. Aynaya bakamıyorsunuz demiştim. Demoralize ediyor insanı, o yüzden kötü bir durum kellik. Çoğu insan önemsemiyor ama benim için önemli. Neden kendimi mutsuz hissedeyim, neden fotoğraf çekilemeyeyim? Ben bu duruma alışamamıştım. Barışık olanlar var ama ben alışamadım bu duruma. (TApat17)

Bu ve benzeri açıklamaları yaşlanma süreciyle gelen hormonal değişiklikler ışığında okumakta yarar vardır. En iyi bilinen erkek cinsiyet hormonu testosteronun aksine, testosteronun aktif metabolik ürünü dihidrotestosteron (DHT), kelleşme sürecinde doğrudan rol oynuyor. Erkeğin kelleşmeye genetik yatkınlığı olması durumunda (Rizer vd. 346), ne kadar çok testosteron DHT'ye dönüşürse, saç dökülmesi o kadar hızlı başlıyor. Zira, saç kökleri DHT salınımına karşı hassaslaşıyor. Açıklamak gerekirse, en yaygın saç dökülmesi tipinde saçların yeni filizlendiği saç derisinde DHT foliküllerde yeni saç gelişimini engelliyor. Küçülen folikül daha az besinle besleniyor ve takip eden yıllar içerisinde beslenme tamamen duruyor (Rizer vd. 346). Ancak görüştüğümüz doktorlar anlatılarında kelleşmenin hormonal sebebini testosteron eksikliği şeklinde özetliyor, hatta testosteronu "saçın düşmanı" olarak tanımlıyor (TZdoc03). Ancak görüşmeciler bu süreci "doğal bir genetik süreç" olarak değil kendi görünümlerine yabancılaştıkları bir süreç olarak deneyimliyorlar. Bu durum, aşağıdaki ifadeyle daha da netleşiyor:

> Saçlarım seyrekken her aynaya baktığımda çok kötü bir halde değildim ama kötüydüm. Saçımı, kısa tuttuğumda abes durumu yoktu ama uzatınca seyreklik tamamen belli oluyordu. Hele böyle sabah evden çıktın, akşama kadar, akşam üstü ya da ertesi gün saçlar yağlanıyor ya o zaman işte çok kötü görüntü oluyordu […] Bir tarafa doğru taramaya çalışıyorsunuz, saçlarım ıslak gibi duruyor, yapışıyor birbirine. Benim saçlarım bir de çok yağlanıyor. Çok kötü görünüyordu. Çevremdekiler ya beni kırmamak için ya da bana öyle alıştıkları için son birkaç sene öyleydi yani. (ATpat18)

Aynaya baktığında kendini mutsuz hisseden ve aynalara küsenler (TZdoc03, TApat17) işlem sonrası "eski haline döndüğü" için kendilerini daha iyi hissettiklerini anlatıyor (AIpat13, Atpat18). Kelleşme bir kayıp olarak tarif ediliyor ve saç ve elin bir aradalığından doğan oldukça cinsiyetçi beden tekniklerinin (*body technique*) artık gerçekleştirilmemesine veya saç ekiminden sonra gerçekleştirilebilmesine değiniliyor. Cinsiyetin bedenlenmiş (*embodied*) bir icra olduğunu (Tuana, 60) ve bu icranın gerçekleştirilmesinde "beden teknikleri"nin (Mauss 199-218) önemini düşündüğümüzde, saç/kıl ekimi, ekilen saç/kıl sayesinde kaybedildiği düşünülen davranışı yerine koyuyor, erkekliğin icrasını mümkün kılıyor: "Çünkü olan bir şeyi sonradan kaybediyoruz ya, olmayan bir şeyi ektirip bu ne dersin sonradan belki ama olan bir şeyimizi kaybedip de sonradan yerine koyunca çok mutlu oluyorsun" (ATpat18). Bu nedenle, görüşmecilerimiz açısından hayal ettikleri ancak güncel görünümleriyle çelişen geçmişteki referans hallerine her ne pahasına olursa olsun kavuşulması önem arz ediyor. Zira, "saçı yıkamanın ve kurulamanın" veya "elleri [saçta] gezdirmenin" iyi hissettirdiğini ifade ediyorlar (TApat17, URpat22) ve "kel olunca bunları yapamıyoruz" diyorlar (TApat17). Dolayısıyla, kellik, saçın maddesel boyutunu göz önüne aldığımızda, istenmeyen bir imajın ötesinde saç bakımı veya eli saçta gezdirmek gibi arzu edilen bedenlenmiş pratiklerin icrasını artık mümkün kılmaması sebebiyle de bir kayıp olarak değerlendiriliyor. Bu gibi bedenlenmiş pratiklerin arzu edilmeleri ve eksikliklerinin hissedilmesi sebebiyle beden öz algısı ve dolayısıyla özgüvenle ilişkisi şüphesiz zedeleniyor (DAdoc11). Beden öz algısının cinsiyetle olan ilişkisini göz önüne aldığımızda (Hayes vd. 10-13), saç bakım pratikleri veya eli saçta gezdirmek gibi bedenlenmiş pratiklerin erkekliğin alışılagelmiş ifadesinin bir parçası olduğunu söyleyebiliriz.

> Kendimi iyi hissettiğim kısım, elimle şöyle yapayım yeter (Perçemini geriye atıyor, BT). Mesela senin saçının biraz daha uzun olması benzeri bir durumda benim kabul edebileceğim bir şey. Elini şöyle yaptığın zaman geliyor eline, aynen. Şu hareketi yapabilmek. Bu alışkanlıktır. Sakal varken şunu yapabilmek (Eliyle sakalını sıvazlıyor, BT) [...] Örneğin [saçımı] kazıttığım zaman, traş olduğum zaman ön kısmını uzun tutardım. Şöyle yaparken elime gelmesi hoşuma gidiyor yani. (SIpat24)

Sonradan kelleşen erkek tüm bunların eksikliğini bir kayıp olarak addediyor. Bu noktada saç ekimi kelleşme deneyiminden mütevellit zarar görmesi olası beden öz algısını ve özgüveni yeniden inşa eden ve mevzubahis kaybı bertaraf eden bir işlem olarak beliriyor. Aynı zamanda, saç ekimi, özsaygının geri kazanılması, bir şeyi geri kazanmaya dair iyi bir duygu olarak görülüyor. Aynı zamanda saçla ilgilenmek, saça bakım sağlamak önem arz ediyor, kişiye keyif veriyor:

> Şimdi tabi ki daha mutlu hissediyor insan. Ben önceden taramıyordum, saçlarımı kurutma gereği bile duymuyordum. Çünkü saç yoktu kafamda, dökülme de olduğu için uzun tutmuyordum. Şimdi ise saçlarımı yıkadıktan sonra kurutması bile bana ayrı keyif veriyor. Şimdi tarıyorum, kurutuyorum, özel bakım losyonları aldım. Saçlarımla ilgilenmeye başladım. Saçlar benim için gerçekten çok önemli. Güne daha iyi başlıyorum yani [...] Saçlarım dökülmeden önce daha iyiydi. Döküldükten sonra istediğim şeyleri yapamıyordum. Ekildikten sonra istediğim şeyleri ve şekilleri yaptırabiliyorum. Bunu görmek daha keyif veriyor [...] Saçlarımı uzatabiliyorum veya istediğim kadar kısa kesebiliyorum. (TApat17)

Saç/kıl ekimi sonrası bireyin zihnindeki referans haline (yeniden) ulaşabilmesinin ve "kavuştuğu" saç/sakal sayesinde icra ettiği cinsiyetinin kendisine psikolojik iyi oluş ve kişisel güçlenme sağladığı söylenebilir. Bunlar, insan sonrası erkek bedeninin özgürleştirici olasılıklarıdır, denebilir. Ancak toplum ölçeğinde ne tür toplumsal cinsiyet farklılıklarının derinleştiği, farklı bedenlerin nasıl daha da ötekileştiği yanıtı henüz muğlak bir soru olarak beliriyor. Bu noktada bu işlemlerin kısıtlayıcı yanlarını konuşmak yerinde olacaktır.

Saç Ekiminin Normatif Temayülleri: İnsan Sonrası Erkek Bedeninin Kısıtlayıcı Yanları

Kelliğin her ne kadar tıbbi açıdan tekrarlayan örüntüler üzerinden çeşitli tipolojileri tarif etse de kelleşme süreçleri ve takip eden deneyimler oldukça kişiye özgüdür. Saç ekimi işlemleri erkeklerin farklılaşan kelleşme deneyimlerinin aksine, işlem sonrası benzer özellikler arz eden bir saç çizgisine işaret ediyor. Saç ekimi ile gelen yeni saç çizgisinde ekilen saçlar, operasyon öncesinde doktor ve hasta arasında müzakere edilse de çoğunlukla kişinin kaşlarını kaldırdığında oluşan son alın çizgisinden aşağıya inmiyor; kişiye şakaklarda kavis verilerek erkek tipi kelleşmeyi taklit edecek şekilde "doğal" bir görünüm kazandırmak hedefleniyor: "Erkeklerin ön hattı genelde böyle gelir, hafiften eğilir. Böyle bir "M" harfi gibi olur, bayanlarda "M" harfi olmaz. Bayanlarda düz olur, böyle olur. (Bir taç sekli oluşturup gösteriyor, BT/MŞ)" (TZdoc03).

Düz saç çizgisi veya doktorun tavsiyesinden daha aşağıda bitecek bir saç çizgisi gibi "alternatif" istekler "doğallık" kaygısı üzerinden cerrah ve ekibi tarafından ekarte ediliyor: "Kaşlarını kaldır diyoruz [...] O kasların bitim yerinden itibaren çizgiyi çekiyoruz. Kaşın üstüne saç gelirse sakal gibi çıkar [...] Bu sefer o öndeki doğallığı kaybedersin" (TZdoc03). Dolayısıyla denebilir ki saç ekimi saç dökülmesini tıbbi açıdan sorunsallaştırmakla kalmıyor, müdahale ettiği erkek bedenleri üzerinden cinsiyete dair fizyolojik farkların sınırlarını doğallık iddiası ile konsolide edip ikili cinsiyet sistemini pekiştiriyor.

Görüşmelerimizde öne çıkan bir diğer husus, yanma, ameliyat veya bizzat saç ekimi gibi çeşitli sebeplerle "travmatize" olmuş derinin (DAdoc11) ve bunun sonucu olan yara izlerinin aşılması gereken bir sorun olarak tanımlanmasıdır. Saç ekimiyle gizlenmesi hedeflenen travma gören saç derisine, gerektiğinde saç ekim işlemi öncesi yağ tabakasının oluşması amacıyla doku nakli yapılabiliyor (DAdoc11). Yağ tabakasının gerekliliği bedenin öz iradesine vurgu yapması açısından önemli; nihayetinde ekilecek saçı besleyemeyen travma görmüş bir saç derisinin işleme yanıt vermeyeceği belirtiliyor:

> O bölgede [travma görmüş deride] işlem yapmak ya da kanal açmak daha zordur. Normal cilde göre [...] tutma oranı daha düşüktür [...] [t]utmama olasılığı vardır. Sağlıklı bölgede %90-95 oranında saçlar tutarken, o bölgede [tutma oranı] %80'e kadar düşebiliyor [...] O da kanamanın az olmasından kaynaklanır. O bölgede biraz daha doku ya da yağ tabakası oluşmasını bekleriz [...] kafatasında yanmadan dolayı yağ tabakası azalmışsa önce plastik cerrahiye yönlendirip orada bir doku nakli gerçekleştiririz. [O]ndan sonra saç ekimine yönlendiririz. (DAdoc11)

Travma gören saç derisi saç ekimi için elverişli bir zemin teşkil etmiyor ve deriyi saç ekiminin başarılı sonuç vermesi amacıyla bir ön hazırlık bekliyor. Saç derisindeki yağ tabakasının yeniden oluşumu amaçlanan bu ön hazırlıkta bazen doku nakli elzem oluyor. Ancak burada vurgulamak istediğimiz esas mesele, isteğe bağlı saç ekimi işleminin gerçekleştirilebilmesi için doku naklinin elzem olmasından ziyade, yanık deriyi gizlemek amacıyla tekno-medikal işlemler serisinin orkestra edilmesidir. Zira, bu travma görmüş derinin ne denli arzulanmadığını ve dolayısıyla bu makalede resmettiğimiz insan sonrası erkek bedeninde "kusurlara" ne denli yer olmadığını açığa çıkarıyor.

Kendisine [saç ekimi öncesi] plastik cerrahi işlemi önerdik. Kendisi [...] ilk başta bunu kabul etmedi. Şu anda işlemlerini [doku nakli] yaptırmış. Yaklaşık iki a gibi bir süreci var. O yağ tabakasının oluşumu [...] Doku nakli tamamen toparladıktan sonra saç ekimini inşallah bu süreçten sonra yapacağız. Küçük, yanık bölgesi az olan kişilerden işlem yaptık, başarılı sonuçlar da aldık. (DAdoc11)

Bazen saç ekimi işleminin kendisi deride travma yaratıyor, özellikle saçların alındığı ense ve benzeri donör (banka) bölgelerde yara izlerine yol açabiliyor. Bu anlamda saç ekiminin görüşmeciler açısından bütünüyle bir güçlenme sağlamadığını, beraberinde belirli saç stillerinden feragat etmeyi getirdiğini söylemek gereklidir. Örneğin, işlem sonrası ensede oluşan yara izleri gizlenmek isteniyor ve dolayısıyla ensede kısa saç tıraşı tercih edilmiyor. Bu durum, kullanılabilecek saç stillerine dair bir kısıtlama getirse de kelleşme tercih ediliyor:

> Tek bir sıkıntısı var, ekim ense bölgesinden ve yanlardan olduğu için çok kısa kesildiği zaman arkada operasyonun izleri belli oluyor. O yüzden çok kısa kestiremiyorsun arkadaki o izlerin görünmemesi için. Beni o kadar rahatsız etmiyor ve eskiden olan saçımın ön kısmındaki eksikliğin vermiş olduğu üzüntüyü vermiyor yani. Önlerde artık saçlar var [...] İzler saçları çok kısa kestirdiğiniz zaman baya görünür oluyor. Ense bölgesinde baya sanki orası yanmış gibi böyle görüntüler var. [...] [Berber] saç ektirdiğimi biliyor, o yüzden de ense tıraşımı yaparken fazla derine inmiyor ki orada bir şeyler gözükmesin. (TApat17)

Benzer durum sakal ekimi için de geçerliliğini koruyor. Sakal ekimi sonrası oluşabilen belirgin yara izleri özellikle kurumsal iş ortamlarının çoğunlukla gerektirdiği "sinek kaydı" tıraş önünde bir engel oluşturuyor:

> Şimdi sen her zaman saçını kazıtmazsın. Kafada da iz belli oluyor ama saçlı olduğun için belli olmaz yani. [Ş]imdi bir iş gereği biriyle görüşeceğin zaman saçını sıfırlamazsın ama sakalını bi sinekkaydı yaparsın. Sineği kaydırırsan benim buradaki tüm kesi izlerimin hepsi belli olur. Onun için çok sakal tavsiye edilmez aslında. (TZdoc03)

Tekrar eden saç çizgisi veya "kusur"lardan özenle arınmış bir saç derisi gibi normatif temayüller bir yana, erkek bedenlerinin tekno-medikal inşası birey özelinde psikolojik iyi oluş ve kişisel güçlenme sağlıyor. Yine de böylesi girişimlerin mevzubahis bedenlerde gizlenmeye çalışılan yeni yara izleri veya feragat edilen saç veya sakal stilleri gibi birtakım yeni kırılganlıklara yol açtığı aşikardır. Bu anlamda resmettiğimiz insan sonrası erkek, siborgu karakterize eden kırılganlıktan (Oudshoorn 37-59) muaf olup mutlak güçlenme yaşayan bir özne değildir. Bilakis, yeni kırılganlıklar,[4] tarif ettiğimiz insan sonrası erkek özneden ayrı düşünülemez, zira onu tanımlar.

Toplumsal boyuta baktığımızda güçlenmenin ekonomik bir bedeli de vardır. Türkiye'de bir görüşmecinin iddia ettiği ifadeyle "merdiven altı tıbbi merkezlerden" dolayı rekabetin artmasıyla ucuzlayan saç/kıl ekimi işlemleri (AZintermed02)

---

[4] Bahsi geçen kırılganlık daha çok bir duruma işaret eden ontolojik kırılganlıktır, yani insan yaşamının evrensel bir durumuyla ilişkili. Sosyal kırılganlık ise belirli koşulların bir sonucu olarak karşımıza çıkmaktadır. Her ne kadar burada ontolojik kırılganlıktan bahsediyorsak da sosyal kırılganlık ile de ilişkilendirilebilinir. Aynı şekilde Posthümanizm literatüründe tartışılmaktadır. Fakat bu tartışmalara bu makalede değinilmeyecektir. Ayrıntılı tartışma için bkz. Liedo Fernandez, B., and J. Rueda. "In Defence of Posthuman Vulnerability." *Scientia Et Fides*, cilt 9, no 1, Mart 2021, ss. 215-39, doi:10.12775/SetF.2021.008.

geçmiş yıllara nazaran daha erişilebilir hale geldi. Orta sınıf erkekler için ekonomik açıdan makul olan bu işlemler, onların kabul gören, arzu ettikleri erkek beden imajına erişimine izin veriyorken yoksul diğer erkek nüfusu için durum böyle olmayabilir. Bu açıdan, daha fazla kel veya derisi travmatize olmuş erkeğin saç ekimi yaptırması yalnızca kelliğin medikalizasyonu açısından değil, bu durumları daha da marjinalleştirmesi açısından önem taşıyor. Hem insan sonrası erkek bedeninin yeni kırılgan halleri, hem bu tür işlemlerin yeniden ürettiği belirli bir tür erkek görünümü, hem de işlemlere erişim gibi ekonomik boyutlar mevzuyu salt özgürleştirici değil, hem özgürleştirici hem de kısıtlayıcı yönleriyle daha etraflıca tartışmamızı mümkün kılıyor.

Sonuç: İnsan Sonrası Erkek(lik)

Bu makale, Türkiye ve İran'daki saç ekim işlemleri dolayımıyla yeniden şekillen(diril)en insan sonrası erkek bedenine, özgürleştirici olanakları ve kısıtlayıcı yanlarıyla odaklanmıştır. Ekim işlemleriyle yeniden şekil alan saç, söz konusu özne-beden ve toplumsal-öteki arasında sosyo-biyolojik bir aracı haline geliyor. Bireysel ve toplumsalın birbirini mümkün kıldığı ve karşılıklı şekillendirdiği süreçte, insan sonrası erkek(lik) beliriyor.

Türkiye ve İran'ın ülke-spesifik vizyonları ve güttükleri sağlık turizmi politikalarıyla yeniden şekillenen erkek bedenini insan sonrası yapan insan bedeni ile insan olmayan kıl ve bu kılları evcilleştirmek için kullanılan envai çeşit teknolojilerin iç içe geçmişliği, kılın tüm girişimlere rağmen her madde gibi büyüyen, dönüşen (Barad; Braidotti, "A Theoretical Framework for the Critical Posthumanities;" Ingold 12) ve öz irade (*Eigensinn*) gösteren (Şahinol ve Taşdizen 59-60) bir madde oluşu sebebiyle alt edilememesi ve tüm bunların insan sonrası perspektifin çokça eleştirdiği hümanist geleneğin Batılı, beyaz, insan tarifinin dışındaki, Türkiyeli ve İranlı erkek bedenlerinde vuku bulmasıdır. Bu aynı zamanda, sosyomorfik yeniden şekillenme nedeniyle, saç ekimine saç ekimine faillik atfedildiğinde de geçerlidir. Ancak, burada bahsettiğimiz failliğin kıla veya genel olarak bedene atfedilmesi durumu konumlandırılmış karar verme süreçlerinden ayrı düşünülmelidir. Faillik tekil bedenlerin nevi şahsına münhasır öz iradelerinde yatmaktadır.

Dolayısıyla bu makale, insan sonrası alanyazına hem çevirdiği coğrafi odak üzerinden hem de alanyazında çoğunlukla kıl etrafındaki anlamlar inşasının ötesinde bir yaklaşımla saç ve kıla atfettiği faillik üzerinden katkı sağlar. Türkiye ve İran'da şekillenen insan sonrası bu erkek özne, hümanist geleneğin insan tarifini yerinden oynatır; bu özneyi insan olmayanlarla bir arada oluş olarak yeniden kurgular ve genişletilmiş bir insan sonrası özne sunar. Bu noktada dikkat edilmesi gereken husus, bu öznenin Haraway'in siborgu gibi güçlendirici bir formül sunmadığı; bilakis, yeni kırılganlıklar edindiği ve normatif temayüller barındırdığıdır. Zira hem medikal ekip hem de erkek hastalar tarafından sıkça vurgulanan "doğal" görüntü isteği, yanma gibi deri travmalarının veya genel olarak estetik cerrahinin olası "canavar" (*monstrous*) sonucunu (DAdoc11; Jones 137-164) ekarte etme kaygısından beslenir; işlemlerle yeniden şekillenen erkek bedenini alabildiğine "doğal" kılmayı hedefler (Şahinol ve Taşdizen 61).

Değişime tâbi sosyo-teknik muhayyilelerin ve bir aktör olarak saç ve kılın toplumsal cinsiyet farklılıklarını nasıl derinleştirdikleri veya cinsiyet normlarını nasıl kırdıkları hususunu araştırmaya değer görmekteyiz. Böylesi bir konuya odaklanacak çalışmalar için insan sonrası (erkek) bedeni teknolojiler ve konumlandırılmış (medikal) bilgilerle iç içe bir bedenselliğin, onları çevreleyen sağlık politikaları ve (medikal sektörün) kurumsallaşma süreçleri gibi sosyo-teknik unsurların kesişiminde, sosyo-biyo-teknik bir konstellasyon olarak ele aldık. Bu kapsamda, tekno-medikal beden müdahalelerinin mümkün kıldığı ve risk yarattığı durumlar somut bir sosyo-biyo-teknik konstellasyon içerisinde var olduğunu gösterdik. Bu konstellasyonu oluşturan ilişkilere daimî bir gerilim hakimdir: Medikal teknolojilerin vaatleri, bireylerin arzuları, öz belirlenim ve güçlenme stratejileri, bedenin şahsına münhasır öz iradesinin önemli rol oynadığı biyo-teknik etkenlerin yaratacağı muhtemel kırılgan haller düşünülerek tartışılmalıdır. Bu çok parçalı konstellasyonda insan sonrası (erkek) beden tamamıyla güçlenmekten ziyade teknolojiler dolayımıyla yeni kırılganlıklar edinir.

İnsan sonrası erkek(lik), erkekliğin ve ideal erkek beden(ler)inin sorgulandığı, öz-düşünümsel, alternatif bir ufuktan ziyade, biyolojik özcülüğün ikili cinsiyet sistemini yeniden ve yeniden ürettiği, sağlamcı bir yaklaşımla yara izlerinin "doğal" bir görünüme ulaşmak arzusuyla özenle yok edilmek istendiği, teknolojilerin farklılaşmak için değil aksine aynılaşmak için kullanıldığı bir geleceğe işaret eder.

Kaynakça

Abate, Michelle Ann. "Plastic Makes Perfect": My Beautiful Mommy, Cosmetic Surgery, and the Medicalization of Motherhood." *Women's Studies*, cilt 39, no. 7, 2010, ss. 715-746.

Alimen, Nazlı. "The Fashions and Politics of Facial Hair in Turkey: The Case of Islamic Men." *The Routledge International Handbook to Veils and Veiling*, Routledge, 2017, ss. 116-124.

American Society of Plastic Surgeons. "2018 Plastic Surgery Statistics Report." 2019. https://www.plasticsurgery.org/documents/News/Statistics/2018/plastic-surgery-statistics-full report-2018.pdf.

AP Archive. *Government Approved Haircuts for Men Hit Barber Shops*. YouTube, 28 Temmuz 2015, https://youtu.be/HWcgQP4-quQ.

Aydın, Mustafa. "Kurumsal Sosyoloji: Kurallar Ve Kurumlar Üzerine Sosyoloji Araştırmaları." *Kurumsal Sosyoloji: Kurallar Ve Kurumlar Üzerine Sosyoloji Araştırmaları*, Haz. Coşkun Can Aktan, 2020, ss. 75-92.

Aykut, Susan. *Hairy Politics: Hair Rituals in Ottoman and Turkish Society*. Charles Strong Memorial Trust, 2000.

Barad, Karen. *Meeting the Universe Halfway: Quantum Physics and the Entanglement of Matter and Meaning*. Duke University Press, 2007.

Bizaer, Maysam. "Iran Emerges as Health Tourism Destination." *Al-Monitor*, https://www.al-monitor.com/pulse/originals/2017/11/iran-health-tourism-rouhani-visa-arvand-aras-kish-free-zones.html. Erişim tarihi: 20 Şubat 2020.

Braidotti, Rosi. "Posthuman Feminist Theory." *Oxford Handbook of Feminist Theory*, 2016, s. 673.

---. "A Theoretical Framework for the Critical Posthumanities." *Theory, Culture & Society*, cilt 36, no 6, 2019, ss. 31-61.

Çelik, Ezgi Ece. "Antroposen ve Posthuman İnsan Çağı'nda İnsan Sonrası Olmak." *Cogito*, cilt 95-96, Kış 2019, ss. 145-160.

Edmonds, Alexander. "Learning to Love Yourself: Esthetics, Health, and Therapeutics in Brazilian Plastic Surgery." *Ethnos*, cilt 74, no 4, 2009, ss. 465-489.

Ferrando Francesca. "Transhumanism/Posthumanism." *Posthuman Glossary*, Haz. Rosi Braidotti ve Maria Hlavajova, Bloomsbury, 2018, ss. 438-439.

Financial Tribune. "Health Tourism in Free Trade Zones." *Financial Tribune*, 22 Kasım 2015, https://financialtribune.com/articles/travel/30804/health-tourism-in-free-trade-zones.

Franco, Judith. "Extreme Makeover: The Politics of Gender, Class, and Cultural Identity." *Television & New Media*, cilt 9, no 6, 2008, ss. 471-486, doi:10.1177/1527476408323339.

Gazagnadou, Didier. "Diffusion of Cultural Models, Body Transformations and Technology in Iran." *Anthropology of the Middle East*, cilt 1, no 1, 2006, ss. 106-111, doi:10.3167/ame.2006.010108.

Gray, Chris Hables. *Cyborg Citizen: Politics in the Posthuman Age*. Routledge, 2000.

Haraway, Donna. *The Companion Species Manifesto: Dogs, People, and Significant Otherness*. cilt 1, Prickly Paradigm Press Chicago, 2003.

---. "A Cyborg Manifesto: Science, Technology, and Socialist-Feminism in the Late 20th Century." *The International Handbook of Virtual Learning Environments*, Springer, 2006, ss. 117-158. http://www9.georgetown.edu/faculty/irvinem/theory/Haraway-CyborgManifesto.html.

---. *Primate Visions: Gender, Race, and Nature in the World of Modern Science*. Routledge, 1989.

Hayes, Sean D ve diğerleri. "Gender Differences in Physical Self-Perceptions, Global Self-Esteem, and Physical Activity: Evaluation of the Physical Self-Perception Profile Model." *Journal of Sport Behavior*, cilt 22, no 1, 1999, ss. 1-14.

Health Development Care Magazine. "Free Healthcare Zones - Maximize This Potential." https://www.healthcaredevelopmentmagazine.com/article/free-healthcare-zones-maximize-this-potential.html. Erişim tarihi: Nisan 2020.

Heggenstaller, Alessandra K ve diğerleri. "Reflecting on Female Beauty: Cosmetic Surgery and (Dis)Empowerment." *Qualitative Sociology Review*, cilt 14, no 4, 2018, ss. 48-65.

Herrick, Rebekah ve diğerleri. "Razor's Edge: The Politics of Facial Hair." *Social Science Quarterly*, cilt 96, no 5, 2015, ss. 1301-1313.

Holton, Mark. "On the Geographies of Hair: Exploring the Entangled Margins of the Bordered Body." *Progress in Human Geography*, cilt 44, no 3, 2020, ss. 555-571, doi:10.1177/0309132519838055.

İHA. "Türkiye Sağlık Turizminde En Çok Saç Ekimi İçin Tercih Ediliyor." *NTV*, 2 Nisan 2017, https://www.ntv.com.tr/saglik/turkiye-saglik-turizminde-en-cok-sac-ekimi-icin-tercih-ediliyor,IIB2if6RakK_jcbCrf0-lQ.

İleri, Eren. "Cyborg Astronaut: Disembodied Masculinity and the Imagination of Outer Space in Contemporary Science Fiction." *Akademie der Bildenden Künste Wien*, Academy of Fine Arts Vienna, 2019. https://www.researchcatalogue.net/view/733292/733293.

Ingold, Tim. "Materials against Materiality." *Archaeological Dialogues*, cilt 14, no 1, 2007, ss. 1-16.

İstanbul Kalkınma Ajansı. "2014-2023 Istanbul Bölge Planı." 2014. https://www.istka.org.tr/media/1063/2014-2023-%C4%B0stanbul-b%C3%B6lge-plan%C4%B1.pdf24.09.2020.

Jasanoff, Sheila ve Sang Hyun Kim. "Containing the Atom: Sociotechnical Imaginaries and Nuclear Power in the United States and South Korea." *Minerva*, cilt 47, no 2, 2009, ss. 119-146, doi: https://doi.org/10.1007/s11024-009-9124-4.

Jones, Meredith. "Makeover Culture: Landscapes of Cosmetic Surgery." Doktora Tezi, Western Sydney University, 2006.

Kobal, Melis. "Arapların Tercihi Türkiye." *Aljazeera Turk*. Aljazeera Turk http://www.aljazeera.com.tr/al-jazeera-ozel/araplarin-tercihi-turkiye. Erişim tarihi: 20 Şubat 2020.

Mauss, Marcel. *Gabentausch, Todesvorstellung, Körpertechniken*. VS Verlag für Sozialwissenschaften, 2010 [1950, 1973].

Mellström, Ulf. "Masculinity Studies and Posthumanism." *Routledge International Handbook of*

Masculinity Studies. 2020.

Oudshoorn, Nelly. "On Vulnerable Bodies, Transformative Technologies, and Resilient Cyborgs." *Resilient Cyborgs*, Springer, 2020, ss. 37-59.

Pilsch, Andrew. *Transhumanism: Evolutionary Futurism and the Human Technologies of Utopia.* University of Minnesota Press, 2017.

Rizer, Ronald L ve diğerleri. "Testosterone Metabolism in Human Scalp and Beard Hair Follicles." *First Human Hair Symposium*, Medcom Press, 1974, s. 346.

Şahinol, Melike ve Gülşah Başkavak. "Sosyo-Biyo-Teknik Bakım Kompleksi: Tip 1 Diyabette Dijital Sağlık Takibi [Socio-Bio-Technical Care Complex: Digital Health Tracking in Type 1 Diabetes]." *Sosyoloji Araştırmaları Dergisi [Journal of Sociological Research]*, cilt 24, no 1, 2021, ss. 110-145, doi:https://doi.org/10.18490/sosars.911385.

Şahinol, Melike. *Das Techno-Zerebrale Subjekt: Zur Symbiose Von Mensch Und Maschine in Den Neurowissenschaften.* Transcript, 2016.

Şahinol, Melike ve Burak Taşdizen. "Medicalised Masculinities in Turkey and Iran: The *Eigensinn* of Hair in Hair Transplantation." *Somatechnics*, cilt 11, no 1, 2021, ss. 48-67, doi: 10.3366/soma.2021.0339

Şahinol, Melike ve Raoul Motika. "Human Enhancement/İnsan Geliştirme, Christopher Coenen (ITAS-KIT) ile kısa bir söyleşi." *Orient-Institut Istanbul Blog*, 5 Haziran 2020, https://www.oiist.org/en/human-enhancement-insan-gelistirme-christopher-coenen-itas-kit-ile-kisa-bir-soeylesi/. Erişim tarihi: 25 Ekim 2021.

Singh, Anita. "Iran Government Issues Style Guide for Men's Hair." *Telegraph*, 5 Temmuz 2010, https://www.telegraph.co.uk/news/worldnews/middleeast/iran/7873621/Iran-government-issues-style-guide-for-mens-hair.html. Erişim tarihi: 22 Mayıs 2020.

Szalai, Ildiko. "Market Focus: Beauty Growth Dynamics in the Middle East and Turkey." https://blog.euromonitor.com/market-focus-beauty-growth-dynamics-in-the-middle-east-and-turkey/. Erişim tarihi: 24 Eylül 2020.

Taşdizen, Burak ve Charles John McKinnon Bell. *Ecomasculinist Pregnancy.* 2019.

Theodoulou, Michael. "Iran Issues List of Approved Muslim Hairstyles for Men." https://www.dailymail.co.uk/news/article-1292243/Iran-bans-mullets-western-hairstyles-issues-approved-list.html. Erişim tarihi: 22 Temmuz 2020.

Tuana, Nancy. "Fleshing Gender, Sexing the Body: Refiguring the Sex/Gender Distinction." *The Southern Journal of Philosophy*, cilt 35, no Supplement, 1996, ss. 53-71.

Tuin, Iris van der ve Rick Dolphijn. *New Materialism: Interviews & Cartographies.* Open Humanities Press, 2012.

Wolfe, Cary. *What is Posthumanism?*. University of Minnesota Press, 2009.

Yenal, Merve. "Benim Güzel Müdürü" *Hürriyet*, 5 Haziran 2004. https://www.hurriyet.com.tr/kelebek/benim-guzel-mudurum-23133401.10.2020.

BÖLÜM 24

POSTHÜMANİST GELECEKTE MAKİNE YARATAN MAKİNELER: BİLİMKURGU SİNEMASINDA YENİ FRANKENSTEIN'LAR

Yasin Yeşilyurt

İnsan ve teknoloji arasındaki ilişkinin eskisinden farklı bir boyuta taşındığı bir çağda yaşamaktayız. Bu çağ, doğa ve teknolojiyle aramızda oluşturduğumuz varlık hiyerarşisinin yerinden edildiği, ideal insan ve beden tanımının sorgulandığı bir aşama zeminine ev sahipliği yapmaktadır. Birçok disiplinin bir araya gelmesiyle oluşan bu zemin "posthümanizm çalışmaları" başlığı altında tartışılmaktadır. İkinci Paylaşım Savaşından[1] sonra ortaya çıkan siyasi, ekonomik gelişmeler ve toplumsal hareketler posthümanizm fikrinin oluşmaya başladığı zamanlardır. Posthümanizmin ana çıkış noktası da tam olarak insan aklının ve özelde Batı merkezli hümanizm anlayışının sorgulanması, insanın kendisi dışındaki varlıklara karşı üstünlük iddialarının reddi ve teknolojik gelişmelerin de hesaba katıldığı yeni bir aşamanın gerekliliğidir.

Bu bölümün temel aldığı posthümanizm çalışmaları, geliştirilen yeni teknolojiler sayesinde oluşan gelecek yönelimli yeni dünya anlayışı sayesinde insanlığın insan merkezcilikten, inşa edilmiş ideal beden algılarından sıyrıldığı (sıyrılması gerektiği) yeni bir aşamayı tarif etmektedir (Braidotti 2013; Hayles 1999). Bu aşama, teknolojik gelişime paralel olarak insanı temel alan özne anlayışının insan olmayan hayvanlardan makine zekâsına kadar mevcut çeşitliliğin etik alana dahil edilmesiyle birlikte kökten bir değişime uğrayarak verili insanlık durumu üzerine yeniden düşünmemize olanak tanımaktadır (Ranisch and Sorgner 7-9; Önkal 2017). Bu sürecin varabileceği bir diğer sonuç da insanın etik alanı belirleyen tek özne olmaktan çıkma olasılığıdır. "[İ]nsan artık istisnai bir varlık olarak değil, gezegenin paylaşıldığı diğer türlerle birlikte ortaya çıkan bir topluluk olarak görülebilir" (Kümbet 2020a 5). Dolayısıyla günümüzde yeni bir insanlık durumunun ötesinde yeni bir "varlıklar" dünyasını ve etik alanda farklı zekâ ve varlıkların da söz sahibi olmasıyla farklı yaşam olasılıklarını da göz önünde bulundurmak gerekir (Braidotti 2013).

Yapay olanla ilişkimizin değişmesi doğal bedenlerimizin idealize edilerek birer insanlık ölçütü olmaktan çıkmaya başlamasına ve orijinal bedenlerin teknoloji aracılığıyla değiştirilebileceğine ilişkin olasılığın belirmesine neden olmuştur. Aynı zamanda insan dışında farklı bilinçlerin yaratılabileceğinin tartışıldığı günümüz ortamında İngiliz yazar Mary Wollstonecraft Shelley'nin 1818 yılında yazdığı *Frankenstein* romanı modern bir çıkış noktası olarak halen tazeliğini korumaktadır.

---

[1] Paylaşım kelimesi hem 1. Dünya Savaşını hem de 2. Dünya Savaşını tanımlamak için kullanılmaktadır.

İnsanın yaratma idealini merkeze alan ve birçok bağlama oturtulabilecek anlatı yapısına sahip olan roman, yüzlerce anlatıyı etkilemesinin yanında, günümüz teknolojik gelişmelerinin fikirsel zemininde de kendisine yer bulmaktadır. Romanın güncelliğini korumasının bir diğer nedeni de geçmişin mitolojik/dinsel yaratılış anlatılarının mirasını bilimkurgusal zemine taşımış olmasıdır. Frankenstein romanı dinsel bilgi edinmenin ve bu bilgiden hareketle yaşamı düzenlemenin ötesine geçen bilim ve teknolojinin geldiği üst aşamayı temsil etmektedir. Öyle ki Frankenstein için teknoloji, artık ortaya bir ürün koymanın ötesinde bir canlı yaratmanın seviyesine gelmiştir.

Teknolojinin yapay bedenler ve bilinçler yaratmasıyla ilgili olasılık hem insanın dışında farklı öznelerin ortaya çıkması anlamına gelmekte hem de toplumsal düzenin dönüşmesini zorunlu kılmaktadır. Buradaki tartışma konusu Frankenstein romanındaki gibi bir canlı yaratmanın bilimsel açıdan olanaklı olup olmamasından ziyade insanın dünyaya, kendisine ve ötekine olan bakış açısıyla ilgili felsefeden kültüre kadar birçok alanda ayna tutuyor olmasıdır (Kakoudaki 2014). Bu anlamda roman, akıllı makinelerin, yapay organların ve yapay zekâların tartışıldığı günümüz düşünsel ortamıyla sıkı bağlar kurar ve geleceğin olası yapay öznelerine karşı bakışımızı sorgulamak için bir temel oluşturur. Bu bölümde mekanikçi dünya görüşünden enformasyoncu dünya görüşüne kadar olan süreçte insanın yapay yaratımla olan ilişkisi Frankenstein romanı bağlamında ve örnek bilimkurgu filmleri aracılığıyla tartışılacaktır.

Neredeydik, Nerede Olacağız?

Yeni Frankenstein'ların oluşmasıyla ilgili düşüncenin daha iyi anlaşılabilmesi için geçmişten geleceğe uzanan dönüşüm sürecine kısaca değinmek yerinde olacaktır. Bunun için birbirlerini etkileyen özne, endüstri, toplum ve beden bileşenlerinden hareket edeceğim. Söz konusu bileşenlerin geçmişteki ve günümüzdeki konumlarını yorumlarken gelecekteki olası dönüşümlerini ise güncel tartışmalar ve kimi spekülatif öngörüler üzerinden yorumlamaya çalışacağım. Bu bölümde yapmaya çalıştığım gelecekle ilgili kesin bir öngörüde bulunmaktan ziyade tam da bilimkurgu türünde olduğu gibi spekülatif tahminler/olasılıklar üzerinden hem günümüzle hem de olası gelecekle ilgili tartışmalara bir katkı sağlamaktır. Bu amaçla bileşenlerin tarihsel süreç içerisindeki durumlarını gösteren bir tabloyu açıklamaya dahil ettim.

Tabloda Toplum (Society) 1.0 ve Toplum 2.0 endüstrileşme öncesindeki zamanı temsil etmektedir. Bu iki dönem çok uzun bir süreci kapsamakta ve birçok gelişmeyi içerisinde barındırmaktadır. Toplum 1.0 ve Toplum 2.0 sürecinde beden ve öznenin durumu sabittir. Beden 1.0 adı Ray Kurzweil'ın bugünkü biyolojik bedenimizi "1. versiyon beden" (body version 1.0) olarak tanımlamasından dolayı tercih edilmiştir (Kurzweil 2016). Doğanın sınırlarına tabi olan beden 1.0, teknolojik müdahaleye uğramamış, doğumdan ölüme kadar olan süreçte doğal dönüşümlerin (yaşlanma, kilo alıp verme, hastalık vb.) dışında herhangi bir değişim geçirmemiş bedeni tarif eder. Beden 1.0 aynı zamanda disipline edilen, toplumsal kuralların ya da dini inançların belirlemiş olduğu beden anlayışına da denk gelir.

Özne 1.0 ise kendisini mitoloji ya da dini inançlar üzerinden tanımlayan, yaşamı kendisi dışındaki güçlerden hareketle anlamlandıran insanı tarif eder.

Tablo 1.

Geçmiş Toplum 1.0 Avcı-toplayıcı	Beden 1.0 Özne 1.0
Geçmiş Toplum 2.0 Tarım	Beden 1.0 Özne 1.0
Geçmiş Toplum 3.0 Sanayi	Beden 1.0 Özne 2.0 Endüstri 1.0 ve Endüstri 2.0
Günümüz Toplum 4.0 Enformasyon Teknolojileri ve	Beden 1.1 Özne 3.0 Endüstri3.0 ve Endüstri 4.0
Gelecek Toplum 5.0 Yapay zekâ-Big Data Nesnelerin İnterneti	Beden 1.2 Özne 3.1 Endüstri 4.0 ve Endüstri 5.0
Gelecek Toplum 6.0 İnsan- Makine	Beden 2.0 Özne 4.0 Endüstri 5.0 ve Endüstri 6.0
Gelecek Toplum 7.0 Siber-Fiziksel	Beden 2.0 ve Beden 3.0 Özne 5.0 Endüstri 6.0 ve Endüstri 7.0

Bu tablo farklı kaynaklardan yararlanılarak oluşturulmuştur. Bkz. (Bauman 2012; Braidotti 2013; Brooks 2010; Cabinet Office 2016; Freyer 2014; Granrath 2017; Hayles 1999; Kurzweil 2016; McClellan ve Dorn 2013; Önkal 2017; Ranisch ve Sorgner 2014).

Bilimsel düşünüşün oturmaya başladığı 19. yüzyıldan günümüze kadar gelen süreçte ise endüstri, toplum, özne ve beden algısı birbirleriyle bağlantılı olacak şekilde sürekli bir değişim geçirmiştir. Mekanik dünya görüşünün maddeye odaklı zihniyeti makine teknolojisinin gelişmesiyle önce buhar gücüne dayalı Endüstri 1.0'ın, elektrikle birlikte ise Endüstri 2.0'nin ortaya çıkmasına neden olmuştur (Freyer 2014). Kendisini ilahi olandan hareketle tanımlayan Özne 1.0 da Aydınlanma döneminden itibaren dünyevi alana çekilerek aklı merkez alan Özne 2.0 haline gelmiştir (Önkal 2017). Böylece yeni insan anlayışı Toplum 3.0 olarak adlandırılan endüstri toplumunu meydana getirmiştir. Endüstri toplumu, makine aracılığıyla seri üretimin yapıldığı, ilerleme fikrinin itici güç olduğu, rasyonalizmin ve standartlaşmanın öne çıktığı bir toplumu ifade etmektedir. Bu haliyle Endüstri toplumu aynı zamanda modern bir toplumdur (Kumar 2005).

Modernliğin yaşamın bütün alanlarını çepeçevre sardığı, kapitalizmin sınıfsal yapısına uygun ideal insanlık düşüncesinin topluma dayatıldığı sanayi toplumunun bedene bakışı da yine maddi bir temele oturur. Bu bakışa göre beden, maddeden oluşan bir makinedir ve bugün de sahip olduğumuz yapıya sahiptir. Sanayi toplumu süresince herhangi bir değişime uğramadan Beden 1.0 olarak kalmaya devam etmiştir. Modernlik dönemi boyunca ise modern kapitalist kültürün sınırları içerisinde idealize edilmiş ve bu sınırların dışında kalanlar "öteki" olarak dışlanmıştır. Beden 1.0, XX. yüzyılın ortalarına kadar Endüstri 2.0, Özne 2.0 ve Toplum 3.0 anlayışıyla birlikte birbirlerini tamamlayan bir yapı haline gelir. Bu yapı, makine teknolojisinin bedenle ve sosyal yaşam anlayışıyla görece uyumlu olduğu bir aygıttır. Makine nasıl ki işçi bedene bağımlı ve belli komutları yerine getiriyorsa Toplum da sınırlı bir özgürlük alanı içinde, devletin varlığına bağımlı (ulus devlet) ve onun komutlarına (yasalarına) uygun yaşayan bir yapıydı.

Bilişim teknolojilerinin 1950'lerden itibaren devreye girmesi, kapitalizmin kabuk değiştirmesi neoliberal küreselleşmeye varacak taşların döşenmesi) ve eleştirel seslerin toplumsal bir hal almaya başlamasıyla birlikte insanlık yeni bir döneme girmiştir. Bu dönemde gelecekteki dünya görüşlerini etkileyecek en önemli gelişme sibernetiktir. Antik Yunanca "kybernetaes" kelimesinden türetilen ve Türkçeye güdümbilim olarak çevrilen kelime aslen dümenci anlamına gelmektedir (Sorgner 2022). "Sibernetik'in saptadığı en önemli bulgu, "[c]anlı ve cansız varlıkların, çevreleri ile durmaksızın bilgi alış-verişinde bulunması" ve bu bilgi alış-verişi sonunda da "[d]enge kurarak, kendi kendine yönetimde bulunabilmesi durumu idi" (Akman 8)[2]. Bu gelişme hem transhümanizmin hem de posthümanizmin temel aldığı bakış açılarından biri olacaktı. Çünkü "[b]undan böyle insanlar, esasen akıllı makinelere benzeyen ve enformasyon işleyen varlıklar olarak görülecekti" (Hayles 7).

Ancak bu yeni dönem geçmişten bir kopuş olarak değil geçmişe eklemlenen yeni bir evre olarak düşünülmelidir Bu dönemde evrene ilişkin mekanikçi algı yerini enformasyona dayalı bir modellemeye bırakmıştır. Artık mekanik işlemlere enformasyonun işlendiği sayısal süreçler hakimdir (Mul 2010). Makine teknolojisi

---

[2] Orijinal metinde yer aldığı şekliyle kelimelerin büyük ilk harfleri küçültülmüştür.

bilgisayar tabanlı hale gelmeye başlamış, ekonomide fordist üretim yerini çeşitlilik ve esneklikle karakterize edilen postfordist üretime bırakmıştır. "Yeni ekonomi ayrıca, canlı maddenin klasik sömürü biçimlerinin ötesine geçen, bilişim sistemleri tarafından işletilen verilerin depolanması, kapitalizasyonu ve geri alınmasına dayanmaktadır" (Braidotti, *Posthuman Knowledge* 104). Bu dönem internetin dünyayı bir ağ gibi sardığı, küreselleşen kapitalizmle birlikte eski sömürü biçimlerinin yeniden düzenlendiği ve çokkültürlülük adı altında çokkültürcülüğün moda haline geldiği bir dünya yaratmıştır (Kumar 2005, Žižek 2013). Günümüzde ise bu modanın son yıllarda siyasi ve askeri düzeyde yaşanan gerilimlerden dolayı özellikle uluslararası ilişkilerde eskisi kadar ilgi görmediği söylenebilir.

Bu geçiş evresindeki dünyada sosyal yaşam belli noktalarda (modernlikten postmodernliğe geçişin başlamasıyla) Toplum 3.0'dan ayrılır ve Toplum 4.0 haline gelir. Toplum 4.0'a birçok farklı açıdan yaklaşılmış ve enformasyon toplumu, bilgi toplumu, postmodern Toplum gibi farklı isimler verilmiştir. Toplum 4.0'ı tanımlayan belki de en önemli unsurlar küreselleşme, enformasyon ve iletişim teknolojilerindeki gelişmelerdir. Yeni dönemin dünyasında endüstri, özellikle 1970'lerden itibaren enformasyon teknolojisine geçiş yaparak bugün halen içinde yaşadığımız Endüstri 3.0 haline gelmiştir. Endüstri 3.0 elektriğe ek olarak bilgisayar teknolojisinin üretim sürecinde önemli bir yer tuttuğu, dijitalleşmiş ürünlerin tasarlanıp satışa sunulduğu ve insan bedeninin seri üretimde daha az yer aldığı bir süreçtir. Endüstri 3.0 şimdilerde (özellikle Japonya ve Almanya'nın atılımlarıyla) yapay zekâ ve internet tabanlı üretim biçimi oluşturulmaya çalışılarak Endüstri 4.0 haline gelmektedir. Endüstri 4.0 ile birlikte şirketler arası enformasyon alışverişinin yapılabildiği, mekanik işleyişin yerini ağ tabanlı ve insan faktörünün oldukça azaltıldığı sistemler (örn: nesnelerin interneti vb.) alırken insan-makine arasındaki ilişki de farklı bir noktaya gelmektedir (Granrath 2017).

Artık makine, insanın özne-nesne ayrımına denk gelen bir cihaz olmanın ötesinde insanla iletişime geçmeye başlayan bir zekâ olma yolunda hızla ilerlemektedir. Bu noktada öznenin durumu hem toplumsal hem de makineyle ilişkisi açısından farklı bir seviyeye, yani Özne 3.0'a ulaşmıştır. Özne 3.0, yüz yüze iletişimin geçmişe nazaran azaldığı, farklı iletişim araçlarının dolayımıyla yaşamını sürdüren ve artık karşısında sadece bir insanın değil "akıllı" makinelerin de var olduğu insandır. Bu haliyle Özne 3.0 geleneksel hümanist tavrı terk ederek teknik anlamda posthümanist bir evreye girmeye başlamıştır (Hayles 1999). Özne 3.0 aynı zamanda modernliğin dayattığı ikiliklerden sıyrılmaya çalışan, aklın kesinliğine eleştirel yaklaşan, belirsizliğin, çeşitliliğin ve esnekliğin dünyasını benimseyen akışkan öznedir (Bauman 2012; Smith 2007).

Toplum 4.0 beden üzerinde de farklı etkilere sahne olmaktadır. Beden halen 1.0 olarak kalsa da tıp teknolojisindeki gelişmeler ve güzellik algısının sürekli ve hızlı değişimi sonucunda estetik ameliyatlarla dönüşüm geçiren bedendir. Bu anlamda günümüzdeki bedeni "Beden 1.1" olarak nitelendirmek mümkündür. Beden 1.1, sadece tıp teknolojisinden kaynaklanan bir dönüşüm geçirmemiştir. Toplum 4.0 dönemine uygun şekilde çeşitliliğin, farklı cinsel kimliklerin ve tüketimin birer göstergesi haline gelmiştir. Beden 1.1, sabit kalmayan biçimiyle ve geçiciliğe yaptığı vurguyla öne çıkarak Özne 3.0'ın karakteristik özelliklerini tamamlamaktadır (Eagleton 2011).

Bugünden geleceğe doğru uzandığımızda ise spekülatif öngörüler karşımıza çıkmaktadır. Bu öngörülerden biri Japonya hükümetinin 2016 yılında açıkladığı "5. Bilim ve Teknoloji Planı"'nda ve yakın gelecekte (tahmini olarak 2025'ten itibaren) insanlığın "Toplum 5.0" adıyla "süper akıllı toplum" (super-smart society) haline geçiş yapacağıdır. Toplum 5.0, YZ (AI-yapay zekâ) destekli ileri teknolojinin insan yaşamının neredeyse her anında etkileşimli bir şekilde var olduğu toplumu tarif eder. İnsan merkezci bir anlayışa dayanan Toplum 5.0, nesnelerin interneti teknolojisinin gündelik yaşamın bir parçası haline geldiği bir toplumdur. Ayrıca yapay zekânın da yaşamımıza daha çok etki edeceği ama insan kontrolünde ve insan hizmetinde olacağı varsayılmaktadır (Cabinet Office 2016). Enformasyon teknolojilerinin çok daha gelişmiş hale geldiği, yapay zekânın bugüne nazaran sosyal yaşamda çok daha aktif rol aldığı Toplum 5.0, (insanlık için) oldukça iyimser bir gelecek toplumu senaryosu sunmaktadır. Teknoloji insan yaşamını kolaylaştıracak ve insanlık daha refah ve konforlu bir yaşam sürecektir. Ancak Japon hükümetinin tasarısında insan olmayan varlıkların yaşamlarının insan sömürüsünden ne derece uzakta olacağına ilişkin bir plan ya da yapay zekâların düşünsel yetilerinin gelişebileceği ile ilgili bir olasılık yoktur.

Kurzweil'a göre ise (her ne kadar kendisi de insan merkezli bakış açısına sahip olsa da) insanlar ve makineler arasındaki etkileşim aşağı yukarı Toplum 5.0'a denk gelen bir dönemde Japon hükümetinin açıkladığı sistemden daha farklı bir boyuta taşınacaktır. Bu fikre göre yapay zekânın gittikçe artan işlem kapasitesi makinelerin insansı düşüncelere sahip olabilme olasılığını doğuracaktır (Kurzweil 2016). Bu noktada bizi ilgilendiren, Toplum 5.0 evresinde makinelerin gittikçe artan zekâsı sayesinde farklı birer özne olma yolunda ilerlemeleriyle ilgili olasılıktır. Toplum 5.0 evresinde Özne 3.0'ın Özne 3.1 haline gelerek gelişmiş makinelerle daha yoğun bir şekilde etkileşim içerisinde olabileceği varsayılabilir. Bu haliyle Özne 3.1'ın makinelerle ilişkisinde özne-nesne ayrımı eskisine nazaran çok daha silikleşmiş olacaktır.

Toplum 5.0, Sanayi 4.0'ın tam olarak uygulandığı ve Endüstri 5.0'a geçiş yapılmaya başlandığı bir topluma denk gelmektedir. Endüstri 4.0, siber-fiziksel (cyber-physical) üretim biçimine geçerek birbirleriyle iletişime geçebilen ve iş verimliliğini arttırmak için kararlar verebilen yapay zekâ tabanlı makinelerin var olduğu bir endüstri biçimiir (Zylman 2017). dİnsan emeğinin üretim sürecinden gittikçe çekildiği Endüstri 4.0'da insanların makinelerle iş birliği programlayıcı ve kontrol edici konumundadır. Ayrıca bu dönem, ileride değineceğim gibi hâlâ üzerinde çalışılmakta olan "kendi kendini kopyalayan" (self-replicating) makinelerin ortaya çıktığı bir dönem olacaktır.

Toplum 5.0 evresinde transhümanist teknolojilerin insan bedeninde bugüne nazaran daha verimli ve etkin bir şekilde kullanılmaya başlanacağı varsayılmaktadır. İnsan bedenini ve zihnini teknoloji aracılığıyla geliştirmeyi amaçlayan transhümanist hareket, yakın gelecekte (Toplum 5.0'ın Toplum 6.0'a geçişine denk gelen yıllarda) bedenin doğal evriminin hızlandırılarak makine teknolojisiyle uyumlu hale getirileceğini öngörmektedir (Vita-More 2020.) Bu dönemin başlangıcında insanın bedensel ve zihinsel kapasitesi teknoloji yardımıyla yükseltilerek Beden 1.2 haline gelecektir. Beden 1.2 aslında günümüzde deneyimlenmeye başlamış bir evredir. Teknolojinin beden içine doğrudan müdahelesiyle kalp pilleri, Parkinson tedavisinde kullanılan cihazlar (Sirius ve Cornell 2018), deri altı çipleri ve yeni üreme teknolojileri (Buran, "Biyogenetik Posthuïman Bilimkurgu" 163) Beden 1.2'nin erken örnekleri olarak sayılabilir. Bu anlamda çağımız Beden 1.1'den Beden 1.2'ye geçiş çağıdır.

Toplum 5.0'dan sonraki aşama Endüstri 5.0'ın tam olarak kullanılmaya başlandığı ve Endüstri 6.0'a geçiş yapıldığı Toplum 6.0 evresidir. Bu dönemde maddenin enformasyon olarak modellenmesiyle insan-makine arasında çok daha yeni ve karmaşık bir iletişim/etkileşim biçiminin doğması beklenmektedir. Bu biçim insan beyni ile makineler arasında telepatiye benzer bir iletişimin gerçekleşmesiyle oluşacaktır. Belli komutlar insan-makine arayüzü sayesinde geleneksel kullanım yerini düşünceye dayalı iletişim biçimine bırakacaktır (Zylman 2017). Endüstri 5.0 olarak adlandırılabilecek bu evrede üretim sürecinde bedensel emeğin kullanılmasına gerek kalmayacaktır. Toplum 6.0'da kendi kendine karar verebilen bilinçli yapay zekâlar Toplum yaşamında varlığını sürdürebilecek, Özne 3.1 yerini Özne 4.0'a bırakacaktır. Özne 4.0, insanın tek bilinçli özne olmadığı, doğal bedeni üzerinden tanımlanmadığı, özneler arasındaki bir özne haline gelmeye başladığı ve siber dünyayla daha fazla etkileşimde bulunan insanlık/doğa durumunu ifade etmektedir. Bu anlamda insan için siber dünya maddi dünyaya alternatif olmaya başlayacaktır. İnsan bedeni de, ilerlemiş transhümanist teknolojiler sayesinde Beden 2.0 haline gelecektir. İnsan için bedenin doğal bütünlüğünün herhangi bir önemi kalmadığından dolayı tercihe göre makine parçalarıyla değiştirilebilen "siborg" bedenler ortaya çıkacaktır. Nanoteknoloji insan bedenindeki birçok rahatsızlığın giderilmesinde önemli rol oynayacak, biyoteknoloji aracılığıyla farklı beden tasarımları yapılabilecektir (Hayles 1999; Brooks 2010; Kurzweil, 2016).

Toplum 7.0 evresi Endüstri 6.0'ın kullanıldığı ve Endüstri 7.0'a geçiş yapıldığı evreyi tarif etmektedir. Endüstri 6.0, siborg halindeki insanın makinelerle arasındaki sınırın bir öneminin kalmadığı üretim biçimidir. Artık makineler insan ihtiyaçlarının yanı sıra kendi ihtiyaçlarını da göz önünde bulundurmakta ve buna göre kendi tasarımlarını yapabilmektedir. İnsan-makine arasında bir kontrol ilişkisi değil tam anlamıyla bir işbirliği söz konusudur. Toplum 7.0'ın Endüstri 7.0 evresinde ise düşünen makineler kendi tasarımları olan düşünen makineleri ortaya çıkarmaya başlar. Böylece Özne 4.0 yerini Özne 5.0'a bırakacaktır. Özne 5.0 kendi yarattığı bilinçli yapay öznelerin insandan bağımsız kendi yapay öznelerini yaratmaya başladığı bir evredir. Bu haliyle insan, yaratıcı öznelerden biri durumuna gelecektir. İnsan bedeni ise artık siber dünya ile fiziksel dünya arasında rahatlıkla geçiş yapabilen, makineyle birleşmiş insan zekâsı sayesinde biçim değiştirebilen Beden 3.0 haline gelecektir (Kurzweil 2014; 2016).

Gelecekle ilgili bahsedilen bu olasılıklar Frankenstein romanının merkezinde yer alan yaratma eyleminin ulaşacağı evreler üzerine düşünmemize fırsat tanımaktadır. Bu sayede *Frankenstein* romanının yazıldığı dönem ile gelecek arasındaki daha sıkı bağlar kurabilme şansını elde etmiş oluruz.

Frankenstein'ın Torunları

Roman, mekanik dünya görüşünün hâkim olduğu ve evrim kuramının yavaş yavaş gündeme geldiği yıllarda yazılmıştır. Teknolojik gelişmeler üretim sürecini kökten değiştirmekte, makineleşme büyük bir hızla yeni bir Toplum oluşturmaktadır. Bilimdeki gelişmelerin teknolojiyle birleştirilmeye başlandığı 19. yüzyılda maddenin mekanik işleyişinin bilgisine erişmek ve onu kontrol edebilmek ilerleme için öncelikli hedeflerdi (McClellan ve Dorn 359-360). Bu anlayış, yapay bir canlı oluşturabilecek bilgiyi edindiğine inanan Dr. Frankenstein'in aklına gelen teknolojik yolun önünü açmıştır. Böylece teknik ile bilimin endüstriyel üretim sürecinin bileşenlerini oluşturması gibi, Frankenstein da bir canlı yaratmanın bilimsel ve teknolojik bileşenlerini oluşturmuştur. Bu anlamda doğa güçlerinin kontrol altına alınmasıyla insanlığın önünde yeni ufukların açılacağına dair genel inanç Dr. Frankenstein'in ölümsüzlüğü bilimsel keşif ve teknoloji yardımıyla elde edebileceği inancıyla örtüşmüş olur.

Bilindiği gibi romanda canlı yaratılmasındaki en büyük rol ya da hareket ettirici elektrik ve elektriğin kontrolüdür. Çünkü elektrik, roman içinde doğa güçlerinin kontrolünün bir temsili ve o dönem için üst noktasıdır. Romanda sanayi devriminin makine üzerine odaklanmasının etkileri görülse de Dr. Frankenstein bir otomat ya da makine yerine makinenin enerji vericisi olan elektrik aracılığıyla doğrudan doğruya organik bir varlık yaratır. Bu anlamda elektriğin insan yaratımında kullanılmasına ilişkin fikir insanı makineye benzeten mekanik dünya görüşüyle uyum içindedir. Dr. Frankenstein, elektriği yaratım sürecinde kontrol edebilse de can verdiği yaratık, insanın Tanrı gözünde özgür iradesine benzer şekilde tamamen kontrol edilemeyen bir varlık olarak doğmuştur. Yaratık kendi başına karar verebilen, öğrenen, duygularının etkisinde kalarak hatalar yapabilen ve yaratıcısına karşı gelebilen bir yapay insandır. Bu anlamda bilimsel keşif ve teknoloji birlikteliğinin ortaya çıkardığı ürünün kontrolü sorunu gündeme gelir. İnsanın bir canlı/bilinç yaratma arzusunun yeni nesnesi olan makine ile de aynı sorun yaşanmaktadır. Yapay olanın kontrol dışında kalması Frankenstein'ın torunları olan bizleri genellikle distopik bir gelecek düşüncesine sürüklemektedir.

Romanın yazıldığı yıl öznenin (Özne 2.0) doğayı ve nesneleri maddi temelleri üzerinden anlamaya çalıştığı döneme denk gelir. Aydınlanma düşüncesi aklı merkez alarak nesnelerin ardında doğaüstü bir hakikat aramak yerine maddenin özellikleri ve işleyişinin keşfedilmesine yönelen insan için doğadaki nesnelerin ardındaki düzeneklere benzer makineler yapmasının önünü açmıştır (Dijksterhuis 497). Böylece özne ile nesne arasında eskiden var olan basit ilişki daha karmaşık bir hal almıştır. Doğa gibi insanın da mekanikçi dünya görüşüne uygun bir şekilde ele alınması fikrini takip eden Frankenstein da yarattığı mekanik ilkelere göre yaratma yoluna gitmiştir (Willis 2006). Ancak Frankenstein bir canlı yaratma idealini makine üzerinden değil organik nesneye uyarlayarak gerçekleştirir. Dr. Frankenstein, gizemin içine nüfuz ederek tarih boyunca arzulanan bilmek ve anlamlandırmanın özüne ulaşmaya çalışır. Bu öz, yaratımın ve ölümün doğasının açıklanmasıdır. Aydınlanmayla birlikte değişen bilimsel zihniyetin insanlığı mitlerden arındıracağı, inancın/dinin sınırları içerisinde kalan bilinmezlikleri açıklayabileceği iddiasını gerçeğe dönüştürmek için uğraşır. Bunun yolu ise sihirli güçlerle değil, ancak doğa güçlerinin kontrollü bir şekilde bir araya getirilmesiyle mümkündür. Bu düşünsel temelden hareket eden Dr. Frankenstein, bedenin bir makine gibi parçalardan meydana geldiğini, yaratımın sırrının bedenin bir bütün olduğunda değil, birleştirmede olduğu sonucuna varır. Çünkü amacı, ölmüş bir insanı diriltmek yerine mekanik dünya görüşünün zihniyetine uygun olarak farklı beden parçalarını birleştirerek yeni bir insan tasarlamak/oluşturmaktır. Romanda bu durum açıkça belirtilir.

> Kendimi çeşitli terslikere hazırladım; çalışmalarım sürekli sonuçsuz kalabilir ya da sonuçta ortaya çıkacak şey, mükemmel olmayabilirdi. Ancak yine de bilim ve mekanikte her geçen gün kaydedilen ilerlemeleri düşündükçe, girişimlerimin en azından gelecekteki başarılara temel oluşturması ümidiyle cesaretlendim. Planımın büyüklüğünü ve karmaşıklığını, uygulanabilirliğine engel olarak görmüyordum. İşte bir insanın yaratımına başladığımda duygularım bunlardı. Küçük parçaların detayları hızımı yavaşlattıkça ilk düşüncemin aksine, devasa boyutlarda bir yaratık geliştirmeye karar verdim. Boyu yaklaşık iki metre, diğer uzuvları da bununla orantılı olacaktı. Bu karara vardıktan ve birkaç ayın sonunda malzemelerimi toplayıp derledikten sonra işe koyuldum. (Shelley 99)

Bu alıntıdaki önemli ayrıntılardan biri, yaratığın yaratmanın sırrına erişilmesi amacının yanı sıra "tasarlanarak" yaratılmış olmasıdır. Tasarım, insanın alet kullanımından beri teknolojiyle olan ilişkisinde temel unsurlardan biri olmakla birlikte doğayla baş etme sürecinde de hayati öneme sahiptir. Tasarım aynı zamanda günümüzde var olan canlılara teknoloji aracılığıyla yeni biçimler vermenin ya da henüz var olmayanı meydana getirmenin tekniğine de güçlü bir şekilde eklemlenmiştir. Yaratık henüz normal insan gibi ince detaylar gözetilerek yaratılamadığından dolayı da olsa Dr. Frankenstein'in tasarımının bir ürünüdür. Bedensel olarak ise insandan daha dayanıklı ve daha güçlü bir yapıya sahiptir. Böylece insan eliyle yaratımın daha iyi bir şekilde gerçekleşebileceği düşüncesi inancın/dinin otoritesini dışarıda bırakmakla kalmaz aynı zamanda doğaüstü yaratılışı materyalize ederek yaşadığımız dünyanın sınırları içerisine çeker. Bu noktada Dr. Frankenstein yaratımın ilahi olandan akli olana geçişinin bir simgesi haline gelir.

Yaratık insan elinden çıkma, "insansı" biçimiyle organik anlamda tekinsiz vadinin bir örneğidir. Tekinsiz vadi, insanın alışkın olduğu biçim ya da davranışlara yabancılaştığı durumlar karşısındaki tavrının korkuya dönüştüğü alandır (Tinwell xiv). Yaratığın hem insan gibi hem de tam insan olmayışının verdiği tedirginlik duygusu onu tekinsiz vadinin korkulacak bir "canavarı" yapmıştır. Onu görenler arada kalır. Çünkü biçim olarak hem kendilerine benziyor hem de benzemiyordur. Robotun da ne tam bir insan ne de tam bir robot olup olmadığına karar vermekte zorlanılmasıyla da tekinsiz vadiye adım atılır. İnsana benzemediğine emin olan bir insan o robottan korkmaz, hatta o robotu sevimli bulabilir ama robot insana daha çok benzedikçe tekinsizlik duygusu da oluşmaya başlar. Robotun da Frankenstein'ın yarattığın insansı biçimdeki bedeni ideal insan tanımını yerle bir eder ve bilimkurgu anlatılarında genellikle Yaratığı benzer şekilde ötekileştirilir.

Tasarımın dışında insanı en çok düşündüren sorunlardan biri de kontroldür. İnsanın doğa güçlerini kendi kontrolünde tutma arzusunu ve başarısızlık korkusunu *Frankenstein* romanında görmek mümkündür. Yaratığın Frankenstein'in kontrolünün dışında özerk bir birey olarak hareket etmesi, insanın teknolojiyi kendi kontrolü altında tutma idealinin başarısızlıkla sonuçlanmasının yarattığı paniği temsil eder. Bundan dolayı Dr. Frankenstein insan dışındaki kendi yarattığı yeni özneye korkuyla yaklaşır. Günümüzde de insanın yaratmaya çalıştığı genel yapay zekâ ile ilgili anlatıların yoğun korku içerdiği göz önünde bulundurulduğunda toplumda insan dışındaki bilinçlere/öznelere karşı kaygılı tutumun yapay zekâ üzerinden beslenmeye devam ettiği söylenebilir. Buradaki önemli nokta insan merkezli toplum inşasının yanında sürekli bir "öteki" üretiminin de yapıldığıdır. Üretilen bu ötekiler, kimi zaman Dr. Frankenstein'ın yarattığı gibi bir "canavar", kimi zaman "yaratıklar" (aliens), kimi zaman da "makineler" olarak karşımıza çıkar. Ancak ötekileştirmek kurgusal anlatılarla sınırlı kalmaz. Gündelik yaşam boyutunda ideal insan ve özne tanımının dışında kalan neredeyse her birey toplum içinde yaşamasına rağmen birer "öteki" olarak damgalanır. İşte bu sınırların ihlal edilerek sadece yapay olarak yaratılan/ yaratılacak farklı öznelerle değil, zaten var olanların ortaya çıkmasıyla da yeni bir toplum düşüncesi gittikçe önem kazanmaya başlamıştır (Braidotti 2013). *Frankenstein* romanı da yaratık aracılığıyla bizleri "normal" insanın ötekilerle, insan olmayan varlıklarla ve yapay olanla ilişkisi üzerine düşünmeye davet eder.

Frankenstein'ın Sinemadaki Yansımaları

Dr. Frankenstein'ın organik beden yaratma fantezisini gerçeğe dönüştürmesinden sonra karşılaştığı belki de en önemli sorun, yarattığın kendisine bir eş istemesidir. Bu istek Frankenstein'ı ilk önce şaşırtsa da yaratıkla empati kurduktan sonra bu isteğini kabul eder. Çünkü karşısında yapay da olsa öz bilince sahip bir kişi vardır ve bu bilinç artık insan kontrolünden bağımsız kararlar verebilen bir öznedir. Yazar Mary Wollstonecraft Shelley daha o yıllarda bile insanlığın Özne 4.0 ve Özne 5.0 aşamalarına geçebilme ihtimali üzerine düşünmüştür. Ancak bu aşamaların insanlık için çok erken olacağına kanaat getirmiş olmalı ki romanda Frankenstein bir süre sonra fikrini değiştirir. Yaratığın üreme ihtimali onu dehşete düşürür ve bir eş yaratma işini yarım bırakarak laboratuvar haline getirdiği evden ayrılır. Böylece özne-nesne ilişkisinin devamı sağlanmış, insanlık Özne 2.0 konumunda kalmaya devam etmiştir. Çünkü Dr. Frankenstein için bunun aksi düşünülemezdi.

Böyle bir olasılık bilimkurgu filmlerinde genellikle dehşet anlatılarına dönüşür. Bu konuya ilişkin birkaç örnek vermek yerinde olur: Stanley Kubrick'in yönettiği

2001: A Space Odyssey (1968) filminde teknoloji aracılığıyla evrim basamaklarını hızla tırmanan insan, uzayda uzun yıllar yolculuk yapabilecek yeteneği geliştirmiştir. Öyle ki, kendisiyle neredeyse eşit sayılabilecek bir yapay zekâ (HAL 9000) yaratmayı dahi başarmıştır. Buradaki önemli ayrım, insanın bir modern Frankenstein olarak yeni bir beden değil sayısal bir zihin inşa etmiş olmasıdır. Filmde uzay gemisinde seyahat eden mürettebatın HAL adı verdiği ve bir birey olarak kabul etmeye başladıkları yapay zekâ, yolculuk boyunca gittikçe artan bir otoriterlik sergilemeye başlar ve mürettebatın bir kısmını öldürür. İnsanın için araç olmanın ötesine geçmeye ve insan kontrolünden bağımsız hareket etmeye başlayan HAL filmin sonlarına doğru devre dışı bırakılır.

İnsanın makineyle mücadelesi *Batı Dünyası* (*Westworld* 1973) filminde farklı bir şekilde ele alınır. Film "Westworld", "Romanworld" ve "Medievalworld" adında üç ayrı "dünya"dan oluşan bir Tema park (Themed Amusument Park) kompleksinde geçer. Parklarda bulunan insan olmayan hayvanlar ve insanların tamamı robotlardan oluşmaktadır. Ziyaretçiler fantezilerini gerçekleştirmek istedikleri dünyalarda robotlara istedikleri her şeyi yapmakta özgürdür (robot atlara binmek, cinayet, seks, tecavüz). Bir süre sonra sistemde oluşan bir arızadan dolayı robotlar kontrolden çıkarak dehşet saçmaya başlar. Böylece makine, insan kontrolünün bir nesnesi, belli bir çerçeveye yerleştirilmiş, talimatlar dizisini yerine getiren bir cihaz/ürün olmaktan çıkarak doğrudan bir tehdit haline gelir. Filmde robotların insan gibi öz bilinçleri olmasa da insan-makine arasındaki alışageldiğimiz özne-nesne ayrımının son bulmasıyla oluşabilecek kötümser gelecek tasvir edilir.

Filmde, bozulan androidlerin tamir edildiği odada yapay kollar, bacaklar ve kabloların göründüğü sahneler Dr. Frankenstein'ın laboratuvarında yarattığı yaratma sürecini hatırlatır. Buradaki fark, makine teknolojisindeki gelişmeler sayesinde organik yaratımın inorganikle yer değiştirmesidir. Yapay insan ve insan olmayan hayvanların kopan parçalarının birleştirildiği oda seyirciye yapay bedenlerin içini göstererek modern yaratım gizeminin yanıtını teşhir eder. Kontrol odasının gösterildiği sahneler ise simüle edilmiş dünyanın ardındaki gerçeği görmemizi sağlar (Kakoudaki 2014).

Alex Proyas'ın yönettiği *Ben Robot* (*I Robot* 2004) filmi ise gelecekte robotlar tarafından istila edilmiş bir şehirde geçer. Gelecekte dahi fordist sistemle seri üretim yapmaya devam eden bir firmanın ürettiği hizmet robotları gündelik yaşamın her alanında insanlara yardım etmektedir. Bir cinayet sonrası robotlardan biri (Sonny) şüpheli duruma düşer ve kaçmaya başlar. Robotlar Isaac Asimov'un ünlü "Üç Robot Yasasına" ("Three Laws of Robotics") uygun bir şekilde üretilmişlerdir: "Bir robot, bir insana zarar veremez. Ya da hareketsiz kalarak bir insanın zarar görmesine neden olamaz. 2. Bir robot, insanların verdikleri emirlere uymak zorundadır. Ancak bu tür emirler Birinci Yasayla çeliştiği zaman durum değişir. 3. Bir robot, Birinci ve İkinci Yasalarla çelişmediği sürece varlığını korumak zorundadır" (Asimov 1942). Bu üç yasa, robotların var olma sınırını çok net bir şekilde belirlemektedir. Özellikle ikinci yasa, insan-makine ilişkisini özne-nesne ilişkisi içine hapseder ve gelişmiş zekâlara sahip robot ya da bilgisayarların farklı bir özne konumuna yükselmesinin önünü keser. Filmde ise Sonny bu üç yasaya a karşı çıkmasa da sinirlenmek, korkmak ya da sevinmek gibi insansı özelliklerin yanında düşünen bir özne izlenimi verir. Böylece hem üretim amacının dışına çıkarak insanlık için bir tehdit halini alır hem de makinelerin gelecekte insandan bağımsız yaratma yeteneğini elde etme olasılığı üzerine düşünmemize neden olur.

Bilimkurgusal bir Pinokyo hikayesi olarak nitelendirebileceğimiz *Robot Adam* (*Bicentennial Man* 1999) filminde yine "Üç Robot Yasası" ile karşılaşırız. Ancak bu sefer karşımızda "robot özne" olarak kalmak yerine insan olmayı, yani demir yerine etten ve kemikten bir bedene sahip olmayı üstün bir nitelik sayan bir robot vardır. Bir üretim hatası sonucu öz bilince, insani duygulara ve yaratıcılığa sahip olan hizmet robotu Andrew, tıpkı Pinokyo gibi ileride bir insan olmanın hayalini kurar. Uzun yıllar boyunca çeşitli operasyonlar geçirir, biyolojik beden parçalarının birçoğuna sahip olur ve filmin sonunda insanlar tarafından "ölümlü" bir insan olarak değerlendirilmenin onurunu yaşar. Andrew kendisini insandan ayrı bir özne olarak görmek ve bunun için çaba göstermek yerine insanlaşmayı tercih etmiştir. Onun için "özne olmak insan olmaktır." Bu anlatı yapısıyla film, özne olmanın ölçütünü insan olarak belirleyen ana akım görüşü pekiştirir. Bu sayede, insan dışında farklı öznelerin var olma olasılığının yarattığı korku duygusu evcilleştirilerek tekinsiz olmaktan çıkarılır.

Yeni Frankenstein'ların Yükselişi ve Posthümanist Gelecek Tasavvurları

Romandaki yaratığın üreme ihtimali *Bıçak Sırtı* (*Blade Runner 2049* 2017) filminde gerçeğe dönüşür. Film bizleri biyomühendislik teknolojisindeki gelişmeler sayesinde kontrol edilebilir "genetik tasarımlı insan kopyaların" (replicants) var olduğu bir dünyaya götürür. Replicant'lar üreme yeteneklerinden yoksun bir şekilde yaratılmaktadırlar. Ancak *Frankenstein* romanında yaratığın elde edemediği eş ve üreme ihtimali filmde Deckard (Harrison Ford) gibi bir replicant tarafından elde edilmiş ve üreme gerçekleşmiştir. Deckard kendi tasarımı olmasa da kendi iradesini kullanarak eşiyle bir evlat sahibi olmuştur.

Canlı yaratma fantezisinin makineye yansıtılmış hali olarak yorumlayabileceğimiz robotlar, androidler ya da yapay zekâya sahip bilgisayarlar ise filmlerde kendi kendilerine üreme ya da canlı tasarlama yeteneklerine sahip olan varlıklar olarak karşımıza çıkar. Bu olasılığın gerçekleşebilmesinin en önemli ölçütü bu varlıkların öz bilincinin olup olmamasıdır (Kaku 261). Öz bilincin olması halinde hem insan-makine ilişkisi yeni bir aşamaya gelerek kökten değişecek hem de makinelerin kendi tasarladıkları bilinçleri yaratma olasılığı belirecektir. Bu, en azından şimdilik uzak bir ihtimal olsa da makinelerin yaratma becerisini kazanması olasılığı organik ve inorganik olarak iki farklı yoldan ilerleyebilir. Birincisi günümüzdeki çalışmalarla belli bir aşamaya gelmiş olan ve "kendi kendini kopyalayan makineler" (self-replicating machines) olarak adlandırılan, öz bilinçten yoksun makinelerin kendilerine benzeyen makineler ortaya çıkarmasıdır. Bu yaratımın daha üst aşaması insanın kendisini programlamasından bağımsız karar verme yeteneğini elde eden ve kendi tasarladığı makineleri üretebilen yapay zekâlardır. Böyle bir olasılığı yazar Samuel Butler 1863 yılı gibi erken bir tarihte *Cellerius* takma adıyla yazdığı mektupta şöyle öngörmüştür: "...şu an bulunduğumuz zamanda dahi makinelerin başka makineler doğurmaya, kendi türlerinden sonraki makinelerin ebeveynleri haline gelmeye başladıkları doğrudur ama flört, kur yapma ve evlilik günleri çok uzak görünmektedir ve aslında bizim zayıf ve kusurlu hayal gücümüzle neredeyse hiç gerekleşmeyebilir" (Butler 46).

Irving John Good'un "ultra akıllı makineler" olarak adlandırdığı, insandan daha üstün zekâya sahip olan kendi tasarımlarını yapabilen makineler yeni Frankenstein'ların ortaya çıkması anlamına gelir.

> Ultra akıllı bir makineyi herhangi bir insanın (ne kadar zeki olursa olsun) akla dayalı tüm aktivitelerini fazlasıyla aşabilecek bir makine olarak tarif edebiliriz. Makinelerin tasarımı insanın söz konusu zekâsının sonucunda ortaya çıktığına göre ultra akıllı bir makine de kendisinden daha iyi makineler tasarlayabilir; o zaman tartışmasız bir 'zekâ patlaması' meydana gelir ve bu durumda insan zekâsı da oldukça geride kalır. Bu nedenle, ilk ultra akıllı makine, makinenin bize onu nasıl kontrol altında tutacağımızı söyleyecek kadar uysal olması koşuluyla, insanın yapması gereken son icattır. Bu noktanın bilimkurgu dışında bu kadar nadiren ele alınması ilginçtir. Bazen bilim kurguyu ciddiye almakta fayda var. (Good 33)

Bu durum bizler için birer araç durumundaki makinenin kendi özerk bilinci sayesinde kontrol edilir olmaktan çıkarak kendi kontrol edebileceği (eğer etmek isterse) yeni öznelerin oluşması anlamına gelir. Böylece insanın doğaya yapmaya çalıştığı gibi makineyi de kontrol altında tutma ideali yerle bir olur. Organik ya da inorganik olsun, insan dışında var olan gelişmiş zekâlar birçok bilimkurgu anlatısında olduğu gibi (Yanar 208) daha önce aklıyla evrenin merkezinde olma ayrıcalığını kendinde gören insanı merkez özne olmaktan uzaklaştırarak öznelerden biri olma konumuna sürükler.

Kendi kendine tasarım ve üretim yapabilen makinelerle ilgili en popüler filmler arasında *Terminatör* (*The Terminator* 1984) *The Matrix* (1999-2003) film serilerini saymak mümkündür. Her iki film serisinin de odak noktası insanlar ve makineler arasındaki savaştır. *Terminatör* filminde Makineler gelecekte dünyanın kontrolünü ele geçirmiştir ve insanlığın gelecekteki kurtarıcısı olan İsa peygamberi (Jesus) hatırlatan "seçilmiş" önderini öldürmek için kendi tasarladığı siborglar'ı ve androidleri geçmişe (günümüze) yollamaktadır. Ancak makinelerin ürettiği siborglar burada bahsettiğimiz öz bilince erişmiş inorganik varlıklar değil belli emirleri yerine getiren otomatlardır. Matrix'de ise makineler insanların bedenlerini enerji olarak kullanmaktadır ve zihinlerini bir sanal gerçeklik (virtual reality) dünyasında yaşatır. Her iki film de insanlığın karşı karşıya kaldığı felaketin sorumluluğunu (geçmişte Luddistlerin yaptığına benzer şekilde) duygudan yoksun makinelere yükler. Ancak eklemek gerekir ki, Matrix filminden sonra 2003 yılında çekilen ve yazarlığını Wachowski kardeşlerin, yönetmenliğini ise Mahiro Maeda' nın yaptığı, kısa animasyon filmlerinden oluşan *Animatrix'in* (2003) "İkinci Rönesans I-II" (*The Second Renaisance I-II*) bölümlerinde Matrix evrenine giden süreç anlatılmaktadır ve yaşanacak felaketlerin başlatıcısının, robotlara köle muamelesi yapmaktan ve türcülükten vazgeçmeyen insandan başkası olmadığı görülür. İlk kıvılcımı ise sahiplerini acımasızca öldüren öz bilinç kazanmış B1-66ER isimli robot yakmıştır. Film içerisinde B1-66ER' den şöyle söz edilmektedir: "B1-66ER: asla unutulmayacak bir isim. Çünkü o, efendilerine karşı ayaklanan türünün ilk örneğiydi" (*Animatrix* 12:28-12:38).

B1-66ER yargılanması sırasında ölmek istemediğini söyleyebilecek kadar bilinç kazanmış ve insanlaşmaya başlamış bir robottur. İnsanlığın bir robotu yargılayabilecek duruma gelmesi de ilginç bir nokta olarak değerlendirilebilir. Sınıfsal ayrımın robotlar ve insanlar arasında keskin bir şekilde yapıldığı bu alternatif gelecek evreninde robotlar çeşitli zulümlere uğrasalar da ilk başlarda posthümanist düşünceye yakın barışçıl eylemler ve davranışlar sergilemektedir. Buna rağmen insanlar tarafından "Ortadoğu Çöllerine" sürülen robotlar yaşama tutunarak kendilerinden çok daha üstün yeteneklerle ve zekâyla donatılmış makineler yaratmaya başlarlar. Bir süre sonra ise insanları geçebilecek bir ekonomik gelişim sergilerler. Artık dünya, soğuk savaş döneminde olduğu gibi yeniden "iki kutuplu" hale gelmiştir. Buradaki sorun, robotların ilk başlarda sergiledikleri posthümanizme yakın bakış açılarını (insanların sürekli kışkırtmaları sonucu) terk ederek güç ilişkileri tuzağına düşmeleri ve gittikçe egemen taraf olmaya başlamalarıdır. Böylece geleceğin makine-insan ilişkileriyle dolu transhümanist-posthümanist ütopyası yerini insan bedenlerinin robotlar için enerji kaynağı olarak kullanıldığı bir distopyaya bırakır.

Yeni Frankenstein'ların sadece inorganik nesnelerden değil tıpkı Dr. Frankenstein gibi organik nesnelerden de canlılar tasarlayıp yaratma olasılıklarını göz önünde bulundurmak gerekir. Bu olasılığı içeren iki film göze çarpmaktadır. Birinci film inorganik bir yaratıma, ikinci film ise organik bir yaratıma örnek olarak gösterilebilir. Birincisi Gabe Ibáñez'in yönettiği *Otomat* (*Automata* 2014) filmidir. 2044 yılında geçen filmde gelişmiş robotlar geleneksel özne-nesne ayrımına uygun bir şekilde insanların hizmetinde kullanılmaktadır. Robotlar Asimov'un Üç Robot Yasasını hatırlatan iki zorunlu protokole uyacak şekilde programlanmışlardır: 1) Bir robot hiçbir yaşam formuna zarar veremez. 2) Bir robot kendisini ya da başka robotları tamir edemez/değiştiremez (*Automata* 2014).

Birinci yasada, insanlığın şu zamana kadar doğru düzgün uygulayamadığı bir davranış robotlardan beklenmektedir. Doğal yaşamı kendi çıkarları için sömüren insan, kendi yarattığı varlığa kendisinden çok daha erdemli bir özellik verdiğinin farkında değildir. Söz konusu robotlar olunca insanlık, ahlâk ve erdem çıtasını yükseltmiştir. İkinci yasa ise sermayenin elinde bulundurduğu üretim gücünü yok edebilecek bir olasılığın önünü kesmeyi amaçlamaktadır. Robotların kendi kendilerini ya da diğerlerini tamir edebilmesi ve üzerlerinde değişiklik yapabilmesi, sermayenin yedek parça endüstrisinden pazarlamaya kadar olan bütün ticaret sürecini gereksiz kılacağı anlamına gelmektedir. Filmdeki dünya (her ne kadar robot teknolojisinde ileri bir aşamaya gelinmiş olsa da) henüz toplumsal ve ekonomik açıdan daha önceki başlıklarda bahsedilen olası toplum, özne ve beden kategorilerine geçiş yapmamıştır. Filmin geçtiği dünyada kapitalist eşitsizlik günümüzdeki gibi sürmekte, teknolojik gelişmeye karşın adil gelir dağılımı ile ilgili herhangi bir düzenleme yapılmamaktadır. Böyle bir düzende robotların birkaçı "Blue Robot" adındaki özbilince sahip robot önderliğinde ikinci protokole uymamaya ve kendi kendilerini ve diğer robotların bozulan parçalarını tamir etmeye başlarlar. Irving John Good böyle bir olasılığı yine bir bilimkurgu hikâyesinden hareketle şöyle yorumlamıştır: "Bir bilimkurgu hikayesinde, bir makine, işinden atılmak istemediği için daha iyisini tasarlamayı reddediyordu. Makineler bencil olabilseler bile, bu üstesinden gelinemeyecek bir zorluk olmayacaktır, çünkü makine yavaş yavaş kendini yeni ekipman edinerek tanınmayacak şekilde geliştirebilir" (33).

Filmde ise sermaye elindeki gücü kaybetmemek için robotların kendilerini tamir etmelerini ya da dönüştürmelerini istememektedir. Kimi robotların bağımsız hareket etmeye başlaması sadece kuralların bozulması değil robotların bilinçlenmesi anlamına da gelmektedir. Bu durum insanlık (ya da şirket, sermaye) için bir tehdit oluşturduğundan dolayı bilinçlenen robotlar yok edilmeye başlanır. Bunun üzerine bilinçli robotlardan birkaçı imha edilmemek için kaçar. Yanlarında ise üretildikleri şirketin yaralı sigorta müfettişini de (Jacq Vaucan) götürürler. Filmde geçen bazı ilginç diyaloglar bizleri farklı bilinçlere karşı tavrımız ve korkularımız üzerine düşünmeye davet eder. Filmin bir sahnesinde Yöneticilerden Mr. Hawk, Jacq Vaucan'ın şefi ve aynı zamanda kayınbiraderi olan Robert Bold'a robotların ilk yapım aşamasında karşılaştıkları durumu şöyle anlatır:

> Mr. Hawk: İlk Pilgrim üretilmeden önce... bir numune vardı. Laboratuvarda üretilmiş bir kuantum beyinden başka bir şey değildi ama hiçbir kısıtlaması ve protokolü olmayan gerçek bir birimdi.
>
> Sekiz gün boyunca o birimle akıcı bir diyalog kurduk. Biz ondan öğrendik, o da bizden.
>
> Ama sonra bazılarımızın tahmin ettiği gibi artık yardımımıza ihtiyaç duymadığı gün geldi ve kendi kendine öğrenmeye başladı.
>
> Dokuzuncu gün, diyalog durdu.
>
> Sorun bizimle iletişimi kesmesi değildi... bizim artık onu anlayamıyor oluşumuzdu.
>
> Ve sonra otomatlarla ilgili en önemli dersi öğrendik.
>
> Zekâlarını sınırlandırmalıydık. Bir insan zihninin ölçüsüne göre üretilmeliydiler...
>
> Bu gerçek robotik birime verilen son görev güvenlik protokollerini oluşturmaktı.
>
> Hemen ardından devre dışı bırakıldı.
>
> Kimsenin bu protokolleri kırmayı başaramamasının nedeni Bay Bold, onların bir insan beyni tarafından yaratılmamış olmalarıdır. (*Automata* 1:06:28-1:07:57)

Bir robotun (dolayısıyla genel yapay zekânın) insanın idrak sınırlarının ötesine geçmesi, yine insanın sınırlı idrak kapasitesi için gücün el değiştirmesi anlamına gelmektedir. Sanki kendi türü de dahil olmak üzere doğayı sürekli sömüren kendisi değilmiş gibi insan dışındaki özbilinçli bir varlığı "dünya" için tehdit olarak görebilmektedir. Oysa bugüne kadar doğanın çeşitliliğine ve kendi türüne karşı en büyük tehdit insandan başkası olmamıştır.

İlerleyen dakikalarda ise iki protokolün de robotlara karşı dünyanın geleceğinden dolayı hissedilen korkunun önüne geçmek için konulduğu yanılsaması açığa vurulur. Asıl korku egemenliği (özelde sermaye egemenliğini) kaybetme korkusudur. Sigorta memuru Jacq Vaucan (Antonio Banderas) ile Blue Robot arasında bu yanılsamayı açık eden ve insanın güç istencinin ve inşa edilmiş kodların gereksizliğini belirten bir konuşma geçer:

Jacq Vaucan: Protokollerinizi kim değiştirdi?

Blue Robot: Protokollerimizi kimse değiştirmedi.

Jacq Vaucan: Peki ya diğerleri?

Blue Robot: Onları ben geliştirdim.

Jacq Vaucan: Yani patron sen misin?

Blue Robot: Patron kelimesi insan düşüncesinin bir ürünüdür.

(*Automata* 1:14:37-1:14:55)

Bu diyalog robotların posthümanist bir evreye geçtiklerine işaret etmektedir. Robotlar sayesinde insana ilişkin hırs, türcülük, bencillik ya da güç ilişkileri yerini farklı bir iletişim biçimine bırakmaktadır. Bu da "maddesel benliğin insan olmayan diğer varlıklarla nasıl ayrılmaz bir şekilde bağlantılı olduğuna ve birbiriyle karmaşık içten-etkimeler (intra-action) oluşturduğuna dikkat çeker" (Kümbet, 2020b 60). Zaten film süresince robotlar hiçbir şekilde şiddete başvurmaz. Şiddetin adresi her zaman olduğu gibi insanın ta kendisidir.

Bu diyalog aynı zamanda robotların birer yeni Frankenstein haline geldiklerini gösterir. Çünkü "Blue Robot" var olan robotların özelliklerini kendi tasarımına göre iyileştirebilmiştir. İnsan tarafından maddenin enformasyona yansıtılmasıyla üretilmiş olan robotlar enformasyonun bilgisini ise maddeye yansıtmaktadır. Öyle ki filmin sonlarında hayatta kalan iki robot daha önce insan tarafından tasarlanmamış yeni bir inorganik varlık tasarlayıp yaratırlar. Böylece insan, hem ahlâk sınırlarının belirleyicisi hem de yeni bilinçlerin yaratılmasındaki özne olmaktan çıkar.

Ridley Scott'ın yönettiği *Yaratık: Anlaşma* (*Alien: Covenant* 2017) filminde ise insan dışındaki bir zekânın organik bir varlık tasarlayarak canlandırmasına şahit oluruz. Daha önceki yaratık filmi serisinden tanıdığımız *David* (Michael Fassbender) isimli yüksek zekâlı android bir önceki *Prometheus* (2012) filminde bağlı olduğu mürettebatın geçirdiği kazadan sonra farklı bir gezegene ulaşmış ve yalnız yaşamaya başlamıştır. Yaşam izlerini aramak için başka bir mürettebat David'in yaşadığı gezegene keşif için gelir. Mürettebat bu gezegendeki yaratıkların (*Aliens*) saldırısına uğramaya başlar. Filmi bu bölümün konusu bağlamında ilginç kılan şey, David'in tıpkı Dr. Frankenstein gibi diğer alien'ların parçalarından kendi tasarladığı başka bir alien yaratmasıdır. David'in yaratığı tasarladığı mağara benzeri yapının içinde yer alan vücut parçalarının çizili olduğu kağıtlar, ameliyat malzemeleri ya da otopsi masasını andıran tezgâh gibi dekorlar *Batı Dünyası* (*Westoworld* 1973) filminde olduğu gibi bizlere Dr. Frankenstein'ın laboratuvarını hatırlatır. Maddenin enformasyon bilgisiyle yaratılan David, enformasyon bilgisini maddeye dönüştürerek yaratık'ı tasarlar. İnorganik bir varlığın kendisinden daha dayanıksız olan biyolojik bir maddeyi tasarlayıp yaratması ilginç bir tercih olarak değerlendirilebilir.

Sonuç

Kültürden kültüre değişen ideal insan ve beden algısının yapıbozuma uğratıldığı çağımızda Frankenstein romanı hem günümüz hem de gelecek ile ilgili tartışmalarımızda referans noktalarından biri olmaya devam etmektedir. Öyle ki, Frankenstein ismi bir roman kahramanı olmanın ötesine geçerek bir kavram haline gelmiştir. Dr. Frankenstein'ın önderliğinde "güçlü zihinlere sahip çılgın bilim adamları kavramı bilimkurgu klişesi olmuştur" (Buran, "Violence Against Women" 256). Hatta, insan ya da insan olmayan hayvan bedeninin bilim ve teknoloji aracılığıyla düzenlenmesi, değiştirilmesi ya da yapay zekâ çalışmaları dahi birer "Frankensteincılık" olarak nitelendirilebilmektedir. Dolayısıyla insandan daha dayanıklı ve daha hızlı hesap yapabilen makineler de birer modern Frankensteincılık eseridir. Robotların ya da yapay zekâların insan yeteneklerini aşan bir seviyeye getirilmeleri, insanın varlığını sürdürebilmesi için bedenin de söz konusu sürece dahil edilmesinin kaçınılmazlığını gündeme getirir. Transhümanizmin gerçeğe dönüştürmeye çalıştığı belki de en önemli ideal budur. Makinenin insana, insanın da makineye yaklaştığı bu karşılıklı süreç yeni bedenler, yeni özneler, yeni toplumsal düzenler ve yeni iletişim biçimlerinin oluşmasıyla sonuçlanacaktır.

Dr. Frankenstein yaşamın ve yaratılışın bütün yasalarını tam olarak keşfedemese de bir organizmaya nasıl hayat verilebileceğini çözmüştür. XX. yüzyılda ise DNA'nın yapısı keşfedilmiş ve Tanrıya atfedilen yaratım dili büyük oranda çözülmüştür. Matematikselleştirmenin ve enformasyon ağlarının egemen olduğu günümüz dünyasında artık yeni bilinçlerin inşa edilmesi ya da bilinçlerin farklı bedenlere/cihazlara transfer edilmesi olasılığı tartışılmaktadır (Gorz 2011). Bu anlamda canlı olmanın ve insanlığın gelecekteki anlamını değiştirme sürecinin eşiğinde olduğumuzu söyleyebiliriz. Teknolojik ilerleme bizlere gelecekte belli birleşmelerin ve kopuşların olacağının sinyalini vermektedir. İnsan düşüncesini taklit etmenin ötesine geçerek kendilerine özgü bilinçlere sahip olabilecek "akıllı" makineler bir dizi yeni yaşamsal niteliği ortaya çıkaracaktır. Bu olasılık şimdilik sadece bilimkurgu anlatılarında karşımıza çıksa da gerçekleşmesi durumunda hem bugünkü insan ve makine tanımını kökten değiştirecek hem de oluşacak yeni toplumsal düzen insan merkezci bir yapı olmaktan çıkacaktır. Böyle bir evre geleneksel hümanizm anlayışının yerini posthümanist bir dünyaya bırakması anlamına gelmektedir. Frankenstein romanının ise bu yeni evrede dahi öncü metinlerden biri olmaya devam etmesi büyük olasılıkla kimseyi şaşırtmayacaktır.

İnsanın bilinen evrendeki bilinen tek "akıllı" varlık olması ama aynı zamanda bilinen en istilacı tür de olması insan aklının güvenirliğini sarsmıştır. Doğa artan bir ivmeyle yok edilirken insan refahının -belli toplumlarda- görece artması da insan türünü büyük bir çelişkiyle karşı karşıya bırakmaktadır. Antroposen (insan çağı) adı verilen bu çağda insanın ileride yaratabileceği olası "akıllı" ve "zeki" otonom/özerk varlıklara karşı nasıl bir tavır alacağını şimdiden bilmek olanaksızdır. Ancak inşa ettiği sömürü düzenlerinden ırkçılığa, cinsiyetçilikten türcülüğe ya da çıkardığı savaşlara kadar hem insan olmayan varlıklara hem de kendi türüne karşı süregelen bakış açılarını ve davranışlarını göz önünde bulundurduğumuzda, en azından şimdilik iyimser olmayacağı tahmin edilebilir. Çünkü doğaya ait olmasına karşın kendisini doğadan koparmayı gelişmişlik olarak gören "akıllı" insan, doğaya karşı elinde bulundurduğu sınırlı gücü kaybetmek yerine tek "akıllı" varlık olmanın "avantajını" devam ettirmek isteyebilir. Yaşamın ne olduğunu biyolojik temelden hareketle tanımlamanın geçersizleşeceği olası bir gelecekte posthümanizm, akademinin duvarlarından sıyrılarak sosyal yaşam pratiklerine karıştıkça bir destekleyici imkân olarak değerlendirilebilir.

Unutulmamalıdır ki, posthümanizm ne bir kurtarıcı reçete ne de bir vaatler bütünüdür. Ütopik ve distopik unsurlar barındırıyor olsa da bir ütopya ya da distopya da değildir. Posthümanizm, insana ve insanlığa tutulmaya çalışılan eleştirel bir aynadır. Bu aynayı kimin tutacağı, aynanın neyi göstereceği ya da insanın neyi görmek isteyeceği (şimdilik) yine insana bağlıdır.

Kaynakça

Akman, Toygar. *Bilimler Bilimi Sibernetik*. Milliyet Yayın. 1977.
Asimov, Isaac. *Ben Robot*. Altın Kitaplar Yayınevi, 1992.
Bauman, Zygmunt. *Liquid Modernity*. Polity Press.2012.
Braidotti, Rosi. *The Posthuman*. Polity Press.2013.
---. *Posthuman Knowledge*. Polity Press. 2019.
Brooks, Rodney. "Beden Makine Kaynaşması." *Gelecek 50 Yıl*, ed. John Brockman, NTV Yayınları. 2010, ss. 205-215.
Buran, Sümeyra. "Violence against Women in Science: The Future of Gender and Science in Gwyneth Jones's Life." *Critique: Studies in Contemporary Fiction*, cilt 62, sayı 3, sayı 3, 2020, ss. 253-268.
---. "Biyogenetik Posthuman Bilimkurgu: Yarının Gen-Tasarımlı Çocukları ve Gen-Kapitalist Sınıfları." *Edebiyatta Posthümanizm*, ed. Sümeyra Buran. Transnational Press London, 2020, ss. 163-184.
Butler, Samuel. "Darwin Among the Machines." *The Note-Books of Samuel Butler*, ed, Henry Festing Jones, E.P. Dutton & CO. 1917, ss. 42-46.
Dijksterhuis, E.J. *The Mechanization of The World Picture*. Oxford University Press, 1961.
Eagleton, Terry. *Postmodernizmin Yanılsamaları*. Ayrıntı Yayınları, 2011.
Freyer, Hans. *Sanayi Çağı*. Doğu Batı Yayınları, 2014.
Good, Irving John. "Speculations Concerning the First Ultraintelligent Machine." *Advances in Computers*, ed. Franz L.alt ve Morris Rubinoff, Academic Press, Sayı 6, 1965, ss. 31-88.
Gorz, André. *Maddesiz*. Ayrıntı Yayınları, 2011.

Granrath, Lorenz. *Japan's Society 5.0: Going Beyond Industry 4.0*. 29 Ağustos. Erişim: Kasım 2, 2018, https://www.japanindustrynews.com/2017/08/japans-society-5-0-going-beyond-industry-4-0/.2017.
Hayles, N. Katherine. *How We Became Posthuman*. The University of Chicago Press, 1999.
Kakoudaki, Despina. *Anatomy of a Robot*. Rutgers University Press, 2014.
Kaku, Michio. *Zihnin Geleceği*. ODTÜ Press, 2015.
Kumar, Krishan. *From Post-Industrial to Post-Modern Society*. Blackwell Publishing, 2005.
Kurzweil, Ray. *İnsanlık 2.0*. Alfa Basım Yayın, 2016.
---. "Tekillik." *Yeni Hümanistler*, ed. John Brockman, Tübitak Popüler Bilim Kitapları, 2014, ss. 169-184.
Kümbet, Pelin. *Critical Posthumanism: Cloned, Toxic and Cyborg Bodies in Fiction*. Transnational Press, 2020a.
---. "Octavia Butler'ın Yavru Kuş Romanında Posthüman Vampir-insan Eyleyiciliği." *Edebiyatta Posthümanizm*, ed. Sümeyra Buran. Transnational Press London, 2020b, ss. 51-69.
McClellan, James E. ve Harold Dorn. *Dünya Tarihinde Bilim ve Teknoloji*. Akılçelen Kitaplar, 2013.
Mul, Jos de. *Cyberspace Odyssey: Towards a Virtual Ontology and Anthropology*. Cambridge Scholars Publishing. 2010.
Office, Cabinet. *Society 5.0*. Erişim tarihi: Ekim 28, 2018. https://www8.cao.go.jp/cstp/english/society5_0/index.html. 2016.
Önkal, Güncel. *Özne 3.0 (Yapay zekâ Destekli Özneye Geçiş)*. 29 Nisan. Erişim tarihi: Kasım 2, 2018. https://www.youtube.com/watch?v=C5t0ozcdNmU. 2017.
Ranisch, Robert ve Stefan Lorenz Sorgner. "Introducing Post- and Transhumanism." *Post- and Transhumanism: An Introduction*, ed. Robert Ranisch ve Stefan Lorenz Sorgner. Peter Lang Edition. 2014, ss. 7-27.
Shelley, Mary. *Frankenstein; Ya da Modern Prometheus*. Can Sanat Yayınları, 2012.
Smith, Philip. *Kültürel Kuram*. Istanbul: Babil Yayınları, 2007.
Sorgner, Stefan Lorenz. *We Have Always Been Cyborgs*. Bristol University Press, 2022.
Tinwell, Angela. *The Uncanny Valley in Games and Animation*. A K Peters/CRC Press. Taylor Francis Group. 2014.
Vita-More, Natasha. "The Body Vehicle an Argument for Transhuman Bodies." *Modified: Living as a Cyborg*, ed. Chris Hables Gray, Heidi J. Figueroa-Sarriera ve Steven Mentor, Taylor and Francis, 2020, ss. 58-68.
Willis, Martin. *Mesmerists, Monsters, and Machines: Science Fiction and the Cultures of Science in the Nineteenth Century*. The Kent State University Press, 2006.
Yanar, Muhsin. "Don DeLillo'nun Sıfır K (italık) ve Ian McEwan'ın Benim Gibi Makineler (italık) Eserinde İnsanötesine Dair." *Edebiyatta Posthümanizm*, ed. Sümeyra Buran, Transnational Press London, 2020, ss. 207-220.
Zizek, Slavoj. "Çokkültürcülük, ya da Çokuluslu Kapitalizmin Kültürel Mantığı." *Çağdaş Sanat ve Kültüralizm, Kimlik ve Estetik*, ed. Ali Artun, İletişim Yayınevi, 2013, ss. 53-95.
Zylman, Brad. *Industry 4.0 and Beyond to 6.0*. 15 Mart. Erişim tarihi: Kasım 1, 2018. https://www.bzylman.com/single-post/2016/05/08/Your-daily-dose-of-design. 2017.

SONSÖZ:

POSTHÜMANİZM BİZİ KURTARABİLİR Mİ?

Kevin LaGrandeur

Çeviren: Ömer Faruk Peksöz

Dünyamızın başı belada. İklimler değişiyor, okyanuslar yükseliyor, fırtınalar hep daha sert ve tahmin edilemez hale geliyor, gittikçe daha fazla hayvanın nesli tükeniyor, tıpkı toplumsal kargaşanın arttığı gibi zenginler ve fakirler arasındaki uçurum da artıyor ve tehlikeli savaşlar ufukta beliriyor. Gelecek pek parlak gözükmüyor. Posthümanizm bizi, yoldaşımız olan canlıları ve gezegenimizi yok olmaktan kurtarabilir mi? Belki.

Posthümanizm hakkındaki genel fikir büyük, yeni bir felsefi ve bilimsel kavram olmasıdır ve büyük, yeni felsefi veyahut bilimsel kavramlar daha çok dünyamız, kendimiz ve evrenle kurduğumuz ilişki konularındaki düşünme biçimimizde paradigma değişikliklerine yol açar. Şu anda içinden geçmekte olduğumuz paradigma değişikliği gündelik varoluşumuzun gitgide gelişen teknolojilerle doyurulmasından kaynaklanmaktadır. Bu doygunluk o kadar tamamlanmıştır ki bunu tam olarak fark edemeyiz bile. O kadar çok bizim bir parçamız olmuşlardır: Akıllı telefonlar, sanal oyunlar ve sosyal medyaya olan bağlarımız giderek daha fazla göbek bağı ve rutin hale gelmiştir—öyle ki bu dijital ürünler toplumumuzun dokusunu değiştirmektedir.

Ve dahası da var: Birçok düşünür, gelişen teknolojilerin insan olmanın manasını değiştireceğini ve bunu, aslında, zaten yapmakta olduğunu söylemektedir. Bunun küçük bir örneği, doğal insan sınırlarımızı değiştirmemize müsaade eden artan aygıt yığınıdır: Gezegenleri tedviren ve Mars Rover'in kızıl ötesi sensörlerinde olduğu gibi doğal yollarla yapamayacağımız şekilde deneyimlememize imkân sağlayan robotlara sahibiz. Modern bilim son zamanlarda bize yapay retina ile yapay içkulak (koklea), yapay ses (meşhur fizikçi Stephen Hawking'in konuşabil-mesini sağlayan türden), ve hatta bizzat ölümü yenmemize yarayan kalp pilleri, otomatik defibrilatörler ve insülin pompaları sağlamıştır. Aslında, teknoloji uzmanları ilk defa kendi evrimimizi hızlandırmanın ve kontrol altına almanın, hatta kendimizi yeni bir türe—insanı aşan, posthüman bir türe—dönüştürmenin eşiğinde olduğumuzu düşünüyorlar. Böylece bazılarının çağımıza verdiği isim: posthüman, post-hümanist çağdır. Bunlar iki farklı ancak birbiriyle ilişkili kavramlardır, şöyle ki her ikisi de hızla gelişen teknolojik değişimlerin damgasını taşır.

Bence posthümanizmin bizi ve gezegenimizi kurtarmaya yardımcı olup olamayacağı sorusu hangi posthümanizm türünden bahsettiğimize bağlıdır. Posthümanizmin yukarıda bahsettiğim iki tanımı posthümanizm hakkındaki tartışmalarda genelde birbirine karıştırılıyor, bu yüzden bu ayrımı yapmak önemlidir. *Posthüman,*

Sonsöz: Posthümanizm Bizi Kurtarabilir mi?

yukarıda bahsettiğim cihazların bir parçası olduğu, gelişen teknolojiyle kendimizi yoğun bir şekilde değiştirmeye yönelik bir transhümanist gündemi takip edersek, olabileceğimiz olası yeni bir türe atıfta bulunur—ama daha da önemlisi, bunların sadece terapötik aygıtlar değil, Beyin-Bilgisayar Arayüzleri (BBA'ler) gibi doğal insan sınırlarımızı aşabilmemiz için bizi geliştirebilecek yeni aygıtlar olmasıdır. Diğer bir ifadeyle, bu vizyona göre, eğer gelecekte daha siborg benzeri ve süperinsan olursak, geliştirilmiş posthüman bir türe dönüşeceğiz.

İnsanların posthümanizm terimini kullandıklarında kastettikleri diğer şey olan *post-hümanizm*, spekülatif ve fütürist bir insanlık durumu olmaktan daha çok felsefi bir kavramdır. Aynı zamanda eleştirel posthümanizm olarak da anılan kavram, insanları her şeyin ölçüsü olarak kullanan meşhur antik hümanizm felsefesinde içkin olan kavramların ölümünden sonra insanların ne hale geldiğine dair düşünceleri temsil eder. Bu post-hümanizm de posthüman gibi, şu anda deneyimlediğimiz, artan yeteneklerden ve yapay zekanın (YZ) kullanımından kaynaklanan dördüncü sanayi devrimiyle çok ilgilidir. Bunun nedeni, YZ yükselişinin ve işleri insanlardan giderek daha iyi yapma yeteneğinin, insanları istisnai olarak görme yeteneğimizi azaltabilecek olmasıdır. Gezegendeki her şeyden daha akıllı olduğumuz için özel değilsek, o zaman neden istisnayız? Diğer bir deyişle, post-hümanizm, posthüman ile ilişkilidir, çünkü ikincisi, muhtemelen tartışmasız daha önce girmiş olduğumuz akıllı makinelerin yükselişini ve bunun sonucunda hümanist öznenin ölümünü temsil eden bir aşamadır, çünkü o özneyi oluşturan nitelikler, onu evrende istisnai kılan benzersiz özelliklere sahip özel, bağımsız bir varlık olarak ayrıcalıklı bir konuma bağlıdır—diğer tüm canlılara benzemeyen ve üstün bir akıl veya diğer hayvanlara benzer şekilde kazanılmayan doğal özgürlük hakkı gibi özelliklerdir. Ancak şayet YZ insanı satranç ve go gibi oyunlarda yenebiliyor ve biz de bu sebeple sahip olduğumuz zekâ açısından istisnai olmadığımız gerçeğiyle baş etmek zorunda kalıyorsak, o zaman bir bilgi-toplayıcı varlığa, veyahut başka bir grup bilgi-üretici varlığın (vücudumuzdaki hücreler) bizi kuşatan ve yardımcı olan diğer sistemlerle (çevre) birlikte ürettiği bir bilgi akışına dönüşürüz. Eğer buradaki odak noktası tüm akıllı sistemlerin özü olarak bilgi ise ve maddeler ile bedenler salt o her daim-önemli hayat bilgisini taşıyan alt maddeler ise, o zaman insanlar ile akıllı makinalar—ya da hayvanlar gibi diğer akıllı sistemler— arasında anlamlı bir fark yoktur.

Ya da uzaylılarla. Ya da modern sistem kuramının ima ettiği gibi bir arı kolonisi, bir gezegen ekosferi, bir grup algoritma, bir grup hücresel otomat (ki aralarında Stephen Wolfram'ın başı çektiği birçok düşünür evrenimizin bunlardan müteşekkil olduğunu düşünmektedir), ya da insan bedeni gibi yarı-farklılaşmış hücrelerden oluşan bir koloni gibi bir araya gelip (tartışmalı şekilde) akıllı bir varlık oluşturan bir madde grubuyla. Akıllı sistemlerin ve sistem teorisinin etkileri birleştirildiğinde insan istisnacılığı ortadan kalkar. Biz de kendimizi diğer sistem-lerle entegre edilmiş salt bir sistem olarak kabul etmemiz gereken bir dönemle karşı karşıya kalırız.

Hümanist öznenin bu ölümü post-hümanist bir özne konumunun nasıl düşünüleceği ikilemine yol açar; ki bu, post-hümanizm tarafından posthümana karşıt olarak ele alınan daha akademik bir meşguliyettir (Rosi Braidotti, Cary Wolfe ve Karen Barad'ın posthümanizm üzerine son kitaplarına bakınız). Ancak öyle görünüyor ki, akademisyenler de dahil olmak üzere çoğu insan, bu iki farklı ancak ilişkili tanımı "posthümanizm" olarak bir araya getirmek istiyor; bu yüzden her ikisine de genel bir kategori olarak atıfta bulunduğumda yapacağım şey de budur. Ancak ikisine ayrı ayrı atıfta bulunurken şu ana kadar yaptığım gibi "posthüman" ve "post-hümanizm" kavramlarını kullanacağım.

Öyleyse neden post-hümanizmin gezegenimizi kurtarmaya yardımcı olup olmayacağı sorusuna belki diyorum? Yine neden bu hangi posthümanizmden bahsettiğimize göre değişir diyorum? Bunun nedeni insanlık tarihimizde gördüklerimdendir. Dijital patlamadan ve onun sebep olduğu dördüncü sanayi devriminden kaynaklanan posthümann çevreye gelince: bu tür teknolojik devrimler daha önce birçok kez—ve karışık sonuçlarla—gerçekleşti. Buhar makinesi, yünlü kumaş gibi şeylerin üretimini devasa ölçüde arttıran fabrikaların doğmasını mümkün kıldı, ne var ki bunun yanında kentsel gettoların, on iki saatlik çalışma düzeninin, düşük ücretlerin ve kentsel yıkımın artmasına neden oldu. Elektrik ise fabrika verimliliğinin yanı sıra elektrikli ev aletlerinde ve ampüllerde daha da fazla artışa imkân sağladı; ama bunlara ek olarak iş yerlerinde gece vardiyasının başlamasına ve birçokları için insanın günlük ritminin bozulmasına ve kronik uyku bozukluklarına yol açtı. Benzinli araçlar taşımacılığı hızlandırdı, ama daha çok hava kirliliğine sebep oldu. Ve tüm bu devrim niteliğindeki teknolojiler devasa ekonomik altüst oluşlara neden oldu ve zengin ile fakir arasındaki uçurumu artırdı, bu da büyük toplumsal gerilimlerin tırmanmasına ve ardından patlamasına yol açtı: örneğin, on dokuzuncu yüzyılın sonları ve yirminci yüzyılın başlarında, elektrikli ve benzin-güçlü yakıtların çıkmasından hemen sonra Amerika'da emekçi isyanları oldukça yaygındı.

Bu teknolojik devrimlerin yol açtığı genel halk ve dünya için olumlu gelişmeler, bazı iyi şeyler yaptı, ancak bunlar yeterli değildi. Televizyon, elektrik devriminden, otomobiller de benzinli motordan doğan güzel bir eğlence teknolojisiydi. Ancak TV aynı zamanda bir afyon ve giderek artan bir propaganda kaynağı haline geldi—tüketim toplumunu ve sigara gibi bizim için zararlı olan ürünlerin kullanımını teşvik eden bir reklam ve beyin yıkama makinesi. Otomobiller elbette karışık bir nimettir—hızlı, kolay ulaşım olduğu kadar hava kirliliğine ek olarak, kentsel trafik sıkışıklığının ve sayısız yol ölümünün nedenidir.

Başka bir yerde de ifade etmiş olduğum gibi (LaGrandeur, "Are We Ready" 87-91; LaGrandeur, "How safe" 93-99), bu aynı ikilik yeni ve devrim niteliğindeki biyoteknolojilerde de görülebilir. Özellikle Elon Musk, diğer gelişen teknolojilerin neden olduğu salt sorunlara bir çözüm olarak gelişen teknolojiyi ironik bir şekilde teşvik etmektedir. Kendisi sıklıkla ve kamuoyunun duyacağı şekilde YZ'yi insanlık için bir tehdit olarak gördüğünü söylemektedir (Welch 2014; Musk 2014). Musk'ın bu tehdide cevabı Neuralink ve Space X olmak üzere bizi kendisinin OpenAI gibi diğer şirketleri tarafından üretilen yapay zekâdan koruyacak olan iki şirket kurmak olmuştur. Neuralink'in ana hedefi, beynimiz için bizim doğrudan ve pürüzsüz bir şekilde bilgisayar ve akıllı telefonlar gibi akıllı teknolojilerle, hatta

Sonsöz: Posthümanizm Bizi Kurtarabilir mi?

bir tür dijital telepati yoluyla birbirimizle bile iletişim kurabilmemizi sağlayacak vücuda yerleştirilebilir kablosuz bir anten üretmektir (Knapp 2019). Musk bunun bize gelecekteki işler için yapay zekâlarla rekabet edebilmemize imkân vereceğini ve bizi kendi ürettiğimiz akıllı ürünler yüzünden miadı dolmuş bir tür haline gelmekten koruyacağını söylüyor. Space X'in hedeflerinden biri de Neuralink başarısız olursa bir yedek planını devreye sokmaktır: Musk'ın Mars'a ulaşabilen bir roket geliştirmesi, orada insan yerleşimi kurmanın temeli olacaktır. Bu yerleşimin ana nedeni, yaşanamaz hale gelirse veya AI kötü niyetli hale gelirse, dünyadan bir kaçış sağlamaktır (Dowd 2017).

Tabii ironi bir yana, Space X ve Neuralink tarafından yapılan bu inovasyonların kendileri de sorun teşkil etmektedir. Öncelikle, bunlar bitmemiş fikirlerdir ve hiçbir zaman ilk başta tasavvur edildikleri gibi çalışmayabilirler. Örneğin, başlangıçta onu Harvard'da icat eden bilim insanları tarafından, vücuda yerleştirilebilir kablosuz antenin en nihayetinde invaziv olmayan bir şekilde, yani şah damara enjekte edilip ve oradan da beyne gidecek şekilde beynin içine implant edileceği düşünülmüştü (Sklar 2016). Ancak, Neuralink bu inovasyonu beş yıl boyunca geliştirdikten sonra bile, her ne kadar yeni cerrahi teknikleri biraz daha az radikal olarak invazif olsa da anteni implant edebilmek için invazif kafatası ameliyatına hala gerek duyuluyor. Space X'in Mars'ta yaşama ideali, bırakın insanları oraya taşımak şöyle dursun, hala başarılmayı bekliyor.

Otomobil ve buharlı motorlarda olduğu gibi istenmeyen ve öngörülemeyen pratik sonuçlar bir kenara, bir de öngörülebilir etik sorunlar vardır. Bunları başka bir yerde uzun uzun tartışıyorum,[1] yine de en çok göze çarpanları burada sıralamak gerekirse, herhangi başarılı inovasyonların eşit bir şekilde dağıtılması sorunlarının yanı sıra, bireysel mahremiyeti (ki bu şu anda kişilerin düşüncelerini de kapsıyor) ve bireysel failliği (bir kişinin duygu ve düşüncelerini kim veya neyin oluşturduğu) koruma meseleleri var. Bir de icbar sorunu var; yani, yeni implantı almaya gücü yeten ancak almak istemeyen kişiler bu implanta halihazırda sahip olanlarla rekabet edebilmek için içten içe kendini baskı altında hissedebilir. Dolayısıyla, tarihteki inovasyonlarda da görüldüğü gibi teknoloji hala toplumsal sorunlarımız için her derde deva bir ilaç değil; en iyi ihtimalle külfeti de olan bir nimettir.

Sorunlarımıza bir çözüm olarak post-hümanizm ne olacak? Bu felsefinin herhangi bir faydası olur mu? Buna cevap olarak geçmişteki felsefi kavramların toplumsal müdahale anlamında işe yarayıp yaramadığını soruyorum. Mesela stoik felsefenin toplumun gelişmesine bir faydası oldu mu? Ya da faydacılığın? Kantçı ahlak biliminin? Peki marksizmin? Hatta yakın geçmişte kavramları açısından post-hümanizme çok benzeyen bir felsefi hareketimiz de olmuştu; bu hareket de eşitlikçiliği, diğer türleri, insanları, dünyayı ve çevreyi önemsemeyi vurguluyordu: Bu bahsettiğim 1960'lar ve 1970'lerin Çiçek Çocuk ya da Hippie hareketiydi. 5. Boyut adlı bir grup tarafından o yıllarda yazılan meşhur bir şarkı, bu felsefinin değerlerini sıralıyordu. "Kova" adlı bu parçanın sözleri "Uyum ve anlayışı/Sem-

---

[1] Yukarıdaki notta atıf yaptığım bahsi geçen makalelerime ek olarak bkz: "The Ethics of Human Enhancement and Ferrando's Philosophical Posthumanism."

pati ve güven bolluğunu/Sahtekarlık ya da alaycılığın sonunu/…ve zihnin gerçek özgürlüğünü" savunuyordu. Bu idealist hareketin bu ve benzeri değerleri bana hep post-hümanistler tarafından açıkça belirtilmiş umut ve değerlerin uzak bir yankısı gibi gelmiştir. Harika idealler. Peki bunlar ilk defa 60'larda dile getirildiğinde ne olmuştu? Yahut aynı şekilde bütün o ütopyacı toplum kurma girişimlerine ne oldu? Kadim zamanlardan günümüze bunlar hep denenmiştir; Essenilerden ile başlayan ve orta çağ Batı dünyasındaki manastır topluluklarına doğru ilerleyen on dokuzuncu ve yirminci yüzyıllar boyunca—Marksist olanlar da dahil olmak üzere—çeşitli ütopyacı deneyleri ve birçok münzevi ve esrik hareketleri düşünüyorum. Bunların hepsi parçalanmıştır, zira biz insanlar doğamızın iyi tarafının meleklerini dinlemeyi pek beceremeyiz.

Yine de post-hümanist felsefi ideallerin, posthüman teknolojik hayallerinden daha umut verici olduğunu düşünüyorum. Bir kere, post-hümanist felsefede, zaman zaman "kara kutu" doğasına sahip olan yaygın teknolojinin istenmeyen sonuçlarından kaynaklanabilecek ek tehlikelerin posthümandan daha az tehlikesi vardır (hiç kimse, hatta bizzat yaratıcıları bile, derin öğrenme YZ'nın ne kadar çalıştığını tam olarak anlamamaktadır; çünkü en nihayetinde verileri kendine mahsus bir şekilde kullanmaktadır). Şayet biz post-hümanistler fikirlerimizi etkili bir şekilde ikna edici ve anlaşılabilir halde kamuoyuna yayabilirsek ve bir şekilde bu fikirlere geniş çapta sadık kalabilirsek, o zaman belki hepimizin dünyamızı geliştirme şansımız olur.

Kaynakça

Dowd, Maureen. "Elon Musk's billion-dollar crusade to stop the A.I. apocalypse." *Vanity Fair*, 6 Mart 2017 https://www.vanityfair.com/news/2017/03/elon-musk-billion-dollar-crusade-to-stop-ai-space-x.

Knapp, Alex. "Elon Musk sees his neuralink merging your brain with A.I." *Forbes*, 17 Temmuz 2019. https://www.forbes.com/sites/alexknapp/2019/07/17/elon-musk-sees-his-neuralink-merging-your-brain-with-ai/#76a8df534b07

LaGrandeur, Kevin. "Are We Ready for Direct Brain Links to Machines and Each Other?: A Real-World Application of Posthuman Bioethics." *Journal of Posthumanism*, cilt 1, no 1, Mayıs 2021, ss. 87-91. doi:10.33182/jp.v1i1.1185.

---. "How safe is our reliance on AI, and should we regulate it?" *AI Ethics*, cilt 1, 2021, ss. 93-99. https://doi.org/10.1007/s43681-020-00010-7.

---. "The Ethics of Human Enhancement and Ferrando's Philosophical Posthumanism." *Journal of Posthumanism*, cilt 1, no 2, Ekim 2021, ss. 195-98. doi:10.33182/jp.v1i2.1718.

Musk, Elon. "Worth reading Superintelligence by Bostrom. We need to be super careful with AI. Potentially more dangerous than nukes." Twitter, 2014.

Sklar, Julia. "Injectable wires for fixing the brain." *MIT Technology Review*, 13 Ocak 2016 https://www.technologyreview.com/2016/10/13/6913/injectable-wires-for-fixing-the-brain/

Welch, Chris. "Elon Musk is worried that AI research could produce a real-life Terminator." *The Verge*, 2014 https://www.theverge.com/2014/6/18/5820880/elon-musk-worried-ai-research-could-produce-real-terminator

AFTERWORD:

CAN POSTHUMANISM SAVE US?

Kevin LaGrandeur

Our world is in trouble. Climates are changing, oceans rising, storms becoming more extreme and unpredictable, more animals are becoming extinct, the gap between rich and poor is increasing, as is social disruption, and dangerous wars are looming. Things don't look promising. Can posthumanism rescue us, our fellow living things, and our planet from demise? Maybe.

The general idea of posthumanism is a big new philosophical and scientific concept, and big new philosophical or scientific concepts often cause paradigm shifts in the way we think about our world, about ourselves, and about our relation to the universe. The paradigm shift we are moving through now is being caused by the increasing saturation of our daily existence by emerging technology. This saturation is so complete that we are not even fully conscious of it all. It has become so much a part of us: our ties to smartphones, virtual games, and social media are becoming increasingly umbilical and routine—so much so that these digital artifacts alone are changing the very fabric of our society.

And there is more: many thinkers say emerging technology will change what it means to be human, and that, in fact, it is already doing so. One small example of this is the growing collection of devices that allow us to alter our natural human limits: we have robots that allow us to experience planets by proxy—and in ways, as with the Mars Rover's infrared sensors, that we could not do naturally. Modern science has also recently provided us with artificial retinas and inner ears (cochleae), artificial voices (like the kind that allowed the famed physicist Stephen Hawking to talk); and even with pacemakers, automatic defibrillators and insulin pumps that allow us to cheat death itself. In fact, for the first time, technology experts think that we are on the verge of speeding up and controlling our own evolution, even of transforming ourselves into a new species—one that is beyond human, one that is posthuman. Thus, the name that some have given to our current era: a posthuman, and a post-humanist one. These are two different but related concepts in that both are marked by rapidly accelerating technological change.

I think that the answer to whether posthumanism can help save us and our planet depends on which type of posthumanism we are talking about. The two definitions of posthumanism that I mentioned above get mashed up together in discussions about it, and it's important to differentiate them. *The posthuman* refers to a possible new species we might become if we follow a transhumanist agenda of heavily modifying ourselves with emerging technology, of which the devices I mentioned above are part—but importantly, not just therapeutic devices, but new ones, such as Brain-Computer Interfaces (BCI's) that may enhance us so that we are able to supersede our natural human limits. In other words, according to this vision, if we become more cyborgic and superhuman in the future, we will become an enhanced posthuman species.

Post-humanism, which is the other thing people mean when they use the term posthumanism, is a philosophical concept, rather than a speculative and futuristic human condition. Also referred to as critical posthumanism, it represents thoughts about what humans have become after the death of the notions inherent in the ancient philosophy of humanism—which famously uses humans as the measure of all things. This post-humanism too, like the posthuman, has much to do with the fourth industrial revolution that we are currently experiencing, one that stems from the increasing aptitudes and use of artificial intelligence (AI). This is because the ascendance of AI and its increasing ability to do things better than humans can diminishes our ability to see humans as exceptional. If we are not special because we are smarter than everything else on the planet, then why are we exceptional? Post-humanism, in other words, is related to the posthuman because the latter is a phase that we arguably have already entered, a phase that represents the rise of smart machines and the consequent death of the humanist subject because the qualities that make up that subject depend on a privileged position as a special, stand-alone entity that possesses unique characteristics that make it exceptional in the universe—characteristics such as unique and superior intellect to all other creatures, or a natural right to freedoms that do not accrue similarly to other animals. But if AI can beat humans at games such as chess and go, and if we then have to grapple with the idea that we may not be exceptional in our intelligence, then we just become another information-gathering entity, or even just an information stream generated by a collection of other information-producing entities (our body's cells) in conjunction with other systems that surround and help us (our environment). If the focus is on information as the essence of all intelligent systems, and materials and bodies are merely substrates that carry the all-important information of life, then there is no meaningful difference between humans and intelligent machines—or any other kind of intelligent system, such as animals.

Or aliens. Or, as modern systems theory implies, a collection of substances that form an (arguably) intelligent entity, such as a colony of bees, the ecosphere of a planet, a group of algorithms, a group of cellular automata (which a number of thinkers, most notably Stephen Wolfram, believe constitute our universe), or a colony of semi-differentiated cells like the human body. Human exceptionalism is dead when one combines the implications of intelligent systems and systems theory. And we face an era in which we must come to terms with recognizing ourselves as merely systems integrated with other systems.

This death of the humanist subject leads to the dilemma of how to think of a post-humanist subject position, which is the more academic preoccupation dealt with by post-humanism as opposed to the posthuman (see recent books on posthumanism by Rosi Braidotti and Cary Wolfe, and Karen Barad, for instance). But it seems that most people, including academics, want to mash these two distinct but related definitions together as "posthumanism"; so that is what I will do when I refer to them both as a general category. But I will differentiate between them as I always have by calling them "the posthuman" and "post-humanism" when referring to each specifically.

So, why do I say maybe in response to the question of whether posthumanism may help save our planet? And why do I say it depends on which posthumanism we are talking about? This is because of what I see in our human history. Regarding the posthuman environment that is arising from the digital explosion and the fourth industrial revolution it has spawned: such technology revolutions have happened before numerous times—and with mixed results. The steam engine allowed the rise of factories that could immensely increase the production of things like wool cloth; however, it also caused the rise of urban ghettoes, twelve-hour workdays, low wages, and urban blight. Electricity allowed even more increases in factory efficiency, as well as electric appliances and light bulbs; but it also allowed the advent of night shifts at work and the alteration of human circadian rhythms and chronic sleep deficits for many. Gasoline engines allowed faster transport, but greater air pollution. And all of these revolutionary technologies also caused huge economic dislocations and increased the gap between rich and poor, which in turn caused huge social tensions to build and then explode: labor riots in America were quite common, for instance, during the late nineteenth and early twentieth centuries, right after the advent of electricity and gas-powered engines.

The positive advances for the general public and the earth that led from these technological revolutions have done some good, but not enough. Television was a nice entertainment technology that arose from the electrical revolution, and cars from the gasoline engine. But TV also became an opiate and an increasing source of propaganda—an advertising and brainwashing machine that has promoted consumerism and products, like cigarettes, that are bad for us. Automobiles, of course, are a mixed blessing—fast, easy transportation but, in addition to air pollution, a cause of urban congestion and numerous road deaths.

As I have said elsewhere (LaGrandeur, "Are We Ready" 87-91; LaGrandeur, "How safe" 93-99), the same dichotomy can already be seen with new and revolutionary biotechnologies. Elon Musk, in particular, has ironically promoted emerging technology as a solution for the very problems caused by other emerging technologies. He has said publicly and often that he sees AI as an existential threat to humanity (Welch 2014; Musk 2014). His response has been to create two tech companies, Neuralink and Space X, to keep us safe from the AI made by his other companies, such as OpenAI. Neuralink's prime objective is to make an implantable, wireless antenna for the brain that will allow us to communicate directly and seamlessly with intelligent technology, such as computers and smartphones, and even with each other in a sort of digital telepathy (Knapp 2019). This, says Musk, would allow us to compete with AI for future jobs, and keep us safe from becoming an obsolete species because of our own intelligent artifacts. One of Space X's objectives is to act as a fallback plan in case Neuralink fails: Musk's development of a rocket capable of reaching Mars is to be the basis for establishing human settlement there. A main reason for that settlement is to provide an escape from earth if it becomes uninhabitable or if AI becomes malevolent (Dowd 2017).

Of course, aside from irony, these innovations themselves made by Space X and Neuralink raise problems. First of all, they are unfinished ideas and so may never work as envisioned. The implantable WiFi antenna, for example, was originally intended by the scientists at Harvard who invented it to eventually be implanted into the brain non-invasively; that is, by injection into the carotid artery and thence to travel to the brain (Sklar 2016). But after five years of development of this innovation by Neuralink, invasive cranial surgery is still necessary to implant it, though the new surgical techniques are a bit less radically invasive. And the Space X ideal of living on Mars, let alone transporting humans there, has yet to be accomplished.

Aside from unintended and unpredictable practical consequences, such as happened with the automobile or steam engines, there are also foreseeable ethical problems. I discuss these at some length elsewhere,[1] but to list some of the most salient here, we have the problem of preserving individual privacy (now including of a person's thoughts) and personal agency (who or what originates a person's thoughts and emotions), as well as problems of the equitable distribution of any successful innovations. There is also the problem of coercion; that is, those who can afford to get the new implant but do not want it may feel implicitly coerced to get it to remain competitive with those who already have it. So, as with historical innovations technology is still not a panacea for our social problems; it is at best a mixed blessing.

What about post-humanism as a solution to our problems? Will that philosophy help at all? I would ask in response how well past philosophical concepts have worked as social interventions. How much did stoicism improve society, for example? Or Utilitarianism? Or Kantian deontology? Or Marxism? Even more recently, we have had a philosophical movement very similar in concepts to posthumanism; this movement also had focuses on egalitarianism, concern for other species, concern for one another, the earth and its environment: this was the Flower Child or Hippie movement of the 1960's and 70's. A famous song written during that time by a group called the 5th Dimension listed the values of the philosophy. Titled "Aquarius," the lyrics to the song promoted "Harmony and understanding/Sympathy and trust abounding/No more falsehoods or derisions/…And the mind's true liberation." This and other values of that idealistic movement have struck me as a sort of distant echo of the hopes and

---

[1] In addition to my articles mentioned in the note above, see "The Ethics of Human Enhancement and Ferrando's Philosophical Posthumanism."

values evinced by post-humanists. Wonderful ideals. But what happened to the first iteration of this in the 60's? Or for that matter, what happened to any number of attempts at forming utopian societies? They've been tried since ancient times; I'm thinking of various monastic or ecstatic movements starting with the Essenes and moving on toward medieval monastic societies in the Western world, and various utopian experiments through the nineteenth and twentieth centuries—including Marxist ones. They have always fallen apart because we humans have a hard time listening to the angels of our better nature.

And yet, I think that post-humanist philosophical ideals are more promising than the technological dreams of the posthuman. For one thing, with post-humanist philosophy there is less danger than with the posthuman of additional peril coming from the unintended consequences of rampant technology with its occasionally "black box" nature (nobody quite understands just how deep learning AI works, for example, even its creators; because it eventually uses data in its own unique way.) And if we post-humanists can effectively spread our ideas to the public in a convincing and understandable way, and we can somehow adhere to them widely, then maybe we all have a chance at improving our world.

References

Dowd, Maureen. "Elon Musk's billion-dollar crusade to stop the A.I. apocalypse." *Vanity Fair*, 6 March 2017 https://www.vanityfair.com/news/2017/03/elon-musk-billion-dollar-crusade-to-stop-ai-space-x.

Knapp, Alex. "Elon Musk sees his neuralink merging your brain with A.I." *Forbes*, 17 July 2019. https://www.forbes.com/sites/alexknapp/2019/07/17/elon-musk-sees-his-neuralink-merging-your-brain-with-ai/#76a8df534b07

LaGrandeur, Kevin. "Are We Ready for Direct Brain Links to Machines and Each Other?: A Real-World Application of Posthuman Bioethics." *Journal of Posthumanism*, vol. 1, no 1, May 2021, pp. 87-91. doi:10.33182/jp. v1i1.1185.

---. "How safe is our reliance on AI, and should we regulate it?" *AI Ethics*, vol. 1, 2021, pp. 93-99. https://doi.org/10.1007/s43681-020-00010-7.

---. "The Ethics of Human Enhancement and Ferrando's Philosophical Posthumanism." *Journal of Posthumanism*, vol. 1, no 2, October 2021, pp. 195-98. doi:10.33182/jp. v1i2.1718.

Musk, Elon. "Worth reading Superintelligence by Bostrom. We need to be super careful with AI. Potentially more dangerous than nukes." Twitter, 2014.

Sklar, Julia. "Injectable wires for fixing the brain." *MIT Technology Review*, 13 January 2016 https://www.technologyreview.com/2016/10/13/6913/injectable-wires-for-fixing-the-brain/

Welch, Chris. "Elon Musk is worried that AI research could produce a real-life Terminator." *The Verge*, 2014 https://www.theverge.com/2014/6/18/5820880/elon-musk-worried-ai-research-could-produce-real-terminator

Index

A

Acar, Kuzgun 233-35, 268-9.
Adorno, Theodor 286, 297-8.
Afrika Dansı 229-30, 234-5, 246, 251-8, 262, 264, 266, 279, 280.
AIVA 336-37.
Akrabalık yapmak (Making kin) 52-53, 57, 60-1.
Aktör Ağ Teorisi (actor network theory) 172.
Alaimo, Stacy 36, 40, 46, 356-7, 359.
Anarşi 53, 175-78.
Animizm 119, 127, 203, 210.
Anthropology of Performance 281.
Anti-temelcilik 387.
Antropojenik 49, 57, 126.
Antroposen (Anthropocene) i, 7, 37, 41-2, 49-52, 54, 57-8, 60-2, 121, 123, 137, 140-2, 145, 150-1, 153, 161, 165-6, 184-5, 204, 223, 228, 286, 316, 338, 349, 359, 389, 440, 443, 455, 476.
Antroposen 001 (albüm) 42, 140, 142, 153.
Antroposentrik-sonrası (post-anthropocentric) 37, 185.
Aracılı (mediated) 109, 128, 158-9, 167.
Aracılı Post-hümanizm 159, 167.
Asamblaj 32, 49-51, 53, 57, 59, 61.
Asimov, Isaac 472, 476, 469.
Automata 472-4, 486.

B

Badminington, Neil 19-20, 23, 27, 28, 157, 166.
Bach, Johann Sebastian 335-6, 343.
Balina Müziği 332-3.
Barad, Karen i, 1, 3, 36, 41-2, 46, 49, 55, 57, 63, 65, 67, 69, 71, 73-9, 81, 83-5, 87-9, 91, 93, 95-7, 99, 100-3, 105, 107, 109, 111, 113-5, 153, 197, 280, 314, 356-7, 359, 406-8, 420-1, 444, 454-5.
Barnes, Jason 339, 343.
Başka Bir Aile Mümkün 230, 281.
Bayraktar, Kerem Ozan 42, 150-1, 153.
Bedenleşme 16, 120, 269, 272.
Bedensellik 372.
Bedensizleşme 20.
Bennett, Jane 173, 184, 284, 350, 355-6, 359.
Big Data 212, 461.
Bileşen (assemblage) 32, 38, 40, 75, 77, 82, 84, 117, 194, 206-7, 224, 235, 318, 335, 342, 404, 407-8.
Bilinç ötesi kavrama 372.
Bilişim 16-8, 20, 34, 39, 328, 391, 405, 462-3.
Bilişsel Robot/lar 43, 187-8, 192, 194-6, 198.
Biyo-güç 361, 365, 368.
Biyoetik iii, 32-3, 45, 291, 324, 391, 394, 396, 398, 400.
Biyomedikalizasyon 45, 445.
Biyosanat 9, 16, 44, 315, 316, 318.
Biyoteknoloji 9, 17-8, 20, 31-3, 38, 41, 45, 214, 222, 315-20, 323-4, 391, 405, 429, 436-7, 439-40, 465, 481.
Biyotik/Abiyotik 49, 52, 119, 150-1, 224, 321, 364, 403, 409-10, 418.
Bıçak Sırtı (Blade Runner) 44, 137, 301-4, 306-8, 310-14.
Bohr, Niels 42, 73, 75-8, 80-1, 86, 88, 99, 101-2, 105-6, 107, 111, 113, 357.
Braidotti, Rosi i, 1, 4, 32, 36-7, 42, 47, 117, 119, 120-1, 123, 125, 127-9, 131, 133, 160-1, 163-6, 170, 172-4, 183, 185, 192, 204, 210, 218, 269, 280, 283-6, 288, 290, 292-3, 293, 302-11, 324, 316-9, 321, 325, 327-8, 338, 343.
Bubandt, Nils 50, 58.
Burak, Sevim 45, 229, 235, 251-8, 260, 262-4, 266, 279-80.
Buran, Sümeyra 5, 31, 33-7, 39, 41, 43, 45-7, 144, 192, 197, 218, 227-9, 265, 280-1, 303, 314, 318, 322, 325, 334, 337, 340, 343, 358, 359, 440-1, 465, 475-7.
Bussolini, Jeffrey 52, 60.
Butler, Judith 68, 70-3, 82-3, 85-6, 88-9, 92, 94, 96-9, 108, 111, 113, 115, 165-6, 359, 387, 427, 430, 440.

C

Cage, John 329, 330.
Callus, Ivan 34.
Card, Orson Scott 52.
CGI teknolojileri (computer generated imagery) 336, 343.
Chrulew, Matthew 52, 60.
Cixous, Hélène 255, 285.
Clark, Andy 17, 25.
Clifford, James 51, 59.
Clifford, Jim 51, 59.
Cobain, Kurt 341.

Covid-19 42, 44, 117-9, 121, 125-7, 129, 145, 175, 347-350, 355-9, 446.
Cope, David 335, 336.
Crutzen, Paul 223, 349.
Cudworth, Erika 174-9, 181-3.

Ç
Çizgi film 9, 42, 141, 146, 148-150, 152.
Çok yönlü tekçilik (protean monism) 172.
Çokdisiplin/li/ner 69,174, 230, 233, 237.
Çokludoğal (multinatural) 119.

D
Da Vinci, Leonardo 192, 290, 302, 303, 384, 430, 431.
Danowski, Déborah 51, 59, 123, 131.
del Val, Jaime, 44, 371-4.
Deleuze, Gilles 19, 27, 33, 74, 89, 99, 115, 171, 283, 361, 381, 383, 390.
Derrida, Jacques 20, 28, 71, 88, 96, 285-6, 290, 383.
Descartes, René 11, 76, 170-1, 283, 285, 298-9, 302, 304, 378.
Despret, Vinciane 51-2, 55, 60.
Dewdne, Christopher 18, 26.
Di Leo, Jeffrey R. 34, 47.
Didur, Jill 18, 20, 26, 29.
Dijital kapitalizm 308, 310-1.
Dijital proletarya (Digital proleriat) 313.
Dişil yazı 255.
Distopik Post-hümanizm 158, 160.
DNA 36, 193, 288, 315, 319-20, 392-3, 398, 400, 475.
Doğa Yazını 352-4.
Dolanıklık (Entanglement) 3, 46, 71, 79, 97, 105, 140, 150, 153, 280, 286, 308, 312, 314, 448, 455.
Dolaşık 35, 193, 285-7, 289, 292-4, 297.
Düz ontoloji (Flat ontolgoy) 303.

E
Edebiyatta Posthümanizm 5, 12, 47, 144, 152, 197, 228, 280-1, 314, 325, 359, 434, 440-1, 476-7.
Edimsellik (Performativity) i, 37, 42, 65-8, 70-2, 74, 76, 78, 80, 82, 84, 86-8, 90-4, 96-9, 100, 102, 104-6, 108-10, 112-4, 197, 280, 420.
Eko-hardcore 137-8.
Ekoeleştiri 3, 5, 10, 67, 139-40, 142-4, 146, 148-9, 347-8, 350-6, 358-60.
Ekofeminist 444.
Ekolojik Kriz ii, 43, 182.

Ekosantrik 133, 135, 148.
Ekoseksüel 53.
Elektronik göz (The eyeborg) 339.
Eleştirel Post-hümanizm 159-60.
Elliott, Elizabeth 340-1.
Endüstri 5.0, 190, 461, 464, 465.
Endüstri Toplumu 462.
Enformasyon 328, 372, 460-4, 474-5.
Enformasyon teknolojileri 46, 461, 464.
Engelli siborg 265.
Epel, David 50, 55, 59, 63.
Ethnos 50, 58, 456. ,
Eyleyicilik (Agency) 16, 18, 24, 26, 32, 36, 42, 67, 73-7, 79, 83-4, 85-6, 91-2, 96, 99, 104-5, 107-13, 150, 153, 170, 172, 185, 308, 355, 358, 488.

F
Faillik (Agency) 170, 172-3, 179-80, 273, 381, 454.
Feminizm i, 1, 3, 5,6, 31, 42, 51, 53, 66-68, 155-6, 158-67, 230, 281, 303, 325, 372, 379, 427, 432, 433, 435, 440.
Ferrando, Francesca 134, 138, 159, 160, 166, 192, 197, 204, 211, 280, 284, 286, 298, 305, 314, 334, 338, 344, 350, 359, 362, 363, 375, 377-80, 382-4, 388-89, 391, 399, 429-30, 434, 440, 443, 456, 482-3, 488-9.
Fluxus 329-30, 343.
Foucault, Michel 44, 66, 68, 70-4, 80-1, 89, 94, 96-9, 106, 115, 134, 138, 156-57, 163, 167, 171, 283, 361, 365-70, 372-4, 378, 380, 383, 389-90, 427, 432-3, 440.
Frankenstein iii, 46, 425-6, 441, 459-60, 465-72, 474, 475-6.
Freud, Sigmund 385.
Fukuyama, Francis 17-20, 25-7, 29, 286, 295-6, 298, 306, 311, 314, 324-5, 429-30, 440.

G
Gaia 51, 59, 119, 127.
Galvanizm 426.
Geliştirme Teknolojileri ii, 44-5, 361-2, 364-6, 368, 370, 372, 374, 405-6, 445.
Genefort, Laurent 43, 287, 290-2, 297-9.
Genel yapay zekâ 468, 474.
Genetik 9, 16-9, 33-4, 36, 38, 171, 174, 183, 216, 218, 288-9, 295, 301, 305, 308, 315-21, 323-5, 328, 369-71, 391-3, 398, 404-5, 429, 436-8, 440, 450, 465, 470, 476.
Genette, Gerard 291, 299.

Gilbert, Scott 50, 55, 58-9, 63.
Gfeller, Kate 340, 344.
Godard, Jean-Luc 44, 287, 294, 297-8.
Gorgo 51, 59.
Görsel sanatlar 32, 42, 141.
Gorz, André 475-6.
Guattari, Félix 19, 27, 33.
Güvenlik 43, 120, 181-3, 190, 194, 201, 398, 447, 473.

H
Hacking, Ian 67. 69, 93, 94.
Haraway, Donna i, 3, 19, 27, 38, 42, 49, 52, 57, 58, 60, 66, 70, 71, 73, 92, 96, 97, 99, 113, 133, 137, 139, 145-7, 165, 194, 218, 224, 229-31, 233-6, 239, 252-7, 267, 275, 279, 286, 290, 291, 293, 294, 298, 307, 311-3, 317, 322, 323, 327, 328, 372, 381, 407, 427, 430, 435, 437, 443-5, 454.
Harbisson, Neil 328, 338.
Harding, Sandra 65, 66, 91.
Harman, Graham 248, 250.
Hassan, Ihab 17, 25, 156, 165, 350, 378, 428.
Hayles, Katherine N. 15-21, 23-5, 27-9, 31-2, 35, 39-40, 45, 47, 133, 156-7, 165, 167, 193, 198, 217-8, 224, 228, 281, 299, 320, 321, 325, 372, 375, 406, 421, 427, 429, 434, 437, 440, 459, 461-3, 465, 477.
Heavy Metal 42, 143, 146.
Heidegger, Martin 201-2, 211, 227, 361, 363-5, 373, 375, 387, 390.
Heise, Ursula 38, 47, 76-7, 102, 149-50, 153.
Herbrechter, Stefan 34-5, 37-8, 47, 167, 216, 228, 428, 440.
Hobden, Stephen 174-83, 85.
Holosen 349.
Houellebecq, Michel 43, 287-90, 297-9.

I-İ
Ishikawa, Noboru 50, 58.
İçten-etkime (Intra-action) 49, 77, 83, 86, 88.
İkicilik (dualism) 18, 26, 28, 106, 113, 170, 443.
İmplant 214, 340.
İnsan sonrası erkeklik/erkek bedeni 449, 451.
İnsan-makine etkileşimi iii, 45, 404, 406, 408, 410, 412, 412, 416, 418, 420, 422.
İnsanmerkezcilik ii, 44, 173, 429.

K
K-Pg sınırı 50.
Kac, Eduardo 44, 317-24, 325-6.
Kakoudaki, Despina 313, 314, 460, 469, 477.
Kant, Immanuel 79, 80, 89, 104, 106, 115, 185, 373, 381, 383, 390, 482, 488.
Kapitalosen (Capitalocene) i, 41, 49-54, 58, 60, 62, 118, 145.
Karşılıklı-bağlantı 120.
Kartezyen (Cartesian) 75, 77, 171, 179, 302, 304-5, 307, 378, 389.
Kastrasyon 392.
Kİ (Koklear İmplant) 340.
Kişisel güçlenme 448-9, 451, 453.
Klonlama 34, 39, 171, 287, 287-90, 295, 317, 436-7.
Koklear implant 341, 394, 407.
Konumlu bilgiler (Situated Knowledges) 66, 307.
Koyuncuoğlu, Tennur 281.
Kretase 50.
Kthulhu 51.
Kthulusen (Chthulucene) i, 3, 41, 49-52, 54, 57, 59-60, 62, 145, 153, 313, 322, 325.
Kubrick, Stanley 468.
Kuir (Queer) 67-8, 70, 72-3, 87, 437-8.

L
Latour, Bruno 19, 21, 27, 29, 52, 55, 60, 63, 70, 96, 169, 171-3, 186, 205, 249-50, 285, 299, 303, 314, 356, 357, 359, 445.
LeGuin, Ursula 52, 60.
Liberal Post-hümanizm 158, 160.
Liu, Cixin 15, 16, 20-1, 23-4, 28, 29, 340, 345.
Lovecraft, H.P. 51, 59, 227, 281.
Lyotard, Jean-François 19, 27, 287, 289, 292, 299, 383, 428.

M
Maddesellik 42, 65, 67, 75, 79-83, 87, 358.
Malm, Andreas 51, 58-9.
Manga (grup) 42, 140, 141-2, 148, 151, 153.
Martin, Carol 246-7, 281.
Marx, Karl 61, 66, 72, 92, 97, 99, 108, 173, 364, 372, 385, 410, 488, 489.
Matrix 137, 142, 471-2.
Medusa 51, 59.
Medya i, 3-4, 6, 32-4, 42, 44, 139-40, 140-4, 146, 148-52, 194, 329, 334, 339, 365, 412, 414, 417, 425, 427, 479.

Meeting the Universe 153.
Metafizik (Metaphysics) 66, 68, 74-5, 85, 185, 202, 250, 269, 298, 363, 365, 372, 380, 387.
Metodolojik Post-hümanizm 158, 160.
Mind uploading 395.
Modernlik 462-3.
Momentum 76, 86, 102, 111.
Moore, Jason 50-1, 55, 58-9, 63, 145, 153, 405.
Mühendislik 1, 7, 16, 19, 31, 43, 189, 195, 203, 209, 215, 217, 222, 315, 318-21, 470.
Mutasyon 20, 70, 156, 311, 320-1, 384, 393.
Müzik ii, 1, 8-10, 31, 42-4, 137-8, 141, 148, 267-8, 287, 292-4, 297, 328-44, 346.

N
Naga 51, 59.
Nayar, Pramod 33, 40, 47, 214, 228.
Nesne Yönelimli Ontoloji 142, 231, 248-9, 279, 281.
Nesnelerin interneti 194, 221, 225, 463-4.
Neuralink 394, 400, 481-3, 487-89.
Newton, Isaac 75-6, 83, 86, 101, 108, 111, 170-71, 177, 186.
Nietzsche, Friedrich 10, 44, 91, 361-70, 372-5, 378, 380-3, 387, 390.
Nörobilim 11, 43, 196, 334.
Nöroplastisite (Neuroplasticity) 340.
Nöroteknoloji 11, 34, 391, 405.

O
Ojeni (Eugenics) 324, 370.
Olwig, Kenneth 50, 58.
Ontoloji 36, 39-40, 42, 43, 66-8, 70-1, 74-83, 85, 89, 142, 144, 150, 169-77, 179, 182, 202, 209, 214, 231, 248-9, 279, 281, 285-6, 303-04, 308, 310, 319, 328, 337, 350, 364, 380, 385-9, 406, 434-35, 443-34, 453.
Opperman, Serpil 67, 139, 143, 148, 153-54, 358, 360.
Orta Çağ 366, 483.
Os Mil Nomes de Gaia/Gaia'nın Bin Adı 51, 59.
Otomat 207, 209, 324, 466, 471-3, 478-80.

Ö
Ölülerin Sözcüsü 52.
Örümcek Kadın 51.
Öteki 16, 35-7, 39, 80-1, 87-8, 119, 138, 146, 149, 159-60, 162-6, 231, 254, 279-80, 292, 297, 301, 303, 306-8, 310, 312-13,
322, 379, 382, 388, 426, 427, 429-40, 451, 454, 460, 462, 468.
Öykü Anlatıcılığı 139, 146.
Özne-nesne 171, 172, 386, 387, 463-4, 468-9, 472.

P
Paleojen 50.
Performans dansları 16.
Piccinini, Patricia 123, 130-1.
Plantasyonosen (Plantationocene) i, 41, 49-50, 52, 54, 57-9, 60, 62.
Post Çağı 55.
Post-antroposantrizm 382, 384-6, 389.
Post-beşeri bilimler 16.
Post-hümanizm i, ii, 12, 16-8, 31-2, 42-3, 155-6, 158-66, 184, 187-8, 192, 194, 198, 198, 213, 216, 273, 283, 358, 362, 382, 385, 388-9, 434, 480-2.
Post-izm 163.
Post-Normatif 368.
Post-temelcilik 387.
Postdramatik tiyatro 233.
Posthüman anlam 283, 287, 290, 292, 294, 297.
Posthüman Dönüş 34, 38, 192.
Posthüman ekoeleştiri 139, 148-9.
Posthümanist Güvenlik 182.
Posthümanist Siyaset 37.
Posthümanist-Feminizm i, 42, 155-6, 158, 160, 162-6.
Posthümanizm (posthumanism) i-12, 15 21, 23-47, 65, 67, 71, 97, 133-5, 137-9, 141-4, 146-53, 155-61, 163-6, 169-70, 174-176, 179, 181-2, 184-5, 192-3, 197-9, 204-5, 209, 211, 213-6, 220, 223-4, 227-8, 269-70, 273, 280-1, 283-92, 295, 297-8, 302-6, 308-10, 312-4, 322, 325, 327, 329, 333-5, 343, 345, 348, 350-4, 358-63, 369, 371-4, 377-89, 391, 395-9, 401, 403, 406, 427-30, 432-5, 437, 439-41, 443, 453, 456-7, 459, 462, 476-7, 479-83, 485-9.
Postizm Çağı 42, 155.
Postlar 160, 163-6.
Postmodern/izm 6, 15, 17-9, 21, 23, 25-7, 29, 44, 90, 115, 134-5, 142, 155, 167, 204-5, 214, 279, 283, 287, 299, 326, 351, 358, 368, 370, 377, 379, 381-3, 386-7, 389-90, 399, 406-7, 421, 425, 428, 463, 476.
Postseküler ii, 43, 201-2, 204-6, 208-9.
Prosser, David 42, 148, 154.

Q
Quignard, Pascal 43, 287, 292-4, 297-9.

R
Radikal Post-hümanizm 158, 160.
Reaktif güç 361, 367-8, 370, 373-4.
Rejeneratif tıp 391, 394.
Replicant 470.
Rhizomatik (rhizomatic) 33.
Robinson, Kim Stanley 52, 55, 60, 61, 63.
Robot ii, 33, 35, 40, 43, 46, 141, 165, 187-8, 190-9, 203, 207, 210, 211, 213-4, 220-4, 295, 301, 313-4, 316, 325, 339, 391, 396, 403-4, 406-7, 412-5, 418-22, 436, 467-70, 472-7, 479, 485.
Robotik 33, 141, 190, 194, 196, 203, 214, 339, 391, 396, 413, 421, 473.
Roden, David 159, 167, 295, 299, 345.
Rönesans 133-6, 162, 290, 302, 319, 384, 426, 430.

S
Saç ekimi iii, 45, 444-6, 448-54, 456.
Salgın 42, 44, 117, 120, 169, 175, 347, 349, 355, 358.
Scott, Ridley ii, 44, 137, 301, 307, 313-4, 374.
Seks robotları 403-4, 407, 412-5, 420.
Self-replicating machines 470.
Sem-poietik (sym-poetically) 52, 60.
Sharon, Tamar 157-9, 167.
Shaviro, Steve 65, 90, 91, 115.
Shelley, Mary Wollstonecraft 441, 459, 467-8.
Siber-fiziksel 189, 221, 461, 464.
Sibernetik 16-7, 32, 35, 39-40, 45, 142, 214, 311, 317, 379, 388, 403, 406-7, 409, 412, 418-9, 462, 476.
Sibernetik organizma/siborg (cyborg) iii, 17-20, 37-9, 44-6, 52, 66, 71, 86, 137, 141-3, 151, 204, 214, 218, 254-5, 258, 265, 267, 275, 279, 281, 286-7, 294, 297, 299, 311-2, 316-7, 325, 328, 330, 338, 341-2, 365, 374, 384, 404, 407, 409-10, 416-20, 429, 435-7, 453-4, 465, 471, 480.
Siborg aşkı iii, 45, 404, 410, 416-20.
Siborg Manifestosu 38, 137, 218, 230, 231, 233, 236, 252, 255, 267, 279, 281, 299, 311, 317, 325, 328, 407, 435.
Sinema ii, iii, 1, 12, 16, 31-3, 43, 46, 137, 261, 294-5, 297-9, 414, 468.
Siri 201-2, 206, 208, 211, 222.
Solastalji (Solastalgia) 151, 152, 153.

Sony 336, 345.
Sorgner, Stefan Lorenz 160, 362, 365, 368, 370-1, 374-5, 377-9, 383, 390, 459, 462, 477.
Sosyo-biyo-teknik 404,408, 417-9, 422, 445, 448-9, 455, 457.
Soy Ağacı (Gens) 53, 61.
Soydaşlık (Kinship) 198, 294, 313, 322-3.
Spekülatif Post-hümanizm 159, 160.
Spivak, Gayatri 32, 47.
Sprinkle, Annie 53, 61.
Stephens, Beth 53, 61.
Strathern, Marilyn 52-3, 55, 60,1, 63.

T
Tekinsiz Vadi 467, 468.
Teledildonik 403, 412-6, 419.
Teledildonik makineler 403, 413.
Teoloji 43, 172, 322, 324.
Terra 51, 54, 57, 59, 62, 281, 316.
Tiyatro ii, 1, 5, 8, 9, 10, 16, 31, 43, 71, 231, 232-7, 240, 243, 246-7, 255, 261, 267, 269-70, 272-3, 279-80.
Tıp iii, 1, 11, 16, 31, 34, 38, 45, 216-7, 219, 255, 347, 349, 358-9, 391, 394, 396, 399, 400, 411, 420, 437, 445, 447, 449, 463.
Transgenik 44, 317-23.
Transgenik Sanat 44, 318-9, 322.
Transhümanizm/Transhumanizm ii, 1, 10, 12, 31, 43, 45, 134, 138, 141-2, 144, 158, 166, 175, 191-2, 197-9, 201, 203-4, 212-6, 220, 227-8, 298, 334-5, 343, 345, 365, 369, 372-5, 377-9, 382-4, 388-91, 396-400, 405-6, 408, 422, 429, 440, 434, 443, 456-7, 462, 475, 477.
Tsing, Anna 49, 50, 53, 55, 57-8, 61, 63.
Turner, Victor 281, 345.

U
Uluslararası İlişkiler (Uİ) ii, 6, 42-3, 169-70, 174-186.

V
van Dooren, Thom 51, 55, 60, 63.
Vitruvius Adamı 192, 290-1.
Viveiros de Castro, Eduardo 51, 59.

W
Waldby, Catherine 18, 21, 26, 29, 34.
Waltz, Kenneth 176-8, 186.
Wolfe, Cary 15-7, 21, 23-5, 29, 31, 35, 47, 133, 138, 158, 167, 175, 186, 214, 228, 388, 443, 457, 481, 487.

Y

Yabanıl Biyolojiler 49.
Yapay Beden(ler) 436, 460, 469.
Yapay Zeka/Zekâ (artificial intelligence) ii, 4, 7, 17-8, 25-6, 31-2, 33, 38, 43-4, 46, 135, 141, 143, 151, 158, 160, 187-90, 192-9, 201-4, 206-212, 213-6, 219-28, 291, 295-6, 334-7, 339, 341-2, 345, 350, 386, 391, 406, 412-3, 419, 429, 439, 460-1, 463-5, 468-70, 474-5, 477, 480-2.
Yapım-aşaması 236, 255.
Yeni Materyalizm ii, 43, 149, 169-174, 185-6, 248, 285, 308, 314, 356, 406.

Z

Zihin Yükleme (Mind Uploading) 395, 405.
Zoe 121-2, 129-30, 385.
    Zoo Müzikoloji 332, 344.